BÜTTNER, SCHADE, SCHOLZE, SUSEL

Polizei- und Ordnungsrecht in Schleswig-Holstein

Polizei- und Ordnungsrecht in Schleswig-Holstein

Handbuch für Studium und Praxis

Stefan Büttner

Jörn Schade

Sven Scholze

Dr. Jan Susel

BOORBERG

Bibliografische Information der Deutschen Nationalbibliothek |
Die Deutsche Nationalbibliothek verzeichnet diese Publikation in der Deutschen Nationalbibliografie; detaillierte bibliografische Daten sind im Internet über www.dnb.de abrufbar.

ISBN 978-3-415-06883-4

Satz: abavo GmbH, Nebelhornstraße 8, 86807 Buchloe | Druck und Bindung: CPI books GmbH, Eberhard-Finck-Straße 61, D-89075 Ulm

Richard Boorberg Verlag GmbH & Co KG | Scharrstraße 2 | 70563 Stuttgart
Stuttgart | München | Hannover | Berlin | Weimar | Dresden
www.boorberg.de

Vorwort

Das schleswig-holsteinische Polizeirecht hat in der jüngsten Vergangenheit eine Vielzahl von Änderungen erfahren. Insbesondere durch das Gesetz zur Änderung polizei- und ordnungsrechtlicher Vorschriften im Landesverwaltungsgesetz aus Februar 2021 ist eine umfassende Novellierung erfolgt.

Dieses Handbuch richtet sich sowohl an die Aus- und Fortbildung als auch an die polizeiliche Praxis und soll den (angehenden) Polizeivollzugsbeamtinnen und Polizeivollzugsbeamten eine Orientierung und einen Überblick über das „neue" Polizeirecht geben.

Daran ist auch der Aufbau dieses Handbuchs ausgerichtet:

Eingangs findet sich ein kurzer Überblick über die Grundlagen des schleswig-holsteinischen Polizei- und Ordnungsrechts. Sodann werden die Befugnisnormen erläutert, die in der polizeilichen Praxis von Relevanz sind. Ein besonderes Augenmerk wird auf das Zusammenwirken von Polizei- und Ordnungsbehörden und eine Abgrenzung der jeweiligen Befugnisse gelegt. Ergänzt werden die Ausführungen durch praktische Anwendungsbeispiele. Systematische Zusammenhänge werden durch Schaubilder verdeutlicht.

Nicht fehlen darf natürlich auch ein Prüfungsschema, das angehenden Polizeivollzugsbeamtinnen und -beamten ein verlässliches Grundgerüst zum erfolgreichen Bewältigen der Prüfungen und Klausuren an die Hand geben soll.

Im letzten Kapitel werden aktuelle Sonderthemen aus der polizeilichen Praxis aufgegriffen, die nach Auffassung der Verfasser eine gesonderte Aufarbeitung verdienen.

Die Juristen Dr. Jan Susel und Sven Scholze sowie der Polizeibeamte Stefan Büttner waren im Rechtsreferat der Polizeiabteilung des schleswig-holsteinischen Innenministeriums an der umfassenden Novellierung der polizei- und ordnungsrechtlichen Vorschriften beteiligt. Stefan Büttner leitet aktuell das Polizeirevier Bad Segeberg. Während auch Sven Scholze und Dr. Jan Susel mittlerweile in anderer Verwendung tätig sind, begleitet der Polizeibeamte Jörn Schade die noch andauernde Fortentwicklung des Polizeirechts weiterhin aus dem Rechtsreferat. Stefan Büttner und Jörn Schade waren zudem über viele Jahre in der polizeilichen Aus- und Fortbildung tätig.

Das Werk befindet sich auf dem Stand der Drucklegung. Hinweise, Kritik und Anmerkungen zu diesem Handbuch nehmen die Verfasser gerne entgegen.

Kiel, im Mai 2024

Die Verfasser

Inhaltsverzeichnis

A. Grundlagen des schleswig-holsteinischen Polizei- und Ordnungsrechts

I. Einführung, Regelungsgegenstand und Rechtsgrundlagen

> Das Polizei- und Ordnungsrecht dient dem Schutz der öffentlichen Sicherheit. Die öffentliche Sicherheit wird durch die Polizei- und Ordnungsbehörden gewährleistet, denen dazu die Aufgabe der Gefahrenabwehr obliegt. Grundsätzlich ist das Polizei- und Ordnungsrecht Ländersache. Das allgemeine Polizei- und Ordnungsrecht ist in Schleswig-Holstein im Landesverwaltungsgesetz (LVwG) geregelt. Dies wurde zuletzt in größerem Umfang 2021 novelliert und an aktuelle Gefährdungslagen, Rechtsprechungserfordernisse des Bundesverfassungsgerichts sowie Vorgaben des europäischen Datenschutzes angepasst.

Regelungsgegenstand

Regelungsgegenstand des Polizei- und Ordnungsrechts ist die Abwehr von Gefahren für die öffentliche Sicherheit durch die Polizei- und Ordnungsbehörden.[1] Aus dieser Beschreibung ergeben sich gleich mehrere Folgefragen, die es zu beantworten gilt:

- Was ist die öffentliche Sicherheit?
- Was ist mit Gefahrenabwehr gemeint?
- Warum ist die Aufgabe auf die Polizei- und Ordnungsbehörden verteilt und wer sind diese?
- Woraus ergeben sich die zu betrachtenden Rechtsgrundlagen?

Öffentliche Sicherheit und Gefahrenabwehr

Die Begriffe Recht der öffentlichen Sicherheit und Recht der Gefahrenabwehr werden häufig synonym zur Beschreibung des Polizei- und Ordnungsrechts verwendet. Beide Begriffe beschreiben dieselbe Materie, lediglich ausgehend von zwei unterschiedlichen Blickwinkeln: Während der Begriff öffentliche Sicherheit auf das zu erreichende Ziel hindeutet, umschreibt der Begriff der Gefahrenabwehr das Mittel zur Erreichung dieses Ziels. Regelungsmaterie des Polizei- und Ordnungsrechts ist damit, ob und wann der Staat zum Schutz bestimmter Rechtsgüter, die unter dem Begriff öffentliche Sicherheit zusammengefasst werden, zu deren Schutz Maßnahmen der Gefahrenabwehr ergreifen kann oder gar muss. Die Zu-

1 So schon die Formulierung in § 162 Abs. 1 LVwG.

weisung der Aufgabe der Gefahrenabwehr an den Staat ist Ausdruck des staatlichen Gewaltmonopols.

Grundrechtsbezug

Da die Gefahrenabwehr oftmals mit dem Eingriff in die grundrechtlich geschützte Sphäre des Gefahrverursachers, dem sogenannten „Störer", oder Dritter einhergeht, handelt es sich beim Polizei- und Ordnungsrecht um den klassischen Kern der **Eingriffsverwaltung**. Daher sind bei der Normenausgestaltung des Polizei- und Ordnungsrechts und bei der Rechtsanwendung jeweils umfassende **grundrechtliche Abwägungen** der betroffenen Rechtsgüter vorzunehmen.

Historische Entwicklung von Polizei- und Ordnungsbehörden

Ursprünglich entstand die Polizei als allzuständige staatliche Exekutivbehörde zur „guten Ordnung des Gemeinwesens"[2]. Ordnungsbehörden in ihrer heutigen Funktion gab es nicht. Die Polizei war daher nicht nur für die Abwehr von Gefahren, sondern insgesamt zur Regelung von Sicherheit und Ordnung des Zusammenlebens berufen. Dabei umfassten die polizeilichen Aufgaben auch die Wohlfahrtspflege. Aus dieser weiten Aufgabenzuweisung wurden umfassende Befugnisse der Polizei abgeleitet. Eine gesetzliche Ausgestaltung der Befugnisse gab es zunächst nicht. Ausgangspunkt der Entwicklung war insoweit ein echter Polizeistaat. Die **polizeiliche Allzuständigkeit** wurde erst nach und nach durch eine zunehmende Gesetzgebung auf dem Gebiet des heutigen Polizei- und Ordnungsrechts zurückgedrängt. So wurden durch die Schaffung ausdrücklicher Befugnisnormen zugleich auch **Befugnisbeschränkungen** für die Behörden geschaffen: Der Vorläufer der heutigen polizeilichen Generalklausel stammt aus dem preußischen allgemeinen Landrecht (prALR) vom 5. Februar 1794, in dem es in § 10 Abs. 2 Satz 17 prALR heißt:

> „Die nöthigen Anstalten zur Erhaltung der öffentlichen Ruhe, Sicherheit, und Ordnung, und zur Abwendung der dem Publico, oder einzelnen Mitgliedern desselben, bevorstehenden Gefahr zu treffen, ist das Amt der Polizey."[3]

Eine deutliche Zäsur und Hinwendung zum heutigen Polizeiverständnis mit Zuständigkeitsvorgaben und Befugnisnormen erfolgte Ende des 19. Jahrhunderts durch die Rechtsprechung des Preußischen Oberverwaltungsgerichts 1880 und 1882 durch die Kreuzberg-Erkenntnisse[4], oftmals auch als Kreuz-

2 Siehe zur Entwicklung insgesamt nur *Stolleis/Petri/Kremer* in Lisken/Denninger Handbuch des Polizeirechts A.
3 Zitiert nach *Stolleis/Kremer* in Lisken/Denninger Handbuch des Polizeirechts A Rn. 20.
4 Neu abgedruckt in DVBl. 1985, S. 216–219 und S. 219–226.

berg-Urteile bezeichnet. Das preußische OVG stellte fest, dass die Polizei mit einer auf die Generalklausel gestützten Verordnung die Grenzen ihrer Zuständigkeit verletzt habe. Die Polizei sei nur zur Abwehr von Gefahren für die öffentliche Sicherheit zuständig. Zur öffentlichen Sicherheit zählte danach jedoch nicht länger die Förderung des allgemeinen Wohls. Diese Aufgabe oblag von nun an vielmehr anderen staatlichen Exekutivorganen. Im entschiedenen Fall durfte die Polizei danach keine Polizeiverordnung erlassen, durch die ein Bau verboten werden sollte, weil er den freien Blick auf ein Denkmal auf dem Berliner Kreuzberg zu beeinträchtigen drohte. Es fehlte hierfür an der Gefahr für die öffentliche Sicherheit im Sinne des Polizeirechts, denn die Bauplanung und Ästhetik sollte kein polizeilicher Belang sein.

Diese Erkenntnis führte zu einem Systemwandel, der die Polizei nach und nach immer weiter auf die Gefahrenabwehr im heutigen Sinne beschränkte und neben ihr eigenständige Ordnungsbehörden etablierte. Diese Entwicklung fand ihren Abschluss nach Ende des zweiten Weltkriegs durch eine weitgehende **Entpolizeilichung** in den Bundesländern: Viele bis dahin als polizeiliche Aufgaben verstandene Verwaltungsaufgaben wurden nun als Ordnungsangelegenheiten qualifiziert und den Verwaltungsbehörden zugewiesen. Es entstanden im Laufe der Zeit viele Sondergesetze zu einzelnen Ausschnitten der Gefahrenabwehr, die diese Aufgaben dann bestimmten (Sonder-)Ordnungsbehörden als Ordnungsrecht übertrugen. Daraus folgte schließlich eine formale Trennung zwischen Polizei- und Ordnungsbehörden: Zum Polizeirecht zählen danach alle Rechtsnormen, die die Polizei organisieren, berechtigen oder verpflichten. Ordnungsrecht umfasst entsprechend die Regelungsmaterie, die Ordnungsbehörden organisiert, berechtigt oder verpflichtet. Auch die Organisation der Gefahrenabwehrbehörden in Schleswig-Holstein folgt – wie in den meisten Bundesländern – diesem **Trennungssystem**[5], sodass zwischen Ordnungsverwaltung und Polizei unterschieden wird. Diese Trennung zeigt auch § 163 Abs. 1 LVwG auf:

> „Die Gefahrenabwehr obliegt den Ordnungsbehörden und der Polizei.“

Rechtsgrundlagen

Hinsichtlich der Rechtsgrundlagen ist zwischen materiellem und formellem Polizeibegriff zu unterscheiden:

Der **materielle Polizeibegriff** ist von der **Aufgabe** her bestimmt. Danach handelt es sich bei Polizeirecht um diejenige Staatstätigkeit, die dazu dient,

5 Baden-Württemberg, Bremen, Saarland und Sachsen gehen dagegen weiter vom Einheitssystem aus und kennen daher keine Ordnungsbehörden, sondern nur die Unterscheidung zwischen Vollzugspolizei und sonstigen Polizeibehörden.

von der Allgemeinheit oder der einzelnen Person Gefahren abzuwehren, durch die die öffentliche Sicherheit bedroht wird. Dabei ist es beim materiellen Polizeibegriff unerheblich, welche Behörde – Polizei- oder Ordnungsbehörde – die jeweiligen Aufgaben der Gefahrenabwehr wahrzunehmen hat. Einige Gesetze verwenden den materiellen Polizeibegriff, z. B. § 26 Absatz 1 StVG. Demgegenüber wird der **formelle Polizeibegriff** als „Polizei im engeren Sinne" ausgehend von der **Behördenorganisation** bestimmt. Dem folgt auch § 164 Abs. 2 LVwG, der eine Legaldefinition des formellen Polizeibegriffs durch institutionelle Anknüpfung enthält:

> „Polizei im Sinne dieses Gesetzes sind die nach Landesrecht errichteten Behörden der Polizei."

Die grundsätzliche **Gesetzgebungszuständigkeit** für das Polizei- und Ordnungsrecht ist nach dem Grundgesetz gemäß **Art. 70 Abs. 1 GG Ländersache**. Gleiches gilt für die Ausübung der staatlichen Befugnisse gemäß Art. 30 GG.

Tatsächlich ist dieser Grundsatz aber durch viele Spezialzuständigkeiten des Bundes durchbrochen, auf dem Gebiet der ausschließlichen Gesetzgebungskompetenz gemäß Art. 71, 73 GG z. B. im Melde- und Ausweiswesen. Auf dem Gebiet der konkurrierenden Gesetzgebungskompetenz aufgrund Art. 72, 74 GG hat der Bund ebenfalls weitgehend von seiner Gesetzgebungskompetenz Gebrauch gemacht und (Sonder-)Ordnungsrecht erlassen, z. B. auf dem Gebiet des Gewerberechts durch die Gewerbeordnung (GewO), für den Straßenverkehr durch das Straßenverkehrsgesetz (StVG) und auf dem Gebiet des Immissionsschutzes durch das Bundesimmissionsschutzgesetz (BImSchG). Durch die kompetenzrechtliche Zuweisung in Art. 71 ff. GG beruhen die meisten Spezialmaterien des Polizei- und Ordnungsrechts auf Bundesrecht, sodass die landesrechtlichen Restkompetenzen weitgehend nur zur Lückenfüllung zwischen den Spezialmaterien zur Anwendung gelangen. Daneben hat der Bund auch unmittelbares Polizeirecht geschaffen; es findet sich unter anderem im Bundespolizeigesetz (BPolG) und dem Bundeskriminalamtgesetz (BKAG) sowie in der Strafprozessordnung (StPO).

Soweit der Bund jedoch von seiner Gesetzgebungskompetenz auf dem Gebiet des Polizei- und Ordnungsrechts keinen Gebrauch gemacht hat, haben die Länder ihre eigenen Regelungen erlassen. Diese sind durchaus unterschiedlich ausgestaltet und heißen in den Ländern unter anderem Polizeigesetz, Polizeiaufgabengesetz, Ordnungsbehördengesetz, Sicherheits- und Ordnungsgesetz. Dadurch bestehen auf Länderebene grundsätzlich 16 autonome Regelungsregime nebeneinander, gemeinsam mit den Bundesregelungen sogar 17. Da Gefahren nur selten an den Ländergrenzen haltmachen, wird die gemeinsame Sicherheitsarchitektur von Bund und Ländern und deren Zusammenarbeit koordiniert durch die **Ständige Konferenz der Innenminister und Innensenatoren der Länder, kurz Innenministerkonferenz (IMK)** und deren Arbeitskreise. Dabei ist der Arbeitskreis II (AK II) zuständig für Innere Sicherheit, unter anderem Gefahrenabwehr, Bekämpfung des Terrorismus, Angelegenheiten der Polizei. Um eine **Vereinheitlichung der landesrechtlichen Polizeibefugnisse** zu erreichen, wurde durch die Innenministerkonferenz erstmals 1977 ein **Musterentwurf eines einheitlichen Polizeigesetzes des Bundes und der Länder (MEPolG)** erarbeitet, der für zukünftige Gesetzgebungen als Orientierung dienen sollte. Aufgrund einer zwischenzeitlich sehr unterschiedlichen Ausgestaltung insbesondere der Datenerhebungskompetenzen der Länderpolizeien wurde 40 Jahre später am 4. Juli 2017 durch die IMK die erneute Erarbeitung eines Musterpolizeigesetzes durch den Arbeitskreis Innere Sicherheit (AK II) in Auftrag gegeben, um einheitliche Eingriffsbefugnisse in den Gefahrenabwehrgesetzen des Bundes und der Länder, vor allem hinsichtlich elektronischer Aufenthaltsüberwachung, präventiver Telekommunikationsüberwachung, Online-Durchsuchung und bei der Erhebung von Telekommunikationsverkehrsdaten zu erreichen. Der AK II gab den Auftrag an seinen Unterausschuss Recht und Verwaltung (UARV) weiter und bat darum, unter Beteiligung weiterer fachspezifischer Gremien ein Musterpolizeigesetz zu erarbeiten. An der Deutschen Hochschule der Polizei (DHPol) wurde zudem eine Geschäftsstelle zur wissenschaftlichen Begleitung, Koordinierung und Beratung des Projekts eingerichtet. Die umfangreichen Arbeiten länderübergreifender Arbeitsgruppen mündeten schließlich im Spätsommer 2021 in eine durch die DHPol aufbereitete konsolidierte Entwurfsfassung der Arbeitsebene. Aufgrund der teilweise widerstreitenden politischen Strömungen in den einzelnen Bundesländern wurde diese Entwurfsfassung vom AK II bislang jedoch noch nicht verabschiedet, sondern lediglich zur Kenntnis genommen.

Neben dem Bedürfnis zur Schaffung neuer Eingriffsbefugnisse zur Datenerhebung in den Polizeigesetzen, sahen sich Bund und Länder auch aus weiteren Gründen gezwungen, ihre Regelungen zu novellieren. So hatte das Bundesverfassungsgericht 2016 in seinem Urteil zum BKAG[6] neue Vorgaben zum Schutz der informationellen Selbstbestimmung bei der polizeilichen Datenverarbeitung sowie zu Verfahrensvorgaben gemacht, die in den Polizeigesetzen umgesetzt werden mussten. Außerdem war das neue europäische Datenschutzregime, insbesondere die RL 2016/680/EU

6 BVerfG, Urteil vom 20.04.2016 – 1 BvR 966/09, 1 BvR 1140/09 = BVerfGE 141 S. 220.

(sog. „JI-Richtlinie“), in die Polizeigesetze zu implementieren. Darauf reagierten Bund und Länder mit einer Welle von Novellierungen ihrer jeweiligen polizei- und ordnungsrechtlichen Regelungen[7]:

- Baden-Württemberg (2017/2021),
- Bayern (2017/2018/2019),
- Berlin (2021),
- Brandenburg (2019),
- Bremen (2020),
- Hamburg (2019),
- Hessen (2018),
- Mecklenburg-Vorpommern (2018/2020),
- Niedersachsen (2018/2019),
- Nordrhein-Westfalen (2018/2019),
- Rheinland-Pfalz (2020),
- Sachsen-Anhalt (2018/2019/2020),
- Sachsen (2019/2020),
- Saarland (2020),
- Schleswig-Holstein (2021),
- Thüringen (2018) und
- Bund (2018/2020).

Auch der schleswig-holsteinische Gesetzgeber reformierte sein Polizei- und Ordnungsrecht umfassend, was Anlass gab für die vorliegende Darstellung des schleswig-holsteinischen Polizei- und Ordnungsrechts. Am 19. März 2021 trat das Gesetz zur Änderung polizei- und ordnungsrechtlicher Vorschriften im Landesverwaltungsgesetz (LVwGPORÄndG) vom 26. Februar 2021 in Kraft.[8] Unter anderem führte die Novellierung zu folgenden Anpassungen des LVwG:

- Umsetzung des Ratsbeschlusses Prüm zum Einsatz ausländischer Polizeivollzugskräfte in Schleswig-Holstein und zum Einsatz schleswig-holsteinischer Polizeivollzugsbeamtinnen und -beamten im Ausland;
- Ergänzung der polizeilichen Anhalte- und Sichtkontrollrechte um die Befugnis zur Identitätsfeststellung zur Bekämpfung der grenzüberschreitenden Kriminalität oder von Straftaten von erheblicher Bedeutung auf und an Straßen von erheblicher Bedeutung für die grenzüberschreitende Kriminalität;
- Schaffung einer Befugnis für Zuverlässigkeitsüberprüfungen von Personen zum Schutz von Veranstaltungen und staatlichen Einrichtungen;

7 Sachstandsbericht des UARV zur Vorlage an die IMK, Stand: 17.03.2021 S. 3.

8 LVwGPORÄndG vom 26. Februar 2021, GVOBl. Schl.-H. 2021, S. 222; LT Schl.-H. DrucksS. 19/2118 vom 22.04.2020.

- Neufassung von Platzverweis, Aufenthaltsverbot und Ergänzung der Befugnisse um das Aufenthaltsgebot und die Meldeauflage;
- Anpassung der Befugnisse zur verdeckten Datenerhebung an die Rechtsprechung des Bundesverfassungsgerichts[9], insbesondere zum Anordnungsprocedere und Richtervorbehalt, zum Schutz des unantastbaren Kernbereichs persönlicher Lebensgestaltung bei der Datenerhebung, zur Protokollierung und aufsichtlichen Kontrolle der polizeilichen Maßnahmen durch das Unabhängige Landeszentrum für Datenschutz Schleswig-Holstein (ULD) und den Landtag;
- Umsetzung der Vorgaben des Bundesverfassungsgerichts zur hypothetischen Datenneuerhebung und Kennzeichnung der erhobenen Daten in polizeilichen Informationssystemen entsprechend der bundesländerweiten Übereinkunft zur Schaffung eines gemeinsamen Informationsverbundes;
- Ergänzung der besonderen Mittel der Datenerhebung um den Einsatz des Verdeckten Ermittlers sowie den Einsatz technischer Mittel zur Feststellung des Standortes oder der Bewegungen einer Person oder einer beweglichen Sache (insbesondere GPS-Peilgeräte),
- Einfügung der Befugnisse zur Unterbrechung der Telekommunikation zur Abwehr terroristischer Gefahren;
- Schaffung einer Befugnis zur elektronischen Aufenthaltsüberwachung (EAÜ) zur Abwehr terroristischer Gefahren, sowie Ergänzung der Befugnis zur Gewahrsamnahme bei Verstoß gegen die Anordnung der EAÜ;
- Stärkung der Eigensicherungsmöglichkeiten durch Einführung der ausdrücklichen Befugnis zum Einsatz körpernah getragener Aufnahmegeräte durch die Polizei (Bodycam); Erweiterung der Befugnis zur Durchsuchung zwecks Eigensicherung auf alle Vollzugsbeamtinnen und -beamten; Erweiterung der Sicherstellungsbefugnis auf alle Fälle behördlichen An- oder Festhaltens; Erweiterung der Fesselungsbefugnis in Fällen der Verbringung; Ergänzung der Befugnis zur Untersuchung von Personen, insbesondere für Fälle der präventiven Blutprobe;
- Ergänzung der unmittelbaren Zwangsmittel um das Distanz-Elektroimpulsgerät und dessen Einordnung als Waffe;
- Anpassung des Sprengmittelgebrauchs bei der Gefahr der Schädigung von Personen;
- Ergänzung der Befugnisse zum Schusswaffengebrauch um den finalen Rettungsschuss unter Gewährleistung der freien Gewissensentschei-

9 BVerfG, Urteil vom 20.04.2016 – 1 BvR 966/09, 1 BvR 1140/09 = BVerfGE 141 S. 220.

dung der handelnden Beamten, Ergänzung der Befugnis zum Schusswaffengebrauch gegenüber Personen, die dem äußeren Eindruck nach noch nicht 14 Jahre alt sind sowie Neufassung der Vorgaben zur Warnung vor dem Schusswaffengebrauch;
- Harmonisierung der datenschutzrechtlichen Regelungen in LVwG und Landesdatenschutzgesetz (LDSG) aufgrund europarechtlicher Vorgaben.

Landesverwaltungsgesetz LVwG

Die **materiellen Grundlagen** des Polizei- und Ordnungsrechts sind in Schleswig-Holstein anders als in anderen Bundesländern nicht in einem eigenständigen Polizeigesetz oder Sicherheits- und Ordnungsgesetz zu finden, sondern im allgemeinen Landesverwaltungsrecht, dem **Landesverwaltungsgesetz (LVwG)**. Dies liegt daran, dass das LVwG älter ist als das jüngere Verwaltungsverfahrensgesetz des Bundes (VwVfG). Der historische Gesetzgeber hatte bei Inkrafttreten des LVwG 1968 den Willen, alle wesentlichen Regelungen des Verwaltungsrechts in einem einzigen Gesetz abzubilden. Diese Implementierung des besonderen Verwaltungsrechts in das allgemeine Verwaltungsrecht wurde in Schleswig-Holstein bis heute beibehalten. Die Verbindung von allgemeinem und besonderem Verwaltungsrecht im LVwG führt dazu, dass neben dem Polizei- und Ordnungsrecht auch das damit eng verknüpfte Vollzugsrecht im LVwG zu finden ist.[10] Das allgemeine Polizei- und Ordnungsrecht in den §§ 162–227a LVwG kommt zur Anwendung, wenn spezielle bzw. besondere Polizei- und Ordnungsgesetze fehlen oder diese eine abschließende Regelung nicht enthalten, § 173 LVwG:

> „(1) Die Ordnungsbehörden und die Polizei führen die Aufgabe der Gefahrenabwehr nach den hierfür erlassenen besonderen Gesetzen und Verordnungen durch.
>
> (2) Nur soweit solche besonderen Gesetze und Verordnungen fehlen oder eine abschließende Regelung nicht enthalten, gelten für die Durchführung der Gefahrenabwehr die §§ 174 bis 227."

Die Summe aller speziellen, außerhalb des LVwG geregelten, gefahrenabwehrenden Normen bildet das besondere Polizei- und Ordnungsrecht. Das „lückenfüllende" Polizei- und Ordnungsrecht des LVwG wird als allgemeines Polizei- und Ordnungsrecht bezeichnet.

Besonderes Ordnungsrecht findet sich z. B. im Baurecht in der Landesbauordnung (LBO) oder im Waffenrecht im Waffengesetz (WaffG); besondere polizeiliche Befugnisse finden sich z. B. in der Straßenverkehrsordnung (StVO).

10 Anders auf Bundesebene, dort findet sich das Vollzugsrecht im Verwaltungsvollstreckungsgesetz, VwVG.

Aufbau und inhaltliche Regelung im LVwG

Das in den §§ 162–227a LVwG geregelte allgemeine, materielle Polizei- und Ordnungsrecht bestimmt, ob und unter welchen Voraussetzungen eine Maßnahme insbesondere materiell rechtmäßig ist. Diese Regelungen stehen jedoch nicht für sich alleine, sondern werden ergänzt durch das allgemeine Verwaltungsrecht des LVwG. Ob eine Maßnahme der Gefahrenabwehr rechtmäßig ist, ist daher nicht nur nach dem besonderen Polizeirecht zu bestimmen, sondern jeweils auch unter Beachtung des allgemeinen Verwaltungsrechts. Dabei sind insbesondere die verfahrensrechtlichen Regelungen der §§ 53–155 LVwG zu beachten, die die Anforderungen an die formelle Rechtmäßigkeit der Maßnahme bestimmen. Aufgrund dieses Zusammenspiels von allgemeinem und besonderem Verwaltungsrecht im LVwG soll an dieser Stelle kurz der Aufbau des LVwG dargestellt werden. Das LVwG enthält – unbeschadet der amtlichen Gliederung in Teile, Abschnitte und Titel – folgende Teilregelungen:

Das Organisationsrecht regelt in den §§ 2–52 LVwG die Verwaltungsorganisation in Schleswig-Holstein einschließlich des Rechts der **Amtshilfe** in §§ 32 ff. LVwG. **Das allgemeine Verfahrensrecht** regelt in den §§ 52a–155 LVwG das Verwaltungshandeln der Behörden durch Verordnung, Satzung, Verwaltungsakt und öffentlich-rechtlichen Vertrag einschließlich des Zustellungsrechts in §§ 146–155 LVwG. Für das polizeiliche **Handeln durch Verwaltungsakt** sind die §§ 106 ff. LVwG zu beachten, einschließlich der Regelungen zu Nebenbestimmungen, § 107 LVwG, Bestimmtheit und Form, § 108 LVwG, Begründung, § 109 LVwG, Bekanntgabe, § 110 LVwG und Wirksamkeit, § 112 LVwG. Der **Erlass einer Verordnung** über die öffentliche Sicherheit ist möglich auf der Grundlage der Generalermächtigung des § 175 LVwG als besonderes Verwaltungsrecht. Dabei sind jedoch die allgemeinen verfahrensrechtlichen Grundsätze über den Erlass von Verordnungen der §§ 53 ff. LVwG zu beachten, insbesondere zur Form, § 56 LVwG, zum Inhalt, § 58 LVwG, der amtlichen Bekanntmachung, § 60 LVwG, zur Geltungsdauer, § 62 LVwG und zum Ermessen, § 73 LVwG.

Das allgemeine Polizei- und Ordnungsrecht enthält in Abschnitt III „Öffentliche Sicherheit" in den §§ 162–227a LVwG die Regelungen der sachlichen und örtlichen Zuständigkeit sowie Eingriffsermächtigungen für Ordnungsbehörden und Polizei zu den Standardmaßnahmen und zum Datenschutzrecht in der Gefahrenabwehr.

Das Recht über den Verwaltungszwang enthält in den §§ 228–249 LVwG Regelungen über die Erzwingung von Handlungen, Duldungen oder Unterlassungen durch Zwangsgeld, Ersatzvornahme, unmittelbaren Zwang und Ersatzzwangshaft.

Das Recht des unmittelbaren Zwangs enthält in den §§ 250–261 LVwG die Regelungen über die Anwendung der Zwangsmittel des unmittelbaren Zwangs durch körperliche Gewalt, Hilfsmittel der körperlichen Gewalt und Waffen.

Zuletzt enthalten die §§ 262–322 LVwG die Regelungen über das **Recht der Vollstreckung öffentlich-rechtlicher Geldforderungen** zur Beitreibung im Verwaltungswege.

II. Zentralbegriffe des allgemeinen Polizei- und Ordnungsrechts in Schleswig-Holstein

Das allgemeine Polizei- und Ordnungsrecht des LVwG kommt zur Anwendung, wenn spezielle bzw. besondere Polizei- und Ordnungsgesetze fehlen oder in Ergänzung zu diesen, wenn eine abschließende Regelung nicht enthalten ist. Im Hinblick auf seine lückenfüllende Funktion (vgl. § 173 LVwG) ist das allgemeine Polizeirecht des LVwG bei der tatbestandlichen Ausgestaltung der Rechtsgrundlagen auf den Einsatz von unbestimmten Rechtsbegriffen und Generalklauseln angewiesen. Der Inhalt dieser Begriffe ist durch Rechtsprechung und Lehre ausgeschärft und konkretisiert. Für eine sichere Rechtsanwendung ist die genaue Kenntnis, Einordnung und Abgrenzung der nachfolgenden Begriffe zwingend erforderlich.

1. Rechtsgrundlagen im Polizei- und Ordnungsrecht

Nach dem **Vorbehalt des Gesetzes** bedarf es für das behördliche Einschreiten im Bereich der **Eingriffsverwaltung** immer einer Rechtsgrundlage, die auch Ermächtigungsgrundlage genannt wird. Das **Rechtsstaatsprinzip** und das **Demokratieprinzip** des Grundgesetzes verpflichten den Gesetzgeber, die wesentlichen Entscheidungen selbst zu treffen und nicht der ausführenden Verwaltung zu überlassen. Nach der aus diesen Prinzipien und dem **Vorbehalt des Gesetzes** abgeleiteten **Wesentlichkeitstheorie** ergibt sich, dass der Gesetzgeber alle wesentlichen Fragen, die die Verwirklichung der Grundrechte bzw. deren Einschränkung betreffen, selbst zu regeln hat.[11] In Umsetzung der Vorgaben der Wesentlichkeitstheorie hat der Gesetzgeber viele Regelungen für die Eingriffsverwaltung des Polizei- und Ordnungs-

11 BVerfGE 47 S. 46, 78 f. – 1 BvL 1/75, 1 BvR 147/75.

rechts in unterschiedlichen Gesetzen erlassen. Diese lassen sich dem **Spezialitätsprinzip** entsprechend in folgendes **Rangverhältnis** bringen: **Sonderordnungsrecht**, wie z.B. das Recht der Gewerbeordnung GewO, geht dem allgemeinen Polizei- und Ordnungsrecht des LVwG vor. Das LVwG gelangt also insoweit nur zur Lückenfüllung zur Anwendung, wenn und soweit es keine Normierung im Sonderordnungsrecht gibt. Innerhalb des LVwG haben die ausdifferenzierten Regelungen zu Standardeingriffen, sogenannte **Standardmaßnahmen**, wie z.B. der Platzverweis gemäß § 201 LVwG vor der **Generalklausel** nach §§ 174, 176 LVwG Vorrang.

Neben diesem **Anwendungsvorrang des spezielleren Gesetzes** kann sich aus der Normierung des Sonderordnungsrechts bzw. der Ausgestaltung von Standardmaßnahmen auch eine **Sperrwirkung** für das sonstige allgemeine Polizei- und Ordnungsrecht des LVwG ergeben. Ist der Anwendungsbereich einer speziellen Norm eröffnet, kann ein Rückgriff auf die allgemeinen Befugnisse nach dem LVwG auch dann nicht mehr zulässig sein, wenn die Maßnahme nach der Spezialnorm im konkreten Fall mangels Vorliegens aller Tatbestandsvoraussetzungen nicht durchführbar ist. Wie weit die Sperrwirkung der Spezialmaterie reicht, muss dabei jeweils im Einzelfall über die Auslegung der Norm ermittelt werden. Die Sperrwirkung kann sich dabei insbesondere aus der Konkretisierung der **Vorgaben der Grundrechte** zum Vorbehalt des Gesetzes ergeben: So bestimmt z.B. Art. 13 Abs. 1 GG, dass die Wohnung unverletzlich ist. Durchsuchungen, die einen Eingriff in das Grundrecht darstellen, dürfen nach Absatz 2 in der Regel nur durch den Richter angeordnet werden und nach den Absätzen 3–7 nur unter besonderen weiteren Voraussetzungen, wie dem Vorliegen einer gemeinen oder dringenden Gefahr, erfolgen. Den Vorgaben muss auch die jeweilige Befugnisnorm für das behördliche Handeln entsprechen, sodass z.B. ein Eingriff in Form der Durchsuchung einer speziellen Rechtsgrundlage bedarf, die die grundrechtlichen Voraussetzungen des Art. 13 GG erfüllt, in Schleswig-Holstein umgesetzt in § 208 LVwG zur Durchsuchung von Wohnungen. Ein Rückgriff auf die Generalklausel nach §§ 174, 176 LVwG ist daher ausgeschlossen. Dieses Verhältnis von Spezialmaterie zum allgemeinen Polizei- und Ordnungsrecht zeigt sich besonders deutlich im Fall des Versammlungsrechts. Versammlungen sind grundrechtlich durch Art. 8 GG geschützt. Eingriffe in die Versammlungsfreiheit sind nach dem Spezialitätsgrundsatz nur durch Maßnahmen nach dem schleswig-holsteinischen Versammlungsfreiheitsgesetz (VersFG) zulässig. Ein Rückgriff auf das allg. Polizei- und Ordnungsrecht ist hier ausgeschlossen. Man spricht insoweit auch von der **Polizeifestigkeit der Versammlung**, vgl. § 9 VersFG.

2. Handlungsformen: Verordnung, Verwaltungsakt, Realakt

Das gefahrenabwehrende Handeln der Polizei- und Ordnungsbehörden kann abstrakt-generell durch Verordnung erfolgen oder konkret-individuell durch Handeln im Einzelfall mittels Verwaltungs- oder Realakts:

Verordnung

Die **Verordnung** stellt eine Regelung auf, die **abstrakt-generell wirkt**. Abstrakt heißt, dass sie auf eine Vielzahl verschiedener Lebenssachverhalte Anwendung findet. Generell meint, dass sie sich an eine unbestimmte Vielzahl von Adressaten richtet. Mittels Verordnung können demnach allgemeingültige Ge- und Verbote aufgestellt werden. Rechtsgrundlage im LVwG für den Erlass von Verordnungen ist § 175 LVwG. Danach heißen Verordnungen zur Gefahrenabwehr „Verordnungen über die öffentliche Sicherheit". Seine eigenständige Bedeutung als Rechtsgrundlage zum Erlass von Verordnungen hat § 175 LVwG weitgehend verloren, da viele Spezialgesetze der Gefahrenabwehr bereits entsprechende Ermächtigungen beinhalten, die insoweit vorrangig sind. Beispiele für entsprechende Verordnungen sind z. B. Verordnungen zur Einrichtung von Waffenverbotszonen gemäß § 42 Waffengesetz (WaffG) i. V. m. § 175 LVwG.

Verwaltungsakt

Im Gegensatz zur Verordnung kann die Verwaltung mittels Verwaltungsakts **konkret-individuelle Regelungen** erlassen. Der Verwaltungsakt trifft also eine Reglung für einen konkreten Sachverhalt und richtet sich in der Regel an einen bestimmten Adressaten („individuell"), z. B. indem dem Störer aufgegeben wird, sich vom Marktplatz zu entfernen, durch Platzverweis nach § 201 LVwG.

Der Verwaltungsakt wird anhand von 6 Merkmalen definiert: Verwaltungsakt gemäß § 106 Abs. 1 LVwG ist jede

- hoheitliche Maßnahme
- einer Behörde
- zur Regelung
- eines Einzelfalls
- auf dem Gebiet des öffentlichen Rechts,
- die auf unmittelbare Rechtswirkung nach außen gerichtet ist.

Dies ist in Schleswig-Holstein in § 106 LVwG geregelt. § 176 LVwG führt für Verwaltungsakte zur Gefahrenabwehr zusätzlich den Begriff der **Verfügung** ein.

Ein Verwaltungsakt kann auch an eine Vielzahl von Personen gerichtet werden, die alle dem gleichen Lebenssachverhalt unterfallen. Solche Regelungen an eine Vielzahl von Personen zur Regelung eines konkreten Sachverhalts nennt man **Allgemeinverfügung**, § 106 Abs. 2 LVwG bestimmt dazu:

> „Allgemeinverfügung ist ein Verwaltungsakt, der sich an einen nach allgemeinen Merkmalen bestimmten oder bestimmbaren Personenkreis richtet oder die öffentlich-rechtliche Eigenschaft einer Sache oder ihre Benutzung durch die Allgemeinheit betrifft."

Dies ist z. B. bei Verkehrsschildern der Fall. Sie regeln konkret-generell bestimmte Verhaltensweisen für die jeweilige örtliche Gegebenheit und richten sich an alle Verkehrsteilnehmer im Umkreis des jeweiligen Verkehrszeichens.

Schematische Übersicht zur Thematik Verwaltungsakt

	Generell (viele Adressaten)	Individuell (ein Adressat)
Abstrakt (viele Sachverhalte)	Verordnung, § 175 LVwG	Verwaltungsakt/Verfügung §§ 106 Abs. 1, 176 LVwG z. B. „immer, wenn Sie …"
Konkret (ein Sachverhalt)	Allgemeinverfügung, § 106 Abs. 2 LVwG z. B. „alle, die …"	Verwaltungsakt/Verfügung §§ 106 Abs. 1, 176 LVwG

Gefahrenabwehrrechtliche Verfügungen werden erlassen über
- spezielle Rechtsgrundlagen des Sonderordnungsrechts wie z. B. das Waffengesetz (WaffG) oder
- subsidiär aus dem LVwG heraus,
  - zunächst durch sogenannte **Standardmaßnahmen** und
  - subsidiär über die sogenannte **polizeiliche Generalklausel** der §§ 174, 176 LVwG.

Dieses abgestufte Verhältnis von lex specialis zu lex generalis folgt aus der Grundrechtsrelevanz der gefahrenabwehrrechtlichen Maßnahmen für die jeweils betroffenen Adressaten. Aus ihr ergibt sich, dass der Gesetzgeber typische Eingriffe selbst regeln muss und dies nicht der zuständigen Behörde durch die Nutzung von Generalklauseln überantworten soll. Insoweit gilt die **Wesentlichkeitstheorie** im Sinne des Vorbehalts des Gesetzes, wonach der Gesetzgeber alle wesentlichen Fragestellungen in Bezug auf grundrechtsrelevante Maßnahmen selbst zu regeln hat.

Als spezielle Regelungsmaterie hat der Gesetzgeber das **Sonderordnungsrecht** näher ausgestaltet, wie z. B. die Gewerbeordnung (GewO), das Waffengesetz (WaffG) oder das Bundesimmissionsschutzgesetz (BImSchG).

Auch wiederkehrende häufig genutzte polizeiliche Maßnahmen der allgemeinen Gefahrenabwehr hat der Gesetzgeber dementsprechend ausdrücklich, in sogenannten **Standardmaßnahmen**, geregelt. Dies sind Eingriffsbefugnisse, die bestimmte typisierte Eingriffsmaßnahmen ermöglichen. Die Standardmaßnahmen lassen sich grob in vier Gruppen unterteilen:

- Maßnahmen zur offenen und verdeckten Datenerhebung der §§ 180 ff. LVwG,
- zu Platzverweis, Aufenthaltsver- und geboten der §§ 201 ff. LVwG,
- zur Durchsuchung, Sicherstellung Verwertung und Herausgabe in §§ 202 ff. LVwG
- und zur Gewahrsamnahme der §§ 204 f. LVwG.

Erst, wenn die vorgenannten Regelungen für den jeweiligen Sachverhalt keine Anwendung finden, kommt subsidiär die Nutzung der polizeilichen Generalklausel gemäß §§ 174, 176 LVwG bzw. für Datenerhebungsmaßnahmen der § 179 LVwG in Betracht. Dies allerdings auch nur sofern nicht eine der spezielleren Regelungen bereits eine Sperrwirkung entfaltet. So kann z. B. eine Maßnahme nicht auf die Generalklausel gestützt werden, wenn sie tatbestandlich unter eine Standardmaßnahme zu fassen wäre, deren Voraussetzungen mangels entsprechender Gefahrenlage jedoch nicht erfüllt sind.

Realakt

Der Realakt ist nicht gesetzlich geregelt, sondern wird vom LVwG vorausgesetzt. Der Realakt ist dadurch gekennzeichnet, dass ihm im Gegensatz zum Verwaltungsakt keine regelnde Wirkung zukommt. Damit fehlt es beim Realakt an der Finalität im Hinblick auf das Setzen einer Rechtsfolge. Realakt ist also **schlicht-hoheitliches Handeln ohne Regelungswirkung**. Erfasst werden damit alle behördlichen Verwaltungshandlungen, die nicht auf den Eintritt von Rechtsfolgen, sondern auf einen **tatsächlichen Erfolg** gerichtet sind. Zahlreiche hoheitliche Maßnahmen sind gerade nicht auf das Setzen von Rechtsfolgen, sondern auf einen tatsächlichen Erfolg gerichtet. So hat die Anordnung einer Gewahrsamnahme gemäß § 204 LVwG den Rechtscharakter eines Verwaltungsaktes. Dagegen dürfte die tatsächliche Durchführung der Maßnahme als Realakt anzusehen sein. Die Einordnung der gefahrenabwehrrechtlichen Maßnahme „nur" als Realakt ist teilweise umstritten. So wird vertreten, dass in dem tatsächlichen Handeln mit Eingriffsqualität zur Gefahrenabwehr zugleich dem Betroffenen gegenüber immer auch die **konkludente Duldungsverfügung** ergehe, das tatsächliche Handeln zu dulden. So ergehe z.B. beim Einsatz des Zwangsmittels Schlagstock, zugleich konkludent die Verfügung, den Schlag zu dulden. Diese Rechtsfigur diente vor der Einführung der Verwaltungsgerichtsordnung (VwGO) dazu, einen umfassenden gerichtlichen Rechtsschutz zu gewährleisten. Da die VwGO jedoch mit der Feststellungsklage gemäß § 43 VwGO ausdrücklich eine Klagemöglichkeit gegen Verwaltungsrealhandeln anerkennt, bedarf es der Rechtsfigur der konkludenten Duldungsverfügung nicht mehr. Zudem hat die Konstruktion eines konkludenten Duldungsverwaltungsaktes jedenfalls dann Schwächen, wenn das tatsächliche Handeln gegenüber einer bewusstlosen Person durchgeführt werden soll. Denn gegenüber bewusstlosen Adressaten einer polizeilichen Maßnahme würde es an der Bekanntgabe des Verwaltungsaktes fehlen, sodass dieser gar nicht erst wirksam werden könnte.

3. Präventive und repressive polizeiliche Maßnahmen

In Abgrenzung zur präventiven, gefahrenabwehrrechtlichen Verfügung ist Justizverwaltungsakt jedes hoheitliche Handeln einer **Justizbehörde** zur Regelung einer einzelnen Angelegenheit – unter anderem auf dem Gebiet der **Strafrechtspflege** – das geeignet ist, den Betroffenen in seinen Rechten zu verletzen, also auch schlicht hoheitliches Handeln bis hin zum Realakt. Polizeiliche Maßnahmen, die einen **repressiven** Charakter haben, sind Justizverwaltungsakte, das heißt, sie dienen der Einleitung, Durchführung und Gestaltung eines strafrechtlichen Ermittlungsverfahrens. Ihre Kontrolle ist nicht den Verwaltungsgerichten zugewiesen, sondern den ordentlichen Gerichten. Dazu bestimmt § 23 Abs. 1 Einführungsgesetz zum Gerichtsverfassungsgesetz (EGGVG):

> „Über die Rechtmäßigkeit der Anordnungen, Verfügungen oder sonstigen Maßnahmen, die von den Justizbehörden zur Regelung einzelner Angelegenheiten auf den Gebieten des bürgerlichen Rechts einschließlich des Handelsrechts, des Zivilprozesses, der freiwilligen Gerichtsbarkeit und der Strafrechtspflege getroffen werden, entscheiden auf Antrag die ordentlichen Gerichte. Das gleiche gilt für Anordnungen, Verfügungen oder sonstige Maßnahmen der Vollzugsbehörden im Vollzug der Untersuchungshaft sowie derjenigen Freiheitsstrafen und Maßregeln der Besserung und Sicherung, die außerhalb des Justizvollzuges vollzogen werden."

Dabei erfolgt die **Abgrenzung zwischen präventiven und repressiven polizeilichen Maßnahmen** nach dem Schwerpunkt der Maßnahme und dem Maßnahmezweck. Soweit der Zweck nicht bereits in der ergriffenen Maßnahme mit angegeben ist, z.B. in der Begründung der Verfügung, ist dieser im Wege der Auslegung aus Sicht eines objektiven Betrachters in der konkreten Situation des Betroffenen zu ermitteln. Dabei ist auf den Gesamteindruck der Maßnahme abzustellen. Dient die Maßnahme danach primär der Gefahrenabwehr, sind die Regelungen des LVwG einschlägig; dient die Maßnahme dagegen schwerpunktmäßig der Verfolgung von Straftaten oder Ordnungswidrigkeiten, gelangt die StPO bzw. das OWiG zur Anwendung.

4. Öffentliche Sicherheit und öffentliche Ordnung

Zentralbegriff des allgemeinen Polizei- und Ordnungsrechts im LVwG ist die „Öffentliche Sicherheit". Zu ihrer Aufrechterhaltung werden die Polizei- und Ordnungsbehörden tätig, sodass die öffentliche Sicherheit tatbestandlich Anknüpfungspunkt für jede gefahrenabwehrrechtliche Maßnahme ist.

Unter der öffentlichen Sicherheit ist

- die Unverletzlichkeit der objektiven Rechtsordnung,
- der subjektiven Rechte und Rechtsgüter des Einzelnen, wie insbesondere Leben, körperliche Unversehrtheit, Freiheit und Eigentum,
- sowie der Einrichtungen und Veranstaltungen des Staates und sonstiger Träger der Hoheitsgewalt

zu verstehen.

Die Rechtsordnung ist die Gesamtheit der Normen eines Staates. Dazu gehören alle Verfassungsgesetze, förmlichen Gesetze, das abgeleitete Verordnungsrecht sowie staatliche Satzungen.

Von Bedeutung für die polizeiliche Praxis sind insoweit insbesondere die Straf- und Ordnungswidrigkeitengesetze. Jede gegen eine solche Norm gerichtete Handlung bedroht die öffentliche Sicherheit. Dazu gehört z.B. der Diebstahl ebenso wie das verbotswidrige Abstellen eines Fahrzeugs oder das Führen eines Fahrzeugs unter Alkoholeinfluss. Der Schutz des Staates und seiner Einrichtungen umfasst die Bundesrepublik Deutschland ebenso wie das Land Schleswig-Holstein und die Gemeinden sowie deren ungehinderte Tätigkeit einschließlich ihrer Organe. Dazu gehört auch die Abwehr von Störungen, die sich gegen ordnungs- oder polizeiliche Maßnahmen richten.

Überwiegend sind die Rechtsgüter in bestimmten Rechtsnormen geschützt, deren Übertretung eine Straftat oder Ordnungswidrigkeit darstellen. In der Verletzung solcher Tatbestände liegt dann in der Regel eine Bedrohung der Rechtsordnung und damit der „öffentlichen Sicherheit".

Dadurch, dass eine Vielzahl gesetzlicher Regelungen den Schutz des Staates und der individuellen Rechtsgüter von Personen sehr ausdifferenziert gewährleistet, ist die Rechtsordnung als Gesamtheit dieser Regelungen zentrales Schutzgut der öffentlichen Sicherheit.

Wesentlich für den Rechtsgüterschutz im Bereich der öffentlichen Sicherheit ist schließlich, dass dieser im öffentlichen Interesse liegen muss. Geschützt werden muss nicht die Sicherheit allgemein, sondern die „öffentliche Sicherheit“.

Geht man davon aus, dass zentrales Schutzgut im Bereich der Sicherheit die Integrität der Rechtsordnung ist, die den Staat und seine Einrichtungen ebenso erfasst wie die individuellen Rechtsgüter, stellen sich bei der Rechtsanwendung keine Probleme. Da an der Integrität der Rechtsordnung grundsätzlich ein öffentliches Interesse besteht, berührt jede auf Verletzung eines gesetzlichen Tatbestandes gerichtete Handlung (überwiegend sanktioniert als Straftaten und Ordnungswidrigkeiten) die öffentliche Sicherheit. Für den Bereich der Normen des Zivilrechts gilt das im Wesentlichen nur für die Fälle des Schutzes privater Rechte, wenn der Betroffene sich durch Inanspruchnahme der Gerichte nicht ausreichend helfen kann, § 162 Abs. 2 LVwG.

Dort, wo der Rechtsgüterschutz nicht unmittelbar durch die Gesetze und damit durch die Rechtsordnung erfolgt, wird man das öffentliche Interesse an der Gefahrenabwehr ergänzend damit begründen können, dass entweder Rechtsgüter einer unbestimmten Zahl von Personen gefährdet oder dass bestimmte Einzelpersonen unabhängig von ihrer Individualität ebenso bedroht sind, wie jede andere Person es an ihrer Stelle wäre (sog. **Austauschformel**).

Zu den Fällen, die ein öffentliches Interesse nicht begründen, werden regelmäßig Selbstgefährdungen von Personen gerechnet (Bergsteiger, Gleitschirmflieger).

Andererseits ist zu beachten, dass der Selbstgefährdung Grenzen gesetzt sind. Diese Grenzen liegen dort, wo der Handelnde die Gefährlichkeit und Tragweite seines Tuns nicht zu erkennen vermag (Kinder bzw. Erwachsene, die sich z. B. in einem die freie Willensbetätigung ausschließenden Zustand befinden). Hier entstehen staatliche Schutzpflichten aus den Grundrechten. Das Bundesverfassungsgericht entschied jedoch im Februar 2020, dass das allgemeine Persönlichkeitsrecht (Art. 2 Abs. 1 i. V. m. Art. 1 Abs. 1 GG) als Ausdruck persönlicher Autonomie ein Recht auf selbstbestimmtes Sterben gebe. Dieses Recht schließe die Freiheit ein, sich das Leben zu nehmen. Die Entscheidung des Einzelnen, seinem Leben entsprechend seinem Verständnis von Lebensqualität und Sinnhaftigkeit der eigenen Existenz ein Ende zu setzen, sei im Ausgangspunkt ein Akt autonomer Selbstbestimmung und somit von Staat und Gesellschaft zu respektieren. In der Praxis muss sich daher das polizeiliche Einschreiten gegenüber möglichen

Suizidenten verändern. Wenn diese offensichtlich selbstbestimmt handeln, dann dürfte hier grundsätzlich keine Gefahr für die öffentliche Sicherheit vorliegen und eine Verhinderung des gewollten Sterbens nicht mehr mit dem Recht vereinbar sein.[12]

Für die konkrete Rechtsanwendung gilt: Wird durch die Handlung eines Menschen eine Straf- oder Bußgeldnorm verletzt (z.B. Diebstahl, Verkehrsordnungswidrigkeiten u.a.), ist immer die öffentliche Sicherheit bedroht.

Die **„öffentliche Ordnung“** als unbestimmter Rechtsbegriff umfasst die Gesamtheit der ungeschriebenen Regeln, deren Befolgung nach den jeweils herrschenden sozialen und ethischen Anschauungen als unerlässliche Voraussetzung eines geordneten menschlichen Zusammenlebens innerhalb eines bestimmten Gebiets angesehen wird.[13]

In seiner Unbestimmtheit ist der Begriff als eigenständiger Anknüpfungspunkt zur Bejahung einer Gefahr für die öffentliche Sicherheit seit längerer Zeit umstritten. Vor diesem Hintergrund hat der Kieler Landtag bei der Neufassung des LVwG 1992 das Tatbestandsmerkmal öffentliche Ordnung gestrichen. Seit dieser Streichung sind in den letzten 30 Jahren keine nennenswerten Probleme im polizeilichen Handeln aufgetreten, die mit dem Wegfall der öffentlichen Ordnung im Zusammenhang stehen. Ernst gemeinte Forderungen zur Wiedereinführung des Begriffes im Landesverwaltungsgesetz sind nicht erhoben worden. Schließlich besteht aufgrund seiner Unbestimmtheit in der Rechtsanwendung die latente Gefahr, dass ein weder strafbares noch ordnungswidriges Verhalten trotzdem ein polizeiliches Einschreiten ermöglichen könnte. In diesen Fällen könnte die Anknüpfung an die öffentliche Ordnung zu einer systemfremden Schranke bei der zulässigen Ausübung der Grundrechte werden.

In der Praxis wirkt sich die Streichung auf die polizeilichen Befugnisse indes nicht negativ aus, denn viele Belange der „öffentlichen Ordnung“ sind durch eine weitgehende Normierung des Zusammenlebens mittlerweile bereits über die Gesamtheit der Rechtsordnung Schutzgut der öffentlichen Sicherheit:

Ordnungsgüter wie die ungestörte Religionsausübung, die Ruhe der Toten, die Leichtigkeit des Straßenverkehrs oder grundlegende Normen von Sitte, Moral, Anstand sowie der Schutz vor Lärm, Gerüchen, Ungeziefer, belästi-

12 Urteil BVerfG vom 26.02.2020 – 2 BvR 2347/15.

13 Überblick bei *Baudewin*, Der Schutz der öffentlichen Ordnung im Versammlungsrecht, 2007.

gender Werbung u.a. sind durch viele Gesetze des (Sonder-)Ordnungsrechts in gesetzliche Regelungen überführt worden (u.a. im StGB, OWiG, StVO, BauGB) und damit bereits hierüber Teil der öffentlichen Sicherheit.

5. Gefahrbegriff und Gefahrengrade

Auch der Begriff der „Gefahr" im Polizei- und Ordnungsrecht ist ein unbestimmter Rechtsbegriff. Was Gefahr im Einzelfall ist, muss aus den jeweiligen Umständen hergeleitet werden. Nicht jede mit einem gewissen Risiko verbundene Sachlage ist bereits eine Gefahr. Gefährlich im allgemeinen Sinne sind viele Handlungen von Menschen wie z.B. das Bergsteigen oder das Rauchen. Ob dabei jedoch auch eine Gefahr im rechtlichen Sinne vorliegt, ist damit noch nicht gesagt. Belästigungen, Unannehmlichkeiten oder Bagatellsachverhalte nähern sich noch nicht der Gefahrenschwelle an. Es geht also bei der Abgrenzung um die **Sozialadäquanz** und das **allgemeine Lebensrisiko**. Schadenswahrscheinlichkeiten, die von der Rechtsordnung als erlaubtes Verhalten gebilligt werden, begründen keine Gefahr im polizeirechtlichen Sinne: So ist Autofahren auch bei schlechten Witterungsverhältnissen wie Schnee und Eis erlaubt, selbst wenn die Unfallgefahr hier erheblich erhöht ist.

Verkürzt liegt eine Gefahr danach dann vor, wenn eine Sachlage oder ein Verhalten bei ungehindertem Geschehensablauf mit hinreichender Wahrscheinlichkeit in absehbarer Zeit zu einem Schaden für ein Schutzgut der öffentlichen Sicherheit führen wird.

Schaden und Störung

Die Beeinträchtigung der durch die öffentliche Sicherheit geschützten Rechtsgüter begründet einen Schaden im polizeirechtlichen Sinne. Schaden ist damit die verwirklichte Gefahr bzw. der Gefahrerfolg. Dabei ist gleichgültig, ob eine Gefahr von einem Menschen, von Tieren oder Zuständen der Natur ausgeht oder ob sie im Falle der Handlung durch Menschen verschuldet ist.

So liegt ein Schaden insbesondere vor, wenn

- der Staat und seine Einrichtungen hinsichtlich ihres Bestandes oder ihrer Funktionsfähigkeit beeinträchtigt werden,
- die individuellen Rechtsgüter (Leben, Gesundheit, Freiheit, Eigentum u.a.) eingeschränkt oder beseitigt werden,
- die staatliche Rechtsordnung (Summe aller Rechtsquellen) durch Übertretung oder Verletzung einer Norm beeinträchtigt wird.

Tritt ein Schaden für ein Schutzgut der öffentlichen Sicherheit ein, dann liegt im polizeirechtlichen Sinne eine „Störung" der öffentlichen Sicherheit vor. Die Störung ist also die realisierte Gefahr in Form eines Schadenseintritts.

Beispiel: Ein Fahrzeug steht im Parkverbot. Hier ist die Störung eingetreten und dauert an.

Gefahrenarten

Der Begriff der Gefahr wird schließlich unterschieden in Gefahrenarten und Gefahrengrade. Während der Gefahrengrad den Grad der Gefährlichkeit einer Sachlage beschreibt, unterscheidet man bei der Gefahrenart zwischen **abstrakten** und **konkreten** Gefahren. Es geht hier also um die Ausgestaltung des Gefahrentatbestandes.

Abstrakte Gefahr

Abstrakte Gefahren sind solche, die lediglich die überwiegende Wahrscheinlichkeit begründen, dass künftig in einer **unbestimmten Zahl von Fällen** Gefahren eintreten werden. Solche Wahrscheinlichkeiten können sich aus der Lebenserfahrung, der Statistik oder wissenschaftlichen Erkenntnissen ergeben. So ist bspw. die zu geringe Reifenprofiltiefe bei einem Kfz oder die Errichtung eines Gebäudes unter Missachtung brandschutzrechtlicher Bauvorgaben abstrakt gefährlich.

Abstrakte Gefahren werden regelmäßig durch besondere Gesetze oder **Verordnungen** über die öffentliche Sicherheit bekämpft, vgl. § 175 LVwG. Für zu treffende Maßnahmen ist die Verletzung des jeweiligen Tatbestandes, d.h. die Schaffung der abstrakten Gefahrenlage, ausreichend. Verordnungen und Gesetze regeln Sachverhalte generell, also nicht individuell auf eine konkrete Person oder einen individualisierten Personenkreis bezogen, und abstrakt, also nicht auf einen bestimmten Einzelsachverhalt hin konkretisiert: Sie regeln keine Einzelfälle, sondern gelten für eine unbestimmte Vielzahl von Fällen. Dementsprechend knüpfen sie nicht an Tatbestände mit konkreten Gefahrenlagen im Einzelfall an, sondern beschreiben typische Gefährdungslagen, eben abstrakte Gefahren, unabhängig vom konkreten Einzelfall.

Konkrete Gefahr

Die **konkrete Gefahr** ist Voraussetzung für polizeiliches Handeln im **Einzelfall**, also z.B. durch Verfügungen, Verwaltungsakte im Sinne des § 176 LVwG. § 176 Abs. 1 Satz 2 LVwG beschreibt die konkrete Gefahr als eine

im einzelnen Falle bevorstehende Gefahr für die öffentliche Sicherheit. Dabei ist die bloße Möglichkeit einer Störung nicht ausreichend.

Das LVwG kennzeichnet Gefahren tatbestandlich nicht ausdrücklich als abstrakte bzw. konkrete Gefahr, sondern setzt deren dogmatische Unterscheidung voraus.

Die Ausgangsform für ein polizeiliches Handeln im Einzelfall ist die **konkrete Gefahr**. Sie liegt vor, wenn in **absehbarer Zeit** mit **hinreichender Wahrscheinlichkeit** ein die öffentliche Sicherheit **schädigendes Ereignis** eintreten wird.

Daraus ergeben sich für die konkrete Gefahr drei Teilelemente: Das Zeitmoment „absehbare Zeit“, die Wahrscheinlichkeit des Schadenseintritts „hinreichende Wahrscheinlichkeit“ und das drohende Schadensausmaß „schädigendes Ereignis“.

Diese drei Elemente der konkreten Gefahr stehen in einer Wechselwirkung zueinander, die mit der sogenannten **„Je-desto-Formel“** beschrieben wird: Je größer der zu erwartende Schaden und je bedeutender das betroffene Schutzgut sind, desto geringer sind die Anforderungen an die Wahrscheinlichkeit des Schadenseintritts und an seine zeitliche Nähe. So sind im Falle der Gefahr eines terroristischen Anschlags auf eine Konzertveranstaltung angesichts der drohenden Schadenslage für Leib und Leben einer Vielzahl von Menschen im Hinblick auf die zeitliche Nähe und die Wahrscheinlichkeit des Schadenseintritts geringere Anforderungen zu stellen als bei der Gefahr eines „Falschparkers“ auf einem Anwohnerparkplatz.

Damit sind bereits auf der Tatbestandsebene bei der Annahme einer Gefahr für die öffentliche Sicherheit die gleichen Mechanismen zu beachten wie auf der Rechtsfolgenseite bei der Wahrung der Verhältnismäßigkeit.

Bei der Beurteilung, ob eine konkrete Gefahr vorliegt, geht es immer um eine **Prognoseentscheidung** für die Zukunft. Aus der objektiven Beurteilung der Umstände zur Zeit des polizeilichen oder ordnungsrechtlichen Einschreitens muss sich danach mit hinreichender Wahrscheinlichkeit ergeben, dass ohne polizeiliches oder ordnungsbehördliches Einschreiten ein Schaden eintreten werde. Ob die Möglichkeit eines Schadens gegeben ist, muss nach objektiven Gesichtspunkten aus der objektivierten **Ex-ante-Betrachtung** eines verständigen Durchschnittsbeamten geprüft werden. Die Prognoseentscheidung eröffnet jedoch keinen Beurteilungsspielraum für die handelnde Behörde. Die behördliche Entscheidung wird von den Verwaltungsgerichten voll nachgeprüft, ebenfalls aus dem Blickwinkel eines verständigen Durchschnittsbeamten aus der Ex-ante-Perspektive.

Das LVwG nutzt für die konkrete Gefahr wiederholt die Formulierung

> „im einzelnen Falle bevorstehenden Gefahr".

Diese Formulierung findet sich bspw. in folgenden Vorschriften des LVwG:

- § 176 Abs. 1 LVwG → (Verwaltungsakte (Verfügungen)),
- § 179 Abs. 1 LVwG → (Voraussetzungen der Datenerhebung),
- § 180 Abs. 2 LVwG → (Befragung und Auskunftspflicht, polizeiliche Anhalte- und Sichtkontrollen),
- § 180a Abs. 1, 2, 4 LVwG → (Bestandsdatenauskunft)
- § 181 Abs. 1 LVwG → (Identitätsfeststellung),
- § 193 Abs. 1, 2 LVwG → (Datenübermittlung an Behörden, öffentliche Stellen oder sonstige Stellen),
- § 199 Abs. 3 LVwG → (Vorladung),
- § 201 Abs. 1 LVwG → (Platzverweis, Aufenthaltsverbot, Aufenthaltsgebot und Meldeauflage),
- § 259 Abs. 3 LVwG → (Warnung).

Für Maßnahmen mit besonderer Eingriffstiefe legt der Gesetzgeber im LVwG besondere Gefahrengrade fest. So wird auch die Formulierung der im einzelnen Falle bevorstehenden Gefahr teilweise auf bestimmte hochrangige (erhebliche) Rechtsgüter beschränkt, z.B. in § 180a Abs. 2 Satz 2 LVwG:

> „im einzelnen Falle bevorstehenden Gefahr für Leib, Leben oder Freiheit einer Person [...]"

Gefahrengrade

Die konkrete Gefahr lässt sich hinsichtlich der Gefährlichkeit der jeweiligen Sachlage sowohl in **zeitlicher Hinsicht** bzw. bezogen auf die **Wahrscheinlichkeit**, also auch im Hinblick auf die **Quantität und Qualität der bedrohten Rechtsgüter** näher differenzieren: In zeitlicher Hinsicht bzw. dem Grad der Wahrscheinlichkeit wird die konkrete Gefahr, bei der ein Schadenseintritt unmittelbar bevorsteht, zur „gegenwärtigen Gefahr". Im Hinblick auf die bedrohten Rechtsgüter wird zusätzlich in „erhebliche" oder „gemeine" Gefahr unterschieden. Im Ausdruck der „dringenden Gefahr" werden zeitliches Moment und Erheblichkeit der bedrohten Rechtsgüter zusammengeführt. Hier wird die „Je-desto-Formel" besonders relevant.

Gegenwärtige Gefahr

Ist das schädigende Ereignis bereits eingetreten (Störung) oder steht es **mit an Sicherheit grenzender Wahrscheinlichkeit unmittelbar bevor**, so spricht man von der gegenwärtigen Gefahr. Es muss also eine Situation vorliegen, die jederzeit in einen Schaden umschlagen kann. Entsprechend der „Je-desto-

Formel“ knüpft z.B. § 180a Abs. 2 Satz 2 LVwG neben der bisher beleuchteten konkreten Gefahr verschärfend auch an eine gegenwärtige Gefahr an. Zunächst genügt in zeitlicher Hinsicht für die Maßnahme die klassische konkrete Gefahr, soweit es um den Schutz hochrangiger Rechtsgüter wie Leib, Leben oder Freiheit einer Person geht. Die Maßnahme ist jedoch auch zulässig zum Schutz von Sach- oder Vermögenswerten oder der Umwelt, wobei die Schutzgüter per se nicht gleich hochrangig zu Leib, Leben und Freiheit sind. Dieses Gefälle wird in der Norm entsprechend den Vorgaben der Verhältnismäßigkeit nach der „Je-desto-Formel“ dadurch aufgelöst, dass gleichzeitig die Anforderungen an das Schadensausmaß und die Anforderungen an die Zeitkomponente und die Wahrscheinlichkeit im Sinne der gegenwärtigen Gefahr erhöht sind:

> „... im einzelnen Falle bevorstehenden Gefahr für Leib, Leben oder Freiheit einer Person sowie zur Abwehr einer gegenwärtigen Gefahr eines gleichgewichtigen Schadens für Sach- oder Vermögenswerte oder für die Umwelt ...“

Die Gefahrenvoraussetzung der gegenwärtigen Gefahr findet sich unter anderem in folgenden Vorschriften des LVwG:

- § 210 Abs. 1 LVwG → (Sicherstellung von Sachen),
- § 220 Abs. 1 LVwG → (Inanspruchnahme anderer Personen),
- § 229 Abs. 2 LVwG → (Zulässigkeit des Vollzugs von Verwaltungsakten),
- § 230 Abs. 1 LVwG → (Sofortiger Vollzug).

Teilweise wird die Gegenwärtigkeit der Gefahr verknüpft mit der Gefahr für bestimmte hochrangige Rechtsgüter, so in § 185b LVwG zur Unterbrechung der Telekommunikation,

> „... zur Abwehr einer gegenwärtigen Gefahr für den Bestand oder die Sicherheit des Bundes oder eines Landes oder für Leib, Leben oder Freiheit einer Person“,

oder in § 256a LVwG, den Vorschriften für den Sprengmittelgebrauch und in § 258 LVwG zum Schusswaffengebrauch gegen Personen. Erforderlich ist dort eine

> „gegenwärtige Gefahr für Leib oder Leben“.

Eine weitere Kombination findet sich z.B. in § 184a Abs. 1 Satz 2 LVwG zum Einsatz körpernah getragener Aufnahmegeräte auf befriedetem Besitztum und in Geschäftsräumen oder in § 208 Abs. 2 Nr. 3 LVwG zur Durchsuchung von Wohn- und Geschäftsräumen oder eines befriedeten Besitztums. Dort ist die Eingriffsschwelle die

> „gegenwärtige erhebliche Gefahr“.

Erhebliche Gefahr

Bei der erheblichen Gefahr ist das Rechtsgut hochrangig, d. h., es liegt eine Gefahr für ein **bedeutsames Rechtsgut** wie z. B. Leben und körperliche Unversehrtheit, Freiheit, beträchtliche Vermögenswerte und wichtige Belange der Allgemeinheit vor.

Die Gefahrenvoraussetzung der erheblichen Gefahr findet sich unter anderem in folgenden Vorschriften des LVwG:

- § 179 Abs. 4 LVwG → (Voraussetzungen der Datenerhebung),
- § 184a Abs. 1 LVwG → (Einsatz körpernah getragener Aufnahmegeräte)
- § 193 Abs. 2 LVwG → (Datenübermittlung an Behörden, öffentliche Stellen oder sonstige Stellen),
- § 208 Abs. 1, 3 LVwG → (Betreten und Durchsuchung von Räumen).

Gefahr für Leib und Leben

Die Gefahr für Leib oder Leben ist eine besondere Form der **erheblichen Gefahr**. Es müssen die Rechtsgüter Leib oder Leben im Sinne von **Art. 2 Abs. 2 GG** bedroht sein. Leben meint die Gefahr des Todes, Leib meint die Gefahr der Verletzung der körperlichen Unversehrtheit. Im Verhältnis zum Rechtsgut Leben genügt zur Annahme einer Gefahr für den Leib **nicht jede Verletzung der körperlichen Unversehrtheit**. Die Schwelle einer Gefahr für Leib oder Leben ist jedoch jedenfalls dann erreicht, wenn nach der **Gefahrenprognose** zu erwarten ist, dass die **Verletzungsfolgen** denen einer **schweren Körperverletzung** im Sinne des **§ 226 StGB** entsprechen würden, wie u. a. den Verlust des Sehvermögens, des Gehörs, des Sprechvermögens oder der Fortpflanzungsfähigkeit.

Die Gefahrenvoraussetzung der Gefahr für Leib oder Leben findet sich in folgenden Vorschriften des LVwG:

§ 183b Abs. 1 LVwG → (Untersuchung von Personen),

§ 203 Abs. 2 LVwG → (Verfahren bei der Durchsuchung von Personen)

§ 204 Abs. 1 LVwG → (Gewahrsam von Personen)

§ 256a Abs. 1 LVwG → (Vorschriften für den Sprengmittelgebrauch)

§ 258 Abs. 1, 2 LVwG → (Schusswaffengebrauch gegen Personen)

§ 259 Abs. 3 LVwG → (Warnung)

Die Gefahr für Leib oder Leben wird häufig mit der gegenwärtigen Gefahr kombiniert.

Gemeine Gefahr

Die (all)gemeine Gefahr richtet sich **gegen eine Vielzahl von Personen** für Leib, Leben, Gesundheit oder bedeutende Sachwerte. Aufgrund des damit verbundenen möglichen großen Schadensausmaßes dürfte in der Regel bei einer gemeinen Gefahr zugleich auch eine erhebliche Gefahr gegeben sein. Beispiel für eine gemeine Gefahr sind insbesondere Großschadenslagen wie Überschwemmungen bei Sturmfluten oder unkontrollierte Waldbrände sowie terroristische Angriffsszenarien, die sich gegen eine unbestimmte Vielzahl von Personen richten.

Dringende Gefahr

Eine solche Gefahr liegt vor, wenn eine Sachlage oder ein Verhalten bei ungehindertem Verlauf des zu erwartenden Geschehens mit hinreichender Wahrscheinlichkeit ein wichtiges Rechtsgut schädigen wird. Die dringende Gefahr setzt keine zeitliche Dringlichkeit voraus, allein die konkrete Sachlage und die Wahrscheinlichkeit eines Schadens für ein wichtiges Rechtsgut reichen aus. Die Dringlichkeit der Gefahr kann sich einerseits aus der **zeitlichen Nähe** des möglichen Schadenseintritts, aber insbesondere auch aus **dem drohenden Schadenszenario** und dem **Wert der betroffenen Rechtsgüter** ergeben. Je höher der Wert der Schutzgüter ist, desto geringer sind auch zur Begründung einer dringenden Gefahr die Anforderungen an die zeitliche Nähe des Schadenseintritts.

Der Gefahrengrad der „dringenden Gefahr" findet sich schon im Grundgesetz in **Art. 13 Abs. 7 GG**. Danach ist ein Eingriff in die Unverletzlichkeit der Wohnung aufgrund eines Gesetzes zur Verhütung dringender Gefahren für die öffentliche Sicherheit erlaubt. Dementsprechend knüpft auch das LVwG für die Durchsuchung von Wohnungen in § 208 LVwG an die dringende Gefahr an. Da viele Datenerhebungsmaßnahmen sich auch auf den Bereich der Wohnung beziehen und die Dringlichkeit der Gefahr sich neben dem Zeitmoment auch aus dem Wert der betroffenen Schutzgüter ergibt, hat der Gesetzgeber in Schleswig-Holstein diese Gefahrenschwelle auch für die verdeckten Datenerhebungsmaßnahmen der §§ 185 ff. LVwG übernommen. Die Gefahrenvoraussetzung der dringenden Gefahr findet sich u. a. in folgenden Vorschriften des LVwG:

- § 185 Abs. 3 LVwG → (Besondere Mittel der Datenerhebung),
- § 185a Abs. 1 LVwG → (Überwachung der Telekommunikation),
- § 185b Abs. 1 LVwG → (Unterbrechung der Telekommunikation),
- § 201b Abs. 5 LVwG → (Elektronische Aufenthaltsüberwachung),
- § 208 Abs. 3 LVwG → (Betreten und Durchsuchung von Räumen).

Drohende Gefahr und hinreichend konkretisierte Gefahr

Anhand des Begriffs der „drohenden Gefahr" hat sich seit dem **Urteil des Bundesverfassungsgerichts zum BKAG**[14] eine neue Diskussion um die Ausweitung der polizeilichen Befugnisse in **Abgrenzung zum sogenannten Gefahrenvorfeld** entfacht. Ausgehend von der konkreten Gefahr als Prognoseentscheidung über einen zukünftigen Kausalverlauf aufgrund einer gesicherten Tatsachengrundlage wird danach diskutiert, inwieweit entsprechend der „**Je-desto-Formel**" bei einer möglichen Schadenslage für besonders hochrangige Rechtsgüter Abstriche in Bezug auf die Wahrscheinlichkeit des Schadenseintritts und die für die Prognose erforderliche Tatsachengrundlage zulässig sind. Verkürzt gesagt geht es also darum, ob mit polizeilichen Mitteln auch schon **grundrechtsbeeinträchtigende Gefahrerforschungsmaßnahmen**, wie z. B. verdeckte Datenerhebungsmaßnahmen durchführt werden dürfen, um überhaupt das Vorhandensein einer Gefahr feststellen zu können. Das Bundesverfassungsgericht hat in seinem Urteil, BVerfGE, 141, 220 dazu Folgendes ausgeführt:

> „Der Gesetzgeber ist von Verfassungs wegen aber nicht von vornherein für jede Art der Aufgabenwahrnehmung auf die Schaffung von Eingriffstatbeständen beschränkt, die dem tradierten sicherheitsrechtlichen Modell der Abwehr konkreter, unmittelbar bevorstehender oder gegenwärtiger Gefahren entsprechen. Vielmehr kann er die Grenzen für bestimmte Bereiche mit dem Ziel schon der Straftatenverhütung auch weiter ziehen, indem er die Anforderungen an die Vorhersehbarkeit des Kausalverlaufs reduziert. Allerdings müssen die Eingriffsgrundlagen auch dann eine hinreichend konkretisierte Gefahr in dem Sinne verlangen, dass zumindest tatsächliche Anhaltspunkte für die Entstehung einer konkreten Gefahr für die Schutzgüter bestehen. Allgemeine Erfahrungssätze reichen insoweit allein nicht aus, um den Zugriff zu rechtfertigen. Vielmehr müssen bestimmte Tatsachen festgestellt sein, die im Einzelfall die Prognose eines Geschehens, das zu einer zurechenbaren Verletzung der hier relevanten Schutzgüter führt, tragen (vgl. BVerfGE 110, 33 [56 f., 61]; 113, 348 [377 f.]). Eine hinreichend konkretisierte Gefahr in diesem Sinne kann danach schon bestehen, wenn sich der zum Schaden führende Kausalverlauf noch nicht mit hinreichender Wahrscheinlichkeit vorhersehen lässt, sofern bereits bestimmte Tatsachen auf eine im Einzelfall drohende Gefahr für ein überragend wichtiges Rechtsgut hinweisen. Die Tatsachen müssen dafür zum einen den Schluss auf ein wenigstens seiner Art nach konkretisiertes und zeitlich absehbares Geschehen zulassen, zum anderen darauf, dass bestimmte Personen beteiligt sein werden, über deren Identität zumindest so viel bekannt ist, dass die Überwachungsmaßnahme gezielt gegen sie eingesetzt und weitgehend auf sie beschränkt werden kann (BVerfGE 120, 274 [328 f.]; 125, 260 [330 f.]). In Bezug auf terroristische Straftaten, die oft durch lang geplante Taten von bisher nicht straffällig gewordenen Einzelnen an nicht vorhersehbaren Orten und in ganz verschiedener Weise verübt werden, können Überwachungsmaßnahmen

14 BVerfG, Urteil vom 20.04.2016 – 1 BvR 966/09, 1 BvR 1140/09 = BVerfGE 141 S. 220.

auch dann erlaubt werden, wenn zwar noch nicht ein seiner Art nach konkretisiertes und zeitlich absehbares Geschehen erkennbar ist, jedoch das individuelle Verhalten einer Person die konkrete Wahrscheinlichkeit begründet, dass sie solche Straftaten in überschaubarer Zukunft begehen wird. Denkbar ist das etwa, wenn eine Person aus einem Ausbildungslager für Terroristen im Ausland in die Bundesrepublik Deutschland einreist.“[15]

Diese Vorgaben hat der schleswig-holsteinische Gesetzgeber insbesondere bei der Ausgestaltung der §§ 185 ff. LVwG zu den verdeckten Datenerhebungsmaßnahmen in das Landesrecht umgesetzt:

Ausgangspunkt im LVwG bleibt die **konkrete Gefahr**. Eine neue Gefahrenkategorie neben der konkreten Gefahr wird nicht eingeführt. Vielmehr wird der Begriff der konkreten Gefahr nach der „Je-desto-Formel“ weiter ausgedehnt. So sind danach zum Schutz überragend wichtiger Rechtsgüter, namentlich Bestand oder die Sicherheit des Bundes oder eines Landes sowie Leib, Leben oder Freiheit einer Person, Maßnahmen der verdeckten Datenerhebung zur näheren Sachverhaltsaufklärung auch dann zulässig, wenn die Tatsachengrundlage noch nicht vollständig gehärtet ist, aber bereits eine Prognoseentscheidung darüber zulässt, dass die Person innerhalb eines übersehbaren Zeitraums auf eine zumindest ihrer Art nach konkretisierte Weise eine terroristische Straftat begehen wird. Anknüpfungspunkte für die Prognoseentscheidung sind insoweit bestimmte Tatsachen bzw. ein individuelles Verhalten der Person.

Dies bedeutet jedoch nicht, dass bloße Vermutungen, allgemeine Erfahrungssätze oder sonstige aus der Luft gegriffenen Annahmen ausreichend wären. Erforderlich sind mithin gewichtige tatsächliche Anhaltspunkte, die einen zukünftigen Schadenseintritt nahelegen; die verfügbaren Informationen müssen sich jedoch im Zeitpunkt des polizeilichen Handelns noch nicht zu einer gesicherten Wahrscheinlichkeit verdichtet haben. Es ist für ein Einschreiten mithin nicht gefordert, dass eine Gefahr oder Störung bereits erwiesen ist. Es reicht vielmehr aus, dass ein Sachverhalt vorliegt, bei dem die Polizei bei verständiger Würdigung eine Gefahr annehmen darf.

2022 hat das Bundesverfassungsgericht die Anforderung an die „konkretisierte Gefahr“ weiter ausgeschärft[16] und festgestellt, dass bei einer Verlagerung in das Vorfeld eine Anknüpfung an die Prognose für die Begehung zukünftiger Straftaten dann nicht mehr dem Gefahrbegriff genüge, wenn die Gefahrenprognose an die Begehung solcher Straftaten anknüpft, bei

15 BVerfG, Urteil vom 20.04.2016 – 1 BvR 966/09, 1 BvR 1140/09 = BVerfGE 141 S. 220, 272 f. Rn. 112.

16 BVerfG, Beschluss vom 09.12.2022 – 1 BvR 1345/21= BVerfGE 165 S. 1.

denen die Strafbarkeitsschwelle durch die Einbeziehung von Vorbereitungshandlungen in das Vorfeld von Gefahren verlagert wird. Aufgrund der „doppelten Vorverlagerung" sei nicht mehr sichergestellt, ob überhaupt eine Gefahr für das durch den Straftatbestand geschützte Rechtsgut vorliege.[17] Diese jüngere Rechtsprechung hat bisher keine Umsetzung im LVwG gefunden (siehe dazu z.B. den Bezug in § 185 Abs. 3 LVwG auf die Vorfeldstraftaten gemäß §§ 89a, 89b, 129a oder 129b StGB).

Anscheinsgefahr und Putativ-, Scheingefahr

Die Begriffe Anscheinsgefahr und Putativ- bzw. Scheingefahr sind durch Lehre und Rechtsprechung entwickelt worden. Das LVwG verwendet sie nicht. Die Begriffe dienen dazu, das Problem der Ex-ante-Prognoseentscheidung, ob eine Gefahr vorliegt oder nicht, näher zu differenzieren.

Anscheinsgefahr

Bei der Anscheinsgefahr liegen objektiv Tatsachen vor, die aus der Ex-ante-Sicht eines verständigen Durchschnittsbeamten die Annahme einer Gefahr rechtfertigen. Ex-post stellt sich jedoch heraus, dass keine Gefahrenlage bestand. In dieser Situation liegt trotzdem im polizeirechtlichen Sinne eine **echte Gefahr** vor, weil es nur auf die Ex-ante-Betrachtung ankommt. Denn im Sinne einer effektiven Gefahrenabwehr sind die Polizei- und Ordnungsbehörden berechtigt, zum Schutz der öffentlichen Sicherheit tätig zu werden, wenn eine Sachlage **bei verständiger Betrachtung** den Anschein einer polizeilichen Gefahr erweckt.

Putativ-, Scheingefahr

Während bei der Anscheinsgefahr Ex-ante-Tatsachen vorliegen, die den Verdacht einer Gefahr rechtfertigen, spricht man von einer Scheingefahr bzw. Putativgefahr, wenn Ordnungsbehörden oder Polizei in Verkennung der Sachlage aus subjektiver Sicht heraus das Vorliegen einer objektiv nicht gegebenen Gefahr angenommen haben, dies einem verständigen Durchschnittsbeamten in gleicher Situation objektiviert allerdings nicht passiert wäre. Diese subjektive, **fälschliche Einschätzung** kann ein polizeiliches oder ordnungsbehördliches Einschreiten nicht rechtfertigen. Die Scheingefahr bzw. Putativgefahr ist **keine Gefahr** im polizeirechtlichen Sinne.

Gefahrverdacht

Als Gefahrenverdacht wird die Situation beschrieben, in der die handelnde Behörde aufgrund der bisherigen Tatsachenlage noch keine abschlie-

17 BVerfG, Beschluss vom 09.12.2022 – 1 BvR 1345/21 = BVerfGE 165 S. 1, 51f. Rn. 92f.

ßende Prognose über die Wahrscheinlichkeit des Schadenseintritts treffen kann und dies auch weiß. Diese Unsicherheiten für die weitere Prognoseentscheidung begründen tatbestandlich trotzdem eine **echte Gefahr** im polizeirechtlichen Sinne, solange die Prognoseentscheidung auf einer Tatsachengrundlage erfolgt. Aus Gründen der Verhältnismäßigkeit sind jedoch auf **Rechtsfolgenseite** nur **Gefahrerforschungsmaßnahmen** zulässig zur weiteren **Sachverhaltsaufklärung**, um eine effektive Gefahrenabwehr zu gewährleisten. Ausnahmsweise können, sofern bereits besonders gravierende Schäden für hochrangige Rechtsgüter drohen, auch gefahrbeseitigende Eingriffe erlaubt sein. Auch hier kommt wieder die „Je-desto-Formel" zum Einsatz. Hieran knüpft dogmatisch auch die oben skizzierte Diskussion zur „drohenden Gefahr" an.

Gefahrenvorsorge

Als Gefahrenvorsorge wird das Handeln im Vorfeld einer konkreten Gefahr bezeichnet, das darauf abzielt, eine Gefahrenlage gar nicht erst entstehen zu lassen, wie z.B. die klassische „Streife" oder die sichtbare Präsenz der Polizei bei Volksfesten. Gefahrenvorsorge findet im Vorfeld einer Gefahr statt, sodass in diesem Stadium (noch) keine Gefahr vorliegt. Mangels Vorliegens einer Gefahr kann das behördliche Handeln nicht auf die polizeiliche Generalklausel gestützt werden. Stattdessen folgt die Befugnis hier unmittelbar aus der Aufgabenzuweisung in § 168 LVwG, wonach die Polizei zuständig ist für die Gefahrenfeststellung und -ermittlung. Besondere Befugnisse der Gefahrenvorsorge, die eine Grundrechtsrelevanz aufweisen, bedürfen dagegen einer expliziten Rechtsgrundlage und können nicht aus der allgemeinen Aufgabenzuweisung abgeleitet werden. Diese Standardbefugnisse knüpfen tatbestandlich nicht an die Abwehr einer konkreten Gefahr, sondern an die „vorbeugende Bekämpfung von Straftaten" an, z.B. in § 180 Abs. 3 LVwG zu polizeilichen Anhalte- und Sichtkontrollen.

Gefahr im Verzug

Gefahr im Verzug liegt vor, wenn der Gefahrverlauf sich so zuspitzt, dass bei einem weiteren Abwarten der Zweck der Maßnahme nicht mehr erreicht werden kann. „Gefahr in Verzug" oder „Gefahr im Verzug" kennt das LVwG insbesondere in zwei Konstellationen:

Vor Erlass eines Verwaltungsaktes ist gemäß § 87 LVwG im **Verwaltungsverfahren** grundsätzlich eine Anhörung durchzuführen. Diese ist jedoch dann entbehrlich, wenn wegen Gefahr im Verzug diese Verfahrensweise dazu führen würde, dass eine Gefahrenabwehr nicht mehr möglich wäre und der Schaden eintreten würde.

In der zweiten Konstellation führt die Gefahr im Verzug als **Zuständigkeitsregelung im Eilfall** dazu, dass eine **eigentlich unzuständige Behörde** zuständig wird, um eine schnelle, **effektive Gefahrenabwehr** zu gewährleisten: Dies ist der Fall, wenn die an sich zuständige Behörde objektiv nicht in der Lage ist, rechtzeitig einzugreifen, um einen Schadenseintritt zu verhindern und dieser nur durch das unmittelbare Eingreifen einer an sich unzuständigen Behörde abgewendet werden kann. Viele eingriffsintensive polizeiliche Standardmaßnahmen unterliegen einem Richtervorbehalt, dürfen also nur durchgeführt werden, wenn ein Gericht die Maßnahme auf Antrag der Polizei hin anordnet. Bei Gefahr im Verzug kann die Polizei, statt die richterliche Anordnung abzuwarten, diese Anordnung selbst treffen, so z. B. für die verdeckten Datenerhebungsmaßnahmen in § 186 ff. LVwG.

6. Adressat der Maßnahme (Störer, Nichtstörer), §§ 217 ff. LVwG

Die gefahrenabwehrrechtliche Maßnahme richtet sich in der Regel gegen einen bzw. mehrere Adressaten. Dabei kommt es in der Regel nicht darauf an, ob die Behörde die Maßnahme selbst durchführt oder dem Adressaten ein bestimmtes Tun auferlegt. Denn selbst, wenn die Behörde die Maßnahme selbst durchführt, liegt in der Durchführung der Maßnahme durch die Behörde in der Regel zugleich die Anordnung der Duldung der Maßnahme gegenüber dem Adressaten.

So handelt es sich z. B. bei der Standardmaßnahme der Durchsuchungsanordnung gemäß § 202 LVwG um einen Verwaltungsakt, der dem Adressaten eine Pflicht zur Duldung der Durchsuchung durch die Vollzugspolizei auferlegt.

Gegen wen sich die Maßnahme zu richten hat, wer also zulässiger Adressat ist, wird entweder spezialgesetzlich durch die jeweiligen Tatbestandsanforderungen der Rechtsgrundlage, auf der das behördliche Handeln ruht, näher bestimmt oder durch das allg. Polizei- und Ordnungsrecht der §§ 217–220 LVwG ausgestaltet:

Die Gewahrsamnahme gemäß § 204 Abs. 1 Nr. 1 LVwG darf sich z. B. als Adressat nur an eine zu schützende Person richten,

> „… insbesondere, weil sie sich erkennbar in einem die freie Willensbestimmung ausschließenden Zustand oder sonst in hilfloser Lage befindet,"

Wenn und soweit keine spezialgesetzliche Regelung zum Adressatenkreis vorhanden ist, bestimmen ergänzend die §§ 217 ff. LVwG, gegen wen sich die Maßnahme richten kann. So enthält die polizeiliche Generalklausel der §§ 174, 176 LVwG auf Tatbestandsseite keine Regelung zum Adressatenkreis.

§ 217 LVwG bestimmt, dass die Maßnahmen der Gefahrenabwehr nur gegen die nach §§ 218, 219 LVwG **verantwortliche Person** gerichtet werden dürfen. Da die Maßnahmen der Gefahrenabwehr in der Regel einen grundrechtlichen Eingriffscharakter aufweisen, sollen sie also nur gegen „Verantwortliche" eingesetzt werden. Damit wird ein **Zurechnungskriterium** für die Festlegung des Adressatenkreises vorausgesetzt. Dieser Zurechnungszusammenhang rechtfertigt den Eingriff in die grundrechtlich geschützte Sphäre des Adressaten. Die verantwortliche Person wird auch „**Störer**" genannt.

Um als Störer gemäß §§ 218, 219 LVwG in Anspruch genommen werden zu können, muss die Gefahrverursachung dem Störer zugerechnet werden können. Danach ist derjenige Störer und damit zulässiger Adressat der Maßnahme der Gefahrenabwehr, der entweder durch sein Verhalten (§ 218 LVwG) die Gefahr verursacht hat oder durch den Zustand einer Sache, für die er als Eigentümer oder Besitzer verantwortlich ist (§ 219 LVwG). Die Verursachung der Gefahr ist in beiden Fällen das entscheidende Zurechnungskriterium. Auf ein Verschulden des Adressaten kommt es dabei nicht an.

Die Zurechnung erfolgt nach herrschender Meinung nach der **Theorie der unmittelbaren Verursachung.** Verantwortlich, und damit Störer, ist, wer **bei wertender Betrachtung** durch sein Verhalten oder den Zustand der Sache die unmittelbare, d. h. letzte steuerbare Ursache für die Gefahrentstehung gesetzt hat. Dies ist bei einer zeitlichen Abfolge mehrerer aufeinander aufbauender Kausalereignisse das zeitlich letzte Ereignis, welches zur Gefahr führt. Bei der wertenden Betrachtung ist zudem zu berücksichtigen, dass das verursachende Verhalten oder der Zustand der Sache nicht für sich rechtmäßig bzw. durch die Rechtsordnung ausdrücklich erlaubt sein darf. Denn wer sich rechtskonform verhält, kann nach der Einheit der Rechtsordnung nicht zugleich Störer sein.

Die Verantwortlichkeit ergibt sich gemäß § 218 LVwG daraus, dass die verantwortliche Person durch ihr Verhalten eine Gefahr für die öffentliche Sicherheit bzw. eine Störung begründet. Man spricht insoweit auch von dem „**Verhaltensstörer**". Parkt z. B. ein Autofahrer einen Pkw im Parkverbot, so ist er aufgrund dieses Verhaltens Verhaltensstörer.

Die Verantwortlichkeit kann sich gemäß § 219 LVwG auch daraus ergeben, dass die Person Eigentümer oder Besitzer einer Sache (oder eines Tieres, vgl. § 90a BGB) ist, deren Zustand eine Gefahr oder Störung für die öffentliche Sicherheit darstellt. Diese Person wird als „**Zustandsstörer**" bezeichnet. Wenn der Fahrer aus dem obigen Beispiel zugleich auch Eigentümer des verbotswidrig geparkten KFZ ist, dann ist er nicht nur Verhaltensstörer, sondern zugleich auch Zustandsstörer, solange sich sein Pkw im Parkverbot befindet. Handelt es sich bei dem verbotswidrig geparkten Pkw aus dem obigen Beispiel nicht um das Auto des Fahrers, sondern hat dieser den Pkw von seinem Freund ausgeliehen, so ist der Freund als Eigentümer des Pkw Zustandsstörer in Bezug auf den Verkehrsverstoß.

Nur im Ausnahmefall darf eine Maßnahme zur Gefahrenabwehr auch gegen eine Person gerichtet werden, die die Gefahr weder durch ihr Verhalten noch durch die Zuordnung zu einer Sache zu verantworten hat. Diese Person wird auch als „**Nichtstörer**" bezeichnet. Diese Person darf nur subsidiär in Anspruch genommen werden, weil zu ihr im Unterschied zum Verhaltens- oder Zustandsverantwortlichen ein Zurechnungszusammenhang fehlt. Damit ist auch die Begründung für die Rechtfertigung des Eingriffs in die Grundrechte der unbeteiligten Person erschwert. Hier sind die Anforderungen an die Verhältnismäßigkeit der Maßnahme insoweit bereits auf Tatbestandsebene bei der Einordnung als möglicher Adressat der Maßnahme zu beachten: Ein Zugriff auf die unbeteiligte Person ist nach dem Grundsatz der **effektiven Gefahrenabwehr** nur zur Beseitigung einer **Störung** oder zur Abwehr einer **gegenwärtigen Gefahr**, also zur Verhinderung eines unmittelbar bevorstehenden Schadenseintritts, erlaubt. Außerdem darf der Nichtstörer gemäß § 220 LVwG nur in Anspruch genommen werden, **soweit und solange**

> „1. die Verantwortlichen nicht oder nicht rechtzeitig in Anspruch genommen werden können oder Maßnahmen gegen sie keinen Erfolg versprechen,
> 2. die Störung oder Gefahr nicht durch die Behörde selbst oder durch eine Beauftragte oder einen Beauftragten beseitigt werden kann und
> 3. die andere Person ohne erhebliche eigene Gefährdung oder Verletzung anderer überwiegender Pflichten in Anspruch genommen werden kann."

Zu beachten ist, dass ein Zugriff auf Nichtstörer auch schon durch die jeweilige Rechtsgrundlage tatbestandlich ausgeschlossen sein kann, dies z. B. für die verdeckten Datenerhebungsmaßnahmen nach § 185 Abs. 5 LVwG:

> „Die Datenerhebung nach den Absätzen 1 bis 4 darf sich nur gegen Personen richten, bei denen Tatsachen dafür sprechen, dass sie als Verantwortliche in Anspruch genommen werden können."

Effektivität der Gefahrenabwehr

Das gefahrenabwehrrechtliche Handeln ist an der Maxime der Effektivität der Gefahrenabwehr ausgerichtet. Demnach geht es bei der zu ergreifenden Maßnahme durch die Polizei- und Ordnungsbehörden jeweils darum, die Gefahrenlage möglichst schnell und dauerhaft zu beseitigen. Dies ist insbesondere bei der Auswahl der zu treffenden Maßnahme, das heißt auf Rechtsfolgenseite im Ermessen, zu berücksichtigen.

7. Pflichtgemäßes Ermessen, § 73 LVwG

Das Ermessen eröffnet der handelnden Behörde in Bezug auf die Setzung einer Rechtsfolge einen Spielraum, das sogenannte „Ermessen". Im Vergleich zum repressiven Legalitätsprinzip des Strafprozessrechts ist die Polizei in Bezug auf die präventive Gefahrenabwehr nicht grundsätzlich verpflichtet, einer Gefahr nachzugehen. Nach dem sog. **Opportunitätsprinzip** steht ihr ein Ermessen zu, und zwar sowohl hinsichtlich des „ob" (Entschließungsermessen) als auch des „wie" (Auswahlermessen) des Einschreitens. Zu beachten ist, dass die Ausübung von Ermessen nur eingeschränkt gerichtlich überprüfbar ist. Gemäß § 114 VwGO wird die Entscheidung nur auf Ermessensfehler überprüft, z. B. das Vorliegen sachfremder Motive bei einer behördlichen Entscheidung.

Begriff und Zweck

Eine Rechtsgrundlage, die eine Behörde zur Durchführung einer Maßnahme ermächtigt (auch Ermächtigungsgrundlage genannt), gliedert sich in Tatbestand und Rechtsfolgenseite. Soweit der Behörde auf **Tatbestandsseite** ein Spielraum eingeräumt ist, spricht man von Einschätzungsprärogative bzw. **Beurteilungsspielraum**. Wird der Behörde dagegen auf **Rechtsfolgenseite** dieser Spielraum in Bezug auf die Setzung einer Rechtsfolge gewährt, so spricht man von **Ermessen**:

Ermessen ist die durch die jeweilige Rechtsgrundlage eingeräumte Entscheidungsfreiheit einer Behörde, ob sie zu einem in ihrem Zuständigkeitsbereich liegenden Zweck tätig wird (Entschließungsermessen) sowie auf welche Weise sie zwischen mehreren Handlungsalternativen tätig wird (Auswahlermessen).

Ob der Gesetzgeber der Behörde bei der Rechtsanwendung Ermessen einräumt oder nicht, ist aus dem Wortlaut der jeweiligen Rechtsgrundlage zu entnehmen. Rechtsgebundenheit entsprechend dem Legalitätsprinzip liegt vor bei Formulierungen wie *„muss"*, *„hat"*, *„ist zu"*. Die Behörde ist bei diesen sogenannten gebundenen Entscheidungen verpflichtet, die vorgesehene Rechtsfolge zu setzen. Ermessen entsprechend dem Opportunitätsprinzip wird dagegen eingeräumt durch Formulierungen wie *„soll"*, *„kann"*, *„darf"*, *„ist befugt"*, *„ist ermächtigt"* usw. Die Behörde ist in diesen

Fällen berechtigt zu entscheiden, ob und welche konkrete Maßnahme sie ergreift.

Ermessensarten

Das Ermessen gliedert sich in

- das **Entschließungsermessen**, d.h. die Frage, ob eine Behörde beim Vorliegen eines Anlasses tätig werden soll oder nicht,
- und das **Auswahlermessen,** das die Grenzen der möglichen Handlungsalternativen bestimmt, also wie die Behörde vorgeht.

Die meisten Ermächtigungsgrundlagen im Recht der Gefahrenabwehr eröffnen der handelnden Behörde dem Opportunitätsprinzip entsprechend ein Ermessen auf Rechtsfolgenseite: Danach entscheidet die jeweils zuständige Behörde nach Ermessen, ob sie eine Rechtsfolge setzen will oder nicht.

Wenn sich eine Behörde zum Handeln entschieden hat, ist im Rahmen des Auswahlermessens zwischen mehreren Handlungsalternativen abzuwägen und eine Maßnahme auszuwählen.

Ermessensausübung

Soweit der Behörde ein Ermessen eingeräumt ist, muss die Behörde dieses Ermessen auch ausüben. Übersieht die Behörde, dass ihr Ermessen eingeräumt ist, weil sie annimmt, dass es sich um eine gebundene Entscheidung handele, stellt dies einen gerichtlich überprüfbaren Ermessensfehler dar, den sogenannten „**Ermessensausfall**“ oder „Ermessensnichtgebrauch“.

Das Ermessen, ob oder wie die Behörde tätig werden kann, kann durch die jeweilige Rechtsgrundlage in eine bestimmte Richtung vorfestgelegt sein. Man spricht in diesen Fällen vom sogenannten „**intendierten Ermessen**“. Dies ergibt sich insbesondere aus der Formulierung „soll“. Dann ist der Regelfall, dass die Behörde so zu handeln hat, wie die Vorschrift es mit der Formulierung „soll“ vorgibt. Eine andere Entscheidung ist nur dann angezeigt, wenn es sich um einen atypischen Fall handelt, der nicht dem Regelungsziel der Vorschrift entspricht.

Das **Entschließungsermessen** soll der Behörde einen Spielraum eröffnen, ob sie tätig wird. Auf diese Weise kann die Behörde bei z.B. gleichzeitig auftretenden unterschiedlichen Gefahrenherden entscheiden, welchem sie als erstes begegnet. Dabei ist ermessenslenkend der Grundsatz der Effektivität der Gefahrenabwehr zu berücksichtigen. Die Entscheidung kann praktisch zu einer Pflicht zum Tätigwerden erstarken, wenn insoweit das Entschließungsermessen „**gegen Null reduziert**“ ist, d.h., wenn ein Nichttätigwerden rechtswidrig wäre. Eine solche Ermessensreduzierung entsteht z.B. aus den

Vorgaben des Gleichheitssatzes gemäß Art. 3 Abs. 1 GG bzw. aus dem Grundsatz der Selbstbindung der Verwaltung in Form der Verpflichtung zu gleichförmigem Handeln oder aufgrund der Bedrohung hochwertiger Rechtsgüter wie Leben, Gesundheit und Freiheit, die die Polizei aus ihrem gesetzlichen Auftrag heraus schützen muss.

Das Auswahlermessen bestimmt Art und Umfang der zu treffenden Maßnahmen. Dabei ist im Rahmen der möglichen Handlungsalternativen zwischen dem sachlichen Auswahlermessen (auch Gestaltungsermessen oder **Handlungsermessen**), welche Handlung durchzuführen ist, und dem **personellen Auswahlermessen**, also der Frage, gegen wen die Maßnahme zu erfolgen hat, zu unterscheiden.

Das Auswahlermessen findet seine Grenzen im grundrechtlich vorgegebenen Grundsatz der Verhältnismäßigkeit, wie er auch einfachgesetzlich in § 73 Abs. 2 und 3 LVwG normiert ist:

> „(2) Die Maßnahme darf nicht zu einer Beeinträchtigung der einzelnen Person oder der Allgemeinheit führen, die zu dem beabsichtigten Erfolg in einem offenbaren Missverhältnis steht.
>
> (3) Die Behörde hat unter mehreren zulässigen und geeigneten Maßnahmen tunlichst diejenigen anzuwenden, die die Allgemeinheit und die einzelne Person am wenigsten beeinträchtigen."

Die Prüfschritte der Verhältnismäßigkeit im Rahmen des Ermessens sind:
- die **Geeignetheit** des Mittels,
- die **Erforderlichkeit** des Mittels,
- die **Verhältnismäßigkeit** des Mittels im engeren Sinne.

Eignung bzw. Geeignetheit

Geeignet ist eine Maßnahme dann, wenn sie die Erreichung eines **legitimen Ziels zumindest fördert**. Die Maßnahme muss objektiv ein zulässiges Mittel sein, den präventiven Zweck zu fördern. Man spricht hier von der Zwecktauglichkeit des Mittels. Dabei ist eine Eignung zur vollständigen Beseitigung der Gefahr oder Störung nicht erforderlich; es genügt auch eine Teileignung, die den angestrebten Erfolg näher rücken lässt. Der Grundsatz der Geeignetheit bezieht sich sowohl auf das gewählte Mittel selbst, das tatsächlich möglich sein muss, als auch auf die Person des Adressaten, der objektiv in der Lage sein muss, die verlangte Handlung, Duldung oder Unterlassung vorzunehmen. Bei der Geeignetheit reicht es aus, dass der Zweck gefördert wird. Dabei ist darauf zu achten, dass nichts Unmögliches verlangt wird und die Maßnahme nur so lange geeignet sein kann, wie die Gefahr tatsächlich noch andauert.

Erforderlichkeit

Der Grundsatz der Erforderlichkeit verbindet das Prinzip der Notwendigkeit und das Prinzip des mildesten Mittels. Danach ist **das mildeste Mittel unter den gleich geeigneten Maßnahmen** zu wählen. Sind mehrere Maßnahmen möglich und geeignet, so ist die Maßnahme auszuwählen, die bei gleicher Eignung am wenigsten beeinträchtigt. Dabei ist letztlich diejenige Maßnahme auszuwählen, die sowohl den Betroffenen als auch die Allgemeinheit am wenigsten belastet. Beide Aspekte müssen nicht zwingend zusammenfallen. So ist es durchaus möglich, dass eine Maßnahme dem Einzelnen gegenüber besonders eingriffsintensiv wirkt, für die Allgemeinheit allerdings besonders schonend ausfällt oder umgekehrt. Voraussetzung ist jedoch, dass alle Maßnahmen gleichermaßen geeignet sind. Die Polizei hat also nur dann eine echte Handlungsalternative, wenn die verschiedenen Handlungsmöglichkeiten den angestrebten Erfolg in gleichem Maße erreichen.

Der Grundsatz des geringstmöglichen Eingriffs bzw. des mildesten Mittels stellt eine Ergänzung des Prinzips der Notwendigkeit dar. Gemäß § 73 Abs. 3 LVwG wird von den Behörden verlangt, die Allgemeinheit und den Betroffenen so wenig wie möglich zu beeinträchtigen. Der Eingriffszweck darf durch die Minimierung der Eingriffsintensität aber nicht gefährdet werden. Der Begriff „beeinträchtigen" umfasst dabei nicht nur rechtliche Interessen oder Rechte, sondern auch evtl. Nachteile, Belästigungen und Unbequemlichkeiten.

Verhältnismäßigkeit im engeren Sinne

Demgegenüber wird bei der Verhältnismäßigkeit im engeren Sinne geprüft, ob das ausgewählte Mittel im Hinblick auf den angestrebten Zweck **angemessen** ist (Mittel-Zweck-Relation; Proportionalität). Die Prüfung dieses **Übermaßverbotes** erfolgt durch die Beantwortung der Frage, ob der Eingriff in die Rechtssphäre des Betroffenen (tangiertes Rechtsgut, Schwere des Eingriffs, Schaden durch den Eingriff) im Ergebnis schwerer wiegt als der drohende Schaden durch ein „Gewährenlassen" der Gefahr (gefährdetes Rechtsgut, Höhe des zu erwartenden Schadens). Entscheidend ist, dass Mittel und Zweck nicht in einem Missverhältnis stehen dürfen. Ein Verstoß gegen den Grundsatz der Verhältnismäßigkeit liegt somit immer dann vor, wenn der durch die polizeiliche Maßnahme verursachte Schaden größer ist als der mit ihr bezweckte Nutzen.

Die **Abwägung** von kollidierenden grundrechtlich geschützten Rechtsgütern bzw. Interessen setzt Bezugsgrößen und eine Wertrangordnung voraus, die aus den **Grundrechten** abzuleiten ist. Unter Berücksichtigung ihrer jeweiligen Nähe zum Grundwert der Menschenwürde des Art. 1 Abs. 1 GG lassen sich die bedrohten Rechtsgüter grundsätzlich wie folgt in eine schematische Reihung bringen:

- Leben vor Gesundheit (Art. 2 Abs. 2 Satz 1 GG),
- Gesundheit vor Freiheit (Art. 2 Abs. 2 Satz 1, Satz 2 GG),
- Freiheit vor allgemeiner Handlungsfreiheit (Art. 2 Abs. 2 Satz 2 zu Art. 2 Abs. 1 GG),
- andere Grundrechte (z.B. Meinungsfreiheit) vor allgemeiner Handlungsfreiheit (u.a. Art. 5 Abs. 1 Satz 1 Var. 1 GG vor Art. 2 Abs. 1 GG).

Diese Reihung ersetzt jedoch nicht eine **Abwägung** jeweils im Einzelfall anhand des konkreten Sachverhalts unter Berücksichtigung aller relevanten Aspekte. Bietet der Verfügungsadressat ein Austauschmittel an, das ebenso zulässig und geeignet ist wie die behördlich angeordnete Maßnahme, so ist dieses grundsätzlich zu akzeptieren. Dies sind häufig Mittel, die bei objektiver Beurteilung für den Betroffenen belastender sind, ihm subjektiv aber aus bestimmten Gründen bequemer erscheinen. So kann z.B. der Halter eines Fahrzeugs, der aufgefordert wurde, technische Mängel zu beseitigen, anbieten, das Fahrzeug zu verschrotten. Entscheidend ist, dass die Gefahr oder Störung gleich gut und schnell beseitigt wird. Auch hier ist der Grundsatz der Effektivität der Gefahrenabwehr zu beachten.

Im Rahmen des **personellen Auswahlermessens** ist zu prüfen, gegen wen die Maßnahme zu richten ist, also wer Adressat der Maßnahme sein soll. Dies ist insbesondere zu prüfen, wenn für eine Gefahr mehrere Verursacher in Betracht kommen (vgl. hierzu bereits die Ausführungen zum „Störer"). Zur Gewährleistung einer **effektiven Gefahrenabwehr** unter Beachtung der Anforderungen an die **Verhältnismäßigkeit** sind insbesondere Aspekte wie die **Gefahrennähe** und der **Verursachungsbeitrag**, sowie die möglichen **Sachkenntnisse** des Adressaten für die Gefahrenbeseitigung und dessen (wirtschaftliche) **Leistungsfähigkeit** zu berücksichtigen.

Ermessensfehler

Die pflichtgemäße Ermessensausübung gehört zu den materiellen Rechtmäßigkeitsvoraussetzungen einer Verfügung auf Rechtsfolgenseite. Pflichtgemäßes Ermessen meint die Einbindung der Ermessensentscheidung in den durch Gesetzgebung und Rechtsprechung vorgeschriebenen Rahmen.

Das behördliche Ermessen ist gemäß § 114 Satz 1 VwGO gerichtlich jedoch nur eingeschränkt auf sogenannte Ermessensfehler hin überprüfbar:

> „Soweit die Verwaltungsbehörde ermächtigt ist, nach ihrem Ermessen zu handeln, prüft das Gericht auch, ob der Verwaltungsakt oder die Ablehnung oder Unterlassung des Verwaltungsakts rechtswidrig ist, weil die gesetzlichen Gren-

zen des Ermessens überschritten sind oder von dem Ermessen in einer dem Zweck der Ermächtigung nicht entsprechenden Weise Gebrauch gemacht ist."

Die Zweckmäßigkeit des Handelns ist also nicht Teil der Überprüfung, sondern nur die rechtmäßige Ermessensbetätigung anhand des Ausschlusses der folgenden Ermessensfehler:

Ermessensnichtgebrauch/Ermessensausfall

Soweit die Tatbestandsvoraussetzungen einer Rechtsgrundlage vorliegen und der Behörde zur Setzung einer Rechtsfolge Ermessen eingeräumt ist, muss die Behörde dieses Ermessen ausüben. Verkennt die Behörde, dass ihr Ermessen eingeräumt ist und geht fehlerhaft von einer gebundenen Entscheidung aus, so liegt ein Ermessensfehler vor, der die Maßnahme rechtswidrig macht. Der Fehler, sein Ermessen nicht zu gebrauchen, ist nur dann unbeachtlich, wenn für das polizeiliche Einschreiten ausnahmsweise eine Ermessensreduzierung auf Null vorliegt.

Ermessensunterschreitung

Eine **Ermessensunterschreitung** liegt vor, wenn die Polizei von dem ihr zustehenden Ermessen nur **beschränkt** Gebrauch gemacht hat, sie also **nicht alle Wahlmöglichkeiten** und alle in Betracht kommenden Gesichtspunkte prüft und abwägt. Keine Rolle spielt dabei, ob dies aus Nachlässigkeit, Bequemlichkeit oder mangelnden Rechtskenntnissen erfolgt ist. Der Fehler, sein Ermessen nicht umfänglich zu gebrauchen, ist nur dann unbeachtlich, wenn für das polizeiliche Einschreiten ausnahmsweise eine Ermessensreduzierung auf Null vorliegt. Ermessensbindung durch Verwaltungsvorschrift (z.B. Verwarnungsgeldkatalog, Bußgeldkatalog) oder innerdienstliche Weisung ist zulässig. In diesen Fällen wird von der sogenannten Selbstbindung der Verwaltung gesprochen. Ein Verstoß gegen diese Vorschriften ist – sofern nicht sachfremde Motive vorliegen – regelmäßig kein Rechtsverstoß, sondern eine (interne) Dienstpflichtverletzung.

Ermessensüberschreitung

Eine **Ermessensüberschreitung** ist gegeben, wenn die Behörde eine Rechtsfolge wählt,

- die über den Rahmen der speziellen Ermessensnorm hinausgeht,
- andere Rechtsvorschriften verletzt oder
- die gegen die im Rahmen der Verhältnismäßigkeit zu berücksichtigende grundrechtliche Wertung verstößt.

Insbesondere geht es hier also um eine Prüfung der **Verhältnismäßigkeit** der jeweiligen Maßnahme.

Ermessensfehlgebrauch/Ermessensmissbrauch

Ein **Ermessensfehlgebrauch** ist gegeben, wenn die polizeiliche Entscheidung auf **sachfremden Erwägungen** beruht. Dies ist der Fall, wenn sich der Polizeibeamte bei seiner Entscheidungsfindung nicht von Ziel und Zweck der gesetzlichen Vorschrift hat leiten lassen oder die im konkreten Fall bedeutsamen öffentlichen oder privaten Belange nicht hinreichend in die Abwägung einbezogen hat. Welche Erwägungen sachgemäß und bedeutsam sind, ergibt sich aus der Gesetzesnorm, die das Ermessen einräumt.

8. Prüfungsaufbau für eine Gefahrenabwehrverfügung

Die gefahrenabwehrrechtliche Verfügung ist in **vier Prüfungsschritten** zu bearbeiten:

- Auffinden der richtigen Rechtsgrundlage/Ermächtigungsgrundlage,
- Feststellen der Bekanntgabe der Verfügung,
- Prüfung der formellen Rechtmäßigkeit der Verfügung,
- Prüfung der materiellen Rechtmäßigkeit der Verfügung.

Nach dem **Vorbehalt des Gesetzes** bedarf es für das behördliche Einschreiten im Bereich der Eingriffsverwaltung immer einer **Rechtsgrundlage**, die auch **Ermächtigungsgrundlage** genannt wird. Zunächst muss also geklärt werden, auf welcher Rechtsgrundlage das behördliche Handeln fußt. Dies ist vorab zu prüfen, weil sich aus der jeweiligen Rechtsgrundlage unterschiedliche Anforderungen an die formelle und materielle Rechtmäßigkeit ergeben können. Die Bestimmung der richtigen Rechtsgrundlage ist nach dem Spezialitätsprinzip von der speziellsten Rechtsmaterie ausgehend bis zur allgemeinen Auffangnorm der Generalklausel nachfolgendem Dreischritt durchzuführen:

- Rechtsgrundlage aus dem besonderen Polizei- und Ordnungsrecht, wie z.B. der Gewerbeordnung (GewO),
- Standardmaßnahme aus dem LVwG, wie z.B. § 201 Abs. 1 LVwG,
- gefahrenabwehrrechtliche Generalklausel des LVwG, §§ 174, 176 LVwG.

Es ist zunächst zu schauen, ob eine spezialgesetzliche Regelung in einem Gesetz des **besonderen Polizei- und Ordnungsrechts** zur Gefahrenabwehr einschlägig ist. Ist dies nicht der Fall, ist weiter zu prüfen, ob im Recht des Polizei- und Ordnungsrechts des **LVwG** eine Spezialrechtsgrundlage in Form einer **Standardmaßnahme** den Sachverhalt erfasst. Hier sind ggf. auch ähnliche Standardmaßnahmen voneinander abzugrenzen, wie z.B. der Platzverweis und das Aufenthaltsverbot in § 201 Abs. 1 und Abs. 2 LVwG. Erst wenn keine Standardmaßnahme den Sachverhalt erfasst, kommt ein Rückgriff auf die **polizeiliche Generalklausel** der §§ 174, 176 LVwG in Betracht. Im Verhältnis zwischen spezieller Norm und Generalklausel ist dabei auch zu prüfen, inwieweit allein das Vorhandensein der Spezialmaterie den Rückgriff auf die Generalklausel zur Lückenfüllung sperrt. Denn in der Regel konkretisieren die speziellen Gesetze als Schranken der betroffenen Grundrechte die zulässigen Eingriffsmöglichkeiten. Durch Auslegung ist zu ermitteln, ob neben der Spezialmaterie auch weitere Eingriffe über das allgemeine Polizei- und Ordnungsrecht und dort über die Generalklausel möglich sein sollen. Dieses Verhältnis von Spezialmaterie zum allg. Polizei- und Ordnungsrecht zeigt sich besonders deutlich für das Versammlungsrecht. Versammlungen sind grundrechtlich durch Art. 8 GG geschützt. Eingriffe in die Versammlungsfreiheit sind nach dem Spezialitätsgrundsatz nur durch Maßnahmen nach dem schleswig-holsteinischen Versammlungsfreiheitsgesetz (VersFG) zulässig. Ein Rückgriff auf das allg. Polizei- und Ordnungsrecht ist hier ausgeschlossen. Man spricht insoweit auch von der **Polizeifestigkeit der Versammlung**, vgl. § 9 VersFG.

Ist die einschlägige Rechtsgrundlage identifiziert, muss die Verfügung wirksam erlassen werden. Dazu muss sie bekannt gegeben werden, § 112 Abs. 1 LVwG: Ein Verwaltungsakt wird gegenüber derjenigen Person, für die er bestimmt ist oder die von ihm betroffen wird, in dem Zeitpunkt wirksam, in dem er ihr bekannt gegeben wird. Der Verwaltungsakt wird mit dem Inhalt wirksam, mit dem er bekannt gegeben wird. Die **Bekanntgabe** als Wirksamkeitsvoraussetzung setzt voraus, dass der Verwaltungsakt von der erlassenden Behörde in **amtlicher Eigenschaft erlassen** wird und er dem **Empfänger zugeht**. Dies ist der Fall, wenn der Verwaltungsakt in den Machtbereich des Empfängers (z. B. als Brief in dessen Briefkasten) gelangt und unter gewöhnlichen Umständen mit der Kenntnisnahme zu rechnen ist (z. B. gewöhnliche Leerung des Briefkastens durch den Empfänger werktags am Abend). Für **schriftliche Verwaltungsakte**, die im Inland durch die Post übermittelt werden, gilt die **Bekanntgabefiktion** des § 110 Abs. 2 LVwG: Danach gilt der Verwaltungsakt am dritten Tage nach der Aufgabe zur Post als bekannt gegeben, auch wenn er tatsächlich sächlich früher zugeht. Geht er tatsächlich erst später zu, greift die Fiktion nicht. Grundsätzlich können Verfügungen formlos erlassen werden, also auch **mündlich**, § 108 Abs. 2 LVwG. Mündliche Verwaltungsakte gehen zu, wenn der Empfänger sie vernimmt, in der Regel also sofort. Eine besondere Form der Bekanntgabe ist die **öffentliche Bekanntgabe** gemäß § 110 Abs. 3, 4 LVwG. Hierunter fallen insbesondere **Verkehrszeichen** nach der Straßenverkehrsordnung (StVO). Sie stellen Verwaltungsakte in Form von Allgemeinverfügungen, die sich an alle im Regelungsbereich des Zeichens befindlichen Verkehrsteilnehmer richten, dar. Sie werden gemäß § 45 Abs. 4 StVO öffentlich bekannt gegeben, indem dass Verkehrsschild so sichtbar aufgestellt wird, dass der betroffene Verkehrsteilnehmer, der sich dem Schild nähert, bei der gebotenen Sorgfalt das Zeichen erkennen kann.

Der erlassene Verwaltungsakt muss **formell rechtmäßig** erlassen sein. Hier geht es darum, dass die **zuständige Behörde** die jeweiligen Anforderungen an das **Verfahren** und die **Form** des Handelns einhält.

Die Zuständigkeit gliedert sich auf in **sachliche und örtliche Zuständigkeit**. Sachlich zuständig sein können z. B. durch das Sonderordnungsrecht festgelegte Sonderordnungsbehörden, vgl. für die GewO § 155 GewO i. V. m. der Landesverordnung zur Bestimmung der zuständigen Behörden nach der Gewerbeordnung (GewO-ZustVO)[18] wie die Gewerbeaufsicht. Nach dem LVwG können allg. Ordnungsbehörden und die Polizei sachlich zuständig sein, §§ 165, 168 LVwG. Bei der Anwendung der jeweiligen Rechtsgrundlage ist daher genau zu schauen, an wen sie sich richtet. So ermächtigt z. B. § 201 Abs. 1 LVwG sowohl die Ordnungsbehörden als auch die Polizei, einen Platzverweis auszusprechen. Dagegen liegt die Zuständigkeit zum Erlass eines Aufenthaltsverbots nach § 201 Abs. 2 LVwG ausschließlich bei der Polizei. Außerdem ist die Durchführung von einzelnen Maßnahmen den Polizeivollzugsbeamtinnen und -beamten vorbehalten, so z. B. die Durchsuchung von Personen in § 202 LVwG. Bestimmte Maßnahmen dürfen nur aufgrund richterlicher Anordnung durchgeführt werden, z. B. § 186 Abs. 1 Nummer 1 LVwG für die Observation. Hierbei sind auch die zuständigkeitsändernden Regelungen bei Gefahr im Verzug zu beachten, z. B. § 186 Abs. 1 Satz 2, 3 LVwG:

> „Bei Gefahr im Verzug kann die Polizei die Anordnung treffen. Die Anordnung erfolgt durch die Leiterin oder den Leiter des Landespolizeiamtes, des Landeskriminalamtes, einer Polizeidirektion oder durch von ihr oder ihm besonders beauftragte Personen des Polizeivollzugsdienstes."

Hinsichtlich der örtlichen Zuständigkeit der Vollzugspolizei ist insbesondere § 169 LVwG zu beachten, der eine effektive Gefahrenabwehr unabhängig von Bezirksgrenzen sicherstellen soll:

> „Polizeivollzugsbeamtinnen und Polizeivollzugsbeamte sind befugt, Amtshandlungen im gesamten Landesgebiet und in den Hoheitsgewässern vorzunehmen. Sie leisten jedoch ihren Dienst in der Regel nur innerhalb des Dienstbezirks, dem sie zugeteilt sind. Soweit sie im Bezirk einer Behörde der Polizei tätig werden, der sie nicht zugeteilt sind, gelten ihre dienstlichen Handlungen als Maßnahmen dieser Behörde."

18 GVOBl. Schl.-H. 1988, S. 27.

Soll eine gefahrenabwehrrechtliche Maßnahme durchgeführt werden, muss sie den jeweiligen Verfahrensanforderungen genügen. Die Verfahrensregelungen finden sich allgemein in den §§ 74 ff. LVwG. Gemäß § 75 LVwG ist das Verwaltungsverfahren grundsätzlich nicht an bestimmte Formen gebunden. Allerdings ist im Eingriffsrecht insbesondere das Erfordernis der **Anhörung** gemäß § 87 LVwG zu beachten:

> „Bevor ein Verwaltungsakt erlassen wird, der in Rechte einer oder eines Beteiligten eingreift, ist dieser oder diesem Gelegenheit zu geben, sich zu den für die Entscheidung erheblichen Tatsachen zu äußern."

Die Anhörung kann insbesondere unterbleiben bei Gefahr in Verzug gemäß § 87 Abs. 2 Nummer 1 LVwG, wenn also eine effektive Gefahrenabwehr durch eine vorherige Anhörung vereitelt werden würde. Sollte ein **Verfahrensfehler** aufgrund fehlender Anhörung vorliegen, kann dieser durch Nachholen der Anhörung **geheilt** werden gemäß § 114 Abs. 1 Nummer 3 LVwG.

Hinsichtlich der **Form** des Verwaltungsaktes gilt grundsätzlich die bereits erwähnte **Formfreiheit** gemäß § 108 LVwG. Er kann mündlich, schriftlich oder sogar elektronisch erlassen werden. Außerdem kann der Verwaltungsakt auch **konkludent**, d. h., durch schlüssiges Verhalten erlassen werden. Ein schriftlicher oder elektronischer Verwaltungsakt ist dabei gemäß § 109 LVwG zu begründen. Die Begründungspflicht des § 109 LVwG greift nicht für mündlich erlassene Verwaltungsakte. Verwaltungsakte werden nämlich insbesondere bei besonderem Eilbedarf mündlich erlassen. Eine dann erforderliche Begründungspflicht würde dem besonderen Eilbedarf jedoch widersprechen. Gleichwohl ist eine Behörde grundsätzlich gehalten, ihr Handeln gegenüber dem Bürger zu begründen. Dies folgt aus dem Rechtsstaatsprinzip gemäß Art. 20 Abs. 3 GG. Daher sollte auch der mündlich ergangene Verwaltungsakt, wenn die Umstände dies zulassen, begründet werden, um das Verwaltungshandeln für den Bürger transparent zu machen und für eine bessere Akzeptanz der Maßnahme zu sorgen. Besondere Anforderungen können sich darüber hinaus aus der jeweiligen Rechtsgrundlage ergeben. So bestimmt § 186 Abs. 3 LVwG für die Durchführung der verdeckten Datenerhebungsmaßnahme näher, wie die Anordnung der Maßnahme auszugestalten ist:

> „Die Anordnung ergeht schriftlich. In ihr sind anzugeben: 1. Voraussetzungen und wesentliche Abwägungsgesichtspunkte, 2. die Person, gegen die sich die Maßnahme richtet, soweit möglich, mit Namen und Anschrift, 3. Art, Umfang, Dauer und Ziel der Maßnahme."

Im Rahmen der Prüfung der **materiellen Rechtmäßigkeit** der Maßnahme kommt es auf eine genaue Subsumtion der Tatbestandsmerkmale der Rechtsgrundlage an. Liegen die Tatbestandsvoraussetzungen der Norm vor, einschließlich der Verantwortlichkeit des Adressaten als Störer bzw. eine Inanspruchnahme als Nichtstörer, ist danach zu prüfen, ob und welche konkrete Rechtsfolge daraus abzuleiten ist: Bei der Prüfung der Rechtsfolge geht es um die Prüfung des Ermessens. Das behördliche Handeln darf keine Ermessensfehler im Sinne des § 114 VwGO aufweisen. Dabei ist zwischen dem Entschließungsermessen „ob" und dem Auswahlermessen „wie" zu trennen. Beim Auswahlermessen ist im Hinblick auf das „wie" wiederum zu unterscheiden zwischen der Art und Weise der Durchführung der Maßnahme und der Auswahl, gegen wen die Maßnahme durchgeführt wird, der Störerauswahl. Im Rahmen des Auswahlermessens kommt es insbesondere auf eine Prüfung der Verhältnismäßigkeit der Maßnahme an. Denn die Verhältnismäßigkeit setzt dem Ermessen Grenzen und eine Überschreitung dieser Ermessensgrenze stellt einen Ermessensfehler im Sinne des § 114 VwGO dar.

Zusammenfassend ergibt sich danach folgendes **Prüfungsschema**:

- Bestimmen der einschlägigen **Rechtsgrundlage**
  - Sonderordnungsrecht
  - Standardmaßnahme des LVwG
  - Polizeiliche Generalklausel, §§ 174, 176 LVwG
- **Wirksamkeit** des Verwaltungsaktes, Bekanntgabe, § 110 LVwG
- **Formelle Rechtmäßigkeit**
  - Zuständigkeit
  - Verfahren, insb. § 87 LVwG
  - Form
- **Materielle Rechtmäßigkeit**
  - Tatbestand
    - Gefahr für die öffentliche Sicherheit
    - Adressat
  - Rechtsfolge
    - Entschließungsermessen
    - Auswahlermessen einschließlich Verhältnismäßigkeit
    - – Art der Maßnahme
    - – Störerauswahl

9. Versammlungsrecht und LVwG

Eine besondere Sperrwirkung als Lex-specialis-Regelungen entfalten die Befugnisregelungen des schleswig-holsteinischen Versammlungsfreiheitsgesetztes (**VersFG**) gegenüber dem allgemeinen Polizei- und Ordnungsrecht des **LVwG.**[19]

Schutzbereich des Art. 8 GG

Das VersFG stellt eine besondere Ausgestaltung des **Schutzbereichs** und der **Schranken** der gemäß **Art. 8 GG** geschützten Versammlungsfreiheit dar. Im Einklang mit den grundrechtlichen Vorgaben des Art. 8 GG definiert § 2 Abs. 1 VersFG den **Versammlungsbegriff** wie folgt:

> (1) Versammlung im Sinne dieses Gesetzes ist eine örtliche Zusammenkunft von mindestens drei Personen zur gemeinschaftlichen, überwiegend auf die Teilhabe an der öffentlichen Meinungsbildung gerichteten Erörterung oder Kundgebung. Aufzug ist eine sich fortbewegende Versammlung.

Es kommt bei der Versammlung in **Abgrenzung zur Ansammlung** gerade auf die innere Verbundenheit der Teilnehmenden zu Zwecken der Teilhabe an der öffentlichen Meinungsbildung an.

Das Grundrecht der Versammlungsfreiheit ist ein sogenanntes **Deutschengrundrecht**, es steht allen Deutschen gemäß Art. 116 Abs. 1 GG zu. Es verbürgt zunächst das Recht auf **Durchführung** einer Versammlung. Dazu zählen bereits vorgelagerte **Organisationstätigkeiten**, wie die Auswahl des Versammlungsortes, Ankündigungen und Einladungen für den Versammlungstermin etc. Ebenfalls umfasst ist die Wahl der **Durchführungsmittel** für die Versammlung, Nutzung von Bühnen, Lautsprecheranlagen, Transparenten und Bannern oder Flaggen etc.[20]

Weiterhin geschützt ist die **Teilnahme** an der Versammlung. Bei der Teilnahme wird nicht nur zeitlich die unmittelbare **Mitwirkung vor Ort**, sondern bereits **vorgelagert** der freie Zugang zum Versammlungsort und damit die freie **Anreise** zur Versammlung geschützt.

Schutzbereichsbegrenzend muss die Versammlung kumulativ „**friedlich und ohne Waffen**" stattfinden. Danach darf die Versammlung keinen gewalttätigen und aufrührerischen Verlauf nehmen.[21]

Schranken

Art. 8 GG enthält in Absatz 2 einen Gesetzesvorbehalt für Versammlungen unter freiem Himmel. Eine Versammlung findet **unter freiem Himmel** statt, wenn die räumlichen Gegebenheiten einen **willkürlichen Zutritt**

---

19 Siehe zum VersFG insgesamt *Brenneisen/Wilksen/Staack/Martins* Versammlungsrecht 2020.
20 *Voßkuhle/Schemmel* Grundwissen – Öffentliches Recht: die Versammlungsfreiheit, JuS 2022 S. 1113, 1115.
21 *Gröpl/Leinenbach* Examensschwerpunkte des Versammlungsrechts, JA 2018 S. 8, 9.

zur Versammlung ohne weiteres ermöglichen, wenn sie also nicht von der Außenwelt abgetrennt sind.

Versammlungen, die nicht unter freiem Himmel, also **in geschlossenen Räumen**, stattfinden, unterliegen keinem Gesetzesvorbehalt. Sie können nur durch verfassungsimmanente Schranken, insbesondere kollidierende Verfassungsgüter beschränkt werden. Dazu zählen die Gesetze, die die Vorgabe „**friedlich und ohne Waffen**" konkretisieren sowie solche, die dem **Schutz kollidierender Verfassungsgüter** unter Beachtung des Verhältnismäßigkeitsgrundsatzes dienen.

Dagegen sieht Art. 8 Abs. 2 GG für Versammlungen **unter freiem Himmel** ausdrücklich einen **Gesetzesvorbehalt** vor. Versammlungen unter freiem Himmel sind nach der grundrechtlichen Wertung leichter zu beschränken als solche in geschlossenen Räumen, weil sie **frei zugänglich** eine unbegrenzte Teilnehmeranzahl ermöglichen. Damit bergen sie ein größeres Konfliktpotenzial und weisen eine **größere abstrakte Gefährlichkeit** auf als begrenzte Versammlungen in geschlossenen Räumen. Zu den beschränkenden Gesetzen zählt auch das schleswig-holsteinische Gesetz über Sonn- und Feiertage (SFTG)[22]. Dort heißt es z.B. in § 6 Abs. 1 SFTG:

> (1) Am Volkstrauertag und am Totensonntag (Ewigkeitssonntag) sind von 6.00 Uhr bis 20.00 Uhr über die in §§ 3 und 5 festgelegten Beschränkungen hinaus alle öffentlichen Veranstaltungen verboten, soweit sie dem ernsten Charakter des Tages nicht entsprechen. Am Karfreitag gilt das in Satz 1 genannte Verbot von 2.00 Uhr bis 2.00 Uhr des folgenden Tages. Das Verbot gilt auch für öffentliche Versammlungen und öffentliche Aufzüge, die nicht mit dem Gottesdienst zusammenhängen; das Grundrecht auf Versammlungsfreiheit (Artikel 8 Absatz 2 des Grundgesetzes) wird insoweit eingeschränkt.

Versammlungsrecht und LVwG

Mit der **Föderalismusreform** 2006[23] wurde die Kompetenz für das Versammlungsrecht den Ländern übertragen. Gemäß der Übergangsvorschrift des Art. 125a Abs. 1 GG galt für Schleswig-Holstein zunächst das Versammlungsrecht des Bundes fort, bis Schleswig-Holstein 2015 von der neuen Länder-Gesetzgebungskompetenz Gebrauch machte und das VersFG verabschiedete.[24]

Das VersFG gestaltet die grundrechtlichen Vorgaben des Art. 8 GG näher aus. Regelungen zu Versammlungen unter freiem Himmel treffen die

22 Gesetz über Sonn- und Feiertage vom 28.06.2004, GVOBl. Schl.-H. 2004 S. 213.
23 BGBl. 2006, S. 2034.
24 Gesetz zum Versammlungsrecht in Schleswig-Holstein vom 18.06.2015, GVOBl. Schl.-H. 2015 S. 135.

§§ 11–18 VersFG und zu Versammlungen in geschlossenen Räumen die §§ 19–22 VersFG.

Für Maßnahmen, die sich auf die Versammlung als solche beziehen, ist ausschließlich das VersFG anwendbar und ein Rückgriff auf die Befugnisregelungen des allgemeinen Polizei- und Ordnungsrechts im LVwG ausgeschlossen. Man spricht insoweit auch von der **Polizeifestigkeit der Versammlung.**[25]

Eine ungeschriebene Ausnahme von diesem Grundsatz stellt die Rechtsfigur der sogenannten **„Minus-Maßnahme"** dar. Liegen die tatbestandlichen Voraussetzungen für eine Maßnahme nach dem VersFG vor, so ist anerkannt, dass auf Rechtsfolgenseite auch auf weniger eingreifende Maßnahmen nach dem allgemeinen Polizei- und Ordnungsrecht des LVwG zurückgegriffen werden darf. Im Rahmen der Ermessensausübung unter Beachtung des Verhältnismäßigkeitsgrundsatzes kann die Polizei, z. B. statt eine Versammlung insgesamt aufzulösen, gezielt gegen einzelne Störer aus der Versammlung heraus vorgehen.

Im Übrigen regelt § 9 VersFG das Verhältnis von VersFG und LVwG näher. Dazu stellt § 9 VersFG als **Verweisungsnorm** ins LVwG klar:

> (1) Soweit dieses Gesetz die Abwehr von Gefahren gegenüber einzelnen Teilnehmerinnen und Teilnehmern nicht regelt, sind Maßnahmen gegen sie nach dem Landesverwaltungsgesetz zulässig, wenn von ihnen nach den zum Zeitpunkt der Maßnahme erkennbaren Umständen vor oder bei der Durchführung der Versammlung oder im Anschluss an sie eine unmittelbare Gefahr für die öffentliche Sicherheit ausgeht.
> (2) Für Versammlungen in geschlossenen Räumen gilt Absatz 1 für den Fall, dass von den Teilnehmerinnen oder Teilnehmern eine Gefahr im Sinne von § 20 Absatz 1 ausgeht.
> (3) Maßnahmen vor Beginn der Versammlung, welche die Teilnahme an der Versammlung unterbinden sollen, setzen eine Teilnahmeuntersagung nach § 14 voraus.

§ 9 VersFG bestätigt zunächst den **Vorrang der Regelungen des VersFG** vor denen des LVwG. Sofern die Maßnahme sich nicht gegen die Versammlung als solche, sondern **gegen einzelne Teilnehmende** richtet, kann das LVwG gemäß der in § 9 VersFG beschriebenen **zusätzlichen Tatbestandsvoraussetzungen**, die neben den Voraussetzungen der jeweiligen Befugnisnorm des LVwG vorliegen müssen, nur zur Anwendung gelangen, wenn:

- **keine vorrangige Regelung des VersFG** zur Gefahrenabwehr gegenüber einzelnen Teilnehmern der Versammlung einschlägig ist und

25 *Graulich*, in: Lisken/Denninger, HB des Polizeirechts, Rn. 388.

- nach einer **Gefahrenprognose** aufgrund der zum Zeitpunkt der Maßnahme erkennbaren Umstände
- eine **unmittelbare Gefahr für die öffentliche Sicherheit von dem jeweiligen Teilnehmer** vor oder bei der Durchführung der Versammlung oder im Anschluss an sie ausgeht.

Ergänzend müssen zusätzlich die weiteren Voraussetzungen der jeweiligen Befugnisnorm, Ermächtigungsgrundlage des LVwG, insbesondere zu den Anforderungen an die Gefahrenlage und zum Adressatenkreis vorliegen.

Dem Vorrang des spezielleren Versammlungsrechts entsprechend darf das VersFG nicht bereits eine Regelung zur Abwehr von Gefahren gegenüber einzelnen Teilnehmerinnen und Teilnehmern enthalten. **Vorrangige Regelungen des VersFG gegen einzelne Teilnehmende** finden sich in §§ 14ff. VersFG. Als speziellere Normen des VersFG im Sinne von § 9 Abs. 1 VersFG schließen z.B. die Regelungen in § 15 VerFG zur Durchsuchung, Sicherstellung und Identitätsfeststellung, in § 16 VersFG zu Bild- und Tonübertragungen und -aufzeichnungen oder zum Ausschluss von Personen gemäß § 14 VersFG einen Rückgriff auf das LVwG aus. So kann gemäß § 14 VersFG einer Person vor Versammlungsbeginn die Teilnahme an einer Versammlung untersagt oder sie während einer Versammlung von der Teilnahme ausgeschlossen werden. Diese Regelungen haben dann Vorrang z.B. vor einem Platzverweis gemäß § 201 LVwG.

§ 9 VersFG beschreibt außerdem nähere Anforderungen an die **Gefahrenprognose.** Die Prognose muss sich auf eine **konkrete Gefahr** für die öffentliche Sicherheit beziehen. Die Gefahrenlage muss dabei so beschaffen sein, dass sie sich auf den Adressaten der beabsichtigten Maßnahme als Verhaltens- oder Zustandsstörer im Sinne der §§ 218, 219 LVwG bezieht. Die Maßnahme darf sich folglich nicht gegen Nichtstörer i. S. d. § 220 LVwG richten.

Bei Gefahrenlagen im Zusammenhang mit Versammlungen **in geschlossenen Räumen** sind gemäß §§ 9 Abs. 2, 20 Abs. 1 VersFG erhöhte Anforderungen an die Gefahrenprognose zu stellen. Die Prognoseentscheidung muss in diesen Fällen ergeben, dass

- die Versammlung einen unfriedlichen Verlauf nehmen wird,
- eine Gefahr für Leben oder Gesundheit von Personen besteht oder
- in der Versammlung Äußerungen erfolgen, die ein Verbrechen oder ein von Amts wegen zu verfolgendes Vergehen darstellen.

Die Prognoseentscheidung ist jeweils aufgrund der **zum Zeitpunkt der Maßnahme erkennbaren Umstände** zu treffen. Es müssen also konkrete Anhaltspunkte für die Prognoseentscheidung vorliegen. Allgemeine Vermutungen genügen nicht.

Dabei kann sich die Prognose zeitlich auf eine Gefahr **vor oder bei der Durchführung der Versammlung oder im Anschluss an sie** beziehen. Dementsprechend kann auch der zeitliche Abstand zwischen Maßnahmedurchführung und prognostiziertem Gefahreintritt erheblich variieren. So könnte die Maßnahme im Einzelfall bereits vor Versammlungsbeginn zu ergreifen sein, auch wenn sich die Gefahrenprognose auf eine Lage bei oder nach Beendigung der Versammlung bezieht. Eine besondere zeitliche Nähe der prognostizierten Gefahr ist nach den Vorgaben des VersFG nicht gefordert. Diese kann sich jedoch aus der jeweiligen Befugnisnorm des LVwG ergeben.

Zwar greift die Sperrwirkung des besonderen Versammlungsrechts aufgrund der grundrechtlichen Vorgaben des Art. 8 GG insbesondere für den Schutz der Versammlung als solcher. Da jedoch auch Maßnahmen zeitlich vor einer Versammlung den Schutzbereich des Art. 8 GG betreffen können, wie z. B. bei der Anreise zu einer Versammlung, trifft das VersFG auch schon für das **Vorfeld einer Versammlung** besondere Regelungen. So ist vor Beginn der Versammlung für sogenannte „**Vorfeldmaßnahmen**" zu beachten, dass die Maßnahme sich nicht als Teilnahmeverbot auswirken darf. Anderenfalls ist gemäß § 9 Abs. 3 VersFG eine Teilnahmeuntersagung nach § 14 VersFG erforderlich.

10. Datenschutzrecht und LVwG

Aufgrund der Änderungen des EU-Datenschutzrechts und der Umsetzung im Schleswig-Holsteinischen Landesdatenschutzgesetz (LDSG) 2018 wurden auch die Regelungen zur Datenverarbeitung im LVwG für den Bereich des Polizei- und Ordnungsrechts mit der Gesetzesnovelle 2021 grundlegend überarbeitet.[26]

Der **europäische Datenschutz** ergibt sich zum einen aus der seit 2018 geltenden **Verordnung (EU) 2016/679** des Europäischen Parlaments und des Rates vom 27.04.2016 zum Schutz natürlicher Personen bei der Verarbeitung personenbezogener Daten, zum freien Datenverkehr und zur Aufhebung der Richtlinie 95/46/EG. Die sogenannte Datenschutzgrundverordnung (**DSGVO**) ist **unmittelbar anzuwendendes Recht** und gilt dementsprechend wie ein europäisches Gesetz, Art. 288 Abs. 2 des Vertrags über die Arbeitsweise der Europäischen Union (AEUV). Die DSGVO dient dazu, ein **unionsweites gleichwertiges Schutzniveau** für die Rechte und Freiheiten von natürlichen Personen bei der Verarbeitung von personen-

26 LVwGPORÄndG vom 26. Februar 2021, GVOBl. Schl.-H. 2021, S. 222; LT Schl.-H. DrucksS. 19/2118 vom 22.04.2020.

bezogenen Daten zu schaffen. Die DSGVO regelt das Datenschutzrecht nicht abschließend, sondern enthält partielle Öffnungsklauseln zur Umsetzung durch die Mitgliedstaaten. Diese Umsetzung ist für Schleswig-Holstein im 1. und 2. Abschnitt des LDSG erfolgt.[27]

Neben der DSGVO ist am 5. Mai 2016 die **Richtlinie (EU) 2016/680** des Europäischen Parlaments und des Rates vom 27. April 2016 zum Schutz natürlicher Personen bei der Verarbeitung personenbezogener Daten durch die zuständigen Behörden zum Zwecke der Verhütung, Ermittlung, Aufdeckung oder Verfolgung von Straftaten oder der Strafvollstreckung sowie zum freien Datenverkehr und zur Aufhebung des Rahmenbeschlusses 2008/977/JI des Rates, die sogenannte Richtlinie im Bereich von Justiz und Inneres, **JI-Richtlinie**, in Kraft getreten. Der zusätzlichen Richtlinie bedurfte es, da der EU insoweit eine Verordnungskompetenz nicht zustand.

Gemäß Art. 2 Abs. 1 i. V. m. Art. 1 Abs. 1 JI-Richtlinie findet die Richtlinie auf die Verarbeitung personenbezogener Daten durch die zuständigen Behörden zu Zwecken der Verhütung, Ermittlung, Aufdeckung oder Verfolgung von Straftaten oder der Strafvollstreckung, einschließlich des Schutzes vor und der **Abwehr von Gefahren für die öffentliche Sicherheit** Anwendung. Dabei gilt der Anwendungsbereich der JI-Richtlinie nur für die straftaten- und ordnungswidrigkeitenbezogene Gefahrenabwehr, also das originäre **Polizeirecht**. Das Datenschutzregime für das allgemeine Ordnungsrecht des LVwG genauso wie für das Sonderordnungsrecht z. B. der Gewerbeordnung (GewO) ergibt sich schon aus der DSGVO bzw. dem 1. und 2. Abschnitt des LDSG.

Das **Datenschutzregime für das Polizei- und Ordnungsrecht** des LVwG ergibt sich dem folgend aus einem **Zusammenspiel von DSGVO und LDSG sowie LVwG** in Umsetzung der JI-Richtlinie: Für das Ordnungsrecht greifen die DSGVO und der 1. und 2. Abschnitt des LDSG, für das Polizeirecht zur Gefahrenabwehr gegen und Verfolgung von Ordnungswidrigkeiten und Straftaten gelten der 3. Abschnitt des LDSG sowie die besonderen Regelungen im LVwG. Insoweit ergab sich daraus bei der Novellierung des LVwG 2021 die gesetzgeberische Grundproblematik, dass je nach Zielrichtung der Maßnahme einzelne Befugnisse zur Datenverarbeitung nach dem LVwG sowohl den Bestimmungen der DSGVO als auch den im LDSG umgesetzten Bestimmungen der JI-Richtlinie unterfallen können.[28] Entgegen dem grundsätzlichen Wiederholungsverbot der DSGVO wurden zur besseren Verständlichkeit des Normtextes des LVwG entsprechend Erwägungs-

27 GVOBl. Schl.-H. 2018 S. 162.
28 LT Schl.-H. DrucksS. 19/2118 vom 22.04.2020 S. 6.

grund 8 der DSGVO in punktuellen Regelungsbereichen des LVwG Regelungsinhalte der DSGVO wiederholt und zugleich im Sinne der JI-Richtlinie umgesetzt. Das Grundverhältnis der unterschiedlichen Normbereiche DSGVO, LDSG und LVwG greift auch § 177 Abs. 4 LVwG auf und stellt klar:

> (4) Das LDSG findet ergänzende Anwendung, soweit in diesem Gesetz nichts Besonderes geregelt ist. Im Übrigen gilt die Verordnung (EU) 2016/679.

Soweit also durch das LVwG als polizeiliche Lex-specialis-Materie nichts Besonderes geregelt ist, greift in seinem Anwendungsbereich das LDSG (3. Abschnitt) und ergänzt die Regelungen des LVwG. Außerhalb des Anwendungsbereichs der JI-Richtlinie ist der Anwendungsbereich der DSGVO eröffnet. Diese gilt unmittelbar und wird, soweit zulässig, durch die Bestimmungen des LVwG bzw. des LDSG (1. und 2. Abschnitt) als Lex specialis konkretisiert.

Weitere datenschutzrechtliche Regelungen für Sonderbereiche des Polizeirechts im Anwendungsbereich der JI-Richtlinie finden sich u. a. in der StPO oder im BKAG.

III. Organisation der Gefahrenabwehrbehörden

> Das Polizei- und Ordnungsrecht bedarf zu seiner Durchsetzung des Vollzugs durch entsprechende Behörden der Gefahrenabwehrbehörden bzw. der Polizei- und Ordnungsbehörden. Der Vollzug des Polizei- und Ordnungsrechts ist dabei grundsätzlich Aufgabe der Länder und wird durch Behörden des Landes bzw. durch Kommunalbehörden zur Ausführung nach Weisung durchgeführt. Dabei wird in Schleswig-Holstein nach dem Trennungssystem zwischen Ordnungs- und Polizeibehörden unterschieden. Nur im Ausnahmefall hält der Bund eigene Polizei- und Ordnungsbehörden zum Vollzug von Bundesrecht vor. In der Regel erfolgt auch der Vollzug der bundesrechtlichen Regelungen durch Landesbehörden.

Grundsatz: Wahrnehmung des Polizei- und Ordnungsrechts als Landesaufgabe

Bundesbehörden sind nur für den Vollzug von Bundesrecht zuständig und nur dann, wenn durch das Grundgesetz nach Art. 86 ff. GG dem Bund auch die Verwaltungskompetenz zur Durchführung der Gesetze zugewiesen ist. Dies ist nur in engen Ausnahmefällen der Fall, z. B. für den Bereich der Polizei für die Bundespolizei oder das Bundeskriminalamt.

Im Übrigen sind die Länder für die Vollziehung der Bundesgesetze zuständig gemäß Art. 83 ff. GG. Für das Landesrecht folgt dies bereits unmittelbar aus Art. 30 GG. Aufgrund dieser Vorgaben des Grundgesetzes wird das Polizei- und Ordnungsrecht weitgehend als Landesaufgabe wahrgenommen. Nur im Ausnahmefall wird es unmittelbar durch Behörden des Bundes vollzogen.

Trennungssystem

Dabei wird in Schleswig-Holstein in der Behördenstruktur zwischen Ordnungsverwaltung und Polizei unterschieden, denn die Behördenorganisation in Schleswig-Holstein geht – wie in den meisten Bundesländern – vom sog. **Trennungssystem** aus, wonach zwischen Ordnungsverwaltung und Polizei unterschieden wird, § 163 Abs. 1 LVwG:

> „Die Gefahrenabwehr obliegt den Ordnungsbehörden und der Polizei."

Trotz der Trennung ist die Aufgabe der Gefahrenabwehr insgesamt **staatliche Aufgabe des Landes.**

Diese Aufgabe nimmt das Land durch die **Landespolizei** selbst wahr, vgl. § 1 Abs. 1 Polizeiorganisationsgesetz (POG):

> „Die Polizei ist eine Einrichtung des Landes."

Die Polizei wird aufgabenbezogen in die Dienstzweige Schutzpolizei, Kriminalpolizei, Wasserschutzpolizei und Bereitschaftspolizei unterteilt.

Soweit die Ordnungsbehörden zuständig sind, sind diese als **allgemeine Ordnungsbehörden** Behörden der **Kommunen.** Die Aufgabe der Gefahrenabwehr wird dadurch jedoch nicht Teil der kommunalen Selbstverwaltung im Sinne des Art. 28 Abs. 2 GG, sondern bleibt staatliche Aufgabe. Das Land hat sie den Kommunen zur **Erfüllung nach Weisung** übertragen, § 162 Abs. 3 LVwG (siehe dazu auch Ausführungen zu Kommunalen Ordnungsdiensten).

Nach dem Grundsatz der Einheit der öffentlichen Verwaltung gibt es nur wenige institutionalisierte echte Sonderordnungsbehörden. Die Aufgaben der **Sonderordnungsbehörden** nimmt das **Land** durch eigene Behörden selbst wahr. Sonderordnungsbehörden sind im Unterschied zu allgemeinen Ordnungsbehörden nicht für die Gesamtaufgabe der Gefahrenabwehr zuständig, sondern nur für spezielle ihnen gesetzlich zugewiesene **Sonderaufgaben**. Dies liegt darin begründet, dass für einige Materien eine besondere fachliche oder technische Spezialisierung erforderlich sein kann.

Organisation der Landespolizei

Zur Landespolizei zählen nach dem formellen Polizeibegriff des § 164 Abs. 2 LVwG alle nach Landesrecht errichteten Behörden der Polizei. Die Errichtung der Schleswig-Holsteinischen Polizeibehörden wird durch folgende **organisationsrechtliche Regelungen** bestimmt:

- Polizeiorganisationsgesetz (POG), vom 12. November 2004, (GVOBl. Schl.-H. 2004, S. 408); geändert durch Gesetz vom 22.10.2013 (GVOBl. Schl.-H. 2013, S. 404);
- Polizeidienstvorschrift über die Wahrnehmung polizeilicher Aufgaben sowie über die Organisation der Polizei in Schleswig-Holstein 350 (PDV 350 Schl.-H.), Ausgabe 2005 mit Änderungen;
- Landesverordnung über die örtliche Zuständigkeit der Polizeidirektionen vom 25. Oktober 2005 (GVOBl. Schl.-H. 2005, S. 523);
- Landesverordnung über die Bezirke der Bezirkskriminalinspektionen vom 6. November 2005 (GVOBl. Schl.-H. 2005, S. 526);
- Landesverordnung über die kriminalpolizeiliche Zuständigkeit der Polizeidirektion Kiel für die Gemeinde Kronshagen und die Bezirke der Polizeistationen Molfsee, Flintbek, Altenholz und Strande sowie über die kriminalpolizeiliche Zuständigkeit der Polizeidirektion Neumünster für den Bezirk der Polizeistation Bönebüttel vom 17. August 2005 (GVOBl. Schl.-H. 2005, S. 350);
- Landesverordnung über die örtliche Zuständigkeit der Wasserschutzpolizeidienststellen vom 7. Januar 2016 (GVOBl. Schl.-H. 2016, S. 26);
- Erlasse des Innenministeriums/Polizeiabteilung über „Einrichtung von nachgeordneten Dienststellen der Behörden der Polizei" und „Dienstbezirke der Polizeidienststellen" in der jeweils geltenden Fassung.

Die **Behörden der Landespolizei** sind gemäß § 1 Abs. 2 POG:

1. das Innenministerium einschließlich der zugeordneten Ämter Landespolizeiamt und Landeskriminalamt,
2. auf der Regionalebene die sieben Polizeidirektionen als untere Landesbehörden und
3. als weitere untere Landesbehörde der Landespolizei die Fachdirektion der Polizeidirektion für Aus- und Fortbildung und für die Bereitschaftspolizei.

Die Ministerialebene gliedert sich in die **Polizeiabteilung des Innenministeriums** und deren zugeordnete Ämter Landespolizeiamt und Landeskriminalamt. Die Polizeiabteilung ist für die konzeptionelle kriminal- und polizeipolitische Strategiearbeit sowie die grundsätzlichen Fragen des Aufgabenvollzuges und der Koordinierung der Behörden der Landespolizei zuständig.

Das **Landespolizeiamt (LPA)** übt die Dienst- und Fachaufsicht über die regionalen Polizeidirektionen und die Polizeidirektion für Aus- und Fortbildung und für die Bereitschaftspolizei aus. Die Wasserschutzpolizeireviere mit den nachgeordneten Wasserschutzpolizeistationen sind unmittelbar dem Landespolizeiamt nachgeordnet. Die näheren Aufgaben des Landespolizeiamtes regelt Nummer 3.2 der PDV 350 Schl.-H. (Vorschrift über die Wahrnehmung polizeilicher Aufgaben sowie über die Organisation der Polizei in Schleswig-Holstein). Dazu zählt u.a. nach Nummer 3.2.3 die grundsätzliche Führung von Einsatzlagen von herausragender Bedeutung, wie insbesondere Geiselnahmen, Entführungen und größere Gefahren- und Schadenslagen von überregionaler Bedeutung. Das dafür errichtete Lage- und Führungszentrum des Landespolizeiamtes ist zugleich Lagezentrum des Innenministeriums und des Landeskriminalamtes.

Das **Landeskriminalamt (LKA)** führt Ermittlungen in schwierigen und besonders gelagerten Fällen durch und kann dazu im Einzelfall den Polizeidirektionen Weisungen für die Erforschung von Straftaten und Ordnungswidrigkeiten erteilen, deren Bearbeitung an sich ziehen oder eine Polizeidirektion auch für Ermittlungen im Bezirk anderer Polizeidirektionen für zuständig erklären. Darüber hinaus ist das LKA zentrale Dienststelle im Sinne des § 1 Abs. 2 des Bundeskriminalamtsgesetzes (BKAG). Die näheren Aufgaben des LKA regelt Nummer 3.3 der PDV 350 Schl.-H. (Vorschrift über die Wahrnehmung polizeilicher Aufgaben sowie über die Organisation der Polizei in Schleswig-Holstein). Die sachliche Zuständigkeit des Landeskriminalamtes für die Erforschung und vorbeugende Bekämpfung von Straftaten ergibt sich aus dem Katalog zu Teil C Nummer 1 der PDV 350 Schl.-H.

Auf **Regionalebene** bestehen **sieben örtlich zuständige Polizeidirektionen als untere Landesbehörden**, die den polizeilichen Aufgabenvollzug durch nachgeordnete Dienststellen der Schutzpolizei und durch die Bezirkskriminalinspektionen wahrnehmen:

Die **Polizeidirektion Kiel** mit Sitz in Kiel ist zuständig für die Landeshauptstadt Kiel und den Kreis Plön. Nachgeordnet sind eine Bezirkskriminalinspektion in Kiel; ein Polizei-Bezirksrevier in Kiel; vier Polizeireviere in Kiel sowie ein Polizeirevier in Plön mit 7 nachgeordneten Polizeistationen.

Die **Polizeidirektion Lübeck** mit Sitz in Lübeck ist zuständig für die Hansestadt Lübeck und den Kreis Ostholstein. Nachgeordnet sind eine Bezirkskriminalinspektion in Lübeck und vier Kriminalpolizeistellen; vier Polizeireviere in Lübeck mit nachgeordneten Polizeistationen; vier Polizeireviere in Eutin, Bad Schwartau, Heiligenhafen und Neustadt/H. sowie ein Polizeiautobahn- und Bezirksrevier in Scharbeutz.

Die **Polizeidirektion Itzehoe** mit Sitz in Itzehoe ist zuständig für den Kreis Steinburg und den Kreis Dithmarschen. Nachgeordnet sind eine Bezirkskriminalinspektion in Itzehoe; ein Polizei-Bezirksrevier in Heide sowie drei Polizeireviere in Itzehoe, Heide und Brunsbüttel.

Die **Polizeidirektion Flensburg** mit Sitz in Flensburg ist zuständig für die kreisfreie Stadt Flensburg und die Kreise Nordfriesland und Schleswig-Flensburg. Nachgeordnet sind eine Bezirkskriminalinspektion in Flensburg; ein Polizeiautobahn- und Bezirksrevier in Schleswig; zwei Polizeireviere in Flensburg und fünf Polizeireviere in Schleswig, Kappeln, Niebüll, Husum und Sylt.

Die **Polizeidirektion Bad Segeberg** mit Sitz in Bad Segeberg ist zuständig für den Kreis Segeberg und den Kreis Pinneberg. Nachgeordnet ist eine Kriminalinspektion mit Sitz in Pinneberg und drei nachgeordneten Kriminalpolizeistellen in Bad Segeberg, Elmshorn und Norderstedt; sieben Polizeireviere in Bad Segeberg, Kaltenkirchen, Pinneberg, Norderstedt, Elmshorn und Wedel sowie zwei Polizeiautobahn- und Bezirksreviere in Bad Segeberg und Elmshorn.

Die **Polizeidirektion Ratzeburg** mit Sitz in Ratzeburg ist zuständig für den Kreis Herzogtum Lauenburg und den Kreis Stormarn. Nachgeordnet ist eine Kriminalinspektion in Bad Oldesloe mit Kriminalpolizeistellen in Ratzeburg, Geesthacht, Ahrensburg sowie Reinbek; zwei Polizeiautobahnreviere in Bad Oldesloe und Ratzeburg sowie fünf Polizeireviere in Bad Oldesloe, Ahrensburg, Schwarzenbek, Geesthacht und Reinbek.

Die **Polizeidirektion Neumünster** mit Sitz in Neumünster ist zuständig für die Stadt Neumünster und den Kreis Rendsburg-Eckernförde. Nachgeordnet sind der Direktion die Kriminalinspektion Neumünster mit zwei Kriminalpolizeistellen in Neumünster und Rendsburg, ein Polizei-Bezirksrevier in Rendsburg; ein Polizei-Verkehrsüberwachungsdienst in Neumünster; zwei Polizeireviere in Neumünster und eines jeweils in Rendsburg, Mittelholstein, Bordesholm, Eckernförde mit nachgeordneten Polizeistationen sowie ein Polizei-Autobahnrevier in Neumünster.

Zuletzt besteht in Eutin als Fachdirektion die **Polizeidirektion für Aus- und Fortbildung und für die Bereitschaftspolizei (PD AFB)** als untere Landesbehörde, die nach dem Prinzip der abgestuften Zentralisierung und Spezialisierung bestimmte Aufgaben der Aus- und Fortbildung und Bereitschaftspolizei erfüllt. Aufgabe dieser Polizeidirektion ist die Aus- und Fortbildung der Beschäftigten der Landespolizei, soweit diese nicht bei rechtlich selbstständigen Bildungseinrichtungen ausgebildet werden. Die Bereitschaftspolizei unterstützt die Behörden und Dienststellen der Polizei, wenn die

Erfüllung der diesen obliegenden Aufgaben es erforderlich macht. Die PD AFB untergliedert sich in die Fachinspektion Aus- und Fortbildung und die Bereitschaftspolizei. Die Fachinspektion Aus- und Fortbildung umfasst die Bereiche der Grund-, Fach- und Abschlussausbildung, sowie die sieben Fachbereiche Recht, Führungs- und Organisationsmanagement, Diensthundewesen, Informationsmanagement, Allgemeinbildung, Kriminalitätsbekämpfung, Einsatzmanagement sowie das Sportbildungszentrum, den ärztlichen Dienst und die Werbe- und Einstellungsstelle.

Die Bereitschaftspolizei in Schleswig-Holstein besteht wie in allen Bundesländern aufgrund eines Verwaltungsabkommens zwischen dem Bund und den Ländern. Der Bund hat sich durch die Verwaltungsabkommen mit den Ländern verpflichtet, die Bereitschaftspolizeien der Länder mit Haushaltsmitteln zur Anschaffung von Führungs- und Einsatzmitteln zu unterstützen. Er koordiniert und überprüft die Einheitlichkeit der Organisation der Bereitschaftspolizeien und die Kompatibilität der Ausstattungen durch einen Inspekteur der Bereitschaftspolizeien der Länder, der dem Bundesinnenministerium zugeordnet ist.

Die Bereitschaftspolizei in Eutin besteht aus einer Führungsgruppe, der 1. Einsatzhundertschaft mit Informations- und Kommunikationszug, Aufklärungszug, Technischem Zug, Sondereinsatzzug sowie der Beweissicherungs- und Festnahmeeinheit.

Zu den Aufgaben der Bereitschaftspolizei gehören nach dem Verwaltungsabkommen vorrangig die Bewältigung von Lagen aus besonderem Anlass. Dazu gehören zum Beispiel Versammlungslagen, Staatsbesuche, internationale Gipfeltreffen und Konferenzen sowie besondere Sportereignisse und Großveranstaltungen. Außerdem kommt die Bereitschaftspolizei bei Gefahrenlagen im Zusammenhang mit Naturkatastrophen und besonders schweren Unglücksfällen nach Art. 35 Abs. 3 GG, bei Gefahren nach Art. 91 Abs. 2 GG sowie im Verteidigungsfall nach Art. 115f. GG zum Einsatz. Auch die Unterstützung anderer Bundesländer bei derartigen Lagen gehört zu den Aufgaben der Bereitschaftspolizeien der Länder. Die Bereitschaftspolizei unterstützt außerdem mit ihren Einheiten und speziellen vom Bund gelieferten Führungs- und Einsatzmitteln bei Bedarf den polizeilichen Einzeldienst.

Organisation der Ordnungsbehörden

Ordnungsbehörden sind gemäß § 164 Abs. 1 LVwG:

„1. die Ministerien im Rahmen ihres Geschäftsbereichs (Landesordnungsbehörden),

2. die Landrätin oder der Landrat für die Kreise, die Bürgermeisterin oder der Bürgermeister für die kreisfreien Städte (Kreisordnungsbehörden),
3. die Bürgermeisterin oder der Bürgermeister für die amtsfreien Gemeinden, die Amtsdirektorin oder der Amtsdirektor, in ehrenamtlich verwalteten Ämtern die Amtsvorsteherin oder der Amtsvorsteher für die Ämter (örtliche Ordnungsbehörden),
4. die Landesbehörden, denen Aufgaben der Gefahrenabwehr durch besondere Rechtsvorschriften übertragen sind (Sonderordnungsbehörden)."

Landesordnungsbehörden sind die Ministerien in ihren jeweiligen Ressortzuständigkeiten.

Kommunale Ordnungsbehörden, die örtlichen Ordnungsbehörden und Kreisordnungsbehörden werden durch § 164 LVwG nicht als neue organisatorisch selbstständige Stellen gemäß § 3 LVwG geschaffen, sondern den bestehenden Kommunalbehörden wird die Aufgabe der Gefahrenabwehr als Ordnungsbehörde zur Wahrnehmung nach Weisung zugewiesen, § 3 Kreisordnung (KrO); § 4 Amtsordnung (AO); § 3 Gemeindeordnung (GO). Die Zuweisung der Behördenfunktion in § 164 Abs. 1 Nummer 2 und 3 LVwG an die Organe der kommunalen Verwaltungsträger folgt dabei den Vorgaben des Kommunalverfassungsrechts.

Die Verwaltungsträger Gemeinde, Ämter, Kreise sowie kreisfreie Städte nehmen durch ihre Organe, die sie nach außen als gesetzliche Vertreter vertreten, die Behörden, die ihnen übertragenen Aufgaben wahr.

Behörde ist also das jeweilige vertretungsberechtigte Organ des Verwaltungsträgers, vgl. § 11 LVwG. Wer für die Vertretung nach außen zuständig ist, bestimmt sich nach den jeweiligen kommunalen Regelungen des Trägers, für die Kreise nach der KrO, für die Ämter nach der AO und für die Gemeinde nach der GO.

Dabei handelt als **Kreisordnungsbehörde**
- der Landrat als gesetzlicher Vertreter für die Kreise, §§ 51 Abs. 5, 50 Abs. 1 KrO;
- der Bürgermeister als gesetzlicher Vertreter für die kreisfreien Städte, §§ 65 Abs. 5, 64 Abs. 1 GO.

Als **örtliche Ordnungsbehörde** wird
- der Bürgermeister für die amtsfreien Gemeinden, §§ 50 Abs. 2, 51 Abs. 1 GO und §§ 55 Abs. 5, 56 Abs. 1 GO,
- der Amtsdirektor für die hauptamtlich verwalteten Ämter, § 15b Abs. 7 AO i. V. m. § 55 Abs. 5 GO, § 24a AO i. V. m. § 56 GO und
- der Amtsvorsteher für die ehrenamtlich verwalteten Ämter, § 13 Abs. 4 AO, § 24a AO i. V. m. § 51 Abs. 1 GO,

tätig.

Die **Aufgabenübertragung durch das Land** an die Kommunen **zur Erfüllung nach Weisung** erfolgt für die allgemeine Gefahrenabwehr durch § 162 Abs. 3 LVwG:

> „Die Gefahrenabwehr wird als Landesaufgabe von den Gemeinden, Kreisen und Ämtern zur Erfüllung nach Weisung wahrgenommen."

Im Übrigen werden die Weisungsangelegenheiten in der Regel durch eine Zuständigkeitsverordnung der Landesregierung auf die jeweiligen Verwaltungsträger übertragen, z. B.:

- Landesverordnung über die zuständigen Behörden und Stellen nach dem Straßenverkehrsrecht (StrVRZustVO) vom 8. November 2004 (GVOBl. Schl.-H. 2004, S. 423);
- Landesverordnung zur Ausführung des Waffengesetzes (WaffG-AV) vom 30. Juni 2004 (GVOBl. Schl.-H. 2004, S. 229);
- Landesverordnung zur Bestimmung der zuständigen Behörden nach der Gewerbeordnung (GewO-ZustVO) vom 19. Januar 1988 (GVOBl. Schl.-H. 1988, S. 27).

Auf diese Weise kann der Landrat tätig werden als allg. Ordnungsbehörde gemäß § 162 Abs. 3 LVwG, als Straßenverkehrsbehörde gemäß § 2 StrVRZustVO, zur Ausführung des Waffengesetzes (WaffG) als untere Bauaufsichtsbehörde oder Kreisordnungsbehörde gemäß § 1 WaffGAV, zur Ausführung der Gewerbeordnung (GewO) als Kreisordnungsbehörde nach § 1 Anlage 3.1 GewO-ZustVO. Es handelt sich in diesen Fällen um Behördenfunktionsbegriffe.

Zur Wahrnehmung der unterschiedlichen Aufgaben ist die Behörde in einzelne abgestufte Behördenteile, Verwaltungsbereiche mit weiteren Unterbereichen gegliedert. Diese einzelnen Behördenteile bilden in ihrer Gesamtheit die Behörde. Diese Überlegungen finden sich auch im Briefkopf amtlicher Schreiben, z. B.:

KREIS OSTHOLSTEIN → [Verwaltungsträger]

Der Landrat → [Behörde]

Fachbereich Sicherheit und Gesundheit → [Fachbereich]

Sicherheit und Ordnung → [Fachdienst]

Die **allgemeinen Ordnungsbehörden** nehmen alle Aufgaben der Gefahrenabwehr nach näherer Regelung des § 165 LVwG wahr, soweit einzelne Aufgaben nicht den Sonderordnungsbehörden übertragen sind. Wie sich aus § 164 LVwG ergibt, sind die allgemeinen Ordnungsbehörden auf verschiedenen Stufen, **Instanzen** eingerichtet:

Örtliche Ordnungsbehörde – Kreisordnungsbehörde – Landesordnungsbehörde

Dabei fungieren die Bürgermeister der kreisfreien Städte Kiel, Lübeck, Flensburg und Neumünster sowohl als Kreis- als auch als örtliche Ordnungsbehörde.

Dem Grundsatz des § 165 Abs. 2 Satz 1 Halbsatz 1 LVwG nach sind für die Gefahrenabwehr die örtlichen Ordnungsbehörden zuständig. Allerdings ist ein überwiegender Teil der Gefahrenabwehraufgaben den Kreisordnungsbehörden durch besondere Rechtsvorschriften zugewiesen, § 165 Abs. 2 Satz 1 Halbsatz 2 LVwG. Alle allgemeinen Ordnungsbehörden können sich jedoch gemäß § 165 Abs. 3 LVwG bei **Gefahr im Verzug** vertreten.

Sonderordnungsbehörden sind zuständig für spezielle Gebiete der Gefahrenabwehr, die aufgrund des Aufgabenbereichs besonderer personeller wie sachlicher Erfordernisse zur Wahrnehmung ihrer Aufgabe bedürfen. Anders als die allgemeinen Ordnungsbehörden sind die Sonderordnungsbehörden nicht nur Behördenteile einer Behörde, sondern selbstständige Behörden mit einer eigenständigen Behördenorganisation mit eigenen Vollzugsbeamten. Sonderordnungsbehörden gibt es gemäß § 164 Abs. 1 Nummer 4 LVwG lediglich auf Landesebene, nicht jedoch im kommunalen Bereich. Sie werden errichtet als Landesbehörden, denen durch besondere Rechtsvorschriften Aufgaben zur Gefahrenabwehr übertragen sind. Durch diese Rechtsvorschriften werden Aufgaben für ein bestimmtes Gebiet der Gefahrenabwehr zugewiesen und die Kompetenzen der Sonderordnungsbehörde auf dieses Gebiet beschränkt. Zugleich wird durch die Rechtsvorschriften den allgemeinen Ordnungsbehörden die Zuständigkeit für diese Bereiche entzogen, § 165 Abs. 2 Satz 2 LVwG. Aufgrund der Spezialisierung der Sonderordnungsbehörden besitzen sie in der Regel kein Selbsteintrittsrecht bei Gefahr im Verzug für eine allgemeine Ordnungsbehörde, § 165 Abs. 3 LVwG.

Beispiele für Sonderordnungsbehörden im Sinne des § 164 Abs. 1 Nummer 4 LVwG sind das Landesamt für Landwirtschaft, Umwelt und ländliche Räume (LLUR) oder der Landesbetrieb Straßenbau und Verkehr (LBV).

Polizei- und Ordnungsbehörden des Bundes

Die Bundesgesetze zur Gefahrenabwehr werden grundsätzlich von schleswig-holsteinischen Ordnungsbehörden und der Landespolizei Schleswig-Holstein ausgeführt. Bundesbehörden zur Gefahrenabwehr werden nur errichtet, wenn der Bund nicht nur die Kompetenz hat, eigene Verwaltungsbehörden zu errichten, Art. 87 Abs. 1 und 3 GG.

Im Land Schleswig-Holstein sind auf folgenden Gebieten *Bundesbehörden* eingerichtet oder werden im Lande tätig: Bundespolizei, Wasser- und Schifffahrtsverwaltung, Zoll und Bundeskriminalamt u. a.

Bundespolizei

Die Bundespolizei wird in **bundeseigener Verwaltung** geführt, § 1 Abs. 1 Bundespolizeigesetz (BPolG). Sie ist nachgeordnete Bundesoberbehörde des Bundesinnenministeriums. Dem Bundespolizeipräsidium in Potsdam sind neun Bundespolizeidirektionen in Bad Bramstedt, Hannover, Berlin, Sankt Augustin, Pirna, Koblenz, Flughafen Frankfurt am Main, Stuttgart, München und die Bundesbereitschaftspolizei in Fuldatal mit 10 nachgeordneten Bundespolizeiabteilungen sowie die Bundespolizeiakademie in Lübeck unterstellt.

Zuständige Polizeibehörde der Bundespolizei für Schleswig-Holstein ist **die Bundespolizeidirektion Bad Bramstedt**. Sie wurde am 01.03.2008 eingerichtet. Sie erfüllt ihre gesetzlich zugewiesenen Aufgaben in Schleswig-Holstein, Mecklenburg-Vorpommern und auf See auch außerhalb des Küstenmeeres. Der Bundespolizeidirektion Bad Bramstedt sind insgesamt neun Bundespolizeiinspektionen unterstellt. Darunter für den Bereich Schleswig-Holstein die Bundespolizeiinspektion Flensburg, die Bundespolizeiinspektion Kiel und die Bundespolizeiinspektion See/Neustadt in Holstein. Die Bundespolizeiinspektion Flensburg ist zuständig in den Landkreisen Schleswig-Flensburg, Nordfriesland, Rendsburg-Eckernförde, Dithmarschen, Steinburg und Pinneberg sowie den kreisfreien Städten Flensburg und Neumünster. Ihr sind folgende Bundespolizeireviere nachgeordnet: Bredstedt, Neumünster und Brunsbüttel. Die Bundespolizeiinspektion Kiel ist zuständig in der Landeshauptstadt Kiel, der Hansestadt Lübeck und den Landkreisen Plön, Ostholstein, Segeberg, Stormarn und Herzogtum Lauenburg. Ihr sind folgende Bundespolizeireviere nachgeordnet: Lübeck und Puttgarden. Die Bundespolizeiabteilung Ratzeburg als nachgeordnete Dienststelle der Direktion Bereitschaftspolizei in Fuldatal erfüllt primär verbandspolizeiliche Aufgaben und Unterstützungsleistungen. Insgesamt nimmt die Bundespolizei folgende Aufgaben wahr:

Der **grenzpolizeiliche Schutz** des Bundesgebietes (Grenzschutz) umfasst u. a.: die grenzpolizeiliche Überwachung der Grenzen zu Lande, zu Wasser und aus der Luft, die grenzpolizeiliche Kontrolle des grenzüberschreitenden Verkehrs einschließlich der Überprüfung der Grenzübertrittspapiere und der Berechtigung zum Grenzübertritt, der Grenzfahndung und der Abwehr von Gefahren. Die Bundespolizei hat außerdem die Aufgabe als **Bahn-**

polizei, auf dem Gebiet der Eisenbahnen des Bundes Gefahren für die öffentliche Sicherheit und Ordnung abzuwehren, die den Benutzern, den Anlagen oder dem Betrieb der Bahn drohen oder beim Betrieb der Bahn entstehen oder von den Bahnanlagen ausgehen. Dazu gehören auch Maßnahmen der Strafverfolgung und der Bearbeitung von bestimmten Vergehenstatbeständen.

Die Bundespolizei trifft die gemäß Luftsicherheitsgesetz erforderlichen Maßnahmen zum Schutz vor Angriffen auf die **Sicherheit des zivilen Luftverkehrs**. Die Luftsicherheitsaufgaben nimmt die Bundespolizei auf folgenden 15 deutschen Flughäfen wahr: Berlin-Schönefeld, Berlin-Tegel, Berlin-Tempelhof, Bremen, Dresden, Düsseldorf, Erfurt, Frankfurt am Main, Hamburg, Hannover, Köln/Bonn, Leipzig/Halle, Saarbrücken, Stuttgart und München (ohne Fluggast- und Gepäckkontrollen). Auf den 21 kleineren Flughäfen erfüllen die Länder im Auftrag des Bundes die Luftsicherheitsaufgaben.

Sonstige Aufgaben sind Aufgaben auf See, Schutz von Bundesorganen, Unterstützung anderer Bundesbehörden, Verwendung zur Unterstützung eines Bundeslandes.

Bundeskriminalamt

Das Bundeskriminalamt (BKA) ist genauso wie die Bundespolizei eine dem Bundesinnenministerium nachgeordnete Bundesoberbehörde. Es hat seinen Sitz in Wiesbaden sowie Standorte in Berlin und Meckenheim. Die Aufgaben des Bundeskriminalamtes ergeben sich aus dem Bundeskriminalamtsgesetz (BKAG). Danach unterhält der Bund das Bundeskriminalamt zur Zusammenarbeit des Bundes und der Länder in kriminalpolizeilichen Angelegenheiten. Auf Länderseite bestehen dazu als Pendant die Landeskriminalämter. Das Bundeskriminalamt unterstützt als Zentralstelle für das polizeiliche Auskunfts- und Nachrichtenwesen und für die Kriminalpolizei die Polizeien des Bundes und der Länder bei der Verhütung und Verfolgung von Straftaten mit länderübergreifender, internationaler oder erheblicher Bedeutung. Dazu unterhält das Bundeskriminalamt als Zentralstelle ein **polizeiliches Informationssystem.** Darüber hinaus nimmt es nach § 4 BKAG bestimmte polizeiliche Aufgaben auf dem Gebiet der **Strafverfolgung** wahr, insbesondere bei Kapitaldelikten gegen Mitglieder von Verfassungsorganen. Außerdem ist es für die **Abwehr von Gefahren des internationalen Terrorismus** zuständig, § 5 BKAG, und für den **Personenschutz für Mitglieder von Verfassungsorganen**, u. a. § 6 BKAG.

Zollverwaltung

Die Zollverwaltung für Schleswig-Holstein wird administriert durch die **Bundesfinanzdirektion Nord** in Hamburg. Sie ist zuständig für Bremen, Hamburg, Mecklenburg-Vorpommern, Teile Niedersachsens und Schleswig-Holstein. Ihr nachgeordnet sind als örtliche Bundesbehörden in Schleswig-Holstein die **Hauptzollämter Itzehoe und Kiel**.

Das Hauptzollamt Itzehoe ist zuständig für folgenden Bezirk: Stadt Flensburg; Kreise Dithmarschen, Nordfriesland, Pinneberg und Steinburg; Teile der Kreise Schleswig-Flensburg, Rendsburg Eckernförde, Segeberg, Ortsteile der Stadt Hamburg u. a. Gebiet des Flughafens Hamburg-Fuhlsbüttel. Dem Hauptzollamt Itzehoe sind nachgeordnet die Zollämter Brunsbüttel, Flensburg, Hamburg-Flughafen, Helgoland, Husum und Pinneberg. Das Hauptzollamt Kiel ist zuständig für folgenden Bezirk: Stadtkreise Kiel, Lübeck und Neumünster; Kreise Herzogtum Lauenburg, Ostholstein, Plön und Stormarn; Teile der Kreise Rendsburg-Eckenförde, Schleswig-Flensburg, Segeberg. Dem Hauptzollamt Kiel sind nachgeordnet die Zollämter Kiel, Kiel-Wik, Heiligenhafen, Lübeck, Mölln und Rendsburg. Die Hauptzollämter sind für die Verwaltung der Zölle, der bundesgesetzlich geregelten Verbrauchsteuern einschließlich der Einfuhrumsatzsteuer, der Abgaben im Rahmen der Europäischen Union, für die zollamtliche Überwachung des Warenverkehrs über die Grenze, für die Grenzaufsicht, für die Bekämpfung der Schwarzarbeit und der illegalen Beschäftigung und für die ihnen sonst übertragenen Aufgaben zuständig (z. B. die grenzpolizeiliche Überwachung der „Grünen Grenze“ und des grenznahen Raums sowie grenzpolizeiliche Kontrollen außerhalb der Grenzübergänge oder Umweltschutz-, Schifffahrtspolizei- und Fischereischutzaufgaben auf Nord- und Ostsee).

Wasser- und Schifffahrtsverwaltung

Nach Art. 89 GG ist der Bund Eigentümer der früheren Reichswasserstraßen, die er durch eigene Behörden verwaltet. Die dem Bundesverkehrsministerium nachgeordnete **Wasser- und Schifffahrtsverwaltung des Bundes** ist zuständig für die Verwaltung der Bundeswasserstraßen und für die Regelung des Schiffsverkehrs. Dagegen fällt die allgemeine Wasserwirtschaft, insbesondere die Gewässerreinhaltung und die Wassergüte, in die Zuständigkeit der Bundesländer.

Die Wasser- und Schifffahrtsverwaltung des Bundes gliedert sich in die **Generaldirektion Wasserstraßen und Schifffahrt (GDWS)** mit Sitz in Bonn und die Wasserstraßen- und Schifffahrtsämter sowie die Wasserstraßen-

Neubauämter in den Regionen. Für Schleswig-Holstein sind dies die die Wasserstraßen- und Schifffahrtsämter Nord-Ostsee-Kanal (Brunsbüttel, Kiel-Holtenau) und Ostsee (Lübeck, Stralsund) sowie das Wasserstraßen-Neubauamt Nord-Ostsee-Kanal.

Gemeinsame Aufgaben bestehen in der Überwachung und Regelung des Schiffsverkehrs, Informationen und Warnungen an die Schifffahrt, Gefahrenabwehr, Havarie- und Schadstoffunfallbekämpfung, Kennzeichnung der Verkehrswege, Verkehrssicherheit und Seelotsen. Außerdem werden durch sie Ausbaumaßnahmen untersucht, Planfeststellungsverfahren durchgeführt, Bauentwürfe geprüft und Vergaben und Aufträge bewilligt.

Zusammenarbeit der Gefahrenabwehrbehörden

Das Miteinander verschiedener Behörden in der Gefahrenabwehr wird bestimmt durch
- das Zusammenwirken,
- die Zusammenarbeit.

Das **Zusammenwirken** geht in der Regel auf gesetzliche Verpflichtungen zurück, wonach Behörden bestimmte Maßnahmen nicht für sich allein treffen dürfen, sondern auf die Beteiligung einer anderen Behörde angewiesen sind, z. B. durch Regelung der Erfordernisse
- der Zustimmung/des Einverständnisses,
- der Mitwirkung/Anhörung/Stellungnahme,
- des Einvernehmens/Benehmens,
- der Bestätigung.

Diese förmlichen Anforderungen sind im Bereich der Polizei und Ordnungsbehörden selten. Für die Anordnung von Verkehrsverboten durch die Straßenverkehrsbehörden regelt z. B. die VwV-StVO zu § 45 Absatz 1:

> „Vor jeder Entscheidung sind die Straßenbaubehörde und die Polizei zu hören."

Die **Zusammenarbeit** wird geregelt u. a. durch
- allgemeine, grundsätzliche Bestimmungen (Art. 35 Abs. 1 GG),
- Bestimmungen über das Zusammenwirken der Behörden der Polizei (§ 6 POG),
- Bestimmungen über die Zusammenarbeit unterschiedlicher Behörden (§§ 168, 172 LVwG), insbesondere durch die „Verwaltungsvorschrift über die Zusammenarbeit zwischen den Ordnungsbehörden und der Polizei bei der Gefahrenabwehr" von IV 353/IV 211.41.1 – IV 422/19.20 – vom 08.09.2020,
- das Verfahrensrecht über die Amtshilfe (§§ 32–36 LVwG).

Zusammenarbeit der Behörden der Polizei

Bei der Durchführung polizeilicher Aufgaben zeichnet sich die Zusammenarbeit der Behörden der Polizei gemäß § 6 Abs. 1 POG durch ein hohes Maß an Kooperation aus:

> Alle Behörden der Polizei arbeiten bei der Durchführung der polizeilichen Aufgaben eng zusammen. Sie haben sich gegenseitig zu unterstützen. Sie haben bei Gefahr im Verzug auch in dem örtlichen und sachlichen Zuständigkeitsbereich einer anderen Behörde der Polizei diejenigen Maßnahmen zu treffen, die sie nach pflichtgemäßem Ermessen für unaufschiebbar halten.

Damit wird die Einheitlichkeit der polizeilichen Aufgabenerfüllung hervorgehoben. Wesentliche ergänzende Regelungen trifft die **PDV 350 Schl.-H.** (Vorschrift über die Wahrnehmung polizeilicher Aufgaben sowie über die Organisation der Polizei in Schleswig-Holstein), Ausgabe 2005.

Zusammenarbeit zwischen Ordnungsbehörden und Polizei

Da die Gefahrenabwehr für das Land, die Gemeinden, die Kreise und die Ämter von Ordnungsbehörden und der Polizei wahrgenommen wird (§§ 163 Abs. 1, 164 Abs. 1 und 2 LVwG) bedarf es für die Zusammenarbeit dieser Behörden bestimmter Regelungen:

Neben den zuständigkeitsbestimmenden Regelungen der §§ 163 ff. LVwG, insbesondere in § 165 LVwG und § 168 LVwG bestimmt § 172 LVwG, dass Ordnungsbehörden und Polizei im Rahmen ihrer sachlichen Zuständigkeit zusammenzuarbeiten und sich gegenseitig über Vorkommnisse und Maßnahmen von Bedeutung zu unterrichten haben. Das Nähere regelt die „Verwaltungsvorschrift über die Zusammenarbeit zwischen den Ordnungsbehörden und der Polizei bei der Gefahrenabwehr" Bekanntmachung des Ministeriums für Inneres, ländliche Räume, Integration und Gleichstellung – IV 353/IV 211.41.1 – IV 422/19.20 – vom 08.09.2020 (siehe dazu auch Ausführungen zu „Verhältnis Landespolizei und Kommunale Ordnungsdienste").

B. Aufgaben und Befugnisse nach dem Landesverwaltungsgesetz

I. Aufgaben, Zuständigkeiten, Amtshilfe

1. Aufgaben, § 162 LVwG

> Die Norm definiert den Begriff der Gefahrenabwehr und weist diese Aufgabe dem Land sowie den Gemeinden, Kreisen und Ämtern zu. Letztere nehmen diese Aufgabe zur Erfüllung nach Weisung wahr. Die Gefahrenabwehr richtet sich vornehmlich nach den §§ 163 bis 227 LVwG. Der Schutz privater Rechte ist nur ausnahmsweise Bestandteil der Gefahrenabwehr.

Gemäß **Absatz 1** und **Absatz 3** wird die Gefahrenabwehr als **zentrale Staatsaufgabe** vom Land Schleswig-Holstein in der Regel unmittelbar vom Land durch eigene Behörden und darüber hinaus von den Gemeinden, Kreisen und Ämtern als Weisungsangelegenheit des Landes wahrgenommen. Landeseigene Behörden sind die Minister in ihrem jeweiligen Ressortbereich, die Polizei als Organisation und die Sonderordnungsbehörden. Kommunale Organe führen die Bezeichnung Ordnungsbehörde. Die Kreise, Gemeinden und Ämter nehmen eigentlich Aufgaben der kommunalen Selbstverwaltung wahr. Die Tatsache, dass der Gesetzgeber die Gemeinden, Kreise und Ämter ebenfalls als Träger der Gefahrenabwehr zur Erfüllung nach Weisung ausgewiesen hat, geschieht aus der Überlegung heraus, dass diese Gebietskörperschaften die Gefahrenabwehr aus Gründen der Ortsnähe besser erfüllen können als das Land. Eine Übertragung dieser Tätigkeit gemäß §§ 23 und 24 LVwG auf andere Verwaltungsträger, wie Anstalten oder Stiftungen des öffentlichen Rechts oder private Sicherheitsdienste, ist ausgeschlossen.

Die **Aufgabe der Gefahrenabwehr** im Sinne des Absatz 1 umschreibt die präventive polizeiliche Aufgabe, die Schutzgüter der öffentlichen Sicherheit vor einer Beeinträchtigung, einem Schaden, zu schützen und bereits eingetretene Beeinträchtigungen, Störungen zu beseitigen.

Die **öffentliche Sicherheit** wird definiert als Zusammenfassung verschiedener **Schutzgüter**: Die Unverletzlichkeit der **Rechtsordnung**, den **Schutz subjektiver Rechte** und Rechtsgüter des Einzelnen sowie den **Bestand und das Funktionieren des Staates und seiner Einrichtungen**. Wesentlich für den Rechtsgüterschutz im Bereich der öffentlichen Sicherheit ist dabei jeweils, dass dieser im öffentlichen Interesse liegen muss. Geschützt werden muss nicht die Sicherheit allgemein, sondern die öffentliche Sicherheit. Zentrales Schutzgut im Bereich der Sicherheit ist daher die Integrität der Rechtsordnung, die den Staat und seine Einrichtungen ebenso erfasst wie die individuellen Rechtsgüter. Da an der Integrität der Rechtsordnung grundsätzlich ein öffentliches Interesse besteht, berührt jede auf Verletzung eines gesetzlichen Tatbestandes gerichtete Handlung (überwiegend Straftaten und Ordnungswidrigkeiten) die öffentliche Sicherheit. Für den Bereich des Zivilrechts gilt das eingeschränkt nur dann, wenn der Betroffene sich durch Inanspruchnahme der Gerichte nicht ausreichend helfen kann, vgl. § 162 Abs. 2 LVwG. Dort, wo der Rechtsgüterschutz nicht unmittelbar durch die Gesetze und damit durch die Rechtsordnung vorgenommen wird, wird man das öffentliche Interesse an der Gefahrenabwehr damit begründen können, dass entweder Rechtsgüter einer unbestimmten Zahl von Personen gefährdet oder dass bestimmte Einzelpersonen unabhängig von ihrer Individualität ebenso bedroht sind, wie jede andere Person es an ihrer Stelle wäre (sog. Austauschformel). Zu den Fällen, die ein öffentliches Interesse nicht begründen, werden regelmäßig Selbstgefährdungen von Personen gerechnet (z. B. Risikosportarten oder übermäßiger Alkohol- oder Tabakkonsum).

Auch die **Gefahrenvorsorge** ist Teilaufgabe der Gefahrenabwehr. Sie setzt im Vorfeld der eigentlichen Gefahrenabwehr an, um bereits die Entstehung bestimmter Gefahren zu verhindern.

Die **vorbeugende Bekämpfung von Straftaten** ist ebenfalls Teil der Gefahrenabwehr. An sie knüpfen die polizeilichen Standardermächtigungen des § 180 Abs. 3 LVwG, des § 181 Abs. 1 Nr. 5 LVwG und des § 188 Abs. 6 LVwG an. Neben der gefahrenabwehrenden Verhütung von Straftaten wird auch die Vorsorge für die Verfolgung künftiger Straftaten erfasst, z. B. durch Sicherung von Beweisen für ein künftiges Strafverfahren. Diese kompetenzrechtliche Erstreckung der Aufgabe der Gefahrenabwehr ist insoweit problematisch, als den Ländern gemäß Art. 70 Abs. 1 GG nur die **Kompetenz zur Verhütung von Straftaten** zusteht und die **Strafverfolgungsvorsorge** nach Art. 74 Abs. 1 Nr. 1 GG als Teil der **konkurrierenden Gesetzgebung** Bundeskompetenz ist. Aufgrund dieser Kompetenzzuweisung ist der Landesgesetzgeber gemäß Art. 72 Abs. 1 GG nur insoweit zu Regelungen über die Strafverfolgungsvorsorge berechtigt, als der Bund von seiner Gesetzgebungszuständigkeit bisher keinen abschließenden Gebrauch gemacht hat. Dies ist für jeden Regelungsbereich gesondert zu prüfen und durch Auslegung zu ermitteln. So entschied das BVerfG durch Urteil vom 27.07.2005, dass dem niedersächsischen Landesgesetzgeber für die Regelung zur Überwachung und Aufzeichnung der Telekommunikation zur Strafverfolgungsvorsorge die Gesetzgebungskompetenz fehlt, weil der Bund diesen Bereich bereits über die §§ 100a ff. StPO abschließend geregelt hat.[29] Ähnlich entschied das Bundesverfassungsgericht zum Polizeirecht Mecklenburg-Vorpommerns.[30] Danach fehlt den Ländern die Gesetzgebungskompetenz ebenso für eine Regelung, welche die Polizei zur Strafverfolgungsvorsorge zur Ausschreibung zur polizeilichen Beobachtung ermächtigt, weil der Bund insoweit mit § 163e StPO von seiner konkurrierenden Gesetzgebungskompetenz abschließend Gebrauch gemacht hat.

Grundsätzlich obliegt die Durchsetzung privater Rechte den ordentlichen Gerichten. Nach **Absatz 2** gehört der Schutz privater Rechte zur Gefahrenabwehr, wenn gerichtlicher Schutz nicht rechtzeitig zu erlangen ist und ohne die Hilfe die Gefahr besteht, dass die Verwirklichung des Rechts vereitelt oder wesentlich erschwert wird. Eine Aufgabe der Polizei liegt daher immer nur im Ausnahmefall vor, wenn der Einsatz der Zivilgerichte mit ihren entsprechenden Vollstreckungsorganen, dem Gerichtsvollzieher und den rechtlichen Möglichkeiten der Zivilprozessordnung versagt ist. Die zeitnahe Möglichkeit einer Klage bei den Zivilgerichten über die Zivilprozessordnung müsste in der jeweiligen Situation entfallen und auch für eilige Fälle stünde darüber hinaus als vorläufiger Rechtsschutz der Antrag auf Arrest und einstweilige Verfügung nach §§ 935 ff. ZPO nicht zur Verfügung. Diese Eilanträge können meist einen effektiven Rechtsschutz innerhalb weniger Stunden garantieren, denn die Durchführung eines regulären Zivilprozesses lässt eine solche Durchsetzung privater Rechte häufig erst nach erheblichem Zeitaufwand zu. Kein rechtzeitig erreichbarer gerichtlicher Schutz kann aber beispielsweise auch dann vorliegen, wenn der Berechtigte nicht im Besitz der Personalien des Antragsgegners ist.

Die zweite Konstellation der drohenden Rechtsverteilung oder drohenden Erschwernis der Rechtsverfolgung liegt dann vor, wenn ohne das polizeiliche Einschreiten das zivile Recht zerstört oder entzogen wird. Die Verwirklichung eines Rechts ist bereits dann wesentlich erschwert, wenn dies nicht ohne Schaden für den ursprünglichen Rechtsinhaber wieder rückgängig gemacht werden kann.

---

29 BVerfG, Urteil vom 27.07.2005 – 1 BvR 668/04 = BVerfGE 113 S. 348, 367 ff.
30 BVerfG, Beschluss vom 09.12.2022 – 1 BvR 1345/21 = BVerfGE 165 S. 1, 88 f.

Private Rechte sind Teil der öffentlichen Sicherheit, wenn sie auch durch Vorschriften des öffentlichen Rechts einschließlich des Strafrechts geschützt sind. Der Schutzbereich der Sicherheit umfasst darüber hinaus auch Schutzmaßnahmen für solche Rechte und Rechtsgüter, die ihren Ursprung im privaten Recht haben, denn sie sind als Gesamtheit der Rechtsordnung ebenfalls polizeiliche Schutzgüter. Ihre Gefährdung oder Verletzung stellt eine Gefahr bzw. eine Störung dar. Eines zusätzlichen Antrags des Betroffenen bedarf es generell nicht. Ein Schutz privater Rechte liegt auch in den Fällen vor, wenn die Polizei von der Annahme ausgehen kann, der Berechtigte würde seinen zivilrechtlichen Anspruch geltend machen, weil es in seinem Interesse liegt. Ziel dieser Aufgabenzuweisung ist es, dem Betroffenen im Nachgang die Klage im Zivilrechtsweg zu ermöglichen. Dazu bedarf es der Identitätsfeststellung oder der vorübergehenden Sicherung, damit Ansprüche gewahrt werden, über die später das Gericht zu entscheiden hat. Häufigste polizeiliche Maßnahmen werden daher die Personalienfeststellung und der Personalienaustausch sein, aber auch das Verbot des Entfernens einer Sache zur Sicherung des Status quo kommt durchaus in Betracht. Es geht in diesen Fällen immer nur um vorläufige Maßnahmen, die so lange wirken, bis vorläufiger zivilrechtlicher Rechtsschutz erlangt werden kann. Ausnahmsweise räumt das BGB dem Einzelnen auch spezielle Selbsthilferechte ein, wie z. B. allgemeine Notwehr und Selbsthilfe, Vermieter- oder Unternehmerpfandrecht oder Zurückbehaltungsrechte. Das Vorliegen eines dieser besonderen Selbsthilferechte ist aber lediglich ein Indiz für die mangelnde Notwendigkeit eines polizeilichen Einschreitens. Es schließt den polizeilichen Aufgabenbereich nicht grundsätzlich aus, da diese Normen das staatliche Gewaltmonopol nicht infrage stellen wollen.

Der **Absatz 4** stellt deklaratorisch klar, dass für den Bereich der Gefahrenabwehr die §§ 163 bis 227a LVwG und, soweit sich aus ihnen nichts Abweichendes ergibt, die übrigen Vorschriften des LVwG Anwendung finden.

2. Ordnungsbehörden und Polizei, § 163 LVwG

Die Gewährleistung der „öffentlichen Sicherheit" wird durch die Ordnungsbehörden und die Polizei wahrgenommen. Dazu zählen die Gefahrenabwehr sowie weitere Aufgaben, die durch besondere Rechtsvorschrift übertragen sind. Die Zuständigkeitsverteilung zwischen Polizei und Ordnungsbehörden wird durch die § 165 LVwG und § 168 LVwG näher beschrieben.

In Schleswig-Holstein gilt das **Trennsystem**, nach dem zwischen Ordnungsbehörden und Polizei unterschieden wird. Sowohl Polizei als auch Ordnungsbehörden sind Aufgabenträger der öffentlichen Sicherheit. Anders ist dies bspw. in Baden-Württemberg. Dort wird nach dem sogenannten Einheitssystem nur die Polizei tätig, was dann sowohl die Polizei(verwaltungs)behörden als auch den Polizeivollzugsdienst umfasst.

Für die **gemeinsame Aufgabenwahrnehmung** der Gewährleistung der öffentlichen Sicherheit durch die Polizei und Ordnungsbehörden in Schleswig-Holstein sieht das LVwG bestimmte Regelungen für die Zusammenarbeit dieser Behörden vor: Aus dem Zusammenspiel von § 163 LVwG und § 165 LVwG ergibt sich, dass für die Gefahrenabwehr vorrangig die Ordnungsbehörden zuständig sind und die Polizei grundsätzlich nur subsidiär tätig werden kann. Gemäß § 172 LVwG haben die Ordnungsbehörden und die Polizei im Rahmen ihrer sachlichen Zuständigkeit zusammenzuarbeiten und sich gegenseitig über Vorkommnisse und Maßnahmen von Bedeutung zu unterrichten.

Die Aufgabe der **Gefahrenabwehr** wird in **Absatz 1** zuständigkeitsrechtlich den **Ordnungsbehörden** und der **Polizei** zugewiesen. Außerdem haben sie nach **Absatz 2** die weiteren **Zuständigkeiten**, die ihnen **durch besondere Rechtsvorschrift übertragen** sind.

Dabei ermächtigt die Aufgabenzuweisungsnorm des § 163 LVwG nicht zu Grundrechtseingriffen durch die Aufgabenträger. Aufgrund des Vorbehalts des Gesetztes gemäß Art. 20 Abs. 3 GG sind im Bereich der Eingriffsverwaltung dafür jeweils im Einzelfall einschlägige Rechtsgrundlagen, sog. Ermächtigungsgrundlagen, erforderlich. Diese finden sich in den Spezialnormen besonderer Rechtsgrundlagen im Sinne des **Absatz 2** oder für die Gefahrenabwehr im Sinne des **Absatz 1** in den speziellen Eingriffsbefugnissen des LVwG, wie z.B. den Standardmaßnahmen dem Platzverweis in § 201 LVwG sowie der subsidiären polizeilichen Generalklausel der §§ 174, 176 LVwG. Auf die Aufgabenzuweisungsnorm des § 163 LVwG bzw. die Zuständigkeitsnormen der §§ 165, 168 LVwG können damit nur Maßnahmen ohne Eingriffscharakter gestützt werden, die keine Grundrechtsrelevanz aufweisen.

Für die Aufgabe der Gefahrenabwehr kommen als **Handlungsinstrumente** der Polizei und der Ordnungsbehörden zur Abwehr konkreter Gefahren **Verfügungen** (Verwaltungsakte) oder **Realakte** in Betracht. Zur Abwehr abstrakter Gefahren können entsprechende **Verordnungen** erlassen werden, dazu näher bei den Ausführungen zu §§ 174, 176 LVwG und § 175 LVwG.

Eine **Übertragung besonderer Aufgaben** im Sinne des **Absatz 2** setzt voraus, dass die Aufgabenwahrnehmung durch die Rechtsvorschrift ausdrücklich der Polizei oder Ordnungsbehörde übertragen ist. In Abgrenzung zu sonstigen Aufgabenübertragungen muss für die Übertragung nach Absatz 2 die Behörde ausdrücklich als Polizei- bzw. Ordnungsbehörde benannt sein. Nicht ausreichend ist danach die bloße Übertragung an den Landrat, wenn dieser nach der Übertragungsvorschrift nicht zugleich ausdrücklich als Ordnungsbehörde benannt ist.

Die **Übertragung** erfolgt **durch formelle Gesetze und Rechtsverordnungen**. Zu den auf diese Weise besonders übertragenen Aufgaben zählen neben weiteren Aufgaben der besonderen Gefahrenabwehr auch die Amtshilfe, die Vollzugshilfe sowie die Verfolgung von Ordnungswidrigkeiten und Straftaten. So weist § 163 Abs. 2 LVwG i.V.m. § 163 StPO und § 53 OWiG der Polizei die repressiv-polizeiliche Aufgabe der Verfolgung von Straftaten und Ordnungswidrigkeiten zu. Aufgrund der unterschiedlichen Gesetzgebungskompetenzen (siehe oben) sowie unterschiedlichen Anforderungen der jeweiligen Befugnisnormen der StPO, des OWiG und des LVwG ist deutlich zwischen präventiven polizeilichen Maßnahmen der Gefahrenabwehr und repressiven polizeilichen Maßnahmen der Verfolgung von Straftaten und Ordnungswidrigkeiten zu unterscheiden. Dies ist auch wichtig für die Frage des Rechtsschutzes, da für die Überprüfung von polizeilichen Maßnahmen nach dem LVwG über § 40 Abs. 1 VwGO der **Verwaltungsrechtsweg** zu den Verwaltungsgerichten eröffnet ist, sodass in Schleswig-Holstein das Verwaltungsgericht Schleswig zuständig ist. Dagegen ist für Maßnahmen der Strafverfolgung nach der StPO der **Rechtsweg zu den ordentlichen Gerichten** eröffnet. Dort liegt die Zuständigkeit in der Regel bei den Amtsgerichten, vgl. § 101 Abs. 7 StPO, § 23 Abs. 1 EGGVG. Gleiches gilt für den Einspruch gegen Bußgeldbescheide nach dem OWiG gemäß § 68 OWiG.

Dabei erfolgt die **Abgrenzung zwischen präventiven und repressiven polizeilichen Maßnahmen** nach dem **Schwerpunkt der Maßnahme** und dem **Maßnahmezweck**. Soweit der Zweck nicht bereits in der ergriffenen Maßnahme mit angegeben ist (z.B. in der Begründung der Verfügung), ist dieser im Wege der Auslegung aus Sicht eines objektiven Betrachters in der konkreten Situation des Betroffenen zu ermitteln. Dabei ist auf den Gesamteindruck der Maßnahme abzustellen.

Je nach Anknüpfungspunkt der Maßnahme, Gefahrenabwehr oder Strafverfolgung, gilt entweder das **Opportunitätsprinzip** oder das Legalitätsprinzip: Das im Bereich der **Gefahrenabwehr** geltende Opportunitätsprinzip besagt, dass die zuständige Behörde nach **pflichtgemäßem Ermessen** zum Handeln verpflichtet ist. Dabei kann die ordnungsgemäße Ermessensausübung insbesondere unter Berücksichtigung der Verhältnismäßigkeitsabwägung dazu führen, dass von einem Einschreiten abgesehen wird. Anders ist dies nach dem im Bereich der Strafverfolgung geltenden **Legalitätsprinzip der StPO**. Danach sind die zuständigen Behörden der Staatsanwaltschaft und Polizei gemäß §§ 152 Abs. 2, 160 Abs. 1, 163 StPO zur Ermittlung von Straftaten verpflichtet und müssen jedem Anfangsverdacht nachgehen. Dies gilt jedoch nicht auch für den Bereich des OWiG. Nach § 53 OWiG gilt ebenfalls das Opportunitätsprinzip, wonach die zuständigen Behörden nach pflichtgemäßem Ermessen Ordnungswidrigkeiten zu erforschen haben.

3. Sachliche Zuständigkeit der Ordnungsbehörden, § 165 LVwG

> § 165 LVwG weist vorrangig den Ordnungsbehörden die sachliche Zuständigkeit für die Gefahrenabwehr zu. Die Polizei ist nach § 168 LVwG grundsätzlich subsidiär zuständig.

Nach **Absatz 1** sind die **Ordnungsbehörden für die Gefahrenabwehr zuständig**, soweit durch Rechtsvorschrift nichts anderes bestimmt ist. Eine solche andere Bestimmung stellt schon innerhalb des LVwG der § 168 LVwG dar, der die sachliche Zuständigkeit der Polizei regelt. Aus dem Zusammenspiel beider Normen ergibt sich, dass nach dem Willen des Gesetzgebers die Ordnungsbehörden vorrangig zuständig sind und die **Polizei grundsätzlich subsidiär zuständig** sein soll. Gleichzeitig hat die Polizei aber das Recht des ersten (vorläufigen) Zugriffs vor Ort: So hat die Polizei nach § 168 Abs. 1 Nr. 1 bis 3 LVwG Gefahren festzustellen und zu ermitteln und die Ordnungsbehörden über diese zu unterrichten, damit die Ordnungsbehörden dann eingreifen können. Die Ordnungsbehörde wird seitens der Polizei in der Regel durch Bericht informiert. Die Ordnungsbehörde kann dann tätig werden durch Erlass von Verfügungen und dem Vollzug dieser Maßnahmen z. B. durch Zwangsgeld, Ersatzvornahme und unmittelbaren Zwang gemäß §§ 237 ff. LVwG. Nur in Einzelfällen und bei unaufschiebbaren Maßnahmen der Gefahrenabwehr soll die Polizei selbstständig tätig werden.

Die **Zusammenarbeit zwischen Ordnungsbehörde und Polizei** wird näher durch § 172 LVwG bestimmt: Danach haben die Ordnungsbehörden und die Polizei im Rahmen ihrer sachlichen Zuständigkeit zusammenzuarbeiten und sich gegenseitig über Vorkommnisse und Maßnahmen von Bedeutung zu unterrichten. Dazu hat das für Inneres zuständige Ministerium in Schleswig-Holstein die „Verwaltungsvorschrift über die Zusammenarbeit zwischen den Ordnungsbehörden und der Polizei bei der Gefahrenabwehr" vom 08. September 2020 – IV 353/IV 211.41.1 – IV 422/19.20 – erlassen (Amtsbl. Schl.-H. S. 1363). Sie regelt die Zusammenarbeit von Ordnungsbehörden und Polizei in Bezug auf allgemeine Grundsätze, die Feststellung von Gefahren für die öffentliche Sicherheit und bei Ermittlungsersuchen, den Erlass von Ordnungsverfügungen, den Vollzug von Verwaltungsakten, den Erlass von Verordnungen und Kosten.

Darin heißt es:

> 1.1...Gefahrenabwehr ist die Aufgabe von Ordnungsbehörden und Polizei im Rahmen der jeweiligen sachlichen Zuständigkeit. Aus dieser gemeinsam zu erfüllenden Aufgabe ergibt sich für alle Behörden, Dienststellen und Mitarbeiterinnen und Mitarbeiter die Pflicht zu gegenseitiger Unterstützung und vertrauensvoller Zusammenarbeit.
>
> 1.2...Zu diesem Zweck unterhalten die Ordnungsbehörden und die Polizei einen ständigen Informationsaustausch über alle wichtigen Vorkommnisse und gemeinsam interessierenden Fragen.
>
> 1.3...Die Ordnungsbehörden und Polizei wirken auf eine einvernehmliche, praxisgerechte und rationelle sowie den allgemeinen und besonderen Rechtmäßigkeitsvoraussetzungen verpflichtete Aufgabenerledigung hin. Dabei sind die besonderen örtlichen Verhältnisse zu berücksichtigen.

Gemäß Absatz 2 folgt die sachliche Zuständigkeit der örtlichen Zuständigkeit der Ordnungsbehörde nach § 166 LVwG, soweit keine speziellere Regelung vorgeht. Begründet wird diese Zuständigkeitsableitung mit der Sachnähe der örtlichen Ordnungsbehörde in Bezug auf die örtlichen Gegebenheiten und die Nähe zum Gefahrenherd. Durch die **Verordnungsermächtigung in Satz 2** kann das jeweils fachlich zuständige Ministerium im Einvernehmen mit dem für Inneres zuständigen Ministerium abweichende Zuständigkeitsregelungen treffen.

Absatz 3 bestimmt eine **Eilzuständigkeit** jeder örtlich zuständigen Ordnungsbehörde mit Ausnahme der Sonderordnungsbehörden für unaufschiebbare Maßnahmen **bei Gefahr im Verzug**. Die Eilzuständigkeit führt zu einer Zuständigkeitserweiterung, wodurch die an sich unzuständige Ordnungsbehörde in eigener Zuständigkeit handeln kann.

Die **Sonderregelung für die Verkehrsüberwachung** durch die Ordnungsbehörden zur Verfolgung von Ordnungswidrigkeiten im Straßenverkehr in **Absatz 4** stellt klar, dass die Verkehrsüberwachung durch die Ordnungsbehörde auch ohne bereits bestehenden konkreten Anfangsverdacht einer Ordnungswidrigkeit als **Verfolgungsvorsorge** Teil der Gefahrenabwehr im Sinne des § 163 LVwG ist. Die Überwachung des Verkehrs umfasst im Grundsatz die Gesamtheit der Maßnahmen, mit denen der Straßenverkehr beobachtet und auf Einhaltung der Vorschriften kontrolliert wird. Diese Aufgabe weist das LVwG den Ordnungsbehörden nur in Teilbereichen zu. Gemäß § 165 Abs. 4 LVwG sind die Ordnungsbehörden für die Verkehrsüberwachung nur in den Fällen zuständig, wenn dies für die Verfolgung und Ahndung von Ordnungswidrigkeiten erforderlich ist. Diese spezielle Zuständigkeitsregelung schränkt die Generalzuständigkeit der Ordnungsbehörden für die Gefahrenabwehr ein. Sachlich zuständig sind Ordnungsbehörden nach Maßgabe des LVwG für die Verkehrsüberwachung somit nur zur Erfüllung repressiver Aufgaben. Eine Aufgabenzuweisung zur Verkehrsregelung und -lenkung, also für Maßnahmen zur Aufrechterhaltung des Straßenverkehrs und zur Wahrung der Grundregeln, enthält das LVwG ausdrücklich nicht. Denn, wenn die Ordnungsbehörden den Verkehr zu präventiven Zwecken schon nicht zu überwachen haben, können ihnen Befugnisse zu regelnden und lenkenden Eingriffen mit dieser Zweckrichtung nicht zustehen. Damit sind sie namentlich von Maßnahmen nach § 36 StVO ausgeschlossen, weil die dortigen Befugnisse zu Maßnahmen mit repressiver Zielrichtung gerade nicht berechtigen.

Absatz 5 trifft eine Sonderregelung für den Erlass von Gefahrenabwehrverordnungen gemäß § 175 LVwG: Soweit der Bedarf einer überörtlich einheitlichen Regelung besteht, kann auch die nächst höhere Ordnungsbehörde, die Landes- oder Kreisordnungsbehörde, eine entsprechende Verordnung erlassen. Ihr steht dann zugleich auch die Kompetenz zu, inhaltsgleiche oder inhaltlich entgegenstehende Verordnungen der jeweils nachgeordneten Ordnungsbehörde aufzuheben.

4. Sachliche Zuständigkeit der Polizei, § 168 LVwG

§ 168 weist der Polizei die sachliche Zuständigkeit für die Gefahrenfeststellung und -ermittlung inkl. Unterrichtung der zuständigen Ordnungsbehörden für deren weitere Gefahrenabwehrmaßnahmen, die Gefahrenabwehr im Einzelfall durch die Polizei selbst sowie die Vollzugs- und Ermittlungshilfe zu.

Da nach der Systematik des LVwG die Aufgabe der Gefahrenabwehr vorrangig den Ordnungsbehörden zugewiesen ist, **unterstützt die Polizei die Ordnungsbehörden** bei der Gefahrenabwehr und nimmt selbst Maßnahmen der Gefahrenabwehr im Einzelfall vor. Dabei tritt die Vollzugspolizei aufgrund der im Vergleich zur Ordnungsbehörde **weitreichenderen Vollzugsbefugnisse**, insbesondere zur Anwendung unmittelbaren Zwangs nach den §§ 250ff. LVwG, häufig vor der Ordnungsbehörde vor Ort am Gefahrenherd selbst in Erscheinung.

Absatz 1 Nummer 1 bestimmt, dass die Polizei für die Gefahrenfeststellung und -ermittlung zuständig ist. Dazu zählt insbesondere die abstrakte Vorfeldtätigkeit vor der gezielten Ermittlungstätigkeit bezogen auf eine bestimmte konkrete Gefahr. Diese allgemeine Lagebeobachtung kann bspw. erfolgen durch die klassische *„Streife“*.

Wird eine Gefahr festgestellt bzw. ermittelt, ist dann entweder gemäß **Absatz 1 Nummer 2** die zuständige Ordnungsbehörde zu unterrichten oder die Entschließung über eine eigene Maßnahme der Polizei zu treffen. Dabei beruht die Unterrichtungspflicht auf Gegenseitigkeit. Auch die Ordnungsbehörde hat gemäß § 172 LVwG die Polizei über ihre Feststellungen zur Gefahrenabwehr zu unterrichten.

Der **Absatz 1 Nummer 3** besagt, dass die Polizei im Einzelfall zur Abwehr von Gefahren für die öffentliche Sicherheit selbstständig diejenigen Maßnahmen zu treffen hat, die sie nach pflichtgemäßem Ermessen für unaufschiebbar hält. Es muss demnach im Einzelfall eine **konkrete Gefahr** für die **öffentliche Sicherheit** vorliegen. **Öffentliches Interesse** an der Maßnahme muss vorliegen, damit die **öffentliche Sicherheit** bedroht ist. Eine Maßnahme im Sinne des Absatz 1 Nummer 3 muss weiterhin unaufschiebbar sein, damit die Polizei einschreiten darf. Diese Unaufschiebbarkeit liegt vor, wenn normalerweise primär die Ordnungsbehörden für die Gefahrenabwehr zuständig sind, diese aber aufgrund ihrer personellen und materiellen Situation – insbesondere zu der vorliegenden Einsatzzeit – nicht in der Lage sind, eine derartige Situation zeitnah bewältigen zu können. Somit ist es nur der Polizei möglich, die Gefahrensituation zeitnah zu bewältigen. Dies muss aber nach Absatz 1 Nummer 3 nach pflichtgemäßem **Ermessen** geschehen. Somit müssen sowohl das **Entschließungsermessen** als auch das **Auswahlermessen** rechtmäßig durch die eingesetzten Beamten ausgeübt werden. Das Entschließungsermessen ist durch die bedrohten Sicherheitsgüter entsprechend reduziert und auch das Auswahlermessen muss lagebedingt, objektiv unter Ausschluss von Willkür und unter Beachtung von innerdienstlichen Weisungen ausgeübt werden. Die Beamten müssen in jedem vergleichbaren Sachverhalt gleich handeln. Innerdienstliche Weisungen sind bei der Einsatzbewältigung zu beachten.

Absatz 2 Satz 1 Nummer 1 weist der Polizei die **Vollzugshilfe** als eigene Aufgabe zu. Nach der **Legaldefinition** der Norm hat die Polizei Vollzugshilfe zu leisten, wenn die an sich zuständige Ordnungsbehörde die Polizei ersucht, ihr bei dem Vollzug ihrer Gefahrenabwehrmaßnahme zu helfen, soweit der Vollzug durch die Ordnungsbehörde erfolglos geblieben ist oder unangebracht wäre. Dadurch wird die Ordnungsbehörde zugleich verpflichtet, zunächst eigene Vollzugsbemühungen walten zu lassen oder nachzuweisen, warum diese im Einzelfall unangebracht wären.

Ordnungsbehörde i. S. von Absatz 2 Nummer 1 kann nur eine **Ordnungsbehörde aus Schleswig-Holstein** sein, § 164 Abs. 1 LVwG. Erfolgt das Ersuchen durch die Ordnungsbehörde eines anderen Bundeslandes, wird die Rechtspflicht zum Tätigwerden als Vollzugshilfe nicht ausgelöst. Vollzug im Sinne der Vorschrift ist zudem abweichend von §§ 228 ff. LVwG ausschließlich auf die **Anwendung des unmittelbaren Zwangs** durch die Polizei begrenzt. Ersucht die Ordnungsbehörde um Vollzug einer Verfügung durch Ersatzvornahme, besteht keine Rechtspflicht zum Handeln, da die Maßnahme keinen unmittelbaren Zwang, sondern eine Ersatzvornahme darstellt und nicht unter die Vollzugshilfe fällt.

Die Vollzugshilfe erfolgt **nur für rechtmäßige Vollzugsanordnungen**: Das setzt gemäß § 250 LVwG voraus, dass die ersuchende Behörde die Vollzugsermächtigung des § 239 LVwG rechtmäßig angewendet hat, dabei also den Vorrang milderer Vollzugsmöglichkeiten wie etwa das Zwangsgeld nach § 237 LVwG vor dem unmittelbaren Zwang beachtet hat. Ist dies nach der Aktenlage insbesondere bei Fällen mit Zeitaufschub nicht erfolgt, sollte dem Ersuchen nicht entsprochen werden.

Zur Vollzugshilfe zählen neben der Hilfe für die in § 168 LVwG benannten Ordnungsbehörden unter anderem die Schutzmaßnahmen für Gerichtsvollzieher gemäß § 758 Abs. 3 ZPO, für Vollstreckungsbeamte gemäß § 275 Abs. 3 LVwG sowie für Vollziehungsbeamte der Finanzämter gemäß § 287 Abs. 3 Abgabenordnung. Außerdem kann die Polizei durch die Wehrersatzbehörde ersucht werden, Wehrpflichtige, die ihrer Einberufung unentschuldigt nicht Folge leisten, dem nächsten Feldjägerdienstkommando zuzuführen, § 44 Abs. 3 Wehrpflichtgesetz. Gleiches gilt für die Zuführung von Zivildienstleistenden nach § 23a Zivildienstgesetz.

Dabei wird es sich regelmäßig bei der Anwendung um Fälle des unmittelbaren Zwangs handeln. In den meisten Bundesländern weisen die entsprechenden Polizeigesetze der Polizei auch explizit nur die Anwendung unmittelbaren Zwangs im Rahmen der Vollzugshilfe zu.[31] Dies ist in Schleswig-Holstein nicht der Fall, sodass auch Ersatzvornahmen, die nur durch die Polizei vorgenommen werden können, denkbar wären. Beispiele für Ersatzvornahmen sind hier Sicherstellungen von amtlichen Kennzeichen, Führerscheinen oder Zulassungsbescheinigungen. Für die Rechtmäßigkeit der zu voll-

31 Vgl. die Auflistung der landesrechtlichen Regelung bei *Bäcker* in Lisken/Denninger Handbuch des Polizeirechts D Rn. 44.

ziehenden Maßnahme ist die Ordnungsbehörde verantwortlich, für die Art und Weise der Durchführung hingegen die Polizei. Ist für die Vollzugshandlung ein besonderer Titel (z.B. richterliche Anordnung) erforderlich, so hat die ersuchende Ordnungsbehörde diesen beizubringen und dem Ersuchen beizufügen. Ein Beispiel für die Vollzugshilfe ist das Ersuchen der Zulassungsstellen zur Stilllegung von Kraftfahrzeugen durch die Polizei.

Beispiel für Vollzugshilfe

Sachverhalt:

Das Ordnungsamt der Stadt Kiel bittet das zuständige Polizeirevier, den 14-jährigen Schüler Max W. zwangsweise dem Unterricht zuzuführen, da dieser seit mehreren Wochen dem Unterricht unentschuldigt ferngeblieben sei. Von Seiten der betroffenen Schule und des eingeschalteten Sozialen Dienstes der Stadt Kiel seien mit den Eltern des schulpflichtigen Kindes mehrere Gespräche geführt worden, dies aber ohne Erfolg. Auch ein vom Ordnungsamt der Stadt Kiel versandter Bescheid mit der Androhung eines Zwangsgeldes in Höhe von 50 € sei nicht beantwortet worden. Daher bittet man nun um die zwangsweise Durchsetzung der Schulpflicht durch die Polizei.

Lösung:

In § 28 Abs. 1 Schulgesetz Schl.-H. regelt der Gesetzgeber die Durchsetzung der Schulpflicht in der Form, dass bei nicht erfolgter Teilnahme einer Schülerin oder eines Schülers ohne berechtigten Grund am Unterricht die Schule die Zuführung durch unmittelbaren Zwang anordnen und die Ordnungsbehörde oder eine andere geeignete Stelle um Vollzugsmaßnahmen ersuchen kann. Gemäß Absatz 2 ist die Zuführung auf die Fälle zu beschränken, in denen andere Mittel der Einwirkung auf die Schülerinnen, die Schüler, die Eltern oder die Personen, denen die Betreuung schulpflichtiger Kinder anvertraut ist, die Ausbildenden oder die Arbeitgeber ohne Erfolg geblieben, nicht Erfolg versprechend oder nicht zweckmäßig sind. Damit ist die Zuführung das letzte Mittel, um das Erscheinen in der Schule durchzusetzen. Alle anderen Mittel müssen erfolglos geblieben sein oder als nicht Erfolg versprechend eingestuft werden.

Für die Vollzugshilfe gem. § 168 Abs. 2 Nr. 1 LVwG sind nun folgende Fragen zu beantworten:

Wer ersucht? Um Vollzugshilfe kann nur eine Ordnungsbehörde im Sinne des § 164 Abs. 1 LVwG ersuchen. Dies ist in dem vorliegenden Sachverhalt die Stadt Kiel.

Was will die Ordnungsbehörde? Für die Vollzugshilfe muss ein bereits erlassener Verwaltungsakt vorliegen, der nun mit unmittelbarem Zwang durchgesetzt werden soll. Auch dies trifft hier zu.

Ist der Vollzug durch die Ordnungsbehörde erfolglos geblieben oder unangebracht? Es darf nur um Vollzugshilfe ersucht werden, wenn die Ordnungsbehörde die Vollzugsmaßnahme nicht selber durchführen kann. Dieser Aspekt der Vollzugshilfe sollte in jedem Einzelfall durch die örtliche Polizeidienststelle geprüft werden. Auch der möglicherweise erforderliche Durchsuchungsbeschluss für die Vollzugsmaßnahme in Bezug auf die Wohnung des ferngebliebenen Schülers wäre durch die ersuchende Ordnungsbehörde beizubringen.

Gemäß **Absatz 2 Nummer 2** gehört auch die **Ermittlungshilfe** zu den eigenen Zuständigkeiten der Polizei. Die Norm definiert diese als polizeiliche Ermittlungsmaßnahmen auf Ersuchen der Ordnungsbehörde. Dabei handelt es sich um Fälle, in denen ein Sachverhalt für eine Entscheidung der Ordnungsbehörde näher ermittelt werden muss. Zu den häufigsten Fällen der Ermittlungshilfe gehören etwa die Augenscheinnahme gefährlicher Orte oder Sachen, Stellungnahmen zur Eignung für die Fahrgastbeförderung, Stellungnahmen zur Wiedererteilung der Fahrerlaubnis sowie Stellungnahmen über die Zuverlässigkeit von Konzessionsinhabern.

Das Ersuchen muss inhaltlich bestimmt sein und den zu erwartenden Umfang der Ermittlungen erkennen lassen. Das Ersuchen soll die Ermittlungsmaßnahme konkret bezeichnen, den Ermittlungsstand und das Ermittlungsziel sowie den Grund und die einschlägigen Rechtsgrundlagen angeben. Soweit es der Einzelfall zulässt, sind auch die Beweismittel anzugeben, die zur Ermittlung des Sachverhalts dienen sollen. Setzt eine Ermittlungsmaßnahme die richterliche Anordnung einer Maßnahme oder die richterliche Entscheidung über die Zulässigkeit einer Maßnahme voraus, ist der Polizei von der Ordnungsbehörde die richterliche Anordnung oder Entscheidung mit dem Ermittlungsersuchen vorzulegen. Darf die Anordnung einer Maßnahme wegen Gefahr im Verzug ausnahmsweise ohne richterliche Anordnung erfolgen, ist dieser Gefahrengrad durch die Ordnungsbehörde gesondert darzulegen. Eine Pflicht, Ermittlungsersuchen durchzuführen, besteht jedoch nur im Rahmen der vom Ministerium für Inneres nach § 172 LVwG erlassenen Verwaltungsvorschrift[32].

Neben der Ermittlungshilfe für die Ordnungsbehörden nach Absatz 2 Nummer 2 ist auch die Ermittlungshilfe für die Staatsanwaltschaft gemäß § 161 Abs. 1 StPO und für die Bußgeldbehörde gemäß § 46 Abs. 2 OWiG i. V. m. § 161 Abs. 1 StPO eigene Aufgabe der Polizei.

32 Verwaltungsvorschrift über die Zusammenarbeit zwischen den Ordnungsbehörden und der Polizei bei der Gefahrenabwehr vom 08.09.2020 – IV 353/IV 211.41.1 – IV 422/19.20, Amtsbl. Schl.-H. 2020 S. 1363.

Beispiel für Ermittlungshilfe:

Die Waffenbehörde des Kreises Stormarn bittet das Polizeirevier Ahrensburg um eine Stellungnahme zur Zuverlässigkeit eines in Ahrensburg wohnhaften Antragstellers für eine Waffenbesitzkarte gem. § 5 Abs. 5 Nr. 3 Waffengesetz. Die durchgeführten Recherchen durch das örtliche Polizeirevier stellen eine Ermittlungshilfe im Sinne von § 168 Abs. 2 Nr. 2 LVwG dar.

Soweit die Aufgaben der **Vollzugs- und Ermittlungshilfe** gesetzlich der Polizei als eigene Zuständigkeiten zugewiesen sind, nimmt sie diese auch als eigene Aufgaben wahr, sodass es sich hierbei um **keine Amtshilfe** im Sinne der §§ 32 ff. LVwG handelt. Denn gemäß § 32 Abs. 2 Nr. 2 LVwG liegt ein Fall der Amtshilfe nicht vor, wenn die Hilfeleistung in Handlungen besteht, die der ersuchten Behörde als eigene Aufgabe obliegen. Sowohl Bundes- als auch Landesgesetzgeber sehen die Polizei in vielen Fällen als Ausführungsorgan für andere Behörden vor und weisen diese Aufgabe der Polizei als eigene zu. Gleichwohl findet ein Teil der Amtshilferegelungen auch auf die Vollzugs- und Ermittlungshilfe Anwendung durch die Verweisungsnorm in Absatz 2 Satz 2, der die §§ 33 Abs. 2 und 5 LVwG sowie die § 34 Abs. 2 und § 35 Abs. 2 LVwG für entsprechend anwendbar erklärt. Hierdurch werden zugleich die Grenzen der Ermittlungs- und Vollzugshilfe näher ausgestaltet. So darf die Polizei auch eine durch Gesetz übertragene Unterstützungspflicht nicht erfüllen, wenn sie aus rechtlichen Gründen dazu nicht in der Lage ist (vgl. § 168 Abs. 2 LVwG i. V. m. § 33 Abs. 2 LVwG). Das kann der Fall sein bei einem unzulässigen Betreten oder Durchsuchen einer Wohnung oder einer erbetenen unzulässigen Datenauskunft.

Ist ein Ersuchen an die Polizei nicht den Aufgaben zuzuordnen, die der Polizei zur Erledigung für andere Behörden als eigene Zuständigkeit übertragen sind, kann es sich um ein allgemeines Amtshilfeersuchen handeln. Obwohl auch in diesen Fällen eine gewisse Rechtspflicht zum Handeln besteht, vgl. Art. 35 Abs. 1 GG, ist die Erledigung der Amtshilfe nur nach den einschränkenden Grundsätzen der §§ 32 ff. LVwG vorzunehmen.

Die Durchführung der Vollzugs- und Ermittlungshilfe gegenüber den Ordnungsbehörden wird näher ausgestaltet durch die aufgrund von § 172 Satz 2 LVwG erlassene Verwaltungsvorschrift des für Inneres zuständigen Ministeriums[33]. Diese findet sich im Wortlaut in diesem Werk unter D.

33 Verwaltungsvorschrift über die Zusammenarbeit zwischen den Ordnungsbehörden und der Polizei bei der Gefahrenabwehr, IV 353/IV 211.41.1 – IV 422/19.20, Amtsblatt Schl.-H. 2020, S. 1363.

5. Ergänzung: Amtshilfe, §§ 32–36 LVwG

Amtshilfe bezeichnet die ergänzende Hilfeleistung einer Behörde auf Ersuchen einer anderen Behörde. Die landesrechtlichen Regelungen der §§ 32ff. LVwG stellen eine Konkretisierung der grundgesetzlichen Regelung des Art. 35 Abs. 1 GG dar und finden Anwendung, sofern keine spezialgesetzlichen Regelungen existieren.

Die Erledigung von Ersuchen anderer Behörden durch die Polizei hat einen nicht unerheblichen Anteil an der täglichen polizeilichen Arbeit. Nach § 163 Abs. 2 LVwG hat die Polizei neben der Gefahrenabwehr „ferner diejenigen Aufgaben zu erfüllen, die ihr durch besondere Rechtsvorschriften übertragen sind."

Zu den durch Gesetz übertragenen Aufgaben gehört auch die Erfüllung der Amtshilfe gemäß Art. 35 Abs. 1 GG und §§ 32ff. LVwG.

Der Normenkomplex der §§ 32 bis 36 LVwG regelt die Voraussetzungen und Grenzen der Amtshilfe, wie zur Auswahl der zu ersuchenden Behörde, zur Durchführung und zur Kostentragungspflicht. Diese detaillierte Ausgestaltung ist erforderlich, da die teilweise Aufgabenerledigung durch eine andere Behörde eine Ausnahme von dem Grundsatz darstellt, dass jede Behörde in ihrem Zuständigkeitsbereich zur eigenständigen Aufgabenerledigung verpflichtet ist. Inhaltsgleiche Regelungen finden sich im Verwaltungsverfahrensgesetz des Bundes und in den landesrechtlichen Regelungen der anderen Bundesländer.

Amtshilfe kann immer nur eine ergänzende Hilfe sein, die auf Ersuchen einer anderen Behörde erfolgt, § 32 Abs. 1 LVwG.

Eine Behörde ist gemäß § 3 Abs. 2 LVwG *„jede organisatorisch selbstständige Stelle, die öffentlich-rechtliche Verwaltungstätigkeit ausübt"*. Darunter fallen neben den klassischen Verwaltungsträgern auch Organe der Legislative und der Judikative, sofern sie organisatorisch selbstständig Verwaltungstätigkeiten ausführen.

Darüber hinaus gelten auch **Beliehene** innerhalb des ihnen übertragenen hoheitlichen Wirkungsbereichs als Behörde. Eine solche Beleihung zur Übertragung von Hoheitsrechten auf Private kann direkt durch Gesetz oder auf gesetzlicher Grundlage mittels Rechtsverordnung, eines mitwirkungsbedürftigen Verwaltungsakts oder eines öffentlich-rechtlichen Beleihungsvertrages erfolgen. Es handelt sich um einen Fall der mittelbaren Staatsverwaltung. Der Beliehene führt demnach kraft Übertragung fremde Aufgaben der öffentlichen Verwaltung bzw. übt deren Befugnisse aus. Im Außenverhältnis handelt der Beliehene im eigenen Namen. Dies tut er indes stets unter staatlicher Aufsicht. Auch ein Beliehener kann in dem ihm übertragenen Wirkungskreis um Amtshilfe ersuchen.

Grundsätzlich ist die Amtshilfe auf den Einzelfall bezogen. Soweit sich bestimmte Konstellationen fortwährend wiederholen, die ein Amtshilfeersuchen erforderlich machen, folgt aus dieser strukturellen Aufgabenlast die Verpflichtung der ersuchenden Behörde, eigenständige Strukturen zur Aufgabenerledigung zu schaffen. Umfasst ein einzelnes Ersuchen aber eine Hilfeleistung in einer Vielzahl von Fällen, fällt dies noch unter die Begrifflichkeit des „Einzelfalls". Als polizeilich relevantes Beispiel sei hier bspw. die Überlassung eines mehrere Personen betreffenden Datenbestandes genannt.[34]

Amtshilfe liegt nicht vor, wenn Behörden einander innerhalb eines bestehenden Weisungsverhältnisses Hilfe leisten, **§ 32 Abs. 2 Nr. 1 LVwG**. Aus dem Wortlaut wird deutlich, dass hier trotz einer Hierarchie eine gegenseitige Pflicht zur Hilfeleistung besteht („einander"). Liegt ein Weisungsverhältnis vor, passen die Vorschriften zur Amtshilfe mit Blick auf die Verweigerungsgründe und die Regelung zur Kostentragung nicht. **§ 32 Abs. 2 Nr. 2** stellt klar, dass ferner keine Amtshilfe vorliegt, wenn die Hilfeleistung der ersuchten Behörde in Handlungen besteht, die ihr als eigene Aufgaben obliegen. So ist bspw. die Vollzugshilfe sowie die Ermittlungshilfe (§ 168 Abs. 3 Nrn. 1 und 2 LVwG) auf Ersuchen der Ordnungsbehörde eine der Polizei im Rahmen der sachlichen Zuständigkeit eigens zugewiesene Aufgabe.

§ 33 LVwG normiert die Voraussetzungen und Grenzen der Amtshilfe. **Absatz 1** nennt die Voraussetzungen, unter denen eine Behörde um Amtshilfe ersuchen kann. Auch wenn die enumerative Aufzählung die typischen Konstellationen erfasst, ist sie nicht abschließend („insbesondere"). Das Stellen eines Amtshilfeersuchens aus einem anderen Grund ist aber nur zulässig, sofern eine Vergleichbarkeit zu den in den Nummern 1 bis 5 genannten Konstellationen besteht. Die Amtshilfe stellt einen Ausnahmefall dar und soll kein Einfallstor für Kompetenzverschiebungen sein, sodass ein strenger Maßstab anzulegen ist.

Die in **Nummer 1** genannte rechtliche Unmöglichkeit meint Fälle sachlicher und örtlicher Unzuständigkeit. Nicht gemeint ist damit, dass die Behörde bestimmte Amtshandlungen nicht vornehmen darf. Mittels eines Amtshandlungsersuchens darf keine Kompetenzüberschreitung erfolgen. Die ersuchende Behörde muss grundsätzlich zuständig und befugt sein. Unter diese Konstellation fällt bspw. die mit Blick auf die Polizei relevante Anwendung unmittelbaren Zwangs.

Amtshilfeersuchen erreichen die Polizei auch häufig auf Grundlage der **Nummer 2**, nämlich dann, wenn der ersuchenden Behörde die zur Vor-

34 *Funke-Kaiser*, in: BeckOK, VwVfG, § 4 Rn. 20.

nahme der Amtshandlung erforderlichen Dienstkräfte oder Einrichtungen fehlen und sie deshalb die Amtshandlung nicht selbst vornehmen kann. Nach dem Wortlaut sind darüber hinaus auch andere tatsächliche Gründe denkbar. Auch hierbei muss es sich um einen Einzelfall handeln. Die Norm dient nicht dazu, strukturelle Defizite zu überwinden.

Ist eine Behörde zur Durchführung ihrer Aufgaben auf die Kenntnis von Tatsachen angewiesen, die ihr unbekannt sind und kann sie diese nicht ermitteln, kann sie ebenfalls um Amtshilfe ersuchen, **Nummer 3**. Die Ermittlung muss für die ersuchende Behörde aus objektiv tatsächlichen Gründen nicht möglich sein. Ferner wird verlangt, dass die Kenntnis der Tatsachen nach gewissenhafter Prognose zumindest zum Zeitpunkt des Amtshilfeersuchens zur Aufgabenerfüllung erforderlich war. Eine bloß vorsorgliche Informationsbeschaffung ist unzulässig. Für eine Datenübermittlung seitens der Polizei an eine andere Behörde sind die speziellen Datenübermittlungsvorschriften (§§ 191 ff. LVwG) zu beachten.

Nach **Nummer 4** kann eine Behörde um Amtshilfe ersuchen, sofern sie zur Durchführung ihrer Aufgaben Urkunden oder sonstige Beweismittel benötigt, die sich im Besitz der ersuchten Behörde befinden. Umfasst sind davon sämtliche verkörperten Beweismittel; der Zeuge ist es nicht, da eine Behörde diesen nicht „besitzt". Regelmäßig wird es sich um Akten, Urkunden oder sonstige bewegliche Objekte handeln. Sämtliche Beweismittel, die erst noch beschafft werden müssten, fallen nicht unter die Regelung. Im Unterschied zu Nummer 3 muss die ersuchende Behörde das Beweismittel „benötigen"; insofern ist hier nicht zu fordern, dass dem Beweismittel prognostisch eine Entscheidungserheblichkeit zufällt. Unzulässig wäre aber ein Amtshilfeersuchen, wenn das Beweismittel offensichtlich nichts zum Erkenntnisgewinn beitragen kann.

Die Regelung der **Nummer 5** ist von der Verhältnismäßigkeit sowie den Grundsätzen der Wirtschaftlichkeit und Effektivität des Verwaltungshandelns getragen. Danach kann eine Behörde um Hilfe ersuchen, wenn sie selbst die Amtshandlung nur mit einem wesentlich größeren Aufwand wahrnehmen könnte. Entscheidend ist nicht nur der monetäre Aufwand. Auch ein unverhältnismäßiger Zeitaufwand für das Personal kann ein Ersuchen rechtfertigen. In der Gesamtschau muss es gerechtfertigt erscheinen, eine andere bislang unbeteiligte Behörde damit zu befassen. Als typische Fälle werden hierunter bspw. die Vernehmung eines weiter entfernt wohnenden Zeugen oder die auswärtige Inaugenscheinnahme eines Beweismittels verstanden.

Absatz 2 Satz 1 regelt die Konstellationen, in denen eine Behörde keine Amtshilfe leisten darf. Dies ist nach **Nummer 1** zunächst der Fall, wenn bei der ersuchten Behörde Rechtsgründe der Durchführung der ersuchten Amtshandlung entgegenstehen. Dies wäre so, wenn es an der örtlichen oder sachlichen Zuständigkeit fehlt oder die Amtshilfehandlung unverhältnismäßig ist oder eine Verletzung von Rechtsnormen bedeuten würde. Die ersuchte Behörde darf die Hilfeleistung ferner nicht vornehmen, wenn dies dem Wohl des Bundes oder eines Landes erhebliche Nachteile bereiten würde (sog. Staatswohlklausel). Regelmäßig betrifft dies die äußere oder innere Sicherheit und umfasst auch die Funktionsfähigkeit bedeutsamer staatlicher Einrichtungen. In Abkehr zur ansonsten im Polizeirecht gängigen „Je-desto-Formel", nach der an die Wahrscheinlichkeit des Schadenseintritts geringere Anforderungen gestellt werden können, je gewichtiger das gefährdete Rechtsgut ist, setzt die Norm neben dem elementaren Schaden zusätzlich auch voraus, dass dieser mit hoher bzw. mit an Sicherheit grenzender Wahrscheinlichkeit zu erwarten ist („würde bereitet"). Die in Absatz 2 Satz 2 erwähnten besonderen Geheimhaltungspflichten sind entgegen dem Wortlaut nicht disponibel. Müssen Vorgänge von Gesetzes wegen oder ihrem Wesen nach geheim gehalten werden, darf die ersuchte Behörde keine Urkunden, Akten oder Informationen übermitteln.[35]

Absatz 3 nennt Gründe, aus denen die ersuchte Behörde ein Amtshilfeersuchen ablehnen *„kann"*. Ihr ist also diesbezüglich ein Ermessen eingeräumt. Die drei Nummern sind abschließend und alternativ. Es steht der Behörde frei, trotz Vorliegens einer Fallkonstellation Amtshilfe zu leisten.

Die ersuchte Behörde braucht Hilfe nicht zu leisten, wenn eine andere Behörde wesentlich einfacher oder mit wesentlich geringerem Aufwand Hilfe leisten kann (**Nummer 1**). Die dem Verwaltungsverfahrensrecht innewohnenden Grundsätze der Einfachheit, Zweckmäßigkeit und der zügigen Durchführung (vgl. § 75 Satz 2 LVwG) setzen sich also auch bei der Amtshilfe fort.

Ist die ersuchte Handlung nur mit unverhältnismäßig großem Aufwand zu erbringen, braucht die ersuchte Behörde ebenfalls nicht tätig werden, **Nummer 2**. Die Bewertung ist im Vergleich zu den ansonsten anfallenden eigenen Aufgaben der ersuchten Behörde vorzunehmen und bezieht nicht nur monetäre Erwägungen mit ein. Auch der Personaleinsatz, die Inanspruchnahme technischen Geräts oder die zeitliche Inanspruchnahme können berücksichtigt werden.

Schließlich braucht die ersuchte Behörde Hilfe nicht zu leisten, wenn sie unter Berücksichtigung der Aufgaben der ersuchenden Behörde durch die

35 Ausführlich zu Anwendungsbeispielen vgl.: *Schmitz*, in: Stelkens/Bonk/Sachs, VwVfG, § 5 Rn. 27 ff.

Hilfeleistung die Erfüllung ihrer eigenen Aufgaben ernstlich gefährden würde, **Nummer 3**. Aus dem Erfordernis der „ernstlichen Gefährdung" folgt ein strenger Maßstab. Eine bloße Verzögerung und eine Erschwernis bei der eigenen Aufgabenerledigung sind daher unzureichend. In die Abwägung ist auch die Bedeutung der Erledigung der Hauptmaßnahme für die ersuchende Behörde mit einzustellen. So kann insbesondere ein erhöhtes öffentliches Interesse an der Hauptmaßnahme für die ersuchende Behörde eine Zurückstellung eigener Aufgaben der ersuchten Behörde rechtfertigen.

Aus anderen als den soeben genannten Gründen des Absatzes 3 darf die ersuchte Behörde die Hilfe grundsätzlich nicht verweigern (**Absatz 4**). Insbesondere kann sie nicht anführen, dass sie die mit der Amtshilfe zu verwirklichende Maßnahme für unzweckmäßig halte. Als ungeschriebener Ablehnungsgrund ist jedoch die Fallgruppe des offensichtlich rechtsmissbräuchlichen Amtshilfeersuchens anerkannt. Dies ist dann der Fall, wenn der angebende Zweck offenkundig nur vorgeschoben oder die Hauptmaßnahme offenkundig rechtswidrig ist.

Absatz 5 enthält eine Konfliktlösungsklausel bei interadministrativen Streitigkeiten. Hält sich die ersuchte Behörde nicht zur Amtshilfe verpflichtet, muss sie ihre Auffassung der ersuchenden Behörde kundtun (**Satz 1**) und ihre Auffassung begründen. Besteht die ersuchende Behörde trotzdem auf der Hilfeleistung, entscheidet die gemeinsame fachlich zuständige Aufsichtsbehörde über die Verpflichtung zur Amtshilfe. Existiert keine gemeinsame Aufsichtsbehörde, entscheidet die für die ersuchte Behörde zuständige Aufsichtsbehörde, **Satz 2**. Bei Selbstverwaltungsaufgaben der kommunalen Körperschaften ist die zuständige Fachaufsichtsbehörde die Kommunalaufsichtsbehörde, **Satz 3**.

Kommen für die Amtshilfe mehrere Behörden in Betracht, gibt **§ 33a LVwG** vor, dass nach Möglichkeit eine Behörde der untersten Verwaltungsstufe des Verwaltungszweigs, dem die ersuchende Behörde angehört, um Hilfe gebeten werden soll. Das Auswahlermessen wird also eingeschränkt. Dadurch ist zunächst gewährleistet, dass die Aufgabenerfüllung ortsnah und durch eine Behörde durchgeführt wird, die mit den örtlichen Gegebenheiten vertraut ist. Ein einheitlicher Verwaltungszweig soll zudem eine gleiche Fachkompetenz gewährleisten und hat außerdem den Vorteil, dass es bei Streitigkeiten (vgl. § 33 Abs. 5 LVwG) eine gemeinsame Aufsichtsbehörde gibt. Die Behörde der untersten Verwaltungsstufe ist in der Landesverwaltung die untere Landesbehörde, in der Kommunalverwaltung die amtsfreie Gemeinde bzw. das Amt, hin und wieder auch eine amtsangehörige Gemeinde (bspw. für Auskünfte, Anbringen eines Aushangs).[36] Die Ausgestaltung als „Soll-Vorschrift" führt dazu, dass ein Verstoß der ersuchenden Behörde gegen § 33a LVwG ohne Rechtsfolge bleibt. Da die Ablehnungsgründe abschließend in § 33 LVwG genannt sind, ist es richtig, mit der herrschenden Meinung davon auszugehen, dass die ersuchte Behörde ein Amtshilfeersuchen nicht wegen eines fehlerhaft ausgeübten Auswahlermessens ablehnen kann.

Die Durchführung der Amtshilfe richtet sich nach **§ 34 LVwG** und stellt klar, welches Recht die ersuchende und die ersuchte Behörde anzuwenden haben. Für das der Amtshilfe zugrunde liegende Verfahren und das Amtshilfeersuchen gilt das Recht der ersuchenden Behörde, für die Amtshilfe durch die ersuchte Behörde ist dann deren Recht anzuwenden, **Absatz 1**. Die Amtshilfe darf also mit Blick auf das bei der ersuchenden Behörde liegende Hauptverfahren nicht zu einer Erweiterung der Eingriffsbefugnisse führen. Die ersuchte Behörde muss bei der Durchführung einer Amtshilfe mit Außenwirkung sodann auf eine eigenständige Eingriffsermächtigung zurückgreifen können. Aus diesem Grunde darf bspw. die Bundeswehr der Polizei keine Amtshilfe bei der Fahndung und/oder Festnahme von Personen leisten; dem stünden Art. 87a Abs. 3 und 4 GG entgegen. Der rechtliche Handlungsspielraum erweitert sich also auch nicht auf Seiten der ersuchten Behörde. **Absatz 2** verteilt die verwaltungs- und haftungsrechtliche Verantwortung auf die beiden beteiligten Behörden entsprechend des für sie anwendbaren Rechts. Die ersuchende Behörde trägt danach gegenüber der ersuchten Behörde die Verantwortung für die Rechtmäßigkeit der zu treffenden Maßnahme, **Satz 1**. Die zu treffende Maßnahme ist diejenige, die im Amtshilfeersuchen angeben ist. Die ersuchte Behörde ist für die Durchführung der Amtshilfe verantwortlich, **Satz 2**. Eine Prüfpflicht für die Rechtmäßigkeit des Grundverfahrens fällt ihr nicht zu. Sie muss aber prüfen, ob ihr die Amtshilfe im Sinne des § 33 Abs. 2 LVwG untersagt ist und auch, ob eine offensichtliche Rechtswidrigkeit des Ersuchens vorliegt.[37]

Für den betroffenen Bürger bleibt die Organisationsregelung des Absatz 2 ohne Folgen. Er muss sich an diejenige Behörde wenden, die ihm gegenüber tätig geworden ist; dies gilt auch für Amtspflichtverletzungen von Dienstkräften bei Amtshilfehandlungen.

Die Kosten der Amtshilfe regelt **§ 35 LVwG.** Dessen **Absatz 1** sieht vor, dass die ersuchende Behörde der ersuchten Behörde keine Verwaltungsgebühr entrichten muss, **Satz 1**. Die Auslagen sind der ersuchten Behörde zu er-

36 *Friedersen/Stadelmann*, PdK-Schl.-H. LVwG, § 33a Erl. Nr. 1 f.
37 *Friedersen/Stadelmann*, PdK-Schl.-H. LVwG, § 34 Erl. Nr. 3.

statten, sofern sie im Einzelfall die Bagatellgrenze von 35 Euro übersteigen (**Satz 2**). Auslagen sind alle nachweisbaren besonderen haushaltsrelevanten Aufwendungen, die über den allgemeinen Verwaltungsaufwand hinausgehen. Die Aufwendungen müssen notwendig und durch die Amtshilfehandlung angefallen sein, z.B. Fahrt- und Reisekosten oder gesetzliche Leistungen an Zeugen. Zwischen Behörden eines Rechtsträgers findet keine Auslagenerstattung statt, **Satz 3.**[38] Hat die ersuchte Behörde durch die Amtshilfe Einnahmen (Verwaltungsgebühren, Benutzungsgebühren, Auslagen), weil sie gegenüber einem Dritten eine kostenpflichtige Amtshandlung vornimmt, verbleiben diese Einnahmen bei ihr, **Absatz 2**.

Auch gegenüber den Bundesbehörden und Behörden anderer Länder besteht die Verpflichtung zur Amtshilfe (Art. 35 Abs. 1 GG, **§ 36 Satz 1 LVwG**). Im Falle des § 33 Abs. 5 LVwG entscheidet die für die ersuchte Behörde zuständige Aufsichtsbehörde. Verwaltungsabkommen, nach denen Auslagen nicht oder nur dann zu erstatten sind, wenn sie einen höheren Betrag als 35 Euro übersteigen, finden Anwendung, **§ 36 Satz 2 und 3 LVwG.**

Auf die **Vollzugs- und Ermittlungshilfe** finden die Regelungen der Amtshilfe nach § 168 Abs. 2 Satz 2 LVwG nur teilweise Anwendung. So darf die Hilfe nur unter den Voraussetzungen des § 33 Abs. 2 LVwG (rechtliche Unmöglichkeit/erhebliche Nachteile für das Wohl des Bundes oder Bundeslandes) versagt werden. Ferner findet die Konfliktlösungsklausel des § 33 Abs. 5 LVwG Anwendung. Entsprechend § 34 Abs. 2 LVwG gilt auch hier, dass die ersuchende Behörde für die Rechtmäßigkeit der Maßnahme und die Polizei für die Durchführung der Vollzugs- und Ermittlungshilfe verantwortlich ist. Eine Auslagenerstattung nach § 33 Abs. 1 LVwG findet im Gegensatz zur Amtshilfe nicht statt. Die Polizei kann aber bei der Vornahme einer für den Adressaten kostenpflichten Maßnahme auch die dafür anfallenden Kosten verlangen, da § 33 Abs. 2 LVwG entsprechende Anwendung findet.

Beispiel Amtshilfe:

Ersuchen der BG Bau, Berufsgenossenschaft der Bauwirtschaft Hannover, an die Polizeistation in Bad Malente um Vorladung und Befragung einer bei der BG Bau versicherten Person, da diese nach einem Arbeitsunfall nicht auf zahlreiche Schreiben der Berufsgenossenschaft reagiert hat.

Rechtsgrundlage sind die §§ 3ff. SGB X. In diesem Fall kann gem. § 4 Abs. 1 SGBX eine Behörde um Amtshilfe ersuchen, wenn sie eine Amtshandlung aus rechtlichen oder aus tatsächlichen Gründen nicht selbst vornehmen kann.

38 Zu den Trägern der öffentlichen Verwaltung vgl. § 7 LVwG.

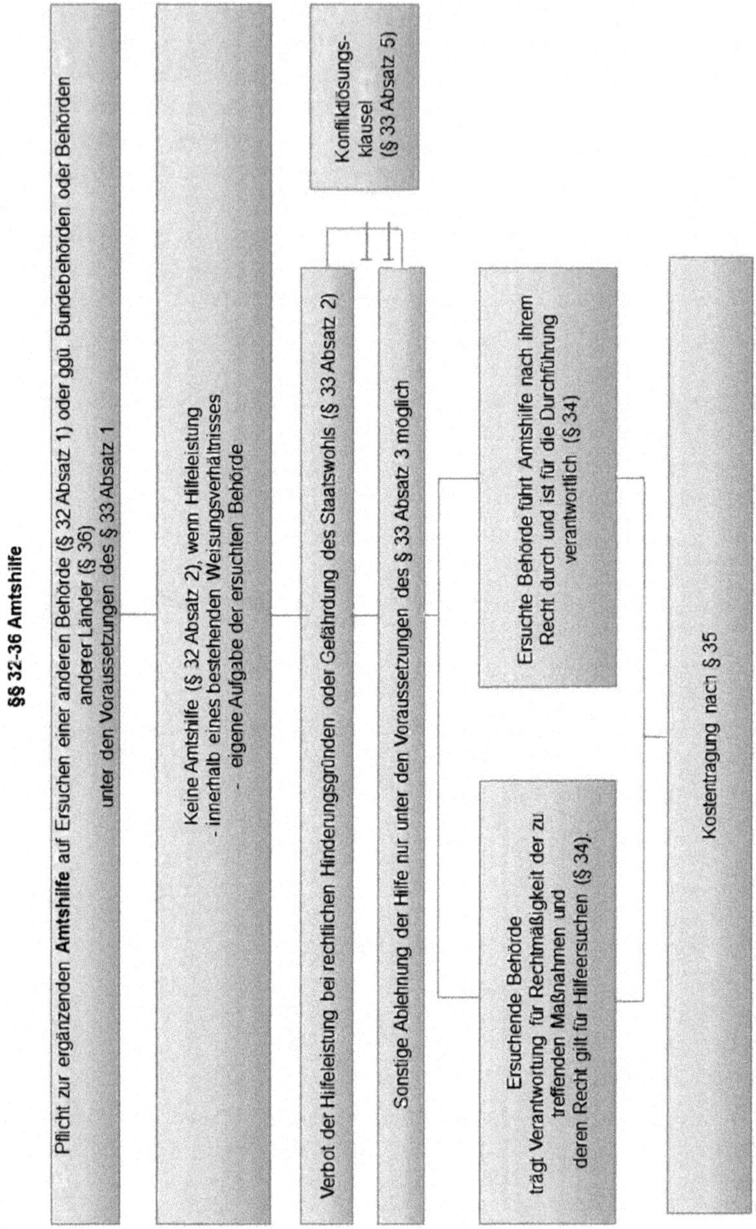

Schematische Übersicht zur Amtshilfe nach den §§ 33–36 LVwG

6. Örtliche Zuständigkeit sowie extraterritoriale Amtshandlungen der Polizei, §§ 169–171 LVwG

Die Regelungen der örtlichen Zuständigkeit der Polizei in Schleswig-Holstein finden sich in den §§ 169–171 LVwG, ergänzt durch die Regelungen des Gesetzes über die Organisation der Polizei in Schleswig-Holstein (POG). Daneben existieren weitere gesetzliche Regelungen und Abkommen auf Bundes- und Landesebene, die die örtliche Zuständigkeit der Landespolizei Schleswig-Holstein außerhalb des Landesgebietes näher bestimmen.

In der Bundesrepublik Deutschland sind Aufgaben der Polizei Ländersache, sodass jedes Bundesland über eine eigene Landespolizei verfügt. Die Landespolizei Schleswig-Holstein hat gemäß § 4 POG sieben Polizeidirektionen neben dem Innenministerium mit den zugeordneten Ämtern Landespolizeiamt (LPA) und dem Landeskriminalamt (LKA) mit Behördenfunktion. Eine weitere Behörde mit spezialisiertem Aufgabenbereich ist die Polizeidirektion für Aus- und Fortbildung und für die Bereitschaftspolizei (PDAFB).

§ 169 LVwG regelt die örtliche Zuständigkeit der Landespolizei. Die §§ 170 und 171 LVwG wurden in der Novellierung des LVwG in 2021 bezüglich der Amtshandlungen konkretisiert und erweitert.

Gemäß **§ 169 Satz 1 LVwG** sind Polizeivollzugsbeamtinnen und Polizeivollzugsbeamte als Amtswalter befugt, Amtshandlungen im gesamten Landesgebiet und den Hoheitsgewässern vorzunehmen. Somit greift diese Norm nur für Polizeivollzugsbeamtinnen und -beamte und nicht für die Angehörigen der Landespolizei, die keinen Vollzugsstatus haben, wie z. B. Mitarbeiter des allgemeinen Verwaltungsdienstes, Wirtschaftsverwaltungsbeamte oder Angestellte. **Satz 2** nimmt dienstorganisatorische Festlegungen vor, wobei die Amtswalter in der Regel ihren Dienst nur innerhalb ihres zugeteilten Dienstbezirkes leisten. In **Satz 3** wird jedoch definiert, dass, soweit sie im Bezirk einer Behörde der Polizei tätig werden, der sie nicht zugeteilt sind, ihre dienstlichen Handlungen als Maßnahme dieser Behörde gelten. In Verbindung mit dem Gesetz über die Organisation der Polizei in Schleswig-Holstein (POG) wird somit ein grundsätzliches gesetzgeberisches Regelungswerk geschaffen, dass Mitarbeiterinnen und Mitarbeitern der Landespolizei in allen Bereichen des Landes eine örtliche Zuständigkeit zuweist. Auch bei behördenübergreifenden, vollzugspolizeilichen Maßnahmen, wie z. B. bei der Zusammenführung von Polizeivollzugsbeamtinnen und -beamten mehrerer Polizeidirektionen zu geschlossenen Einheiten zur Begleitung von gefahrgeneigten Einsätzen bei Fußballspielen, entsteht somit keine Lücke in der örtlichen Zuständigkeit, wenn Vollzugsmaßnahmen erforderlich sind. Ergänzend zu § 169 LVwG führt § 6 POG aus, dass bei Gefahr im Verzug auch in dem örtlichen und sachlichen Zuständigkeitsbereich einer anderen Behörde der Polizei diejenigen Maßnahmen zu treffen sind, die nach pflichtgemäßem Ermessen für unaufschiebbar gehalten werden.

§ 170 Abs. 1 LVwG lässt generell Amtshandlungen von Polizeivollzugsbeamtinnen und -beamten, die nicht in einem Dienstverhältnis zum Land Schleswig-Holstein stehen, in Schleswig-Holstein zu. Sie unterstehen gemäß **Absatz 2** der Weisungsbefugnis der schleswig-holsteinischen Behörden der Landespolizei und haben die gleichen Befugnisse wie die Polizeivollzugsbeamtinnen und -beamten des Landes. Ebenso werden in **Absatz 4** die Befugnisse von Polizeibeamtinnen und -beamten des Bundes und Bediensteten sowie von Vollzugsbeamtinnen und -beamten der Zollverwaltung geregelt. Auf diese Weise wird ein funktionierendes rechtsstaatliches Sicherheitssystem zwischen den Länderpolizeien und im Zusammenspiel mit der Bundespolizei und dem Zoll ermöglicht. In **Satz 1** wird geregelt, dass Vollzugsbeamtinnen und -beamte der Zollverwaltung und die Vollzugsbeamtinnen und -beamten der Bundespolizei im Falle der Eilzuständigkeit polizeiliche Aufgaben wahrnehmen können, die bisher der Landespolizei vorbehalten waren. So können bei einer Zollkontrolle nunmehr die agierenden Beamtinnen und Beamten der Zollverwaltung den deutlich alkoholisierten Fahrzeugführer eines Pkw am Kontrollort festhalten, bis die zuständige Landespolizei eintrifft. Das war vor der Novellierung nicht möglich. **Satz 2** schafft ergänzend die Möglichkeit, dass Bedienstete von ausländischen Polizeibehörden und Polizeidienststellen Vollzugsbeamtinnen und -beamten der Bundespolizei und des Zolls unter genannten Voraussetzungen gleichgestellt werden. Dafür müssen jedoch entweder gesonderte völkerrechtliche Vereinbarungen oder die Ratifizierung des EU-Ratsbeschlusses 2008/615/JI vorliegen. Auch eine allgemeine oder auf den Einzelfall bezogene Zustimmung durch das schleswig-holsteinische Innenministerium kann Amtshandlungen ausländischer Polizeibehörden auf dem Landesgebiet Schleswig-Holsteins ermöglichen. Die Norm setzt den europäischen „Ratsbeschluss von Prüm“ um. Bei diesem zwischenstaatlichen Vertrag von jetzt 13 EU-Mitgliedstaaten sollen insbesondere die grenzüberschreitende Zusammenarbeit und der Datenaustausch zwischen den vertragsschließenden Parteien mit der Zielrichtung der Verhinderung und Verfolgung von Straftaten mit einem hohen datenschutzrechtlichen Standard verbessert werden. Dieser Ratsbeschluss überführte den Vertrag, der am 27.05.2005 in Prüm, Rheinland-Pfalz zwischen den ursprünglichen Signatarstaaten Deutschland, Belgien, Spanien, Frankreich, Luxemburg, Niederlande und Österreich geschlossen wurde, 2008 in EU-Recht[39]. Inhaltlich regelt er u.a. den Datenaustausch zwischen europäischen Polizei- und Strafverfolgungsbehörden (u.a. zu DNA-Dateien, Kraftfahrzeughalterdaten, Fingerabdruck-Dateien), Maßnahmen zur Bekämpfung des Terrorismus, Maßnahmen zur Bekämpfung der illegalen Migration und grenzüberschreitende polizeiliche Zusammenarbeit auch zum Zwecke der Gefahrenabwehr bei größeren Schadensereignissen. Als gemeinsame Einsatzform wäre z.B. die schnelle Anforderung zum Einsatz von finnischen Polizeitauchern bei einem Schiffsunglück in der Schleswig-Holsteinischen Ostsee denkbar. In diesem Zusammenhang könnten auch dänische Polizeitaucher angefordert werden, in diesem Fall aber nur mit Zustimmung des für Inneres zuständigen Ministeriums, denn Dänemark ist dem Vertrag von Prüm noch nicht beigetreten.

§ 171 LVwG regelt die Voraussetzungen, unter denen schleswig-holsteinische Polizeivollzugsbeamtinnen und -beamte außerhalb des Landes eingesetzt werden können, z.B. außerhalb des Landes auf Anforderung des Bundes oder eines anderen Bundeslandes oder auch außerhalb der Bundesrepublik Deutschland im Ausland. § 171 LVwG normiert spiegelbildlich die Regelungen des § 170 LVwG. Den Anforderungen von Polizeivollzugsbeamtinnen und Polizeivollzugsbeamten des Landes Schleswig-Holstein durch ein anderes Land oder durch den Bund muss entsprochen werden, wenn die Anforderung alle für die Entscheidung wesentlichen Merkmale des Einsatzauftrages enthält und die Verwendung der Polizei im eigenen Lande nicht dringlicher ist als die Unterstützung für andere Bundesländer oder den Bund.

In Schleswig-Holstein besteht weder für eigene noch für auswärtige Polizeivollzugsbeamte, die sich in Schleswig-Holstein aufhalten, eine Pflicht zum Einschreiten **außerhalb des Dienstes**. Es existieren dazu innerdienstlich kein Erlass oder Dienstvorschrift. Eine allgemeine Pflicht zum Einschreiten wird nur zur Verhinderung oder Verfolgung von Straftaten angenommen, die nach ihrer Art oder ihrem Umfang die Belange der Öffentlichkeit und der Volksgesamtheit in besonderem Maße berühren; dies ist regelmäßig bei Verbrechen der Fall. Selbstverständlich darf sich jeder Polizeibeamte innerhalb des Landes jederzeit in den Dienst versetzen und Amtshandlungen vornehmen, wenn dies zur Strafverfolgung oder Gefahrenabwehr erforderlich ist. Die örtlich zuständige Dienststelle wäre dann unverzüglich zu benachrichtigen. Ein Polizeibeamter, der sich derart in den Dienst

39 Beschluss 2008/615/JI des Rates vom 23. Juni 2008 zur Vertiefung der grenzüberschreitenden Zusammenarbeit, insbesondere zur Bekämpfung des Terrorismus und der grenzüberschreitenden Kriminalität, EU AmtsBl. L 210 vom 06.08.2008, S. 1–11.

versetzt hat, unterliegt ab diesem Zeitpunkt grundsätzlich denselben Pflichten und Rechten wie ein regulär im Dienst befindlicher Beamter.

7. Zusammenarbeit von Ordnungsbehörden und Polizei, § 172 LVwG

§ 172 LVwG statuiert das Grundprinzip der vertrauensvollen Zusammenarbeit von Ordnungsbehörden und Polizei, wie es sich schon aus der geteilten Aufgabenzuweisung für die Gefahrenabwehr ergibt.

Da im Bereich der Gefahrenabwehr sowohl die Ordnungsbehörden als auch die Landespolizei sachlich zuständig sind (§§ 165, 168 LVwG), ergibt sich daraus zwingend, dass diese vertrauensvoll zusammenarbeiten müssen. So regelt § 172 Satz 1 LVwG zunächst, dass die Ordnungsbehörden und die Polizei im Rahmen ihrer sachlichen Zuständigkeit zusammenzuarbeiten haben und sich gegenseitig über Vorkommnisse und Maßnahmen von Bedeutung unterrichten. Dazu hat das Innenministerium Schleswig-Holstein das Nähere in der Verwaltungsvorschrift über die Zusammenarbeit zwischen den Ordnungsbehörden und der Polizei bei der Gefahrenabwehr geregelt.[40] Die Verwaltungsvorschrift führt u. a. aus:

> „[...] Aus dieser gemeinsam zu erfüllenden Aufgabe ergibt sich für alle Behörden, Dienststellen und Mitarbeiterinnen und Mitarbeiter die Pflicht zu gegenseitiger Unterstützung und vertrauensvoller Zusammenarbeit. [...] Ordnungsbehörden und Polizei des jeweiligen Zuständigkeitsbereichs pflegen einen ständigen Informationsaustausch. Darüber hinaus sollen die Polizeidirektionen mit Sitz in einer der kreisfreien Städte die dort zuständige Ordnungsbehörde sowie die Polizeireviere die jeweils zuständigen Ordnungsbehörden mindestens einmal jährlich zu einem Austausch über die gemeinsam anstehenden Themen insbesondere zur Sicherheitslage und zur Kriminalitätsprävention einladen. Für die Stadt Norderstedt nimmt die zuständige Polizeidirektion diese Aufgabe war. In den übrigen Bereichen wird der Austausch durch die Polizeireviere für die Ordnungsbehörden in ihrem Zuständigkeitsbereich organisiert. Die Polizeidirektionen und Polizeireviere berichten dem Ministerium für Inneres, ländliche Räume, Integration und Gleichstellung (MILIG) über die relevanten Gesichtspunkte aus dem Informationsaustausch."

Ziel der den betroffenen Polizeidienststellen auferlegten Berichtspflicht ist das frühzeitige Erkennen von sich in der Fläche abzeichnenden, unterschiedlichen Auffassungen in Grundsatzfragen bezüglich der Zusammenarbeit zwischen den Ordnungsbehörden und der Landespolizei, da-

40 Verwaltungsvorschrift über die Zusammenarbeit zwischen den Ordnungsbehörden und der Polizei bei der Gefahrenabwehr, IV 353/IV 211.41.1 – IV 422/19.20, Amtsblatt Schl.-H. 2020, S. 1363.

mit diese frühzeitig im Ministerium erörtert und einer Entscheidung zugeführt werden können.

8. Rechtsgrundlage, § 173 LVwG

§ 173 LVwG stellt entsprechend dem Vorrang des Gesetzes deklaratorisch klar, dass nach dem Spezialitätsgrundsatz die Aufgaben der Gefahrenabwehr nach den dafür erlassenen besonderen Gesetzen und Verordnungen erfolgt und das LVwG nur subsidiär zur Anwendung gelangt, soweit keine spezielle Regelungsmaterie den Sachverhalt regelt.

In Schleswig-Holstein ist das gefahrenabwehrende Polizei- und Ordnungsrecht nicht in einem eigenständigen Gesetz geregelt, sondern Bestandteil des Landesverwaltungsgesetzes und hier konkret in den §§ 162–227 LVwG geregelt. Der Gesetzgeber hat somit das Polizei- und Ordnungsrecht als besonderes Verwaltungsrecht in das allgemeine Verwaltungsrecht integriert. Dies unterscheidet Schleswig-Holstein von allen anderen Bundesländern und dem Bund. Die Regelungen kommen immer dann zur Anwendung, wenn spezielle bzw. besondere Polizei- und Ordnungsgesetze fehlen oder diese eine abschließende Regelung nicht enthalten. Dieser Grundsatz, dass eine spezielle gesetzliche Regelung immer einer allgemeinen Regelung in der Anwendung vorzuziehen ist, kommt in § 173 Abs. 2 LVwG zum Ausdruck. Die Summe aller speziellen, außerhalb des LVwG geregelten, gefahrenabwehrenden Normen bildet das besondere Polizei- und Ordnungsrecht. Das „lückenfüllende“ Polizei- und Ordnungsrecht wird als allgemeines Polizei- und Ordnungsrecht bezeichnet.

Beispiele

für spezialgesetzliche Ermächtigungen außerhalb des LVwG sind:

- § 3 Abs. 1 Straßenverkehrsgesetz: *„Erweist sich jemand als ungeeignet oder nicht befähigt zum Führen von Kraftfahrzeugen, so hat ihm die Fahrerlaubnisbehörde die Fahrerlaubnis zu entziehen.“*
- § 45 Abs. 1 Straßenverkehrsordnung: *„Die Straßenverkehrsbehörden können die Benutzung bestimmter Straßen oder Straßenstrecken aus Gründen der Sicherheit oder Ordnung beschränken oder verbieten und den Verkehr umleiten.“*
- § 36 Abs. 5 Straßenverkehrsordnung: *„Polizeibeamte dürfen Verkehrsteilnehmer zur Verkehrskontrolle einschließlich der Kontrolle der Verkehrstüchtigkeit und zu Verkehrserhebungen anhalten.“*

- § 46 Abs. 4 Waffengesetz: „*Die zuständige Behörde kann Erlaubnisurkunden sowie die in den Absätzen 2 und 3 bezeichneten Waffen oder Munition sofort sicherstellen 1. in Fällen eines vollziehbaren Verbots nach § 41 Absatz 1 oder 2 oder 2. soweit Tatsachen die Annahme rechtfertigen, dass die Waffen oder Munition missbräuchlich verwendet oder von einem Nichtberechtigten erworben werden sollen.*"

9. Die Generalklausel zum Erlass von Verwaltungsakten (Verfügungen), §§ 174, 176 LVwG

Die polizeirechtliche bzw. polizei- und ordnungsrechtliche Generalklausel ist mit ihrem weit gefassten Auffangtatbestand Rechtsgrundlage, um mittels Verwaltungsakt Maßnahmen der Gefahrenabwehr zu ermöglichen, für die keine spezielleren Eingriffsermächtigungen bestehen.

Grundrechtsrelevanz

Gefahrenabwehrende Maßnahmen, die mittels Verfügung nach §§ 174, 176 LVwG ergehen, stellen jedenfalls einen Eingriff in die allgemeine Handlungsfreiheit gemäß Art. 2 Abs. 1 GG des jeweiligen Adressaten dar, da ihm mit Regelungscharakter ein Tun, Dulden oder Unterlassen aufgegeben wird. Je nach Ausgestaltung der Maßnahme kommen auch weitere Grundrechte in Betracht, wie z.B. Art. 14 GG bezogen auf eigentumsrelevante Maßnahmen oder das allg. Persönlichkeitsrecht in Form der informationellen Selbstbestimmung aus Art. 2 Abs. 1 i.V.m. Art. 1 Abs. 1 GG oder das Grundrecht der Freiheit der Person aus Art. 2 Abs. 2 Satz 2 GG bei freiheitsbeschränkenden Maßnahmen.

Anwendbarkeit der Generalklausel und Subsidiarität

Mittlerweile sind entsprechend der Vorgaben der **Wesentlichkeitstheorie** viele grundrechtseinschränkende Maßnahmen zur Gefahrenabwehr spezialgesetzlich geregelt, sei es im Sonderordnungsrecht oder über Standardmaßnahmen im LVwG. Dieses abgestufte Verhältnis von Lex specialis zu Lex generalis folgt aus der Grundrechtsrelevanz der gefahrenabwehrrechtlichen Maßnahmen für die jeweils betroffenen Adressaten. Aus ihr ergibt sich, dass der Gesetzgeber typische Eingriffe selbst regeln muss und dies nicht der zuständigen Behörde durch die Nutzung von Generalklauseln überantworten soll. Nach wie vor verbleibt jedoch ein Anwendungsbereich für die subsidiär, „lückenfüllend" zum Einsatz gelangende polizeiliche Generalklausel der §§ 174, 176 LVwG. Der Gesetzgeber kann nicht alle Lebenssachverhalte abstrakt vorausbedenken und mit speziellen Ermächtigungsnormen erfassen. Die für die Gefahrenabwehr zuständigen Behörden benötigen zur effektiven und lückenlosen Aufgabenwahrnehmung für nicht vorhergesehene oder nicht für regelungsbedürftig erachtete Fälle eine Auffangermächtigung.

Die Prüfungsfolge lautet also:

- Spezialgesetz,
- Standardmaßnahme des LVwG,
- Generalklausel gemäß §§ 174, 176 LVwG.

Zweck der Generalklausel ist die Lückenfüllung im Gefahrenabwehrrecht als Auffangermächtigung für nicht speziell geregelte Sachverhalte. Sie ist jedoch nicht heranzuziehen in den Fällen, in denen der Gesetzgeber durch die spezielle Regelung z. B. des Sonderordnungsrechts oder eine Standardmaßnahme des LVwG bereits eine abschließende Regelung getroffen hat. Ob dies der Fall ist, ist durch Auslegung zu ermitteln. Dabei ist unter Beachtung der Eingriffsintensität der Maßnahme jeweils zu prüfen, ob neben der spezialgesetzlichen Regelung die Generalklausel noch ergänzend zur Anwendung gelangen kann oder das betroffene Grundrecht eine spezialgesetzliche Eingriffsgrundlage erfordert, wie es für die Versammlungsfreiheit nach Art. 8 GG anerkannt ist. Auch aus der Kodifizierung der polizeilichen Standardmaßnahmen lässt sich ableiten, dass jedenfalls gleich eingriffsintensive Maßnahmen nicht mehr auf die Generalklausel gestützt werden können. Die so ausdrücklich gesetzlich geregelten Befugnisse dürfen nicht mithilfe der Generalermächtigung erweitert werden.

Zusammenspiel von § 174 LVwG und § 176 LVwG

Der Befugnisgehalt als Generalklausel ergibt sich aus dem Text des § 174 LVwG alleine noch nicht. Dieser ist vom Wortlaut eher wie eine Aufgabenzuweisungsnorm ausgestaltet und legt entsprechend der amtlichen Überschrift der Norm die allgemeinen Grundsätze für jedes gefahrenabwehrrechtliche Handeln fest:

> „Die Ordnungsbehörden und die Polizei haben im Rahmen der geltenden Gesetze die nach pflichtgemäßem Ermessen notwendigen Maßnahmen zu treffen, um von der Allgemeinheit oder der einzelnen Person Gefahren abzuwehren, durch die die öffentliche Sicherheit bedroht wird."

Die Formulierung „im Rahmen der geltenden Gesetze" verweist auf den Grundsatz der Gesetzmäßigkeit der Verwaltung im Sinne von Art. 20 Abs. 3 GG und § 72 Abs. 2 LVwG. Dazu zählen der Grundsatz vom **Vorrang des**

Gesetzes, d.h. kein Handeln gegen Gesetz, und der Grundsatz vom **Vorbehalt des Gesetzes**, d.h. kein Handeln ohne Gesetz. Außerdem bestimmt § 174 LVwG, dass die gefahrenabwehrrechtlichen Maßnahmen nach pflichtgemäßem Ermessen im Sinne des § 73 LVwG ausgeführt werden müssen. Damit statuiert § 174 als allgemeiner Grundsatz das Opportunitätsprinzip für die Gefahrenabwehr. Die Behörde ist in Bezug auf die präventive Gefahrenabwehr nicht grundsätzlich verpflichtet, einer Gefahr nachzugehen. Nach dem sog. Opportunitätsprinzip steht ihr ein Ermessen zu, und zwar sowohl hinsichtlich des „Ob" (Entschließungsermessen) als auch des „Wie" (Auswahlermessen) des Einschreitens.

Die tatbestandlichen Anforderungen für den Erlass eines Verwaltungsaktes zur Gefahrenabwehr, der Verfügung, konkretisiert § 176 LVwG:

> „(1) Verwaltungsakte als Maßnahmen zur Gefahrenabwehr, die in die Rechte der einzelnen Person eingreifen, sind, sofern nicht die nachfolgenden Vorschriften, ein besonderes Gesetz oder eine Verordnung über die öffentliche Sicherheit die Befugnisse der Polizei und der Ordnungsbehörden besonders regeln, nur zulässig, soweit sie
> 1. zur Beseitigung einer Störung der öffentlichen Sicherheit oder
> 2. zur Abwehr einer im einzelnen Falle bevorstehenden Gefahr für die öffentliche Sicherheit
>
> erforderlich sind."

Diese Norm übernimmt den Gedanken der Subsidiarität und bestimmt noch einmal den Vorrang der Spezialermächtigungen und Standardermächtigungen. Soweit Ordnungsbehörden und Polizei nach diesen Ermächtigungen befugt sind, Maßnahmen durchzuführen (z.B. Durchsuchungen, Betreten von Räumen, Sicherstellung von Sachen), sind sie aus der Standardermächtigung heraus gleichfalls befugt, entsprechende Verfügungen zu erlassen („Bitte öffnen Sie den Kofferraum Ihres Fahrzeugs", „Bitte lassen Sie mich eintreten", „Bitte geben Sie das Messer heraus"), ohne dass es eines Rückgriffs auf die Generalklausel der §§ 174, 176 LVwG bedürfte.

Tatbestandlich setzt die Generalklausel eine im einzelnen Falle bevorstehende Gefahr für die öffentliche Sicherheit oder die bereits verwirklichte Gefahr in Form der Störung voraus, die beseitigt werden soll. Anknüpfungspunkt der Generalklausel ist damit eine **konkrete Gefahr**. Bei der Beurteilung, ob eine konkrete Gefahr vorliegt, geht es immer um eine Prognoseentscheidung für die Zukunft. Aus der objektiven Beurteilung der Umstände zur Zeit des polizeilichen oder ordnungsrechtlichen Einschreitens muss sich danach mit hinreichender Wahrscheinlichkeit ergeben, dass ohne polizeiliches oder ordnungsbehördliches Einschreiten ein Schaden eintreten werde. Ob die Möglichkeit eines Schadens gegeben ist, muss nach objektiven Gesichtspunkten aus der objektivierten Ex-ante-Betrachtung eines verständigen Durchschnittsbeamten geprüft werden.

Weiter bedarf es auf Tatbestandsseite eines zulässigen **Adressaten** im Sinne der §§ 217 ff. LVwG, eines **Störers** oder eines ausnahmsweise in Anspruch zu nehmenden Nicht-Störers.

Auf der **Rechtsfolgenseite** muss dann das in § 174 LVwG beschriebene **pflichtgemäße Ermessen** ausgeübt werden, also das Entschließungsermessen „ob" und das Auswahlermessen „wie und gegen wen" zu handeln ist.

Auch wenn mittlerweile viele Maßnahmen der Gefahrenabwehr spezialgesetzlich bzw. durch Standardermächtigungen des LVwG ausdrücklich geregelt sind, kommt die Generalklausel der § 174, 176 LVwG immer noch für viele unterschiedliche Maßnahmen zum Einsatz. Zu den häufigsten gehören:

- Absperrungen (aus Anlass von Razzien, Bombenfunden, Staatsbesuchen),
- Veranstaltungsverbote und -beschränkungen ohne Versammlungscharakter (z. B. Schließung überfüllter Sportstätten oder baufälliger Veranstaltungsorte),
- Durchführung von Kontrollen zur allgemeinen Gefahrenabwehr,
- Betätigungsverbote (Verbot der Weiterfahrt bei alkoholisierten Fahrzeugführern, Verbot gefährlicher Tätigkeiten),
- Verbringen von Personen, sofern keine Gewahrsamnahme beabsichtigt ist (z. B. Evakuierungen bei Bränden, Überschwemmungen etc.),
- Gefährderansprachen,
- Aufforderung, gesetzliche Ge- und Verbote einzuhalten, wie bei Ruhestörungen.

Exkurs: Generalklausel der §§ 161, 163 StPO für repressive Maßnahmen

Erst im Rahmen der Änderungen des Strafverfahrensänderungsgesetzes vom 2. August 2000 (StVÄG 1999)[41] wurden die §§ 161, 163 StPO zu Eingriffsgeneralklauseln umgestaltet. Bis dahin enthielt die Strafprozessordnung keine Eingriffsgeneralklausel nach Art des Polizeirechts. Die Neufassung im StVÄG 1999 hat für die Polizei und die Staatsanwaltschaft die Befugnis eingeführt, zum Zwecke der Erforschung von Straftaten „Ermittlungen jeder Art vorzunehmen". Voraussetzung für polizeiliche Maßnahmen ist ein Anfangsverdacht im Sinne des § 152 StPO. Als Maßnahmen, die sich auf § 163 StPO stützen, kommen zum Beispiel

1. die Befragung von Nachbarn, Arbeitskollegen und anderen Personen aus dem persönlichen Umfeld des Beschuldigten

41 BGBl. I S. 1253.

2. sowie kurzfristige Observationen, das heißt solche, die nicht von § 163f StPO erfasst sind,

in Betracht.

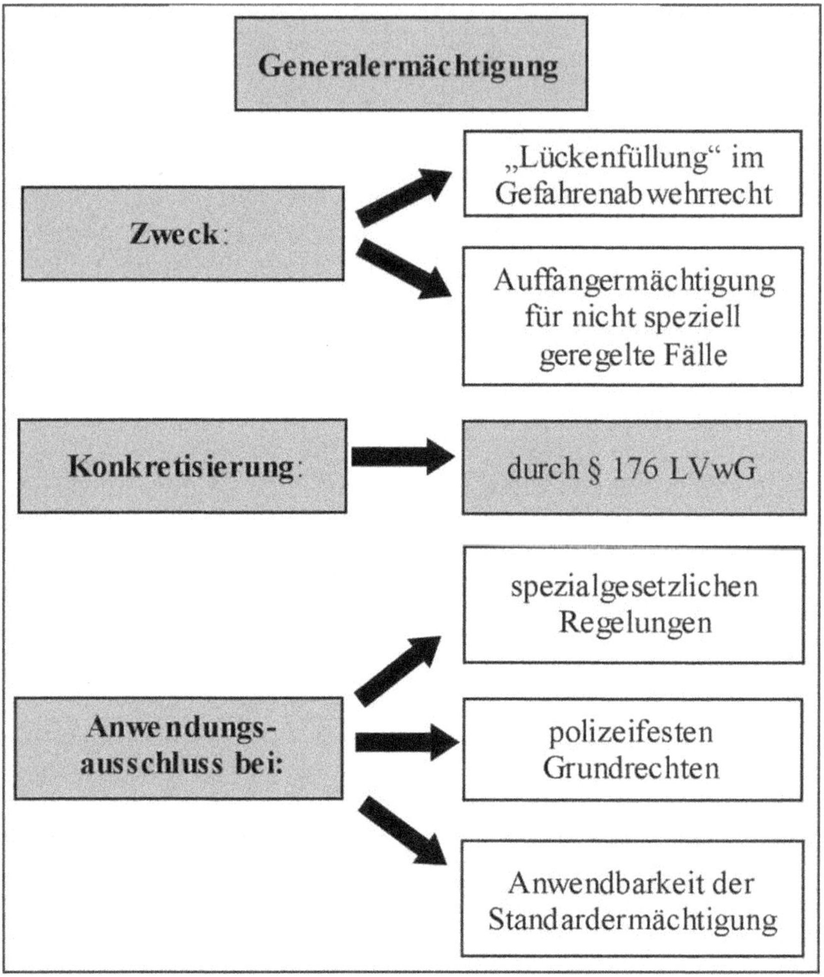

Schematische Übersicht der Generalklausel

10. Verordnungen über die öffentliche Sicherheit §§ 175 LVwG

Neben dem Erlass von Verwaltungsakten zur Gefahrenabwehr im Einzelfall gemäß §§ 174, 176 LVwG kann die Ordnungsbehörde als weitere Maßnahme zur Gefahrenabwehr auch generell-abstrakte Regelungen festlegen mittels Verordnung über die öffentliche Sicherheit. Dazu ermächtigt § 175 LVwG nur die dort näher bezeichneten Ordnungsbehörden, nicht jedoch die Polizei. Das Instrument der Verordnung ist allgemein in den §§ 53 ff. LVwG geregelt und wird durch § 175 LVwG für den Bereich der öffentlichen Sicherheit konkretisiert.

Zweck und Anwendungsbereich

Die **Verordnung** stellt eine Regelung auf, die **abstrakt-generell wirkt**. Abstrakt heißt, dass sie auf eine Vielzahl verschiedener Lebenssachverhalte Anwendung findet. Generell meint, dass sie sich an eine unbestimmte Vielzahl von Adressaten richtet. Mittels Verordnung können demnach allgemeingültige Ge- und Verbote aufgestellt werden. Rechtsgrundlage im LVwG ist für den Erlass von Verordnungen § 175 LVwG. Danach heißen Verordnungen zur Gefahrenabwehr „Verordnungen über die öffentliche Sicherheit". Seine eigenständige Bedeutung als Rechtsgrundlage zum Erlass von Verordnungen hat § 175 LVwG weitgehend verloren, da viele Spezialgesetze der Gefahrenabwehr bereits entsprechende Ermächtigungen beinhalten, die insoweit vorrangig sind. Beispiele für entsprechende Verordnungen sind z.B. Verordnungen zur Einrichtung von Waffenverbotszonen gemäß § 42 Waffengesetz (WaffG) i.V.m. § 175 LVwG. Verordnungen richten sich nicht gegen konkrete Gefahren im Einzelfall, sondern gegen abstrakte Gefahren. Verordnungen regeln Sachverhalte **generell**, also nicht individuell auf eine konkrete Person oder einen individualisierten Personenkreis bezogen, und **abstrakt**, also nicht auf einen bestimmten Einzelsachverhalt hin konkretisiert: Sie gelten für eine unbestimmte Vielzahl von Fällen. Dementsprechend knüpfen sie nicht an Tatbestände mit konkreten Gefahrenlagen im Einzelfall an, sondern beschreiben typische Gefährdungslagen, eben abstrakte Gefahren, unabhängig vom konkreten Einzelfall.

Zuständigkeit

Die Zuständigkeit für den Erlass einer Verordnung über die öffentliche Sicherheit, auch als Gefahrenabwehrverordnung bezeichnet, liegt gemäß **Absatz 1** bei den Ordnungsbehörden. § 175 LVwG weist die Befugnis allerdings nur den Ordnungsbehörden nach § 165 Abs. 1 Nr. 1 bis 3 zu, den sogenannten allgemeinen Ordnungsbehörden. Sonderordnungsbehörden bedürfen einer ausdrücklichen Verordnungsermächtigung durch das jeweilige Sonderordnungsrecht außerhalb des LVwG. § 165 Abs. 5 LVwG trifft eine ergänzende Zuständigkeitsregelung für den Erlass von Gefahrenabwehrverordnungen: Soweit der Bedarf einer überörtlich einheitlichen Regelung besteht, kann auch die nächsthöhere Ordnungsbehörde, die Landes- oder Kreisordnungsbehörde, eine entsprechende Verordnung erlassen. Ihr steht dann zugleich auch die Kompetenz zu, inhaltsgleiche oder inhaltlich entgegenstehende Verordnungen der jeweils nachgeordneten Ordnungsbehörde aufzuheben. Eine polizeiliche Zuständigkeit zum Erlass von Verordnungen über die öffentliche Sicherheit besteht nicht. Dies ist Folge des Trennungsprinzips und der grundsätzlichen Subsidiarität polizeilichen Handelns. Da die Polizei jedoch häufig vor Ort die durch die Ordnungsbehörde erlassene Verordnung überwacht und ggf. auch vollzieht, sollte der Erlass von Verordnungen im Rahmen der Zusammenarbeit von Ordnungsbehörden und Polizei eng abgestimmt werden.

Verfahren

Der **Erlass einer Verordnung** über die öffentliche Sicherheit ist möglich auf der Grundlage der Generalermächtigung des § 175 LVwG als besonderes Verwaltungsrecht. Dabei sind jedoch die allgemeinen verfahrensrechtlichen Grundsätze über den Erlass von Verordnungen der §§ 53 ff. LVwG zu beachten, insbesondere zur Form, § 56 LVwG, zum Inhalt, § 58 LVwG, der amtlichen Bekanntmachung, § 60 LVwG, zur Geltungsdauer, § 62 LVwG, und zum Ermessen, § 73 LVwG i. V. m. § 175 **Abs. 2** LVwG.

Die Absätze 3 bis 5 treffen ergänzende Regelungen zur Normierung von Ordnungswidrigkeitentatbeständen mittels Verordnung über die öffentliche Sicherheit.

II. Allgemeine Mittel der Datenerhebung

1. Zulässigkeit der Verarbeitung personenbezogener Daten, § 177 LVwG

> In dieser Norm werden die allgemeinen Grundsätze der Verarbeitung personenbezogener Daten geregelt. Eine Definition der Begriffe Verarbeitung und Einwilligung wird vorgenommen. Auch wird die Verarbeitung von Daten der besonderen Kategorien bestimmt. § 177 LVwG ist jedoch keine Befugnisnorm für Maßnahmen der Datenerhebung. Datenerhebungsgeneralklausel ist § 179 LVwG.

Gefahrenabwehrende Maßnahmen, die eine Verarbeitung personenbezogener Daten beinhalten, berühren immer das **Recht auf informationelle Selbstbestimmung** als Ausschnitt des allgemeinen Persönlichkeitsrechts aus Art. 2 Abs. 1 GG i.V.m. Art. 1 Abs. 1 GG. Daher bestimmt § 177 LVwG als Grundsatz, dass personenbezogene Daten zum Zwecke der Gefahrenabwehr nur **verarbeitet** werden dürfen, soweit dies durch Gesetz ausdrücklich zugelassen ist oder die betroffene Person **eingewilligt** hat. Das bedeutet, dass die Verarbeitung von personenbezogenen Daten im Rahmen der Gefahrenabwehr grundsätzlich verboten ist, es sei denn, die Verarbeitung wird durch ein Gesetz ausdrücklich erlaubt oder aber es liegt eine konkrete Einwilligung der betroffenen Person ohne Willensmängel vor bzw. die Verarbeitung erfolgt im offensichtlichen Interesse der Person.

In § 21 LDSG, dem schleswig-holsteinischen Datenschutzgesetz, wird der Begriff der **Verarbeitung** wie folgt definiert: Verarbeitung ist jeder mit oder ohne Hilfe automatisierter Verfahren ausgeführte Vorgang oder jede solche Vorgangsreihe im Zusammenhang mit personenbezogenen Daten wie das Erheben, das Erfassen, die Organisation, das Ordnen, die Speicherung, die Anpassung, die Veränderung, das Auslesen, das Abfragen, die Verwendung, die Offenlegung durch Übermittlung, die Verbreitung oder eine andere Form der Bereitstellung, der Abgleich, die Verknüpfung, die Einschränkung, das Löschen oder die Vernichtung. Damit erfasst der Begriff „**verarbeiten**" im Grunde alle nur denkbaren Handlungen im Zusammenhang mit dem Umgang von personenbezogenen Daten.

§ 177 **Abs. 1** Satz 2 LVwG stellt klar, dass die **Einwilligung** nur wirksam ist, wenn sie auf der freien Entscheidung der betroffenen Person beruht. Sie muss eine echte und freie Wahl haben und die Einwilligung jederzeit ohne Nachteile verweigern oder zurückziehen können. Notwendig ist ein aktives Verhalten der betroffenen Person. Bei der Beurteilung, ob die Einwilligung **freiwillig** erteilt wurde, müssen die Umstände der Erteilung berücksichtigt werden. Es bedarf einer unmissverständlich abgegebenen Willensbekundung der betroffenen Person. Zudem darf zwischen der Person und Daten verarbeitenden Stelle **kein strukturelles Ungleichgewicht** bestehen, welches die Person in eine Zwangslage versetzt. Die Einwilligung muss „**auf Augenhöhe**" zwischen den Beteiligten erfolgen. Die betroffene Person ist auf den vorgesehenen Zweck der Verarbeitung hinzuweisen. Ist dies nach den Umständen des Einzelfalles erforderlich oder verlangt die betroffene Person dies, ist sie auch über die Folgen der Verweigerung der Einwilligung zu belehren. Ein möglicher **Widerruf** der Einwilligung gilt nur mit Wirkung für die Zukunft. Damit kann sie für Verarbeitungsvorgänge in der

Vergangenheit weiterhin als Rechtsgrundlage herangezogen werden. Darüber hinaus ist eine Verarbeitung von personenbezogenen Daten auch zulässig, wenn offensichtlich ist, dass die Verarbeitung im Interesse der betroffenen Peron liegt und sie wahrscheinlich auch einwilligen würde. Dies kann zum Beispiel in folgenden Situationen der Fall sein: Für die Codierung von Fahrrädern, die Mitteilung der Erreichbarkeitsdaten auf Wunsch einer Geschädigten an eine Beratungsstelle in Fällen häuslicher Gewalt, Benachrichtigungen auf Wunsch eines Verletzten nach einer Gewalttat oder einem Einbruchsdiebstahl oder bei Todesfällen oder zur Übergabe von sichergestellten Gegenständen wie Fahrzeugen oder Schlüsseln. Eine solche **hypothetische Einwilligung** kann also insbesondere dann angenommen werden, wenn Betroffene nicht ansprechbar sind. Das sind Fälle, bei denen in Folge einer Verletzung oder anderweitiger Umstände die betroffene Person außerstande ist, ihre eigenen Angelegenheiten zu regeln.

Nähere Anforderungen an die Einwilligung stellt § 177 LVwG nicht. Daher sind insoweit die ausgestaltenden Regelungen zur Einwilligung in § 27 LDSG ergänzend zu berücksichtigen. Danach muss das Vorliegen der Einwilligung nachgewiesen werden können, was im Regelfall durch eine schriftliche Erklärung oder Zeugen sichergestellt werden kann.

Absatz 2 ist im Rahmen der Novellierung des LVwG 2021 aufgenommen worden und stellt klar, dass nach den Datenverarbeitungsvorschriften der §§ 177 ff. LVwG auch besondere Kategorien personenbezogener Daten im Sinne von Art. 9 Datenschutzgrundverordnung (DSGVO), aus denen die rassische und ethnische Herkunft, politische Meinungen, religiöse oder weltanschauliche Überzeugungen oder die Gewerkschaftszugehörigkeit hervorgehen, sowie die Verarbeitung von genetischen Daten, biometrischen Daten zur eindeutigen Identifizierung einer natürlichen Person, Gesundheitsdaten oder Daten zum Sexualleben oder der sexuellen Orientierung einer natürlichen Person unter der Beachtung der §§ 12 Abs. 2 und 3 sowie 24 Abs. 2 LDSG verarbeitet werden dürfen. Diese Daten sind besonders geschützt, da sie nicht nur „objektiv" eine Person bestimmen, sondern auch die Persönlichkeit dieser Person definieren können. Damit wurde für besonders geschützte Daten eine ausdrückliche Befugnisnorm geschaffen. Die Erhebung dieser besonders sensiblen personenbezogenen Daten ist daher nur dann zulässig, wenn sie zur Beurteilung eines Sachverhaltes erforderlich sind. So ist zum Beispiel bei der Verkehrsunfallaufnahme neben den allgemeinen Daten zur Person (Name, Vorname, Anschrift etc.) auch der Gesundheitszustand der Unfallbeteiligten relevant, wenn sich Anhaltspunkte ergeben, dass gesundheitliche Probleme unfallursächlich sein könnten. Durch den Verweis auf die die europarechtlichen Vorgaben umsetzenden §§ 12 und 24 LDSG wird sichergestellt, dass die Verfahrensvorgaben zur Verarbeitung dieser besonders geschützten Daten im Rahmen der jeweiligen Datenverarbeitungsvorschrift beachtet werden. Dies gilt zum Beispiel, wenn die betroffene Person ausdrücklich in deren Verarbeitung eingewilligt hat. Satz 2 stellt klar, dass die geltenden Ausnahmevorschriften zu archivarischen, wissenschaftlichen und statistischen Zwecken fortgelten.

Der **Absatz 3** bestimmt, dass die Verarbeitung personenbezogener Daten mit Einwilligung der betroffenen Person nur zu dem Zweck zulässig ist, für den die Einwilligung erteilt wurde. Damit soll eine zweckfremde (Weiter-)Verarbeitung der Daten verhindert werden. Die Einwilligung muss bereits vor der Verarbeitung vorliegen.

Der **Absatz 4** stellt das bestehende Rangverhältnis zwischen den datenschutzrechtlichen Bestimmungen des LVwG, des LDSG und der DSGVO klar. Soweit durch das LVwG als Spezialgesetz nichts Besonderes geregelt ist, findet das LDSG Anwendung und ergänzt die Regelungen des LVwG. Außerhalb dessen ist der Anwendungsbereich der DSGVO eröffnet. Diese gilt unmittelbar und wird, soweit zulässig, durch die Bestimmungen des LVwG als Spezialgesetz konkretisiert.

2. Grundsätze der Datenerhebung, § 178 LVwG

In dieser Norm werden die allgemeinen Grundsätze für eine Datenerhebung zur Gefahrenabwehr festgelegt. Um den Eingriffscharakter möglichst gering zu halten, sollen diese grundsätzlich direkt und offen bei der betroffenen Person erhoben werden.

Absatz 1 verpflichtet die Ordnungsbehörden und die Polizei, die Daten vom Grundsatz her direkt bei der betroffenen Person zu erheben. Ziel dieser Vorgabe ist, dass der Betroffene grundsätzlich von der Tatsache und dem Umfang der Erhebung Kenntnis erhält.

Wenn eine Prüfung jedoch ergibt, dass auf diese Weise die Daten nicht oder nicht rechtzeitig erhoben werden können, darf die Erhebung auch bei anderen Stellen durchgeführt werden. So kann z.B. beim Einwohnermeldeamt die Anschrift der betroffenen Person erfragt werden, um ihren Aufenthalt zu ermitteln. Bei der Suche nach einer suizidgefährdeten Person dürfen in der Regel auch Angehörige dieser Person befragt werden, um den Aufenthaltsort zu ermitteln.

Weiterhin darf von diesem Grundsatz abgewichen werden, wenn durch die Erhebung der Daten bei der betroffenen Person die Erfüllung der jeweiligen polizeilichen oder ordnungsbehördlichen Aufgabe erheblich gefährdet werden würde.

Nach **Absatz 2** sind Ordnungsbehörden und Polizei des Weiteren verpflichtet, Daten grundsätzlich offen zu erheben. Die offene Datenerhebung entspricht damit dem Regelfall. In Abgrenzung zu der offenen Datenerhebung gibt es auch die verdeckte Form, personenbezogene Daten zu erheben. Diese verdeckte Form der Datenerhebung stellt jedoch immer eine Ausnahme dar. Verdeckt ist eine Datenerhebung immer dann, wenn sie bewusst heimlich oder getarnt erfolgt, wobei neben der Art und Weise immer die konkrete Zielrichtung und Absicht der Datenerhebung ausschlaggebend ist. Dies bedeutet jedoch nicht, dass jede offene Datenerhebung durch Ordnungsbehörde oder Polizei als solche erkennbar sein muss. Es spielt daher keine Rolle, ob die betroffene Person die polizeiliche oder ordnungsbehördliche Datenerhebung bemerkt oder nicht. So stellt z.B. die Erhebung der Daten bei einer anderen Stelle oder bei Dritten allein noch keine verdeckte Maßnahme dar.

Soweit eine verdeckte Datenerhebung nicht wesensnotwendig für eine in anderen Vorschriften geregelte Maßnahme ist (vgl. Einsatz der besonderen Mittel der Datenerhebung, Kontrollmeldungen), ist sie nur zulässig, wenn ohne sie die Erfüllung polizeilicher oder ordnungsbehördlicher Aufgaben erheblich gefährdet werden würde oder wenn anzunehmen ist, dass dies den überwiegenden Interessen der betroffenen Person entspricht.

Als Beispiel für die erste Alternative sind zu nennen die Beobachtung von potenziellen Gewalttätern auf dem Wege zu einer Veranstaltung durch Polizeikräfte in Zivil.

Überwiegende Interessen der betroffenen Person an einer verdeckten Datenerhebung können z.B. vorliegen, wenn sich im Rahmen der Erforschung einer Gefahr die Tatsache, dass sich eine Behörde mit einer Person beschäftigt, für den Betroffenen belastend auswirken kann; so wenn das Jugendamt einem Hinweis auf Kindeswohlgefährdung nachgeht.

Die Benachrichtigungspflicht bei einer Speicherung oder Übermittlung verdeckt erhobener Daten gemäß Absatz 2 ist Ausfluss des verfassungsrechtlichen Gebots der Transparenz behördlicher Informationsverarbeitung. Die dabei vorgesehene Möglichkeit der Zurückstellung der Unterrichtung trägt insbesondere polizeilichen Belangen der effektiven Gefahrenabwehr Rechnung.

Absatz 3 bestimmt als weiteren Grundsatz, der bei einer Datenerhebung zu beachten ist, dass betroffene Personen, aber auch Dritte, bei denen Daten erhoben werden,

- auf die Freiwilligkeit ihrer Auskunft, wenn die Ordnungsbehörde bzw. Polizei über keine Rechtsgrundlage für die Erhebung verfügt,
- auf bestehende Auskunftsverweigerungsrechte (vgl. § 180 Abs. 2 Satz 3 LVwG),
- auf die Rechtsgrundlage für die Datenerhebung, wenn dies ausdrücklich verlangt wird,

hinzuweisen sind.

3. Voraussetzungen der Datenerhebung, § 179 LVwG

> § 179 LVwG ist die Generalklausel für die Erhebung personenbezogener Daten und damit die zentrale Ermächtigungsnorm für die Informationsgewinnung durch Ordnungsbehörden und Polizei.

Grundrechtsrelevanz

Die Erhebung personenbezogener Daten stellt immer einen Eingriff in das Grundrecht auf **informationelle Selbstbestimmung** als Bestandteil des allgemeinen Persönlichkeitsrechtes gemäß Art. 2 Abs. 1 i. V. m. Art. 1 Abs. 1 GG dar. Im Vergleich zu einer verdeckten Datenerhebungsmaßnahme stellt eine offene Datenerhebung einen geringeren Eingriff dar, da die betroffene Person hier leichter ihre Rechte wahren kann.

Zweck, Umfang

§ 179 LVwG als bereichsspezifische Generalklausel zur Datenerhebung regelt hinsichtlich der Voraussetzungen und der Adressaten abschließend vier Fallgruppen der Datenerhebung personenbezogener Daten durch Ordnungsbehörden oder Polizei. Diese vier Fallgruppen sind:

- die konkrete Gefahrenabwehr (Absatz 1),
- die vorbeugende Bekämpfung von Straftaten (Absatz 2) und
- die Vorbereitung für die Hilfeleistung und das Handeln in Gefahrfällen (Absatz 4)
- Aufzeichnung von Anrufen über Notrufeinrichtungen (Absatz 5).

Die in dieser Vorschrift enthaltenen Regelungen hinsichtlich der Adressaten, der sogenannten ermächtigungsimmanenten Adressatenregelung, gehen den §§ 218–220 LVwG vor. Dies entspricht dem Grundsatz der Subsidiarität aus § 217 LVwG.

Die Vorschrift ermächtigt nur zu Beschränkungen des Rechts auf informationelle Selbstbestimmung. Sind andere oder mehrere Grundrechte gleichzeitig neben dem Grundrecht auf informationelle Selbstbestimmung betroffen, reicht § 179 LVwG als Ermächtigungsnorm alleine nicht mehr aus. Diese Grundrechtseingriffe bedürfen dann einer besonderen Ermächtigung; so müssen z. B. für das Betreten eines befriedeten Besitztums gegen den Willen des Berechtigten im Zusammenhang mit einer Datenerhebung die in § 208 LVwG geforderten Voraussetzungen vorliegen.

Nach **Absatz 1** muss die Erhebung der personenbezogenen Daten zumindest zur Abwehr einer im Einzelfall bevorstehenden Gefahr für die öffentliche Sicherheit erforderlich sein. Auch hier ist wieder das Vorliegen einer **konkreten Gefahr** erforderlich. Absatz 3 stellt dazu klar, dass allgemeine Erfahrungssätze ohne Bezug zum jeweiligen Geschehen keine ausreichenden Anhaltspunkte für eine Gefahrprognose darstellen.

Anwendungsfälle für eine Datenerhebung nach § 179 LVwG können sein:
- Ermittlungsmaßnahmen, wenn Minderjährige häufig an jugendgefährdenden Orten aufgegriffen worden sind,
- Überprüfung der Lebensverhältnisse einer Person, die mehrfach als hilflos aufgegriffen worden ist,
- Gewinnung von Informationen zur Vorbereitung von Schutzmaßnahmen wegen der Bedrohung einer Person,
- Ermittlungsmaßnahmen im Rahmen der Suche nach einer vermissten Person.

Zu beachten ist, wie bei der Generalklausel der §§ 174, 176 LVwG, die Subsidiarität des § 179 LVwG: Ermächtigt eine spezialgesetzliche Regelung zur Datenerhebung, ist ein Rückgriff auf die Datenerhebungsgeneralklausel nicht zulässig.

Absatz 2 regelt die Erhebung personenbezogener Daten zur vorbeugenden Verbrechensbekämpfung sowie schwerwiegender Vergehen, sofern Tatsachen dafür sprechen, dass solche begangen werden sollen. Liegen diese Voraussetzungen vor, dürfen personenbezogene Daten von den Personen erhoben werden, bei denen Tatsachen dafür sprechen, dass sie solche Straftaten begehen oder sich hieran beteiligen werden oder dass sie Ofer solcher Straftaten werden. Ferner können Daten von Zeugen, Hinweisgebern oder sonstigen Auskunftspersonen erhoben werden, die dazu beitragen können, den Sachverhalt solcher Straftaten aufzuklären. Die Polizei reagiert also nicht unmittelbar auf ein bestimmtes Geschehen im Sinne einer konkreten Gefahr, sondern wird bereits im **Vorfeld der konkreten Gefahr** vorbeugend durch die Gewinnung von Informationen tätig. Schwerpunkt und damit

Zweck der Datenerhebung ist die Aufklärung eines mit diesen Straftaten verbundenen Sachverhalts, um deren Begehung zu verhüten oder um Vorsorge für deren zukünftige Aufklärung zu treffen.

Als Grundvoraussetzung müssen Tatsachen für die Begehung eines Verbrechens (vgl. § 12 StGB) oder für die gewerbs- oder gewohnheitsmäßige, serienmäßige, bandenmäßige oder mittels Täterschaft und Teilnahme organisierte Begehung eines Vergehens sprechen. Als Tatsachen im Sinne der Norm gelten z. B.

- Beobachtungen der Polizei,
- Hinweise aus der Bevölkerung,
- Spuren,
- das Ergebnis der Auswertung von Ermittlungsvorgängen.

Keine Tatsachen sind nach **Absatz 3** allgemeine Erfahrungssätze ohne Bezug zum jeweiligen Geschehen.

Die Definition der in der Norm genannten schwerwiegenden Begehungsformen ist an das StGB angelehnt.

Danach liegt eine **gewerbsmäßige** Begehung vor, wenn jemand sich aus wiederholter Begehung von Straftaten eine nicht nur vorübergehende Einnahmequelle von einigem Umfang verschaffen möchte.

Gewohnheitsmäßig handelt, wer zumindest zwei Taten begeht und einen durch Übung erlangten Hang zu wiederholter Tatbegehung besitzt.

Bandenmäßig begangene Vergehen liegen regelmäßig dann vor, wenn mindestens zwei Personen sich zur fortgesetzten Begehung eines Vergehens zu einer gewissen Dauer verbunden haben. Serienmäßig ist eine Häufung gleichartiger Straftaten innerhalb eines bestimmten Zeitraums. Lediglich zwei gleichartige Straftaten reichen jedoch nicht aus. Dabei muss sich auch die Prognose hinsichtlich dieser Begehungsformen auf Tatsachen stützen.

Anwendungsfälle sind

- die so genannte „kurzfristige polizeiliche Beobachtung" bzw. „kurzfristige Observation" unterhalb der zeitlichen Schwelle des § 185 Abs. 1 Nr. 1 LVwG, also eine Maßnahme, die für weniger als 24 Stunden innerhalb einer Woche und nicht über den Zeitraum einer Woche hinaus vorgesehen ist oder tatsächlich durchgeführt wird;
- die Erhebung personenbezogener Daten im Verlauf einer Befragung gemäß § 180 LVwG mit dem Ziel, eine entsprechende Straftat zu verhüten.

Für die nach § 179 Abs. 2 LVwG erhobenen personenbezogenen Daten sind hinsichtlich der Verarbeitung, speziell der Speicherung, die Voraussetzungen der §§ 188 ff. LVwG zu beachten.

Absatz 4 erlaubt den Ordnungsbehörden und der Polizei, personenbezogene Daten zum Zwecke der Vorbereitung für die Hilfeleistung oder das Handeln in Gefahrfällen zu erheben. Ziel dieser Maßnahme ist, die für die Bewältigung bestimmter Gefahrenlagen benötigten Informationen verfügbar zu haben, wenn deren Eintritt zwar zu erwarten, aber in örtlicher bzw. zeitlicher Hinsicht noch nicht bestimmbar ist. Dies ist ein Fall der **Gefahrenvorsorge** und damit der abstrakten Gefahrenabwehr. Die Vorschrift regelt dabei abschließend die Adressaten, die in Frage kommenden Daten sowie die Art und Quellen der Erhebung.

Solche Anlässe sind z. B.:
- Unglücksfälle, bei denen Menschen ärztlich versorgt werden müssen oder bei denen besondere Hilfeleistungen benötigt werden;
- Störfälle in Betrieben mit drohenden Folgen für Anwohner,
- Einbrüche in besonders gesicherte Ladenlokale.

Als Beispiele für die unter Nummer 1 bis 4 genannten Adressatengruppen sind zu nennen:
- Abschleppunternehmer, Ärzte, Dolmetscher (Nummer 1),
- Mitarbeiter von Betrieben, die für die Betriebssicherheit zuständig sind oder über besondere Fertigkeiten, Kenntnisse oder Entscheidungskompetenz verfügen (Nummer 2),
- Hausmeister, Sicherheitsbeauftragte in Betrieben, Personen, deren Ladenlokal an eine Einbruchsmeldeanlage angeschlossen ist (Nummer 3),
- Organisationsleiter von Sport- oder Kulturveranstaltungen auf öffentlichen Verkehrsflächen (Nummer 4).

Die personenbezogenen Daten verantwortlicher Personen (Nummer 2–4) dürfen über den Anlass der Erhebung hinaus für die Verfolgung von Straftaten bzw. Ordnungswidrigkeiten genutzt werden, die im Zusammenhang mit dem jeweiligen Gefahrenfall begangen worden sind; so z. B., wenn bei einer Veranstaltung auf öffentlichen Straßen Auflagen des schleswig-holsteinischen Straßen- und Wegegesetzes oder des § 29 StVO nicht befolgt werden.

Auf die regelmäßige Aktualisierung dieser Datenbestände sowie auf ihre ständige Verfügbarkeit haben Ordnungsbehörden und Polizei besonders zu achten. Die Vorschrift verbietet ausdrücklich eine verdeckte Datenerhebung. Die Polizei darf zudem einen Datenabgleich nach § 195 Abs. 1 Satz 4 LVwG nur mit Zustimmung der betroffenen Person durchführen.

Mit **Absatz 5** wurde bei der Novelle des LVwG im Jahre 2021 die ausdrückliche Rechtsgrundlage geschaffen, um Notrufe und vergleichbare Anrufe aufzeichnen zu dürfen. Vergleichbare Anrufe liegen vor, wenn die Inhalte des Gesprächs vergleichbar zu denen aus Notrufen sind. Bei eingehenden

Gesprächen über die Amtsnummer soll dem Anrufer vor Aktivierung der Aufzeichnung, soweit dies möglich ist, mitgeteilt werden, dass eine Aufzeichnung erfolgt. Die Aufzeichnungen sind spätestens zwei Monate nach ihrer Erhebung zu löschen, es sei denn, die Daten werden zur Verfolgung von Straftaten oder Ordnungswidrigkeiten oder zur Abwehr von Gefahren benötigt. Die Aufzeichnung von Notrufen und vergleichbaren Anrufen ist erforderlich, da sich die Anrufer häufig in einer Ausnahmesituation befinden und die Informationen nicht immer leicht verständlich weitergeben. Durch die Aufzeichnung wird eine nachträgliche Auswertung des gesprochenen flüchtigen Wortes ermöglicht.

4. Befragung und Auskunftspflicht, polizeiliche Anhalte- und Sichtkontrollen, § 180 LVwG

§ 180 LVwG regelt zwei Mittel der offenen Datenerhebung, die Befragung in Absatz 1 mit der korrespondierenden Auskunftspflicht des Adressaten in Absatz 2 sowie in Absatz 3 die Kontrollermächtigung für polizeiliche Anhalte- und Sichtkontrollen.

Grundrechtsrelevanz der Befragung

In den meisten Fällen stellt eine Befragung zur Gefahrenabwehr lediglich einen Eingriff in das allgemeine Persönlichkeitsrecht und die allgemeine Handlungsfreiheit dar. Auch das damit verbundene kurzfristige Anhalten einer Person im Sinne der Vorschrift dürfte nur im Ausnahmefall einen Eingriff in die Freiheit der Person aus Art. 2 Abs. 2 Satz 2 GG bedeuten. Wenn sich eine Person eigenständig an die Polizei wendet und dieser Informationen mitteilt, liegt kein Grundrechtseingriff vor.

Zweck, Umfang der Befragung

Die Befragung nach **§ 180 Abs. 1** LVwG steht **Ordnungsbehörden und Polizei** gleichermaßen zu. Bei der Befragung handelt es sich um einen **Verwaltungsakt** im Sinne von § 106 Abs. 1 LVwG. Sie setzt tatbestandlich das Vorliegen einer konkreten Gefahr nicht voraus. Vielmehr genügt als Anknüpfungspunkt bereits das Vorhandensein von Anhaltspunkten, dass die Befragten Angaben machen können, die Polizei- und Ordnungsbehörden für die Aufgabe der Gefahrenabwehr gemäß § 162 LVwG benötigen:

Die handelnde Behörde muss eine **Prognoseentscheidung** treffen, die auf tatsächlichen Anhaltspunkten beruhen muss. Bei **„tatsächlichen Anhaltspunkten“** handelt es sich um einen unbestimmten Rechtsbegriff, der näher zu konkretisieren ist. Dabei darf es sich nicht nur um allgemeine Vermutungen handeln, die sich aus kumulierten Erfahrungswerten ergeben. Die Befragung bedarf eines konkreten Grundes, allgemeine Ausforschung ist nicht zulässig. Es müssen konkrete Anhaltspunkte im Einzelfall vorliegen. Dies können konkrete Hinweise von dritten Personen oder eigene Feststellungen der agierenden Behörden sein.

Die Befragung muss dem Ziel dienen, Informationen durch die Befragung zu erlangen, die für die Aufgabenerfüllung, d.h. die Gefahrenabwehr gemäß § 162 LVwG, erforderlich sind. Hierunter sind Hinweise zu verstehen, die sich eignen, das gefahrenabwehrende Ziel zu erreichen. Sie müssen also prognostisch für die Aufgabenerfüllung sachdienlich sein. Die Befragung des Adressaten ist zu beenden, wenn sich herausstellt, dass die befragte Person keine Informationen liefern kann. Sollen bei einer Befragung personenbezogene Daten erhoben werden, bedarf dies einer eigenen Rechtsgrundlage, sodass jedenfalls die Voraussetzungen der Generalklausel nach § 179 LVwG insoweit erfüllt sein müssen, d.h. dass dann mindestens eine konkrete Gefahr vorliegen muss.

Ordnungsbehörden und die Polizei haben gemäß § 180 Abs. 1 Satz 2 LVwG ergänzend das Recht, Personen für die Durchführung der Befragung anzuhalten.

Beispiel:

Wiederholt werden in einem Kleingartengelände Gartenlauben in Brand gesetzt, wobei es bisher keine Hinweise auf die Täter gibt. Die Polizei befragt am Tatort einer erneuten Brandlegung umherstehende Personen, um zu erforschen, ob diese Hinweise auf die Täter geben können. Dient die Maßnahme dem Ziel, zukünftige weitere Brandstiftungen zu verhindern, ist sie damit präventiver Natur und an § 180 LVwG zu messen.

Absatz 2 legt den **Umfang der Auskunftspflicht** bei einer Befragung fest. Der Befragte muss die erforderlichen Angaben leisten. Liegt eine konkrete Gefahr vor, umfasst die Pflicht auch die Angabe der eigenen personenbezogenen Daten (Name, Vorname, Geburtstag, Geburtsort, Wohnanschrift und Staatsangehörigkeit). Die Norm berechtigt jedoch nicht zur Identitätsfeststellung. Die befragenden Beamtinnen und Beamten müssen im Verlauf der Gesprächsführung u.U. den richtigen Zeitpunkt erkennen, wann es erforderlich wird, hinsichtlich möglicher Aussage- oder Auskunftsverweigerungsrechte zu belehren. Der Hinweis auf ein möglicherweise vorliegendes Aussage- oder Auskunftsverweigerungsrecht im Rahmen von § 136a StPO bzw. der §§ 52–55 StPO wird explizit im Gesetzestext aufgeführt. Eine längere und intensive Befragung kann durchaus Übereinstimmungen mit einer repressiven Vernehmung aufweisen bzw. in diese übergehen, im Zweifelsfall sind daher die Belehrungspflichten zu beachten. Das Verbot von Drohungen, Täuschungen oder gar Zusagen gesetzlich nicht festgelegter Vorteile gemäß § 136a StPO als unzulässige Vernehmungsmethoden gilt auch für die präventive Befragung gemäß § 180 LVwG.

Polizeiliche Anhalte- und Sichtkontrollen

Der **Absatz 3** des § 180 LVwG ermächtigt zu Anhalte- und Sichtkontrollen. Berechtigt zur Durchführung dieser Maßnahme ist nur die **Polizei.** Die Anordnungskompetenz liegt bei der Leitung des Landespolizeiamtes, des Landeskriminalamtes oder einer regionalen Polizeidirektion. Die Anordnung ist auf maximal 28 Tage zu befristen. Eine Verlängerung der Maßnahme bedarf der richterlichen Entscheidung durch das für die anordnende Behörde örtlich zuständige Amtsgericht. Die Anordnung ist im Sinne transparenten Verwaltungshandelns bekannt zu machen.

Die Kontrollen sind zulässig zur **vorbeugenden Kriminalitätsbekämpfung**. Dies ist eine Teilaufgabe der Gefahrenabwehr. So hat die Polizei im Rahmen ihrer Zuständigkeit zur Gefahrenabwehr auch Straftaten zu verhüten und Vorkehrungen für die Aufklärung künftiger Straftaten zu treffen. Konkrete Straftaten müssen daher noch nicht verübt sein. Die Maßnahme muss dem Ziel der Bekämpfung von Straftaten

> „von erheblicher Bedeutung, bei denen Schaden für Leib, Leben oder Freiheit oder gleichgewichtiger Schaden für Sach- und Vermögenswerte oder die Umwelt zu erwarten sind“

dienen. Ziel muss danach also der Schutz bedeutender Rechtsgüter sein. Die Delikte müssen mindestens dem Bereich der mittleren Kriminalität zuzurechnen sein, den Rechtsfrieden empfindlich stören und dazu geeignet sein, das Gefühl der Rechtssicherheit der Bevölkerung erheblich zu beeinträchtigen. Dies sind insbesondere Verbrechenstatbestände bzw. banden-, gewerbs- oder serienmäßig begangene Delikte. Die Eingriffsermächtigung des § 180 Abs. 3 LVwG kann z.B. als Instrument zur vorbeugenden Bekämpfung von Wohnungseinbruchsdiebstählen im Sinne des § 243 Abs. 1 Nr. 1 StGB herangezogen werden.

Tatbestandlich vorausgesetzt werden *„Tatsachen, insbesondere dokumentierte polizeiliche Lageerkenntnisse“*, wobei objektiv nachvollziehbare Fakten vorliegen müssen. Diese ergeben sich durch Auswertung der Informationen zu deliktsspezifischer Kriminalität

- durch die Regionalleitstellen,
- durch Steuerungsverantwortliche im Stabsbereich der Polizeidirektionen,

- durch spezialisierte Lageauswertung und Analyse im Landeskriminalamt,
- durch Strafanzeigen und regionale Anhaltemeldungen.

Auf diese Weise ermöglicht die Lagebilderstellung und -analyse die Identifizierung von *„Kriminalitätsschwerpunkten"*.

Bei der Maßnahme nach § 180 Abs. 3 LVwG handelt es sich als **offene Datenerhebungsmaßnahme** direkt beim Adressaten um polizeiliches Handeln mit geringer Eingriffsqualität. Adressaten werden im öffentlichen Verkehrsraum kurzfristig angehalten. Mitgeführte Fahrzeuge (einschließlich Kofferraum, Ladefläche etc.) können in Augenschein genommen werden. Eine über die Inaugenscheinnahme hinausgehende Durchsuchung des Fahrzeuges und der mitgeführten Ladung ist von § 180 Abs. 3 LVwG nicht gedeckt. Die kontrollierte Person muss die Inaugenscheinnahme lediglich ermöglichen, braucht aber weder ihre Identität preiszugeben, noch mitgeführte Ausweispapiere vorzulegen, sodass eine Identitätsfeststellung mit nachgelagertem Datenabgleich nicht zulässig ist.

Allerdings kann der Kontrollradius für Maßnahmen nach § 180 Abs. 3 LVwG deutlich größer gefasst werden als bei Identitätsfeststellungen gemäß § 181 Abs. 1 Satz 2 Nr. 1 LVwG an sogenannten „gefährlichen Orten". Es könnte sich um das Gebiet einer oder mehrerer Gemeinden handeln, wobei der *„öffentliche Verkehrsraum"* ein Bereich ist, der der Allgemeinheit wegerechtlich oder tatsächlich zum Zwecke der verkehrlichen Nutzung offensteht. Aufgrund der beschränkten Eingriffsmöglichkeiten nach § 180 Abs. 3 LVwG wird in der polizeilichen Praxis häufiger von der Identitätsfeststellung an gefährlichen Orten nach § 181 LVwG als von den Anhalte- und Sichtkontrollen Gebrauch gemacht.

Abzugrenzen ist die Maßnahme von polizeilichen **Verkehrskontrollen**, die nach **§ 36 Abs. 5 StVO** durchgeführt werden.

5. Bestandsdatenauskunft, § 180a LVwG

Die Befugnis des § 180a LVwG ermächtigt die Landespolizei zur Abfrage von Bestandsdaten bei Telekommunikationsanbietern und zur Bestands- und Nutzungsdatenabfrage bei Telemedienanbietern.

Die Regelungsmaterie der §§ 180a, 180b LVwG ist komplex, da sie auf den gesetzlichen Regelungen des Telekommunikations- und Telemedienrechts im Telekommunikationsgesetz (TKG) und dem Telekommunikation-Telemedien-Datenschutz-Gesetz (TTDSG) aufbauen. Sie berechtigen die **Polizei** gegenüber den Telekommunikationsunternehmen und Telemedienanbietern zur Auskunftsabfrage von **Bestandsdaten** und bestimmten **Nutzungsdaten**:

Die Regelungen zur Bestandsdatenauskunft wurden 2013 in das LVwG eingefügt und nach der Neuordnung des Telekommunikations- und Telemedienrechts[42] 2022 redaktionell angepasst.[43] Dabei ist § 180a LVwG die Befugnisnorm. § 180b LVwG regelt die weiteren Verfahrensanforderungen zur Durchführung der Maßnahme.

Wichtig für das Verständnis der Regelungssystematik der §§ 180a, 180b LVwG ist der Beschluss des Bundesverfassungsgerichts vom 24.01.2012 zum **Doppeltürprinzip**.[44] Danach hat das Bundesverfassungsgericht festgelegt, dass der Gesetzgeber

> „bildlich gesprochen, nicht nur die Tür zur Übermittlung von Daten öffnen [muss], sondern auch die Tür zu deren Abfrage. Erst beide Rechtsgrundlagen gemeinsam, die wie eine Doppeltür zusammenwirken müssen, berechtigen zu einem Austausch personenbezogener Daten.“

Auf diese Weise wirken die Regelungen der §§ 180a, 180b LVwG mit denen des TKG und TTDSG zusammen: Die Übermittlungsbefugnis wird in den Bundesgesetzen geregelt, die Abfragebefugnis wird durch § 180a LVwG geschaffen. Beide Normenkomplexe greifen zwar ineinander sind jedoch nicht deckungsgleich. Derzeit bleiben die polizeilichen Befugnisse zu Bestands- und Nutzungsdatenabfragen in Schleswig-Holstein teilweise hinter den Übermittlungsregelungen des Bundes zurück.

Innerhalb des § 180a LVwG berechtigen die Absätze 1 bis 3 zur Abfrage von Bestandsdaten nach dem TKG gegenüber dem Diensteanbieter, z.B. Internetanbietern wie der Telekom o.ä., Absatz 4 normiert ergänzend eine Abfragebefugnis für Bestands- und Nutzungsdaten nach dem Telemedienrecht gegenüber dem Anbieter der Telemedien, wie sozialen Netzwerken wie Facebook:

Absätze 1 bis 3 berechtigen gegenüber dem **Diensteanbieter** zur Abfrage von

- **Bestandsdaten**, also Daten eines Endnutzers, die erforderlich sind für die Begründung, inhaltliche Ausgestaltung, Änderung oder Beendigung eines Vertragsverhältnisses über Telekommunikationsdienste, § 3 Nr. 6 TKG, wie z.B. Namen und Anschrift des Anschlussinhabers, die Ruf-

42 Gesetz zur Regelung des Datenschutzes und des Schutzes der Privatsphäre in der Telekommunikation und bei Telemedien (Telekommunikations-Telemedien-Datenschutzgesetz – TTDSG), BGBl. I S. 1982; Gesetz zur Umsetzung der Richtlinie (EU) 2018/1972 des Europäischen Parlaments und des Rates vom 11.12.2018 über den europäischen Kodex für die elektronische Kommunikation und zur Modernisierung des Telekommunikationsrechts (Telekommunikationsmodernisierungsgesetz), BGBl. I. S. 1858.

43 GVOBl. Schl.-H., 2022, S. 392.

44 BVerfG, Beschluss vom 24.01.2012 – 1 BvR 1299/05 = BVerfGE 130, 151ff. Rn. 123.

nummer bzw. Anschlusskennung, die Kontoverbindung sowie um den Umfang der vertraglich zwischen dem Dienstanbieter und dem Kunden vereinbarten Leistungen,
- sowie der gemäß § 172 Abs. 1 TKG **besonders genannten Daten**, nämlich
  - Rufnummern,
  - andere vom Diensteanbieter vergebene Anschlusskennungen,
  - Namen und die Anschrift des Anschlussinhabers,
  - bei natürlichen Personen deren Geburtsdatum,
  - bei Festnetzanschlüssen die Anschrift des Anschlusses,
  - in Fällen, in denen neben einem Mobilfunkanschluss auch ein Mobilfunkendgerät überlassen wird, die Gerätenummer dieses Gerätes sowie
  - das Datum der Vergabe der Rufnummer und, soweit abweichend, das Datum des Vertragsbeginns.

Absatz 4 berechtigt gegenüber dem **Telemedienanbieter** zur Abfrage von Bestandsdaten und bestimmten **Nutzungsdaten**, insbesondere der Daten, die sich beziehen auf
- Merkmale zur Identifikation des Nutzers,
- Angaben über Beginn und Ende sowie Umfang der jeweiligen Nutzung und
- Angaben über die vom Nutzer in Anspruch genommenen Telemedien.

Grundrechtsrelevanz

Der Zugriff auf die Bestandsdaten berührt das **Recht auf informationelle Selbstbestimmung** und erfolgt, wenn auch nicht verdeckt, so doch nicht beim Betroffenen, sondern über die Diensteanbieter, also Dritte. Daher bedarf es für den Eingriff einer erhöhten Rechtfertigung. Dem wird Rechnung getragen, indem tatbestandlich mindestens das Vorliegen einer **konkreten Gefahr** erforderlich ist.

Soweit darüber hinaus gemäß § 180a LVwG auch dynamische IP-Adressen abgefragt und zugeordnet werden sollen, liegt zudem nach der Rechtsprechung des Bundesverfassungsgerichts auch ein Eingriff in das **Fernmeldegeheimnis** aus Art. 10 Abs. 1 GG vor.[45] Bei „dynamischen IP-Adressen" handelt es sich um die Anschlusskennung, die einem Gerät bzw. dessen Schnittstelle zur Teilnahme am Internet zugewiesen wird. Aufgrund der Nummernknappheit erhalten private Anschlussinhaber in der Regel bei jeder Verbindungsaufnahme eine neue IP-Adresse. Solche dynamischen IP-Adressen werden zu unterschiedlichen Zeitpunkten mehrfach an ver-

45 BVerfG, Beschluss vom 24.01.2012 – 1 BvR 1299/05 = BVerfGE 130, 151.

schiedene Nutzer vergeben. Soweit die Telekommunikationsunternehmen also hierüber Auskunft geben müssen, sind sie zunächst gezwungen, auf die von ihnen gespeicherten Verkehrsdaten zuzugreifen und diese auszuwerten, um die Zuordnung der dynamischen IP-Adresse zu einem konkreten Nutzer zu ermöglichen. Da diese Daten jedoch dem Schutz des Fernmeldegeheimnisses unterliegen, ist der staatliche Zugriff an Art. 10 Abs. 1 GG zu messen. Daher bezieht sich § 227 LVwG zur Einschränkung von Grundrechten auch auf § 180a LVwG.

Nach **Absatz 1 Satz 1** darf die **Polizei** vom Dienstanbieter Auskunft über **Bestandsdaten** gemäß § 3 Nr. 6 TKG und über nach § 172 TKG erhobene Daten verlangen (§ 174 TKG), soweit dies zur Abwehr einer **konkreten Gefahr** erforderlich ist. Insofern scheidet eine Anwendung dieser Befugnis im Gefahrenvorfeld aus. Die Annahme einer konkreten Gefahr erfordert jedoch weder eine besondere zeitliche Nähe des drohenden Schadenseintritts noch muss sich die konkrete Kausalität für das erwartete Schadensereignis in allen Einzelheiten abzeichnen. Damit entspricht auch eine Dauergefahr den geforderten Voraussetzungen. Für das Verfahren zur Durchführung der Abfrage verweist **Absatz 1 Satz 2** auf die Regelungen des § 174 Abs. 2 TKG. Danach ist das Auskunftsersuchen insbesondere unter Nennung der gesetzlichen Bestimmung und grundsätzlich schriftlich oder elektronisch zu stellen, wobei die Verantwortung für die Zulässigkeit der Auskunft bei der ersuchenden Stelle liegt.

Absatz 2 Satz 1 Nummer 1 und 2 stellen erhöhte Anforderungen an die Maßnahme, wenn sich das Auskunftsverlangen der Polizei auf Daten bezieht, die notwendige Kennwörter für den angestrebten Zugriff auf ein Endgerät oder anderes Speichermedium beinhalten. Dann ist die Abfrage gegenüber den Telekommunikationsdiensteanbietern nur zulässig, wenn entweder zugleich die von § 185a LVwG geforderten Voraussetzungen für eine verdeckte Telekommunikationsüberwachung vorliegen oder aber eine Sicherstellung von nicht dem Schutz des Telekommunikationsgeheimnisses unterliegenden Daten auf Grundlage des § 210 LVwG zulässig ist.

Nach **Absatz 2 Satz 2 und 3** dürfen auch die zu einem bestimmten Zeitpunkt zugewiesenen **Internetprotokoll-Adressen**, dynamische IP-Adressen bzw. fest zugewiesene IP-Adressen, abgefragt werden, sofern dies zur Abwehr einer **konkreten, erheblichen Gefahr** für Leib, Leben oder Freiheit einer Person sowie zur Abwehr einer **gegenwärtigen Gefahr** eines gleichgewichtigen Schadens für Sach- oder Vermögenswerte oder für die Umwelt erforderlich ist. Bei dynamischen IP-Adressen dürfen Verkehrsdaten auch automatisiert ausgewertet werden. Das Verfahren einschließlich des Anordnungsprozederes regelt § 180a Absatz 1 LVwG, der dazu auf die Regelungen des § 186 LVwG verweist.

In **Absatz 3** ist festgelegt, dass das vom Auskunftsersuchen der Polizei gemäß Absatz 1 oder Absatz 2 betroffene Telekommunikationsunternehmen die geforderten Daten unverzüglich, also ohne schuldhaftes Zögern, und vollständig übermitteln muss. Das jeweilige Telekommunikationsunternehmen kann für die Übermittlung der Daten an die Polizei eine Entschädigung nach Maßgabe des § 23 Justizvergütungs- und -entschädigungsgesetzes (JVEG) verlangen.

Absatz 4 erweitert den Auskunftsanspruch der Polizei auf **Anbieter von Telemedien** im Sinne des TTDSG. Dies können z.B. soziale Netzwerke oder Onlinedienste sein. Das TTDSG regelt die Nutzung von Telekommunikationsdiensten und Telemedien und schafft nach dem Doppeltürprinzip die erforderlichen Regelungen zur Datenweitergabe für die Erteilung von Auskünften über Bestands- und Nutzungsdaten durch Anbieter von Telemedien.

Die Befugnis in **Absatz 4 Satz 1** gestattet es der Polizei, Bestands- und Nutzungsdaten bei Anbietern von Telemedien zu erheben und zwar grundsätzlich in dem Umfang, in dem Daten im Bereich des Telekommunikationsrechts erhoben werden können, mithin also die Abfrage allgemeiner Bestandsdaten, die Erhebung von Zugangssicherungsdaten und die Auskunft bei dynamischen IP-Adressen. Grundsätzlich setzt die Datenerhebung voraus, dass die Datenerhebung entweder zur Abwehr einer **konkreten, erheblichen Gefahr** für Leib, Leben oder Freiheit einer Person oder zur Abwehr einer **gegenwärtigen Gefahr** eines gleichgewichtigen Schadens für Sach- oder Vermögenswerte oder für die Umwelt erforderlich ist. Ist dieses Auskunftsverlangen nun aber auf als Bestandsdaten erhobene Passwörter oder andere Zugriffssicherungsdaten von Endgeräten oder Speichereinrichtungen im Sinne des § 23 Abs. 1 Satz 1 TTDSG gerichtet, sieht **Satz 2** vor, dass dies nur zur Abwehr einer **konkreten, erheblichen Gefahr** für Leib, Leben oder Freiheit einer Person zulässig ist. Dies trägt den Regelungen der §§ 22 Abs. 1 Satz 2, 23 TTDSG Rechnung, die an derartige Datenübermittlungen ebenfalls erhöhte Anforderungen stellen. Für die Abfrage nach Absatz 4 finden gemäß **Satz 3** die **Verfahrensvorschriften** der §§ 22 Abs. 2, 24 Abs. 2 TTDSG Anwendung. Das Verfahren ist im Wesentlichen inhaltsgleich zu dem Verfahren nach Absatz 1 Satz 2 zu den Regelungen des TKG. Die Notwendigkeit eines polizeilichen Auskunftsersuchens an einen Telemediendienst kann sich in der Praxis bspw. dann ergeben, wenn Suizide oder Straftaten auf sozialen Netzwerken angekündigt werden und zur Abwehr dieser Gefahren eingeschritten werden soll.

Beispiele:

Über Facebook ruft eine unbekannte Person dazu auf, aus Anlass eines Fußballspieles die gegnerischen Fans mit Gewalt am Betreten des Stadions zu hindern.

Eine unbekannte Person kündigt über Facebook an, dass sie sich das Leben nehmen werde. Zur Abwehr der jeweiligen Gefahr für Leib und Leben kann die Polizei nach § 180a Abs. 4 LVwG Abfragen durchführen, um die unbekannte Person zu ermitteln.

6. Verfahren zur Bestandsdatenauskunft, § 180b LVwG

In dieser Norm werden die Anordnungskompetenz und weitere Verfahrensvorschriften zur Bestandsdatenauskunft nach § 180a Abs. 2 LVwG festgelegt.

Zur Regelung der Anordnungsvoraussetzungen für die Polizei und der Benachrichtigungsrechte für den Betroffenen verweist § 180b LVwG weitgehend auf § 186 LVwG, der entsprechende Regelungen für die verdeckten Datenerhebungsmaßnahmen der §§ 185 ff. LVwG aufstellt.

Absatz 1 regelt das **Anordnungsprozedere.** Er stellt sicher, dass die Abfrage von Zugangssicherungscodes grundsätzlich einer **richterlichen Entscheidung** bedarf. Hier ist das Amtsgericht zuständig, in dessen Bezirk das Landespolizeiamt oder Landeskriminalamt seinen oder die Polizeidirektion ihren Sitz hat. Für das Verfahren findet das Gesetz über das Verfahren in Familiensachen und in den Angelegenheiten der freiwilligen Gerichtsbarkeit entsprechende Anwendung. Die betroffene Person muss nicht durch das Gericht angehört werden. Bei Gefahr im Verzug kann die Polizei die Anordnung treffen. Die Anordnung erfolgt durch die Leiterin oder den Leiter des Landespolizeiamtes, des Landeskriminalamtes, einer Polizeidirektion oder durch von ihr oder ihm besonders beauftragte Personen des Polizeivollzugsdienstes. Die richterliche Bestätigung der polizeilichen Anordnung ist unverzüglich nachzuholen. Einer gerichtlichen Anordnung für eine Bestandsdatenauskunft bedarf es nicht, wenn dies ein Gericht bereits gestattet hat. Dies ist dann auf jeden Fall zu dokumentieren.

Zu benachrichtigen und auf die Möglichkeit nachträglichen Rechtsschutzes hinzuweisen sind nur die Betroffenen von Bestandsdatenauskünften nach § 180a Abs. 2 LVwG. Eine **Benachrichtigung** hat zu erfolgen, soweit und sobald der Zweck der Auskunft nicht vereitelt wird. Eine solche Benachrichtigung unterbleibt, wenn ihr überwiegende schutzwürdige Belange Dritter oder der betroffenen Person selbst entgegenstehen. Wird die Benachrichtigung zurückgestellt oder von ihr abgesehen, gilt § 186 Abs. 7 Satz 5 bis 9 LVwG entsprechend. Hiernach bedarf es einer richterlichen Bestätigung, wenn die Benachrichtigung nicht binnen sechs Monaten nach Beendigung der Maßnahme erfolgt ist und eine weitere Zurückstellung der Benachrichtigung angestrebt wird. Über die Zustimmung einschließlich der Dauer weiterer Zurückstellung entscheidet das Amtsgericht, das für die Anordnung der Maßnahme zuständig war. Bedurfte die Maßnahme nicht der richterlichen Anordnung, ist für die Zustimmung das Amtsgericht, in dessen Bezirk das anordnende Landespolizeiamt, Landeskriminalamt oder die anordnende Polizeidirektion ihren Sitz hat, zuständig. Ist die Benachrichtigung um insgesamt 18 Monate zurückgestellt worden, entscheidet über jede weitere Zurückstellung und deren Dauer das Landgericht, in dessen Bezirk das Amtsgericht seinen Sitz hat. Ist die Benachrichtigung für insgesamt fünf Jahre zurückgestellt worden und ergibt sich, dass die Voraussetzungen für eine Benachrichtigung mit an Sicherheit grenzender Wahrscheinlichkeit auch in Zukunft nicht eintreten werden, kann mit Zustimmung des mit der Sache bereits befassten Landgerichts von einer Benachrichtigung endgültig abgesehen werden.

Gleiches gilt gemäß **Absatz 2** auch für Bestandsdatenauskünfte nach § 180a Abs. 4 LVwG in Verbindung mit dem Telekommunikations-Telemedien-Datenschutz-Gesetz, §§ 21 f. TTDSG.

7. Identitätsfeststellung, § 181 LVwG

Die Identitätsfeststellung ist eine der häufigsten Standardmaßnahmen. Sie ermächtigt als offene Datenerhebungsmaßnahme zur Erhebung von Daten zur Identitätsfeststellung bei der betroffenen Person. Zugleich enthält § 181 LVwG weitere Verbundbefugnisse zur Durchsetzung der Identitätsfeststellung, wie das Anhalten der Person, die Verbringung zur Dienststelle (Sistierung) und das Festhalten zur Identitätsfeststellung. Außerdem können die Person und die von ihr mitgeführten Sachen zur Identitätsfeststellung durchsucht werden.

Berechtigt zur Identitätsfeststellung sind bei Vorliegen einer konkreten Gefahr sowohl Ordnungsbehörden als auch Polizei. Die Identitätsfeststellung darf auch im Vorfeld einer Gefahr erfolgen, dann jedoch nur durch die Vollzugspolizei. Hier ist insbesondere die Befugnis zur Identitätsfeststellung an gefährlichen Orten zu beachten, die der Vollzugspolizei die Durchführung von Razzien ermöglicht (Identitätsfeststellung einer größeren Personenzahl, die sich an einem bestimmten Ort aufhält).

Grundrechtsrelevanz

Zur Feststellung der Grundrechtsrelevanz der Befugnisse nach § 181 LVwG ist nach den Einzelbefugnissen, die § 181 LVwG schafft, zu differenzieren:

§ 181 LVwG ermächtigt zur **Identitätsfeststellung**. Als **offene Datenerhebungsmaßnahme bei der betroffenen Person** umfasst dies insbesondere, dass die betroffene Person Angaben zur Feststellung ihrer Identität macht sowie mitgeführte Ausweispapiere zur Prüfung aushändigt. Die Identitätsfeststellung oder auch Personalienfeststellung beim Adressaten beinhaltet grundsätzlich einen Eingriff in das Grundrecht auf **informationelle Selbstbestimmung** als Bestandteil des allgemeinen Persönlichkeitsrechtes gemäß Art. 2 Abs. 1 GG i. V. m. Art. 1 Abs. 1 GG. Generell handelt es sich um eine Maßnahme der offenen Datenerhebung mit geringer Eingriffsintensität beim Betroffenen. Da die Identitätsfeststellung z. B. durch Aufforderung der Vorlage des Personalausweises durch die jeweilige Behörde im öffentlichen Raum erfolgen kann, kann diese eine gewisse stigmatisierende Wirkung des betroffenen gegenüber anwesenden Passanten zur Folge haben. § 181 Abs. 2 LVwG stellt klar, dass das Instrument der Identitätsfeststellung nicht zur Diskriminierung insbesondere wegen der Abstammung, Rasse und Herkunft bestimmter Gruppen herangezogen werden darf und ist damit Ausfluss von **Art. 3 Abs. 3 GG**. Danach ist die Auswahl der von der Identitätsfeststellung betroffenen Person anhand gruppenbezogener Merkmale im Sinne des Art. 3 Abs. 3 GG ohne sachlichen, durch den Zweck der Identitätsfeststellung gerechtfertigten Grund unzulässig. Auf diese Weise soll dem sogenannten **Racial Profiling** vorgebeugt werden.

Zur Gewährleistung und Durchführung der Identitätsfeststellung normiert § 181 LVwG darüber hinaus verschiedene **Annexbefugnisse**. Die Eingriffsintensität steigt durch die Verbindung mit den notwendigen Verbundmaßnahmen zur Durchführung der Identitätsfeststellung (z. B. dem Anhalten der Person, dem Verbringen zur Dienststelle, der Durchsuchung zur Identitätsfeststellung). Häufig schließen sich an die Identitätsfeststellung weitere Maßnahmen zum Datenabgleich mit behördlichen Datenbanken, der Datenübermittlung an andere Behörden und Datenspeicherung in Fahndungsdateien etc. an. Diese sind nicht von § 181 LVwG umfasst und bedürfen jeweils einer eigenen Rechtsgrundlage, z. B. § 195 LVwG.

§ 181 LVwG ermächtigt dazu, die betroffene Person zur Identitätsfeststellung **anzuhalten**, die Person **zur Dienststelle zu verbringen** und sie solange **festzuhalten**, wie es für die Identitätsfeststellung erforderlich ist, maximal begrenzt auf 12 Stunden.

Beim **Anhalten** der zu kontrollierenden Person wird in das Recht auf **allgemeine Handlungsfreiheit** aus Art. 2 Abs. 1 GG eingegriffen. Da das Anhalten noch nicht mit unmittelbarem Zwang verbunden ist, wird die Fortbewegungsfreiheit der Person noch nicht betroffen, sodass das Recht auf Freiheit der Person gemäß Art. 2 Abs. 2 Satz 2 GG nicht berührt wird.

Das **Verbringen zur Dienststelle** und das **Festhalten** der zu kontrollierenden Person greifen in das Recht auf **Freiheit der Person** gemäß Art. 2 Abs. 2 Satz 2 GG ein. Das Grundrecht auf Freiheit der Person beschreibt die körperliche Fortbewegungsfreiheit, also die Freiheit, einen Ort aufzusuchen, sich dort aufzuhalten oder ihn zu verlassen. Dieses Grundrecht ist abzugrenzen zum Grundrecht auf Freizügigkeit aus Art. 11 GG, das im gesamten Bundesgebiet (dauerhafteren) Aufenthalt und freie Wohnsitznahme garantiert.

Im Hinblick auf das Recht auf Freiheit der Person ist aufgrund der Vorgaben des Art. 104 Abs. 1 und Abs. 2 GG näher zwischen Freiheitsbeschränkung und Freiheitsentziehung zu differenzieren (siehe hierzu auch die Ausführungen zur Gewahrsamnahme gemäß § 204 LVwG). Eine gesetzlich definierte Abgrenzung zwischen Freiheitsbeschränkung und -entziehung besteht nicht, sondern ist aus der Rechtsprechung entwickelt worden. Das Bundesverfassungsgericht orientiert sich bei der Abgrenzung von Freiheitsentziehung und Freiheitsbeschränkung an der Eingriffsintensität und der (nicht nur kurzfristigen) Dauer der Maßnahme.[46] Die Freiheitsentziehung ist die intensivste Form der Freiheitsbeschränkung.

Eine **Freiheitsbeschränkung** liegt vor, wenn jemand durch die öffentliche Gewalt gegen seinen Willen daran gehindert wird, einen Ort aufzusuchen oder sich dort aufzuhalten, der ihm an sich zugänglich ist. Die Freiheitsbeschränkung kann gemäß Art. 104 Abs. 1 GG aufgrund eines förmlichen Gesetzes eine zulässige Beschränkung des Rechts auf Freiheit der Person aus Art. 2 Abs. 2 Satz 2 GG sein. Kennzeichnend für eine freiheitsbeschränkende Maßnahme in Abgrenzung zur Freiheitsentziehung ist die nur **kurzfristige Behinderung der Fortbewegungsfreiheit**. Adressat einer Freiheitsbeschränkung kann jede natürliche Person sein. Juristische Personen und Personenvereinigungen sind nicht Träger des Grundrechts auf Freiheit der Person. Dementsprechend ist das **kurzfristige Festhalten** der Person zur Identitätsfeststellung (z.B. um im Rahmen des § 181 LVwG eine Durchsuchung zu ermöglichen) eine Freiheitsbeschränkung und keine Freiheitsentziehung.

Eine **Freiheitsentziehung** liegt demgegenüber vor, wenn die tatsächlich und rechtlich an sich gegebene körperliche Bewegungsfreiheit **nach jeder**

46 BVerfGE 105, 239, 247; 149, 293, 319.

Richtung aufgehoben wird.[47] Die Entscheidung über Zulässigkeit und Fortdauer einer Freiheitsentziehung ist gemäß Art. 104 Abs. 2 GG dem Richter vorbehalten. Eine Freiheitsentziehung liegt vor, wenn z.B. im Falle einer Gewahrsamnahme eine Person in einem Gewahrsamsraum einer Polizeidienststelle festgehalten wird. Die Aufhebung der Fortbewegungsfreiheit ergibt sich hier aus der Ausübung von unmittelbarem Zwang oder der Unterbringung in einem verschlossenen Raum. Das **zwangsweise** Festhalten zur Verbringung und die anschließende **Verbringung zur Dienststelle** führen demnach zu einer Freiheitsentziehung, da der Betroffene hier über einen längeren Zeitraum daran gehindert wird, sich frei zu bewegen.

Außerdem schafft § 181 LVwG die Befugnis, die Person sowie die von ihr mitgeführten Sachen zur Identitätsfeststellung zu durchsuchen. Beim **Durchsuchen** der Person mit der Zielrichtung der Identitätsfeststellung wird in das **allgemeine Persönlichkeitsrecht** gemäß Art. 2 Abs. 1 GG i.V.m. Art. 1 Abs. 1 GG eingegriffen.

Zweck

Ziel des § 181 LVwG ist die Feststellung der Identität des Gegenübers im Wege der offenen Datenerhebung zur Gefahrenabwehr. Sie ist Lex specialis zur allgemeinen Befugnis der Befragung und Auskunftspflicht aus § 180 Abs. 1 LVwG und geht ihr vor. Die Identitätsfeststellung kann dazu dienen, festzustellen, wer die Person ist oder ob die Person mit einer bestimmten, z.B. gesuchten Person übereinstimmt. Durch die Aufhebung der Anonymität wird so ermöglicht, weitere Maßnahmen der Gefahrenabwehr durchzuführen. Die Identitätsfeststellung dient dabei in der Regel festzustellen, wer **Störer gemäß §§ 217 ff. LVwG** ist, um diesem gegenüber weitere Folgemaßnahmen durchführen zu können. Sie kann auch dazu dienen, festzustellen, ob die Person Störer ist und insoweit polizeilich gesucht wird, z.B. mittels Datenabgleich nach § 195 LVwG. Die Identifizierung mit der Folgewirkung, dass die Person nun den Polizei- und Ordnungsbehörden „bekannt" ist, kann auch insgesamt der **vorbeugenden Kriminalitätsbekämpfung** dienen, da die Bekanntheit der Personalien eine erleichterte Strafverfolgung ermöglicht und dies abschreckend wirken kann.

Grenzen

Die Identitätsfeststellung erfolgt durch die offene Erhebung der erforderlichen Identifikationsdaten bei der betroffenen Person. Die Mitwirkung Dritter zur Identitätsfeststellung ist damit nach § 181 LVwG nicht vorgesehen, kann allerdings im Einzelfall zulässig sein, wenn auf diese Weise ein

47 BVerfG, Beschluss vom 08.03.2011 – 1BvR 47/05.

tieferer Grundrechtseingriff, wie die Verbringung der betroffenen Person zur Dienststelle, vermieden werden kann. Dem entspricht auch die in § 181 Abs. 6 LVwG ausdrücklich beschriebene Anforderung an die Verhältnismäßigkeit der zu treffenden Maßnahme. Ein Datenabgleich der festgestellten Personalien ist nicht von § 181 LVwG umfasst. Dieser ist nur unter den weiteren Voraussetzungen der §§ 195, 195a LVwG zulässig.

Berechtigung

Zur **Identitätsfeststellung** zur **Abwehr einer konkreten Gefahr** sind **Ordnungsbehörden und Polizei** gleichermaßen berechtigt, § 181 Abs. 1 Satz 1 LVwG. Gleiches gilt bei Vorliegen einer konkreten Gefahr für die Anhalte- und Festhaltebefugnisse nach Absatz 4 Satz 1 und 2. Im Übrigen ist die Identitätsfeststellung im **Vorfeld**, ohne das Vorliegen einer konkreten Gefahr, der **Vollzugspolizei** vorbehalten. Gleiches gilt für die Anhalte- und Festhaltebefugnisse zur Durchsetzung dieser Maßnahme. Darüber hinaus ist exklusiv nur die Polizei berechtigt, die Person zur Dienststelle zu **verbringen** (Absatz 4 Satz 2) und sie sowie die von ihr mitgeführten Sachen zu **durchsuchen** (Absatz 4 Satz 4).

Struktur des § 181 Abs. 1 LVwG

Die **Identitätsfeststellung** ist gemäß **Absatz 1 Satz 1** zulässige Maßnahme zur **Abwehr einer konkreten Gefahr.** Dies kann bspw. erforderlich sein, um die Personalien einer Person festzustellen, die fahrlässig eine nicht strafbare Sachbeschädigung begangen hat, zur Sicherung der privatrechtlichen Ansprüche des Eigentümers, damit dieser den Schädiger zivilrechtlich gem. § 823 Abs. 1 BGB in Anspruch nehmen kann. Die Maßnahme steht **Polizei- und Ordnungsbehörden** zu.

Nach **Absatz 1 Satz 2** kann darüber hinaus die **Vollzugspolizei** an sogenannten

- **gefährlichen Orten** oder an
- **gefährdeten Objekten** sowie
- **polizeilichen Kontrollstellen** und
- **Straßenrouten von erheblicher Bedeutung für die grenzüberschreitende Kriminalität**

Identitätsfeststellungen zur **vorbeugenden Kriminalitätsbekämpfung** durchführen. Hier muss **keine konkrete Gefahr** vorliegen. Es genügt eine **allgemeine ortsbezogene Gefahrenlage**. Es greift die sogenannte **Ortshaftung.** Die Anordnung steht nach dem Wortlaut des § 181 LVwG grundsätzlich jeder Polizeivollzugsbeamtin bzw. jedem Polizeivollzugsbeamten zu. Ein Behördenleitervorbehalt besteht nicht. In der **polizeilichen Praxis** werden die „gefährlichen Orte“ jedoch von **vorgesetzten Stellen** innerhalb der Polizeibehörden aus Gründen eines einheitlichen Maßstabes nach den vorliegenden Lageerkenntnissen bestimmt. Dabei erfolgt die Festlegung in der Regel in **Schriftform** und ggf. unter Beifügung von **Kartenmaterial**, um die örtlichen Konturen geografisch zu erfassen und eng zu umgrenzen.

§ 181 Abs. 1 Satz 1 LVwG ermächtigt zur Identitätsfeststellung, wenn dies zur **Abwehr einer konkreten Gefahr im Einzelfall** erforderlich ist. Auch soweit das Vorliegen einer konkreten Gefahr erforderlich ist, dient die Maßnahme der Identitätsfeststellung in der Regel nicht der Gefahrbeseitigung selbst, sondern ist eine **Gefahrerforschungsmaßnahme** zur näheren Sachverhaltsaufklärung, z.B. zur Abwehr einer konkreten Gefahr für Leib und Leben bei der Suche nach einer vermissten Person. Berechtigt sind Ordnungsbehörde und Polizei. Auch der Ordnungsbehörde die Eingriffsermächtigung der Identitätsfeststellung zuzuweisen, ist sinnvoll, damit diese Behörde ihre originären Aufgaben ohne polizeiliche Unterstützung erfüllen kann, bspw. bei der Durchführung von Identitätsfeststellungen im Rahmen einer Jugendschutzkontrolle bei Alkoholkonsum in einer Diskothek.

§ 181 Abs. 1 Satz 2 LVwG normiert eine **Ortshaftung**. Hier kann die Identitätsfeststellung auch ohne das Vorliegen einer konkreten Gefahr erfolgen. Ausreichend ist, dass **ein konkreter, ortsbezogener Gefahrenverdacht** vorliegt. Diese **Ortshaftung** berechtigt die Vollzugspolizei zur Identitätsfeststellung unabhängig von einer konkreten Störereigenschaft der betroffenen Person und kann dementsprechend auch gegenüber dem Nicht-Störer ergehen. Ausreichend ist, dass sich die Person an einem Ort im Sinne des Absatz 1 Satz 2 aufhält. „Aufhalten" setzt eine gewisse Verweildauer an dem betroffenen Ort voraus. Ein zügiges Passieren genügt dafür in der Regel nicht. Durch die Ortshaftung wird die Polizei insbesondere zur Durchführung von Razzien berechtigt. Eine **Razzia** ist die planmäßig vorbereitete, überraschende Durchführung von Identitätsfeststellungen zur Überprüfung eines unbestimmten Personenkreises innerhalb einer abgesperrten Örtlichkeit.[48] Diese geht in der Regel mit Durchsuchungen zur Identitätsfeststellung einher. Ist der Gefahrenverdacht unbegründet, sind weitere Maßnahmen unzulässig.

Absatz 1 Satz 2 Nummer 1 – Gefährliche Orte

Gefährliche Orte sind solche, an welchen aufgrund von Tatsachen zu vermuten ist, dass dort **Straftaten** verabredet, vorbereitet oder verübt werden sollen oder sich dort gesuchte Straftäter verbergen.

Orte im Sinne dieser Bestimmung sind öffentlich zugängliche Orte wie Bahnhöfe, Parkanlagen, bestimmte Straßen und Plätze, Passagen und Parkplätze.

48 Vgl. dazu die polizeiliche Dienstvorschrift PDV 100 VS-NfD – Führung und Einsatz der Polizei.

Die **Gefährlichkeit** des Ortes muss sich aus **Tatsachen** ergeben, die der Vollzugspolizei vorliegen. Bloße Vermutungen oder anonyme Hinweise reichen dafür nicht aus. Tatsachen sind z.B. eigene aktuelle Feststellungen vor Ort sowie Erkenntnisse aus früheren Einsätzen sowie Hinweise Dritter, wie Ordnungsbehörden oder Anwohnern. Damit kommt es bei der Beurteilung, ob die Voraussetzungen vorliegen, insbesondere auf das Kriminalitätslagebild, auf glaubhafte Hinweise Dritter sowie auf Feststellungen durch Polizeikräfte oder Vertrauenspersonen an. Die erforderlichen Tatsachen müssen sich sowohl auf den Ort als auch auf den Zeitpunkt der Überprüfung beziehen. Es genügt, wenn sich die Tatsachen allgemein auf Straftaten und damit auf bestimmte **Deliktstypen** beziehen. Konkrete Hinweise auf Einzeldelikte sind nicht erforderlich. Die Maßnahme ist auch nicht an eine bestimmte Schwere der Delikte, wie z.B. Straftaten von erheblicher Bedeutung, geknüpft. Allerdings ist insoweit der allgemeine Verhältnismäßigkeitsgrundsatz, wie er klarstellend in Absatz 5 wiederholt wird, zu beachten. Danach muss sich der Gefahrverdacht jedenfalls auf nicht ganz unbedeutende Delikte beziehen. In der Vergangenheit wurden beispielsweise die Hauptbahnhöfe in Kiel und Lübeck, der Stadtteil Gaarden in Kiel oder der Rencks Park in Neumünster als sog. gefährliche Orte ausgewiesen. In diesen aufgeführten eng umgrenzten örtlichen Bereichen hatte die Polizei eine signifikante Häufung von Betäubungsmitteldelikten, Körperverletzungsdelikten und weiteren Straftaten festgestellt und dokumentiert. Gemäß den Ausführungen in der Landtagsdrucksache führte die

> „erhöhte Kontrolldichte zu einem deutlichen Rückgang der Straftaten [...], insbesondere konnte die auffällige Inanspruchnahme des öffentlichen Raumes durch einzelne kriminelle Jugendgruppen beseitigt werden.“[49]

Absatz 1 Satz 2 Nummer 2 – Gefährdete Orte und Objekte

Zielrichtung der Maßnahme nach Nummer 2 ist der Schutz bestimmter Infrastruktureinrichtungen bzw. staatlicher Einrichtungen vor insbesondere terroristischen Anschlägen. Die Maßnahme dient dem Schutz folgender abschließend aufgezählter Objekte, die für das öffentliche Leben eine besondere Bedeutung haben:

- Verkehrsanlagen und -einrichtungen (Bahnhöfe, Flughäfen, Busbahnhöfe u.a.)
- Versorgungsanlagen und -einrichtungen (Kraftwerke, Elektrizitätswerke, Wasserwerke u.a.)

49 LT Schl.-H. DruckS. 19/1081 vom 14.12.2018 – Kleine Anfrage „Gefährliche Orte in Schleswig-Holstein“ S. 3.

- Öffentliche Verkehrsmittel (Züge, Busse, Flugzeuge ...)
- Amtsgebäude (Gerichte, Ministerien, Polizeidienststellen)

Die Befugnis zur Identitätsfeststellung für die Polizei ergibt sich in diesem Fall der **Ortshaftung** aus der **Bedeutung des Objektes für das öffentliche Leben** in Verbindung mit dem Vorliegen von **Tatsachen**, die dafür sprechen, dass in oder an diesem Objekt Straftaten begangen werden sollen, durch die Personen oder diese Objekte gefährdet sind. Neben der **abstrakten Gefahr** für das Objekt als solches, bedarf es also **zusätzlich konkreter Tatsachen**, die auf eine konkrete Gefährdung des Objekts oder von Personen hindeuten, z. B. das Vorliegen einer aktuellen terroristischen Bedrohungslage und Hinweise auf Anschläge auf bestimmte Objekte in einem bestimmten örtlichen Umkreis. Dabei muss der Radius der Ortshaftung im Hinblick auf den Objektbezug eng gefasst sein.

Absatz 1 Satz 2 Nummer 3 – Gefährdete Objekte mit angeordneten Schutzmaßnahmen

Durch Absatz 1 Satz 2 Nummer 3 wird die Ortshaftung auch auf solche Objekte erweitert, die nicht bereits in Nummer 2 benannt sind. Anknüpfungspunkt der Ortshaftung ist hier, dass die Polizei für das Objekt **Schutzmaßnahmen** im Sinne der polizeilichen Dienstvorschrift 129 (**PDV 129 VS-NfD-Personen- und Objektschutz**) angeordnet hat. Liegt eine aktuelle Gefahrenlage für ein bestimmtes Objekt vor, z. B. Drohungen gegen ein Veranstaltungszentrum, das nicht bereits nach Nummer 2 als gefährdeter Ort geschützt ist, kann die Polizei durch Anordnung besonderer Schutzmaßnahmen eine Ortshaftung auch für dieses Objekt erreichen.

Absatz 1 Satz 2 Nummer 4 – Kontrollstellen

Gemäß Absatz 1 Satz 2 Nummer 4 kann die Polizei die Identität einer Person feststellen, die an einer **Kontrollstelle**, die von der Polizei zur **Verhütung von schweren Straftaten** eingerichtet wurde, angehalten wird. Eine konkrete Gefahr ist nicht gefordert. Erforderlich ist jedoch, dass die Kontrollstelle eingerichtet ist, um die zukünftige Begehung von folgenden schweren Straftaten zu verhüten und dass Tatsachen vorliegen, die für deren Begehung sprechen:

- Straftaten, die in § 129a StGB aufgeführt sind, u. a. folgende Straftaten nach dem StGB:
  - Mord (§ 211 StGB), Totschlag (§ 212 StGB),
  - Erpresserischer Menschenraub (§ 239a StGB), Geiselnahme (§ 239b StGB),
  - Schwere Körperverletzung (§ 226 StGB),
  - Computersabotage (§ 303b StGB),

- Zerstörung von Bauwerken (§ 305 StGB) und wichtigen Arbeitsmitteln 305a (StGB)
- Brandstiftungsdelikte (§§ 306 ff. StGB)
- Explosions- und Strahlungsdelikte (§§ 307 ff. StGB)
- Verkehrsdelikte (§§ 315 ff. StGB)
- Umweltdelikte durch Freisetzen von Giften nach § 330a (StGB)

- Schwerer Raub (§ 250 Abs. 1 Nr. 1 StGB)
- Schwere räuberische Erpressung (§§ 253, 255 StGB i.V.m. § 250 Abs. 1 Nr. 1 oder 2 StGB).

Die durch die Polizei eingerichtete Kontrollstelle muss sich auf die **präventive Verhütung der Straftaten** und nicht auf die **repressive Strafverfolgung** beziehen. Daher muss bei der Maßnahme konturenscharf zwischen Maßnahmen der Strafverfolgung nach § 111 StPO und der Gefahrenabwehr unterschieden werden. Gleiches gilt für die allgemeine Verkehrskontrolle gemäß § 36 Abs. 5 StVO.

Erforderlich sind nach Nummer 4 außerdem **Tatsachen**, die für die **zukünftige Begehung** der benannten Straftaten sprechen. Auch hier gelten die gleichen Anforderungen an die Substanz der Tatsachen wie in den Nummern 1 bis 3.

Absatz 1 Satz 2 Nummer 5 – Bekämpfung der grenzüberschreitenden Kriminalität und von Straftaten von erheblicher Bedeutung

Durch den mit der LVwG-Reform 2021 eingeführten Absatz 1 Satz 2 Nummer 5 kann die Polizei nun auch im Rahmen mobiler Fahndungsmaßnahmen und auch außerhalb von Kontrollstellen sowie gefährlichen und gefährdeten Orten nach Nummer 1 bis 4 polizeiliche Lageerkenntnisse zur grenzüberschreitenden Kriminalität über sich wandelnde Tatschwerpunkte, Tatwege und Täterstrukturen durch die Durchführung von örtlich begrenzten Identitätsfeststellungen erheben.[50] Durch die Neuregelung kann die Polizei an für den grenzüberschreitenden Verkehr sensiblen Punkten Erkenntnisse über den Grenzverkehr zur Bekämpfung der grenzüberschreitenden Kriminalität sammeln (z.B. gegen Menschenhandel, Schleusungs-, Rauschgiftkriminalität, illegalen Waffenhandel und bandenmäßig organisierte Eigentumskriminalität).

Absatz 1 Satz 2 Nummer 5 ermächtigt zu Identitätskontrollen zur Bekämpfung der grenzüberschreitenden Kriminalität und von Straftaten von erheblicher Bedeutung. Unter **grenzüberschreitender Kriminalität** versteht man bestimmte Straftaten, die begangen werden

- unter Umgehung der regulären Grenz- und Zollkontrollen,

50 LT Schl.-H. DruckS. 19/2118 vom 22.04.2020, S. 69.

- durch Ausnutzen unterschiedlicher Regelungen der angrenzenden Rechts- und Wirtschaftsräume zur unerlaubten Gewinnerzielung,
- durch Ausnutzen unterschiedlicher Regelungen der angrenzenden Rechts- und Wirtschaftsräume zu den Strafverfolgungsmöglichkeiten.

Zu den typischen Erscheinungsformen dieses Kriminalitätsphänomens zählen Menschenhandel, Schleusungskriminalität, unerlaubte Einreise, Rauschgiftschmuggel, Kfz-Verschiebung, Zigaretten- und Alkoholschmuggel, unerlaubter Waffentransfer sowie Raub- und Diebstahlsdelikte grenzüberschreitend agierender Banden.

Straftaten von erheblicher Bedeutung, bei denen Schaden für Leib, Leben oder Freiheit oder gleichgewichtiger Schaden für Sach- oder Vermögenswerte oder die Umwelt zu erwarten ist, sind solche, die mindestens dem Bereich der mittleren Kriminalität zuzurechnen sind, den Rechtsfrieden empfindlich stören und dazu geeignet sind, das Gefühl der Rechtssicherheit der Bevölkerung erheblich zu beeinträchtigen. Dies sind insbesondere Verbrechenstatbestände bzw. banden-, gewerbs- oder serienmäßig begangene Delikte. Bagatellkriminalität und Massendelikte genügen den Anforderungen nicht.

Die Anknüpfung an Straftaten von erheblicher Bedeutung entspricht den Eingriffsvoraussetzungen des § 180 Abs. 3 LVwG. Dies führt praktisch dazu, dass die Regelung des § 181 Abs. 1 Satz 2 Nr. 5 LVwG die **Befugnis zu den Anhalte- und Sichtkontrollen** in § 180 Abs. 3 LVwG um die Möglichkeit der Identitätsfeststellung ergänzt.

Der Kontrollbereich der Maßnahme erstreckt sich entlang der entsprechenden Verkehrsrouten zwar grundsätzlich auf das gesamte Landesgebiet Schleswig-Holstein und die angrenzenden Küstengewässer. Aus dem System der Ortshaftung des § 181 Abs. 1 Satz 2 LVwG insgesamt ergibt sich jedoch, dass die Polizei auch für Kontrollen nach Nummer 5 durch Lagebilder Anhaltspunkte dafür haben muss, dass der Ort der Kontrolle Bedeutung für die grenzüberschreitende Kriminalität oder für Straftaten von erheblicher Bedeutung aufweist: **Öffentliche Einrichtungen des internationalen Verkehrs** können u. a. **Rastanlagen** der zugehörigen Verkehrswege sein. Ebenfalls hierunter können auch Hafenanlagen fallen. **Durchgangsstraßen** (Bundesautobahnen, Europastraßen und andere Straßen von erheblicher Bedeutung für die grenzüberschreitende Kriminalität) sind insbesondere solche, die wichtige **Transitstrecken des grenzüberschreitenden Verkehrs** durch Schleswig-Holstein darstellen, hier insbesondere entlang der Bundesautobahn 7 und Bundesautobahn 1 oder der Bundesstraße 207, Europastraße 47.

Absatz 2 – Diskriminierungsverbot

Absatz 2 stellt klar, dass ein **„Racial Profiling"** bei der Durchführung von Maßnahmen nach § 181 LVWG verboten ist. Von „Racial Profiling" wird gesprochen, wenn Personen allein aufgrund ihres physischen Erscheinungsbildes oder ethnischer Merkmale zu Adressaten behördlichen Handelns werden. Dieses Diskriminierungsverbot ergibt sich schon aus Art. 3 Abs. 3 GG. Insoweit bietet § 181 Abs. 2 LVwG nur eine Klarstellung mit appellativem Charakter. Behördliche Maßnahmen sind generell aufgrund einer konkreten strafrechtlichen Verdachtslage oder zur Gefahrenabwehr aufgrund konkreter Tatsachen zulässig. Phänotypische Merkmale wie z. B. die Hautfarbe dürfen nicht alleiniger Anknüpfungspunkt für eine Identitätsfeststellung durch die Polizei sein, anderenfalls ist ein Verstoß gegen Art. 3 Abs. 3 Grundgesetz gegeben.[51] Die Auswahlentscheidung der handelnden Beamtinnen und Beamten muss nach diskriminierungsfreien Maßstäben erfolgen.

Absatz 3 – Umfang der Identitätsfeststellung

Absatz 3 beschreibt den Umfang der Maßnahme zur Identitätsfeststellung. Von der Maßnahme sind alle Daten umfasst, die der Identifizierung der betroffenen Person dienen. Danach hat die betroffene Person insbesondere **Angaben zur Person** zu machen sowie mitgeführte **Ausweispapiere** zur Prüfung auszuhändigen. Ausweispapiere sind behördlich ausgestellte Dokumente, die dem Nachweis der Identität oder auch der persönlichen Verhältnisse dienen. Eine gesetzliche Verpflichtung zum Mitführen eines Personalausweises oder eines Passes gibt es nicht. Normalerweise ist es ausreichend, wenn das Dokument auf Verlangen zeitnah vorgelegt werden kann. Eine Pflicht zum Aushändigen besteht jedoch dann immer, wenn das Dokument tatsächlich vom Adressaten mitgeführt wird.

Umfasst ist auch die **Inaugenscheinnahme** besonderer **körperlicher Merkmale** und Auffälligkeiten, die eine Identifizierung im Sinne einer Zuordnung erleichtern können, wie z. B. das Vorhandensein auffälliger Tätowierungen o. ä.

Zwar besteht für mündlich erlassene Verwaltungsakte grundsätzlich keine Begründungspflicht, § 109 LVwG, weil hier der oftmals bestehende Eilbedarf eine **Begründung** nicht ermöglicht. Jedoch muss der Adressat der behördlichen Maßnahme, der angehalten und zur Herausgabe amtlicher identitätsbelegender Dokumente aufgefordert wird, erkennen und auch nachvollziehen können, warum er seine personenbezogenen Daten preisgeben soll. Daher ist jedenfalls auf Nachfrage der Anlass der Kontrolle mitzuteilen.

51 LT Schl.-H. Umdruck 19/5391 vom 16.02.2021 S. 10.

Instrumente der Identitätsfeststellung im Sinne des Absatz 3 sind:
- Auskunftsverlangen zu Angaben zur Person,
- Aushändigenlassen von mitgeführten Ausweisdokumenten,
- Einsichtnahme in die amtlichen Dokumente,
- Abschrift von Personendatensätzen (z. B. mitgeführtes Notizbuch),
- Visuelle Prüfung des amtlichen Dokuments auf Echtheit.

Absatz 4 – Annexbefugnisse zur Durchführung der Identitätsfeststellung

Zum Zweck der Durchführung der Identitätsfeststellung sind folgende Maßnahmen ergänzend zulässig:

Person anhalten	→ (Polizei und Ordnungsbehörden)
Person festhalten	→ (Polizei und Ordnungsbehörden)
Person zur Dienststelle verbringen	→ (Polizei)
Durchsuchung der Person	→ (Polizei)
Durchsuchung mitgeführter Sachen	→ (Polizei)

In **Absatz 4** erhalten die Ordnungsbehörden neben der Polizei das Recht zur Identitätsfeststellung die Person anzuhalten und festzuhalten, wenn die Identität auf andere Weise nicht oder nur unter erheblichen Schwierigkeiten festgestellt werden kann. Durchsuchung der betroffenen Person und ihrer mitgeführten Sachen mit der Zielrichtung der Identitätsfeststellung sind der Polizei vorbehalten. Die Befugnis zur Durchsuchung der Person besteht nicht generell, sondern die Voraussetzungen geben vor, dass diese Durchsuchung nur das Ziel der Identitätsfeststellung verfolgen darf, also zum Auffinden von Dokumenten oder sonstigen Gegenständen, die der Personalienfeststellung dienen. Auch darüber hinausgehende Maßnahmen wie z. B. das Verbringen zur Dienststelle (die sogenannte **Sistierung**) dürfen nur von der Polizei durchgeführt werden. Die Person ist nach der Identitätsfeststellung sofort zu entlassen, die behördliche Maßnahme soll so schnell wie möglich abgeschlossen werden. Die Sistierung darf aufgrund der besonderen Eingriffstiefe nur in unumgänglichen Fällen erfolgen. Nicht ausreichend ist als Begründung, durch die Verbringung polizeiliche Arbeitsprozesse zu erleichtern. Gründe für eine Sistierung können jedoch die Überprüfung mündlicher Angaben, oder Eigensicherungsaspekte agierender Polizeibeamtinnen und -beamter bei Störungen durch umstehende andere Personen vor Ort sein.

Die Frist aus Absatz 4 Satz 5 beschränkt die Sistierung zur Identitätsfeststellung auf maximal **12 Stunden**. Diese **Höchstfrist** ist bindend und gilt auch dann, wenn die Identität einer Person in dieser Zeit nicht hat festgestellt werden können. Auch bei **richterlicher Anordnung** gemäß Absatz 5 darf die Maßnahme über diese Zeit nicht hinausgehen.

Absatz 5 – Verfahrensregelung bei Freiheitsentziehung

Absatz 5 schreibt vor, dass im Fall einer freiheitsentziehenden Maßnahme unverzüglich eine richterliche Entscheidung über die Zulässigkeit und Fortdauer der Freiheitsentziehung herbeizuführen ist. Freiheitsentziehend wirkt immer die Sistierung. Aber auch ein vorgelagertes Festhalten vor Ort kann bei Ausübung entsprechenden Zwangs und aufgrund der zeitlichen Dauer bereits eine Freiheitsentziehung darstellen (siehe oben unter Grundrechtsrelevanz). „Unverzüglich" bedeutet ohne schuldhaftes Zögern. Der **Richtervorbehalt** sichert das besonders hohe Freiheitsgrundrecht gemäß der Vorgaben aus Art. 104 Abs. 2 GG. Im Beschluss des Bundesverfassungsgerichtes vom 16.07.2002[52] wird hierzu dem Staat und seinen Gerichten eine Pflicht zur Gewährleistung der Erreichbarkeit zum Erlangen einer richterlichen Anordnung zugewiesen. Insofern muss in der vollzugspolizeilichen Praxis zumindest der dokumentierte und damit nachvollziehbare Versuch auf Erlangen einer richterlichen Entscheidung unternommen werden. Allgemein festgelegte Dienstzeiten für Richter gibt es nicht. In der Regel wird die amtsrichterliche Erreichbarkeit durch eine Bereitschaftsregelung sichergestellt. Die Erreichbarkeit spielt auch eine wesentliche Rolle bei der Entscheidung, ob von der Herbeiführung der richterlichen Entscheidung abgesehen werden darf. Das ist nur dann rechtlich vertretbar, wenn angenommen werden kann, dass die Entscheidung des Richters erst nach Wegfall des Grundes ergehen würde. Nach Wegfall des Grundes ist die festgehaltene Person jedoch in jedem Fall zu entlassen.

Absatz 6 – Verhältnismäßigkeitsvorbehalt

Absatz 6 wiederholt klarstellend und appellativ den Grundsatz der Verhältnismäßigkeit für die Durchführung von Maßnahmen nach § 181 LVwG, wie er sich bereits in § 73 LVwG zum Ermessen findet.

8. Zuverlässigkeitsüberprüfungen zum Schutz von Veranstaltungen und staatlichen Einrichtungen, § 181a LVwG

> Die Zuverlässigkeitsüberprüfung ermöglicht die Überprüfung von Personen, um die Sicherheit von besonders gefährdeten Veranstaltungen und ihren Teilnehmern zu gewährleisten sowie den Schutz der Funktionsfähigkeit des Staates und seiner Einrichtungen beim Kontakt Dritter mit sicherheitsrelevanten behördlichen Bereichen sicherzustellen. Die Norm ist abschließend.

52 BVerfG Beschluss vom 15.05.2002 – 2 BvR 2292/00= BVerfGE 105, 239 – 252.

Grundrechtsrelevanz

Der 2021 neu eingeführte § 181a LVwG normiert eine ausdrückliche Befugnis zur Durchführung einer **anlassbezogenen Zuverlässigkeitsüberprüfung (ZVÜ)** zum Schutz von Großveranstaltungen und sicherheitsrelevanter Infrastruktur. Die Datenverarbeitungsmaßnahme der Zuverlässigkeitsüberprüfung erfolgt durch einen Datenabgleich von über die betroffene Person gespeicherten Daten der Gefahrenabwehr- und Strafverfolgungsbehörden und berührt das Recht auf informationelle Selbstbestimmung aus Art. 2 Abs. 1 i.V.m. Art. 1 Abs. 1 GG. Die ZVÜ bedarf der Einwilligung der betroffenen Person.

Die Einführung der ausdrücklichen Befugnisnorm entspricht dem Postulat der **Wesentlichkeitstheorie**, wonach der Gesetzgeber wesentliche Eingriffsbefugnisse im Recht der Gefahrenabwehr selbst zu regeln hat. Die Vorschrift hat unter anderem auf Betreiben des Unabhängigen Landeszentrums für Datenschutz Schleswig-Holstein Eingang in das Gesetz gefunden. Die neue Befugnisnorm beendet die bisherige Praxis, derartige Überprüfungen auf Grundlage der **Datenerhebungsgeneralklausel** des § 179 LVwG bzw. aufgrund einer **informierten Einwilligung der Betroffenen** vorzunehmen. Aus der nunmehr erfolgten Normierung folgt auch, dass die in der Norm genannten Konstellationen abschließend sind. Eine ZVÜ von Personen, die sich nicht auf § 181a LVwG stützen lässt, ist damit unzulässig. Ein Rückgriff auf die Datenerhebungsgeneralklausel des § 179 LVwG scheidet dann aus.

Zweck

Die ZVÜ kann nun im **Vorfeld** bestimmter gefahrgeneigter Sachverhalte durchgeführt werden, um die Sicherheit insbesondere von besonders gefährdeten (Groß-)Veranstaltungen und ihren Teilnehmern zu gewährleisten und den **Schutz der Funktionsfähigkeit des Staates und seiner Einrichtungen** beim Kontakt Dritter mit sicherheitsrelevanten behördlichen Bereichen sicherzustellen. Durch die Überprüfung wird die jeweils anfragende Behörde in die Lage versetzt, weitere Maßnahmen zu erlassen, z.B. bei fehlender Zuverlässigkeit der Person ihr Zutrittsrechte nicht zu gewähren. Für die Überprüfung vorausgesetzt ist jeweils die **Einwilligung der betroffenen Person**. Die Entscheidung, ob eine Überprüfung bei Vorliegen der Voraussetzungen durchgeführt wird, steht im pflichtgemäßen Ermessen der ersuchenden Behörde („kann“). Abzugrenzen ist diese Befugnis von anderen Fachgesetzen, die eine Sicherheitsüberprüfung ermöglichen, und die in ihrem jeweiligen Anwendungsbereich spezieller sind. Zu nennen sind hier bspw. die bundesrechtlichen Regelungen im Luftsicherheitsgesetz sowie im Hafensicherheitsgesetz; ferner das Landessicherheitsüberprüfungsgesetz.

Struktur des § 181a LVwG

Absatz 1 ermöglicht die ZVÜ zur Gefahrenabwehr bei besonders **gefährdeten Veranstaltungen** in öffentlicher oder nichtöffentlicher Trägerschaft. Die Gefährdung muss auf aktuelle polizeiliche **Lageerkenntnisse** zurückzuführen sein. Unzureichend ist es daher, schon aus dem bloßem Vorliegen einer Großveranstaltung auf eine Gefährdung zu schließen. Überprüft werden dürfen sodann nur Personen, die privilegierten Zutritt zu dieser Veranstaltung haben. Gemeint sind damit diejenigen Personen, denen aufgrund ihrer Tätigkeit oder Funktion bei der Veranstaltung eine erhöhte Einwirkungsmöglichkeit auf die Veranstaltung zukommt, woraus sich auch ein erhöhtes Gefährdungspotenzial ergibt. Sicherheitspersonal, das dem Anwendungsbereich des § 34a GewO („Bewachungsgewerbe") unterfällt und bereits in diesem Rahmen regelmäßig überprüft wird, darf nicht im Rahmen § 181a Absatz 1 LVwG überprüft werden.

Zur Abwehr einer Gefahr für den Staat und seiner Einrichtungen darf eine ZVÜ von Personen in den in **Absatz 2** enumerativ genannten Konstellationen durchgeführt werden. Dies gilt nicht, sofern bereits der Anwendungsbereich des Landessicherheitsüberprüfungsgesetzes („Sabotageschutz") oder eines anderen Fachgesetzes, das eine Sicherheitsüberprüfung vorsieht, eröffnet ist.

Nach **Nummer 1** können **Bewerberinnen und Bewerber** der genannten sicherheitsrelevanten Behörden überprüft werden. Zuvörderst zu nennen sind Bewerberinnen und Bewerber für den Polizeidienst oder die Justiz (**lit. a**). Der Anwendungsbereich erstreckt sich auch auf Tarifbeschäftigte sowie angehende Beamtinnen und Beamte, Richterinnen und Richter. Sollen Personen Tätigkeiten ausüben, bei denen sie regelmäßig mit Personalaktendaten im Sinne des § 50 des Beamtenstatusgesetzes der Bediensteten der Landespolizei befasst sind, kann ebenfalls eine ZVÜ durchgeführt werden (**lit. b**). Ganz insbesondere ist dies angezeigt, wenn die Kenntnisnahme von Personalaktendaten von verdeckten Ermittlern und Zeugenschutzbeamten möglich ist. Ferner sind Personen genannt, die eine Tätigkeit als Bedienstete der Landesregierung und des Landtags anstreben. Diese Personen können indes nur überprüft werden, sofern die angestrebte Tätigkeit dies erfordert. Es muss also bspw. ein regelmäßiger Umgang mit vertraulichen Unterlagen oder Gesprächsinhalten oder auch ein besonderer Umgang und Kontakt mit exponierten Persönlichkeiten zu erwarten stehen. Diesen Fällen nach **lit. c** unterfallen insbesondere Fahrerinnen und Fahrer der Fahrbereitschaft des Landtages oder des Fahrdienstes des Landtages.

Personen, die eine **Dolmetschertätigkeit** für die Landespolizei übernehmen sollen, können ebenfalls überprüft werden (**Nummer 2**).

Nummer 3 erfasst Personen, die **unbegleiteten Zutritt zu einer Liegenschaft** der Landespolizei oder Staatsanwaltschaften (**lit. a**) oder der Gerichte außerhalb ihrer regulären Öffnungszeiten erhalten (**lit. b**) sollen, ohne dort bedienstet zu sein. Damit ist es möglich, Personen zu überprüfen, deren ständige Begleitung in der Liegenschaft unzumutbar ist (bspw. Reinigungskräfte und Handwerker bei längerfristigen Gewerken). Hervorzuheben ist, dass in diesem Rahmen in Abweichung zu Absatz 1 auch Wachpersonal überprüft werden darf. Dies ist aufgrund der besonderen Gefährdung der genannten Liegenschaften gerechtfertigt. Damit der reguläre Publikumsverkehr in Gerichtsgebäuden uneingeschränkt gewährleistet bleibt, wird die Befugnis zur Zuverlässigkeitsüberprüfung auf Personen beschränkt, die unbegleiteten Zutritt außerhalb der regulären Öffnungszeiten haben. Diese Einschränkung ist insbesondere mit Blick auf die Verfahrensbeteiligten, ihre Vertreter sowie die Öffentlichkeit zwingend erforderlich.

Sollen Personen Zugang zu **Vergabe- und Vertragsunterlagen** erhalten, aus denen sich sicherheitsrelevante Funktionszusammenhänge einer Behörde ergeben, kann ebenfalls eine ZVÜ erfolgen (**Nummer 4**). Zu denken ist dabei unter anderem an sicherheitsrelevante bauliche oder betriebliche Anforderungen für Liegenschaften der Landespolizei oder der Justiz. Der Personenkreis, der überprüft werden kann, erstreckt sich insbesondere auf Interessenten, Bieter bzw. Vertragspartner wie Architekten, Handwerker oder Fachplaner.

Nach **Absatz 2 Satz 2** kann schließlich im besonderen Einzelfall eine Person überprüft werden, die **selbstständige Dienstleistungen** zur Unterstützung von sensiblen polizeilichen Aufgaben erbringen soll. Damit werden solche Dienstleistungen erfasst, die eine Einwirkungsmöglichkeit oder Kenntnisnahme sensibler personenbezogener Daten, Informationen, technischer Systeme, Dateisysteme oder des Digitalfunks ermöglichen. Dabei darf es sich nach der Normsystematik keinesfalls um Aufgaben oder Konstellationen handeln, die bereits in den vorherigen Nummern dieses Absatzes genannt sind. Diese Bereiche sind abschließend geregelt. So darf bspw. nach Absatz 2 Satz 2 keine Überprüfung von Wachpersonal durchgeführt werden. Eine solche Überprüfung ist nur auf Grundlage der Nummer 3 möglich. Absatz 2 Satz 2 stellt demnach eine Generalklausel dar, der ein restriktiv auszulegender Anwendungsbereich zufällt. Die Regelung dient dazu, Konstellationen einzufangen, die für den Normgeber nicht vorhersehbar waren, bei denen aber im besonderen Einzelfall die ZVÜ einer Person unabdingbar ist. Dies ist dann der Fall, wenn nur so gewährleistet werden kann, dass die Person ihren Aufgaben nachkommen kann.

Absatz 3 legt das **Verfahren der Datenabfrage** und der Erstellung der Bewertung der ZVÜ fest. Die Überprüfung erfolgt stets durch die Polizei auf Grundlage eines polizeilichen Ersuchens oder einer anderen Behörde (**Satz 1**). Die Bewertung der Zuverlässigkeit erfolgt ebenfalls polizeilich (**Satz 6**). Bedenken hinsichtlich der Zuverlässigkeit bestehen, wenn zu befürchten ist, dass von der Person eine Gefahr für die Veranstaltung im Sinne des Absatz 1 oder für den Staat und seine Einrichtungen um Sinne des Absatzes 2 ausgeht (**Satz 7**). Ausreichend ist, wenn Anhaltspunkte auf eine Gefährdung hindeuten.

Zur Durchführung der ZVÜ kann die **Identität der betroffenen Person** festgestellt sowie **Ausweisdokumente** kopiert oder Kopien angefordert werden (**Satz 2**). Die **Datenabfrage** erfolgt nach einem abgestuften Verfahren. Zunächst werden die **polizeilichen Datensysteme** genutzt (**Satz 3**). Ergeben sich hieraus Erkenntnisse über **Strafverfahren**, darf auch auf die Vorgänge der Justiz zurückgegriffen werden (**Satz 4**). Bei entsprechenden Anhaltspunkten dürfen darüber hinaus auch die Datenbestände des **Verfassungsschutzes** einbezogen werden (**Satz 5**). Die Erteilung von Auskünften steht dabei jeweils im pflichtgemäßen Ermessen der Strafverfolgungsbehörden, der Gerichte und des Verfassungsschutzes. Danach kann die Beauskunftung im Einzelfall insbesondere verweigert werden, wenn zwingende Geheimhaltungspflichten entgegenstehen oder die Gefahr der Vereitelung eines Strafverfahrens droht.

Bestehen nach der Datenabfrage Bedenken hinsichtlich der Zuverlässigkeit einer Person, erhält diese Gelegenheit sich dazu zu äußern (**Absatz 4**). Eine Anhörung der betroffenen Person unterbleibt jedoch, wenn Geheimhaltungspflichten entgegenstehen oder eine Gefährdung eines Strafverfahrens zu besorgen wäre. Stammen die Erkenntnisse von einer Stelle außerhalb der Landespolizei, ist das Einvernehmen dieser Stelle zur Anhörung der betroffenen Person einzuholen.

Die **Absätze 5 und 6** regeln die **Übermittlung der Bewertung** und den Umgang mit den Daten bei Übermittler und Empfänger. Getragen sind beide Absätze vom datenschutzrechtlichen Prinzip der Datensparsamkeit. Nach **Absatz 5** ist nur die **Bewertung der Zuverlässigkeit nebst der sie tragenden Gründe** an die ersuchende Behörde zu übermitteln. Die ihr übermittelten Daten darf die empfangende Behörde nur zweckgebunden, also nur soweit im Rahmen der Zuverlässigkeitsüberprüfung erforderlich, verarbeiten. Spätestens sechs Monate nach Wegfall des Überprüfungsanlasses sind die Daten von der empfangenden Behörde zu löschen (**Absatz 6**). Die sechsmonatige Löschfrist gilt auch für die übermittelnde Behörde; sie beginnt mit dem Zeitpunkt der Datenübermittlung zu laufen. Die Frist dient dazu, die Daten auch für den Fall einer kurzfristigen Wiederholungsüberprüfung, wenn die überprüfte Person erneut einer Überprüfung bedarf, noch weiterverarbeiten zu können. Innerhalb dieser kurzen Frist kann es unter Umständen genügen, auf den bereits erhobenen Datensatz zurückzugreifen, sodass auf eine erneute Abfrage des Datensatzes verzichtet werden kann.

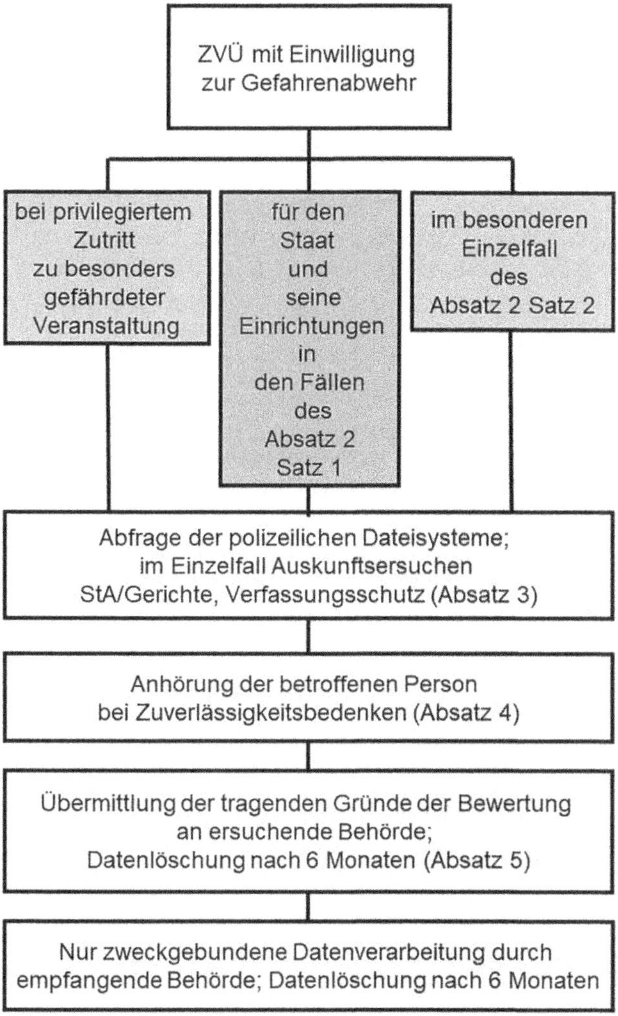

Schematische Übersicht zur Zuverlässigkeitsprüfung (§ 181a LVwG)

9. Prüfung von Berechtigungsscheinen, § 182 LVwG

§ 182 LVwG regelt die Befugnis von Ordnungsbehörden und Polizei, sich Berechtigungsscheine zur Prüfung aushändigen zu lassen.

Grundrechtsrelevanz

Die Prüfung von Berechtigungsscheinen bei einem Adressaten beinhaltet grundsätzlich einen Eingriff in das Grundrecht auf informationelle Selbstbestimmung als Bestandteil des allgemeinen Persönlichkeitsrechtes gemäß Art. 2 Abs. 1 i.V.m. Art. 1 Abs. 1 GG. Es handelt sich um eine Maßnahme der offenen Datenerhebung mit geringer Eingriffsqualität. Zu beachten ist, dass die Maßnahme häufig mit Verbundmaßnahmen anderer Befugnisse kombiniert wird (z.B. Durchsuchung der Person, dem Datenabgleich mit behördlichen Datenbanken, der Datenübermittlung an andere Behörden oder der Datenspeicherung in Fahndungsdateien). Dadurch wird der Eingriffsgrad erhöht und die Grundrechtsrelevanz steigt.

Zweck, Umfang

Während § 181 LVwG insbesondere darauf gerichtet ist, dass die betroffene Person ihre Ausweisdokumente zur Identitätsfeststellung vorlegt, ermöglicht § 182 LVwG die Vorlage von Berechtigungsscheinen. Die Behörde kann verlangen, dass ein **Berechtigungsschein** zur Prüfung ausgehändigt wird, wenn die betroffene Person aufgrund einer Rechtsvorschrift oder einer vollziehbaren Auflage in einem Erlaubnisbescheid verpflichtet ist, diesen Berechtigungsschein mitzuführen.

Berechtigungsscheine sind **für die Ausübung bestimmter Tätigkeiten vorgeschriebene Nachweise**. Hierzu zählen z.B. der Führerschein, die Reisegewerbekarte, der **Waffenschein** und der **Jagdschein**, aber auch Erlaubnisbescheide der Ordnungsbehörden nach z.B. verkehrs- bzw. wegerechtlichen Bestimmungen. Die Verpflichtung zum Besitz und zum Mitführen ergibt sich dabei aus einem entsprechenden Spezialgesetz zur Gefahrenabwehr oder stellt sich als vollziehbare Auflage in einem Erlaubnisbescheid dar. Soweit das Gesetz oder der Bescheid selbst auf eine Aushändigungspflicht an zuständige Personen zum Zwecke der Überprüfung verweisen, ist nun klargestellt, dass hierzu auch die Polizei zählt.

Während der **Corona-Pandemie** sah sich die Polizei mir der Frage konfrontiert, ob Impfnachweise oder Testnachweise als Berechtigungsschein im Normsinne zu verstehen sind. Dies ist jedoch nicht Fall. Ein Impfnachweis (2G/3G) oder ein Testnachweis stellt lediglich eine Dokumentation der entsprechenden Impfungen bzw. Testung dar. Diese Nachweise berechtigen gerade nicht zur Ausübung bestimmter Tätigkeiten im Normsinne. Impf- und Testnachweise dienen dem Infektionsschutz sowie der Gesundheitsdokumentation und nicht dem Nachweis, bestimmte Tätigkeiten ausüben zu dürfen.

Eine Anordnung nach dieser Norm setzt voraus, dass die betroffene Person die Tätigkeit, für deren Ausübung der Berechtigungsschein erforderlich ist, ausübt oder nach den Umständen erkennbar ist, dass sie diese beginnen wird oder beendet hat. Eine konkrete Gefahr wird vom Gesetzgeber in dieser Norm nicht gefordert. Ein erkennbarer Bezug zwischen der Tätigkeit und der betroffenen Person reicht aus.

Der § 182 LVwG gilt im Rahmen der Subsidiarität nachrangig zu den Normen des besonderen Gefahrenabwehrrechts. Dies gilt bspw. bei der Prüfung von mitgeführten Papieren im Rahmen einer Verkehrskontrolle. Hier ist der § 36 Abs. 5 StVO i. V. m. § 4 Abs. 2 FeV, Verordnung über die Zulassung von Personen zum Straßenverkehr, die vorrangige Ermächtigungsnorm. Eine Anwendung des § 182 LVwG scheidet hier aus.

Die Missachtung der in einem Spezialgesetz geregelten Mitführ- bzw. Aushändigungspflicht ist in den meisten Fällen als Ordnungswidrigkeit bußgeldbewehrt.

10. Erkennungsdienstliche Maßnahmen, § 183 LVwG

> Die erkennungsdienstliche Maßnahme ist das Erfassen von personenbezogenen Daten durch die Polizei mit der Zielrichtung der Identitätsfeststellung der Person.

Grundrechtsrelevanz

Erkennungsdienstliche (ED) Maßnahmen sind Eingriffe in das **allgemeine Persönlichkeitsrecht** aus Art. 2 Abs. 1 i.V.m. Art. 1 Abs. 1 GG. Es wird in das **Recht auf informationelle Selbstbestimmung** und das **Recht am eigenen Bild** eingegriffen. ED-Behandlungen sind für den Adressaten der Maßnahme kurze **freiheitsbeschränkende Maßnahmen** im Sinne des Art. 2 Abs. 2 GG, die allerdings eingriffsintensiver wirken als die bloße Identitätsfeststellung z.B. am Ort der Kontrolle. In der Regel werden die erkennungsdienstlichen Maßnahmen auf einer Polizeidienststelle durch besonders ausgebildete Beamtinnen oder Beamte des Vollzugsdienstes durchgeführt. Durch das Verbringen zur Dienststelle kann die Maßnahme aufgrund des zeitlichen Umfangs als Freiheitsentziehung im Sinne des Art. 104 Abs. 2 GG wirken. Ob die Maßnahme nur eine Freiheitsbeschränkung oder sogar eine Freiheitsentziehung darstellt, ist anhand der Zweckrichtung und Intensität des Eingriffs zu entscheiden. Das kurzfristige Festhalten des Adressaten in einer Polizeidienststelle zur Anfertigung von Lichtbildern wird als Freiheitsbeschränkung eingestuft, wenn der übliche Zeitrahmen nicht überschritten wird. Dagegen liegt eine Freiheitsentziehung vor, wenn der Adressat mehrere Stunden in der Dienststelle festgehalten wird und sich unter Umständen in Gewahrsamsräumen aufhalten muss. Gemäß den Vorgaben des Art. 104 Abs. 2 GG ist dann unverzüglich eine richterliche Entscheidung über die Fortdauer der Maßnahme herbeizuführen. Ist die Feststellung der Identität eines Störers durch Vorlage amtlicher Ausweisdokumente abgeschlossen, ist ein

> „fortdauerndes Festhalten unzulässig, wenn die weiteren erkennungsdienstlichen Maßnahmen lediglich im Anfertigen einfacher Fotos bestehen“[53].

Zweck, Umfang

Die erkennungsdienstliche Maßnahme nach § 183 LVwG zur vorbeugenden Bekämpfung von Straftaten verfolgt einen präventiven Zweck, es liegen allerdings einige Parallelen zur repressiven ED-Behandlung im Sinne von § 81b StPO vor. § 183 LVwG überschneidet sich nicht mit § 81b StPO, sondern weist der Polizei eine Eingriffsermächtigung für ED-Maßnahmen zu, die klar präventive Zwecke verfolgt. Im Fokus steht hier vor allem das Anfertigen von ED-Material von strafunmündigen Personen (z.B. Kindern oder psychisch kranken Personen), die nicht Beschuldigte im Sinne des § 81b StPO sind. Der Umfang der Maßnahme ist abschließend in **§ 183 Abs. 2** LVwG aufgeführt:

- Abnahme von Finger- und Handflächenabdrücken,
- Aufnahme von Lichtbildern,
- Messungen,
- Tonaufzeichnungen.

Insofern ist zwar das Gewinnen von erkennungsdienstlichen Daten über die äußeren Merkmale einer Person durch die Norm abgedeckt, nicht aber der Speicherungsprozess für die erhobenen Daten und nachgelagerte Verwertung dieser Unterlagen durch Vorlage bei Personen, bei denen sachdienliche Angaben zur Identifizierung des Betroffenen erwartet werden können. Hierzu muss eine gesonderte Eingriffsermächtigung im Sinne von §§ 188 ff. LVwG vorliegen.

53 BVerfG Beschluss vom 08.03.2011 – 1 BvR 47/05.

Die Speicherung der erkennungsdienstlich erhobenen Daten erfolgt beim Bundeskriminalamt (BKA), diese Daten stehen somit für automatisierte Abgleiche durch autorisierte Behörden zur Verfügung. Mit Stand März 2020 waren beim BKA Fingerabdrücke von ca. 5,3 Mio. Personen und ca. 5,8 Mio. Lichtbilder von 3,6 Mio. Personen gespeichert. Das Datenverarbeitungssystem AFIS (automatisiertes Fingerabdruck-Identifizierungs-System) kann im Fast-ID-Verfahren ohne Zeitverzug digital aufgenommene Fingerabdrücke abgleichen und bietet somit eine Grundlage für zuverlässige Personenidentifizierungen.

Liegen die Tatbestandsvoraussetzungen des **Absatz 1 Satz 1** vor, kann die Identitätsfeststellung im Sinne von § 181 LVwG mit den Mitteln, die in § 183 Abs. 2 LVwG aufgelistet sind, als Anschlussmaßnahme durchgeführt werden. Erkennungsdienstliche Maßnahmen sollen die Handlungsfähigkeit des Staates garantieren, wenn der Adressat der Identitätsfeststellung Angaben zu seiner Person verweigert, falsche Datensätze nennt, gefälschte Ausweispapiere mit sich führt, er sich in einem die freie Willensbildung ausschließenden Zustand oder sich in sonst hilfloser Lage befindet oder aus anderen Gründen nicht zur Identifizierung seiner Person beiträgt. Die Eingriffsermächtigung findet somit dann Anwendung, wenn gemäß Absatz 1 Satz 1 eine nach § 181 LVwG zulässige Identitätsfeststellung nicht oder nur untererheblichen Schwierigkeiten möglich ist. Der Nichtstörer im Sinne des § 220 LVwG (Inanspruchnahme anderer Personen) kann nur mit seiner Einwilligung einer ED-Maßnahme unterzogen werden, es sei denn, dass gemäß **Absatz 1 Satz 2** „die Person die Angaben über die Identität verweigert oder bestimmte Tatsachen den Verdacht einer Täuschung über die Identität begründen".

Absatz 1 Satz 3 ermächtigt die Polizei zu erkennungsdienstlichen Maßnahmen, die zur Verhütung oder Aufklärung einer **künftigen Straftat** erforderlich sind, wenn die Person dringend verdächtig ist, eine mit Strafe bedrohte Handlung im Sinne des § 179 Abs. 2 LVwG begangen zu haben. Im Weiteren muss eine **Prognose** vorliegen, dass wegen der Art und Ausführung der Handlung sowie der Persönlichkeit der betroffenen Person die Gefahr der Begehung weiterer Straftaten besteht. Als Anwendungsfall sei hier das Kind genannt, dass bereits mehrfach auffällig geworden ist hinsichtlich der Realisierung von Straftatbeständen, die die Öffentlichkeit besonders beunruhigen (z.B. 12-jährige „Crash-Kids", die Kraftfahrzeuge entwenden, um diese gegen Mauern zu fahren und zu zerstören oder der 13-jährige BtM-Verkäufer). In diesen Fällen lässt sich die Prognose begründen, dass die polizeilich auffälligen Strafunmündigen bei Erreichen des entsprechenden

Alters und aus ihrer Persönlichkeit heraus auch weiterhin im Bereich der Jugendkriminalität auffallen. Diese Prognose ist abhängig von Art, Schwere und Begehungsweise des Schuldunfähigen, im Weiteren muss der Zeitraum betrachtet werden, in dem er oder sie Straftatbestände nicht realisiert hat. Grundsätzlich ist tragend bei der Prognoseerstellung die Überlegung, dass der Adressat der Maßnahme zukünftig als Täter oder Teilnehmer einer strafbaren Handlung in Erscheinung tritt und die ED-Unterlagen dazu geeignet sind im Rahmen der polizeilichen Ermittlungen ihn oder sie zu überführen.

Durch eine Entscheidung des Verwaltungsgerichts Schleswig[54] ist die Regelung zur erkennungsdienstlichen Behandlung nach § 183 Abs. 1 Satz 3 LVwG in den Blickpunkt gerückt: Das Verwaltungsgericht äußert in o.g. Entscheidung „massive Zweifel" an der Verfassungsmäßigkeit der Regelung, soweit diese eine erkennungsdienstliche Behandlung auch zur Aufklärung einer Straftat erlaubt. Das Verwaltungsgericht verweist auf Rechtsprechung des Bundesverfassungsgerichts, wonach die Strafverfolgungsvorsorge in die konkurrierende Gesetzgebungskompetenz für das „gerichtliche Verfahren" im Sinne des Art. 74 Abs. 1 Nr. 1 GG falle, weil sie der Sicherung von Beweismitteln für ein künftiges Strafverfahren diene. Im Bereich der konkurrierenden Gesetzgebung seien die Länder nach Art. 72 Abs. 1 GG von der Gesetzgebung ausgeschlossen, solange und soweit der Bund von seiner Gesetzgebungszuständigkeit durch Gesetz Gebrauch gemacht habe. Das sei im Bereich der Strafverfolgungsvorsorge jedenfalls dann der Fall, wenn der Bundesgesetzgeber strafprozessuale Ermächtigungen dazu geschaffen habe, wie dies in § 81b Abs. 1 Alt. 2 StPO für die erkennungsdienstliche Behandlung der Fall sei. Es sollten daher erkennungsdienstliche Maßnahmen nicht zur Aufklärung künftiger Straftaten durchgeführt werden, sondern ausschließlich mit dem Ziel der Verhütung von Straftaten.

Die Anordnung von ED-Maßnahmen zur vorbeugenden Bekämpfung von Straftaten darf nur durch die Polizei erfolgen. Die ED-Behandlung zur Identitätsfeststellung (Satz 1) kann ordnungsbehördlich angeordnet und durch die Polizei im Wege der Vollzugshilfe durchgeführt werden.

§ 183 Abs. 3 LVwG gibt die Vernichtung der ED-Unterlagen vor, es sei denn, dass die weitere Aufbewahrung und sonstige Verarbeitung für Zwecke nach Absatz 1 Satz 3 zulässig sind. Weitere Formvorschriften sind in der Norm nicht genannt, allerdings gelten die allgemeinen Voraussetzungen der Datenerhebung gemäß §§ 178 ff. LVwG.

54 VG Schleswig, Urteil vom 21.12.2022 – 3 A 291/20.

Betroffene können zur Durchführung erkennungsdienstlicher Maßnahmen nach § 183 LVwG vorgeladen werden (§ 199 Abs. 1 Nr. 2 LVwG), dies schließt auch die zwangsweise Vorführung gemäß § 199 LVwG i.V.m. § 200 LVwG ein.

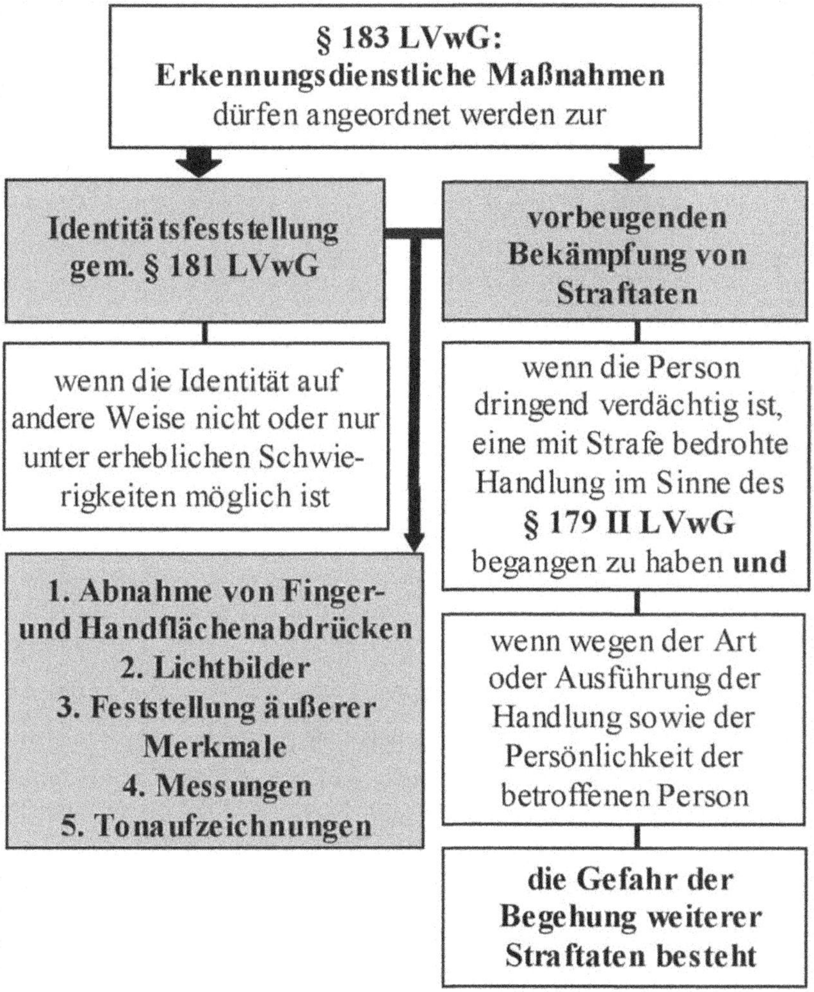

Schematische Übersicht zur ED-Behandlung

11. Identitätsfeststellung mit medizinischen und molekulargenetischen Mitteln, § 183a LVwG

Die Norm ergänzt die Befugnisse des § 183 LVwG für die erkennungsdienstlichen Maßnahmen zur Identitätsfeststellung und legt fest, unter welchen Voraussetzungen die Polizei eine medizinische Untersuchung zur Identitätsfeststellung anordnen kann. Die Maßnahme darf sich nur gegen Personen richten, die an der Identitätsfeststellung nicht mitwirken können, weil sie entweder verstorben sind oder sich erkennbar in einem die freie Willensbestimmung ausschließenden Zustand oder einer sonst hilflosen Lage befinden. Die nachgelagerte molekulargenetische Untersuchung von Material und ein DNA-Abgleich unterliegen dem Richtervorbehalt.

Grundrechtsrelevanz

Die Eingriffsrichtung dient der Identifizierung einer verstorbenen Person oder einer Person, die sich in einer hilflosen Lage befindet. Dies dürften in der Regel Fälle sein, die zugleich von einer **hypothetischen, mutmaßlichen Einwilligung** der betroffenen Person oder ihrer Angehörigen getragen sind. Die in § 183a Absatz 1 LVwG genannten medizinischen Untersuchungen lebender Personen z. B. durch Entnahme von Blut oder Körperzellen sind Eingriffe in das **Recht auf körperliche Unversehrtheit** gemäß Art. 2 Abs. 2 Satz 1 GG. Dieses Grundrecht gewährleistet die Gesundheit eines Menschen im biologisch-physiologischen Sinne und schützt im Weiteren ebenfalls vor solchen psychischen Beeinträchtigungen, die in ihren Auswirkungen körperlichen Schmerzen gleichkommen. Das Verbringen der betroffenen Person zu einer Polizeidienststelle gemäß § 181 LVwG für die Durchführung der Maßnahme ist eine freiheitsbeschränkende Maßnahme gemäß Art. 2 Abs. 2 Satz 2 GG, wobei die Vorgaben des Art. 104 GG zu beachten sind (siehe schon die Ausführungen zu § 181 LVwG). Die Erhebung, Untersuchung und der Abgleich von DNA-Material im Sinne des § 183a Abs. 2 LVwG stellt darüber hinaus einen Eingriff in das **Recht auf informationelle Selbstbestimmung** aus Art. 2 Abs. 2 GG i. V. m. Art. 1 Abs. 1 GG dar.

Zweck

Die Eingriffsermächtigung enthält die Befugnis zur Anordnung von medizinischen (Absatz 1) und molekulargenetischen Untersuchungen (Absatz 2) bei unbekannten Toten oder Personen, die sich in einer hilflosen Lage befinden, mit dem **Ziel der Identitätsfeststellung zur Gefahrenabwehr**. Voraussetzung ist stets, dass die Identifizierung auf andere Weise nicht oder nur unter erheblichen Schwierigkeiten möglich ist. Die **Untersuchung einer Person**, die sich erkennbar in einem die freie Willensbildung ausschließenden Zustand oder sonst in hilfloser Lage befindet, kann folglich nur durchgeführt werden, wenn die Person nicht durch Befragen, Inaugenscheinnahme oder erkennungsdienstliche Maßnahmen gemäß § 183 LVwG identifiziert werden kann. Der Eingriff hat nach den **Regeln der ärztlichen Kunst** zu erfolgen und es darf kein Nachteil für die Gesundheit der betroffenen Person zu befürchten sein, (vgl. § 183a Abs. 1 Satz 2 LVwG i. V. m. § 81a Abs. 1 Satz 2 StPO).

Absatz 2 erweitert die Befugnisse zur Identitätsfeststellung. Er gestattet an dem nach Absatz 1 durch die Untersuchung erlangten Material die **Durchführung von molekulargenetischen Untersuchungen**. Außerdem schafft Absatz 2 die Befugnis zur **Speicherung** der dadurch gewonnenen DNA-Identifizierungsmuster in einer Datei. Gleiches gilt für aufgefundenes Spurenmaterial von vermissten Personen. Lebt die betroffene Person noch, sind deren Daten unverzüglich zu löschen, wenn der Maßnahmenzweck entfallen ist. Solche molekulargenetischen Untersuchungen unterliegen aufgrund ihrer Eingriffstiefe gemäß **Absatz 3** dem Richtervorbehalt. Zuständig ist das Amtsgericht, in dessen Bezirk die Polizeidienststelle ihren Sitz hat.

Grenzen

Ziel der Maßnahme nach § 183a LVwG muss die **gefahrenabwehrende Identitätsfeststellung** sein. Dient der ärztliche Eingriff anderen Zwecken, so ist er nicht nach § 183a LVwG erlaubt. Insbesondere für die **gefahrenabwehrende Blutprobenentnahme**, mittels derer festgestellt werden soll, ob von der untersuchten Person eine Gefahr z. B. der **Übertragung einer HIV-Erkrankung** ausgeht, bedarf es einer gesonderten Rechtsgrundlage. Diese wurde mit der Reform 2021 in **§ 183b LVwG** eingefügt.

Abzugrenzen ist die Maßnahme auch von den **repressiven Maßnahmen** der **StPO**. Die Untersuchung zur Identitätsfeststellung zu Zwecken der Strafverfolgung ist nach den **Vorgaben der §§ 81a ff. StPO** durchzuführen. Hinsichtlich der Identifizierung von Verstorbenen ist die Maßnahme nach § 183a LVwG zu repressiven Maßnahmen bei **Todesermittlungsverfahren im Sinne des § 159 StPO** abzugrenzen. § 183a LVwG findet gemäß der Gesetzesbegründung 2006 insbesondere dann Anwendung, wenn es um die

> „Identifizierung unbekannter Toter im Zusammenhang mit Großschadensereignissen außerhalb von Todesermittlungsverfahren“[55]

geht. Anlass für diese Gesetzesänderung war die Tsunami-Katastrophe in Südostasien aus dem Jahre 2004. Dementsprechend selten dürfte die Re-

55 LT Schl.-H. DruckS. 16/670 vom 07.03.2006, S. 35.

gelung in der Praxis zur Anwendung gelangen. Vorrangig dürften hier in der Regel die Maßnahmen nach § 88 StPO (Identifizierung des Verstorbenen vor Leichenöffnung) in Verbindung mit § 81f StPO (Verfahren bei der molekulargenetischen Untersuchung) sein.

12. Untersuchung von Personen, § 183b LVwG

Durch die Novellierungen des Polizeirechts in 2021 wurde mit § 183b LVwG eine Ermächtigung für die körperliche Untersuchung zur Gefahrenabwehr geschaffen. Die Norm zielt insbesondere auf den Schutz des Opfers von Gewalttaten ab, wenn durch die Tat die Gefahr besteht, dass durch das Handeln der zu untersuchenden Person eine hochinfektiöse Krankheit, wie z. B. HIV, übertragen wurde.

Grundrechtsrelevanz

Eine **körperliche Untersuchung** stellt einen Eingriff in das **Recht auf körperliche Unversehrtheit** gemäß Art. 2 Abs. 2 Satz 1 GG dar. Dieses Grundrecht gewährleistet die Gesundheit eines Menschen im biologisch-physiologischen Sinne und schützt im Weiteren ebenfalls vor solchen psychischen Beeinträchtigungen, die in ihren Auswirkungen körperlichen Schmerzen gleichkommen.

Zweck

Zeck der Einfügung des § 183b LVwG 2021 war eine Befugnis zur Durchführung der sogenannten „**präventiven Blutprobe**“ zu schaffen,

> „um im Falle der Verletzung von Einsatzkräften und der Gefahr einer Übertragung hochinfektiöser Krankheiten schnellstmöglich Gegenmaßnahmen ergreifen zu können.“[56]

> „So kann durch eine Postexpositionsprophylaxe (PEP) in einem sehr engen Zeitfenster nach Übertragung der Krankheit der Krankheitsausbruch verhindert oder zumindest der Verlauf der Krankheit abgemildert werden. Ob eine solche Behandlung notwendig ist, kann erst aufgrund einer Untersuchung des Infektionsstatus des potentiellen Überträgers geklärt werden.“[57]

Grenzen

Die körperliche **Untersuchung** einer Person ist von der **Durchsuchung** der Person nach der Zweckrichtung und der Eingriffstiefe zu unterscheiden. Eine Person wird durchsucht, wenn nach körperfremden Gegenständen

56 LT Schl.-H. DrucksS. 19/2118 vom 22.04.2020, S. 63.
57 LT Schl.-H. DrucksS. 19/2118 vom 22.04.2020, S. 76.

oder Spuren in oder an der Kleidung oder der Körperoberfläche gesucht wird. Dazu zählt auch die Suche in einsehbaren Körperöffnungen oder Körperhöhlen (Mund, Nase, Ohren, Achselhöhle). Für das Durchsuchungsverfahren ist medizinischer Sachverstand nicht erforderlich. Abgrenzungsprobleme zwischen Untersuchung und Durchsuchung gibt es bei Körperöffnungen und Körperhöhlen. Es liegt eine Durchsuchung vor, wenn die Öffnungen des Körpers **ohne weitere Hilfsmittel einsehbar** sind, also der Betrachtung frei zugänglich sind. Der Intimbereich einer Person ist in der Regel durch Bekleidung geschützt und somit nicht einsehbar, somit stellt der gezielte Blick in den menschlichen Schambereich aufgrund der hohen Eingriffsintensität dieser Maßnahme generell eine Untersuchung dar. Eine Untersuchung zielt im Allgemeinen darauf ab, den Zustand und die Beschaffenheit des Körpers und seiner Bestandteile festzustellen.

Struktur

Gemäß **Absatz 1 Satz 1** kann eine Person körperlich untersucht werden zur Abwehr einer **Gefahr für Leib und Leben**. Ein solche Gefahr für Leib und Leben liegt vor, wenn der Verdacht besteht, dass der Betroffene als Überträger einer **hochinfektiösen, ggf. lebensbedrohlichen Krankheit** infrage kommt und diese auf dritte Personen übertragen hat. Diese Verdachtslage kann sich daraus ergeben, dass der Betroffene selbst z.B. auf eine Aids- oder Hepatitiserkrankung aufmerksam macht, sehr deutlich Symptome einer hochinfektiösen Erkrankung zeigt oder einer sonstigen Risikogruppe angehört. Insbesondere zielt die Norm auf den **Schutz des Opfers von Gewalttaten** ab.

Wenn bspw. bei einer Widerstandshandlung im Bereich einer offenen Drogenszene der Adressat einer Maßnahme einen eingesetzten Polizeivollzugsbeamten beißt und so stark dadurch verletzt, dass eine blutende Handwunde im Krankenhaus behandelt werden muss und zudem der Angreifer selbst bekundet, „HIV-positiv" zu sein, muss **schnellstmöglich** zum Schutz des Polizeivollzugsbeamten gehandelt werden. Das Ermitteln eines Infektionsstatus ist die Voraussetzung für eine erfolgreiche Behandlung des Opfers z.B. mit einer **Postexpositionsprophylaxe (PEP)**. Dabei handelt es sich um eine mehrwöchige antiretrovirale Behandlung, um eine HIV-Infektion nach möglicher Exposition zu verhindern oder deren Verlauf zumindest abzumildern. Bei einem HIV-Risikokontakt und der nachgewiesenen Positivtestung einer Person sollte vor Ablauf von 24 Stunden mit einer Postexpositionsprophylaxe begonnen werden. Das beste Behandlungsergebnis ist innerhalb eines Zeitfensters von 2 Stunden zu erwarten. Je größer der Zeitverzug vor Therapiebeginn ist, desto geringer sind die Erfolgschancen zur

Abwehr einer übertragenen Infektion. Der Therapiebeginn nach 72 Stunden wird medizinisch als wirkungslos eingeschätzt. Da die PEP-Behandlung ihrerseits mit erheblichen Nebenwirkungen verbunden ist, muss vorher mittels präventiver Blutprobe nach § 183b LVwG geklärt werden, ob der Schädiger überhaupt eine entsprechende Krankheit in sich trägt und diese übertragen konnte.

Die Norm kann auch zum **Schutz des Betroffenen** selbst Anwendung finden. „Eine Person" im Sinne des Absatz 1 Satz 1 ist z.B. auch der Drogenkurier, der Kokain in Transportkapseln geschluckt hat, und nun zur Abwehr der Lebensgefahr durch eine mögliche BtM-Intoxikation untersucht werden soll. Für die Untersuchung kann z.B. eine Blutprobe entnommen werden oder ein anderer körperlicher Eingriff, wie das Verabreichen eines Brechmittels, durchgeführt werden. Die Zielrichtung muss hierbei präventiv-polizeilich zum Schutz von Leib und Leben des Betroffenen erfolgen, nicht repressiv (zum Erlangen von Beweismitteln für ein Strafverfahren).

Die Anordnung der Blutprobenentnahme gemäß § 183b LVwG kann auch **gegen den Willen des Betroffenen** durchgeführt und nötigenfalls mit Zwang durchgesetzt werden. Es sollte jedoch das Mitwirken des Verursachers und seine Einwilligung in die Maßnahme angestrebt werden.

Die für die Untersuchung erforderlichen körperlichen Eingriffe sind gemäß **Absatz 1 Satz 2** von einer **Ärztin oder einem Arzt** nach den Regeln der ärztlichen Kunst vorzunehmen. Zu den „**Regeln ärztlicher Kunst**" hat der Bundesgerichtshof[58] im Arzthaftungsrecht den Begriff des „ärztlichen Standards" entwickelt und in das Bürgerliche Gesetzbuch aufgenommen (siehe § 630a Abs. 2 BGB). Dieser ärztliche Standard gibt Auskunft darüber, welches Verhalten von einem gewissenhaften und aufmerksamen Arzt in einer konkreten Behandlungssituation aus der berufsfachlichen Sicht eines Fachbereichs zum Zeitpunkt der Behandlung erwartet werden kann. **Körperliche Eingriffe** liegen dann vor, wenn durch den Einsatz medizinischer Geräte ein Befund erhoben wird. Dieses erfolgt nicht nur wie im Beispiel des Drogenkuriers durch Zuführen von Stoffen zum Körper (Brechmittel), sondern vor allem durch Entnahme einer Körperflüssigkeit (Blut, Harn etc.).

Absatz 2 stellt den körperlichen Eingriff generell unter den **Richtervorbehalt**. Bei Gefahr im Verzug, wenn die richterliche Entscheidung nicht rechtzeitig zu erreichen ist, kann die Polizei die Maßnahme in Eilzuständigkeit selbst anordnen.

58 BGH NJW-RR 2014, 1053.

Absatz 3 begründet in Ergänzung zu den datenschutzrechtlichen Betroffenenrechten der Art. 12 ff. DSGVO und §§ 31 ff. LDSG den Auskunftsanspruch der betroffenen Person auf die bei der Untersuchung erhobenen personenbezogenen Daten. Die Weiterverarbeitung der erhobenen Daten darf nur zum Schutz vor oder zur Abwehr von schwerwiegenden Gesundheitsgefährdungen erfolgen.

13. Datenerhebung bei öffentlichen Veranstaltungen und Ansammlungen sowie auf öffentlichen Flächen, § 184 LVwG

> Diese Norm regelt die offene Datenerhebung personenbezogener Daten zur Straftatenverhütung. Auf die Datenerhebung ist daher in geeigneter Weise hinzuweisen.
>
> Es dürfen bei Veranstaltungen und Ansammlungen, die nicht dem VersFG unterfallen, Bild- oder Tonaufzeichnungen gefertigt werden. Insoweit gilt die Polizeifestigkeit der Versammlung.
>
> § 184 ermächtigt außerdem dazu, auf allgemein zugänglichen Flächen oder in allgemein zugänglichen Räumen sowie an Kriminalitäts- und Gefahrenschwerpunkten Bildaufnahmen und Bildaufzeichnungen anzufertigen.
>
> Zur Eigensicherung von Polizeivollzugsbeamten und Dritten ist außerdem die Anfertigung von Bildaufnahmen und Bild- oder Tonaufzeichnungen gestattet.

Grundrechtsrelevanz

Auch die Datenerhebung im öffentlichen Raum oder bei Veranstaltungen und Ansammlungen greift in das **allgemeine Persönlichkeitsrecht**, insbesondere **das Recht am eigenen Bild**, gemäß Art. 2 Abs. 1 i. V. m. Art. 1 Abs. 1 GG ein, da beim Filmen oder Fotografieren von Personen stets personenbezogene Daten erfasst und verarbeitet werden. Somit sind alle Bild- und Videoaufnahmen und natürlich auch Videoaufzeichnungen Datenerhebungen im Sinne dieses Gesetzes. Das Recht am eigenen Bild ist immer auch Bestandteil des Grundrechts auf **informationelle Selbstbestimmung** als Bestandteil des allgemeinen Persönlichkeitsrechts. Da die Datenerhebung offen in Kenntnis der betroffenen Person erfolgt, ist der Eingriffscharakter gering. Zum Schutz des Art. 8 GG sind Versammlungen von der Maßnahme ausdrücklich ausgenommen. Hier greift der Vorrang des spezielleren VersFG entsprechend dem Grundsatz der Polizeifestigkeit der Versammlung.

Zweck, Umfang

Der **Absatz 1** regelt die Voraussetzungen für die Erhebung von personenbezogenen Daten bei oder im Zusammenhang mit öffentlichen Veranstaltungen oder Ansammlungen und legitimiert die Polizei und Ordnungsbehörden bei Veranstaltungen mit öffentlichem Charakter grundsätzlich personenbezogene Daten offen zu erheben und unter bestimmten Voraussetzungen nach der Erhebung auf Datenträgern zu speichern.

Öffentlich bedeutet in diesem Zusammenhang, dass zumindest die Möglichkeit der Teilnahme unter allgemein gültigen Voraussetzungen gegeben ist. Die Frage eines Eintrittsgeldes spielt dabei keine Rolle.

Der Begriff der **Ansammlung** entspricht dem des § 113 Ordnungswidrigkeitengesetz (OWiG). Danach liegt eine Ansammlung vor, wenn sich eine **größere Anzahl von Personen** zusammenfindet und es für deren Größe nicht mehr von Bedeutung ist, ob einzelne Personen hinzukommen oder wegtreten. In Abgrenzung zur **Versammlung** im Sinne von Art. 8 GG und dem VersFG handelt es sich um eine Ansammlung, wenn die Personen **nicht innerlich verbunden** sind aufgrund eines gemeinsamen Zwecks zur Meinungsbildung oder Meinungsäußerung. Kommen also mehrere Passanten als Schaulustige spontan zusammen z. B. bei Auftritten von prominenten Personen oder Schadensereignissen, wie Verkehrsunfällen, liegt eine Ansammlung, jedoch keine Versammlung vor. Im VersFG finden sich zu Bild- und Tonaufnahmen spezielle Regelungen in den §§ 16 und 22 VersFG.

Veranstaltungen sind besondere Formen von Ansammlungen, die zeitlich begrenzt stattfinden, einen gewissen Organisationsgrad aufweisen und zu einem bestimmten Zweck erfolgen, der jedoch nicht in der Meinungsbildung oder Meinungsäußerung liegt.

Die Formulierung **bei oder im Zusammenhang** erlaubt Maßnahmen über den Veranstaltungsort und die Veranstaltungszeit hinaus, erfordert aber einen klaren räumlichen oder zeitlichen Bezug zu den vorgenannten Anlässen. Damit fallen auch die unmittelbare Umgebung eines Veranstaltungsortes, Treffpunkte sowie An- und Abreisewege von Veranstaltungsteilnehmern darunter. Der Gesetzgeber fordert weiterhin als Voraussetzung für die Erhebung personenbezogener Daten, dass **Tatsachen**[59] für die Begehung von Straftaten oder Ordnungswidrigkeiten von erheblicher Bedeutung sprechen. Es genügen also im Vergleich zur Befragung nach § 180 Abs. 1 LVwG nicht bloß „tatsächliche Anhaltspunkte", sondern es müssen belastbare Informationen in Form von bestimmten Tatsachen vorliegen. Eine konkrete Gefahr muss dabei nicht vorliegen. Zulässig ist auch eine Datenerhebung zum Zwecke der Verhütung zukünftiger **Straftaten oder Ordnungswidrig-**

59 Zum Begriff „Tatsachen" vergleiche die Ausführungen zu § 179 Absatz 2, 3 LVwG und zu § 180 Absatz 1 LVwG.

keiten von erheblicher Bedeutung. Eine Ordnungswidrigkeit von erheblicher Bedeutung liegt vor, wenn der Unrechtsgehalt bzw. Sanktionscharakter dem einer Straftat entspricht. Dies kann sich insbesondere aus dem betroffenen Rechtsgut oder der Begehungsweise ergeben.

Adressat der Datenerhebung kann jeder sein, bei dem Tatsachen dafür sprechen, dass er eine Straftat oder Ordnungswidrigkeit von erheblicher Bedeutung begehen wird. Die Maßnahme richtet sich damit nur gegen Störer im Sinne der §§ 218, 219 LVwG.

Gemäß Absatz 1 ist nur die **offene Datenerhebung** zulässig, wie es auch die Grundsätze der Datenerhebung gem. § 178 Abs. 2 Satz 1 LVwG vorsehen. Der Einsatz von technischen Mitteln zur Anfertigung von Bildaufnahmen, Bild- oder Tonaufzeichnungen ist hinsichtlich des „Erhebungsmediums“ im § 184 Abs. 1 LVwG nicht abschließend geregelt. Vorgegeben sind jedoch zwei grundsätzliche Möglichkeiten der Datenerhebung:

1. Übertragung von Bild und/oder Ton durch Technik ohne Speicherung der Daten (Kamera-Monitor-Prinzip).
2. Das Fertigen von Fotos, Film-/Videoaufzeichnungen und Tonaufnahmen und das Speichern des beschafften Materials auf einem Datenträger.

Der **Absatz 2** ermöglicht die offene Videoüberwachung an öffentlichen Plätzen und Kriminalitäts- und Gefahrenschwerpunkten durch die Ordnungsbehörden und die Polizei zum Zwecke der Gefahrenabwehr.

Absatz 2 Satz 1 ermächtigt die **Ordnungsbehörden und die Polizei** allgemein zugängliche Flächen und Räume durch technische Mittel zur Bildübertragung offen zu beobachten. Die Frage, ob eine Fläche oder ein Raum allgemein zugänglich ist, beantwortet sich anhand der tatsächlichen Nutzung. Diese erfolgt durch einen unbestimmten Personenkreis. Hier bietet sich ein Vergleich mit dem verkehrsrechtlichen Begriff des **öffentlichen Verkehrsraumes** an. Liegt dabei jedoch eine private Verfügungsgewalt vor, bedarf die Beobachtung der Zustimmung des Berechtigten, denn die reine Duldung der Nutzung durch Dritte umfasst nicht automatisch die Zustimmung des Berechtigten zur Maßnahme nach § 184 Abs. 2 LVwG.

Bei diesen Örtlichkeiten handelt es sich in der Regel um:

- öffentliche Plätze,
- Bahnhöfe,
- Bushaltestellen,
- Flughäfen,
- Schiffsanlegestellen,
- öffentliche Gebäude.

In diesem Zusammenhang sind nur Bildübertragungen möglich, das heißt: keine Bildaufnahmen oder -aufzeichnungen. Der Begriff Bildübertragung entspricht dem Kamera-Monitor-Prinzip. Im Grunde genommen handelt es sich hierbei um einen Ersatz für tatsächliche polizeiliche oder ordnungsbehördliche Präsenz an den vorgenannten Orten. Die Überwachung kann statt der Beobachtung vor Ort am Monitor für mehrere Orte gebündelt erfolgen. Die Maßnahme ist aufgrund der geringen Eingriffstiefe, wie das „Streifegehen", bereits zur Aufgabenerfüllung zulässig.

Beispiel

Im Zusammenhang mit einem Stadtfest werden durch die Ordnungsbehörde offen installierte Kameras zur Bildübertragung in Zusammenhang mit der Überwachung von Normverstößen gegen das Jugendschutzgesetz betrieben.

Gemäß des **Absatzes 2 Satz 2** werden unter den dort festgelegten Voraussetzungen Bildaufnahmen und -aufzeichnungen zum Zwecke der Gefahrenabwehr zugelassen. Der offene Einsatz von technischen Mitteln zur Anfertigung von Bildaufnahmen oder Bildaufzeichnungen durch die Ordnungsbehörden und die Polizei ist nur an besonderen Örtlichkeiten zugelassen. Es handelt sich hier um allgemein zugängliche Flächen und Räume, die Kriminalitäts- oder Gefahrenschwerpunkte sind. Derartige Orte sind anhand der polizeilichen Lagebilder zu ermitteln. Beispielhaft für diese Örtlichkeiten können sein:

- Orte der offenen Drogenszene,
- Bereiche um Diskotheken oder Spielhallen,
- sog. „Rotlichtbezirke".

Weitere Voraussetzung ist, dass **Tatsachen** die Annahme rechtfertigen, dass **Schäden für Leib, Leben oder Freiheit oder gleichgewichtige Schäden für andere Rechtsgüter** zu erwarten sind.

Kriminalstatistiken der Polizei können Tatsachen darstellen, die die Annahme rechtfertigen, dass an bestimmten Orten oder in deren unmittelbarer Umgebung künftig diese erheblichen Gefahren drohen. Eine besondere Gefahrenlage kann sich auch aufgrund der Symbolträchtigkeit bestimmter Örtlichkeiten oder Gebäude ergeben, wenn eine bestimmte terroristische Bedrohungslage für diese vorliegt (vgl. dazu die Ausführungen zu § 181 Abs. 2 Nr. 2 und 3 LVwG).

Die Bildaufnahmen und Bildaufzeichnungen sind örtlich eng zu beschränken. Die Anordnung der Maßnahme ist grundsätzlich auf maximal sechs Monate zu befristen. Allerdings ist eine Verlängerung dieser Anordnung zulässig, sofern die Voraussetzungen, also die Gefahren für die besonders geschützten Rechtsgüter, weiterhin vorliegen.

Absatz 3 ermöglicht die sogenannte „Schutzdatenerhebung“ mittels Anfertigung von Bild- und Tonaufzeichnungen zur Eigensicherung der Polizeivollzugskräfte oder zum Schutz dritter Personen bei der Durchführung einer polizeilichen Maßnahme. Dritte sind Personen, die sich am Ort der polizeilichen Maßnahme aufhalten oder sich in unmittelbarer Nähe dieses Ortes befinden und so von der polizeilichen Maßnahme betroffen sein können. Der Zweck der Datenerhebung ist somit die Abschreckung und Identifizierung potenzieller Angreifer zur Steigerung der Eigensicherungskompetenz der Polizeivollzugskräfte im Einsatz.

Eine konkrete Gefahr muss daher nicht vorliegen. Betroffene sollen zusätzlich darauf hingewiesen werden, dass fotografische Aufnahmen, Videoaufzeichnungen oder auch Tonaufnahmen in der Einsatzsituation gefertigt und auch gespeichert werden. Die Aufzeichnungen können zur Beweissicherung für die Verfolgung von Straftaten herangezogen werden. Ansonsten sind die Aufnahmen und Aufzeichnungen spätestens drei Tage nach dem Anfertigen zu löschen.

Absatz 3 trifft keine Einschränkungen im Hinblick auf den **Einsatz in Wohnungen**. Vor dem Hintergrund des besonderen Schutzes der Wohnung über Art. 13 Abs. 7 GG sind die Vorgaben des § 184a LVwG analog anzuwenden.

Gemäß **Absatz 4** darf die Datenerhebung nach den Absätzen 1 bis 3 auch durchgeführt werden, wenn Dritte unvermeidbar betroffen sind. Diese Ausnahmeregelung zielt darauf ab, dass personenbezogene Daten auch über dritte Personen, die nicht als Verantwortliche im Sinne von §§ 218 und 219 LVwG in Anspruch genommen werden, erhoben werden können. Es handelt sich in der Regel um Personen, die sich zufällig an den durch technische Mittel überwachten Orten aufhalten. Des Weiteren geben die strengen Löschfristen vor, dass die gemäß Absatz 1 und 2 erhobenen und auf Datenspeichern vorhandenen personenbezogenen Daten aus Bild- oder Tonaufzeichnungen spätestens einen Monat nach ihrer Erhebung zu löschen sind. Bei der sogenannten Datenerhebung zur Eigensicherung aus Absatz 3 wurde die Löschfrist noch enger gefasst. Hier sind die angefertigten Aufnahmen spätestens drei Tage nach ihrer Anfertigung zu löschen.

Gemäß Absatz 4 Satz 3 besteht die Möglichkeit, die erhobenen und auf einem Speichermedium vorhandenen Daten zweckändernd zu nutzen und von den vorgegebenen Löschfristen abzuweichen. So können die zu präventiven Zwecken bei der Überwachung erhobenen Daten auch als Beweismittel in einem Strafverfahren oder einem Ordnungswidrigkeitenverfahren verwendet werden. In diesem Zusammenhang muss die Zweckänderung der Daten im Einzelfall festgestellt und dokumentiert werden (z. B. in der Ermittlungsakte). Des Weiteren eröffnet die Vorschrift die Möglichkeit, die vorhandenen personenbezogenen Daten auch über die Löschfristen hinaus zu speichern, wenn Tatsachen dafürsprechen, dass Personen auch zukünftig vergleichbare Straftaten oder Straftaten im Sinne von § 179 Abs. 2 LVwG, wie insbesondere Verbrechen oder besonders sanktionierte Vergehen, begehen könnten. Sollen die ursprünglich präventiv erhobenen Daten strafprozessual genutzt werden, gelten die gesetzlichen Vorgaben des § 101 StPO. Hieraus ergeben sich umfangreiche Kennzeichnungs-, Lösch- und Benachrichtigungspflichten für die ermittlungsführende Polizeidienststelle und die zuständige Staatsanwaltschaft. Des Weiteren eröffnen sich Möglichkeiten der gerichtlichen Überprüfung für die Betroffenen.

Beispiel

In einer Großstadt Schleswig-Holsteins wird eine offene Videoüberwachung im Bahnhofsviertel an einem Kriminalitätsbrennpunkt der offenen Drogenszene durch die zuständige Polizeidienststelle durchgeführt. Sollten Auswertungen des aufgezeichneten Bildmaterials ergeben, dass Betäubungsmittelverstöße zufällig aufgezeichnet wurden, kann dieses Bildmaterial in einem Strafverfahren wegen Verstößen gegen das Gesetz über den Verkehr mit Betäubungsmitteln (BtMG) als Beweismittel zugelassen werden.

Gemäß des **Absatzes 5** soll auf den Umstand der offenen Datenerhebung nach den Absätzen 1–3 in geeigneter Weise hingewiesen werden. Darauf kann aber verzichtet werden, wenn die polizeiliche oder ordnungsbehördliche Datenerhebung für potenzielle Betroffene offensichtlich ist. Dies ist insbesondere der Fall, wenn die Überwachungstechnik so offensichtlich angebracht ist, dass sie nicht zu übersehen ist.

14. Einsatz körpernah getragener Aufnahmegeräte, § 184a LVwG

Die Norm regelt den Einsatz der sogenannten „Bodycams“ als Eigensicherungsmittel der Polizeivollzugskräfte. Bodycams sind körpernah getragene Bild- und Tonaufnahmegeräte, die zum Schutz der Einsatzkräfte durch ihren offenen Einsatz auf gewaltbereite Personen deeskalierend wirken sollen. § 184a LVwG ergänzt insoweit die Eigensicherungsmöglichkeiten durch offene Bild- und Tonaufzeichnung nach § 184 Abs. 3 LVwG.

Grundrechtsrelevanz

Mittels Bodycam werden Einsätze der Polizeivollzugskräfte offen sichtbar für die von der jeweiligen polizeilichen Maßnahme betroffenen Personen durch Bild- und Tonaufzeichnungen dokumentiert. Da die Bodycam in der Regel an der Uniform des handelnden Beamten befestigt ist, wird vor allem das polizeiliche Gegenüber in Bild und Ton festgehalten. Damit ist die Eingriffstiefe der Maßnahme größer als bei einer stationären Videoüberwachung im Sinne des § 184 LVwG. Die Maßnahme betrifft das **allgemeine Persönlichkeitsrecht** insbesondere in seiner Ausprägung des **Rechts am eigenen Bild** sowie insgesamt das **Recht auf informationelle Selbstbestimmung** gemäß Art. 2 Abs. 1 GG i. V. m. Art. 1 Abs. 1 GG. Da es sich um eine Maßnahme der offenen Datenerhebung handelt, ist der Eingriffsgehalt geringer Natur. Zu beachten ist beim Einsatz der Bodycam, dass diese als Eigensicherungsinstrument auch im nach Art. 13 GG besonders geschützten Bereich der **Wohnung** eingesetzt werden kann. Der Gesetzestext des § 184a LVwG beschränkte den Bodycam-Einsatz bis zum Mai 2024 auf befriedetes Besitztum und Geschäftsräume mit Ausnahme von denjenigen Bereichen, innerhalb derer Berufsgeheimnisträgerinnen und -träger ihre Tätigkeit ausüben. Befriedetes Besitztum, das nicht allein dem privaten Wohnbereich zuzurechnen und der Öffentlichkeit zugänglich gemacht ist, oder Geschäftsräume, die der Öffentlichkeit zugänglich sind, unterfallen dem Wohnungsbegriff, unterstehen aber nicht dem gleichen Schutzniveau wie ausschließlich privat genutzte Räumlichkeiten. Hier ist der Einsatz nur zur Abwehr einer dringenden Gefahr im Sinne des Art. 13 Abs. 7 GG, nämlich der gegenwärtigen, erheblichen Gefahr zulässig. Seit Mai 2024 ist der Bodycam-Einsatz auch in Wohnungen zulässig.

Zweck, Umfang

Bodycams kommen als präventiv-polizeiliche Maßnahme in Situationen zum Einsatz, bei denen aufgrund der Gesamtumstände mit einer Gefährdung der Polizeikräfte oder unbeteiligter Dritter zu rechnen ist. Durch den offenen Kameraeinsatz soll in diesen Fällen eine deeskalierende Wirkung auf gewaltbereite Personen erzeugt und die Gefahr gewalttätiger Übergriffe auf Polizeibeamtinnen und -beamte sowie Dritte verringert werden.

Die Kameras wurden im Rahmen eines 13-monatigen Pilotprojekts in Schleswig-Holstein durch Polizeibeamtinnen und -beamte getestet. In Schleswig-Holstein begann die Erprobung der Bodycam im Juni 2018. In drei Pilotdienststellen in Kiel und Lübeck und der 1. Einsatzhundertschaft der PDAFB wurden jeweils zwölf Geräte beim täglichen Dienst an öffentlich zugänglichen Orten und bei öffentlichen Großveranstaltungen getestet. Das Pilotprojekt hat ergeben, dass die Bodycam zur Deeskalation von Gefahren- und Konfliktsituationen beitragen kann. Ebenso macht sie polizeiliches Handeln transparenter und erleichtert die Beweisführung im Strafverfahren.

Struktur

§ 184a LVwG schafft in Ergänzung zu § 184 Abs. 3 LVwG eine bereichsspezifische Rechtsgrundlage für das Eigensicherungsinstrument Bodycam. Dabei legen Absatz 1 und 2 die tatbestandlichen Anwendungsvoraussetzungen fest. Absatz 3 beschreibt den Aufnahme- und Speicherungsprozess der Bodycam im Einsatz. Absatz 4 und 5 bestimmen die Speicherungs- und Löschfristen sowie die entsprechende Dokumentation.

Nach **Absatz 1 Satz 1** dürfen Bild- und Tonaufnahmen an **öffentlich zugänglichen Orten** erstellt werden, wenn Tatsachen die Annahme rechtfertigen, dass dies zum Schutz von Polizeibeamtinnen und Polizeibeamten oder Dritten gegen eine Gefahr für die körperliche Unversehrtheit erforderlich ist. Die Aufzeichnung umfasst Bild- und Tonaufzeichnungen. Tonaufzeichnungen sind deshalb erforderlich, weil gewalttätigen Übergriffen in der Regel beleidigendes verbales Verhalten vorausgeht. Das deutliche Signal, dass auch entsprechende Äußerungen aufgenommen werden, kann frühzeitig eine gewalttätige Eskalation verhindern. Darüber hinaus erleichtert die Nutzung von Tonaufnahmen die Rekonstruktion eines Geschehensablaufs. Die Anfertigung von Bild- und Tonaufzeichnungen ist nur zulässig, wenn durch Tatsachen begründete Anhaltspunkte die Annahme rechtfertigen, dass dies zum Schutz vor Angriffen auf die körperliche Unversehrtheit erforderlich ist. Bild- und Tonaufzeichnungen dürfen erst dann angefertigt werden, wenn im konkreten Einsatzgeschehen Tatsachen darauf hindeuten, dass eine Situation einen **gewalttätigen Verlauf** nehmen könnte. Der gewalttätige Übergriff muss weder begonnen haben noch muss er unmittelbar bevorstehen. Die Aufnahmen sind vielmehr bereits im **Vorfeld einer konkreten Gefahr** zulässig, wenn es sich um ein Einsatzgeschehen handelt, bei dem die jeweiligen Umstände im Einzelfall den Schluss auf eine mögliche Eskalation zulassen.

Der Einsatz der Bodycam ist nicht nur zum Schutz von Polizeibeamtinnen und Polizeibeamten, sondern auch zum Schutz von Dritten zulässig. Damit sind bspw. auch Kräfte der Feuerwehr oder des Rettungsdienstes erfasst.

Nach Absatz 1 Satz 2 ist die offene Datenerhebung **auf befriedetem Besitztum und in Geschäftsräumen** nur zur **Abwehr einer gegenwärtigen, erheblichen Gefahr** erlaubt; es muss also ein erheblicher Schaden unmittelbar zu befürchten sein. Damit folgt Satz 2 den Anforderungen zum Eingriff in den

Schutzbereich der **Unverletzlichkeit der Wohnung** gemäß Art. 13 Abs. 7 GG. Die Maßnahme auf befriedetem Besitztum und in Geschäftsräumen darf aufgrund der besonderen Eingriffsschwere nur durch den einsatzleitenden Polizeivollzugsbeamten vor Ort angeordnet werden (Satz 3). Die auf befriedetem Besitztum und in Geschäftsräumen vorgenommenen Aufnahmen dürfen nur nach vorheriger richterlicher Feststellung der Rechtmäßigkeit der Datenerhebung weiterverarbeitet werden (Satz 4). Eine Erweiterung auf den Einsatz in Wohnungen insgesamt war entsprechend den Bedarfen der polizeilichen Praxis **de lege ferenda** schon immer wünschenswert, da gerade den Einsätzen im häuslichen Bereich in geschlossenen Räumen ein besonderes Gefährdungspotenzial für die Polizeivollzugskräfte innewohnt. Die Eingriffsschwelle gemäß § 184a Abs. 1 Satz 2 LVwG würde dies verfassungskonform ermöglichen. Seit Mai 2024 ist der Einsatz der Bodycam in Wohnungen zulässig, wenn Tatsachen dafür sprechen, dass dies zum Schutz von Polizeibeamtinnen oder -beamten oder Dritten vor einer gegenwärtig erheblichen Gefahr für Leib, Leben oder Freiheit oder für die sexuelle Selbstbestimmung erforderlich ist. Der Einsatz der Bodycam wäre demnach bereits im Vorfeld einer konkreten Gefahr zulässig, sofern im konkreten Einsatzgeschehen Tatsachen darauf hindeuten, dass es zu einer Eskalation kommen kann. Dies wird sprachlich durch die Formulierung, „[...] wenn Tatsachen dafür sprechen ...“ zum Ausdruck gebracht.

Eine Datenerhebung darf auch nicht erfolgen und ist zu unterbrechen, solange sich tatsächliche Anhaltspunkte dafür ergeben, dass die Daten dem Kernbereich privater Lebensgestaltung zuzurechnen sind. Die Rechtsprechung des Bundesverfassungsgerichts leitet aus der Unantastbarkeit der Menschenwürde (Art. 1 Abs. 1 GG) einen absolut zu schützenden Kernbereich privater Lebensgestaltung ab. Informationen aus diesem Kernbereich dürfen nicht erhoben werden. Den Gesetzgeber trifft die Pflicht, staatliche Eingriffsbefugnisse mit besonderen Regelungen zum Schutz des Kernbereichs privater Lebensgestaltung zu versehen. Dies ist mit dem Hinweis auf den zu schützenden Kernbereich privater Lebensgestaltung im § 184a LVwG erfolgt. Die Gefahr, dass der Kernbereich privater Lebensgestaltung beim Betreten von Wohnungen mit Einsatz der Bodycam betroffen sein könnte, ist gegeben. Unter dem Kernbereich privater Lebensgestaltung ist der Schutz vor staatlicher Überwachung zu verstehen, bestimmte innere Vorgänge wie Empfindungen und Gefühle sowie Überlegungen und Ansichten sowie bestimmte private Verhaltensweisen zum Ausdruck zu bringen. Grundsätzlich lässt sich die Position vertreten, dass nicht jeder Aspekt der privaten Lebensgestaltung schon deshalb in den Kernbereich fällt, weil er sich in einer Wohnung abspielt. Neben dem intimen Charakter der Lebensgestaltung muss auch der subjektive Wunsch des Betroffenen klar sein, dass eben diese sehr private, intime Information nicht für die Öffentlichkeit bestimmt ist.

Ausgenommen sind ferner Räumlichkeiten von Berufsgeheimnisträgerinnen und -trägern, um für diese einen absoluten Schutz der besonderen Vertraulichkeit ihrer Räumlichkeiten, der dort geführten Gespräche sowie der vorhandenen Unterlagen zu gewährleisten.

Erlaubt ist ausschließlich der offene Einsatz der Bodycam. Auf die Aufnahme ist in geeigneter Form hinzuweisen. Für die betroffene Person muss daher erkennbar sein, dass aufgezeichnet wird. Dies ergibt sich ohnehin schon aus dem Sinn und Zweck des Einsatzmittels: So kann die Bodycam eine deeskalierende Wirkung nur entfalten, wenn die betroffene Person von ihrem Einsatz Kenntnis hat. Vor Beginn der Aufzeichnung hat daher regelmäßig ein mündlicher Hinweis der Polizeibeamtin oder des Polizeibeamten zu erfolgen. Darüber hinaus tragen die Polizeikräfte Funktionswesten mit einem auf die Videoaufzeichnung hinweisenden Schriftzug.

Absatz 2 stellt klar, dass die Aufzeichnung auch dann zulässig ist, wenn Dritte unvermeidbar betroffen sind.

Neben Aufzeichnungen, die erst nach manueller Auslösung gestartet werden, sind auch Vorabaufnahmen (sogenanntes „Pre-Recording") bis zu einer Dauer von zwei Minuten zulässig (**Absatz 3**). Die aufgezeichneten Daten werden zunächst nur in einen flüchtigen Speicher aufgenommen. Erst wenn die Aufnahme durch die Polizeivollzugsbeamtin oder -beamten ausgelöst wird, werden die Daten des Pre-Recording dauerhaft gespeichert. Die Vorabaufnahme ist zunächst erforderlich, damit keine Verzögerung nach dem Auslösen der Aufzeichnung durch ein Hochfahren der Kameras entsteht. Zudem wird die Gefahr eines zu späten manuellen Auslösens der Kamera durch die Beamtin oder den Beamten verringert, wenn eine Standardsituation plötzlich in eine besondere Gefahrensituation umschlägt. Auch wenn die Aufnahmen sich in diesem Modus selbstständig überschreiben und nur in einem „flüchtigen Speicher" abgelegt werden, stellt nach mittlerweile vorherrschender Auffassung auch schon das Pre-Recording einen Eingriff in das Recht auf informationelle Selbstbestimmung dar. Daher sollen auch die Vorabaufnahmen nur dann gestartet werden, wenn zumindest mit hinreichender Wahrscheinlichkeit zu erwarten ist, dass dies zum Schutz einer Person gegen eine Gefahr für die körperliche Unversehrtheit erforderlich ist.

Absatz 4 enthält verfahrensrechtliche Vorkehrungen zur Aufbewahrung und Löschung der erhobenen Daten. Nach Absatz 4 sind Bild- und Tonaufzeichnungen grundsätzlich für einen Monat zu speichern und danach zu löschen. Die einmonatige Speicherfrist dient in erster Linie der Wahrung der **Betroffenenrechte**. In Anlehnung an die einmonatige **Widerspruchsfrist gemäß § 70 VwGO**, der Verwaltungsgerichtsordnung, soll dem Betroffenen ausreichend Zeit eingeräumt werden, um die Situation nachträglich bewerten zu können und zu entscheiden, ob die Rechtmäßigkeit der polizeilichen Maßnahme überprüft werden soll. Betroffene haben also das Recht, die Bild- und Tonaufzeichnungen für die Überprüfung der Rechtmäßigkeit der aufgezeichneten polizeilichen Maßnahmen zu nutzen. Damit soll sichergestellt werden, dass technische und organisatorische Maßnahmen ergriffen werden, die eine vorfristige Löschung verhindern, solange die Frist für Betroffene noch läuft, ihre Rechte wahrzunehmen. Denn eine Löschung vor Ablauf der Frist seitens der Polizei könnte die Wahrnehmung der Rechte für die Betroffenen beeinträchtigen.

Eine darüber hinausgehende Speicherung der Daten ist nur zulässig, soweit die Aufzeichnungen zur Verfolgung von Straftaten oder Ordnungswidrigkeiten von erheblicher Bedeutung, im Einzelfall zur Gefahrenabwehr oder auf Verlangen des Betroffenen, für die Überprüfung der Rechtmäßigkeit von aufgezeichneten polizeilichen Maßnahmen erforderlich sind. Die Regelung zur Daten(weiter)verarbeitung und Zweckänderung ist abschließend. Die Bild- und Tonaufzeichnungen dürfen daher nicht für eine innerdienstliche Verhaltens- oder Leistungskontrolle verwandt werden, z. B. um Verstöße gegen die Kleiderordnung zu ahnden.

Absatz 5 bestimmt eine Dokumentationspflicht, um eine nachträgliche Kontrolle auch noch nach Abschluss der Maßnahme und Löschung der erhobenen Daten zu ermöglichen.

III. Besondere Mittel der Datenerhebung

1. Vorbemerkungen zu §§ 185 ff. LVwG

Verdeckte Erhebung personenbezogener Daten

Bei den in §§ 185 ff. LVwG genannten besonderen Mitteln der Datenverarbeitung handelt es sich ausschließlich um polizeiliche Maßnahmen zur verdeckten Datenerhebung. Eine **verdeckte Datenerhebung** liegt vor, wenn die Maßnahme zur Erhebung personenbezogener Daten getarnt vorgenommen und die Zugehörigkeit zu einer Polizeibehörde bewusst verschleiert wird. Die Maßnahme erfolgt also dann verdeckt, wenn das Mittel als solches überhaupt nicht erkennbar ist oder sein Einsatz als polizeiliche Maßnahme nicht zugeordnet werden kann.[60] Das ist z.B. der Fall, wenn aus einem Versteck heraus eine Person „heimlich" fotografiert wird oder der fotografierende Beamte sich als Tourist, der im Straßenbild nicht wahrnehmbar ist, tarnt. Das Fotografieren oder Videografieren durch uniformierte und deutlich sichtbare Polizeivollzugsbeamtinnen oder -beamte stellt dagegen eine Maßnahme der **offenen Datenerhebung** dar und richtet sich nach den Regelungen des § 179 Abs. 1 LVwG.

Verdeckte Datenerhebungsmaßnahmen werden häufig auch als „heimliche" Maßnahmen bezeichnet. Dies ist unglücklich, da damit schnell eine negative Wertung verbunden sein kann. So handelt man dem allgemeinen Sprachgebrauch nach in der Regel **„heimlich"** aus Scheu vor Bloßstellung oder weil man ein Verbot umgehen will. Dementsprechend sollte besser neutral von einer **„verdeckten Maßnahme"** gesprochen werden. Gleichwohl nutzt auch das Bundesverfassungsgericht in seinen Leitentscheidungen zu den verdeckten Datenerhebungsmaßnahmen der Gefahrenabwehrbehörden den Begriff der Heimlichkeit zur Beschreibung der Grundrechtsrelevanz der verdeckten Datenerhebungsmaßnahme:

> „[...] die Maßnahmen werden grds. ohne Kenntnis der Betroffenen heimlich durchgeführt und können dabei tief in die Privatsphäre eingreifen [...]. Ihre Verfassungsmäßigkeit richtet sich nach den sich aus dem jeweils betroffenen Grundrecht ergebenden Verhältnismäßigkeitsanforderungen."[61]

> „Heimliche Überwachungsmaßnahmen [...] sind mit der Verfassung nur vereinbar, wenn sie dem Schutz oder der Bewehrung von hinreichend gewichtigen Rechtsgütern dienen, für deren Gefährdung oder Verletzung im Einzelfall belastbare tatsächliche Anhaltspunkte bestehen."[62]

> „Dabei führt ein heimliches Vorgehen des Staates an sich noch nicht zu einer Verletzung des absolut geschützten Achtungsanspruchs. Wird jemand zum Objekt einer Beobachtung, geht damit nicht zwingend eine Missachtung seines Wertes als Mensch einher. Bei Beobachtungen ist aber ein unantastbarer Kernbereich privater Lebensgestaltung zu wahren [...]. Würde der Staat in ihn eindringen, verletzte dies die jedem Menschen unantastbar gewährte Freiheit zur Entfaltung in den ihn betreffenden höchstpersönlichen Angelegenheiten. Selbst überwiegende Interessen der Allgemeinheit können einen Eingriff in diesen absolut geschützten Kernbereich privater Lebensgestaltung nicht rechtfertigen."[63]

Daher gilt, je tiefer die Überwachungsmaßnahmen in den Privatbereich hineinreichen und berechtigte Vertraulichkeitserwartungen überwinden, desto strenger sind die Anforderungen an den Rechtseingriff.

60 LT Schl.-H. DrucksS. 19/2118 vom 22.04.2020, S. 81.
61 BVerfG, Beschluss vom 09.12.2022 – 1 BvR 1345/21= BVerfGE 165 S. 1, 47 Rn. 85.
62 BVerfG, Urteil vom 20.04.2016 – 1 BvR 966/09, 1 BvR 1140/09 = BVerfGE 141 S. 220, 269 Rn. 104.
63 BVerfG, Urteil vom 03.03.2004 – 1 BvR 2378/98, 1 BvR 1084/99 = BVerfGE 109 S. 279, 313.

Grundrechtsrelevanz

Eine verdeckte Datenerhebung im Sinne der §§ 185ff. LVwG bezieht sich immer auf personenbezogene Daten und stellt damit einen Grundrechtseingriff in das aus dem allgemeinen Persönlichkeitsrecht abgeleitete **Recht auf informationelle Selbstbestimmung** aus Art. 2 Abs. 1 i.V.m. Art. 1 Abs. 1 GG dar. Zugleich kann ein Eingriff in das **Recht am eigenen Bild** (z.B. beim Einsatz von verdeckter Videotechnik) oder das **Recht am gesprochenen Wort** (z.B. bei Abhörmaßnahmen) vorliegen. Das Verbundgrundrecht des allgemeinen Persönlichkeitsrechts weist einen besonderen **Menschenwürdegehalt** gemäß Art. 1 Abs. 1 GG auf.

Zusätzlich ist das Fernmeldegeheimnis des Art. 10 GG bei Maßnahmen berührt, die die Überwachung der Telekommunikation betreffen. Sollen z.B. durch die Polizei Telefonate abgehört werden, so liegt auch ein Eingriff in Art. 10 Abs. 1 GG vor, der die Unverletzlichkeit des Brief-, Post- und Fernmeldegeheimnisses garantiert. Geschützt ist dabei die Vertraulichkeit der Kommunikation unabhängig von der konkreten Übermittlungsform. Auch Art. 10 GG weist einen besonderen Menschenwürdegehalt auf, da die freie Entfaltung der Persönlichkeit auch durch einen privaten, vor der Öffentlichkeit verborgenen Austausch von Kommunikation erfolgt.[64]

Das Abhören und Aufzeichnen des gesprochenen Wortes aus einer Wohnung oder gar das Hineinspähen durch optische Geräte betrifft daneben das Grundrecht auf **Unverletzlichkeit der Wohnung** gemäß Art. 13 GG. Art. 13 Abs. 1 GG garantiert die Unverletzlichkeit der Wohnung und steht im Sachzusammenhang mit dem allgemeinen Persönlichkeitsrecht, sodass die räumliche Privatsphäre des Einzelnen als besonderes Schutzgut zu beachten ist. Der **Begriff der Wohnung** umfasst zur Gewährleistung einer räumlichen Sphäre, in der sich das Privatleben ungestört entfalten kann, alle Räume, die der allgemeinen Zugänglichkeit durch eine Abschottung entzogen und zur Stätte privaten Wirkens gemacht sind. Das Bundesverfassungsgericht hat zu der Besonderheit von **Arbeits-, Betriebs- und Geschäftsräumen** ausgeführt, dass diese aufgrund der besonderen Bedeutung des Berufs für die Selbstverwirklichung des Einzelnen in das höher geschützte Gut „räumliche Privatsphäre" mit einbezogen werden müssen. Beispiele für staatliche Maßnahmen, mit denen die öffentliche Gewalt in den Schutzbereich der Wohnung eindringt, könnten sein: Durchsuchungen, Betretungen oder aber das Verwenden besonderer Überwachungstechnik. Art. 13 Abs. 2–5 GG und Art. 13 Abs. 7 GG enthalten Grundrechtsschranken. Explizit wird in Art. 13 Abs. 3–5 der sogenannte **„große Lauschangriff"** gere-

64 BVerfG, Beschluss vom 20.06.1984 – 1 BvR 1494/78 = BVerfGE 67 S. 157, 171.

gelt. Art. 13 Abs. 3 GG regelt Eingriffe mittels akustischer Wohnraumüberwachung zu repressiven Zwecken. **Art. 13 Abs. 4 GG** ist weiter gefasst und legt das Prozedere der Wohnraumüberwachung mithilfe jeglicher technischer Mittel zu präventiven Zwecken fest.

Alle verdeckten Datenerhebungsmaßnahmen der §§ 185 ff. LVwG weisen aufgrund der durch sie betroffenen Grundrechte einen engen Bezug zur unverletzlichen Menschenwürde aus Art. 1 Abs. 1 GG auf. Zur Entfaltung der Persönlichkeit im **Kernbereich privater Lebensgestaltung** gemäß Art. 1 Abs. 1 GG gehört die Möglichkeit, innere Vorgänge wie Empfindungen und Gefühle sowie Überlegungen, Ansichten und Erlebnisse höchstpersönlicher Art zum Ausdruck zu bringen, und zwar ohne Angst, dass staatliche Stellen dies überwachen.[65] Daher ist bei einer jeden verdeckten Datenerhebungsmaßnahme sicherzustellen, dass der gemäß Art. 1 Abs. 1 GG garantierte Kernbereich der privaten Lebensgestaltung nicht verletzt wird.

> „Ob ein Sachverhalt dem unantastbaren Kernbereich zuzuordnen ist, hängt davon ab, ob er nach seinem Inhalt höchstpersönlichen Charakters ist, also auch in welcher Art und Intensität er aus sich heraus die Sphäre anderer oder Belange der Gemeinschaft berührt […]. Entscheidend ist, ob eine Situation gegeben ist, in der auf Grund von konkreten Hinweisen oder typischerweise und ohne gegenteilige tatsächliche Anhaltspunkte im Einzelfall der unantastbare Kernbereich privater Lebensgestaltung betroffen wird, etwa im Zuge der Beobachtung von Äußerungen innerster Gefühle oder von Ausdrucksformen der Sexualität."[66]

Vorgaben des Bundesverfassungsgerichts

Aus der Rechtsprechung des Bundesverfassungsgerichts ergeben sich folgende Vorgaben für den Einsatz verdeckter Datenerhebungsmaßnahmen:

Zunächst hat das Bundesverfassungsgericht in der Entscheidung BVerfGE 141, 220 zum BKAG besondere Anforderungen an die **Gefahrenschwelle entwickelt**. Der Einsatz bedarf danach jedenfalls des Vorliegens einer „konkretisierten Gefahr" (siehe dazu die Ausführungen zur „hinreichend konkretisierten Gefahr").

> „Eine Anknüpfung der Einschreitschwelle an das Vorfeldstadium ist verfassungsrechtlich angesichts der Schwere des Eingriffs nicht hinnehmbar, wenn nur relativ diffuse Anhaltspunkte für mögliche Gefahren bestehen."[67]

Ergänzend hat das Gericht 2022 näher erläutert, dass es unzureichend ist, wenn die Ermächtigung zur Erhebung personenbezogener Daten zur Gefahrenabwehr als Eingriffsschwelle an die Gefahr der Begehung solcher Straf-

65 BVerfG, Urteil vom 03.03.2004 – 1 BvR 2378/98, 1 BvR 1084/99 = BVerfGE 109 S. 279, 313.
66 BVerfG, Urteil vom 03.03.2004 – 1 BvR 2378/98, 1 BvR 1084/99 = BVerfGE 109 S. 279, 314 f.
67 BVerfG, Urteil vom 20.04.2016 – 1 BvR 966/09, 1 BvR 1140/09 = BVerfGE 141 S. 220, 273 Rn. 113.

taten anknüpft, bei denen die Strafbarkeitsschwelle durch die Einbeziehung von Vorbereitungshandlungen in das Vorfeld von Gefahren (bspw. §§ 89b, 89c StGB und §§ 129a, 129b StGB) verlagert wird. Allein aus der Gefahr der Verwirklichung eines Vorfeldstraftatbestandes würden sich nicht notwendigerweise bereits Gefahren für das durch das StGB geschützte Rechtsgut ergeben. Darauf komme es im Rahmen der Gefahrenabwehr aber an.[68] Da diese ergänzende Klarstellung des Gerichts erst nach der Novellierung des LVwG 2021 erfolgte, hat sie bislang keinen Eingang in das LVwG gefunden. Insoweit dürften die Gefahrenschwellen der konkretisierten Gefahr **de lege ferenda** in § 185 Abs. 3 Satz 2 LVwG, § 185a Abs. 1 Satz 2 LVwG, § 185b Abs. 1 Satz 1 LVwG und § 185c Abs. 1 Satz 3 LVwG anzupassen sein.

Zusätzlich sind die Anforderungen an die gefährdeten Rechtsgüter aufgrund der Eingriffsschwere erhöht. Soweit es um Eingriffe in den Schutzbereich des Art. 13 GG geht, ist zudem zu beachten, dass tatbestandlich nach Art. 13 Abs. 7 GG eine dringende Gefahr erforderlich ist.

Ist danach eine Maßnahme tatbestandlich zulässig, stellt die Rechtsprechung in Ausgestaltung der grundrechtlichen Vorgaben als Ausfluss des Verhältnismäßigkeitsgrundsatzes besondere Anforderungen an das **Anordnungsverfahren** einschließlich der Implementierung eines Richtervorbehalts, u. a. wegen Art. 13 Abs. 2–4 GG, an die Durchführung der Maßnahme insbesondere zu Sicherungsinstrumenten zum **Kernbereichsschutz** der betroffenen Person sowie an eine **Dokumentation** und nachgelagerte **Kontrolle** zum Schutz der Betroffenenrechte:

Verfassungsrechtlich vorgegeben ist für das **Anordnungsprozedere** ein Richtervorbehalt unmittelbar nur für Maßnahmen gemäß Art. 13 Abs. 2–4 GG, für die offene Durchsuchung (Absatz 2), für die akustische Wohnraumüberwachung zu Strafverfolgungszwecken (Absatz 3) und die Wohnraumüberwachung zur Gefahrenabwehr (Absatz 4). Der Richtervorbehalt dient der Vorabkontrolle der Maßnahme durch eine unabhängige und neutrale Instanz. Aufgrund des Urteils des BVerfG zum Polizei- und Ordnungsrecht Mecklenburg Vorpommern bedarf es darüber hinaus der richterlichen Anordnung auch bei einer verdeckten Maßnahme, die z. B. als Vorbereitungsmaßnahme für eine spätere verdeckte Datenerhebung das heimliche Betreten der Wohnung erfordert.[69] Allgemein verlangt das Bundesverfassungsgericht für die eingriffsintensiven verdeckten Datenerhebungsmaßnahmen jedenfalls Mechanismen zur Gewährleistung einer vorherigen Kontrolle durch eine unabhängige Stelle.[70]

68 BVerfG, Beschluss vom 09.12.2022 – 1 BvR 1345/21= BVerfGE 165 S. 1, 51 Rn. 92.
69 BVerfG, Beschluss vom 09.12.2022 – 1 BvR 1345/21= BVerfGE 165 S. 1, 80 f. Rn. 148 f.
70 BVerfG, Urteil vom 20.04.2016 – 1 BvR 966/09, 1 BvR 1140/09 = BVerfGE 141 S. 220, 275 Rn. 117.

Zum **Schutz des Kernbereichs der privaten Lebensgestaltung** fordert die Rechtsprechung vereinfacht dargestellt ein dreistufiges Verfahren[71]:

1. Vor der Durchführung der Datenerhebung ist zu prüfen, dass die Maßnahme nicht darauf angelegt ist, Daten aus dem Kernbereich privater Lebensgestaltung zu erheben. Dazu ist ergänzend im Wege einer Prognose zu überprüfen, dass durch die geplante Maßnahme Daten aus dem Kernbereich nicht erhoben werden.
2. Während der Datenerhebung ist grundsätzlich der Abbruch bzw. die Unterbrechung der Maßnahme vorzusehen, wenn erkennbar wird, dass eine Überwachung in den Kernbereich privater Lebensgestaltung eindringt. Der Abbruch der Datenerhebung darf nur unterbleiben, soweit er zum Schutz von Leib und Leben der die Maßnahme durchführenden Person, z.B. des verdeckten Ermittlers oder der Vertrauensperson selbst dient.[72]
3. Bestehen hinsichtlich der Betroffenheit des Kernbereichs Zweifel, ist der Fortgang der Maßnahme nur im Wege der automatischen Erhebung zulässig. Für Daten, die aufgrund von Zweifeln, ob der Kernbereich betroffen ist, automatisch erhoben wurden, bedarf es der Freigabe und Prüfung durch eine unabhängige Stelle. Daten, die den Kernbereich betreffen, dürfen nicht verwertet werden und sind zu löschen. Nur die Daten, die nicht den Kernbereich betreffen, dürfen durch die Polizei verwertet werden.

Aufgrund der Rechtsprechung des Bundesverfassungsgerichts zum Polizeirecht in Mecklenburg-Vorpommern 2022[73] dürfte die Regelung zum Kernbereichsschutz in § 186a Abs. 2 Satz 2 LVwG **de lege ferenda** ergänzend dahingehend zu konkretisieren sein, dass der Abbruch bzw. die Unterbrechung der Maßnahme nur dann unterbleiben darf, wenn dies zur Abwehr einer Gefahr für Leib und Leben der an der verdeckten Maßnahme beteiligten Person erforderlich ist.

Aus dem Verhältnismäßigkeitsgrundsatz leitet das Bundesverfassungsgericht außerdem Anforderungen an **Transparenz, individuellen Rechtsschutz** und **aufsichtliche Kontrolle** für die Ausgestaltung der gesetzlichen Befugnisse ab. So sind danach Mechanismen zur Dokumentation zu etablieren. Sie sollen dazu beitragen, den Betroffenen jedenfalls nachträglich subjektiven Rechtsschutz zu ermöglichen. Soweit aufgrund der Heimlich-

71 BVerfG, Urteil vom 20.04.2016 – 1 BvR 966/09, 1 BvR 1140/09 = BVerfGE 141 S. 220, 276f. Rn. 119ff.; BVerfG, Beschluss vom 09.12.2022 – 1 BvR 1345/21= BVerfGE 165 S. 1, 60ff. Rn. 109ff.

72 BVerfG, Beschluss vom 09.12.2022 – 1 BvR 1345/21= BVerfGE 165 S. 1, 101 Rn. 203.

73 BVerfG, Beschluss vom 09.12.2022 – 1 BvR 1345/21= BVerfGE 165 S. 1, 60ff. Rn. 109ff.

keit der Maßnahme ein vorheriger Rechtsschutz nicht möglich ist, ist eine wirksame aufsichtliche Kontrolle und Transparenz des Behördenhandelns gegenüber der Öffentlichkeit sicherzustellen.[74]

Außerdem sind der **Überwachungsdichte** durch die Rechtsprechung Grenzen gesetzt. So ist es mit der Menschenwürde unvereinbar, wenn die verdeckten Überwachungsmaßnahmen kumulativ oder über einen längeren Zeitraum derart eingesetzt werden, dass nahezu lückenlos alle Bewegungen und Lebensäußerungen des Betroffenen registriert werden und zur Grundlage für ein Persönlichkeitsprofil werden können.[75]

Zuletzt hat das Bundesverfassungsgericht festgestellt, dass das Gesetz Verfahrensregelungen zum **Schutz bestimmter Berufs- und anderer Personengruppen** enthalten muss, deren Tätigkeit von Verfassungs wegen eine besondere Vertraulichkeit voraussetzt.[76]

Regelungsgefüge der §§ 185 ff. LVwG

§ 185 bis § 185c LVwG beschreiben die Maßnahmen zur verdeckten Datenerhebung bzw. Kommunikationsunterbrechung. §§ 186 ff. LVwG regeln einheitliche Verfahrensvorgaben für die Durchführung der Maßnahmen nach §§ 185 ff. LVwG:

§ 185 schafft die Befugnisse zur verdeckten Datenerhebung mittels

- Observation;
- technischer Mittel
  - zur Bildaufnahme bzw. -aufzeichnung,
  - zum Einsatz von GPS-Trackern,
  - zum Abhören oder zur Tonaufzeichnung;
- verdeckter Ermittler (vE).

§ 185a LVwG ergänzt die Befugnisse um Regelungen zur verdeckten Überwachung der Telekommunikation. § 185b LVwG ist kein Datenerhebungsmittel, sondern ermöglicht die Unterbrechung der Telekommunikation.

§ 185c LVwG ergänzt § 185 LVwG um die Einsatzbefugnisse zum Einsatz von Vertrauenspersonen (VP).

§ 186 LVwG regelt das Anordnungsprozedere einschließlich des Richtervorbehalts für einzelne Maßnahmen sowie die nachträgliche Benachrichtigung der betroffenen Person über die erfolgte Maßnahme.

74 BVerfG, Urteil vom 20.04.2016 – 1 BvR 966/09, 1 BvR 1140/09 = BVerfGE 141 S. 220, 282 ff. Rn. 134 ff.

75 BVerfG, Urteil vom 20.04.2016 – 1 BvR 966/09, 1 BvR 1140/09 = BVerfGE 141 S. 220, 280 Rn. 130.

76 BVerfG, Urteil vom 20.04.2016 – 1 BvR 966/09, 1 BvR 1140/09 = BVerfGE 141 S. 220, 281 Rn. 131.

§ 186a LVwG gewährleistet den Kernbereichsschutz bei der Durchführung der jeweiligen Maßnahme und garantiert den Schutz von Berufsgeheimnisträgern.

§ 186b LVwG statuiert eine aufsichtliche Kontrolle durch die Landesbeauftragte, den Landesbeauftragten für Datenschutz sowie den Landtag.

§ 186c LVwG regelt die für die aufsichtliche Kontrolle erforderliche Protokollierung der Maßnahmen.

2. Besondere Mittel der Datenerhebung, § 185 LVwG

§ 185 LVwG hat zentrale Bedeutung für viele Maßnahmen der verdeckten Datenerhebung zur Gefahrenabwehr. Die Novellierung der Norm in 2021 passt die in § 185 LVwG enthaltenen Ermächtigungen an aktuelle taktische Erfordernisse der Polizei an. Dazu regelt § 185 LVwG die verdeckte Datenerhebung mittels Observation, durch technische Mittel wie Bild- und/oder Tonaufnahmegeräte oder mittels Nutzung satellitengestützter Positionssysteme wie z. B. dem „GPS-Tracker" unter Nutzung von Daten des Global Positioning System (GPS). Außerdem werden in § 185 die verdeckten Ermittler als Instrumente der verdeckten Datenerhebung zu präventiv-polizeilichen Zwecken benannt. Der zugehörige Einsatz von Vertrauenspersonen ist in § 185c LVwG gesondert geregelt. Die eingriffsintensiven Befugnisse stehen nur der Polizei zu. Besondere Regelungen enthält § 185 LVwG zum Einsatz der verdeckten Datenerhebungsmittel in Wohnungen. Die Verfahrensbestimmungen und Betroffenenrechte für den Einsatz der verdeckten Datenerhebungsmittel finden sich in den §§ 186 ff. LVwG.

Grundrechtsrelevanz

Die Maßnahmen nach § 185 LVwG stellen Eingriffe in das **Recht auf informationelle Selbstbestimmung** aus Art. 2 Abs. 1 i. V. m. Art. 1 Abs. 1 GG dar. Zugleich kann ein Eingriff in das **Recht am eigenen Bild** (z. B. beim Einsatz von verdeckter Videotechnik) oder das **Recht am gesprochenen Wort** (z. B. bei Abhörmaßnahmen) vorliegen. Das Abhören und Aufzeichnen des gesprochenen Wortes aus einer Wohnung oder gar das Hineinspähen durch optische Geräte betrifft daneben das Grundrecht auf **Unverletzlichkeit der Wohnung** gemäß Art. 13 GG.

Zweck

§ 185 LVwG normiert die verdeckte Erhebung personenbezogener Daten mit besonderen Mitteln. Der Einsatz dieser Mittel ist der Polizei vorbehalten. Die Novellierungen 2021 passen § 185 LVwG an aktuelle polizeitaktische Erfordernisse an. Dazu wurde der Einsatz eines **verdeckten Ermittlers (VE)** und die **GPS-gestützte Feststellung des Standortes** neu eingefügt. Der Einsatz von Vertrauenspersonen (VP) wurde in § 185c LVwG durch eine eigenständige Norm abschließend geregelt. Das Anordnungsprozedere für die Maßnahmen der verdeckten Datenerhebung gemäß § 185 LVwG wird durch § 186 LVwG festgelegt, der auch die Betroffenenrechte nach Abschluss der Maßnahme regelt. Ergänzende Verfahrensvorschriften ergeben sich aus § 186a LVwG zur Begrenzung der Datenverarbeitung zum Schutz des Kernbereichs privater Lebensgestaltung, aus § 186b LVwG zur aufsichtlichen Kontrolle und aus § 186c LVwG zur Protokollierung der Maßnahmendurchführung für die nachgelagerte Kontrolle.

§ 185 Abs. 1 LVwG zählt unter den Nummern 1–3 besondere Mittel der Datenerhebung auf:

Nummer 1: die planmäßig angelegte Beobachtung einer Person (Observation)

Nummer 2: der verdeckte Einsatz technischer Mittel

a) zur Anfertigung von Bildaufnahmen oder -aufzeichnungen (Foto/Video)

b) zur Feststellung von Standort/Bewegung einer Person/Sache (GPS)

c) zum Abhören/Aufzeichnen des nichtöffentlichen Wortes (Lauschen)

Nummer 3: der Einsatz verdeckter Ermittler (VE)

Absatz 1 Nummer 1 ermöglicht die Durchführung einer **Observation**. Eine Observation ist ein klassisches Instrument der verdeckten Datenerhebung. Absatz 1 Nummer 1 definiert die Observation als planmäßig angelegte Beobachtung einer Person, die innerhalb einer Woche länger als 24 Stunden oder über den Zeitraum einer Woche hinaus vorgesehen ist oder tatsächlich durchgeführt wird. Dabei handelt es sich um eine getarnte Maßnahme der Polizei mit der Absicht, die Zugehörigkeit zur Polizei bewusst zu verschleiern. Für die verdeckte Datenerhebung reicht es jedoch nicht aus, dass die agierenden Polizeivollzugsbeamtinnen und -beamten ihren Dienst in Zivilkleidung verrichten oder ein Zivilfahrzeug durch uniformierte Beamtinnen/Beamte verwendet wird. So ist der Einsatz in einem Zivilfahrzeug mit der Zielrichtung, Verkehrsordnungswidrigkeiten festzustellen (z.B. Handynutzung, Gurtverstöße, Rotlichtüberwachung an einer Lichtsignalanlage) nicht als Observation zu werten.

Die Beobachtung einer oder mehrerer Personen kann durch Spezialkräfte oder spezialisierte Kräfte der Polizei durchgeführt werden und wird in der

Regel durch eine Verbundmaßnahme mit technischen Mitteln unterstützt (siehe § 185 Abs. 1 Nr. 2 lit. a-c LVwG, Foto, Video, GPS-Standortermittlung, Richtmikrofone etc.).

Die Observation ist gekennzeichnet durch zwei Merkmale:

- die Planmäßigkeit der Beobachtung einer Person und
- die gesetzlich festgelegte zeitliche Komponente.

Die **planmäßige Beobachtung einer Person** setzt zunächst die **Planmäßigkeit der Maßnahme** voraus. Es handelt sich also um eine nicht kurzfristige Ad-hoc-Maßnahme aus der Situation heraus, sondern um eine Maßnahme, die der Vorbereitung bedarf. Dazu können zählen:

- Vorermittlungen zur Person oder zu einem bestimmten Zielobjekt, das von der Zielperson bewohnt wird, z. B. durch Überprüfung von Einwohnermeldedaten
- Vorbereitung von Maßnahmen, die das unauffällige Beobachten erst ermöglicht (z. B. der Wechsel von Kraftfahrzeugkennzeichen bei zivilen Funkstreifenwagen, Bereitlegen einer Tarn-Verkleidung für den Einsatz)
- Aufstellen eines Dienstplanes für eine Observationsgruppe für einen längeren Zeitraum

Im Hinblick auf die **Beobachtung einer Person** ist es bei einer Observation nicht erheblich, ob die Person bereits identifiziert ist, oder aber ihre Identität noch festgestellt werden muss. Abzugrenzen ist die personenbezogene Observation von der einfachen **Objektbeobachtung**, die zunächst nicht mit einer Erhebung bestimmter personenbezogener Daten einhergeht. Die Überwachung eines Großparkplatzes, der immer wieder Tatort von Kraftfahrzeugeinbruchsdelikten ist, durch Beamte in Zivil fällt dementsprechend nicht unter den Observationsbegriff, auch wenn die polizeiliche Maßnahme für den Bürger nicht wahrnehmbar ist. Auch Beobachtungen, die zufällig erfolgen, oder Beobachtungen, die keine personenbezogenen Daten erheben, sind danach keine Observation. Das gleiche gilt für **allgemeine Aufklärungsmaßnahmen** in besonderen Einsatzlagen.

Die Observation ist außerdem abzugrenzen von der **„kurzfristigen polizeilichen Beobachtung“** zur Gefahrenabwehr. Diese präventiv-polizeiliche Maßnahme unterhalb der Schwelle der Observation findet ihre Rechtsgrundlage in der Datenerhebungsgeneralklausel gemäß § 179 LVwG. Im Unterschied zur Observation erfolgt sie weder planvoll vorbereitet noch im zeitlichen Umfang der Observation. Sie resultiert in der Regel aus der jeweiligen Situation heraus, kann aber auch verdeckt durchgeführt werden. Die Anordnungskompetenz liegt bei der Polizei. Reicht die Maßnahme ihrem zeitlichen Umfang nach jedoch an eine Observation gemäß

§ 185 Abs. 1 Nr. 1 LVwG heran, so richtet sich ihre Zulässigkeit nach den Vorgaben für die Observation einschließlich der richterlichen Anordnung gemäß § 186 Abs. 1 Nr. 1 LVwG.

Beispiel für eine „kurzfristige Beobachtung" zur Gefahrenabwehr

gemäß § 179 Abs. 2 LVwG

Im vorweihnachtlichen Geschehen und nach einer signifikanten Häufung von angezeigten Geldbörsendiebstählen auf dem Lübecker Weihnachtsmarkt folgen in Zivil eingesetzte Polizeibeamte einem jungen Mann, der sich in auffälliger Weise potenziellen Opfern nähert und diese im Gedränge mehrfach anrempelt. Die verdeckt agierenden Polizeibeamten beobachten ihn für eine kurze Zeitspanne, bis er den Tatortbereich ohne Ansetzen zur Tatausführung verlässt.

Im Strafprozessrecht findet sich die Legaldefinition der **„längerfristigen Observation"** in § 163f StPO. Sie ist dadurch gekennzeichnet, dass die planmäßig angelegte Beobachtung des Beschuldigten angeordnet werden darf, die durchgehend länger als 24 Stunden dauert oder an mehr als 2 Tagen stattfindet. Gemäß § 163f Abs. 2 StPO unterliegt die Anordnung dieser repressiven Maßnahme dem Richter.

Beispiel für eine „längerfristige Observation" zur Strafverfolgung

gemäß § 163f StPO:

Mit richterlicher Anordnung observieren spezialisierte Kräfte der Polizei über Wochen eine Bande, die Kokain einführt und Handel mit Betäubungsmitteln im großen Stil betreibt.

Wie für die Gefahrenabwehr gibt es auch nach der StPO die **kurzfristige Beobachtung zu Zwecken der Strafverfolgung**. Im Rahmen der Generalermittlungsklausel des § 163 StPO nimmt die Polizei im Rahmen der Erforschungspflicht Ermittlungen aller Art auf, ohne Aufträge der Staatsanwaltschaft abzuwarten. Diese Ermittlungen können auch verdeckt geführt werden.

Beispiel für eine „kurzfristige Beobachtung" zur Strafverfolgung

gemäß § 163 StPO:

Polizeivollzugsbeamte in Zivil sehen in der Parfümabteilung eines großen Kaufhauses eine polizeibekannte männliche Person, die hochwertige Parfums in einen mitgeführten Rucksack steckt. Sie folgen der Person verdeckt, um den Ankäufer des Diebesgutes zu ermitteln.

Absatz 1 Nummer 2 regelt den **verdeckten Einsatz technischer Mittel**, derer sich die Polizei bedient. Dabei handelt es sich in der Regel um operative Einsatzmittel, die im Verbund zu einer Observation im Sinne von Absatz 1 Nummer 1 eingesetzt werden. Der Gesetzgeber beschreibt die technischen Mittel nur nach ihrer Funktionsweise, um die Maßnahme möglichst **technikoffen** auszugestalten und Eingriffe auch mit neuen technischen Möglichkeiten durchführen zu können, sofern sie den Voraussetzungen des Absatz 1 Nummer 2 entsprechen.

Absatz 1 Nummer 2 lit. a normiert den **verdeckten Einsatz technischer Mittel zur Anfertigung von Bildaufnahmen oder Bildaufzeichnungen**. Darunter fallen Fotoapparate und digitale Film- und Videokameras sowie Bildaufzeichnungsgeräte (z. B. Festplattenrecorder). Gemeint sind keine Ferngläser oder Infrarot-/Nachtsichtgeräte. In Schleswig-Holstein werden nur dienstlich beschaffte und den operativen Kräften zugewiesene technische Mittel zum Erheben personenbezogener Daten eingesetzt, um staatliche Kontrollierbarkeit beim Einsatz der Überwachungs- und Auswertetechnik zu gewährleisten.

In **Absatz 1 Nummer 2 lit. b** wird nach der Polizeirechtsreform 2021 der **verdeckte Einsatz technischer Mittel zur Feststellung des Standortes oder der Bewegungen einer Person oder einer beweglichen Sache** geregelt. Hier geht es um den Einsatz von Peilsendern. Die Positionsbestimmung erfolgt in der Regel mittels GPS-Gerät. Die Peilung basiert auf der Laufzeitberechnung von empfangenen Satellitensignalen und ermöglicht eine weltweite Ortung. Die Polizei nutzt diese Technik durch den verdeckten Einbau von sogenannten „GPS-Trackern“ in der Regel in oder unter Kraftfahrzeugen, um die Nutzer der Fahrzeuge zu orten und ihre Bewegung aufzuzeichnen. Lange hatte der Gesetzgeber es versäumt, dieses für Observationszwecke unerlässliche technische Mittel, das weder der Bild- noch der Tonerhebung und -aufzeichnung dient, im schleswig-holsteinischen Polizeirecht gesetzlich zu normieren. Dabei ist die neu geschaffene Ermächtigung aus Absatz 1 Nummer 2 lit. b zur Feststellung des Standortes oder auch der Bewegung einer Person weniger grundrechtsintensiv als eine Observation, bei der neben dem Standort oder den Bewegungen der Person zusätzlich viele weitere Informationen mit erhoben werden. So hat auch das Bundesverfassungsgericht festgestellt, dass Eingriffe in das Recht auf informationelle Selbstbestimmung durch die Verwendung von Instrumenten technischer Observation in Ausmaß und Intensität typischerweise nicht den unantastbaren Kernbereich privater Lebensgestaltung erreichen.[77]

77 BVerfG, Urteil vom 12.04.2005 – 2 BvR 581/01 = BVerfGE 112, S. 304, 318.

In der **Strafverfolgung** richtet sich die Ortung durch GPS-Peilsender nach **§ 100h StPO**. Dabei werden die GPS-Peilsender zu den in § 100h Abs. 1 Satz 1 Nr. 2 StPO genannten sonstigen für Observationszwecke bestimmten technischen Mitteln gezählt. Der Einsatz zu repressiven Zwecken ist nur möglich, wenn der Gegenstand der Untersuchung eine Straftat von erheblicher Bedeutung ist. Der Einsatz von GPS-Peilsendern bei der Standortfeststellung ist von der Ortung eines Mobiltelefons mittels Verkehrsdatenabruf in einer Funkzelle abzugrenzen.

Absatz 1 Nummer 2 lit. c regelt das Abhören oder Aufzeichnen des nichtöffentlich gesprochenen Wortes. Das Abhören des nichtöffentlich gesprochenen Wortes außerhalb von Wohnungen wird als **„kleiner Lauschangriff"** bezeichnet (vgl. zur Strafverfolgung: § 100f StPO). Innerhalb der Wohnung wird dies als **„großer Lauschangriff"** bezeichnet (vgl. zur Strafverfolgung: § 100c StPO), bei dem in das Grundrecht auf Unverletzlichkeit der Wohnung aus Art. 13 GG eingegriffen wird und somit eine hohe Eingriffsintensität vorliegt. Der neu gefasste § 185 Abs. 3 LVwG regelt die Erhebung personenbezogener Daten aus Wohnungen. Technische Mittel zum Abhören des nichtöffentlich gesprochenen Wortes sind Richtmikrofone, digitale Tonaufzeichnungsgeräte mit Mikrofonen, elektronische Stethoskope oder tonverstärkende Funkeinrichtungen. **Nicht öffentlich** ist das gesprochene Wort, wenn es nicht an die Allgemeinheit gerichtet ist und somit nicht über einen abgegrenzten Personenkreis hinaus wahrgenommen werden soll. Es ist nicht für die Öffentlichkeit bestimmt und die Gesprächsteilnehmer sind sicher, dass sie untereinander mit ihnen bekannten und vertrauten Personen kommunizieren.

Absatz 1 Nummer 3 normiert den Einsatz von **verdeckten Ermittlerinnen/Ermittlern (VE)**. Vor der Reform 2021 war dieses Einsatzmittel zu präventivpolizeilichen Zwecken nach dem LVwG nicht vorgesehen (vgl. zur Strafverfolgung: § 110a StPO). Verdeckte Ermittler sind Polizeivollzugsbeamtinnen oder -beamte, die unter einer ihnen verliehenen, auf Dauer angelegten **Legende** präventiv-polizeilich eingesetzt werden und auch so am Rechtsverkehr teilnehmen. Ergänzend normiert **Absatz 4 Annexbefugnisse** zum Einsatz der VE. Danach dürfen entsprechende Urkunden für die Legende hergestellt, verändert und gebraucht werden. Die Realisierung milieutypischer Straftaten zur Unterstützung der Legendenbildung des verdeckten Ermittlers ist nicht gestattet. VE sind Polizeivollzugsbeamte und unterliegen dem Legalitätsprinzip und dürfen somit keine Straftaten begehen. Abzugrenzen ist der Einsatz von VE zum Einsatz von Vertrauenspersonen (VP) gemäß § 185c LVwG. In Abgrenzung zum VE ist die VP eine Person, die – ohne einer Polizeibehörde anzugehören – bereit ist, die Polizei bei der Verhinderung von Straftaten, in der Regel auf längere Zeit, vertraulich zu unterstützen und deren Identität grundsätzlich geheim gehalten wird. In der Gesetzesbegründung heißt es dazu:

> „Der Einsatz von Vertrauenspersonen grenzt sich in seiner Grundrechtsintensität auch deutlich vom Einsatz eines Verdeckten Ermittlers/einer verdeckten Ermittlerin ab. Während verdeckte Ermittlerinnen und Ermittler zur staatlichen Loyalität verpflichtete („Treuepflicht") besonders geschulte Polizeibeamtinnen und -beamten sind, sind Vertrauenspersonen Verwaltungshelferinnen und -helfer, die oftmals Angehörige krimineller Strukturen sind oder diesen Strukturen nahestehen, und die im staatlichen Auftrag personenbezogene Daten erheben."[78]

Absatz 2 legt die Eingriffsvoraussetzungen für den Einsatz der in Absatz 1 benannten Datenerhebungsmittel fest. Der Gesetzgeber lässt die Anwendung der in Absatz 1 genannten Mittel nur zu, wenn Tatsachen dafürsprechen, dass ein Schaden für den Bestand oder die Sicherheit des Bundes oder eines Landes oder für Leib, Leben oder Freiheit oder ein gleichgewichtiger Schaden für die Umwelt zu erwarten ist. Im Rahmen der Subsidiaritätsklausel muss die Maßnahme zur Aufklärung des Sachverhaltes unerlässlich sein. Hier wird ein **Gefahrenerforschungseingriff** beschrieben, der bereits im Vorfeld einer im Einzelfall bevorstehenden Gefahr mit der Zielrichtung der Ermittlung eines Gefahrenpotenzials und möglicher Adressaten abzielt. Aufgrund der hohen Eingriffsintensität beim präventiv-polizeilichen Einsatz von besonderen Mitteln der verdeckten Datenerhebung ist dieser nur zulässig, wenn die genannten hochrangigen Rechtsgüter geschützt werden sollen. Da der Bundesgesetzgeber in den letzten Jahren detaillierte repressive Eingriffsermächtigungen zur verdeckten Datenerhebung geschaffen hat (§§ 163f, 100c, 100h, 100f StPO), kann § 185 LVwG nicht zur Strafverfolgungsvorsorge für die Aufklärung künftiger Straftaten herangezogen werden. Insoweit hat der Bund von seiner konkurrierenden Gesetzgebungskompetenz abschließenden Gebrauch gemacht.

Absatz 2 gilt nur für Maßnahmen **außerhalb von Wohnungen**. Für den Einsatz von optischen, GPS-basierten und akustischen Überwachungsmaßnahmen zur Erhebung personenbezogener Daten aus Wohnungen bedarf es der zusätzlichen Voraussetzungen des Absatz 3. Nach Absatz 2 können Maßnahmen also insbesondere in folgenden Bereichen eingesetzt werden:

- der Öffentlichkeit gewidmete Bereiche, Straßen, Plätze, Wege
- Fahrzeuge des von der Maßnahme Betroffenen außerhalb seines Wohnungsbereiches

78 LT Schl.-H. Umdruck vom 17.09.2020 S. 7.

Absatz 3 ergänzt die Eingriffsvoraussetzungen des Absatzes 2 und stellte eine Lex-specialis-Regelung für die verdeckte Erhebung personenbezogener Daten **in oder aus Wohnungen** dar. Absatz 3 wurde im Zuge der Polizeirechtsreform 2021 an die Rechtsprechung des Bundesverfassungsgerichtes zum Bundeskriminalamtgesetz 2016 und an aktuelle Bedrohungslagen durch terroristische Straftaten angepasst. Er setzt die verfassungsrechtlichen Vorgaben der Schrankenregelung des Art. 13 Absatz 4 zur Wohnraumüberwachung zu präventiven Zwecken um. Danach ist die Erhebung personenbezogener Daten in oder aus Wohnungen mit den in Absatz 1 genannten Mitteln nur gestattet zur Abwehr einer **dringenden Gefahr** für den Bestand oder die Sicherheit des Bundes oder eines Landes oder für Leib, Leben oder Freiheit einer Person, wenn dieses zur Aufklärung des Sachverhaltes unerlässlich ist. In Absatz 3 wurde 2021 die in der Systematik des schleswig-holsteinischen Polizeirechts bisher nicht bekannte „dringende Gefahr“ aus Art. 13 Abs. 4 und 7 GG als Eingriffsschwelle integriert. Die Dringlichkeit der Gefahr ergibt sich daraus, dass sie sich gegen hochrangige Rechtsgüter richtet (erhebliche Gefahr) bzw. die zeitliche Nähe des möglichen Schadenseintritts ein polizoiliches Handeln dringlich macht (gegenwärtige Gefahr). Im Hinblick auf die hochrangigen Rechtsgüter konkretisiert Absatz 3 diese durch die Anknüpfung an eine Gefahr für den „Bestand und Sicherheit des Bundes oder eines Landes und Leib, Leben oder Freiheit einer Person“. Die Maßnahme muss im Vergleich zu anderen gefahrenabwehrenden Maßnahmen unerlässlich sein, das heißt, dass die Abwehr der Gefahr auf andere Weise gar aussichtslos oder zumindest wesentlich erschwert wäre. Bei der dringenden Gefahr kommt es nach Auslegung der Rechtsprechung des Bundesverfassungsgerichtes zum BKAG entscheidend auf das Verhältnis von Gefahrintensität, zeitlicher Nähe, erwartetem Schadensausmaß und der fehlenden Möglichkeit, den Schadenseintritt auf andere Weise zu verhindern, an. In Anwendung der **„Je-desto-Formel“** kann sich eine dringende Gefahr nach dem Bundesverfassungsgericht auch schon dann ergeben, wenn

> „sich der zum Schaden führende Kausalverlauf noch nicht mit hinreichender Wahrscheinlichkeit vorhersehen lässt, sofern bereits bestimmte Tatsachen auf eine im Einzelfall drohende Gefahr für ein überragend wichtiges Rechtsgut hinweisen. [...] In Bezug auf terroristische Straftaten, die oft durch lang geplante Taten von bisher nicht straffällig gewordenen Einzelnen an nicht vorhersehbaren Orten und in ganz verschiedener Weise verübt werden, können Überwachungsmaßnahmen auch dann erlaubt werden, wenn zwar noch nicht ein seiner Art nach konkretisiertes und zeitlich absehbares Geschehen erkennbar ist, jedoch das individuelle Verhalten einer Person die konkrete Wahrscheinlichkeit begründet, dass sie solche Straftaten in überschaubarer Zukunft begehen

wird. Denkbar ist das etwa, wenn eine Person aus einem Ausbildungslager für Terroristen im Ausland in die Bundesrepublik Deutschland einreist.“ [79]

Daran anknüpfend wird in **Absatz 3 Satz 2** konkretisiert, dass eine dringende Gefahr angesichts der bedrohten höchst wichtigen Rechtsgüter auch darin bestehen kann, dass konkrete Vorbereitungshandlungen für sich oder zusammen mit weiteren konkreten Tatsachen die begründete Ausnahme rechtfertigen, dass eine Person terroristische Straftaten gemäß §§ 89a, 89b, 129a oder 129b des Strafgesetzbuches begehen wird. Im Hinblick auf den Vorbereitungscharakter der aufgeführten Delikte könnte der Straftatenkatalog unter dem Eindruck der Rechtsprechung des Bundesverfassungsgerichts zum Polizei- und Ordnungsrecht Mecklenburg-Vorpommern **de lege ferenda** dahingehend zu überarbeiten sein, dass neben der drohenden Verwirklichung des Straftatbestands zugleich auch schon das durch diesen geschützte Rechtsgut bedroht sein muss (siehe dazu unter Vorbemerkungen zu §§ 185 ff. LVwG).[80] Bei der Durchführung von Maßnahmen nach Absatz 3 sind die Verfahrensvorgaben der §§ 186 ff. LVwG zu beachten, insbesondere der Richtervorbehalt, der sich für die Wohnraumüberwachung zu präventiven Zwecken bereits aus Art. 13 Abs. 4 GG ergibt.

Absatz 4 konkretisiert die Berechtigungen hinsichtlich des Einsatzes einer verdeckten Ermittlerin oder eines verdeckten Ermittlers (VE) im Sinne von § 185 Abs. 1 Nr. 3 LVwG. In den Sätzen 1 und 2 wird das Prozedere hinsichtlich der Legendierung, der Ausstellung von Tarnpapieren und der Teilnahme am Rechtsverkehr unter der Legende beschrieben. Im Weiteren wird das Verfahren für das Betreten und Agieren in Wohnungen durch verdeckte Ermittler aufgeführt. VE dürfen unter der verliehenen Legende mit Einverständnis der oder des Berechtigten deren oder dessen Wohnung betreten.

Absatz 5 enthält verfahrensrechtliche Regelungen für alle Maßnahmen des § 185 LVwG. Absatz 5 Satz 3 konkretisiert Begrenzungen des Einsatzes besonderer Mittel der Datenerhebung mit dem Hinweis, dass das Brief-, Post- und Fernmeldegeheimnis unberührt bleibt. Damit wird zugleich verdeutlicht, dass § 185 LVwG keine Ermächtigungen zur verdeckten Ausforschung von Computeranlagen im Sinne einer Online-Durchsuchung oder Quellen-Telekommunikationsüberwachung bereithält (siehe dazu auch die Ausführungen zu § 185a LVwG).

79 BVerfG, Urteil vom 20.04.2016 – 1 BvR 966/09, 1 BvR 1140/09 = BVerfGE 141 S. 220, 272 f. Rn. 112.
80 BVerfG, Beschluss vom 09.12.2022 – 1 BvR 1345/21= BVerfGE 165 S. 1, 51 Rn. 92.

Verfahrensregelungen

Die Regelungen zum Anordnungsprozedere sowie zur Durchführung der Maßnahme ergeben sich aus den §§ 186 ff. LVwG.

3. Überwachung der Telekommunikation, § 185a LVwG

In § 185a LVwG wird die präventive Überwachung der Telekommunikation (TKÜ) normiert. Hierbei handelt es sich um eine Datenerhebungsnorm für die Polizei, die die besonderen Mittel der Datenerhebung im Sinne von § 185 LVwG ergänzt. Die Entwicklung der Rechtsnorm seit ihrer Einführung im Jahr 2007 wurde sehr stark durch technische Erwägungen geprägt. So stand vor einigen Jahren im Bereich der Mobilfunkkommunikation noch das Telefonieren im Vordergrund, nunmehr dominiert der mobile Internetzugang mit dem Smartphone. Die dynamische Entwicklung in der Informationstechnik zieht umfangreiche Rechtsprechung um das Telekommunikationsrecht nach sich. Dem folgend muss auch die Rechtsetzung kontinuierlich fortentwickelt werden. Insofern wurde bei der Polizeirechtsreform 2021 auch § 185a LVwG novelliert. Bei der Definition von Begrifflichkeiten aus dem Telekommunikationsrecht wird im Folgenden auf das Telekommunikationsgesetz (TKG) Bezug genommen.

Grundrechtsrelevanz

Auch bei den in § 185a LVwG genannten Maßnahmen der Telekommunikationsüberwachung handelt es sich durchweg um **verdeckte Datenerhebungen**. Das polizeiliche Eingriffshandeln ist hier vom Adressaten der Maßnahme und auch anderen Personen nicht als solches erkennbar. § 185a LVwG betrifft vorrangig den Schutzbereich aus **Art. 10 Abs. 1 GG**, in dem die Unverletzlichkeit des Brief-, Post- und **Fernmeldegeheimnisses** garantiert wird. Das Fernmeldegeheimnis garantiert Schutz vor staatlichen Eingriffen bei der nicht-körperlichen Übertragung von individuellen Mitteilungen unter Nutzung des Fernmeldeverkehrs. Hierbei ist die Form der Übertragung unerheblich (Text, Bild, Ton, Sprache). Insofern werden alle Nachrichten geschützt, die auf elektronischem Weg übertragen werden, beispielhaft werden hier aufgeführt:

- Telefongespräche (Mobil-, Festnetz, Satellitenfunk),
- SMS,
- E-Mails,
- Kommunikation in Nachrichten-Apps (bspw. WhatsApp, Telegram ...),
- Funkverkehr.

Das Fernmeldegeheimnis schützt den Inhalt des Kommunikationsvorganges und die näheren Umstände, die sich im Zusammenhang mit der auf elektronischem Weg übermittelten Nachricht ergeben. Der Schutz des Fernmeldegeheimnisses erstreckt sich im Weiteren auch auf staatliche Auskunftsersuchen, die bei den Telekommunikationserbringern, z. B. dem Provider, gespeicherte Daten abfragen. Art. 10 GG schützt nur den Kommunikationsvorgang als solchen, also den Übertragungsvorgang während des Kommunikationsprozesses. Nicht geschützt durch das Fernmeldegeheimnis sind dagegen

- Umstände der Bereitstellung von Telekommunikationsdienstleistungen (z. B. Zuordnung von Telefonnummern oder Abrechnungsdaten beim Provider),
- Standortbestimmungen eines Mobiltelefons ohne Bezug zum Telekommunikationsvorgang.

Definitionen und Begriffsbestimmungen im Telekommunikationsrecht

Um Auskunftsanfragen rechtssicher stellen zu können, ist polizeiliches Grundlagenwissen im Bereich des Telekommunikationsrechtes erforderlich, deshalb seien hier einige Begriffe und Definitionen aufgeführt:

Telekommunikation

ist der technische Vorgang des Aussendens, Übermittelns und Empfangens von Signalen mittels Telekommunikationsanlagen (§ 3 Nr. 59 TKG).

Telekommunikationsdienste

sind in der Regel gegen Entgelt über Telekommunikations-Netze erbrachte Dienste, die mit Ausnahme von Diensten, die Inhalte über Telekommunikations-Netze und Telekommunikations-Dienste anbieten oder eine redaktionelle Kontrolle über sie ausüben, folgende Dienste anbieten: a) Internetzugangsdienste, b) interpersonelle Telekommunikations-Dienste und c) Dienste, die ganz oder überwiegend in der Übertragung von Signalen bestehen (§ 3 Nr. 61 TKG).

Anbieter

ist jeder, der Telekommunikationsdienste erbringt (§ 3 Nr. 1 TKG, z. B. die Deutsche Telekom).

Betreiber

ist ein Unternehmen, das ein öffentliches Telekommunikations-Netz oder eine zugehörige Einrichtung bereitstellt oder zur Bereitstellung dazu befugt ist (§ 3 Nr. 7 TKG, z. B. die Mobilfunknetzbetreiber wie Vodafone etc.).

Endeinrichtung

ist eine direkt oder indirekt an die Schnittstelle eines öffentlichen Telekommunikationsnetzes angeschlossene Einrichtung zum Aussenden, Verarbeiten oder Empfangen von Nachrichten oder Daten (§ 3 Nr. 62 TKG).

Die Grundlage für die Anwendung der spezifischen Eingriffsermächtigung zur TKÜ mit den teilweise sehr komplexen Anordnungs- und Verfahrensregelungen setzt für die handelnden Polizeivollzugsbeamtinnen und -beamten Grundlagenkenntnisse über die Art der personenbezogenen Daten im Bereich Telekommunikation voraus. Es ist zu unterscheiden zwischen:

Bestandsdaten

sind im Bereich der Kommunikation sogenannte Kundendaten/Vertragsdaten und gemäß § 3 Nr. 6 TKG Daten eines Endnutzers, die erforderlich sind für die Begründung, inhaltliche Ausgestaltung, Änderung oder Beendigung eines Vertragsverhältnisses über Telekommunikationsdienste. Der Bestandsdatenabruf ist die Grundlage für Verkehrs- oder Inhaltsdatenabrufe. Bei Bestandsdaten handelt es sich somit um personenbezogene Daten wie Vorname, Name, Anschrift und Bankverbindung, die der Telekommunikations-Diensteanbieter erheben und verwenden darf, um seine Dienstleistungen zu erbringen. Hierunter fällt auch die dem Kunden zugewiesene Rufnummer. Im Bereich der öffentlichen Sicherheit müssen Bestandsdaten zu rufnummernbasierten Diensten beim Anbieter abrufbar bis zum Ende des Kalenderjahres gespeichert werden, das auf die Vertragsbeendigung folgt (§ 172 Abs. 6 TKG). Sie sind der zum Datenabruf berechtigten staatlichen Stelle (§ 173 Abs. 4 TKG: u.a. die Polizeien der Länder zum Zwecke der Gefahrenabwehr) in einem automatisierten Auskunftsverfahren zur Verfügung zu stellen. Behördliches **Abrufen von Bestandsdaten im Sinne von § 180a Abs. 1 LVwG** greift in das Grundrecht auf informationelle Selbstbestimmung (Art. 1 Abs. 1 i.V.m. Art. 2 Abs. 1 GG) ein. Besonders durch z.B. Passwortverfahren geschützte Bestandsdaten, die räumlich getrennt von den Endgeräten (möglicherweise in einer Daten-Cloud) oder auf den Speichern der Geräte vorhanden sind, unterliegen deutlich gesteigerten eingriffsrechtlichen Hürden gemäß § 180a Abs. 2 LVwG und dem Richtervorbehalt. Im polizeilichen Alltag erfolgen dazu automatisierte Auskunftsersuchen gegenüber den Telekommunikations-Dienstleistern (z.B. mit der Fragestellung: Welche Handy-Rufnummer eine vermisste Person bei welchem Provider hat, um in einem zweiten Schritt die Standortdaten/Verkehrsdaten der vermissten Person zu ermitteln).

Verkehrsdaten

sind gemäß § 3 Nr. 70 TKG Daten, deren Erhebung, Verarbeitung oder Nutzung bei der Erbringung eines Telekommunikationsdienstes erforderlich sind. Der Schutzbereich des Art. 10 Abs. 1 GG schützt nicht nur die Vertraulichkeit der Inhalte von Telekommunikation, sondern auch die näheren Umstände des Telekommunikationsvorganges[81]. Ein solcher Eingriff wiegt schwer, auch wenn hierdurch nicht unmittelbar der Inhalt der Kommunikation erfasst wird. Die Verpflichtung zur Speicherung von Verkehrsdaten ergibt sich aus § 176 TKG, dazu gehören bspw. folgende Daten:

- Nummern/Kennungen der beteiligten Anschlüsse oder Endeinrichtungen
- dynamische und statische IP-Adresse
- Standortdaten (aus der Funkzelle)
- Beginn/Ende der Verbindung, Uhrzeit und Datum

Die Verkehrsdaten umfassen weitere Informationen über Ort, Zeit und Art/Weise der Telekommunikation, sie können vereinfacht erfragt werden:
„Wer hat wann, wo und mit wem kommuniziert?“

Standortdaten

sind Daten, die in einem Telekommunikations-Netz oder von einem Telekommunikations-Dienst verarbeitet werden und die den Standort des Endgerätes eines Nutzers eines öffentlich zugänglichen Telekommunikations-Dienstes angeben (§ 3 Nr. 56 TKG, z. B. Informationen zur Lokalisierung eines Nutzers über GPS, die beim Benutzen eines Handys anfallen).

Kennung

ist die einem Nutzer, einem Anschluss oder einem Endgerät zu einem bestimmten Zeitpunkt zugewiesene eindeutige Zeichenfolge, die eine eindeutige Identifizierung des Nutzers, des Anschlusses oder des Endgerätes ermöglicht (§ 3 Nr. 25 TKG).

Inhaltsdaten

Bei **Inhaltsdaten** handelt es sich um die Inhalte einer Telekommunikationsverbindung unabhängig vom Übertragungsmedium. Gesetzlich ist der Begriff nicht genau definiert. Die staatliche Überwachung von Kommunikationsinhalten ist nur auf Basis einer spezialgesetzlichen Eingriffsermächtigung zulässig. Es werden hohe Anforderungen an die Zulässigkeit von Eingriffsmaßnahmen gestellt. Sie unterliegen generell dem Richtervorbehalt. Inhaltsdaten, die bei der Nutzung von Tele- und

81 BVerfG, Urteil vom 20.04.2016 – 1 BvR 966/09, 1 BvR 1140/09 = BVerfGE 141 S. 220, 316 Rn. 248 f.

Mediendiensten anfallen und mittels Telekommunikation übermittelt werden, sind wie die Inhaltsdaten der Telekommunikation durch das Fernmeldegeheimnis aus Art. 10 GG geschützt. Strafprozessuale Parallelermächtigung sind §§ 100a, 100b StPO.

Beispiele für Inhaltsdaten sind:
- der Inhalt von E-Mails im Bereich der Internetkommunikation
- das gesprochene Wort im Mobilfunk-, Festnetz- oder Voice-over-IP-Telefonat
- Bilddateien von persönlichen Fotos als Dateianhang einer Nachricht
- Gesprächsinhalte von App-basierter Kommunikation (bspw. WhatsApp, Telegram)

Zweck, Umfang

Voraussetzung für die präventive TKÜ ist der Schutz qualifizierter **hochrangiger Rechtsgüter vor einer dringenden Gefahr**. Insoweit ist die Eingriffsschwelle in § 185a LVwG parallel zu der in § 185 Abs. 3 LVwG konstruiert.

In **Absatz 1** wurde der Rechtsprechung des Bundesverfassungsgerichts folgend, die Eingriffsschwelle als **„dringende Gefahr"** ausgestaltet. Neben dem Schutz der tradierten hochrangigen Rechtsgüter oder der Sicherheit des Bundes oder eines Landes oder Leib, Leben und Freiheit der Person wird die Gefahrenabwehr durch Überwachung der Telekommunikation auch in den Fällen ermöglicht, in denen bestimmte Tatsachen die Annahme rechtfertigen, dass die betroffene Person innerhalb eines übersehbaren nahen Zeitraums auf eine zumindest ihrer Art nach konkretisierten Weise eine terroristische Straftat begehen wird. Die Formulierung des Gesetzestextes lehnt sich an § 52 BKAG an, in dem die Voraussetzung für die Überwachung der Telekommunikation durch das Bundeskriminalamt festgelegt werden. Die in § 185a Abs. 1 LVwG als Eingriffsschwelle festgelegte „dringende Gefahr" bestimmt sich nicht allein durch die Qualität eines zu erwartenden Schadens, sondern auch durch die Wahrscheinlichkeit des Schadenseintritts (siehe auch Ausführungen zu § 185 LVwG). Die Eingriffsmaßnahme wird in das Vorfeld von Gefahren verlegt, dadurch, dass bereits Vorbereitungshandlungen für Straftaten nach §§ 89a, 89b, 129a oder 129b StGB, die ihrerseits in vorbereitenden Handlungen für die eigentlich terroristischen Straftaten bestehen, als Eingriffshürde ausreichen. Hier wird **de lege ferenda** eine Anpassung erforderlich sein gemäß der Vorgaben des Bundesverfassungsgerichts aus 2022.[82] Wie zu § 185

82 BVerfG, Beschluss vom 09.12.2022 – 1 BvR 1345/21= BVerfGE 165 S. 1.

Abs. 3 LVwG ausgeführt, muss neben der Anknüpfung an die Vorbereitungsstraftaten textlich sichergestellt werden, dass durch die Gefahr der Verübung einer solchen Straftat auch bereits eine Gefahr für die durch den Straftatbestand geschützten Rechtsgüter gegeben ist.[83]

In **Absatz 2** wurde die Option zur Erhebung und Verarbeitung von Verkehrsdaten gemäß §§ 96 und 113b TKG (alte Fassung) ersatzlos gestrichen. Somit wurde die Eingriffsermächtigung zur Erhebung von Verkehrsdaten nicht an die aktuelle Fassung des TKG angepasst. Hintergrund hierfür sind gerichtliche Verfahren über die verfassungsrechtliche und europarechtliche Zulässigkeit der **„Vorratsdatenspeicherung“**. Verkürzt zusammengefasst geht es im Kern bei der Vorratsdatenspeicherung um die Erhebung von Daten, die einen Einblick darauf ermöglichen, wann eine Person mit wem von wo aus und in welcher Kommunikationsform unter Nutzung eines Telekommunikationsmittels in Kontakt getreten ist. Ohne eine Möglichkeit zur Erhebung einiger Verkehrsdaten und Kenntnis/Auswertung dieser Daten ist es der Polizei im Bereich der Gefahrenabwehr nicht möglich, Zusammenhänge im Bereich des Terrorismus und der organisierten Kriminalität zu erkennen, zu analysieren und Präventivmaßnahmen zu treffen.

In Absatz 2 wird der Umfang der Datenerhebung im Bereich der Telekommunikationsüberwachung wie folgt festgelegt:

Nummer 1: Inhaltsdaten einschließlich der innerhalb des Telekommunikationsnetzes in Datenspeichern abgelegten Inhalte.

Nummer 2: Standortdaten einer aktiv geschalteten Mobilfunkendeinrichtung.

Standortdaten werden zur Lokalisierung eines Mobiltelefon- oder Smartphone-Nutzers benötigt. Bei Smartphones kann der Standort sehr genau ermittelt werden. Dazu werden die Mobilfunknetze, WLAN- oder GPS-Daten verwendet. Genau wie bei herkömmlichen Handys wählt sich das Smartphone in das Mobilfunknetz ein und verbindet sich mit einer Funkzelle. Hier setzt die polizeiliche Erhebung von Standortdaten eines Mobiltelefons an und identifiziert zumindest, dass sich das zu ortende Mobiltelefon in einer zu bezeichnenden Funkzelle mit einem bestimmten Abstrahlwinkel befindet. Diese Ortung ist nicht exakt und hängt unter anderem von der Funkzellendichte der Region ab. Im ländlichen Bereich dürfte die Netzdichte deutlich geringer sein.

83 BVerfG, Beschluss vom 09.12.2022 – 1 BvR 1345/21= BVerfGE 165 S. 1, 51 f. Rn. 92 f.

Beispiel

Eine depressiv erkrankte, suizidgefährdete Person wird als vermisst gemeldet. Um sie aufzufinden, wird eine TKÜ-Maßnahme im Sinne des § 185a Abs. 2 Nr. 1 und 2 LVwG durchgeführt. Die mitgehörten Gesprächsinhalte geben Aufschluss über den Zustand der Person und ihren Standort. Der Standort kann durch die Maßnahme nach § 185a Abs. 2 Nr. 2 LVwG bestätigt werden.

Nummer 3: Feststellung der Polizei nicht bekannter Telefonanschlüsse

Die Normierung ermöglicht den Einsatz des sogenannten **„IMSI-Catchers"** (International Mobil Subscriber Identity, wobei die IMSI als Kartennummer weltweit nur einmal vergeben ist). Beim IMSI-Catcher können Signale von Mobilfunkmasten überlagert werden. So täuscht der Catcher allen Mobiltelefonen in der Umgebung vor, dass er die stärkste Funkzelle in der Umgebung sei. Die Geräte loggen sich daher beim IMSI-Catcher ein, wodurch das Mobiltelefon genau geortet werden kann. IMSI-Catcher werden durch die Polizei mobil eingesetzt. Sie werden über ein herkömmliches Notebook gesteuert und können in den normalen Funknetzen eingesetzt werden. Dem IMSI-Catcher-Einsatz ist immer eine Bestandsdatenabfrage durch die Polizei vorgeschaltet. Für das Herausfiltern von Verbindungsdaten, die für die genaue Ortung eines Mobiltelefons erforderlich sind, sollten mindestens folgende Bestandsdaten vorliegen: die SIM-Karten-Nummer, die Handykartennummer, die IMSI.

Zulässig ist aufgrund des Absatzes 2 Nummer 3 **nur das Erheben von Verkehrsdaten**. Inhaltsdaten der Kommunikation dürfen durch den Einsatz eines IMSI-Catchers aufgrund von § 185a Abs. 2 Nr. 3 LVwG nicht erfasst werden. Dies richtet sich nach Absatz 2 Nr. 1. Soweit durch den IMSI-Catcher Standortdaten erhoben werden sollen, richtet sich diese Maßnahme nach § 185a Abs. 2 Nr. 2 LVwG.

Auch zu repressiven Zwecken können IMSI-Catcher auf der Grundlage von § 100g StPO aber auch zur Telefonüberwachung gemäß § 100a StPO eingesetzt werden.

Absatz 3 regelt, welche Voraussetzungen für Datenerhebungen nach den Absätzen 1 und 2 im Rahmen der Telekommunikationsüberwachung vorliegen müssen. Zunächst darf sich die Erhebung personenbezogener Daten nur gegen Personen richten, bei denen Tatsachen dafürsprechen, dass sie als Verantwortliche in Anspruch genommen werden können. Insoweit ist der Adressatenkreis auf Verhaltens- und Zustandsstörer gemäß §§ 218, 219 LVwG beschränkt. Im Weiteren ist die Datenerhebung nur zulässig hinsichtlich derjenigen Anschlüsse, die von diesen Personen mit hoher Wahrscheinlichkeit genutzt werden oder von denen mit hoher Wahrscheinlichkeit mit ihnen Verbindung aufgenommen wird. Somit kann nicht nur der Endanschluss des Verantwortlichen selbst überwacht werden, sondern auch Telekommunikationsanschlüsse von aktiven oder passiven Nachrichtenmittlern. Diese nehmen mit hoher Wahrscheinlichkeit für den eigentlich Verantwortlichen Nachrichten entgegen und geben diese weiter. Darunter fallen auch Personen, die dem Verantwortlichen die Nutzung der Anschlüsse überlassen. Eine Datenerhebung ist auch zulässig, wenn Dritte unvermeidbar von der Maßnahme (mit)betroffen sind, z.B. beim Einsatz des IMSI-Catchers.

Absatz 4 stellt klar, dass sich die Datenerhebung auch auf zurückliegende Zeiträume erstrecken kann.

Absatz 5 verpflichtet die Diensteanbieter die Überwachung und Aufzeichnung der Telekommunikation zu ermöglichen und die erforderlichen Auskünfte unverzüglich zu erteilen. Die Diensteanbieter müssen die Auskünfte also ohne schuldhafte Verzögerung an die Polizei übermitteln können. Das funktioniert nur, wenn die Anbieter sämtliche erforderlichen Daten automatisch abrufbar vorhalten.

Verfahrensregelungen

Die Regelungen zum Anordnungsprozedere sowie zur Durchführung der Maßnahme ergeben sich aus den §§ 186 ff. LVwG.

Grenzen

§ 185a LVwG enthält keine Befugnis zur Durchführung einer „**Quellen-Telekommunikationsüberwachung, Quellen-TKÜ**" oder „**Online-Durchsuchung**". Aufgrund der vermehrten Nutzung elektronischer oder digitaler Kommunikationsmittel und deren besondere Verschlüsselungsmöglichkeiten wird es für die Polizei immer schwerer Datenerhebungen durchzuführen. Die Quellen-TKÜ und die Online-Durchsuchung sind zwei Instrumente, um eine Datenerhebung trotz Verschlüsselung zu Zwecken der Gefahrenabwehr zu ermöglichen:

Die **Quellen-TKÜ** dient dazu, die technischen Grenzen der herkömmlichen TKÜ-Maßnahme zu überwinden. Die TKÜ findet nämlich dort ihre Grenzen, wo die Kommunikation Ende-zu-Ende verschlüsselt erfolgt. Dann kann die Polizei zwar mittels der TKÜ-Maßnahme feststellen, dass eine Kommunikation stattfindet, die eigentlichen Kommunikationsinhalte bleiben aufgrund der Verschlüsselung jedoch verborgen. Dieses Problem trifft auf weite Teile der modernen Kommunikation, wie Internettelefonie (z. B. Voice-over-IP mittels Skype oder Zoom) oder Messengerdienste (wie WhatsApp, Telegram u. a.) zu und entwertet die Möglichkeit der Durchführung von TKÜ-Maßnahmen erheblich. Dem soll durch die sogenannte Quellen-TKÜ abgeholfen werden. Bei der Quellen-TKÜ wird das System des Nutzers, z. B. das Mobiltelefon, mit einer **Software** infiltriert, um die laufende Telekommunikation ohne Wissen des Betroffenen „an der Quelle" **unverschlüsselt auslesen** zu können. Dazu wird heimlich eine Software auf das Gerät des Betroffenen aufgespielt, um die Kommunikation vor oder nach der Verschlüsselung im Rahmen der laufenden Kommunikation abzufangen. Auch durch diese zusätzliche Maßnahme ist insgesamt nur ein **Eingriff in Art. 10 Abs. 1 GG** gegeben. Es bleibt nach der Einschätzung des Bundesverfassungsgerichts bei der **gleichen Eingriffsintensität** wie bei der normalen TKÜ, wenn die Nutzung der Software nur auf die Durchführung der TKÜ gerichtet ist.[84] Aufgrund der mittlerweile zum Einsatz der Quellen-TKÜ gefestigten Rechtsprechung wäre **de lege ferenda** eine entsprechende Ergänzung der Befugnisse im LVwG im Sinne einer effektiven Gefahrenabwehr zu begrüßen. Denn mit den bisherigen Maßnahmen zur Überwachung der Telekommunikation ist die Abwehr von dringenden Gefahren für die öffentliche Sicherheit aufgrund der überwiegend verschlüsselt erfolgenden Kommunikation kaum noch möglich. Andere Polizeigesetze der Länder haben diese **Befugnisergänzung** bereits vollzogen, z. B. Bayern in Art. 42 Abs. 2 Polizeiaufgabengesetz (BayPAG), Niedersachsen in § 33a Abs. 2 Polizei- und Ordnungsbehördengesetz (NPOG) oder Mecklenburg-Vorpommern in § 33d Abs. 3 Gesetz über die öffentliche Sicherheit und Ordnung (SOG M-V). Der Bund hat ebenfalls mit § 51 Abs. 2 BKAG eine entsprechende Regelung getroffen. Dabei sind die Befugnisse jeweils ähnlich ausgestaltet. Sie ermächtigen dazu, ohne Wissen der Betroffenen mit technischen Mitteln verdeckt auf informationstechnische Systeme zuzugreifen, wenn durch technische Maßnahmen sichergestellt ist, dass ausschließlich laufende Telekommunikation überwacht und aufgezeichnet wird, und der Zugriff auf das informationstechnische System notwendig ist, um die Überwachung und Aufzeichnung der Telekommunikation insbesondere auch in unverschlüsselter Form zu ermöglichen.[85]

Die Rechtsgrundlage zur Durchführung der Quellen-TKÜ **zu repressiven Zwecken** ist in § 100a StPO normiert.

84 BVerfG, Urteil vom 20.04.2016 – 1 BvR 966/09, 1 BvR 1140/09 = BVerfGE 141 S. 220, 309 f. Rn. 228 f.

85 Vgl. § 42 Abs. 2 BayPAG.

Bei der **Online-Durchsuchung** geht es um die Befugnis, auf die Festplatte des Computers oder eines Smartphones des Betroffenen mithilfe einer heimlich auf das Gerät aufgespielten Software („Staatstrojaner“) zuzugreifen. Auf diese Weise sollen die im System gespeicherten Daten ohne Wissen des Betroffenen verdeckt an die zuständige und ermächtigte Behörde übermittelt werden. Da es hierbei nicht um laufende Kommunikationsprozesse geht, ist Art. 10 Abs. 1 GG nicht betroffen. Das Bundesverfassungsgericht sieht hierin vielmehr einen eigenständigen **Eingriff** in das allgemeine Persönlichkeitsrecht (Art. 2 Abs. 1 GG i. V. m. Art. 1 Abs. 1 GG) in seiner besonderen Ausprägung als **Grundrecht auf Gewährleistung der Vertraulichkeit und Integrität informationstechnischer Systeme.**[86] Dem Grundrecht kommt nach dem Bundesverfassungsgericht eine lückenschließende Funktion zu, um neuartigen Gefährdungen zu begegnen, zu denen es im Zuge des wissenschaftlich-technischen Fortschritts und gewandelter Lebensverhältnisse kommen kann, soweit der Schutz nicht durch andere Grundrechte, wie insbesondere Art. 10 GG oder Art. 13 GG, sowie durch das Recht auf informationelle Selbstbestimmung gewährleistet ist.[87]

> „Das Grundrecht auf Gewährleistung der Integrität und Vertraulichkeit informationstechnischer Systeme ist hingegen anzuwenden, wenn die Eingriffsermächtigung Systeme erfasst, die allein oder in ihren technischen Vernetzungen personenbezogene Daten des Betroffenen in einem Umfang und in einer Vielfalt enthalten können, dass ein Zugriff auf das System es ermöglicht, einen Einblick in wesentliche Teile der Lebensgestaltung einer Person zu gewinnen oder gar ein aussagekräftiges Bild der Persönlichkeit zu erhalten. [...] Geschützt vom Grundrecht auf Gewährleistung der Vertraulichkeit und Integrität informationstechnischer Systeme ist zunächst das Interesse des Nutzers, dass die von einem vom Schutzbereich erfassten informationstechnischen System erzeugten, verarbeiteten und gespeicherten Daten vertraulich bleiben. Ein Eingriff in dieses Grundrecht ist zudem dann anzunehmen, wenn die Integrität des geschützten informationstechnischen Systems angetastet wird, indem auf das System so zugegriffen wird, dass dessen Leistungen, Funktionen und Speicherinhalte durch Dritte genutzt werden können; dann ist die entscheidende technische Hürde für eine Ausspähung, Überwachung oder Manipulation des Systems genommen.“[88]

Die Online-Durchsuchung ist insbesondere dann eine sinnvolle Ergänzung der Datenerhebung, wenn die offene Beschlagnahme und Sicherstellung von Computern und Festplatten aufgrund von Verschlüsselung und Zugangssicherung keine Auswertung ermöglicht und dadurch faktisch ins Leere läuft. Zum Zwecke der Gefahrenabwehr haben bereits einige Länder

86 BVerfG, Urteil vom 27.02.2008 – 1 BvR 370/07, 1 BvR 595/07 = BVerfGE 120 S. 274.
87 BVerfG, Urteil vom 27.02.2008 – 1 BvR 370/07, 1 BvR 595/07 = BVerfGE 120 S. 274, 303.
88 BVerfG, Urteil vom 27.02.2008 – 1 BvR 370/07, 1 BvR 595/07 = BVerfGE 120 S. 274, 314.

ihre Befugnisregelung entsprechend erweitert: Bayern in Art. 45 BayPAG, Niedersachsen in § 33d Polizei- und Ordnungsbehördengesetz (NDS POG) oder Mecklenburg-Vorpommern in § 33c Gesetz über die öffentliche Sicherheit und Ordnung (SOG M-V). Der Bund hat ebenfalls mit § 49 BKAG eine entsprechende Regelung getroffen.

Die Online-Durchsuchung **zu Zwecken der Strafverfolgung** ist als „Eingriff in ein informationstechnisches System" unter den Voraussetzungen des **§ 100b StPO** möglich.

4. Unterbrechung der Telekommunikation, § 185b LVwG

Die Befugnis ergänzt die präventiv-polizeilichen Befugnisse zur Telekommunikationsüberwachung nach § 185a LVwG um die Möglichkeit, die Telekommunikation zur Abwehr dringender Gefahren zu stören, zu unterbrechen oder umzuleiten.

Grundrechtsrelevanz

Das Fernmeldegeheimnis aus Art. 10 GG ist durch die Störung oder Unterbrechung der Kommunikation nicht betroffen. Hier geht es nicht um eine Beeinträchtigung der Kommunikationsinhalte oder -umstände im Hinblick auf die Vertraulichkeit der Kommunikation. Da auch nicht die Erhebung, Speicherung, Verwendung oder Weitergabe von persönlichen Daten Ziel der Maßnahme ist, liegt auch kein Eingriff in die informationelle Selbstbestimmung vor. Nach dem Bundesverfassungsgericht stellt die Kommunikationsunterbrechung nur einen Eingriff in das Grundrecht der allgemeinen Handlungsfreiheit gemäß Art. 2 Abs. 1 GG dar, das Betätigungen jedweder Art schützt.[89]

Zweck/Umfang

§ 185b LVwG wurde im Zuge der Polizeirechtsreform 2021 in das schleswig-holsteinische LVwG integriert, um der Polizei ein weiteres taktisches Instrument zur Bewältigung von Geisellagen, unmittelbar bevorstehenden schweren Straftaten oder konkret bevorstehenden terroristischen Bedrohungslagen an die Hand zu geben. So kann durch Unterbrechung der Telekommunikation entweder die Kommunikation mehrerer Attentäter oder Geiselnehmer oder auch die mögliche Fernzündung eines Sprengsatzes per Mobiltelefon gezielt verhindert werden. Bei den tödlichen An-

89 BVerfG, Beschluss vom 22.08.2006 – 2 BvR 1345/03 = NJW 2007 S. 351, 356 Rn. 80.

schlägen auf den Boston-Marathon 2013 wurde diese Art der Zündung von Bomben genutzt. Die Polizei in Boston schaltete das Mobilfunknetz in Boston komplett ab, um weitere Explosionen zu verhindern.

Nach **Absatz 1** werden **Anbieter** von Telekommunikationsdienstleistungen verpflichtet, **konkrete individualisierte Telekommunikationsverbindungen von verantwortlichen Personen** zu unterbrechen, zu verhindern oder die Verfügungsgewalt darüber zu entziehen. Absatz 1 verpflichtet wie § 185a Abs. 5 LVwG die Anbieter von Telekommunikationsdienstleistungen zur **Mitwirkung**. In Satz 1 wird ausgeführt, dass die Polizei temporär neben der Anordnung der Unterbrechung oder Unterbindung der Verbindung auch die Anschlusskennung einer Mobilfunkverbindung umleiten kann. Satz 1 und Satz 2 definieren die Eingriffsvoraussetzungen im Gleichlauf wie § 185a Abs. 1 LVwG. Dabei wird eine dringende Gefahr für bedeutende Rechtsgüter und die Unerlässlichkeit der Maßnahme vorausgesetzt. Durch das Vorliegen gleicher Eingriffsvoraussetzungen wird gewährleistet, dass die Telekommunikationsunterbrechung im Zusammenhang mit bzw. nach einer Telekommunikationsüberwachung erfolgen kann. Somit kann z. B. der Standort eines Mobiltelefons eines potenziellen Attentäters erst geortet werden, um in einem weiteren Schritt die Mobilfunkverbindung zu stören und so der Zündung eines Sprengsatzes vorzubeugen.

Absatz 2 ermächtigt die **Polizei selbst** technische Mittel einzusetzen, um **konkrete individualisierte Telekommunikationsverbindungen von verantwortlichen Personen** zu unterbrechen oder zu stören. Dieses könnte auch durch Umleitung der Anschlusskennung erfolgen. Wenn ein Störsender (z. B. ein Jammer) eingesetzt wird, sendet dieser wie die zu störende Verbindung elektromagnetische Wellen aus und überlagert die Verbindung. Der Störsender arbeitet auf der gleichen oder benachbarten Frequenz des gestörten Empfängers.

Absatz 3 Satz 1 legt fest, dass die Unterbrechung der Telekommunikation nach den Absätzen 1 und 2 nur gegen Personen gerichtet werden kann, bei denen Tatsachen dafürsprechen, dass sie als **Verantwortliche** in Anspruch genommen werden können. Absatz 3 **Satz 2** ergänzt, dass die Maßnahmen unter erhöhten Anforderungen auch **gegen unbeteiligte Dritte** erfolgen dürfen. Voraussetzung ist dafür aber das Vorliegen einer **gegenwärtigen Gefahr** für den Bestand oder die Sicherheit des Bundes oder eines Landes oder für Leib, Leben oder Freiheit einer Person. Dieses kann der Fall sein, wenn die Maßnahme Dritte nur mitbetrifft, so z. B., wenn die Polizei Störsender einsetzt und dadurch nicht nur die Verbindung des Störers unterbindet, sondern auch von in der Nähe befindlichen Dritten. Die Norm ermächtigt auch dazu gezielt unbeteiligte Dritte in Anspruch zu nehmen, z. B., wenn zur Gefahrenabwehr die gesamte Telekommunikation in einer oder mehreren Mobilfunkzellen unterbrochen werden muss.

Verfahrensregelungen

Für das Anordnungsprozedere sowie zur Durchführung der Maßnahme sind die §§ 186 ff. LVwG zu beachten.

5. Datenerhebung durch die Verwendung von Vertrauenspersonen, § 185c LVwG

Der im Rahmen der Polizeirechtsnovelle 2021 ins LVwG eingefügte § 185c LVwG regelt die verdeckte Erhebung personenbezogener Daten mittels Einsatzes von Vertrauenspersonen (VP) durch die Polizei. In der Norm wird der Begriff der Vertrauensperson definiert und die Eingriffsschwelle für den Einsatz im Gleichlauf mit den Ermächtigungen der besonderen Mittel der Datenerhebung aus § 185 Abs. 1 LVwG hergestellt.

Grundrechtsrelevanz

Die Datenerhebung mittels Vertrauensperson greift in das **Recht auf informationelle Selbstbestimmung** aus Art. 2 Abs. 1 GG i. V. m. Art. 1 Abs. 1 GG ein. Da hierbei zur Informationsgewinnung das Vertrauen der betroffenen Person ausgenutzt wird, wiegt der Eingriff schwer.[90] Daraus folgt, dass der Einsatz von VP an strenge gesetzliche Voraussetzungen geknüpft werden muss. In seiner Entscheidung zum Sicherheits- und Ordnungsgesetz Mecklenburg-Vorpommern hat das Bundesverfassungsgericht die Anforderungen an eine verfassungskonforme Ausgestaltung des VP-Einsatzes weiter konkretisiert und insbesondere nähere Ausführungen zum Kernbereichsschutz gemacht, die es zu beachten gilt.[91] So darf die VP im Rahmen ihres Einsatzes keine Beziehung zur Zielperson aufnehmen, die unweigerlich deren Kernbereich privater Lebensgestaltung berührt, wie insbesondere die Anbahnung einer Liebesbeziehung. Da die VP ihrerseits nicht Teil der Polizei ist, stehen ihr auch keine polizeilichen Befugnisse zur Datenerhebung im Sinne der §§ 185 ff. LVwG zu. Eine VP ist Verwaltungshelfer einer Polizeibehörde. Sie ist nicht Teil der Behörde und auch nicht Beliehene, die aufgrund eines Gesetzes oder eines Verwaltungsaktes öffentliche Aufgaben wahrnimmt. Damit handelt sie nicht hoheitlich. Sie darf insbeson-

90 BVerfG, Urteil vom 20.04.2016 – 1 BvR 966/09, 1 BvR 1140/09 = BVerfGE 141 S. 220, 290 Rn. 160.
91 BVerfG, Beschluss vom 09.12.2022 – 1 BvR 1345/21 = BVerfGE 165 S. 1, 59 ff. Rn. 107, 110.

dere nicht heimlich Abhörgeräte an Telefonendgeräten der Zielperson anbringen o. ä. Auch das Durchsuchen von Sachen oder EDV-Anlagen in der Wohnung und ohne Wissen des Betroffenen ist für eine VP nicht zulässig. Daher stellt der VP-Einsatz auch keinen Eingriff in informationstechnische Systeme aus Art. 2 Abs. 1 i. V. m. Art. 1 Abs. 1 GG oder in das Fernmeldegeheimnis aus Art. 10 Abs. 1 GG dar. Da der VP-Einsatz jedoch auch in Wohnungen erfolgen kann, kann sich hierdurch ein Eingriff in die **Unverletzlichkeit der Wohnung** gemäß Art. 13 GG ergeben.

Definition und Abgrenzung

Für die Legaldefinition der Vertrauensperson zur Gefahrenabwehr und Verfahrensregelungen zum Einsatz von Vertrauenspersonen wurde sich an die Regelungen der **Richtlinie für das Strafverfahren und das Bußgeldverfahren (RiStBV), Anlage D** – Inanspruchnahme von Informanten, Einsatz von V-Personen und verdeckten Ermittlern –, angelehnt:

Vertrauensperson (VP) ist gemäß § 185c Abs. 1 Satz 1 LVwG eine Person, die **ohne einer Polizeibehörde anzugehören**, bereit ist, die Polizei bei der Verhinderung von Straftaten, in der Regel auf längere Zeit, vertraulich zu unterstützen und deren Identität grundsätzlich geheim gehalten wird. Auch im Bereich der Strafverfolgung gehört die VP einer Strafverfolgungsbehörde nicht an. Ein VP-Einsatz ist generell **langfristig** angelegt und wird durch einen behördlichen VP-Führer **gesteuert**.

Informant ist im Gefahrenabwehrrecht eine Person, die im **Einzelfall** bereit ist, auch gegen Zusicherung der Vertraulichkeit der Polizeibehörde (im Strafverfahren gemäß RiStBV „Strafverfolgungsbehörde") Informationen zu geben und nicht im staatlichen Auftrag tätig wird. Informanten erhalten **keine steuernden Ermittlungsaufträge**.

Verdeckter Ermittler (VE) im Sinne des § 185 Abs. 1 Nr. 3 LVwG ist eine **Polizeivollzugsbeamtin oder ein Polizeivollzugsbeamter** unter einer ihr oder ihm verliehenen, auf Dauer angelegten **Legende**. Zur Strafverfolgung richtet sich der VE-Einsatz nach den §§ 110a bis 110c StPO und den §§ 101, 161, 477 StPO. VE dürfen keine Straftaten begehen und sind nicht vom Legalitätsprinzip befreit.

Bei **nicht offen ermittelnden Polizeibeamten (NoeP)** handelt es sich um Polizeivollzugsbeamtinnen und -beamte, die im Gegensatz zum VE **nur gelegentlich verdeckt** agieren. Die Zugehörigkeit zu einer Polizeibehörde wird allerdings nicht offengelegt. So werden NoeP z. B. als sogenannte „Scheinkäufer" im Bereich der Betäubungsmittelkriminalität im Rahmen der Generalklausel des § 163 StPO

(„Ermittlungen aller Art") eingesetzt. Gerade im Bereich der organisierten Betäubungsmittelkriminalität kann es notwendig werden, die Identität des NoeP im Verfahren geheim zu halten. Hierzu kann eine „Sperrerklärung" im Rahmen eines amtlich verwahrten Schriftstückes gemäß § 96 StPO zum Schutz der Gefährdung von Leib und Leben des eingesetzten NoeP ausgefertigt werden.

Zweck, Umfang

Absatz 1 Satz 1 definiert den Begriff der Vertrauensperson. Im Satz 2 wird die Eingriffsschwelle für den Einsatz einer VP im Gleichlauf mit § 185 Abs. 1 LVwG z.B. zum Einsatz eines VE konstruiert. Auch hier ist Erfordernis für den Einsatz der VP, dass Tatsachen dafürsprechen, dass ein Schaden für den Bestand oder die Sicherheit des Bundes oder eines Landes oder für Leib, Leben oder Freiheit oder ein gleichgewichteter Schaden für Sach- oder Vermögenswerte oder für die Umwelt zu erwarten ist. Damit ist der Einsatz von VP im Bereich der Bagatellkriminalität generell ausgeschlossen. Die Voraussetzung für den Einsatz von VP ist im Weiteren, dass die Maßnahme zur Aufklärung des Sachverhaltes **unerlässlich** ist. Das heißt, dass eine anderweitige Aufklärung aussichtslos oder wesentlich erschwert wäre. Insofern kann ein VP-Einsatz generell nur als „Ultima Ratio" durchgeführt werden, nicht schon, wenn er nur erfolgversprechend erscheint. Alle anderen Optionen zur Erkenntnisgewinnung müssen bereits ausgeschöpft oder ausgeschlossen sein. Der Grundsatz der Subsidiarität setzt voraus, dass ohne den VP-Einsatz die Aufklärung des Sachverhaltes nicht möglich ist. Auch im Übrigen sind VE- und VP-Einsatz gleich aufgebaut: So gelten aufgrund des Verweises auf § 185 Abs. 3 und 5 LVwG die Regelungen zur Datenerhebung aus Wohnungen und zur Störerverantwortlichkeit entsprechend auch für den Einsatz der VP.

Absatz 2 legt fest, dass ein VP-Einsatz mit der Unterbreitung eines konkreten Angebots zur Zusammenarbeit durch die Polizei beginnt und grenzt damit den Einsatz zur Erkenntnisgewinnung durch Informantinnen/Informanten ab. Das Angebot muss innerhalb von sechs Monaten nach dem ersten Kontakt erfolgen. Solange der Status als Vertrauensperson und die damit verbundene Vertraulichkeitszusage nicht vorliegt, unterliegen die Polizeivollzugsbeamtinnen und -beamten dem Legalitätsprinzip aus der Strafprozessordnung und müssen die VP unter Klarnamen in der Ermittlungsakte führen.

Absatz 3 regelt in Anlehnung an die Anlage D der RiStBV, welche Personen nicht als Vertrauenspersonen eingesetzt werden dürfen:

- nicht voll geschäftsfähige Personen, insbesondere keine Minderjährigen,
- Teilnehmer oder potenzielle Teilnehmer eines staatlichen Aussteigerprogrammes,

- Mitglieder des EU-Parlamentes, des Deutschen Bundestages, eines Landesparlamentes, auch deren Mitarbeiterinnen/Mitarbeiter,
- Personen, die aufgrund einer besonders schweren Straftat verurteilt wurden,
- Mitglieder in Führungsfunktion einer Partei, gegen die ein Verbotsverfahren betrieben wird.

Absatz 4 definiert, zu welchen Zwecken eine Vertrauensperson nicht eingesetzt werden darf:

- zur rechtswidrigen Verleitung einer Person zu einer Straftat durch die VP,
- mit dem Ziel eine Person zur Begehung einer über ihre erkennbare Bereitschaft hinausgehende Straftat zu beeinflussen,
- zur Datenerhebung mit Mitteln/Methoden, die die Polizei in einem Rechtsstaat nicht einsetzen darf (Folter, Misshandlung, Verabreichung von Betäubungsmitteln ...),
- als Mitglied der Führungsebene einer Partei, um auf die Aktivitäten dieser Partei Einfluss zu nehmen.

Parallel wie zu § 185 Abs. 4 LVwG ausgeführt, sollte hier **de lege ferenda** gemäß den Vorgaben des BVerfG[92] klarstellend mit aufgenommen werden, dass **zum Schutz des unantastbaren Kernbereichs** privater Lebensgestaltung die VP im Rahmen ihres Auftrags **keine Beziehung zur Zielperson** aufnehmen darf, die unweigerlich deren Kernbereich privater Lebensgestaltung berührt, wie insbesondere die Anbahnung einer Liebesbeziehung.

Absatz 5 stellt besondere Grundsätze bei der Führung von Vertrauenspersonen. Gemäß Absatz 5 müssen Vertrauenspersonen fortlaufend auf ihre Zuverlässigkeit überprüft werden. VP sind **Verwaltungshelfer** einer Polizeibehörde. Sie unterstützen lediglich die Polizeibehörde bei der Aufgabenwahrnehmung. Da Vertrauenspersonen häufig aus dem kriminellen Milieu stammen, ist die fortlaufende Begutachtung ihrer Zuverlässigkeit von besonderer Bedeutung und Aufgabe der polizeilichen VP-Führung. Insofern ist der Wahrheitsgehalt der Informationen, die die VP liefert, zeitnah und kontinuierlich zu überprüfen. Bei begründeten Zweifeln an der Zuverlässigkeit einer VP ist die Datenerhebung durch die VP und die Zusammenarbeit mit dieser umgehend zu beenden. Eine VP darf den maßgeblichen Anteil ihres Lebensunterhaltes nicht aus behördlichen finanziellen Zuwendungen bestreiten. Daher ist sicherzustellen, dass Vertrauenspersonen keine falschen Informationen liefern, um ihre „Einnahmequelle" nicht zu ge-

92 BVerfG, Beschluss vom 09.12.2022 – 1 BvR 1345/21 = BVerfGE 165 S. 1, 60f. Rn. 110.

fährden. Strafrechtliche Voreintragungen im Bundeszentralregister führen nicht grundsätzlich zur Ablehnung der Rolle als Vertrauensperson. Diese Informationen sind jedoch durch die VP-Führung für die Bewertung der Zuverlässigkeit zu berücksichtigen.

Verfahrensregelungen

Die Regelungen zum Anordnungsprozedere sowie zur Durchführung der Maßnahme ergeben sich aus den §§ 186 ff. LVwG.

6. Anordnung und Benachrichtigung bei Maßnahmen §§ 185 bis 185c, 186 LVwG

> Im Zuge der Novellierung des Polizeirechts in 2021 wurden die Verfahrensbestimmungen für die Maßnahmen der §§ 185 ff. LVwG in den §§ 186 ff. LVwG systematisch neu gefasst und an die Vorgaben der Rechtsprechung des Bundesverfassungsgerichts zum Anordnungsprozedere und den Benachrichtigungspflichten in § 186 LVwG, zum Kernbereichsschutz in § 186a LVwG, zur aufsichtlichen Kontrolle in § 186b LVwG und der dafür notwendigen Protokollierung und Dokumentation in § 186c LVwG angepasst.

§ 186 LVwG setzt die verfassungsrechtlichen Vorgaben zur Anordnung der eingriffsintensiven Maßnahmen der §§ 185 ff. LVwG und zu den Benachrichtigungspflichten wie folgt um:

1. Gerichtliche Anordnungskompetenz (Absatz 1),
2. Behördliche Anordnungskompetenz (Absatz 2),
3. Anordnungsverfahren (Absatz 3),
4. Kontrolle während der Maßnahmedurchführung und Datenverarbeitung (Absätze 4, 5),
5. Zuständigkeit des Gerichts (Absatz 6),
6. Benachrichtigungspflichten gegenüber der betroffenen Person (Absätze 7, 8).

Absatz 1 ist inhaltlich unterteilt in **gerichtliche Anordnungskompetenz** im Regelfall und polizeiliche Anordnungskompetenz im **Ausnahmefall** beim Vorliegen von **Gefahr im Verzug**.

> „Der Begriff Gefahr im Verzug ist eng auszulegen, die richterliche Anordnung [...] ist die Regel, die nichtrichterliche die Ausnahme. ‚Gefahr im Verzug' muss mit Tatsachen begründet werden, die auf den Einzelfall bezogen sind. Reine Spekulationen, hypothetische Erwägungen oder lediglich auf kriminalistische Alltagserfahrungen gestützte, fallunabhängige Vermutungen reichen nicht aus".[93]

93 BVerfG, Urteil vom 20.02.2001 – 2 BvR 1444/00 = BVerfGE 103 S. 142.

Durch die Neuregelung der Anordnungskompetenz wird auch der Einsatz von Vertrauenspersonen dem Richtervorbehalt unterstellt. Dieser gilt nunmehr für alle eingriffsintensiven verdeckten Datenerhebungsmaßnahmen.

Die Anordnungskompetenz bei Gefahr im Verzug untersteht dem Behördenleitervorbehalt (Leiter des Landespolizeiamtes, des Landeskriminalamtes oder einer Flächendirektion). Die Anordnungskompetenz geht in deren/dessen Abwesenheit oder Verhinderung auf denjenigen über, der in diesen Fällen die Vertretung der Behördenleitungsfunktion wahrnimmt oder, soweit eine besonders beauftragte Person des Polizeivollzugs dazu berufen wurde, auf diese. Dem Behördenleiter obliegt es, durch Verfügung oder andere dienstinterne Regelungen den Kreis der besonders beauftragten Personen des Polizeivollzugsdienstes festzulegen. Es macht z.B. Sinn, dass die Leitung der jeweiligen Regionalleitstelle (RLS) oder auch die Dienstgruppenleiterinnen/Dienstgruppenleiter der jeweiligen RLS als besonders Beauftragte für die Anordnung der Standortbestimmung eines Handys einer vermissten Person (§ 185a Abs. 2 Nr. 2 LVwG) tätig werden dürfen.

Für die **Maßnahmen mit Richtervorbehalt gemäß Absatz 1** ergibt sich folgendes Schema:

Norm	Regelungsgehalt	Anordnung	Gefahr im Verzug	Beispiel
§ 185 Abs. 1 Nr. 1 LVwG	Observation	Richter	Leiter LPA, LKA, PD oder besonders beauftragte Person	Planmäßige längerfristige Beobachtung einer Zielperson
§ 185c Abs. 1 LVwG	Vertrauensperson	Richter	Leiter LPA, LKA, PD oder besonders beauftragte Person	Vertrauensperson aus Milieu wird längerfristig zur Zusammenarbeit mit der Polizei angeworben und auf Zielperson angesetzt
§ 185 Abs. 1 Nr. 3 LVwG	Verdeckte Ermittler	Richter	Leiter LPA, LKA, PD oder besonders beauftragte Person	Einsatz eines Polizeivollzugsbeamten als verdeckter Ermittler mit Legende gegenüber einer Zielperson

Norm	Regelungsgehalt	Anordnung	Gefahr im Verzug	Beispiel
§ 185 Abs. 1 Nr. 2 lit. c LVwG	Verdeckter Einsatz technischer Mittel zum Abhören oder Aufzeichnen des nicht öffentlich gesprochenen Wortes („kl. Lauschangriff")	Richter	Leiter LPA, LKA, PD oder besonders beauftragte Person	Überwachung eines Gespräches auf der Straße unter Einsatz eines Richtmikrofons
§ 185 Abs. 3 LVwG	Erhebung personenbezogener Daten aus Wohnung („gr. Lauschangriff")	Richter	Leiter LPA, LKA, PD oder besonders beauftragte Person	Überwachung eines Gespräches in einer Wohnung
§ 185a LVwG	Überwachung der Telekommunikation	Richter	Leiter LPA, LKA, PD oder besonders beauftragte Person	Standortbestimmung des Handys einer hilflosen Person
§ 185b LVwG	Unterbrechung der Telekommunikation	Richter	Leiter LPA, LKA, PD oder besonders beauftragte Person	Störung der Tälerkommunikation bei einer Geisellage

Für die **behördliche Anordnung gemäß Absatz 2** ergibt sich folgendes Schema:

Norm	Regelungsgehalt	Anordnung	Gefahr im Verzug	Beispiel
§ 185 Abs. 3 LVwG	Schutzdatenerhebung mittels Personenschutzsender zum Schutz der eingesetzten Person in Wohnungen	Leiter LPA, LKA, PD oder besonders beauftragte Person	Jeder PVB	Tonübertragung in einer Wohnung zum Schutz der dort eingesetzten Person, z. B. verdeckter Ermittler
§ 185 Abs. 1 Nr. 2 lit. c LvwG	Schutzdatenerhebung, Abhören/Aufzeichnen des nichtöffentlich Gesprochenen Wortes außerhalb der Wohnung	Leiter LPA, LKA, PD oder besonders beauftragte Person	Jeder PVB	Einsatz von Richtmikrofon auf der Straße zum Schutz des eingesetzten PVB beim Scheinkauf von BtM

Norm	Regelungsgehalt	Anordnung	Gefahr im Verzug	Beispiel
§ 185 Abs. 1 Nr. 2 lit. a LVwG	Anfertigung von Bildaufnahmen/-aufzeichnungen	Leiter LPA, LKA, PD oder besonders beauftragte Person	Jeder PVB	Einsatz von verdeckter Kameratechnologie in einem Park zur Überwachung einer Person
§ 185 Abs. 1 Nr. 2 lit. b LVwG	Einsatz von GPS- oder Funkpeilgeräten	Leiter LPA, LKA, PD oder besonders beauftragte Person	Jeder PVB	Fortwährende Ortung einer Zielperson aus der Hooligan-Szene auf dem Weg zu einem unbekannten Ort einer geplanten Auseinandersetzung

Absatz 3 definiert Umfang und Form der Anordnung der verdeckten Datenerhebungsmaßnahme. Damit werden nach der Gesetzesbegründung zugleich die Anforderungen an den Antrag auf Erlass der gerichtlichen Anordnung bestimmt.[94] Denn nur durch einen entsprechenden Antrag wird das Gericht in die Lage versetzt, eine umfängliche Prüfung vorzunehmen. Antrag und Anordnung müssen demnach grundsätzlich schriftlich erfolgen und mindestens folgende Angaben enthalten:

- Voraussetzungen und wesentliche Abwägungsgesichtspunkte,
- den Adressaten (die Person, gegen die sich die Maßnahme richtet, soweit möglich, mit Namen und Anschrift),
- Art, Umfang (auch der Verbundmaßnahmen), Dauer und Ziel der Maßnahme.

Bei Anordnung verdeckter Datenerhebungsmaßnahmen aus Wohnungen gemäß § 185 Abs. 3 LVwG sind zudem die betroffenen Räumlichkeiten aufzuführen. Bei TKÜ-Maßnahmen im Sinne des § 185a LVwG oder bei Unterbrechung der Telekommunikation im Sinne von § 185b LVwG sind die betroffenen Anschlüsse des Adressaten der Maßnahme aufzuführen. Satz 4 lässt eine Ausnahme von der Schriftform der Anordnung bei Gefahr im Verzug zu und Satz 5 gibt die unverzüglich nachzuholende Dokumentation in diesen Fällen vor. Für Maßnahmen gemäß §§ 185 und 185b LVwG wird im Gesetzestext eine Annexkompetenz zum Betreten und Durchsuchen von Wohnungen aufgeführt, um die Installation technischer Mittel zur verdeckten Datenerhebung

94 LT Schl.-H. DruckS. 19/2118 vom 22.04.2020, S. 88.

beim Adressaten der Maßnahme überhaupt zu ermöglichen. Inkludiert ist in diesem Zusammenhang auch das heimliche Durchsuchen von Sachen. Im Weiteren werden in Absatz 3 Fristenregelungen für die Anordnung der Maßnahmen und ein kontinuierlicher Prüfauftrag während der Durchführung der Maßnahme definiert. Liegen die Voraussetzungen der Anordnung nicht mehr vor, ist die angeordnete Maßnahme unverzüglich zu beenden.

Der **Absatz 4** legt das gerichtliche Überprüfungsverfahren während der angeordneten und durchgeführten Maßnahme fest.[95]

Absatz 5 sichert die richterliche Bestätigungspflicht vor der Weiterverarbeitung von Daten aus Erkenntnissen, die aus polizeilich angeordneten Maßnahmen generiert wurden.

Absatz 6 bestimmt die gerichtliche Zuständigkeit und gibt das Verfahren entsprechend des FamFG vor. Von einer Anhörung der betroffenen Person durch das Gericht ist abzusehen, wenn die vorherige Anhörung den Zweck der Maßnahme gefährden würde. Für die Bekanntgabe der Entscheidung an die betroffene Person gilt Absatz 7. Das Anhörungserfordernis wird grundsätzlich aufrechterhalten, ist allerdings nur während des laufenden Verfahrens bis zum Erlass der Anordnung möglich.[96]

Absatz 7 regelt die Benachrichtigungsverpflichtungen nach Abschluss der Maßnahme und **Absatz 8** ergänzt diese um Benachrichtigungsverpflichtungen in Bezug auf strafrechtliche Ermittlungsverfahren.

7. Grundsätze der Datenverarbeitung bei Maßnahmen nach §§ 185, 185a, 185c und 186a LVwG

> Die Norm sichert den Schutz des Kernbereichs privater Lebensgestaltung beim Einsatz eingriffsintensiver präventiv-polizeilicher Datenerhebung nach §§ 185, 185a und 185c LVwG sowie den Schutz von besonderen Berufsgeheimnisträgern. Außerdem wird zum Schutz der nach §§ 185 ff. LVwG erhobenen Daten angeordnet, dass diese entsprechend dem Stand der Technik gegen unbefugte Kenntnisnahme, Veränderung und Löschung besonders zu sichern sind.

Die verdeckten Datenerhebungsmaßnahmen der §§ 185 ff. LVwG sind aufgrund ihrer besonderen Grundrechtsrelevanz nur dann verfassungskonform, wenn gewährleistet ist, dass der gemäß Art. 1 Absatz 1 GG unver-

95 LT Schl.-H. DruckS. 19/2118 vom 22.04.2020, S. 89.
96 LT Schl.-H. DruckS. 19/2118 vom 22.04.2020, S. 90.

letzliche Kernbereich der privaten Lebensgestaltung durch die Maßnahmen nicht angetastet wird.

> „Zur Entfaltung der Persönlichkeit im Kernbereich privater Lebensgestaltung gehört die Möglichkeit, innere Vorgänge wie Empfindungen und Gefühle sowie Überlegungen, Ansichten und Erlebnisse höchstpersönlicher Art zum Ausdruck zu bringen, und zwar ohne Angst, dass staatliche Stellen dies überwachen. Vom Schutz erfasst sind auch Gefühlsäußerungen, Äußerungen des unbewussten Erlebens sowie Ausdrucksformen der Sexualität.“[97]

Zum **Schutz des Kernbereichs der privaten Lebensgestaltung** fordert die Rechtsprechung[98] vereinfacht dargestellt ein dreistufiges Verfahren, welches in § 186a LVwG umgesetzt wird:

1. **Vor der Durchführung der Datenerhebung** ist gemäß **Absatz 1** zu prüfen, dass die Maßnahme nicht darauf angelegt ist, Daten aus dem Kernbereich privater Lebensgestaltung zu erheben. Dazu ist ergänzend im Wege einer **Prognose** zu überprüfen, dass durch die geplante Maßnahme Daten aus dem Kernbereich nicht erhoben werden.
2. **Während der Datenerhebung** ist gemäß **Absatz 2** grundsätzlich der Abbruch bzw. die Unterbrechung der Maßnahme vorzusehen, wenn erkennbar wird, dass eine Überwachung in den Kernbereich privater Lebensgestaltung eindringt. Bestehen hinsichtlich der Betroffenheit des Kernbereichs **Zweifel**, ist der **Fortgang der Maßnahme** nur **im Wege der automatischen Erhebung** zulässig. Für Daten, die aufgrund von Zweifeln, ob der Kernbereich betroffen ist, automatisch erhoben wurden, bedarf es der Freigabe und **Prüfung durch eine unabhängige Stelle**, **Absatz 3**.
3. **Nach der Datenerhebung** dürfen die Daten, die den Kernbereich betreffen, nicht verwertet werden und sind zu **löschen**. Nur die Daten, die nicht den Kernbereich betreffen, dürfen durch die Polizei verwertet werden, **Absatz 5**.

Aufgrund der Rechtsprechung des Bundesverfassungsgerichts zum Polizeirecht in Mecklenburg-Vorpommern 2022[99] dürfte die Regelung zum Kernbereichsschutz in § 186a Abs. 2 Satz 2 LVwG **de lege ferenda** ergänzend dahingehend zu konkretisieren sein, dass der Abbruch bzw. die Unterbrechung der Maßnahme nur dann unterbleiben darf, wenn dies zur

97 BVerfG, Urteil vom 03.03.2004 – 1 BvR 2378/98, 1 BvR 1084/99 = BVerfGE 109 S. 279, 313.
98 BVerfG, Urteil vom 20.04.2016 – 1 BvR 966/09, 1 BvR 1140/09 = BVerfGE 141 S. 220, 276 f. Rn. 119 ff.; BVerfG, Beschluss vom 09.12.2022 – 1 BvR 1345/21 = BVerfGE 165 S. 1, 60 ff. Rn. 109 ff.
99 BVerfG, Beschluss vom 09.12.2022 – 1 BvR 1345/21 = BVerfGE 165 S. 1, 60 ff. Rn. 109 ff.

Abwehr einer Gefahr für Leib und Leben der an der Durchführung der verdeckten Maßnahme beteiligten Person erforderlich ist.

Absatz 3 legt fest, dass alle aus einer Wohnraumüberwachung nach § 185 Abs. 3 LVwG erhobenen und aufgezeichneten personenbezogenen Daten vor Auswertung durch die Polizei dem Gericht vorzulegen sind. Dort wird über Verwertbarkeit oder Löschung entschieden. Nur die Daten, die nicht kernbereichsrelevant sind, dürfen polizeilich verwertet werden.

Absatz 4 ermöglicht eine behördliche Entscheidung bei Gefahr im Verzug.

Absatz 5 stellt für die im Rahmen einer Maßnahme nach §§ 185, 185a oder 185c LVwG erhobenen Daten, die den Kernbereich betreffen, klar, dass diese sofort **gelöscht** werden müssen und auch im Anschluss nicht weiterverwendet werden dürfen. Weiterhin wird eine **Dokumentation**, die eine spätere Kontrolle ermöglichen soll, vorgegeben.

Absatz 6 sichert durch ein Erhebungs- und Verwertungsverbot die besondere Vertraulichkeit der Kommunikation mit Berufsgeheimnisträgern sowie den Schutz der Zeugnisverweigerungsrechte.

Absatz 7 gibt besondere Sicherungsanforderungen für die aus §§ 185 und 185a LVwG erhobenen Daten vor.

Absatz 8 sichert den Menschenwürdekern der informationellen Selbstbestimmung, indem der kumulative Einsatz mehrerer Datenerhebungsmaßnahmen in der Form verboten ist, dass diese summiert nicht zu einer lückenlosen Registrierung der Bewegungen und Lebensäußerungen der betroffenen Person führen dürfen.

8. Aufsichtliche Kontrolle durch die Landesbeauftragte oder den Landesbeauftragten für Datenschutz und den Landtag, § 186b LVwG

§ 186b LVwG regelt ergänzende Verfahrensbestimmungen für nach § 186c LVwG zu protokollierende Maßnahmen.

Absatz 1 normiert eine turnusmäßige Prüfpflicht der oder des Landesbeauftragten für Datenschutz mindestens alle zwei Jahre bezüglich der Datenverarbeitung von nach § 185c LVwG zu protokollierenden Maßnahmen und von Datenübermittlungen an Drittstaaten gemäß § 193 Abs. 2 LVwG. Diesbezüglich gibt das Bundesverfassungsgericht vor, dass die turnusmäßige

Überprüfung den Zeitraum von zwei Jahren nicht überschreiten darf[100]. Das bedeutet, dass die zu überprüfenden Daten durch die Polizei in praktikabler Weise aufbereitet und zur Verfügung gestellt werden müssen. Die gesetzliche Regelung verpflichtet das **Unabhängige Landeszentrum für Datenschutz Schleswig-Holstein** zur Durchführung der Überprüfungen.

Absatz 2 regelt die jährliche Berichtspflicht der Landesregierung gegenüber dem Landtag und legt den Umfang der Unterrichtung der nach § 186c LVwG zu protokollierenden Maßnahmen fest. Ein vom Landtag gewähltes Gremium übt über die polizeilich durchgeführten eingriffsintensiven verdeckten Datenerhebungsmaßnahmen aufgrund des zu fertigenden Berichtes die Kontrolle aus. In Schleswig-Holstein wählt der Landtag die derzeit sechs Mitglieder des **Parlamentarischen Kontrollgremiums (PKG)**, das gemäß Landesverfassungsschutzgesetz die Landesregierung in Angelegenheiten des Verfassungsschutzes kontrolliert. In den turnusmäßigen Sitzungen muss die Regierung das Gremium über die Maßnahmen der Verfassungsschutzbehörde und die eingriffsintensiven polizeilichen Maßnahmen, die gemäß § 186b der Berichtspflicht unterliegen, informieren. Hierzu fertigt die Polizeiabteilung (Abteilung IV 4) des Innenministeriums jährlich einen Bericht über die präventiv-polizeilichen verdeckten Datenerhebungen mit hoher Eingriffstiefe und leitet diese Informationen dem Landtag zu. Gemäß Absatz 2 Satz 3 macht der Landtag diese Unterrichtung der Öffentlichkeit zugänglich. Die Veröffentlichung der Berichte in Form einer Landtagsdrucksache soll Transparenz über polizeiliches Handeln herstellen und so eine öffentliche Befassung über die Ausübung polizeilicher Befugnisse ermöglichen:

> „Sie […] müssen hinreichend gehaltvoll sein, um eine öffentliche Diskussion über Art und Ausmaß der auf diese Befugnisse gestützten Datenerhebung, einschließlich der Benachrichtigungspflichten und Löschungspflichten, zu ermöglichen und diese einer demokratischen Kontrolle und Überprüfung zu unterwerfen."[101]

9. Protokollierung bei verdeckten oder eingriffsintensiven Maßnahmen, § 186c LVwG

> In § 186c LVwG werden die Protokollierungspflichten für die eingriffsintensiven Maßnahmen festgelegt.

100 BVerfG, Urteil vom 20.04.2016 – 1 BvR 966/09, 1 BvR 1140/09 = BVerfGE 141 S. 220, 321 Rn. 266.

101 BVerfG, Urteil vom 20.04.2016 – 1 BvR 966/09, 1 BvR 1140/09 = BVerfGE 141 S. 220, 287 Rn. 143.

Die **Protokollierung** hat den Zweck, die Kontrolle gemäß § 186b LVwG zu ermöglichen, ob die verantwortliche Polizeibehörde personenbezogene Daten innerhalb der rechtlich zulässigen Grenzen erhebt und verarbeitet. Grundlage dieser Kontrolle ist die revisionssichere Protokollierung von Datenverarbeitungsprozessen in den Polizeibehörden. Eine Protokollierung ist grundsätzlich immer eine verfahrenssichernde Maßnahme bei der Erhebung von Daten durch eingriffsintensive präventiv-polizeiliche Maßnahmen.

Die Voraussetzungen für die Auswertung von Protokolldaten sind:

- Bestehen eines Rechte- und Rollenkonzepts der erhebenden Polizeibehörde,
- Vorhalten von zentralen Protokollservern bei den erhebenden Behörden,
- maschinenlesbares, strukturiertes Format der auszuwertenden Daten,
- zeitnah zur Verfügung stehende Daten,
- Gewährleistung des technischen Zugangs für die Auswertungsmöglichkeit durch die Kontrollbehörde

Absatz 1 definiert den Umfang und den Inhalt der Protokolldaten bei den verdeckten und eingriffsintensiven Maßnahmen.

Absatz 2 ergänzt die Protokollierungspflichten um die Dokumentation der von der Maßnahme betroffenen Personen.

Absatz 3 stellt fest, dass Nachforschungen zur Feststellung der Identität mitbetroffener Dritter nur vorzunehmen sind, wenn dies unter Abwägung der Eingriffsintensität der Maßnahme, des Aufwands für die Identitätsfeststellung und der daraus folgenden Beeinträchtigungen für die betroffenen Personen geboten ist.

Absatz 4 legt eine enge Zweckbindung der nach § 186c LVwG erhobenen Protokolldaten fest, beschränkt auf Benachrichtigungszwecke zugunsten der durch die Maßnahme betroffenen Personen und die eigentliche Datenschutz- und Rechtmäßigkeitskontrolle.

10. Kontrollmeldungen (verdeckte Registrierungen zur polizeilichen Beobachtung, gezielte Kontrollen), § 187 LVwG

> § 187 LVwG ermächtigt die Polizei, personenbezogene Daten durch Kontrollmeldungen zu erheben und durch eine offene Maßnahme gezielt zu kontrollieren.

Einleitung

§ 187 LVwG regelt Befugnisse, die an der Schnittstelle zwischen offener polizeilicher Maßnahme und verdeckter Datenerhebung liegen: Zum einen die verdeckte Ausschreibung und Speicherung personenbezogener Daten zur polizeilichen Beobachtung einer verantwortlichen Person, zum anderen die offene gezielte Kontrolle. Die Zielrichtung dieser Ermächtigung ist der Gewinn polizeilicher Erkenntnisse hinsichtlich der Reisebewegung von Personen, die schwere Straftaten planen. Dabei sollen Erkenntnisse über das Verhalten der ausgeschriebenen Störer, ihre Aufenthaltsorte, Reisewege, die verwendeten Fahrzeuge mit amtlichen Kennzeichen und (ergänzt durch die Durchsuchungsermächtigung aus der gezielten Kontrolle) mitgeführte Gegenstände gewonnen werden. Zielpersonen für die Ausschreibung zur verdeckten polizeilichen Beobachtung und zur gezielten Kontrolle können bspw. sein:

- terroristische Gefährder,
- Personen aus dem Rockermilieu,
- „Führungspersonen" aus der Clankriminalität.

Normadressaten sind darüber hinaus Personen, die Kriminalitätsformen aus dem Bereich der grenzüberschreitenden Kriminalität mit hoher Mobilität realisieren (Rauschgift- und Waffenkriminalität, aber auch grenzüberschreitende Abfallkriminalität).

Bei der Befugnis aus § 187 LVwG, personenbezogene Daten mittels einer Kontrollmeldung zu erheben, handelt es sich um eine Art der „beobachtenden Fahndung". Die Begrifflichkeit der Kontrollmeldung ist jedoch zutreffender als der Begriff „Beobachtung", der in direkter Relation zur Observation steht und eine zielgerichtete Maßnahme beschreibt. Das Ergebnis einer Kontrollmeldung, wie sie § 187 LVwG aufführt, ist tatsächlich vom Zufall abhängig und resultiert aus einer allgemeinen Verkehrskontrolle oder einer Personenkontrolle und dem nachgelagerten Datenabgleich.

§ 163e StPO stellt eine parallele Ermächtigung für repressive Zwecke dar und regelt die Voraussetzungen und das Verfahren für eine Ausschreibung zur Beobachtung bei polizeilichen Kontrollen zum Zwecke der Strafverfolgung.

Das **Bundesverfassungsgericht** hat jüngst ausgeführt, dass der Bundesgesetzgeber mit § 163e StPO (Ausschreibung zur Beobachtung bei polizeilichen Kontrollen) von seiner konkurrierenden Gesetzgebungskompetenz für das gerichtliche Verfahren aus Art. 74 Abs. 1 Nr. 1 GG abschließend Gebrauch gemacht habe.[102] Zum „gerichtlichen Verfahren" gehöre u. a. auch die Regelung der Vorsorge für die spätere Verfolgung von Straftaten, die sogenannte Strafverfolgungsvorsorge. Demnach gehöre auch die Vorsorge

102 BVerfG, Beschluss vom 09.12.2022 – 1 BvR 1345/21 = BVerfGE 165 S. 1, 86 ff. Rn. 164 ff.

für die Verfolgung noch gar nicht begangener, sondern in ungewisser Zukunft bevorstehender Straftaten zum gerichtlichen Verfahren. Das Bundesverfassungsgericht erachtete daher die streitgegenständliche Regelung im SOG M-V zur Ausschreibung zur polizeilichen Beobachtung wegen **fehlender Gesetzgebungskompetenz** für verfassungswidrig soweit sie auch zur „vorbeugenden Bekämpfung" von Straftaten möglich sei. Dies hat auch Auswirkungen auf die schleswig-holsteinische Regelung in **§ 187 Abs. 1 Satz 2 LVwG**. Diese sieht vor, dass die Ausschreibung zur polizeilichen Beobachtung auch zulässig ist, wenn Tatsachen dafür sprechen, dass die oder der Betroffene in erheblichem Umfang außergewöhnlich schwere Straftaten plant oder begeht, bei denen Schaden für Leib, Leben oder Freiheit zu erwarten ist. Diese Regelung ist zwar sprachlich anders gefasst, bezieht sich aber ebenfalls auf die vorbeugende Bekämpfung von Straftaten und sollte daher **de lege ferenda** angepasst werden.

Grundrechtsrelevanz

Der Eingriffscharakter bezieht sich hierbei sowohl auf personenbezogene Daten wie Personalien, Kennzeichen des benutzten Kraftfahrzeugs als auch auf Erkenntnisse über Aufenthaltsort, Begleit- und Kontaktpersonen. Kontrollmeldungen sind ein Eingriff in das allgemeine Persönlichkeitsrecht in der Ausprägung des Rechtes auf **informationelle Selbstbestimmung** aus Art. 2 Abs. 1 GG i.V.m. Art. 1 Abs. 1 GG. Durch ihren verdeckten Charakter (ohne Kenntnis der betroffenen Person) sind sie von der Eingriffsintensität mit den besonderen Mitteln der Datenerhebung und der Rasterfahndung (§ 195a LVwG) gleichzusetzen.[103]

Zweck, Umfang

Zur Verhütung eines Schadens für Leib, Leben, Freiheit oder gleichgewichtiger Schäden für Sach- und Vermögenswerte oder für die Umwelt kann eine Person zur polizeilichen Beobachtung ausgeschrieben werden (**Absatz 1 Satz 1**). Dies erfordert, dass Tatsachen dafür sprechen, dass ein Schaden für diese hochwertigen Rechtsgüter zu erwarten ist.

Personendatensätze der vermutlich verantwortlichen Person und die amtlichen Kennzeichen der von dieser benutzten oder eingesetzten Kraftfahrzeuge werden durch die Polizei Schleswig-Holstein in einer Datei (INPOL-Fahndungsbestand oder erweiterter Datenbestand des Schengener Informationssystems/SIS) abrufbar gespeichert. Bei einer polizeilich durchgeführten Kontrolle oder anlässlich eines anderen Tätigwerdens werden diese Daten-

103 LT Schl.-H. DruckS. 12/1575 vom 05.08.1991, S. 52.

sätze oder aber auch die Datensätze, die andere Polizeidienststellen europaweit eingespeist haben, möglicherweise abgerufen. In den Fällen, in denen festgestellt wird, dass eine Person ausgeschrieben ist, teilen die kontrollierenden Polizeivollzugsbeamtinnen/-beamten die gewonnenen Erkenntnisse der ausschreibenden Polizeidienststelle mit. Dabei kann es sich auch um Polizeidienststellen im europäischen Ausland handeln.

Mittels der Ausschreibung zu polizeilicher Beobachtung können also polizeiliche Zufallserkenntnisse über das Antreffen einer ausgeschriebenen Person zusammengeführt werden. So lassen sich Erkenntnisse über deren Reisewege sowie möglicherweise Querverbindungen zu Begleitpersonen generieren.

In **Absatz 1 Satz 3 und 4** wird die Ausschreibung zur gezielten Kontrolle normiert. Diese Maßnahme ist an engere Voraussetzungen geknüpft. Es werden Tatsachen gefordert, die dafürsprechen, dass der Betroffene in erheblichem Umfang außergewöhnlich schwere Straftaten plant oder begeht, bei denen ein Schaden für Leib, Leben oder Freiheit zu erwarten ist. „Außergewöhnlich schwere Straftaten" sind gleichzusetzen mit den Katalogstraftaten des § 100b Abs. 2 StPO (Gefährdung des demokratischen Rechtsstaats, Gefährdung der äußeren Sicherheit, Bildung krimineller Vereinigungen, Mord und Totschlag, ...).[104] Die Norm setzt unter anderem Fahndungsersuchen zur gezielten Kontrolle anderer EU-Staaten um. Durch den Verweis in Satz 4 auf § 202 Nr. 3 LVwG[105] wird verdeutlicht, dass die gezielte Kontrolle insbesondere das Recht zur Durchsuchung der betroffenen Person und des genutzten Fahrzeuges umfasst.

Zusammengefasst sind nach Absatz 1 also die folgenden Maßnahmen möglich:

- Ausschreibung/Speicherung der personenbezogenen Daten und Option des automatisierten Abrufs
- Durchsuchung der Person (§ 202 Abs. 1 Nr. 3 LVwG)
- Durchsuchung von Sachen (§ 206a LVwG: auch geführte Kraftfahrzeuge)
- Übertragung von Daten aus der Kontrolle an die ausschreibungsveranlassende Polizeidienststelle (ggf. bei Vorliegen der Voraussetzungen des Art. 99 SDÜ europaweit)

Diese Norm ist nicht als Ermächtigung zum Anhalten einer Person zu werten. Sie entsteht zufällig anlässlich einer präventiv-polizeilichen Ver-

104 BVerfG, Urteil vom 03.03.2004 – 1 BvR 2378/98, 1 BvR 1084/99 = BVerfGE 109 S. 279, 346.
105 Der im aktuellen Normtext genannte Verweis auf § 202 Abs. 1 Nr. 4 LVwG geht nach der jüngsten Änderung des § 204 LVwG ins Leere. Der § 204 Abs. 1 Nr. 4 LVwG a. F. findet sich nun wortlautgleich in § 204 Abs. 1 Nr. 3 LVwG.

kehrs- oder Personenkontrolle. Daher ist sie als offene polizeiliche Maßnahme einzuordnen.

Absatz 2 legt fest, dass die Maßnahme nur richterlich mit Befristung auf sechs Monate angeordnet werden darf und regelt die Verlängerung der Ausschreibung. Zuständig ist das Amtsgericht, in dessen Bezirk die zuständige Polizeibehörde ihren Sitz hat.

Absatz 3 regelt die Löschverpflichtungen für die gespeicherten personenbezogenen Daten und die Benachrichtigungspflichten gegenüber betroffenen Personen.

IV. Speicherung, Veränderung und Nutzung von Daten

1. Grundsätze der Verarbeitung personenbezogener Daten und sonstige Verarbeitungszwecke, § 188 LVwG

Diese Norm regelt für Ordnungsbehörden und Polizei die Grundsätze der Verarbeitung von personenbezogenen Daten. Der § 188 LVwG enthält eine bereichsspezifische Befugnisgeneralklausel und ist daher auch in seiner Struktur mit der Generaldatenerhebungsklausel des § 179 LVwG vergleichbar.

Der **Absatz 1** dieser Norm verwendet nun erneut den zentralen Begriff der **Verarbeitung** von personenbezogenen Daten. In diesem Zusammenhang wird auf die Ausführungen zu § 177 LVwG verwiesen. Grundsätzlich gilt, dass die **Verarbeitung** von personenbezogenen Daten nur erfolgen darf, sofern dies zur Aufgabenerfüllung erforderlich ist (**Satz 1**). Die Verarbeitung darf nur zu dem Zweck vorgenommen werden, zu dem sie auch erlangt worden sind (**Satz 2**). Eine Verarbeitung zu einem anderen Zweck ist zulässig, soweit dies nach diesem Gesetz oder anderen Rechtsvorschriften vorgesehen ist (**Satz 3**). Die Bestimmungen zur **Verarbeitung** personenbezogener Daten zu einem anderen Zweck wurden durch die Novelle des LVwG im Jahre 2021 in den § 188a LVwG verlagert.

Nach **Absatz 2** muss bei der **Speicherung** von personenbezogenen Daten, die eine Bewertung darstellen, feststellbar sein, bei welcher Stelle die Unterlagen geführt werden, auf die sich die Bewertung stützt. Diese Regelung gilt allerdings nur für die Speicherung in Dateien; bei Akten stehen diese Angaben ohnehin unmittelbar zur Verfügung. Die Regelung hat ihre praktische Bedeutung für im Fahndungsbestand der Polizei ausgeschriebene Personen, bei denen z.B. ein Hinweis auf eine mögliche Bereitschaft zur

Gewalttätigkeit gespeichert ist. Ziel ist die Schaffung einer Nachvollziehbarkeit und Überprüfbarkeit bei Bewertungen für den Nutzer der Datei.

Absatz 3 verpflichtet Ordnungsbehörden und Polizei zur Unterrichtung der Sorgeberechtigten, wenn Daten von Kindern, die ohne Kenntnis der Sorgeberechtigten erhoben worden sind, gespeichert werden. Damit wird der besonderen Situation von Kindern Rechnung getragen, die möglicherweise überhaupt nicht merken, dass Daten über sie erhoben werden, oder diesen Vorgang und dessen mögliche Folgen für die eigene Person weder tatsächlich noch rechtlich richtig einordnen können. Auch Kinder haben als Grundrechtsträger selbstverständlich ein Recht auf informationelle Selbstbestimmung. Sie sind allerdings nicht generell in der Lage, dieses alleine hinreichend geltend zu machen.

Die Unterrichtung der Sorgeberechtigten hat daher im Grundsatz zu erfolgen, sobald die Erfüllung der jeweiligen Aufgabe dadurch nicht mehr gefährdet wird. Wenn jedoch zu befürchten ist, dass die Unterrichtung zu erheblichen Nachteilen für das Kind führen könnte, kann davon abgesehen werden. Ziel dieser Ausnahme ist das über allem stehende Ziel des Schutzes des Kindes. Dies ist insbesondere für solche Fälle von Bedeutung, bei denen das Kind Auskünfte über die sorgeberechtigte Person selbst erteilt hat und als Zeuge gespeichert wird, z. B. in Angelegenheiten des Jugendschutzes.

Der **Absatz 4** besagt, dass eine Nutzung zu statistischen Zwecken nur in anonymisierter Form erfolgen darf.

Absatz 5 regelt die **Verarbeitung** gespeicherter personenbezogener Daten jeglicher Art zum Zwecke der Aus- und Fortbildung. Für die Aus- und Fortbildung gilt, dass eine Verarbeitung hierzu zulässig ist, wenn auf andere Weise das Ziel der Aus- oder Fortbildung nicht zu erreichen ist. Auch hier sind die Daten allerdings nach Möglichkeit zu anonymisieren. Der Verzicht auf ein absolutes Anonymisierungsgebot trägt der Tatsache Rechnung, dass bei Ordnungsbehörden und Polizei ohne eine Verwendung personenbezogener Daten die Aus- und Fortbildung nicht immer sachgerecht durchgeführt werden kann. Dies betrifft primär die taktische Ausbildung geschlossener Einheiten der Polizei. Zudem sind bei der Nutzung von Bildaufzeichnungen, die gerade bei der polizeilichen Ausbildung verwendet werden, der Möglichkeit der Anonymisierung praktische Grenzen gesetzt. Hier wird also ein Bezug zur Regelung der Datenverarbeitung zu Aus- und Fortbildungszwecken im LDSG hergestellt. Die Nutzung bereits gespeicherter personenbezogener Daten bleibt wie bisher zulässig. Die nun aufgenommene Möglichkeit der Verarbeitung vorhandener personenbezogener Daten zur Wirksamkeitskontrolle soll zur Optimierung polizeilichen Handelns beitragen. Die Wirksamkeitskontrolle kann nicht immer scharf von der Fortbildung abgegrenzt werden und ist daher nur unter den Regelungen für die Verarbeitung von personenbezogenen Daten zu Aus- und Fortbildungszwecken möglich. Die Verarbeitung personenbezogener Daten zu wissenschaftlichen Zwecken ist nicht im LVwG, sondern im LDSG (§§ 13, 26 LDSG) abschließend geregelt.

Bei der Novelle des LVwG im Jahre 2021 wurde der neue **Absatz 6** in das Gesetz eingeführt, durch den eine ausdrückliche Rechtsgrundlage für die Datenverarbeitung zur Erstellung von Kriminalitätslagebildern geschaffen wurde. Bisher wurde die Datenverarbeitung zur Erstellung eines Kriminalitätslagebildes zum Zwecke der Kriminalitätsbekämpfung auf die Generalklausel des Absatzes 1 dieser Norm gestützt. Für die optische Darstellung der Kriminalitätslage ist die Verarbeitung personenbeziehbarer und personenbezogener Daten z. B. für die geografische Zuordnung über Adressendaten, wie Straße und Hausnummer, erforderlich. Auch für weitere Lagebilder, wie die sogenannte Bereichslage, die der Informationsgewinnung im kriminalgeografischen Raum für die Ausrichtung des täglichen Streifendienstes dienen, ist eine solche Datenverarbeitung erforderlich. Nur durch die Weiterverarbeitung dieser Daten kann dem handelnden Beamten mitgeteilt werden, was und wo seit seinem letzten Dienst innerhalb seines Zuständigkeitsbereichs vorgefallen ist. Die so verarbeiteten personenbezogenen Daten sind spätestens am Ende des auf die Speicherung folgenden Jahres zu löschen.

Absatz 7 normiert eine Verpflichtung zur Protokollierung von Verarbeitungsvorgängen in automatisierten Verarbeitungssystemen. Dies betrifft die Verarbeitung von personenbezogenen Daten durch die für die Verhütung, Ermittlung, Aufdeckung, Verfolgung oder Ahndung von Straftaten oder Ordnungswidrigkeiten zuständigen öffentlichen Stellen, soweit sie Daten zum Zweck der Erfüllung dieser Aufgaben verarbeiten. Umfasst ist der Schutz vor und die Abwehr von Gefahren für die öffentliche Sicherheit durch die für die Verhütung, Ermittlung, Aufdeckung, Verfolgung oder Ahndung von Straftaten zuständigen öffentlichen Stellen (§ 20 LDSG). In diesen automatisierten Verarbeitungssystemen haben Verantwortliche und Auftragsverarbeiter mindestens die folgenden Verarbeitungsvorgänge zu protokollieren: 1. Erhebung, 2. Veränderung, 3. Abfrage, 4. Offenlegung einschließlich Übermittlung, 5. Kombination und 6. Löschung (§ 52 LDSG). Diese Protokolle müssen es ermöglichen, die Begründung, das Datum und die Uhrzeit dieser Vorgänge und so weit wie möglich die Identität der Person, die die personenbezogenen Daten abgefragt oder offengelegt hat, und die

Identität des Empfängers der Daten festzustellen. Ziel dieser Maßnahmen ist ausschließlich die Überprüfung der Rechtmäßigkeit der Datenverarbeitung durch die Datenschutzbeauftragte oder den Datenschutzbeauftragten und die betroffene Person sowie die Eigenüberwachung und die Gewährleistung der Integrität und Sicherheit der personenbezogenen Daten. Die Protokolle dürfen auch zur Verhinderung oder Verfolgung von Straftaten sowie Ordnungswidrigkeiten von erheblicher Bedeutung verwendet werden. Diese Regelung war notwendig, um die Verwendung für die Verfolgung von schwerwiegenden Straftaten aus dem bisherigen § 194 LVwG zu erhalten, der nun auf diesen neuen Absatz 7 verweist. Die Speicherdauer dieser Protokolldaten von zwölf Monaten im bisherigen § 194 LVwG führte in der Praxis dazu, dass vermeintlich zu Unrecht durchgeführte Datenzugriffe wegen Löschung der Protokolldaten nicht mehr nachvollzogen werden konnten. Die jetzt vorgenommene Verlängerung der Speicherdauer auf 2 Jahre dient der besseren Nachprüfbarkeit im Sinne einer umfassenderen aufsichtlichen Kontrolle.

2. Datenweiterverarbeitung, Grundsatz der hypothetischen Datenneuerhebung, § 188a LVwG

> § 188a LVwG regelt die zweckgebundene und zweckändernde Datenweiterverarbeitung. Umgesetzt werden hier insbesondere die vom BVerfG im BKAG-Urteil (BVerfGE 141, 220) konsolidierten Grundsätze der sog. „hypothetischen Datenneuerhebung". Die Norm orientiert sich an § 12 BKAG.

Im April 2016 erklärte das Bundesverfassungsgericht Verfassungsbeschwerden, die sich gegen Ermittlungs- und Überwachungsbefugnisse aus dem Bundeskriminalamtgesetz (BKAG) richteten, teils für begründet.[106] In dieser Entscheidung führte das Gericht aus, dass sich die weitere Nutzung und Übermittlung staatlich erhobener Daten nach den Grundsätzen der Zweckbindung und Zweckänderung richtet. Danach ist eine zweckgebundene weitere Nutzung der Daten grundsätzlich zulässig, während die zweckändernde Datenweiternutzung spezifischen verfassungsrechtlichen Anforderungen genügen muss. Die zweckändernde Datennutzung begründet einen neuen Grundrechtseingriff, sodass der Gesetzgeber sicherzustellen hat, dass dem Eingriffsgewicht der ursprünglichen Datenerhebung auch hinsichtlich der neuen Nutzung Rechnung getragen wird. Obgleich Gegen-

106 BVerfG, Urteil vom 20.04.2016 – 1 BvR 966/09, 1 BvR 1140/09 = BVerfGE 141 S. 220.

stand des bundesverfassungsgerichtlichen Urteils die eingriffsintensiven und verdeckten Maßnahmen des BKAG war, haben die Grundsätze der sog. hypothetischen Datenneuerhebung – wie in § 12 BKAG – auch im LVwG als allgemeiner Grundsatz Eingang gefunden, der generell bei allen Datenweiterverarbeitungen durch Polizei und Ordnungsbehörden zu beachten ist.

Grundlage jeder Datenerhebung ist der Grundsatz der Zweckbindung. Hiernach dürfen Daten grundsätzlich nur für den Zweck verwendet werden, zu dem sie erhoben worden sind.[107] Eine Nutzung über den konkreten Anlass und rechtfertigenden Grund der Erhebung hinaus ist nur zulässig, wenn eine eigene Befugnisnorm hierzu berechtigt. Denkbar sind in diesem Zusammenhang zwei Konstellationen: Zum einen die Weiterverarbeitung der Daten innerhalb des ursprünglichen Erhebungszwecks, zum anderen die Weiterverarbeitung zu anderen Zwecken. Diese Systematik greift § 188a LVwG auf und stellt sie in Absatz 1 als zweckgebundene und in Absatz 2 als zweckändernde Datenweiterverarbeitung dar.

Absatz 1 Satz 1 gestaltet den Begriff der Zweckbindung insofern aus, als darunter die Weiterverarbeitung von selbst erhobenen personenbezogenen Daten zur Erfüllung derselben Aufgabe (**Nummer 1**) und zum Schutz derselben Rechtsgüter oder sonstigen Rechte oder zur Verhütung derselben Straftaten oder Ordnungswidrigkeiten (**Nummer 2**) durch die Ordnungs- und Polizeibehörden zu verstehen ist.

Die zulässige Reichweite solcher Nutzungen bestimmt sich nach der Ermächtigung zur Datenerhebung. Die Eingriffsgrundlage bestimmt also Behörde, Zweck und Bedingungen der Datenerhebung und legt die erlaubte Verwendung fest. Eine weitere Nutzung innerhalb der Zweckbindung kommt daher nur seitens derselben Behörde im Rahmen derselben Aufgabe und für den Schutz derselben Rechtsgüter in Betracht. Daraus folgt im Umkehrschluss: Jede Datenübermittlung an andere Stellen stellt eine Zweckänderung dar.

Für die Wahrung der Zweckbindung ist es somit entscheidend, dass die Behörde die Daten im selben Aufgabenkreis zum Schutz derselben Rechtsgüter und zur Verfolgung oder Verhütung derselben Straftaten nutzt, wie es die jeweilige Datenerhebungsvorschrift erlaubt.

Dies gilt auch für personenbezogene Daten, denen keine Erhebung durch die Polizei oder Ordnungsbehörde vorausgegangen ist (**Absatz 1 Satz 2**). Darunter fallen dann bspw. Daten, die unaufgefordert durch Dritte erlangt

107 Vgl. § 47 Nr. 2 BDSG.

wurden. In diesen Fällen greift dann **Absatz 1 Satz 1** mit der Maßgabe, dass aufgrund der fehlenden Datenerhebungsvorschrift für die Bestimmung derselben Aufgabe und derselben Rechtsgüter oder der sonstigen Rechte oder zur Verhütung derselben Straftaten oder Ordnungswidrigkeiten der Zweck der Speicherung heranzuziehen ist.

Das Bundesverfassungsgericht stellte im BKAG-Urteil auch dar, dass die in der Datenerhebungsnorm festgelegte Eingriffsschwelle für das Merkmal der Zweckbindung grundsätzlich unbeachtlich ist. Das Erfordernis einer hinreichend konkretisierten Gefahrenlage im Bereich der Gefahrenabwehr bestimme nur den Anlass der Datenerhebung und nicht die erlaubten Zwecke, für die dann eine Datennutzung möglich sei. Eine Ausnahme macht das Gericht aber für die besonders eingriffsintensive Datenerhebung aus Wohnraumüberwachungen. Aufgrund der außerordentlichen Eingriffstiefe dieser Maßnahme muss hier eine besonders enge Zweckbindung vorliegen. Jede weitere Nutzung von Daten ist daher nur dann zweckentsprechend, wenn sie auch derselben Gefahrenschwelle wie der Erhebungsnorm zur Wohnraumüberwachung entspricht.

Absatz 1 Satz 3 sieht daher vor, dass für die Weiterverarbeitung von personenbezogenen Daten, die aus Maßnahmen durch den Einsatz technischer Mittel in oder aus Wohnungen nach § 185 Abs. 3 LVwG erlangt wurden, eine **dringende Gefahr** für den Bestand oder die Sicherheit des Bundes oder eines Landes oder für Leib, Leben oder Freiheit einer Person, wenn dieses zur Aufklärung des Sachverhalts unerlässlich ist, vorliegen muss. Unter einer **dringenden Gefahr** im Sinne Art. 13 Abs. 4 und Abs. 7 GG versteht man „eine hinreichend hohe Wahrscheinlichkeit eines Schadens für ein wichtiges Rechtsgut der öffentlichen Sicherheit.“ Eine solche **dringende Gefahr** im Sinne des § 185 Abs. 3 LVwG kann auch darin bestehen, dass aufgrund konkreter Vorbereitungshandlungen für sich oder zusammen mit weiteren konkreten Tatsachen die begründete Annahme gerechtfertigt ist, dass eine Person eine Straftat gemäß §§ 89a, 89b, 129a, oder 129b des Strafgesetzbuchs begehen wird.

Absatz 2 Satz 1 setzt die Vorgaben des Bundesverfassungsgerichts an die zweckändernde Verarbeitung von personenbezogenen Daten um und führt den Grundsatz der hypothetischen Datenneuerhebung als allgemeinen Grundsatz in das LVwG ein. Die zweckändernde Nutzung von Daten stellt einen neuen Eingriff in die Grundrechte des Betroffenen dar, der einer eigenständigen, verfassungsrechtlichen Rechtfertigung bedarf. Deswegen muss sichergestellt sein, dass dem Eingriffsgewicht der Datenerhebung auch hinsichtlich der neuen Nutzung Rechnung getragen wird. Der Anlass der

Datenweiternutzung muss hiernach mindestens vergleichbar schwerwiegend sein, wie es für die Datenerhebung erforderlich war. Das gilt für jede Art der Verwendung von Daten zu einem anderen Zweck als dem Erhebungszweck, unabhängig davon, ob es sich um die Verwendung als Beweismittel oder als Ermittlungsansatz handelt.

Dies bedeutet, dass Informationen, die durch besonders eingriffsintensive Maßnahmen erlangt wurden, aus Gründen der Verhältnismäßigkeit auch nur zu besonders gewichtigen Zwecken weiterverwendet werden dürfen. Eine Zweckänderung liegt regelmäßig dann vor, wenn eine Information in einem anderen Aufgabenbereich der Polizei – Gefahrenabwehr, Verfolgung von Straftaten bzw. Ordnungswidrigkeiten, Vollzugshilfe – verwendet werden soll. Das gilt auch, wenn mit einer Information in demselben Handlungsfeld zur Erforschung unterschiedlicher Straftaten bzw. zur Abwehr verschiedener Gefahren umgegangen werden soll. Bei der Beurteilung, ob eine zweckändernde Datenweiterverarbeitung vorliegt, ist zu prüfen, ob die neue Nutzung der Daten dem Schutz von Rechtsgütern solchen Gewichts dient, die verfassungsrechtlich ihre Neuerhebung mit vergleichbar schwerwiegenden Mitteln – wie der ursprünglichen Datenerhebung – rechtfertigen könnten. Ähnlich wie bereits bei der zweckgebundenen Datenweiterverarbeitung nach Absatz 1 fordert das Bundesverfassungsgericht im Rahmen dieser Beurteilung nicht, dass die dieselbe Gefahrenlage oder derselbe Tatverdacht vorliegt:

> „Nicht in jedem Fall identisch sind die Voraussetzungen einer Zweckänderung mit denen einer Datenerhebung hingegen hinsichtlich des erforderlichen Konkretisierungsgrades der Gefahrenlage oder des Tatverdachts. Die diesbezüglichen Anforderungen bestimmen unter Verhältnismäßigkeitsgesichtspunkten primär den Anlass nur unmittelbar für die Datenerhebung selbst, nicht aber auch für die weitere Nutzung der erhobenen Daten. Als neu zu rechtfertigender Eingriff bedarf aber auch die Ermächtigung zu einer Nutzung für andere Zwecke eines eigenen, hinreichend spezifischen Anlasses. Verfassungsrechtlich geboten, aber regelmäßig auch ausreichend, ist insoweit, dass sich aus den Daten – sei es aus ihnen selbst, sei es in Verbindung mit weiteren Kenntnissen der Behörde – ein konkreter Ermittlungsansatz ergibt.“[108]

Allerdings gilt auch hier – wie schon im Rahmen des Absatz 1 –, dass bei Daten, die aus einer Wohnraumüberwachung erlangt wurden, auch für jede weitere zweckändernde Nutzung eine dringende Gefahr vorliegen muss (vgl. **Absatz 3**).

108 BVerfG, Urteil vom 20.04.2016 – 1 BvR 966/09, 1 BvR 1140/09 = BVerfGE 141 S. 220, 328 f. Rn. 289.

Im **Absatz 2 Satz 1 Nummer 1** haben diese Vorgaben nunmehr Eingang gefunden. Danach darf eine zweckändernde Datenweiterverarbeitung nur stattfinden, sofern dies „mindestens vergleichbar schwerwiegende Straftaten oder Ordnungswidrigkeiten verhütet (**a**) oder vergleichbar bedeutsame Rechtsgüter oder sonstige Rechte" geschützt werden sollen (**b**). Kumulativ müssen sich im Einzelfall konkrete Ermittlungsansätze zur Verhütung solcher Straftaten oder Ordnungswidrigkeiten ergeben (**Nummer 2a**) oder zur Abwehr von Gefahren für mindestens vergleichbar bedeutsame Rechtsgüter oder sonstige Rechte erkennen lassen (**Nummer 2b**).

Daran knüpft zunächst die Frage an, wann mindestens vergleichbar schwerwiegende Straftaten im Sinne des Absatz 2 Satz Nr. 1a anzunehmen sind. Hierbei sollte nicht ausschließlich die Strafzumessung des Strafgesetzbuches bei den jeweiligen Delikten herangezogen werden. Vielmehr lohnt es, einen Blick in die Strafprozessordnung zu werfen. Katalogtaten[109], die in einer Befugnisnorm genannt werden, wären hiernach als vergleichbar schwerwiegend anzusehen. Die StPO enthält darüber hinaus auch benannte Kategorien verschiedener Schweregrade. Zunächst gibt es besonders schwere Straftaten[110], auf die auch im § 100c Abs. 1 Nr. 1 StPO verwiesen wird. Solche Straftaten berechtigen zur Durchführung sämtlicher gesetzlich normierter Ermittlungs- und Überwachungsmaßnahmen. Daneben gibt es schwere Straftaten und solche von erheblicher Bedeutung, die nur entsprechend ausgewählte Ermittlungs- und Überwachungsmaßnahmen gestatten. Es verbleibt somit eine letzte Kategorie, die der sonstigen Straftaten, die keine Straftaten von erheblicher Bedeutung sind. Diese Einteilung dürfte auch im Einklang mit der Rechtsprechung des Bundesverfassungsgerichts stehen.

Entsprechend der Regelung für die Straftatenverhütung kann die Weiterverarbeitung auch dem Schutz von „mindestens vergleichbar bedeutsamen Rechtsgütern" (**Absatz 2 Satz 1 Nummer 1b**) dienen.

Hinsichtlich der Voraussetzung des Vorliegens von konkreten Ermittlungsansätzen im Einzelfall nach **Absatz 2 Satz 1 Nummer 2** lässt sich festhalten, dass dies in der polizeilichen Praxis auf keine großen Hindernisse stoßen dürfte. Für die Annahme konkreter Ermittlungsansätze ist ausschlaggebend, ob die Daten für den Fortgang der weiteren Strafverfolgung im Einzelfall tatsächlich benötigt werden. Voraussetzung hierfür ist, dass die Weiterverarbeitung auf Anhaltspunkte zurückgeführt werden kann, die auf das mögliche Vorliegen vergleichbar schwerwiegender Straftaten hindeuten. Ziel dieser Vorgabe ist die Vermeidung einer willkürlichen Daten-

109 Vgl. z. B. § 100a StPO.
110 Aus dem Katalog des § 100b Abs. 2 StPO.

nutzung. Konsequenterweise ist es daher auch im Bereich der Gefahrenabwehr erforderlich, dass sich eine Gefahr für mindestens vergleichbar bedeutsame Rechtsgüter, zu deren Schutz die ursprüngliche Datenerhebung vorgenommen wurde, nicht nur abstrakt darstellt. Es sollte also eine in ersten Umrissen absehbare und konkretisierte Möglichkeit eines Schadenseintritts für ein solches Rechtsgut vorliegen.

Absatz 2 Satz 2 sieht sodann vor, dass die Vorgaben der Zweckbindung und der Grundsatz der hypothetischen Datenneuerhebung nicht gelten, wenn die vorhandenen zur Identifizierung dienenden Daten einer Person (Grunddaten) zu Identifizierungszwecken – nicht aber Identitätsfeststellungen aufgrund spezialgesetzlicher Befugnisnormen – verwendet werden sollen. Die zweifelsfreie Klärung der Identität einer Person ist notwendig, um Identitätsverwechslungen auszuschließen und damit zu verhindern, dass Eingriffe in die Grundrechte von unbeteiligten Personen stattfinden. Aufgrund der in doppelter Weise eng begrenzten Datenverwendung ist das Eingriffsgewicht dieser Maßnahme mit der Rechtsprechung des Bundesverfassungsgerichts vereinbar.

Absatz 2 Satz 3 stellt klar, dass der Grundsatz der hypothetischen Datenneuerhebung die Weiterverarbeitung personenbezogener Daten dann nicht hindert, wenn besondere Vorschriften des LVwG oder andere Rechtsvorschriften dies ausdrücklich ermöglichen. Die besondere Vorschrift muss ihrerseits als Ausnahmevorschrift vom Grundsatz der hypothetischen Datenneuerhebung den Vorgaben der Rechtsprechung des Bundesverfassungsgerichts (BVerfGE 141, 220) genügen. Ausnahmen lässt die Rechtsprechung insbesondere zur Weiterverarbeitung zu wissenschaftlichen, statistischen und archivarischen Zwecken im Sinne der §§ 13 und 26 LDSG zu. Dazu gehören auch die Zwecke der Forschung, der Aus- und Fortbildung sowie zur Vorgangsverwaltung nach Maßgabe der §§ 188, 190 LVwG oder zur Durchführung einer Zuverlässigkeitsüberprüfung gemäß § 181a LVwG.

Absatz 2 Satz 4 regelt die entsprechende Anwendung von Satz 1 bis 3 für personenbezogene Daten, denen keine Erhebung vorausgegangen ist, wozu auch unaufgefordert durch Dritte erlangte Daten gehören. Wie schon bei Absatz 1 soll aufgrund der fehlenden Datenerhebungsvorschrift hier für die Bestimmung der Vergleichbarkeit der Rechtsgüter etc. der Zweck der Speicherung herangezogen werden.

Rechtlich zulässig ist die Zweckänderung zunächst dann, wenn sie ausdrücklich gesetzlich gestattet ist und die entsprechenden Vorschriften ihrerseits den verfassungsrechtlichen Anforderungen genügen. Die Anforderungen an derartige gesetzliche Gestattungen sind hoch – vor allem, wenn ein Wechsel der polizeilichen Zielrichtung von der repressiven in die präventive Ausrichtung erfolgen soll. So soll der Bundesgesetzgeber darüber zu entscheiden haben, ob Informationen, die durch Maßnahmen auf Grundlage der StPO, für die der Bund gemäß Art. 74 Abs. 1 Nr. 1 GG die konkurrierende Legislativkompetenz besitzt, grundsätzlich auch für Maßnahmen zur Gefahrenabwehr bereitgestellt werden dürfen. Der Landesgesetzgeber hat darüber zu entscheiden, ob die Landesbehörden von dieser Option tatsächlich Gebrauch machen, also die Informationen verwenden dürfen. Umgekehrt hat der Landesgesetzgeber die Entscheidung zu treffen, ob im präventiven Handlungsfeld gewonnene Informationen grundsätzlich auch für strafprozessuale Zwecke zur Verfügung stehen sollen. Der Bund wiederum hat zu regeln, ob solchermaßen bereitgestellte Informationen tatsächlich zu Strafverfolgungszwecken genutzt werden dürfen.

Zusammenfassend sind also jeweils eine Öffnungs- und eine Verwendungsklausel erforderlich. Eine strafprozessrechtliche Öffnungsnorm ist der § 481 StPO. Die in strafrechtlichen Ermittlungsverfahren gewonnenen personenbezogenen Daten darf die Polizei auch zur Gefahrenabwehr im Rahmen dieser Norm weiterverarbeiten. Der § 481 Abs. 1 StPO überlässt die Regelung insoweit vollständig dem Polizeirecht. Damit gilt auch für diese Daten der Grundsatz der hypothetischen Datenneuerhebung.

Wie eingangs erwähnt, stellt **Absatz 3 Satz 1** klar, dass die zweckändernde Nutzung von Daten aus Maßnahmen durch den Einsatz technischer Mittel in oder aus Wohnungen zu einem geänderten Zweck nur möglich ist, wenn ebenfalls eine **dringende Gefahr** im Sinne des § 185 Abs. 3 vorliegt. **Absatz 3 Satz 2** untersagt, dass Erkenntnisse aus optischen Wohnraumüberwachungen zu Strafverfolgungszwecken verwendet werden dürfen und dient damit ebenfalls der Umsetzung der besonderen Vorgaben des Bundesverfassungsgerichts zum Verbot der Verwendung von personenbezogenen Daten aus der optischen Wohnraumüberwachung für die Strafverfolgung. Diese Regelung im LVwG ist notwendig, um Art. 13 Abs. 3 GG gerecht zu werden, der für die Strafverfolgung nur den Einsatz der akustischen Wohnraumüberwachung vorsieht.

In **Absatz 4** wird neu die Verpflichtung zur Sicherstellung der Beachtung der Absätze 1–3 durch organisatorische und technische Maßnahmen nach dem Vorbild des § 12 Abs. 5 BKAG normiert, um insbesondere die Einhaltung der Grundsätze der hypothetischen Datenneuerhebung in polizeilichen Informationssystemen zu gewährleisten. Diese Verpflichtung ist näher in der speziellen Regelung zur Kennzeichnung in § 188b LVwG ausgestaltet.

Ergänzend sei an dieser Stelle darauf hingewiesen, dass die Strafprozessordnung strengere Vorgaben für die weitere Datenverarbeitung für die – im LVwG nicht geregelten – Online-Durchsuchung (§ 100b StPO) und die akustische Wohnraumüberwachung (§ 100c StPO) enthält. Nach § 100e Abs. 6 Nr. 1 StPO dürfen die hieraus erlangten Daten im Strafverfahren ohne Einwilligung der überwachten Person nur zur Aufklärung einer Straftat, aufgrund derer Maßnahmen nach § 100b oder § 100c StPO angeordnet werden könnten, oder zur Aufenthaltsermittlung einer beschuldigten Person, der eine solche Straftat vorgeworfen wird, verwendet werden. Zur Gefahrenabwehr lässt § 100e Abs. 6 Nr. 2 StPO die Verwendung nur zur Abwehr einer im Einzelfall bestehenden Lebensgefahr oder einer dringenden Gefahr für Leib oder Freiheit einer Person, für die Sicherheit oder den Bestand des Staates oder für Gegenstände von bedeutendem Wert, die der Versorgung der Bevölkerung dienen, von kulturell herausragendem Wert oder die in § 305 des Strafgesetzbuches genannt sind sowie zur Abwehr einer im Einzelfall bestehenden dringenden Gefahr für sonstige bedeutende Vermögenswerte zu. Der Bundesgesetzgeber hat insoweit etwa in § 100e Abs. 6 Nr. 3 StPO Regelungen zur Verwendung von personenbezogenen Daten aus verdeckten und eingriffsintensiven polizeirechtlichen Maßnahmen (bspw. die akustische Wohnraumüberwachung, die Online-Durchsuchung und die Überwachung der Telekommunikation) zur Strafverfolgung bzw. in Strafverfahren getroffen. Eine Regelung zur hypothetischen Datenneuerhebung in dieser Norm im Zusammenhang mit der Weiterverarbeitung von auf Grundlage entsprechender polizeirechtlicher Maßnahmen erhobenen personenbezogenen Daten zur Strafverfolgung ist daher nicht möglich. Das Bundesverfassungsgericht hat in seinem Urteil festgestellt, dass sich die Anforderungen an die Nutzung und Übermittlung staatlich erhobener Daten nach den Grundsätzen der Zweckbindung und Zweckänderung und sich die Reichweite der Zweckbindung nach der jeweiligen Ermächtigung für die Datenerhebung richten muss.

3. Kennzeichnung, § 188b LVwG

Bei der Speicherung personenbezogener Daten in polizeilichen Informationssystemen müssen diese gekennzeichnet werden. Nur so lässt sich der Grundsatz der hypothetischen Datenneuerhebung aus § 188a Abs. 2 LVwG umsetzen.

§ 188a Abs. 4 LVwG sieht vor, dass durch organisatorische und technische Maßnahmen sicherzustellen ist, dass die in § 188a LVwG aufgestellten Grundsätze der Datenverarbeitung, insbesondere der hypothetischen Datenneuerhebung, eingehalten werden. Dies wird durch die Kennzeichnungsregelung des § 188b LVwG gewährleistet. Die Norm ist im Wesentlichen § 14 BKAG nachempfunden.

Absatz 1 Satz 1 sieht vor, dass personenbezogene Daten bei der Speicherung in polizeilichen Informationssystemen, zu denen Systeme gehören, die dem polizeilichen Informationsaustausch und der Auskunft dienen, zu kennzeichnen sind. Dazu gehören die polizeilichen Bund-Länder-Informationssysteme, wie INPOL, INPOL-Fall oder PIAV. Dies gilt nicht für personenbezogene Daten, die der reinen Vorgangsverwaltung unterliegen. Die Kennzeichnungspflicht erfolgt durch:

- die Angabe des Mittels der Erhebung der Daten einschließlich der Angabe, ob die Daten offen oder verdeckt erhoben wurden (**Nummer 1**),
- bei Personen, zu denen Grunddaten angelegt wurden, durch die Angabe der Kategorie[111] der betroffenen Person (**Nummer 2**),
- durch die Angabe der Rechtsgüter oder sonstigen Rechte, deren Schutz die Erhebung dient oder der Straftaten oder Ordnungswidrigkeiten, deren Verfolgung oder Verhütung die Erhebung dient (**Nummer 3**),
- durch die Angabe der Stelle, die sie erhoben hat (**Nummer 4**).

Nach **Absatz 1 Satz 2** soll die Kennzeichnung durch eine Angabe der Rechtsgrundlage der der Erhebung zugrunde liegenden Mittel ergänzt werden.

In **Absatz 1 Satz 3** wird geregelt, dass personenbezogene Daten, denen keine Erhebung vorausgegangen ist, soweit möglich, nach Satz 1 zu kennzeichnen sowie die erste Daten verarbeitende Stelle und, soweit möglich, der Dritte, von dem die Daten erlangt wurden, anzugeben sind.

Die oben dargestellte Kennzeichnung ist die Voraussetzung für eine umfassende Anwendung des Grundsatzes der hypothetischen Datenneuerhebung. Zur Vermeidung einer Datenweiterverarbeitung, die nicht den Vorgaben der hypothetischen Datenneuerhebung entspricht, bestimmt **Absatz 2**, dass personenbezogene Daten, die nicht den Anforderungen des Absatzes 1 entsprechend gekennzeichnet sind, solange nicht weiterverarbeitet werden dürfen, bis eine entsprechende Kennzeichnung erfolgt ist.

111 Kategorien der betroffenen Personen analog zu den §§ 18, 19 BKAG sind Verurteilte, Beschuldigte, Personen, die einer Straftat verdächtig sind, sofern die Weiterverarbeitung der Daten erforderlich ist, weil wegen der Art oder Ausführung der Tat, der Persönlichkeit der betroffenen Person Grund zu der Annahme besteht, dass zukünftig Strafverfahren gegen sie zu führen sind, und Personen, bei denen Anlass zur Weiterverarbeitung der Daten besteht, weil tatsächliche Anhaltspunkte dafür vorliegen, dass die betroffenen Personen in naher Zukunft Straftaten von erheblicher Bedeutung begehen werden (Anlasspersonen).

Absatz 3 gewährleistet, dass der Grundsatz der hypothetischen Datenneuerhebung vom Übermittlungsempfänger auch bei der Weiterverarbeitung personenbezogener Daten außerhalb polizeilicher Informationssysteme beachtet wird.

Absatz 4 regelt die tatsächliche Unmöglichkeit einer Kennzeichnung als notwendige Ausnahme zur Kennzeichnungspflicht, etwa, wenn nicht bekannt oder feststellbar ist, wer die Daten erhoben hat oder zu welchem Zweck sie ursprünglich erhoben wurden.

Absatz 5 erfasst als weitere Ausnahme Fälle der technischen Unmöglichkeit und des unverhältnismäßigen Aufwands einer Kennzeichnung.

4. Besondere Voraussetzungen der Verarbeitung personenbezogener Daten, § 189 LVwG

> Die Norm enthält die Befugnis zur Nutzung eines automatisierten polizeilichen Datenverarbeitungssystems und der Anlage von sog. „Kriminalakten". Ferner ist die Verarbeitung von nach § 187 Abs. 1 LVwG und § 179 Abs. 2 LVwG erhobenen Daten sowie zur Weiterverarbeitung personengebundener Hinweise geregelt.

Grundrechtsrelevanz

Die Verarbeitung und hier insbesondere die Speicherung von personenbezogenen Daten beinhaltet einen Eingriff in das Grundrecht auf informationelle Selbstbestimmung als Bestandteil des allgemeinen Persönlichkeitsrechtes gemäß Art. 2 Abs. 1 i.V.m. Art. 1 Abs. 1 GG.

Zweck, Umfang

Nach Absatz 1 Satz 1 kann die Polizei personenbezogene Daten, die im Rahmen der ihr zugewiesenen Aufgaben erhoben wurden, im Rahmen ihrer Aufgaben in einem automatisierten Vorgangsbearbeitungssystem verarbeiten.[112] Die Verarbeitung muss aber dabei einem konkreten polizeilichen Vorgang zuzuordnen sein. Es handelt sich hierbei nicht um ein polizeiliches Informationssystem im Zusammenhang mit dem Programm „Polizei 2020".[113] In diesem Absatz wird der Anwenderkreis zur Nutzung der poli-

112 In Schleswig-Holstein handelt es dabei um das Vorgangsbearbeitungssystem „@rtus".

113 Hierzu zählen unter anderem das elektronische Informationssystem (INPOL) oder der Polizeiliche Informations- und Analyseverbund (PIAV). Hauptziel des Projekts „Programm Polizei 2020" ist die Schaffung eines Informationsverbundes Polizei (IVP) unter Berücksichtigung der Vorgaben des Urteils des BVerfG und des BKAG. Ziel ist somit der Aufbau einer gemeinsamen Informationsarchitektur der Polizeien des Bundes und der Länder. Das Projekt befindet sich noch in der Umsetzung.

zeilichen Vorgangsbearbeitungssysteme, der sich bisher auf Polizeivollzugsbeamtinnen und Polizeivollzugsbeamte beschränkte, auf grundsätzlich alle Beschäftigten des Polizeidienstes im Rahmen der ihnen zugewiesenen Aufgaben und der polizeilichen Aufgabenerfüllung erweitert. Damit ist auch der Einsatz von Tarifbeschäftigten oder das Personal der Geschäftsstellen in speziell ausgewählten Bereichen der einfachen Sachbearbeitung oder Vorgangsverwaltung zulässig. Es handelt sich damit um eine zweckgebundene Datenverarbeitung mit der keine zusätzlichen Aufgaben und Eingriffsbefugnisse zugewiesen werden (**Absatz 1 Satz 2**).

Wird ein Vorgang an die zuständige Stelle (StA oder Verwaltungsbehörde i. S. d. § 36 OWiG) übergeben, sind die Daten in die Vorgangsverwaltung nach § 190[114] zu überführen (**Absatz 1 Satz 3**). So soll die Überprüfbarkeit der Rechtmäßigkeit polizeilichen Handelns gewährleistet werden.

Weiterhin wurden im Zuge der Novelle des LVwG im März 2021 die Anforderungen für die Datenverarbeitung insbesondere zur Erstellung von Kriminalakten herabgesetzt und den Anforderungen der übrigen Bundesländer sowie des § 16 BKAG angeglichen. Dies erfolgt im **Absatz 1 Satz 4 dieser Norm.** Die zuvor notwendige gleichzeitige Verbindung von Art oder Ausführung, Schwere der Tat und Persönlichkeit des Verdächtigen, der Wiederholungsgefahr und zukünftiger Straftatenverhütung und der damit einhergehenden Erforderlichkeit hat in der polizeilichen Praxis dazu geführt, dass die Anzahl und Dichte der Kriminalaktenbestände in Schleswig-Holstein für eine effektive Straftatenverhütung insbesondere im Vergleich zu den Beständen in anderen Bundesländern erheblich geringer war. Darüber hinaus hatte diese Regelung eine direkte Auswirkung auf die Anzahl der DNA-Datensätze und der ED-Behandlungen, da auch in diesen beiden Konstellationen die Existenz einer Kriminalakte zwingende Grundvoraussetzung ist. All diese Faktoren führten zu einer deutlich niedrigeren Aufklärungsquote in Schleswig-Holstein im Abgleich zu den anderen Bundesländern. Die seit März 2021 gültige Regelung verlangt jetzt nur noch das alternative Vorliegen eines der Tatbestandsmerkmale Art oder Ausführung oder (zuvor: „und") Schwere der Tat. Dies hat eine wesentliche Vereinfachung der Anforderungen an eine Prognose zur Folge, ob diese Person auch zukünftig Straftaten begehen könnte. Vor einer Verarbeitung ist daher immer für jeden Einzelfall zu prüfen, ob und hinsichtlich welcher personenbezogenen Daten eine solche Verarbeitung zum Zwecke der Aufklärung bzw. Verhütung zukünftiger Straftaten erforderlich ist. Mit den im Verfahren gewonnenen Informationen über die Tat

114 Vergleiche die Ausführungen zu § 190 LVwG zu Sinn und Zweck der Vorgangsverwaltung.

und die Persönlichkeit des Tatverdächtigen ist die Gefahr der Begehung zukünftiger Straftaten zu begründen. Die Erforderlichkeit für die Anlage einer Kriminalakte dürfte immer dann vorliegen, wenn die neuen Erkenntnisse für den polizeifachlichen Informationswert der vorhandenen Unterlagen von Bedeutung sind, so z.B., wenn dadurch eine bei der Tatbegehung für den Betroffenen typische Vorgehensweise verdeutlicht wird.

Zu diesen gefahrenabwehrrechtlichen Bestimmungen findet sich in der StPO in den §§ 483 bis 485 ein repressives Äquivalent: Das Speichern, Verändern und Nutzen von personenbezogenen Daten durch Strafverfolgungsbehörden und Gerichte für die Zwecke des Strafverfahrens ist im § 483 StPO gestattet. § 484 StPO regelt die Zulässigkeit der Datenverarbeitung für Zwecke zukünftiger Strafverfahren. Die vorgangsbezogene Aufbewahrung der Durchschriften von Strafermittlungsvorgängen zum Zwecke der Vorgangsverwaltung und Dokumentation polizeilichen Handelns regelt sich nach § 485 StPO, wonach unter anderem Strafverfolgungsbehörden einschließlich Vollstreckungsbehörden personenbezogene Daten in Dateisystemen verarbeiten dürfen, soweit dies für Zwecke der Vorgangsverwaltung erforderlich ist.

Absatz 2 regelt die Datenspeicherungsfristen bei angelegten „Kriminalakten". Ist der Ausgang des Strafermittlungsverfahrens im Sinne des Absatzes 1 Satz 4 zum Zeitpunkt der Entscheidung über eine Speicherung nicht bekannt, darf die Dauer der Speicherung zunächst zwei Jahre nicht überschreiten. Danach ist erneut zu prüfen, ob die Voraussetzungen für eine weitere Speicherung noch vorliegen. Zudem ist die Polizei verpflichtet, die Daten zu aktualisieren, indem sie Erkundigungen hinsichtlich des Verfahrensausganges einzuholen hat. Entfällt der dem Ermittlungsverfahren zugrunde liegende Verdacht, sind die Daten zu löschen.

Der Verdacht kann dabei aufgrund polizeilicher Ermittlungen oder durch Feststellung der Staatsanwaltschaft oder des Gerichtes entfallen. Die Polizei ist an die Bewertung der Staatsanwaltschaft oder des Gerichtes gebunden, so bspw. wenn die Staatsanwaltschaft oder das Gericht ausdrücklich feststellt, dass die betroffene Person als Täter ausscheidet oder der Tatbestand einer rechtswidrigen Tat nicht erfüllt ist. Es stellt sich in diesem Zusammenhang die Frage, wie zu verfahren ist, wenn ein Verfahren gem. § 170 Abs. 2 StPO eingestellt wurde. Diese Form der Einstellung kommt in der Regel dann zur Anwendung, wenn die Ermittlungen keinen genügenden Anlass zur Erhebung der öffentlichen Klage bieten, zum Beispiel bei fehlendem hinreichenden Tatverdacht, Eintritt einer Verjährung, Existenz eines Rechtfertigungsgrundes oder Vorliegen eines Verfahrenshindernisses. Das

Verwaltungsgericht Schleswig urteilte jedoch bereits 2003[115], dass auch in den Fällen der Einstellung nach § 170 Abs. 2 StPO bei Vorliegen eines polizeilichen Restverdachts eine Speicherung in der Kriminalakte weiterhin möglich und zulässig ist. Dieser muss jedoch erheblich sein. Beispielsweise wenn aus dem Sachverhalt erkennbar ist, wie der Tatverdächtige ermittelt werden konnte, er auf frischer Tat betroffen oder bei dem Tatverdächtigen das Diebesgut aufgefunden oder er in Tatortnähe angetroffen wurde, er geständig ist oder von Zeugen oder durch eine Lichtbildvorlage wiedererkannt wurde. Der generelle Ausgang des Strafverfahrens zum Beispiel bei Freispruch wegen Mangels an Beweisen ist hingegen nicht entscheidend.

Auch bei Verfahrenseinstellungen nach § 153 StPO darf die Akte über die einer Straftat verdächtigen Person nur angelegt oder eine bereits angelegte Akte weiter aufbewahrt werden, wenn im Übrigen die Voraussetzungen des Absatzes 1 Satz 3 für eine Speicherung gegeben sind. Es gibt somit keinen Automatismus von Verfahrenserledigung nach § 153 StPO und der Kriminalaktenanlage oder deren Löschung.

Sollen die im Rahmen eines Strafverfahrens erlangten Daten zu einem anderen Zweck als zur Aufklärung oder Verhütung zukünftiger Straftaten gespeichert bzw. genutzt werden, gelten die Grundsätze der hypothetischen Datenneuerhebung gemäß §§ 188, 188a LVwG.

Absatz 3 ist eine unabhängig von den Absätzen 1 und 2 zu betrachtende Vorschrift und stellt klar, dass die nach § 179 Abs. 2 LVwG erhobenen personenbezogenen Daten verarbeitet werden dürfen. Eine Speicherung in abrufbarer Form betrifft aber nur Daten von Personen im Sinne des § 179 Abs. 2 Nrn. 1 und 2 (**Satz 1**). Dabei handelt es sich um Personen, bei denen Tatsachen dafürsprechen, dass sie Verbrechen oder ein Vergehen gewerbsmäßig, gewohnheitsmäßig, serienmäßig, bandenmäßig begehen oder bei denen Tatsachen dafür sprechen, dass sie Opfer einer solchen Straftat werden. Zeugen, Hinweisgeber oder sonstige Auskunftspersonen (§ 179 Abs. 2 Nr. 3 LVwG), die dazu beitragen können, den Sachverhalt solcher Straftaten aufzuklären, sind damit bewusst vom Gesetzgeber für eine abrufbare Speicherung ausgenommen worden. Hier soll eine klare Abgrenzung zu potenziellen Straftätern erfolgen, da der ansonsten schnell gezogene Schluss vom Zweck des Datenbestandes auf die darin enthaltenen Personen erfolgen könnte. Der Begriff „abrufbar" bezieht sich zwangsläufig immer nur auf einen inhaltlich zusammenhängenden Bestand einzelner Daten, also

115 VG Schleswig, Urt. vom 03.09.2003, Az. 3 A 167/02.

auf Dateien. So ist bspw. in einer Datei das jeweilige Datum (z. B. der Name oder das Kennzeichen) enthalten, das als jeweiliger Suchbegriff recherchierbar ist. Daten, die nur über einen zusätzlichen Begriff, der einen besonderen Bezug zum Datenbestand vermittelt, recherchierbar sind, gelten nicht als abrufbar. Hier ist die Recherchemöglichkeit über einen besonderen Index, in dem z. B. alle Personen mit Zeugenstatus geführt werden, zu nennen. Diese Beschränkung trägt der Tatsache Rechnung, dass es sich bei den Adressaten einer Datenerhebung nach § 179 Abs. 2 LVwG weder um Verantwortliche nach §§ 218, 219 LVwG noch um Verdächtige nach der Strafprozessordnung handelt. Die höchstzulässige Speicherungsdauer von drei Jahren gilt bei gleichbleibendem Speicherungszweck absolut (**Satz 2**). Die Frist beginnt mit der erstmaligen Speicherung personenbezogener Daten; sie wird nicht mit jeder weiteren für den Anlass relevanten Information neu berechnet. Weiterhin besteht die grundsätzliche Verpflichtung einmal im Jahr zu überprüfen, ob die Speicherung noch erforderlich ist (**Satz 3**). Werden die Daten in der Zwischenzeit ergänzt, zählt die Jahresfrist zur Überprüfung jeweils von diesem Zeitpunkt an. Die Entscheidung über die weitere Aufbewahrung trifft der/die Behördenleiter/-in oder eine von ihm/ihr besonders beauftragte Person. Hier wurde bei der Gesetzesnovelle 2021 der Personenkreis über den Beamtenstatus hinaus erweitert und lässt jetzt allgemein die Beauftragung entsprechend qualifizierter Beschäftigter zu.

Weiterhin besteht auch die Verpflichtung, die in § 179 Abs. 2 LVwG genannten Personen über die Datenverarbeitung zu unterrichten (**Satz 4**). Nähere Einzelheiten bezüglich des Zeitpunkts der Unterrichtung sind in dieser Norm nicht geregelt. Unter diesen Voraussetzungen dürften gefährdete Personen grundsätzlich unverzüglich zu unterrichten sein.

Absatz 4 erlaubt die Speicherung der im Rahmen von Kontrollmeldungen im Sinne des § 187 Abs. 1 LVwG erhobenen Daten von Begleitpersonen, um deren Bedeutung für den die Ausschreibung begründenden Sachverhalt überprüfen zu können (**Satz 1**). Die Daten sind zu löschen, sobald feststeht, dass keine Verantwortlichkeit vorliegt und die Daten für ein mit dem Sachverhalt zusammenhängendes Strafverfahren, weil z. B. die Begleitperson Zeuge einer Straftat ist, erforderlich sind (**Satz 2**). Lässt sich dies innerhalb von zwei Jahren nicht klären, sind die Daten ebenfalls zu löschen. Eine längere Speicherung ist nur zulässig, wenn eine andere Rechtsvorschrift eine erneute Erhebung zuließe (**Satz 3**). In diesem Fall würde die Verlängerung der Speicherung sachverhaltsbezogen zum selben Zweck erfolgen und sich nur der Adressatenstatus der betroffenen Person ändern. Sollte die weitere Speicherung oder die Nutzung zu einem anderen Zweck erfolgen, wären die Grundsätze der hypothetischen Datenneuerhebung gem. §§ 188, 188a LVwG zu beachten.

Absatz 5 stellt klar, dass die Verarbeitung personengebundener Hinweise (PHW) und ermittlungsunterstützender Hinweise (EHW) als Teil der polizeilichen Aufgabenerfüllung zulässig ist. PHW dienen dem Schutz des Betroffenen und der Eigensicherung von insbesondere Polizeibediensteten. PHW können bei polizeilichen Kontrollen herangezogen werden, um polizeitaktische Maßnahmen zu ergreifen. EHW sind Hinweise auf Besonderheiten einer Person, die primär dazu geeignet sind, einen polizeilichen Kontext zu verdeutlichen, polizeiliches Handeln zielgerichteter zu steuern bzw. zu unterstützen, oder die dem Schutz Dritter dienen. Sie sind darüber hinaus auch geeignet, Datenbestände für Ermittlungen zu kennzeichnen bzw. zu selektieren. Sekundär kann ein EHW auch dem Schutz der Betroffenen und der eingesetzten Polizeibediensteten dienen. PHW und EHW werden zum einen in INPOL, betreut durch das BKA, gespeichert. Zum anderen werden solche Hinweise auch im Informationssystem der Polizei des Landes Schleswig-Holstein gespeichert (INPOL SH), was nun in Absatz 5 ausdrücklich abgebildet wird.

5. Vorgangsverwaltung und Dokumentation, § 190 LVwG

Diese Norm regelt für Ordnungsbehörden und Polizei die Speicherung von personenbezogenen Daten zum Zwecke der Vorgangsverwaltung oder kurzfristigen Dokumentation ihres Handelns und enthält hierzu eine Befugnis für erforderliche Maßnahmen der Datenverarbeitung.

Nach § 190 LVwG können personenbezogene Daten zur Vorgangsverwaltung oder befristeten Dokumentation behördlichen Handelns gespeichert und verarbeitet werden (**Satz 1**). Zweck der Regelung ist es, das behördliche Eingriffshandeln auch zu einem späteren Zeitpunkt überprüfbar zu machen.[116] Es handelt sich also um keine Befugnisnorm zur Erhebung personenbezogener Daten. **Satz 2** erklärt die §§ 188 (Grundsätze der Verarbeitung personenbezogener Daten und sonstige Verarbeitungszwecke), 188a (Datenweiterverarbeitung, Grundsatz der hypothetischen Datenneuerhebung), 188b (Kennzeichnung), 189 (besondere Voraussetzungen der Verarbeitung personenbezogener Daten) für nicht anwendbar. Einmal in die Vorgangsverwaltung überführte

116 *Martens*, in PdK-Schl.-H. LVwG, § 190 Erl.

Daten können daher nicht zur Gefahrenabwehr weiterverarbeitet und insbesondere keiner zweckändernden Nutzung zugeführt werden. Vorgangsverwaltung und Dokumentation erfolgen dabei fast ausschließlich in ein und demselben Datenbestand, wie in einem automatisierten Vorgangsbearbeitungssystem[117]. Bei der Polizei kommt hinzu, dass regelmäßig eine Vermischung mit Daten eintritt, deren Verarbeitung den Vorschriften des Strafprozessrechtes unterliegt. In der StPO regelt der § 485 StPO die Zulässigkeit der Verarbeitung personenbezogener Daten in Dateien zu Zwecken der Vorgangsverwaltung. Werden Vorgänge, die dem Recht der Gefahrenabwehr zuzuordnen sind, zusammen mit Vorgängen, die dem Strafprozessrecht zuzuordnen sind, in einem Datenbestand geführt, so z. B. in einem Dienstbuch, gelten für die Verarbeitung des einzelnen Datensatzes die Vorschriften des jeweiligen Rechtsgebietes.

Die rechtsstaatliche Verpflichtung, auch nachträglich die Überprüfung der Rechtmäßigkeit der Sachbearbeitung zu gewährleisten, erfordert daher den befristeten Nachweis der Verwaltungstätigkeit. Eine Dokumentation dient dem Nachweis behördlichen Handelns. Dieser Zweck wird in vielen Fällen schon durch die Vorgangsverwaltung erreicht. Der Anwendungsbereich zu diesen Bereichen ist vom für Inneres zuständigen Ministerium in der Verwaltungsvorschrift über Mittel der Vorgangsverwaltung und Dokumentation vom 07.03.1996 bestimmt worden. Hieraus ergibt sich, dass sowohl neu erhobene als auch bereits gespeicherte Daten zur Abwehr von Gefahren für die öffentliche Sicherheit den zuständigen Dienststellen für die Sachbearbeitung zugänglich zu machen sind. Weiterhin müssen natürlich auch vorgesetzte Dienststellen in die Lage versetzt werden, ihre Dienst- und Fachaufsicht auszuüben. Die Daten unterliegen dabei hinsichtlich ihrer Speicherung und weiteren Verarbeitung einer absoluten Zweckbindung. Es ist grundsätzlich zu unterscheiden, ob die Daten zur Vorgangsverwaltung oder zur Sachbearbeitung des Vorgangs verarbeitet werden. Eine Verarbeitung zur Sachbearbeitung ist nicht über § 190 LVwG abgedeckt. Hierzu zählt auch die Erteilung von Sachauskünften. In diesen Fällen greifen die Grundsätze der Datenübermittlung nach §§ 191 ff. LVwG. Die personenbezogenen Daten dürfen entsprechend den fachlichen Erfordernissen, die die jeweilige Aufgabe an eine ordnungsgemäße Vorgangsverwaltung stellt, gespeichert und über eine Liste, einen Index oder als Suchbegriff in einem automatisierten Datenverarbeitungsverfahren abrufbar sein. Eine Dokumentation allein aus dem Grunde eines innerdienstlichen Tätigkeitsnachweises ist unzulässig.

117 In Schl.-H. handelt es dabei um das Vorgangsbearbeitungssystem „@rtus“.

Der Begriff Vorgangsverwaltung bedeutet in diesem Zusammenhang, dass für jeden polizeilichen Vorgang alle polizeilich erfolgten Tätigkeiten (also auch eine Identitätsfeststellung oder eine Anzeigenaufnahme) als Eintrag aufgenommen werden. Sie soll den ordnungsgemäßen Umgang mit den bei einer Stelle anfallenden Vorgängen ermöglichen und ggf. dokumentieren. Zur Vorgangsverwaltung zählen daher im Wesentlichen

- der Nachweis über die Führung des Vorganges,
- das Auffinden des Vorganges selbst bzw. bestimmter Vorgangsdaten,
- die Kontrolle und Darstellung des Bearbeitungsstandes bzw. einzelner Bearbeitungsschritte.

Der Begriff Vorgang steht für Aufzeichnungen, die über einen Sachverhalt erstellt werden, mit dem sich eine Ordnungsbehörde oder eine Dienststelle der Polizei beschäftigt. Beispiele hierfür sind:

- Einsatzbericht einer Funkstreifenwagenbesatzung über einen Einsatz zum Schutz privater Rechte,
- Berichte über zivilrechtliche Streitigkeiten,
- Berichte über den Eingang eines Antrages bei der Ordnungsbehörde,
- Berichte über die Abgabe einer Fundsache.

Dabei handelt es sich stets um Sachverhalts- und Verwaltungsdaten, die gleichermaßen der Bearbeitung und Dokumentation dienen. Sachverhaltsdaten sind die Informationen über einen Lebenssachverhalt, dem ein Vorgang zugrunde liegt.

Als Verwaltungsdaten sind darüber hinaus die für einen ordnungsgemäßen Umgang mit dem Vorgang erforderlichen Daten anzusehen. Dazu zählen bspw.:

- die Vorgangsnummer bzw. das Aktenzeichen,
- die Personalien betroffener Personen,
- Angaben zu Sachen,
- die Bezeichnung eines Ereignisses bzw. eines Anlasses,
- die bearbeitende Dienststelle,
- die Namen sachbearbeitender Personen,
- der Bearbeitungsstand.

Diese Daten dürfen entsprechend den fachlichen Erfordernissen einer ordnungsgemäßen Vorgangsverwaltung recherchierbar sein.

V. Übermittlung, Abgleich und Löschen von Daten

1. Grundsätze der Datenübermittlung, § 191 LVwG

Diese Norm enthält Grundsätze, die für alle Fälle der Datenübermittlung gelten. Der § 191 LVwG ist eine bereichsspezifische Befugnisgeneralklausel für die Datenübermittlung und damit systematisch mit dem § 179 LVwG für die Datenerhebung und dem § 188 LVwG für die Speicherung und Nutzung von Daten vergleichbar.

Grundrechtsrelevanz

Die Datenübermittlung bei einem Adressaten beinhaltet grundsätzlich einen Eingriff in das Grundrecht auf informationelle Selbstbestimmung als Bestandteil des allgemeinen Persönlichkeitsrechtes gemäß Art. 2 Abs. 1 i. V. m. Art. 1 Abs. 1 GG.

Zweck, Umfang

Absatz 1 Satz 1 bindet den Zweck der Übermittlung der Daten an den Zweck, zu dem die Daten erlangt bzw. gespeichert worden sind. Die Zulässigkeit der Verarbeitung personenbezogener Daten zu anderen Zwecken als solchen, zu denen die Daten erhoben wurden, richtet sich insbesondere nach den Grundsätzen der sog. „hypothetischen Datenneuerhebung" gemäß § 188a LVwG. Ferner wird in **Absatz 1 Satz 2** der Kreis der Empfänger bezogen auf die Übermittlung von Bewertungen eingeschränkt. Diese dürfen nur zwischen Ordnungsbehörden und Polizei übermittelt werden, es sei denn, durch dieses Gesetz oder andere Rechtsvorschriften ergibt sich etwas Abweichendes. Diese neu aufgenommene Ausnahme war insbesondere mit Blick auf die Zuverlässigkeitsüberprüfung (§ 181a LVwG) erforderlich. Um die Ergebnisse der Zuverlässigkeitsüberprüfung auch an externe, nichtöffentliche Stellen übermitteln zu können, wurde eine Ausnahmemöglichkeit zur Datenübermittlung derartiger Bewertungen über die Absätze 4 und 5 des § 181a LVwG zur Übermittlung von Bewertungen geschaffen.

Bewertungen sind Daten, die über Tatsachen hinaus nicht weiter überprüfbare oder überprüfte Schlussfolgerungen beinhalten, z. B. die von der Polizei im Fahndungsbestand geführten personengebundenen Hinweise, die Vermutung in einem polizeilichen Bericht an das Gesundheitsamt, jemand sei aufgrund einer psychischen Erkrankung eine Gefahr für die Allgemeinheit, oder noch nicht durch Gutachten bestätigte, sondern lediglich vermutete Eignungsmängel bei einem Fahrerlaubnisinhaber. Keine Bewertungen sind die von Ordnungsbehörden nach entsprechendem Verwaltungsverfahren getroffenen Feststellungen über die Eignung einer Person zum Führen von Kraftfahrzeugen oder über die Zuverlässigkeit im Hinblick auf die Erteilung anderer Erlaubnisse, z. B. nach dem Waffen- oder Jagdrecht.

Für Daten, die einem Berufs- oder besonderem Amtsgeheimnis unterliegen, legt **Absatz 2** darüber hinaus eine strengere absolute Zweckverbindung fest. Eine Übermittlung solcher Daten ist daher nur zulässig, wenn der Empfänger die Daten zur Erfüllung des gleichen Zwecks benötigt, zu dem sie von einer Ordnungsbehörde oder der Polizei erlangt worden sind. Ansonsten würde der für diese Daten gesetzlich gebotene Geheimnisschutz im Zuge weiterer Übermittlungen verloren gehen und könnte unterlaufen werden. Einem Berufsgeheimnis unterliegen solche Daten, die Mitglieder der in § 203 Abs. 1 StGB genannten Berufsgruppen oder die diese unterstützenden Mitarbeiter (vgl. § 203 Abs. 3 StGB) bei ihrer beruflichen Tätigkeit erlangt haben. Hierzu zählen z. B. Ärzte, Hebammen, Krankenschwestern, beim Krankentransport eingesetztes Personal, Anwälte und Sozialarbeiter. Ein besonderes Amtsgeheimnis ist nicht gleichzusetzen mit der allgemein geltenden Pflicht zur Amtsverschwiegenheit aus dem Beamtenrecht, sondern leitet sich aus einer besonderen gesetzlichen Regelung ab. Für Amtsgeheimnisse, die von öffentlichen Stellen selbst einzuhalten sind, bestehen spezielle Vorschriften: Durch diese werden etwa das Post- und Fernmeldegeheimnis (§ 5 PostG, § 88 TKG) oder das Sozialgeheimnis (§ 35 SGB I, §§ 67 ff. SGB X) besonders geschützt. Eine Übermittlung von Sozialdaten ist nur nach den Normen des Zehnten Buchs des Sozialgesetzbuches zulässig und insoweit spezialgesetzlich geregelt (vgl. §§ 67d ff. SGB X). Für das Berufs- und besondere Amtsgeheimnis gilt, dass nicht die personenbezogenen Daten als solche besonderen Verarbeitungsregeln unterliegen, sondern dass die Zuordnung zu den besonders geschützten Daten nur dann vorzunehmen ist, wenn diese bei Ausübung der genannten Berufe oder Amtspflichten erlangt wurden. So darf z. B. die Polizei die eigene Feststellung, dass eine Person alkoholkrank sein könnte, an die für die Erteilung von Fahrerlaubnissen zuständige Stelle übermitteln, damit diese eine Überprüfung der Geeignetheit als Kraftfahrzeugführer vornimmt.

Absatz 3 regelt die grundsätzlichen Prüfpflichten der beteiligten Stellen bei einer Übermittlung von personenbezogenen Daten. Die übermittelnde Stelle hat danach in jedem Fall die Zulässigkeit der Übermittlung nach dem für sie geltenden Recht zu überprüfen. Die ersuchende Stelle hat die erforderlichen Angaben zu machen, damit eine solche Überprüfung möglich ist. Zu diesen Angaben zählen bspw. der Anlass des Ersuchens, die Anspruchsgrundlage sowie der Zweck, zu dem die Daten genutzt werden sollen. Erfolgt das Ersuchen von Polizei, Ordnungsbehörde sowie einer Behörde oder einer Stelle, die bei ihrer Arbeit öffentlich-rechtlichen Vorschriften unterliegt, darf die übermittelnde Stelle davon ausgehen, dass solche Stellen grundsätzlich selbst in der Lage sind, die Rechtmäßigkeit ihres Ersuchens zu überprüfen. Soweit nicht im Einzelfall Anlass zu Zweifeln an der Rechtmäßigkeit besteht, reicht eine Überprüfung aus, ob das Ersuchen im Rahmen der Aufgaben der anfragenden Stelle liegt. Die Prüfpflicht der übermittelnden Stelle bezieht sich nicht nur auf die Zulässigkeit der Datenübermittlung, sondern beinhaltet auch die Pflicht, Daten ggf. zu anonymisieren oder von der Übermittlung auszunehmen.[118]

Absatz 4 verpflichtet die Ordnungsbehörden und die Polizei, Übermittlungen, die schriftlich oder elektronisch erfolgt sind, aktenkundig zu machen. Dies kann durch Aufbewahrung einer Durchschrift, einer Kopie oder einer systemseitigen Protokollierung bei elektronischen Verarbeitungssystemen erfolgen. Bei mündlichen Auskünften gilt diese Verpflichtung nur, soweit zu der betroffenen Person im Zusammenhang mit der Übermittlung bereits schriftliche Unterlagen vorhanden sind. Hier empfiehlt sich, die Aufnahme einer Aktennotiz über die für eine spätere Überprüfung der Übermittlung erforderlichen Daten wie Zeitpunkt, empfangende Behörde, Anlass, übermittelte Daten sowie zuständige Sachbearbeiter.

Absatz 5 ist an den Empfänger der personenbezogenen Daten gerichtet. Dieser darf die Daten, soweit gesetzlich nichts Abweichendes bestimmt ist, nur zu dem Zweck verarbeiten, zu dem sie ihm übermittelt worden sind. Diese Vorschrift richtet sich nur an Ordnungsbehörden und Polizei, denn nur deren Rechte und Pflichten werden in diesem Teil des LVwG geregelt. Für andere öffentliche Stellen gilt hinsichtlich der weiteren Verarbeitung solcher Daten eine besondere Rechtsvorschrift oder mit gleicher Verpflichtung das Landesdatenschutzgesetz. Bei privaten Stellen oder Personen finden die Vorschriften des Bundesdatenschutzgesetzes Anwendung.

Generell ist jedoch der Grundsatz der Subsidiarität aus § 173 LVwG bei der Auswahl einer Befugnisnorm gültig, wonach für die Übermittlung personenbezogener Daten die Normen des besonderen Polizeirechts Vorrang vor den bereichsspezifischen Regelungen des LVwG genießen.

118 *Martens*, in: PdK-Schl.-H., § 191 Erl. Nr. 4.

2. Datenübermittlung zwischen Polizei- und Ordnungsbehörden, Datenübermittlung an ausländische Polizeidienststellen in Mitgliedstaaten der Europäischen Union sowie über- und zwischenstaatlichen Stellen der Europäischen Union und in Staaten des Schengen-Verbundes, § 192 LVwG

> Diese Norm regelt die Übermittlung von personenbezogenen Daten zwischen Polizeidienststellen des Landes, zwischen Ordnungsbehörden sowie zwischen Polizeidienststellen und Ordnungsbehörden. Ferner umfasst ist sowohl die Datenübermittlung von Polizeidienststellen des Landes an Polizeidienststellen anderer Länder oder des Bundes sowie Mitgliedsstaaten der Europäischen Union und deren über- und zwischenstaatlichen Stellen, als auch an polizeiliche Behörden in den „Schengen-Staaten“. Erfasst ist die konventionelle und die automatisierte elektronische Übermittelung im Rahmen eines Datenverbundes.

Grundrechtsrelevanz

Die Datenübermittlung von personenbezogenen Daten beinhaltet grundsätzlich einen Eingriff in das Grundrecht auf informationelle Selbstbestimmung als Bestandteil des allgemeinen Persönlichkeitsrechtes gemäß Art. 2 Abs. 1 i.V.m. Art. 1 Abs. 1 GG.

Zweck, Umfang

Absatz 1 lässt die Übermittlung von personenbezogenen Daten zwischen Polizeidienststellen des Landes, zwischen Ordnungsbehörden sowie zwischen Ordnungsbehörden und der Polizei zu, soweit dies zur jeweiligen Aufgabenerfüllung der die Daten übermittelnden bzw. erhaltenden Stelle erforderlich ist. Diese Regelung trägt der von Ordnungsbehörden und Polizei nach § 163 LVwG gemeinsam zu erfüllenden Aufgabe der Gefahrenabwehr Rechnung. In diesem Absatz wird auch der Bezug zur hypothetischen Datenneuerhebung im neuen § 188a LVwG hergestellt, die bei der Zweckänderung zu berücksichtigen ist.

Bei der übermittelnden Stelle muss die Erwartung vorhanden sein, dass die Daten bei der sie empfangenden Stelle zur Aufgabenerfüllung erforderlich sind und dort zu einem bestimmten Zweck verarbeitet werden, bspw. wenn

- eine Polizeidienststelle einer anderen die Personalien einer vermissten Person mitteilt,
- die Polizei der für die Erteilung von Fahrerlaubnissen zuständigen Stelle über mögliche Eignungsmängel bei einem Kraftfahrzeugführer berichtet,

- ein Amtsvorsteher als örtliche Ordnungsbehörde das Kreisveterinäramt um Überprüfung der Viehhaltung in einem landwirtschaftlichen Betrieb bittet.

Eine Übermittlung in der Erwartung, eine andere Stelle aus dem Bereich der Ordnungsbehörden bzw. Polizei könne irgendwann einmal die Daten benötigen, ist grundsätzlich unzulässig, denn dies würde bedeuten, dass dort eine unzulässige Speicherung von Daten auf Vorrat stattfände. So darf z.B. die Polizei der für die Erteilung von Fahrerlaubnissen zuständigen Stelle nicht mitteilen, dass ein Jugendlicher, der vielleicht irgendwann eine Fahrerlaubnis beantragen wird, möglicherweise für das Führen von Kraftfahrzeugen ungeeignet ist, weil er betrunken mit dem Fahrrad gefahren ist.

Zulässig ist die Übermittlung von Daten im Rahmen der Vorbereitung auf die Hilfeleistung oder das Handeln in Gefahrfällen nach § 179 Abs. 4 LVwG und zwischen Polizeidienststellen zur Vorsorge für die Aufklärung zukünftiger Straftaten.

In diesen Fällen liegt der ausdrücklich durch das LVwG zugelassene Zweck der Speicherung solcher Daten gerade darin, dass die hierfür zuständigen Stellen für zukünftige Anlässe vorbereitet sind. Dies stellt somit keine Speicherung von Daten auf Vorrat dar.

Nach Absatz 1 Satz 2 dürfen die nach § 179 Abs. 2 LVwG gespeicherten Daten zur Verhütung von Verbrechen oder gewerbsmäßig, gewohnheitsmäßig bzw. serienmäßig begangener Vergehen nur an andere Polizeidienststellen übermittelt werden. Dies begründet sich damit, dass die Ordnungsbehörden für die Verfolgung von Straftaten nicht zuständig sind und damit auch nicht Vorsorge für die Aufklärung zukünftiger Straftaten betreiben dürfen. Für eine Datenübermittlung an Stellen außerhalb der Polizei würde es insofern an der Erforderlichkeit fehlen, da es sich um polizeispezifische Aufgaben handelt.

Da nur die personenbezogenen Daten nach § 179 Abs. 2 LVwG einer polizeiinternen Übermittlung vorbehalten sind, bleibt eine Übermittlung von personenbezogenen Daten im Sinne des § 179 Abs. 1 LVwG zur Abwehr einer im einzelnen Falle bevorstehenden Gefahr auch an Ordnungsbehörden zulässig.

Die Absätze 2 und 3 setzen im Hinblick auf den möglichen Empfang personenbezogener Daten Polizeidienststellen anderer Länder und des Bundes denen des Landes Schleswig-Holstein gleich. Als Polizei des Bundes gelten das Bundeskriminalamt und die Bundespolizei. Durch diese beiden Absätze wird deutlich herausgestellt, dass die Polizeidienststellen und mit polizeilichen Aufgaben betrauten anderen Dienststellen aller Staaten, die die Bestimmungen des Schengen-Besitzstandes aufgrund eines Assoziierungsübereinkommens mit der Europäischen Union über die Umsetzung, Anwendung und Entwicklung des Schengen-Besitzstandes anwenden, erfasst werden, also auch solche, die dem Abkommen später beigetreten sind. Ferner wird klargestellt, dass diese Regelung gleichermaßen für die Mitgliedstaaten der Europäischen Union selbst sowie für deren über- und zwischenstaatliche Stellen gilt.

Absatz 4 erlaubt die Teilnahme an einem Datenverbund, der eine automatisierte Datenübermittlung zwischen Polizeidienststellen des Landes und Polizeidienststellen des Bundes und der Länder ermöglicht. Die Vorschrift ist damit Rechtsgrundlage für die Teilnahme des Landes Schleswig-Holstein an dem von Bund (BKA als Zentralstelle) und Ländern betriebenen polizeilichen Informationssystem INPOL, soweit es sich um die Verarbeitung personenbezogener Daten zum Zwecke der Gefahrenabwehr handelt. Daneben sind das BKA-Gesetz sowie für Daten aus einem Strafverfahren die StPO zu beachten. Sinn und Zweck eines solchen Verbundes ist es, dass die Teilnehmer im Gegensatz zu einem automatisierten Abrufverfahren, wie es in § 194 LVwG geregelt ist, nicht nur Daten abrufen, sondern auch Daten in dieses System eingeben. Die hierfür erforderliche Vereinbarung darf das für Inneres zuständige Ministerium zur Erfüllung polizeilicher Aufgaben treffen. Für die Begründung der überörtlichen Bedeutung reicht allerdings der Hinweis auf die bundesweit zu erfüllenden Aufgaben der Gefahrenabwehr bzw. Strafverfolgung allein nicht aus. Vielmehr müssen die Sachverhalte, zu deren Bearbeitung die Daten verarbeitet werden sollen, erwarten lassen, dass eine polizeiliche Zusammenarbeit über die Grenzen einzelner Länder hinweg erforderlich sein wird; so z. B. bei der Personenfahndung, beim Kriminalaktennachweis, beim Erkennungsdienst oder bei den Dateien zur Verhütung und Verfolgung von Straftaten in bestimmten Bereichen der Kriminalität. Einzelheiten regeln die zwischen Bund und Ländern einvernehmlich gestalteten jeweiligen Errichtungsanordnungen. Bei der Gestaltung des Verfahrens sind die für automatisierte Abrufverfahren geltenden Grundsätze nach § 194 LVwG im Zusammenhang mit Errichtungsanordnungen geltenden Vorschriften entsprechend zu beachten. Für Schleswig-Holstein werden die nach diesem Gesetz bestehenden Pflichten einer Daten verarbeitenden Stelle vom Landeskriminalamt wahrgenommen.

3. Datenübermittlung an Behörden, öffentliche Stellen oder sonstige Stellen, § 193 LVwG

Diese Norm legt fest, unter welchen Voraussetzungen Polizei und Ordnungsbehörden personenbezogene Daten an andere Behörden, Stellen oder Personen innerhalb und außerhalb des öffentlichen Bereichs übermitteln dürfen. Zielrichtung der Datenübermittlung muss stets die Gefahrenabwehr sein.

Grundrechtsrelevanz

Die Datenübermittlung bei einem Adressaten beinhaltet grundsätzlich einen Eingriff in das Grundrecht auf informationelle Selbstbestimmung als Bestandteil des allgemeinen Persönlichkeitsrechtes gemäß Art. 2 Abs. 1 i. V. m. Art. 1 Abs. 1 GG.

Zweck, Umfang

Der **Absatz 1** Satz 1 regelt die Übermittlung an andere Behörden oder öffentliche Stellen, die zwar an der Abwehr von Gefahren beteiligt, aber nicht als Ordnungsbehörde des Landes oder als Polizei einzuordnen sind. Wer Behörde ist, ergibt sich aus organisationsrechtlichen Regelungen des Bundes oder eines Landes. Hierunter fallen auch die im Bereich einer Behörde nachgeordneten Dienststellen sowie Organisationseinheiten bis hin zum einzelnen Amtswalter. Öffentliche Stellen sind weder Behörde noch Teil einer Behörde, sind aber auf der Grundlage öffentlichen Rechtes mit der Wahrnehmung in öffentlichem Interesse liegender Aufgaben betraut, wie bspw. Zweckverbänden, Technischen Überwachungsvereinen, Schulen und Krankenhäusern.[119]

Die Beteiligung muss sich auf eine bestimmte Gefahrenlage beziehen, bei der die empfangende Stelle aufgrund ihrer Zuständigkeit gefahrenabwehrend mitwirkt oder aber mitwirken soll. Eine konkrete Gefahr ist nicht erforderlich. Dabei kann es sich um Amtshilfe für eine Ordnungsbehörde bzw. die Polizei oder um andere Dienstleistungen handeln, z. B. wenn die Polizei bei einer Schule über einen vermissten Schüler Daten erhebt oder ein für die Abfallentsorgung zuständiger Zweckverband ersucht wird, rechtswidrig gelagerte Abfälle zu beseitigen. Beteiligt sind auch solche Behörden oder öffentliche Stellen, die von Ordnungsbehörden oder Polizei lediglich auf die Erfüllung ihrer eigenen Aufgaben hingewiesen werden,

119 Nach der weiteren Definition des § 2 Abs. 1 Satz 2 LDSG sind öffentliche Stellen Behörden und sonstige öffentliche Stellen der im LVwG genannten Träger der öffentlichen Verwaltung.

so z. B. die Mitteilung an die Feuerwehr über einen Brand. Es dürfen personenbezogene Daten übermittelt werden, soweit die Kenntnis zur Gefahrenabwehr erforderlich erscheint. Die Prüfung erfolgt für den Einzelfall. Einem Krankenhaus, das eine Person versorgen soll, die einen Suizidversuch unternommen hat, müssen daher neben den Personalien alle Informationen gegeben werden, die für die medizinische und soziale Betreuung von Bedeutung sein könnten.

Dieser **Absatz 1 Satz 2** führt ansonsten weiter aus, dass die Übermittlung von personenbezogenen Daten an Behörden oder öffentliche Stellen, die nicht unter Satz 1 fallen, sowie an Personen oder Stellen außerhalb des öffentlichen Bereichs nur zulässig ist, soweit dies zur Abwehr einer im einzelnen Falle bevorstehenden Gefahr erforderlich ist. Hierunter fallen z. B. die Öffentlichkeitsfahndung nach einer suizidgefährdeten Person oder die Aushändigung von Personalien an einen Geschädigten mit dem Ziel des Schutzes privater Rechte.

Absatz 1 Satz 3 stellt klar, dass bei der Übermittlung personenbezogener Daten die Regelungen der hypothetischen Datenneuerhebung aus § 188a Abs. 2 bis 4 LVwG und die Kennzeichnungspflicht aus § 188b LVwG stets zu beachten sind.

Der **Absatz 2** regelt die Datenübermittlung an ausländische öffentliche Stellen sowie an über- oder zwischenstaatliche Stellen zu Zwecken des § 20 Satz 1 und 2 Landesdatenschutzgesetz, also für die Verhütung, Ermittlung, Aufdeckung, Verfolgung oder Ahndung von Straftaten oder Ordnungswidrigkeiten sowie zum Schutz vor und zur Abwehr von Gefahren für die öffentliche Sicherheit. Eine Datenübermittlung zu anderen Zwecken hat nach Absatz 2 Satz 2 unter Beachtung der in der DSGVO geregelten Bestimmungen zur Übermittlung personenbezogener Daten an Drittländer oder an internationale Organisationen zu erfolgen (Art. 44 bis 49 DSGVO). Die Neuaufnahmen dieser zum LDSG und zur DSGVO dienen der Klarstellung und Normentransparenz für den Anwender, da für die jeweiligen Anwendungsbereiche unterschiedliche Regelungen zu beachten sind.

Hier wird erneut klargestellt, dass die Anforderungen der hypothetischen Datenneuerhebung und der Kennzeichnungspflicht aus §§ 188a, 188b LVwG und die Vorschriften des Landesdatenschutzgesetzes zur Datenübermittlung an Drittstaaten und an internationale Organisationen gem. §§ 54 bis 57 Landesdatenschutzgesetz auch bei der Übermittlung personenbezogener Daten an ausländische öffentliche Stellen sowie an über- oder zwischenstaatliche Stellen zu beachten sind. Als Beispiel für ausländische öffentliche Stellen sind Polizeidienststellen im Ausland und ausländische Botschaften oder Militärdienststellen im In- oder Ausland zu nennen. Zu den über- oder zwischenstaatlichen Stellen zählen bspw. Einrichtungen der NATO oder der Vereinten Nationen. Hier wird zwischen der übermittelnden und empfangenden Stelle differenziert. Liegt das Interesse an der Übermittlung bei der inländischen Ordnungsbehörde oder Polizeidienststelle ist dies nur zulässig, wenn dies zur Abwehr einer im einzelnen Falle bevorstehenden Gefahr durch die übermittelnde Stelle erforderlich ist (Absatz 2 Satz 1 Nummer 1). Ein Beispiel hierfür ist die Offenbarung personenbezogener Daten, um Auskünfte einzuholen.

In den Fällen, bei denen die Datenübermittlung der Gefahrenabwehr durch die empfangende Stelle dient, muss die Übermittlung zur Abwehr einer im einzelnen Falle bevorstehenden erheblichen Gefahr erforderlich sein (Absatz 2 Satz 1 Nummer 2). Dabei ist es unerheblich, ob ein Ersuchen vorliegt oder eine Ordnungsbehörde oder Polizeidienststelle die Übermittlung von sich aus vornimmt. Allein entscheidend für die Zulässigkeit ist, dass die Übermittlung zur Abwehr einer im einzelnen Falle bevorstehenden erheblichen Gefahr erforderlich ist. Als Beispiele sind zu nennen: Warnungen vor einem terroristischen Anschlag durch bestimmte Personen oder die Übermittlung von Personalien anreisender gewalttätiger Fußballfans.

Absatz 3 verbietet eine Übermittlung von Daten an ausländische öffentliche Stellen sowie an über- oder zwischenstaatliche Stellen im Sinne des Absatzes 2, soweit Grund zu der Annahme besteht, dass durch die Übermittlung gegen den Zweck eines deutschen Gesetzes verstoßen würde oder schutzwürdige Belange der betroffenen Person beeinträchtigt würden. Schutzwürdige Belange der betroffenen Person sind insbesondere beeinträchtigt, wenn die Gefahr einer rechtsstaatswidrigen Verfolgung durch Behörden des Empfängerlandes besteht. Hier ist die Daten empfangende Stelle bzw. Person darauf hinzuweisen, dass die Daten hinsichtlich der Nutzung entsprechender Zweckbindung unterliegen.

Absatz 4 stellt klar, dass sich die Übermittlung personenbezogener Daten zwischen der Verfassungsschutzbehörde des Landes Schleswig-Holstein und den Ordnungsbehörden oder der Polizei allein nach den Vorschriften des Gesetzes über den Verfassungsschutz im Lande Schleswig-Holstein richtet.

4. Automatisiertes Abrufverfahren, § 194 LVwG

> Diese Norm erlaubt die Einrichtung eines automatisierten Abrufverfahrens (Online-Verfahren) sowie regelmäßige programmgesteuerte Datenübermittlungen.

Grundrechtsrelevanz

Das automatisierte Abrufverfahren ist eine Form der Datenübermittlung bei einem Adressaten und beinhaltet grundsätzlich einen Eingriff in das Grundrecht auf informationelle Selbstbestimmung als Bestandteil des allgemeinen Persönlichkeitsrechtes gemäß Art. 2 Abs. 1 i. V. m. Art. 1 Abs. 1 GG.

Zweck, Umfang

Die Vorschrift gilt nur für die Übermittlung von personenbezogenen Daten zwischen Ordnungsbehörden, zwischen Ordnungsbehörden und der Polizei sowie zwischen Polizeidienststellen. Für den Bereich der Polizei ist hier als Beispiel der landesweit zur Verfügung stehende INPOL-SH-Auskunftsclient zu nennen. Diese Norm gibt der Polizei die Befugnis, unter bestimmten Voraussetzungen ein automatisiertes Abrufverfahren für die Übermittlung personenbezogener Daten aus polizeilichen Datensammlungen einzurichten.

Zwischen den Polizeibehörden des Bundes und der Bundesländer gibt es eine Vielzahl von Online-Verbindungen, ein großer Teil davon in Verbundsystemen. Grundsätzlich entscheidet die datenbesitzende Stelle über die rechtliche Zulässigkeit der Herausgabe ihrer Daten. Erfolgt jedoch die Datenübermittlung in einem automatisierten Abruf ist der Empfänger, also die Stelle, die die Daten abruft, für die Rechtmäßigkeit der Datenübermittlung verantwortlich. Hier hat die datenbesitzende Polizeidienststelle keinen Einfluss mehr auf den Abruf der um Datenübermittlung ersuchenden Polizeidienststelle und die Übertragung der Daten.

Hauptanwendungsfälle für einen automatisierten Datenabruf durch die Landespolizei Schleswig-Holstein sind bundesweit vereinbarte Anwendungen wie bspw. Melderegister, Ausländerzentralregister, Verkehrszentralregister und die Verbunddateien der Polizeien des Bundes und der Länder (INPOL) sowie das Schengener Informationssystem. Für die Ordnungsbehörden des Landes fehlt auf der Grundlage des allgemeinen Polizei- und Ordnungsrechtes in der Praxis etwas Vergleichbares. Allerdings nehmen die Kreisordnungsbehörden als übermittelnde und abrufende Stellen an dem bundesweit auf Grundlage des Straßenverkehrsgesetzes beim Kraftfahrtbundesamt betriebenen Zentralen Verkehrsinformationssystem (ZEVIS) teil. Auch Polizeidienststellen dürfen diese Daten im Online-Verfahren nutzen, soweit sie aufgrund einer Ermächtigungsnorm aus dem Straßenverkehrsgesetz hierzu befugt sind, die Daten zu erheben bzw. zu verarbeiten. Ein weiteres Beispiel für ein automatisiertes Abrufverfahren auf der Grundlage einer spezialgesetzlichen Vorschrift ist das Einwohnermelde-

Informationssystem (EIS). Rechtsgrundlage hierfür sind das Landesmeldegesetz und die Meldedaten-Übermittlungsverordnung.

In dieser Norm fordert der Gesetzgeber, neben der Zulässigkeit von Datenerhebung bzw. Datenübermittlung, zunächst, dass das Verfahren hinsichtlich der zu erfüllenden Aufgaben angemessen ist. Kriterien für diese Angemessenheit sind im Wesentlichen die Häufigkeit von Anfragen, das Erfordernis ständiger Verfügbarkeit der Daten bzw. die zeitliche Dringlichkeit der benötigten Auskunft. Ferner sind die schutzwürdigen Belange betroffener Personen zu berücksichtigen. Diese sind hinreichend berücksichtigt, wenn ein solches Verfahren den Anforderungen, die ansonsten an eine nicht automatisierte Übermittlung im Sinne von §§ 191 bis 193 LVwG von personenbezogenen Daten zu stellen sind, weitestgehend gerecht wird.

Die Protokollierung der Verarbeitungsvorgänge in automatisierten Verarbeitungssystemen ist in § 52 Landesdatenschutzgesetz umfassend geregelt, sodass es hierfür keiner Wiederholung der zulässigen Verwendungszwecke bedarf. Der Bezug zu § 188 Abs. 7 LVwG ist erforderlich, um die Verwendung für die Verfolgung von schwerwiegenden Straftaten zu erhalten. § 188 Abs. 7 LVwG ist die zentrale Norm für Protokollierungen nach dem LVwG, in der von der Öffnungsklausel des § 52 Landesdatenschutzgesetz Gebrauch gemacht wird. Die Protokolldaten sind nach zwei Jahren zu löschen, um eine effektive Datenschutzkontrolle zu gewährleisten.

5. Datenabgleich, § 195 LVwG

Diese Befugnis der Polizei für den internen Datenabgleich gestattet es, vorhandene personenbezogene Daten mit anderen polizeilichen Datenbeständen abzugleichen, um festzustellen, ob über die Person bereits Daten bzw. Erkenntnisse vorliegen. Diese besondere Befugnis zur Datenverarbeitung gestattet damit weder die Erhebung der abzugleichenden Daten noch deren Speicherung.

Grundrechtsrelevanz

Der Datenabgleich von personenbezogen Daten eines Adressaten stellt einen Eingriff in das Grundrecht auf informationelle Selbstbestimmung als Bestandteil des allgemeinen Persönlichkeitsrechtes gemäß Art. 2 Abs. 1 i.V.m. Art. 1 Abs. 1 GG dar. Die Eingriffstiefe ist jedoch gering, weil die Daten nicht „neu" erhoben werden, sondern bereits bekannt sind.

Zweck, Umfang

Der **Absatz 1** regelt vier Fallgruppen für den polizeilichen Datenabgleich. Nach **Satz 1** ist der Datenabgleich ohne weitere Einschränkungen bei dem Verhaltensstörer gemäß § 218 LVwG, dem Zustandsstörer gemäß § 219 LVwG und Personen, bei denen Tatsachen dafürsprechen, dass sie Verbrechen oder gewerbsmäßige, serienmäßige oder bandenmäßige Vergehen begehen oder sich hieran beteiligen werden (§ 179 Abs. 2 Nr. 2a LVwG), möglich. Bei allen anderen Personen ist ein Datenabgleich nur möglich, wenn Tatsachen dafürsprechen, dass dies zur Erfüllung polizeilicher Aufgaben erforderlich erscheint (**Satz 2**). Tatsachen sind stets Fakten, die einen realen und nicht nur vermuteten Hintergrund haben, also einem Beweis zugänglich sind. Daneben bedarf es zudem einer erkennbaren und bestimmbaren polizeilichen Aufgabe. An dieses Tatbestandsmerkmal sind keine hohen Anforderungen geknüpft. Ausgeschlossen sind damit aber lediglich offensichtlich willkürliche oder sachfremde Abfragen.

In der dritten Fallgruppe (**Satz 3**) gestattet der Gesetzgeber den Abgleich von Daten mit dem Fahndungsbestand. Dieser Bereich kommt in der polizeilichen Praxis besonders häufig zur Anwendung. In diesen Fällen ist es wichtig, dass die Daten im Rahmen der polizeilichen Aufgabenerfüllung rechtmäßig erlangt worden sind und das Übermaßverbot beachtet wird. Bei der Fahndungsabfrage besteht in der Vorschrift keine zusätzliche materielle Anforderung. In der letzten Fallgruppe (**Satz 4**) wird die Zulässigkeit eines Datenabgleichs hinsichtlich der Personen, deren Daten zur Vorbereitung für die Hilfeleistung oder das Handeln in Gefahrfällen erlangt worden sind (§ 179 Abs. 4 LVwG), von der Zustimmung der betroffenen Person abhängig gemacht.

Absatz 2 stellt klar, dass Rechtsvorschriften über den Datenabgleich in anderen Fällen unberührt bleiben, so z. B. das Landesmeldegesetz oder das Straßenverkehrsgesetz.

Diese Norm bezieht sich ausschließlich auf den polizeilichen Datenabgleich, denn für die **Ordnungsbehörden** ergibt sich die Befugnis für einen Datenabgleich aus den Vorschriften über die Nutzung von personenbezogenen Daten sowie über die Vorgangsverwaltung gem. §§ 188 ff. LVwG. Die Vorschrift ermächtigt nicht zur Erhebung von Daten oder zu deren weiteren Verarbeitung. Es dürfen nur zulässig erlangte Daten abgeglichen werden. Unabhängig von den Voraussetzungen im Einzelfall müssen generell Erforderlichkeit und Zwecktauglichkeit eines Datenabgleichs begründbar sein.

In der **Strafprozessordnung** ist ebenfalls eine Befugnisnorm für den Datenabgleich enthalten. Dabei handelt es sich um den § 98c StPO. Hiernach dürfen Staatsanwaltschaft und Polizei zur Aufklärung einer Straftat oder zur Ermittlung des Aufenthaltsortes einer Person, nach der für Zwecke des Strafverfahrens gefahndet wird, personenbezogene Daten aus einem Strafverfahren mit anderen zur Strafverfolgung oder Strafvollstreckung oder zur Gefahrenabwehr gespeicherten Daten abgleichen, soweit dem nicht besondere bundesgesetzliche oder entsprechende landesgesetzliche Regelungen entgegenstehen.

6. Datenabgleich mit anderen Dateien, § 195a LVwG

Diese Norm zur sog. „Rasterfahndung" wurde in Folge der Terroranschläge in New York vom 11. September 2001 noch im selben Jahr in das LVwG aufgenommen. Die Polizei hat mit dieser Ermächtigungsnorm das Recht erhalten, von öffentlichen und nichtöffentlichen Stellen die Übermittlung von personenbezogenen Daten bestimmter Personengruppen aus dortigen Dateien zum maschinellen Abgleich mit anderen Datensammlungen nach entsprechenden Suchkriterien zu verlangen.

Grundrechtsrelevanz

Diese Form des Datenabgleichs mit Daten weit überwiegend unverdächtiger Personen stellt nach der Rechtsprechung des BVerfG[120] einen schwerwiegenden Grundrechtseingriff in das Grundrecht auf informationelle Selbstbestimmung als Bestandteil des allgemeinen Persönlichkeitsrechtes gemäß Art. 2 Abs. 1 i.V.m. Art. 1 Abs. 1 GG dar.

Zweck, Umfang

Bei dieser Maßnahme handelt es sich um eine Kombination aus Datenerhebung (Abfrage), Datenübermittlung und Datennutzung (automatisierter Abgleich) zur Gefahrenabwehr. **Absatz 1** regelt die materiellen Voraussetzungen für die Datenerhebung und den automatisierten Abgleich der Informationen aus anderen Dateien anhand ausgesuchter Suchmerkmale zur Gefahrenabwehr. Aufgrund des erheblichen Grundrechtseingriffs in das Recht auf informationelle Selbstbestimmung ist die Maßnahme nur gerechtfertigt, um eine konkrete Gefahr für hochrangige Rechtsgüter, namentlich den Bestand oder die Sicherheit des Bundes oder Leib, Leben oder Freiheit einer Person oder gleichwertige Schäden für die Umwelt, abzuwehren.

Absatz 2 stellt die Maßnahme unter Richtervorbehalt und enthält keine Regelung für eine polizeiliche Eilkompetenz. Die Antragsstellung beim zu-

120 BVerfG, Beschl. v. 04.04.2006 – 1 BvR 518/02 = NJW 2006, 1939.

ständigen Amtsgericht obliegt darüber hinaus nur der Leitungsebene des Landeskriminalamtes oder von dieser Leitung besonders beauftragten Personen des Polizeivollzugsdienstes.

Absatz 3 bestimmt, dass sich ein Übermittlungsersuchen nur auf Daten beziehen darf, die notwendig sind, um der vorliegenden Gefahr mit dem Datenabgleich begegnen zu können. Weitergehende Daten dürfen in jedem Fall nicht genutzt werden. Rechtsvorschriften über ein Berufs- oder Amtsgeheimnis bleiben unberührt.

Absatz 4 regelt die Lösch- und Vernichtungsfristen. Diese Norm hat Vorrang vor § 196 LVwG, da die Rasterfahndung als besondere Form der Datenverarbeitung anzusehen ist.

Absatz 5 bestimmt, dass Personen nur dann von der gegen sie gerichteten Maßnahme nachträglich in Kenntnis gesetzt werden müssen, wenn sich nach Abschluss der Maßnahme noch weitere gefahrenabwehrende Ermittlungen gegen sie anschließen und der Zweck der Datennutzung nicht mehr gefährdet ist.

Absatz 6 regelt die allgemeine Pflicht der Polizei, die oder den Landesbeauftragten für Datenschutz über Beginn und Abschluss einer Maßnahme nach Absatz 1 zu informieren.

Absatz 7 regelt die Berichtspflicht des Innenministeriums gegenüber dem Landtag und stellt diese Norm damit den besonderen Datenerhebungsmaßnahmen gleich (vgl. § 186b LVwG). Der Gesetzgeber macht damit deutlich, dass er sich der hohen Eingriffsintensität dieser Maßnahme bewusst ist und daher ein hohes Maß an Transparenz von Seiten der Verwaltung fordert.

In repressiver Zielrichtung hat der Bundesgesetzgeber in den §§ 98a und 98b StPO eine vergleichbare Norm zur Rasterfahndung für Strafverfahren geschaffen. Es handelt sich hierbei um den maschinellen Abgleich personenbezogener Daten von solchen Personen, die bestimmte, auf den Täter vermutlich zutreffende Prüfungsmerkmale erfüllen, aus bzw. mit Datenbeständen, über die die Staatsanwaltschaft und die Polizei selbst nicht verfügen. Durch solche Formen des Datenabgleichs sollen Nichtverdächtige ausgeschlossen bzw. Personen festgestellt werden, die weitere für die Ermittlungen bedeutsame Prüfungsmerkmale erfüllen. Die Maßnahme darf zudem nur angeordnet werden, wenn die Erforschung des Sachverhalts oder die Ermittlung des Aufenthaltsortes des Täters auf andere Weise erheblich weniger Erfolg versprechend oder wesentlich erschwert wäre. Die Anordnungskompetenz hat der Richter, bei Gefahr im Verzug die Staatsanwaltschaft. Diese hat jedoch ihre Anordnung unverzüglich durch den Richter bestätigen zu lassen, sodass in jedem Fall ein Richter mit dem Sachverhalt befasst ist.

7. Berichtigung und Löschung personenbezogener Daten, § 196 LVwG

Diese Norm enthält Vorschriften für Ordnungsbehörden und Polizei über die Berichtigung und Löschung von personenbezogenen Daten. Sie ergänzen insoweit die Vorschriften über die Speicherung und Übermittlung. Der Begriff Löschung ist als eine Form der Verarbeitung im § 21 Nummer 2 Landesdatenschutzgesetz definiert. Regelungen zur Berichtigung und Löschung finden sich auch in §§ 34, 51 Landesdatenschutzgesetz.

Grundsätzlich ist schon im Landesdatenschutzgesetz geregelt, dass die verantwortlichen Stellen personenbezogene Daten zu berichtigen haben, wenn diese unrichtig sind (§§ 34, 51 LDSG). Die betroffenen Personen haben einen Anspruch darauf, dass nur richtige personenbezogene Daten verarbeitet werden. Im Falle einer durchgeführten Berichtigung ist eine Dokumentation zu erstellen, in welchem Zeitraum und aus welchem Grund die Daten unrichtig waren (**Absatz 1**).

Auch im § 51 Abs. 4 LDSG ist geregelt, dass unbeschadet der in Rechtsvorschriften festgesetzten Höchstspeicher- oder Löschfristen der Verantwortliche für die Löschung von personenbezogenen Daten oder eine regelmäßige Überprüfung der Notwendigkeit ihrer Speicherung angemessene Fristen vorzusehen und durch verfahrensrechtliche Vorkehrungen sicherzustellen hat, dass diese Fristen eingehalten werden. Auch der **Absatz 2** des § 196 LVwG verpflichtet zur Festlegung von Prüffristen für personenbezogene Daten, die in einer Datei verarbeitet werden. Zu den jeweiligen Terminen ist zu überprüfen, ob die Daten weiterhin benötigt werden. Die Vorschrift gilt nur für Dateien, denn bei einer Verarbeitung von Daten in Akten ist eine Überprüfung der Erforderlichkeit einer weiteren Speicherung von Daten einzelner Personen nur aus Anlass der Einzelfallbearbeitung zu leisten. Die Dauer der Speicherung und Nutzung von Daten wird nach § 188 LVwG ohnehin begrenzt durch die Erforderlichkeit der Kenntnis der jeweiligen Daten zur Aufgabenerfüllung.

Der **Absatz 3** legt für bestimmte Personengruppen Höchstgrenzen für die nach Absatz 1 zu beachtenden Prüffristen fest. Die Prüffristen sind auch in der für die Datei geltenden Errichtungsanordnung festzuschreiben. Dies ergibt sich aus § 46 Abs. 1 Nr. 8 LDSG.

Absatz 4 erlaubt anstelle der Löschung oder Vernichtung die Abgabe der Datenträger an ein Archiv, soweit dies das Landesarchivgesetz entsprechend regelt. Im Übrigen gelten für die Datenverarbeitung für wissenschaftliche Zwecke die §§ 13 und 26 LDSG. Die Weiterverarbeitung von personenbezogenen Daten, die aus in § 188a Abs. 3 LVwG genannten Maßnahmen (verdeckte Datenerhebung aus Wohnraum) erlangt wurden, ist ausgeschlossen. Der Ausschluss der Weiterverarbeitung von personenbezogenen Daten, die aus den in § 188a Abs. 3 aufgeführten verdeckten Maßnahmen stammen, dient der Umsetzung des Urteils des Bundesverfassungsgerichts zum BKAG (BVerfGE 141, 220).

VI. Personenbezogene Standardmaßnahmen

1. Vorladung, § 199 LVwG

> Die Vorladung ist eine Aufforderung von Ordnungsbehörde oder Polizei an den Adressaten, auf der Dienststelle zu erscheinen. Diese Person ist somit verpflichtet, bei der Behörde zu erscheinen und dort bis zur Erledigung der Angaben zu verweilen.

Grundrechtsrelevanz

Eine Vorladung greift in das Grundrecht der allgemeinen Handlungsfreiheit gem. Art. 2 Abs. 1 GG, nicht jedoch in die durch Art. 2 Abs. 2 GG geschützte körperliche Bewegungsfreiheit, ein.

Zweck, Ziele

Zweck der Vorladung ist ausschließlich die Gefahrenabwehr. Damit scheidet sie zur Verfolgung von Ordnungswidrigkeiten oder von Straftaten aus. Die Vorladung lässt sich damit als ein rechtliches Gebot an eine bestimmte Person beschreiben, zu einer konkreten Zeit an einem bestimmten Ort zu erscheinen und sich dort bis zur Erledigung der in der Vorladung bezeichneten Angelegenheit aufzuhalten.

Der **Absatz 1** dieser Norm regelt, dass die Ordnungsbehörde oder die Polizei eine Person schriftlich oder mündlich vorladen kann, wenn Tatsachen die Annahme rechtfertigen, dass die Person sachdienliche Angaben machen kann, die für die Erfüllung einer bestimmten Aufgabe erforderlich sind (**Nummer 1**), oder dies zur Durchführung einer erkennungsdienstlichen Maßnahme erforderlich ist (**Nummer 2**). Der Tatsachenbegriff nach

Nummer 1 ist deutlich enger auszulegen als der Begriff der „tatsächlichen Anhaltspunkte“ und fordert nachvollziehbare, objektive Fakten (Aussagen, Hinweise, polizeiliche Beobachtungen oder Mitteilungen anderer Behörden), dass gerade die als Adressat der Vorladung gewählte Person sachdienliche Angaben machen kann. Dem Grundsatz der Erforderlichkeit folgend ist eine Vorladung unzulässig, wenn die Behörde die Informationen auch und rechtzeitig aus anderen Quellen erhalten kann, z.B. durch Beiziehung von Akten, Einholung einer behördlichen Auskunft, Einholung einer schriftlichen Äußerung oder durch telefonische Nachfrage. Die Vorladung ist kein eigenständiges Mittel der Gefahrenabwehr, sondern dient der Erfüllung anderer gesetzlicher Aufgaben der Ordnungsbehörde und der Polizei oder dient der Gefahrenabwehr mittelbar und steht insofern immer im Zusammenhang mit anderen Eingriffsermächtigungen. Dies können Datenerhebungen, Auskünfte gemäß § 180 LVwG oder erkennungsdienstliche Behandlungen gemäß § 183 LVwG sein. Der polizeilich relevante Fall der erkennungsdienstlichen Behandlung hat Eingang in **Nummer 2** gefunden.

Die Vorladung muss sich immer auf eine bestimmte Aufgabe beziehen. Eine allgemeine Ausforschung einer Person ist unzulässig. Ferner müssen die Angaben zur Aufgabenerfüllung erforderlich, also mehr als nur nützlich, sein. Die damit verbundenen gesetzlichen Gründe für die Vorladung sollen angegeben werden und bei der Festsetzung des Zeitpunkts soll auf den Beruf und die sonstigen Lebensverhältnisse der oder des Vorgeladenen Rücksicht genommen werden (**Absatz 2**). Die Sollvorschrift zur Angabe des Grundes der Vorladung entspricht dem rechtsstaatlichen Grundsatz der Transparenz des Verwaltungshandelns; der Betroffene soll also wissen, worum es in der Sache geht. Hinsichtlich des Zeitpunktes der Vorladung soll zudem – sofern keine Eile geboten ist – keine unnötige Belastung entstehen. Dies gilt generell für Vorladungen, soweit diesen keine anderslautende spezialgesetzliche Regelung zugrunde liegt.[121]

Die Vorladung ist ein Verwaltungsakt, der zwangsweise durchgesetzt werden kann. Dies ist regelmäßig dann der Fall, wenn ein Betroffener der Vorladung ohne hinreichenden Grund keine Folge leistet (**Absatz 3**) und wenn die Angaben zur Abwehr einer Gefahr für Leib, Leben oder Freiheit einer Person erforderlich sind (**Nummer 1**), oder dies zur Durchführung erkennungsdienstlicher Maßnahmen erforderlich ist (**Nummer 2**).

Die Vorladung begründet für den Adressaten nicht in jedem Falle eine Verpflichtung zur Aussage oder Auskunftserteilung. Bei der Befragung von

121 Vgl. bspw. § 36 Abs. 2 Satz 3 Bundes-Seuchengesetz.

Personen ist besonders die Norm der Befragung nach § 180 LVwG zu beachten, der die Voraussetzungen für eine Verweigerung der Auskunft nennt. Sind allerdings die Angaben der vorgeladenen Person zur Abwehr einer Gefahr für ein hochwertiges Rechtsgut im Sinne des Absatzes 3 Nummer 1 erforderlich, darf die Auskunft nicht verweigert werden (vgl. § 180 Abs. 2 Satz 3 LVwG).

Die Möglichkeit der Erzwingung der Vorladung und damit die Verpflichtung zum Erscheinen entfaltet sich für den Bürger erst bei einer konkreten Gefahr für ein hochwertiges Rechtsgut nach **Nummer 1**. Dies sind dieselben Voraussetzungen, unter denen er eine Auskunft auch nicht mehr verweigern darf.

Ferner ist auch die zwangsweise Vorladung zur Durchführung erkennungsdienstlicher Maßnahmen zulässig, weil diese sachgerecht nur auf einer Polizeidienststelle möglich ist.

Als zulässige Zwangsmittel kommen das Zwangsgeld (§ 237 LVwG) und der unmittelbare Zwang (§ 239 LVwG) in Betracht, wobei zu beachten ist, dass § 199 LVwG den § 239 LVwG als Ermächtigung zur Anwendung unmittelbaren Zwangs verdrängt. Die Anwendung des unmittelbaren Zwangs zur Durchsetzung der Vorladung, die sogenannte Vorführung, ist der Polizei vorbehalten (**Absatz 5**). Eine Verfahrensregelung zur Vorführung findet sich in § 200 LVwG. Hat die Ordnungsbehörde die Durchsetzung angeordnet, muss die Polizei im Einzelfall Vollzugshilfe im Sinne von § 168 Abs. 2 Nr. 1 LVwG leisten.

Nach **Absatz 4**, und damit primär bei der zwangsweisen Durchsetzung einer Vorladung, sind die Bestimmungen des § 136a Abs. 1 Satz 1 und 3 StPO zu beachten. Somit darf die Freiheit der Willensentschließung und der Willensbetätigung der Person nicht beeinträchtigt werden durch Misshandlung, durch Ermüdung, durch körperlichen Eingriff, durch Verabreichung von Mitteln, durch Quälerei, durch Täuschung oder durch Hypnose. Weiterhin gilt das Verbot einer Drohung mit einer nach seinen Vorschriften unzulässigen Maßnahme und das Versprechen eines gesetzlich nicht vorgesehenen Vorteils. Damit verdeutlicht dieser **Absatz 4**, dass auch im außerstrafrechtlichen Bereich Vernehmungsmethoden verboten sind, die einen Verstoß gegen die Würde des Menschen i. S. d. Art. 1 Abs. 1 GG darstellen.

Absatz 6 sieht eine Entschädigung bzw. Vergütung von Personen, die auf Vorladung als Zeugen erscheinen oder als Sachverständige herangezogen werden, nach den Regelungen des Justizvergütungs- und Entschädigungsgesetzes vor.

In der Praxis kommt die polizeiliche Vorladung nur selten zur Anwendung. Dies liegt daran, dass die Unaufschiebbarkeit der polizeilichen Maßnahme in der Regel nicht begründbar ist. Die Vorladung eines Bürgers durch die Polizei zum Zwecke der Gefahrenabwehr ist folglich beschränkt auf die Fälle einer Zuständigkeit wegen Funktionsmangels der Ordnungsbehörden bzw. einer erkennungsdienstlichen Behandlung. Ein Beispiel für eine polizeiliche Vorladung wären schwere Straftaten eines schuldunfähigen Kindes, das zwar ermittelt werden konnte, aber mit den Instrumenten der Strafprozessordnung nicht zwecks Anhörung auf die Dienststelle vorgeladen werden kann. Hier käme die Vorladung mit präventiver Zielrichtung aus § 199 LVwG in Betracht. Die Sorgeberechtigten des Kindes hätten zwar kein Anwesenheitsrecht bei der Anhörung des Kindes. Jedoch wird man ihnen auf Verlangen die Anwesenheit bei der Anhörung zubilligen, denn anderenfalls könnten sie möglicherweise von ihrem Aufenthaltsbestimmungsrecht Gebrauch machen und ihren Sohn/ihre Tochter wieder mit nach Hause nehmen. Auch sind diejenigen, die einer Vorladung Folge leisten, auf dem Weg zur Polizei oder Ordnungsbehörde gesetzlich unfallversichert.

2. Verfahren bei der Vorführung, § 200 LVwG

Die Durchsetzung der Vorladung mit unmittelbarem Zwang durch die Polizei wird als Vorführung bezeichnet.

Grundrechtsrelevanz

Eine Vorführung ist die zwangsweise Durchsetzung der Vorladung mit unmittelbarem Zwang und greift als freiheitsentziehende Maßnahme in das Grundrecht auf Freiheit der Person gemäß Art. 2 Abs. 2 Satz 2 und 3 GG und Art. 104 Abs. 2 GG ein. Darüber hinaus kann abhängig vom Einzelfall auch noch ein Eingriff in die körperliche Unversehrtheit gemäß Art. 2 Abs. 2 GG vorliegen.

Zweck, Ziele

Die gesetzlichen Bestimmungen müssen eine ausdrückliche Pflicht zum Inhalt haben, in Person zu erscheinen oder sich vorzustellen (**Absatz 1**). Vorschriften, die lediglich der Behörde ein Vorladungsrecht geben, ohne dass hieraus eine Pflicht zum Erscheinen folgt, berechtigen nicht zur Vorführung nach § 200 LVwG; ebenso wenig Vorschriften, die die Vorführung ausdrücklich ausschließen. Andererseits erfasst § 200 LVwG aber auch solche Vorschriften, bei deren Nichtbefolgung eine weitere Sanktion (Geldstrafe, Bußgeld) vorgesehen ist.

Wesentliche Voraussetzung der Vorführung ist, dass die oder der Pflichtige in der vorangegangenen Vorladung auf die Möglichkeit der zwangsweisen Vorführung hingewiesen worden ist. Ihm muss somit die Vorführung angedroht worden sein. Fehlt eine solche Androhung, verhindert dies eine Vorführung. Der Absatz 1 fordert, dass die betroffene Person trotz rechtmäßiger Festsetzung einer Vorladung und der daraus folgenden Pflicht zum Erscheinen nicht nachkommt.

Absatz 2 setzt die vorgeführte Person mit einer „festgehaltenen Person“ gleich und wirft somit die verfassungsrechtliche Frage auf, ob die Vorführung als eine freiheitsbeschränkende (Art. 104 Abs. 1 GG) oder als eine freiheitsentziehende Maßnahme im Sinne von Art. 104 Abs. 2 GG anzusehen ist. Der Gesetzgeber normiert in § 200 Abs. 2 LVwG jedoch umfangreiche Benachrichtigungsrechte und stellt die Maßnahme unter den Richtervorbehalt (Absatz 4). Damit ist die Vorführung als Freiheitsentzug anzusehen, denn sie setzt eine Festnahmesituation voraus und gipfelt in einem Festhalten unter behördlicher Obhut. Tatbestandsmäßig genügt das kurzzeitige Einsperren in einen Raum und das Verhindern des Verlassens zur Realisierung der Freiheitsberaubung im Sinne von § 239 StGB. Insofern muss eine Vorführung, die über Stunden andauern kann, eindeutig unter den Regelungsgehalt des Art. 104 Abs. 2 GG (freiheitsentziehende Maßnahme) gestellt werden.

Das Benachrichtigungsrecht der oder des Pflichtigen bezieht sich auf einen Angehörigen oder eine (!) Vertrauensperson; die Kosten der Benachrichtigung sind von der pflichtigen Person zu tragen. Die Benachrichtigung eines Angehörigen durch die Behörde ist eine Soll-Vorschrift, bezieht sich ausschließlich auf Angehörige und kommt nur für den Fall in Betracht, dass der oder die Pflichtige nicht in der Lage ist, von seinem oder ihrem Recht Gebrauch zu machen. Der Begriff der Angehörigen ist dem Sinn der Vorschrift entsprechend eng auszulegen; die Auswahl unter mehreren Angehörigen steht im pflichtgemäßen Ermessen der Behörde. Die Behörde kann von einer Benachrichtigung absehen, wenn z.B. der Pflichtige keine Angehörigen hat oder nur solche, die weit entfernt wohnen und ihn nicht erwarten, oder wenn die Freiheitsentziehung so kurz ist, dass sie vor Eintreffen der Benachrichtigung aufgehoben sein wird.

Bei Gefährdung des Unterbringungszwecks hat die Benachrichtigung zu unterbleiben, z.B., wenn die Gefahr einer gewaltsamen Befreiung besteht.

Bei Minderjährigen und Personen, für die eine Betreuungsperson bestellt ist, hat eine Benachrichtigung der Sorgeberechtigten bzw. des Betreuers in jedem Fall zu erfolgen.

Absatz 3 normiert eine äußerste zeitliche Grenze des Festhaltens durch die Behörde und gibt vor, dass die vorgeführte Person spätestens am Ende des Tages nach der Vorführung zu entlassen ist. Ist der Zweck der Vorladung erreicht, ist die betroffene Person unverzüglich aus der behördlichen Obhut zu entlassen.

In **Absatz 4** verweist der Gesetzgeber auf § 181 Abs. 5 LVwG und stellt somit die Vorführung unter den Richtervorbehalt im Sinne von Art. 104 Abs. 2 GG. Damit weist der Gesetzgeber der vorführenden Polizeibehörde besondere Fürsorgepflichten für die der Freiheit entzogenen Person zu und mahnt ein besonderes Verantwortungsbewusstsein gegenüber der betroffenen Person an.

Für die polizeiliche Praxis ist die Verpflichtung abzuleiten, grundsätzlich vor der Vorführung eine richterliche Entscheidung über die Vorführung herbeizuführen. In Bezug auf ein Durchsuchen von Räumen im Sinne von § 208 LVwG wird an dieser Stelle darauf hingewiesen, dass die Durchsuchung einer unter dem Schutzbereich von Art. 13 GG stehenden Räumlichkeit als eine der Vorführung vorgelagerte Maßnahme nur auf Grund einer richterlichen Anordnung zulässig ist. Hier besteht eine Zuständigkeit des Amtsgerichtes, in dessen Bezirk die betroffene Person vorgeführt werden soll.

Von der vorherigen richterlichen Entscheidung über die Zulässigkeit der Vorführung ist nur in dem Fall abzuweichen, wenn der mit der Vorführung verfolgte Zweck durch vorherige Einschaltung eines Richters gefährdet wäre.

3. Platzverweis, Aufenthaltsverbot, Aufenthaltsgebot und Meldeauflage, § 201 LVwG

> Die Norm regelt die behördlichen Befugnisse zum Erlass aufenthaltsbeschränkender Anordnungen zur Gefahrenabwehr sowie zur vorbeugenden Bekämpfung von Straftaten.

§ 201 LVwG wurde im Rahmen der jüngsten Novellierung grundlegend überarbeitet. Die bisherigen Standardmaßnahmen des Platzverweises und des Aufenthaltsverbots wurden um die Möglichkeit der Anordnung eines Aufenthaltsgebots sowie einer Meldeauflage ergänzt.

Der **Platzverweis (Absatz 1)** ermöglicht es der Gefahrenabwehrbehörde, eine Person, zur Abwehr einer im einzelnen Falle bestehenden Gefahr, von einem Ort zu verweisen, oder ihr vorübergehend das Betreten eines Ortes zu verbieten (**Satz 1**). Vorliegen muss eine konkrete, also eine im Einzelfall bevorstehende, Gefahr. Auch wenn es sich regelmäßig um eine polizeiliche Maßnahme handeln wird, ist eine Anordnung durch die Ordnungsbehörde möglich. Zwar wird mit dem Begriff des „Orts" ein enger räumlicher Bereich umschrieben, gleichwohl ist damit nicht zwingend eine Beschränkung auf ein Gebäude, eine Straße oder einen Platz verbunden. Je nach Gefahrenlage kann es auch ein weitergehender Bereich sein.[122] Während für die Dauer des Platzverweises in der Literatur in der Vergangenheit überwiegend eine Höchstgrenze von 24h vertreten wurde[123], ist nun davon auszugehen, dass sich die Dauer auch an der Gefahrenlage zu orientieren hat und daher auch 24h übersteigen kann.[124] Es ist darauf zu achten, dass der Platzverweis in räumlicher wie auch zeitlicher Hinsicht hinreichend bestimmt ist.[125]

Um der Feuerwehr sowie dem Hilfs- oder Rettungsdienst ein ungestörtes Arbeiten zu ermöglichen, sieht **Satz 2** vor, dass ein Platzverweis auch gegen Personen ergehen kann, die deren Arbeit behindern. Eine Behinderung setzt kein aktives Tun voraus. Es kann auch eine bloße Anwesenheit ausreichen.[126] In Ausnahmefällen darf ein Platzverweis bei Vorliegen der Voraussetzungen des § 220 LVwG auch gegen einen Nichtstörer ausgesprochen werden.[127] Dies kommt bspw. dann in Betracht, wenn eine Örtlichkeit zur Landung eines Rettungshubschraubers geräumt und freigehalten werden muss.[128] Die Platzverweisung ist auch im Wege einer mündlichen Allgemeinverfügung, wie mittels einer Lautsprecherdurchsage, möglich.[129] Den Schaulustigen darf aber nicht aufgegeben werden, sich außer Sichtweite des Rettungshubschraubers zu bewegen; zu weitreichende Platzverweise wären rechtswidrig.[130]

Im Unterschied zum Platzverweis fußen die übrigen Maßnahmen (Aufenthaltsverbot, Aufenthaltsgebot, Meldeauflage) auf polizeilichen Erkenntnissen, sodass deren Anordnung auch seitens der Polizei zu treffen ist. Im

122 *Graulich* in Lisken/Denninger Handbuch des Polizeirechts E Rn. 436.
123 *Martens* in PdK-SCHL.-H. LVwG § 201 Erl. Nr. 4.
124 *Graulich* in Lisken/Denninger Handbuch des Polizeirechts E Rn. 438.
125 *Grünewald* in BeckOK Polizeirecht Bayern Art. 16 Rn. 30.
126 *Graulich* in Lisken/Denninger Handbuch des Polizeirechts E Rn. 441.
127 VG Schleswig, Urteil vom 08.12.1989 – 3 A 5/95 = NVwZ, 2000, 464.
128 *Grünewald* in BeckOK Polizeirecht Bayern Art. 16 Rn. 32, 36.
129 *Graulich* in Lisken/Denninger Handbuch des Polizeirechts E Rn. 441.
130 *Grünewald* in BeckOK Polizeirecht Bayern Art. 16 Rn. 32.

Unterschied zum nur vorübergehenden Platzverweis sind sie dauerhafter Natur.

Mittels des **Aufenthaltsverbotes** (**Absatz 2**) kann die Polizei einer Person untersagen, bestimmte Orte oder Gebiete zu betreten oder sich dort aufzuhalten. Die Anordnung kann auch ein gesamtes Gemeindegebiet umfassen. Zulässig ist dies, wenn Tatsachen die Annahme rechtfertigen, dass die Person an dem Ort oder in dem Gebiet in naher Zukunft Straftaten begehen wird, die einen Schaden für Leib, Leben, Freiheit oder gleichgewichtige Schäden für sonstige Sach- oder Vermögenswerte oder die Umwelt zu verursachen drohen. Die Anordnung ist also nur zum Schutz gewichtiger Rechtsgüter zulässig. Ferner darf die Schadensverhütung zur Wahrung der Verhältnismäßigkeit nicht auf anderem Wege möglich sein. Es ist nicht erforderlich, dass bereits eine konkrete Vorstellung der drohenden Straftat besteht. So ist die Anordnung eines Aufenthaltsverbotes bspw. geeignet, szenetypische Straftaten bei Fankrawallen zu verhindern. Der Wortlaut erfasst auch die strafbare Beihilfe zu einer Straftat.

Unter denselben Anordnungsvoraussetzungen wie beim Aufenthaltsverbot kann die Polizei nun auch ein **Aufenthaltsgebot** aussprechen (**Absatz 3**). Um eine Person von Örtlichkeiten fernzuhalten, an denen Tatsachen die Annahme rechtfertigen, dass sie dort Straftaten begehen will, kann nun angeordnet werden, dass sich die Person an ihrem Wohn- oder Aufenthaltsort oder einem bestimmten Gebiet aufzuhalten hat. Im Gegensatz zum Aufenthaltsverbot ist der Eingriff geringer, je größer das festgesetzte Gebiet ist. Da man sich immer nur an einem einzigen Ort aufhalten kann, können Aufenthaltsgebote im Unterschied zum Aufenthaltsverbot auch nur für einen bestimmten Ort gelten.

Neu eingefügt wurde auch **Absatz 4**, der nun die Anordnung eines Aufenthaltsverbotes und eines Aufenthaltsgebotes zur Verhütung terroristischer Straftaten ermöglicht. Die Anordnungsvoraussetzungen stellen hier einen Gleichlauf zu den Voraussetzungen zum Erlass einer elektronischen Aufenthaltsüberwachung nach § 201b Abs. 1 Nr. 1 und 2 her.

Um dem Verhältnismäßigkeitsgrundsatz Rechnung zu tragen, normiert **Absatz 5** die weiteren Anordnungsvoraussetzungen für die Maßnahmen nach den Absätzen 2, 3 und 4. So sind deren Anordnung zeitlich und örtlich auf das erforderliche Maß zu beschränken (**Satz 1**). Es ist zu berücksichtigen, dass die betroffene Person weiter Arztbesuche, Behördengänge oder ähnlich wichtige Anliegen wahrnehmen kann. Erforderlich ist es insbesondere, den örtlichen Bereich so genau wie möglich zu bezeichnen. Dies kann unter anderem durch die Aushändigung von Kartenmaterial erfolgen. Bei der Abwehr von Fankrawallen werden dies bspw. die Stadionbereiche, Bahnhöfe, der Innenstadtbereich oder bekannte Fantreffpunkte sein. **Satz 2** stellt ausdrücklich klar, dass durch die Anordnung nicht der Zugang zur Wohnung der Adressatin oder des Adressaten der Maßnahme beschränkt werden darf. Ferner ist die Anordnung eines Hausarrestes unzulässig (**Satz 3**). Um das Verwaltungshandeln transparent zu machen, bedarf die Anordnung der Schriftform (**Satz 4**). In zeitlicher Hinsicht ist die Anordnung von Aufenthaltsverbot und Aufenthaltsgebot auf höchstens drei Monate zu befristen. Liegen die Voraussetzungen der Maßnahme weiter vor, darf eine Verlängerung erfolgen. Der Zeitraum der Verlängerung darf den Zeitraum der ursprünglichen Anordnung nicht überschreiten (**Sätze 5 und 6**). Vorrangig sind die Vorschriften des Versammlungsrechts zu beachten (**Satz 7**)[131].

In **Absatz 6** ist nun die **Meldeauflage** verortet. Mittels der Meldeauflage soll eine Person von einem Ort potenzieller Tatbegehung ferngehalten werden. Rechtfertigen Tatsachen die Annahme, dass eine Person eine Straftat begehen oder zu deren Begehung beitragen wird, kann die Polizei gegenüber einer Person anordnen, sich an bestimmten Tagen zu einer bestimmten Uhrzeit an einer bestimmten Stelle einzufinden. Gefordert ist daher eine anhand der Umstände des Einzelfalls zu begründende Prognose. Zulässig ist die Anordnung darüber hinaus nur, wenn die Meldeauflage zur Straftatenverhütung erforderlich erscheint (**Satz 1**). Die Sätze 2 bis 5 treffen Verfahrensregelungen zum Erlass einer Meldeauflage. Danach bedarf die Meldeauflage der Schriftform (**Satz 2**) und darf nicht länger als zur Straftatenverhütung erforderlich ergehen. Sie ist auf höchstens einen Monat zu befristen (**Satz 3**). Entsprechend der Regelung in Absatz 5 Satz 6 darf bei einer Verlängerung der Maßnahme, der Zeitraum der ersten Anordnung nicht überschritten werden. Typischer Anwendungsbereich der Meldeauflage ist die Verhinderung von szenetypischen Straftaten bei gewaltbereiten Problemfans oder anderen Großveranstaltungen. Ferner sind Meldeauflagen als milderes Mittel zu einer Gewahrsamnahme geeignet, Aufenthalts- und Ausreiseverbote zu kontrollieren. Geeignet sind sie auch als Ergänzung zur Anordnung einer elektronischen Aufenthaltsüberwachung nach § 201b.

Auch die **Pass- und Personalausweisbehörde** kann nunmehr in den in **Absatz 7** geregelten Fällen eine Meldeauflage erlassen. **Satz 1 Nummer 1** erlaubt den Erlass der Meldeauflage, wenn Tatsachen die Annahme rechtfertigen, dass die Person eine Handlung nach § 7 Abs. 1 des Passgesetzes

131 Dies gilt im Übrigen auch mit Blick auf den Platzverweis, *Martens* in PdK-SCHL.-H. § 201 Erl. Nr. 2.

begehen wird oder zu ihrer Begehung beitragen wird. Die Meldeauflage muss das mildere Mittel zur Passversagung sein. Die Meldeauflage kann so sicherstellen, dass die Person einem beschränkten Geltungsbereich des Passes im Sinne des § 7 Abs. 2 Passgesetz nachkommt. Ferner kann eine Meldeauflage zur Verhinderung eines zu erwartenden Verstoßes gegen eine räumliche Beschränkung des Personalausweises im Sinne des § 6 Abs. 7 Personalausweisgesetzes ergehen (**Satz 1 Nummer 2**). Hinsichtlich der sonstigen Anordnungs- und Verfahrensvoraussetzungen wird auf Absatz 6 verwiesen (**Satz 2**).

Übersteigt die Anordnung eines Aufenthaltsverbots, eines Aufenthaltsgebots und einer Meldeauflage den Zeitraum von 14 Tagen, ist eine richterliche Bestätigung erforderlich (**Absatz 7 Satz 1**). Erfolgt die Bestätigung nicht binnen dieses Zeitraums, tritt die Anordnung außer Kraft. Ebenso bedarf jede Verlängerung der Maßnahme einer richterlichen Entscheidung (**Sätze 2 und 3**). Hinsichtlich des Verfahrens zur richterlichen Entscheidung verweist die Norm in **Satz 4** auf § 186 Abs. 6. Örtlich zuständig ist daher das Amtsgericht, in dessen Bezirk das anordnende LPA, LKA oder die Polizeidirektion ihren Sitz hat. Im Übrigen wird auf die Ausführungen zu § 186 Abs. 6 verwiesen.

Schematische Übersicht zu Platzverweis, Aufenthaltsverbot bzw. -gebot und Meldeauflage (§ 201 LVwG)

4. Wohnungsverweisung sowie Rückkehr- und Betretungsverbot zum Schutz vor häuslicher Gewalt, Kontakt- und Näherungsverbot, § 201a LVwG

> Die Wohnungsverweisung sowie das Rückkehr- und Betretungsverbot zum Schutz vor häuslicher Gewalt von Familien, Lebensgemeinschaften und Wohngemeinschaften und das Kontakt- und Näherungsverbot, insbesondere in engen sozialen Beziehungen bzw. im sozialen Nahraum dient dem längerfristigen Schutz von Leben und Gesundheit der betroffenen Personen.

Grundrechtsrelevanz

Eine von der Polizei ausgesprochene Wohnungsverweisung, ein Rückkehr- und Betretungsverbot sowie ein Kontakt- und Näherungsverbot ist für die betroffene Person mit einem intensiven Grundrechtseingriff verbunden. Diese Maßnahmen bedeuten einen Eingriff in das Grundrecht auf Freizügigkeit gem. Art. 11 Abs. 1 GG, also das Recht, an jedem Ort innerhalb des Bundesgebiets den Aufenthalt zu nehmen und dort zu verbleiben. Schließlich ist die Folge bspw. einer Wohnungsverweisung, dass die betroffene Person über mehrere Tage hinweg ihrer Wohnung fernzubleiben hat.

Weiterhin stellt sich die Frage, ob insbesondere bei einer Wohnungsverweisung auch Art. 13 GG tangiert wird. Art. 13 GG begründet ein grundsätzliches Verbot für die öffentliche Gewalt, in eine Wohnung einzudringen und dort gegen den Willen ihres Inhabers zu verweilen. Auch substanzielle Eingriffe, bei denen die Wohnung der Verfügung oder Benutzung ihres Inhabers ganz oder teilweise entzogen wird, sind an diesem Artikel auszurichten, weil dadurch zumindest teilweise die Privatheit der Wohnung aufgehoben wird. Es wird aber auch die Auffassung vertreten, dass ein Eingriff in Art. 13 GG bei Wohnungsverweisungen nicht vorliegt, da dem Betroffenen bei dieser Maßnahme nur vorübergehend die Verfügungsmöglichkeit über die Wohnung entzogen wird. Demgegenüber nimmt ein Teil der Literatur, aber auch einige Verwaltungsgerichte, einen Eingriff auch für einen vorübergehenden Zeitraum in dieses Grundrecht an. Auf jeden Fall liegt ein solcher Grundrechtseingriff vor, wenn sich die Polizeibeamten zur Sachverhaltsaufklärung in die Wohnung begeben oder, um den potenziellen Gewalttäter aus der Wohnung zu entfernen.

Außerdem dürfte durch eine Wohnungsverweisung das Grundrecht auf Eigentum aus Art. 14 Abs. 1 GG betroffen sein, das nach ständiger Rechtsprechung nicht nur das grundsätzliche Nutzungsrecht des Eigentümers an der Wohnung, sondern auch seine Besitzrechte oder die eines Mieters schützt. Da die polizeiliche Wohnungsverweisung immer nur vorübergehenden Charakter hat, enthält der § 201a LVwG aber keine Enteignung im Sinne des Art. 14 Abs. 3 GG.

Nicht selten wird die polizeiliche Wohnungsverweisung auch in Konflikt mit dem Schutz von Ehe und Familie aus Art. 6 Abs. 1 und 2 GG geraten, wenn durch die Anordnung der Kontakt zum Ehepartner oder Kind unterbrochen wird.

Sollte die betroffene Person zugleich eine berufliche Tätigkeit in der Wohnung ausüben, kann durch die polizeiliche Maßnahme auch die Berufsfreiheit aus Art. 12 Abs. 1 GG betroffen sein. Da sich Ausländer nicht auf dieses Grundrecht berufen können, kommt bei ihnen das allgemeine Persönlichkeitsrecht aus Art. 2 Abs. 1GG als Auffanggrundrecht zur Anwendung.

Zweck, Umfang

Der Bundesgesetzgeber hat mit dem Gewaltschutzgesetz die zivilrechtlichen Schutzmöglichkeiten für Fälle häuslicher Gewalt geschaffen. Zuständig für den Erlass gerichtlicher Anordnungen nach dem Gewaltschutzgesetz ist das Familiengericht (§ 111 Nr. 6 FamFG); dies gilt auch, wenn keine Verwandtschaft oder Partnerschaft zwischen den Beteiligten besteht. Die Schutzanordnungen und hier insbesondere die Wohnungsverweisung und ein Kontaktverbot der Familiengerichte sind gem. § 4 Gewaltschutzgesetz strafbewehrt. Jedoch ist gerichtlicher Schutz auch im Eilverfahren nicht sofort nach einer Gewalttat im häuslichen Bereich erreichbar. Deshalb sind vorgelagerte und vorübergehende Maßnahmen zum Schutz des Opfers auf der Grundlage des Polizeirechts erforderlich. So regelt der § 201a LVwG die polizeiliche Wegweisung in Fällen häuslicher Gewalt und schließt diese Schutzlücke. Die Norm wurde zuletzt im März 2021 und im März 2022 den aktuellen Anforderungen zur Verbesserung des Opferschutzes angepasst. So wurde der mögliche Zeitraum einer Wohnungsverweisung von zwei auf vier Wochen erweitert. Die regierungstragenden Fraktionen haben dies in einem Änderungsantrag folgendermaßen begründet:

> „Der bestehende Schutz vor häuslicher Gewalt ist unzureichend. Bisher konnte nur bis zu einer Maximaldauer von zwei Wochen verwiesen werden. Da zwei Wochen die Höchstdauer für eine Verweisung darstellen, wurde eine derartig lange Verweisung nur in seltenen, besonders schwerwiegenden Fällen angeordnet.
>
> Verweisungen dieser Länge sind aber notwendig, um einen Entscheidungs- und Organisationsprozess seitens der Betroffenen zu ermöglichen. So macht nicht nur die Suche nach geeigneten Rechtsanwältinnen und Rechtsanwälten, die bereit und erfahren sind, entsprechenden gerichtlichen Rechtsschutz geltend zu machen und gleichzeitig das Vertrauen der Betroffenen genießen, eine Verlänge-

> rung der maximalen Wegweisungsfrist von zwei Wochen auf vier Wochen notwendig. Auch eine eventuell notwendige alternative Wohnungsunterbringung für die Betroffenen lässt sich vielfach nicht in der bislang vorgegebenen Frist organisieren."

Nach **Absatz 1 Satz 1** kann die Polizei also nunmehr bis zu maximal vier Wochen eine Person aus ihrer Wohnung und dem unmittelbar angrenzenden Bereich verweisen und ihr die Rückkehr dorthin untersagen, wenn Tatsachen, insbesondere ein von ihr begangener tätlicher Angriff, die Annahme rechtfertigen, dass diese Maßnahme zur Abwehr einer von ihr ausgehenden gegenwärtigen Gefahr für Leib, Leben oder Freiheit einer Bewohnerin oder eines Bewohners (gefährdete Person) derselben Wohnung erforderlich ist. Die Anordnungsbefugnis steht nach dem Wortlaut ausschließlich der Polizei zu. Diese polizeiliche Verfügung wird regelmäßig auch mit einem zeitlich befristeten Rückkehrverbot verbunden. Dies betrifft nicht nur die Wohnung im engeren Sinne, sondern auch die angrenzenden Bereiche, die im Einzelfall unter Berücksichtigung der jeweiligen Situation nach pflichtgemäßem Ermessen zu bestimmen und festzulegen sind.

Unter den gleichen Voraussetzungen kann die Polizei für die Dauer der nach Satz 1 verfügten Maßnahme ein Betretungsverbot für Orte, an denen sich die gefährdete Person unausweichlich aufhalten muss, anordnen (**Satz 2**). In der Polizeirechtsreform vom März 2021 wurde die Formulierung, dass es sich um Orte handeln muss, an denen sich die gefährdete Person *„unausweichlich aufhalten muss"*, in die Formulierung *„regelmäßig aufhalten wird"* umgewandelt. Mit dieser Gesetzesänderung sollte die Wirksamkeit der Wegweisung für die betroffene Person an anderen Aufenthaltsorten verbessert werden. Die Pflicht der gefährdeten Person, die bislang vorausgesetzte „unausweichliche Notwendigkeit" zum Aufenthalt an den Orten zu begründen, entfällt somit. Vielmehr ist es nun ausreichend, wenn die betroffene Person angibt, sich an den bezeichneten Örtlichkeiten regelmäßig aufzuhalten. Darunter fallen seitdem bspw. neben dem Arbeitsplatz, der Kita, Schule, Freizeit- und Sozialeinrichtungen, auch Supermärkte oder sonstige Örtlichkeiten des alltäglichen Lebens. Auch die Örtlichkeiten, an denen sich die betroffene Person aufhalten wird, die der Prävention im Hinblick auf die eigene Gefährdung dienen, fallen darunter. Hierzu sind insbesondere Frauenhäuser und andere Beratungsstellen zu fassen, unabhängig davon, ob die betroffene Person sich in der Vergangenheit bereits dort aufgehalten hat.

Der räumliche Bereich dieser Maßnahmen hat sich nach dem Erfordernis eines wirkungsvollen Schutzes der gefährdeten Person zu bestimmen (**Satz 3**).

Der Gesetzgeber fordert für eine derartige grundrechtsintensive polizeiliche Maßnahme Tatsachen für eine gegenwärtige Gefahr für die bedeutsamen Schutzgüter Leib, Leben oder Freiheit. Es entfällt damit das Schutzgut des Eigentums. Für diese Gefahren müssen Tatsachen sprechen. Der Tatsachenbegriff erfordert, dass ein objektiv zutreffender, also nachweisbarer, Sachverhalt zugrunde liegen muss. Das Gesetz nennt als Beispiel für den Tatsachenbefund einen bereits vollzogenen tätlichen Angriff. Dieser ist jedoch nicht zwingend als Beleg für eine akute Bedrohungssituation notwendig. Grundlage der Gefahrenprognose ist vielmehr die Beurteilung für das zukünftige Verhalten des Täters. Maßgebliche Kriterien sind hierbei die Häufigkeit und Intensität der in der Vergangenheit vom Täter verübten Gewalttätigkeiten. Weitere Anhaltspunkte für eine derartige Prognose können Spontanäußerungen des Täters, des Opfers oder von Zeugen sein. Aber auch vorhandene Informationen über frühere Einsätze bei den beteiligen Personen können Tatsachen sein, die die Gefahrenprognose stützen. Bedroht sein müssen die Rechtsgüter einer Bewohnerin/eines Bewohners derselben Wohnung. Diese gewichtigen Schutzgüter sowie die hohe Gefahrenschwelle in Verbindung mit dem erheblichen Grundrechtseingriff machen aber deutlich, dass nicht jede körperliche Auseinandersetzung eine Wohnungsverweisung nebst Rückkehrverbot rechtfertigen kann.

Dem trägt auch Rechnung, dass die Erforderlichkeit der Maßnahme bereits als Tatbestandsmerkmal und nicht erst im Rahmen der Verhältnismäßigkeit zu prüfen ist. Erforderlich und damit notwendig dürfte diese Maßnahme immer dann sein, wenn sie einen Beitrag zum Schutz des Opfers leisten kann. Eine komplette und dauerhafte Gefahrenbeseitigung wird logischerweise nicht verlangt.

Im Gegensatz zu den eingangs dargestellten gerichtlichen Schutzmaßnahmen nach dem Gewaltschutzgesetz, erfasst § 201a LVwG nur die Wegweisung aus einer gemeinsamen Wohnung. Maßnahmen gegen gewalttätige Besucher oder Partner, die nicht in der Wohnung leben, müssen auf den Platzverweis gem. § 201 Abs. 1 bzw. das Aufenthaltsverbot gem. § 201 Abs. 2 oder die Generalklausel gem. §§ 174, 176 LVwG gestützt werden.

Ein entgegenstehender Wille des Gewaltopfers ist für die polizeiliche Entscheidung, ob und in welcher Form eine Wohnungsverweisung oder ein Rückkehr- und Betretungsverbot erfolgt, regelmäßig **nicht** von Bedeutung. Opfer von häuslicher Gewalt neigen erfahrungsgemäß dazu, das Geschehen zu verharmlosen oder den Täter gar in Schutz zu nehmen. Trotzdem lässt der § 201a LVwG als Ermessensvorschrift die Möglichkeit zu, auf Besonderheiten des jeweiligen Einzelfalles zu reagieren. Wohnungsverweisung,

Rückkehr- und Betretungsverbot stellen einen Verwaltungsakt dar, der eine längerfristige Wirkung entfaltet. Die zuständige Polizeibehörde bleibt daher auch nach Erlass der Maßnahme zur regelmäßigen Prüfung der tatsächlichen Anordnungsvoraussetzungen der Wegweisung verpflichtet. Sollten diese entfallen sein, bspw. weil das Opfer aus der gemeinsamen Wohnung ausgezogen ist, muss der Verwaltungsakt unverzüglich gem. § 117 Abs. 2 Nr. 3 LVwG (analog) aufgehoben werden.

Wenn in der Wohnung Kinder anwesend sind, haben die einschreitenden Polizeibeamten bei den jeweiligen Maßnahmen ihr Schutzbedürfnis und ihre psychische Situation zu berücksichtigen. Sie sollen altersgerecht über den Sachverhalt und die polizeilichen Maßnahmen informiert werden. Sind in einer Wohnung Kinder oder Minderjährige angetroffen worden oder Anhaltspunkte für ihren dortigen Aufenthalt gegeben, ist das Jugendamt zwingend zu informieren.

Der **Absatz 2** des § 201a LVwG besagt, dass der Beginn der Wegweisung mit der Bekanntgabe einsetzt und mit dem Ablauf des bezeichneten Tages endet. Jedoch nach maximal vier Wochen. Es gelten daher nicht die Fristenbestimmungen des § 89 LVwG. Die polizeilichen Anordnungen können früher enden, wenn das Opfer von häuslicher Gewalt das Familiengericht angerufen und das Gericht eine Entscheidung getroffen hat. Gerichtsentscheidungen haben demnach immer Vorrang. Neu eingefügt ist eine mögliche Überlappungszeit von einer Woche, in der die Polizeiverfügung trotz einer richterlichen Entscheidung fortwirken kann. Diese soll einem Opfer, dem das Gericht in der Entscheidung keinen weiteren Schutz einräumt, ein ausreichend großes Zeitfenster geben, um alternative Unterbringungsmöglichkeiten zu finden.

Im **Absatz 3** wird ein Kontakt- und Näherungsverbot für die Fälle aufgenommen, in denen dies zur Abwehr einer Gefahr für Leib, Leben oder Freiheit einer Person, insbesondere in engen sozialen Beziehungen, erforderlich ist und der Wahrnehmung berechtigter Interessen nichts entgegensteht (Kontakt- und Näherungsverbot). Die Anordnung ist in Fällen enger sozialer Beziehungen auf höchstens vier Wochen zu befristen. Stellt die gefährdete Person während der Dauer der Maßnahme beim zuständigen Amtsgericht einen Antrag auf zivilrechtlichen Schutz mit dem Ziel des Erlasses einer einstweiligen Anordnung, endet die von der Polizei verfügte Maßnahme mit dem Zeitpunkt des Erlasses der gerichtlichen Entscheidung, spätestens eine Woche danach. Damit kommt ein solches Verbot bei allen Fällen von Gewalt im nahen sozialen Umfeld und bei Fällen der Nachstellung („Stalking“) in Betracht. Dadurch wird hier auch eine Möglichkeit der Untersagung für Verbindungsversuche mithilfe von z. B. Telefon oder E-Mail sowie für herbeigeführte Zusammentreffen geschaffen, um einen umfassenden Schutz vor physischer und psychischer Gewalt und Einwirkung zu verhindern. Wichtig ist, dass Täter und Opfer nicht in einer gemeinsamen Wohnung leben müssen, wie dies bei der Wohnungsverweisung der Fall ist.

Im **Absatz 4** stellt der Gesetzgeber klar, dass die Polizei die Opferdaten an geeignete Beratungsstellen zu übermitteln hat. Eine entsprechende Liste solcher Beratungsstellen liegt den Dienststellen vor und wird ständig aktualisiert. Opfer häuslicher Gewalt sind häufig nicht mehr in der Lage, eigenständig um Beratung und Unterstützung nachzusuchen und sich selbst adäquat gegen die konkrete Gefahr zu schützen. Somit ist zwingend, diesen Opfern ein Beratungs- und Unterstützungsangebot zu unterbreiten. Eine sofortige Weitergabe der Opferdaten an eine Beratungsstelle ist daher von Amts wegen erforderlich. Die Stellen sind gehalten, unverzüglich Kontakt mit dem Opfer aufzunehmen und ein unverbindliches Beratungs- oder Unterstützungsangebot anzubieten. Das Opfer entscheidet stets selbst, ob es das Angebot annimmt. Wird das Angebot abgelehnt, hat die Beratungsstelle die Opferdaten sofort zu löschen.

Darüber hinaus darf die Polizei, wenn dies in den Fällen der Absätze 1 und 3 zur Wahrung schutzwürdiger Interessen der gefährdeten Person oder ihr nahestehender Personen erforderlich ist, personenbezogene Daten an öffentliche oder nichtöffentliche Einrichtungen übermitteln, die auf diese Fälle zugeschnittene Hilfe und Unterstützung leisten. Dies gilt nicht, wenn die gefährdete Person damit nicht einverstanden ist oder der Datenübermittlung entgegenstehende schutzwürdige Interessen der von ihr betroffenen Personen überwiegen. §§ 177 Abs. 2 und 4, 191 und 193 Abs. 1 Satz 3 sind anzuwenden; § 193 Abs. 1 Satz 2 bleibt unberührt. Die Datenübermittlungsbefugnis enthält neben der oben aufgeführten Gefahrensituation demnach drei weitere Voraussetzungen:

- Die Datenübermittlung ist zur Wahrung schutzwürdiger Interessen der gefährdeten Person oder ihr nahestehender Personen erforderlich.
- Die gefährdete Person ist mit der Datenübermittlung einverstanden.
- Entgegenstehende schutzwürdige Interessen der betroffenen Personen sind zu beachten und haben im Rahmen einer Gesamtabwägung Vorrang vor einer Datenübermittlung.

Im Vergleich mit den allgemeinen Normen der Datenübermittlung gem. §§ 191—193 LVwG gibt es zu diesem neuen **Absatz 4** einen grundlegenden Unterschied in der Zielrichtung. Grundsätzlich ist die Übermittlung von personenbezogenen Daten an öffentliche oder nichtöffentliche Stellen, die nicht an der Gefahrenabwehr beteiligt sind, gemäß § 193 Abs. 1 Satz 2 LVwG nur dann gestattet, wenn dies zur Abwehr einer im einzelnen Falle bevorstehenden (d.h. konkreten) Gefahr erforderlich ist. Das bedeutet, dass jede Datenübermittlung im Einzelfall nicht nur einen konkreten und effektiven Beitrag zur Abwehr der konkreten Gefahr leisten muss, sie muss auch dazu geeignet sein, die Gefahr zu beseitigen sowie das mildeste geeignete Mittel hierzu darstellen. Die Datenübermittlungsbefugnis aus Absatz 4 hat demgegenüber die Wahrung schutzwürdiger Interessen der gefährdeten Person und ihr nahestehender Personen im weitesten Sinne zum Ziel. Hier werden nicht nur die für eine Kontaktaufnahme erforderlichen personenbezogenen Daten übermittelt, sondern alle Daten, die für die Wahrung der Interessen der schutzwürdigen Person erforderlich sind. Diese zweite Variante der Datenübermittlung des Absatzes 4 ist darüber hinaus auf alle Fälle von Gewalt im sozialen Nahbereich anwendbar. Damit greift diese Norm auch in den Fällen, in denen die Konfliktparteien nicht oder nicht mehr in einem Haushalt leben oder gar keine (enge) soziale Beziehung besteht oder bestand, wie etwa in sog. Stalking-Fällen.

5. Elektronische Aufenthaltsüberwachung, § 201b LVwG

Die elektronische Aufenthaltsüberwachung (EAÜ) ist ein technisches Mittel der offenen Datenerhebung zur Überwachung des Aufenthaltsortes der pflichtigen Person. Durch die erhobenen Daten darf auch ein Bewegungsprofil der betroffenen Person erstellt werden.

Die Dauerüberwachungsmaßnahme EAÜ steht aufgrund ihres Eingriffsgewichts in das Grundrecht auf informationelle Selbstbestimmung unter Richtervorbehalt.

Der Anwendungsbereich der Maßnahme ist auf das Bestehen einer konkreten Gefahr einer staatsgefährdenden, terroristischen Straftat begrenzt. Dabei setzt die Eingriffsschwelle entsprechend der Rechtsprechung des Bundesverfassungsgerichts bereits dann an, wenn eine solche Gefahr droht.

Die Maßnahme dient insbesondere zur Überwachung der Einhaltung von Aufenthaltsge- und -verboten und stellt insoweit eine Verbundmaßnahme dar. Zugleich ist sie aufgrund der Offenheit der Datenerhebung und der Begrenzung auf die Erhebung von Standortdaten im Vergleich zur Observation ein milderes Mittel zur Überwachung der pflichtigen Person.

Die elektronische Aufenthaltsüberwachung (EAÜ) ist eine noch **junge Standardbefugnis**. Ursprünglich wurde die EAÜ 2011 als Instrument der Führungsaufsicht in § 68b Strafgesetzbuch (StGB) und § 463a Strafprozessordnung (StPO) eingeführt. Als Reaktion auf den Terroranschlag auf den Berliner Weihnachtsmarkt auf dem Breitscheidplatz wurde die EAÜ 2017 als polizeiliche Gefahrenabwehrbefugnis in das Bundeskriminalamtgesetz (BKAG) zur Abwehr terroristischer Gefahren in § 56 BKAG (20z BKAG a. F.) und im Sonderordnungsrecht in das Aufenthaltsgesetz (AufenthG) in § 56a AufenthG übernommen. In das LVwG fand die EAÜ 2021[132] Eingang. Der Gesetzgeber hat sich verpflichtet, die Auswirkungen und praktische Anwendung bis zum 19. März 2024 zu evaluieren und dem Landtag zu berichten[133] Auch in den weiteren Nordbundesländern Hamburg, Niedersachsen und Mecklenburg-Vorpommern ist die EAÜ mittlerweile als Standardbefugnis der Länderpolizeien eingeführt.

Umgangssprachlich wird die EAÜ oft auch als „**elektronische Fußfessel**" bezeichnet. Diese Bezeichnung ist irreführend, da die **Fortbewegungsfreiheit nicht eingeschränkt** wird, sondern die EAÜ nur eine Überwachung des Standortes ihres jeweiligen Trägers ermöglicht:

Mittels EAÜ kann die Polizei auf richterliche Anordnung eine Person dazu verpflichten, ständig ein für die elektronische Überwachung des Aufenthaltsortes geeignetes technisches Mittel in betriebsbereitem Zustand am Körper bei sich zu führen. **Ziel** dieser offenen Maßnahme ist es, den Aufenthaltsort von Personen, von denen die **Gefahr der Begehung einer terroristischen Straftat** ausgeht, ständig zu überwachen und sie auf diese Weise von der Begehung derartiger Straftaten zu verhindern.

Das technische Mittel ist in der Regel ein Plastikband mit einem **Tracker**, der oberhalb des Fußknöchels der pflichtigen Person angebracht wird. Der Tracker dient der **GPS-Überwachung**. Bei Signalproblemen kann auch eine Positionsbestimmung mittels **Funkzellenabfrage** über den Tracker erfolgen. Wird an dem Tracker manipuliert oder das Plastikband durchtrennt, so sendet die Einheit zusätzlich einen Alarm aus. Außerdem wird in der Wohnung der betroffenen Person eine sogenannte „**Home-Unit**" installiert, die dafür Sorge trägt, dass die Person innerhalb der Wohnung nicht geortet werden kann, indem sie ein Störsignal ausgibt, bzw. die Ortungsfunktion der EAÜ abstellt.

132 LVwGPORÄndG vom 26. Februar 2021, GVOBl. 222; LT SH DruckS 19/2118 vom 22. April 2020.

133 Art. 3 Absatz 2 LVwGPORÄndG vom 26. Februar 2021, GVOBl. 222.

Als Befugnis zur **offenen Datenerhebung** von Standortdaten ermöglicht die EAÜ einen verfassungskonformen **Eingriff** in das **Recht auf informationelle Selbstbestimmung** als Ausschnitt des Verbundgrundrechts des **allgemeinen Persönlichkeitsrechts** aus **Art. 2 Abs. 1 i.V.m. Art. 1 Abs. 1 GG.**[134] Dabei ist der in der informationellen Selbstbestimmung enthaltene **Menschenwürdekern** des Art. 1 Abs. 1 GG durch die Maßnahme nicht berührt, da die Maßnahme die pflichtige Person nicht zum bloßen Objekt des Staates macht. So ist mit der „Fußfessel" **keine Prangerwirkung** beabsichtigt, sie muss insbesondere nicht offen getragen werden. Die Maßnahme ist auch so ausgestaltet, dass der grundrechtlich garantierte **Kern der privaten Lebensgestaltung** gewahrt wird. So muss die Überwachung insbesondere innerhalb der Wohnung der pflichtigen Person dieser einen **privaten Rückzugsraum** garantieren, in dem sie vom Staat nicht behelligt wird. Dies wird dadurch gewährleistet, dass gemäß § 201b Abs. 3 nur erhoben werden darf, dass sich die Person in ihrer Wohnung befindet, nicht jedoch wo sie sich dort genau aufhält. Technisch wird dies über die Installation einer „Home-Unit" in der Wohnung umgesetzt, die dafür Sorge trägt, dass die Person innerhalb ihrer Wohnung nicht geortet werden kann. Auch die Möglichkeit der Erstellung eines Bewegungsprofils ist verfassungskonform, da das mittels EAÜ erstellbare Bewegungsprofil weder dazu bestimmt, noch dazu geeignet ist, ein umfassendes Persönlichkeitsbild der pflichtigen Person zu generieren, welches den Kern der privaten Lebensgestaltung verletzen würde. Der Schutzbereich der **Fortbewegungsfreiheit**, wie sie durch **Art. 2 Abs. 2 GG** gewährleistet wird, ist nicht betroffen, da die pflichtige Person durch die Maßnahme nur in ihrer Bewegung überwacht, jedoch nicht eingeschränkt wird. Gleiches gilt auch für die gemäß **Art. 13 Abs. 1 GG** gewährleistete **Unverletzlichkeit der Wohnung**. Da die Datenerhebungsbefugnis gemäß § 201b Abs. 3 darauf beschränkt wird, festzustellen, ob die Person sich innerhalb der Wohnung befindet, jedoch nicht erhoben werden darf, wo sie sich innerhalb der Wohnung befindet, liegt insoweit kein Eingriff vor.[135] Denn durch die Beschränkung der Maßnahme im Wohnungsumfeld der betroffenen Person auf eine bloße Präsenzkontrolle trägt die Regelung dem Schutz der Unverletzlichkeit der Wohnung als räumlich-gegenständlicher Bereich der

134 Vgl. zur Grundrechtskonformität von § 68b StGB umfassend BVerfG, Beschluss vom 1. Dezember 2020 – 2 BvR 916/11, 2 BvR 636/12, BVerfGE 156, 63.

135 Offen gelassen in BVerfG, Beschluss vom 01.12.2020 – 2 BvR 916/11, 2 BvR 636/12, BVerfGE 156, 63, 162 Rn. 332f.

Privatsphäre, in dem der Einzelne für sich sein und sich nach selbstgesetzten Maßstäben frei entfalten kann, hinreichend Rechnung.[136]

Der Eingriff in den Schutzbereich der informationellen Selbstbestimmung ist aufgrund der Offenheit der Maßnahme geringer als bei einer heimlichen Überwachungsmaßnahme. Durch die Beschränkung des Tatbestands zur **Gewährleistung des Kerns der privaten Lebensgestaltung** vor einem staatlichen Zugriff zum **Schutz hinreichend gewichtiger Rechtsgüter** und aufgrund der Flankierung der Maßnahme durch entsprechende **Verfahrensrechte zugunsten der betroffenen Person** ist der Eingriff gerechtfertigt und **verhältnismäßig**.

Wie bereits Eingangs dargelegt ist die EAÜ auch im BKAG und im AufenthG normiert. Hierdurch kann es zu **Zuständigkeitsüberschneidungen** zwischen Landespolizei und **BKA** bzw. der **Ausländerbehörde** kommen: Soweit im Einzelfall zur Verhütung einer Straftat des internationalen Terrorismus § 56 BKAG einschlägig sein kann, muss die Polizei sich mit dem BKA gemäß § 5 Abs. 2 BKAG ins Benehmen setzen und das weitere Vorgehen abstimmen. Eine § 5 BKAG entsprechende Norm sieht das AufenthG nicht vor, gleichwohl muss die Polizei, wenn sich die Maßnahme gegen einen ausreisepflichtigen Ausländer nach §§ 56, 56a AufenthG richtet, zur Auflösung der Zuständigkeitsüberschneidung mit der nach § 71 AufenthG zuständigen Ausländerbehörde diese unterrichten und sich mit ihr im Rahmen der Zusammenarbeit gemäß § 172 LVwG abstimmen.

Die EAÜ wird in § 201b im Einzelnen wie folgt ausgestaltet: **Absatz 1** legt die Anordnungsvoraussetzungen der EAÜ fest. Die **Absätze 2 bis 6** regeln die **Datenverarbeitungsvoraussetzungen** sowie die **datenschutzrechtlichen Anforderungen**, wie die automatisierte Datenverarbeitung, den Schutz des Kernbereichs privater Lebensgestaltung, den Schutz vor Kenntnisnahme Dritter, der Datenkennzeichnung, die Sicherung der Zweckbindung sowie Festlegung von Löschfristen und Dokumentationsanforderungen. **Absatz 7 und 8** stellen die Maßnahme unter **Richtervorbehalt** und gestalten diese näher aus inkl. **Laufzeitfristen. Absatz 9** normiert zuletzt einen **Straftatbestand bei Verstößen gegen die EAÜ-Anordnung.**

Die **Eingriffsvoraussetzungen** in **Absatz 1** entsprechen hinsichtlich der **Gefahrenschwelle** der Formulierung in § 56 BKAG, die wiederum der Rechtsprechung des Bundesverfassungsgerichts zum BKAG zur Ausdehnung des Begriffs der konkreten Gefahr in den Bereich des Vorfeldes bei

136 BVerfG, Beschluss vom 01.12.2020 – 2 BvR 916/11, 2 BvR 636/12, BVerfGE 156, 63, 162 Rn. 332.

Gefahren für höchst wichtige Rechtsgüter entspricht.[137] Trotz der Ausdehnung der Gefahrenabwehr in das Vorfeld muss die jeweilige Prognoseentscheidung sich aber weiterhin auf bestimmte Tatsachen im konkreten Einzelfall beziehen und darf nicht nur auf allgemeine Erfahrungssätze gestützt werden. Gerechtfertigt ist diese Ausdehnung der Gefahrenabwehr nur, wenn sie dem **Schutz höchst wichtiger Rechtsgüter** dient. Dazu zählen nach dem Bundesverfassungsgericht neben den Individualrechtsgütern Leib, Leben und Freiheit auch die Gemeinschaftsrechtsgüter der verfassungsmäßigen Ordnung sowie der Bestand und die Sicherheit des Bundes und der Länder.[138] Dieser Rechtsgüterschutz wird durch den Verweis auf die Straftatbestände über die folgenden Straftaten gewährleistet:

- § 89a StGB, Vorbereitung einer schweren staatsgefährdenden Gewalttat;
- § 89b StGB, Aufnahme von Beziehungen zur Vorbereitung einer schweren staatsgefährdenden Gewalttat;
- § 129a StGB, Bildung terroristischer Vereinigungen;
- § 129b StGB, kriminelle und terroristische Vereinigungen im Ausland, Einziehung.

Nicht aufgenommen in diesen Kanon ist der weitere Vorbereitungstatbestand der Terrorismusfinanzierung gemäß § 89c StGB.

Für die **Gefahrenprognose** ist nach **Absatz 1 Nummer 1 und 2** erforderlich, dass „1. *bestimmte Tatsachen die Annahme rechtfertigen, dass [die] Person innerhalb eines übersehbaren Zeitraums auf eine zumindest ihrer Art nach konkretisierte Weise eine Straftat nach §§ 89a, 89b, 129a oder 129b des Strafgesetzbuchs begehen wird, oder 2. deren individuelles Verhalten eine konkrete Wahrscheinlichkeit dafür begründet, dass sie innerhalb eines übersehbaren Zeitraums eine Straftat nach §§ 89a, 89b, 129a oder 129b des Strafgesetzbuchs begehen wird.*"

Eine genaue Abgrenzung zwischen den Nummern 1 und 2 ist nicht möglich, aber auch nicht erforderlich. Die Formulierung entspricht dem Wortlaut der Rechtsprechung des Bundesverfassungsgerichts aus seinem Urteil zum BKAG und dient dazu, nähere Anhaltspunkte für die **Tatsachengrundlage** der Prognoseentscheidung aufzuzeigen. So kann sich die Gefahr einer terroristischen Straftat aus einem bestimmten tatbezogenen Tun, wie z. B. der Vorbereitung eines Bombenbaus, Kauf von dafür notwendigen Chemikalien etc., aber auch aus dem sonstigen **Verhalten** der betroffenen Person, insbesondere aus der geäußerten oder sonst gezeigten Einstellung gegenüber der **freiheitlich-demokratischen Grundordnung** sowie ihrer **Verbin-**

137 BVerfG, Urteil vom 20.042016 – 1 BvR 966, 1140/09, BVerfGE 141, 220, 291 Rn. 164 f.
138 BVerfG, Urteil vom 20.04.2016 – 1 BvR 966, 1140/09, BVerfGE 141, 220, 267 Rn. 100.

dung zu anderen Personen oder Gruppen, von denen die Gefahr einer terroristischen Straftat ausgeht, ergeben.

Als **übersehbarer Zeitraum** innerhalb dessen mit der Straftat zu rechnen ist, dürfte in Abhängigkeit der jeweiligen Tatsachengrundlage jedenfalls ein Zeitraum von bis zu sechs Monaten anzusehen sein. Dabei kann auch ein längerer Zeitraum noch den Anforderungen genügen, wenn die Tatsachengrundlage nur entsprechend belastbar ist, z. B. wenn die Vorbereitungshandlungen der betroffenen Person entsprechend einem Zeitplan auf einen längeren Zeitrahmen angelegt sind.

Liegen die Tatbestandsvoraussetzungen vor, so wird die EAÜ durch **Anlegen des technischen Überwachungsmittels** durch die Polizei vollzogen. Für die Durchführung ist **kein gesonderter Vollzugsakt** erforderlich. Dies ist bereits durch die Befugnis in § 201b abgedeckt.

Absatz 2 beinhaltet die Befugnis zur Datenerhebung mittels EAÜ. Absatz 2 ist dabei im Zusammenhang mit **Absatz 5** zu sehen, der die einzelnen Verarbeitungszwecke näher und abschließend bestimmt. Dabei ist Zweck der Datenerhebung nicht nur die eigentliche Überwachung der pflichtigen Person, sondern umfasst auch die Datenerhebung zur Überwachung der Funktionsfähigkeit des technischen Mittels. Außerdem wird die Polizei dazu berechtigt, die Daten zu einem Bewegungsprofil zu verbinden. Dies kann insbesondere dann von Bedeutung sein, um Kontakte zu weiteren Personen, Gruppen sowie Netzwerken, von denen die Gefahr terroristischer Straftaten ausgeht, festzustellen. Zur effektiven Gefahrenabwehr kann es zudem erforderlich sein, dass die Person bestimmte örtliche Bereiche, gefährdete oder gefährliche Orte nicht aufsucht oder sich zur Gewährleistung der Überwachung innerhalb eines bestimmten Bereichs aufhält. Daher kann unter den gleichen Voraussetzungen wie unter § 201b Abs. 1 gemäß **§ 201 Abs. 4** auch ein – dann durch die EAÜ überwachbares – **Aufenthaltsge- oder -verbot** erlassen werden.

Absatz 3 dient dem **Kernbereichsschutz privater Lebensgestaltung**, wie er durch das Bundesverfassungsgericht vorgegeben ist. Technisch wird dies durch die Installation einer **„Home-Unit"** in der Wohnung der betroffenen Person gewährleistet, durch die verhindert wird, dass Positionsdaten innerhalb der Wohnung erhoben werden. Sollten doch Positionsdaten innerhalb der Wohnung erhoben werden, unterliegen diese einem Verarbeitungsverbot und sind unverzüglich zu löschen, sobald eine Kenntnisnahme erfolgt ist. Dabei sind Kenntnisnahme und Löschung zu dokumentieren.

Gemäß **Absatz 4** sind die erhobenen und gespeicherten Daten durch den Verweis auf § 186a Abs. 7 **gegen unbefugte Kenntnisnahme besonders zu sichern.** Dies dient nicht nur dem Schutz vor Kenntnisnahme durch Dritte, sondern verhindert primär die Weiterverarbeitung zu anderen Zwecken innerhalb der Polizei. Die besondere Zweckbindung der erhobenen Daten wird näher durch Absatz 5 ausgestaltet. Um auch eine **nachträgliche Überprüfung der Maßnahme** zu gewährleisten, ist eine **Dokumentation** von Anordnung und Durchführung der EAÜ-Maßnahme vorzuhalten.

Absatz 5 regelt die einzelnen **Verwendungszwecke** für die mittels der elektronischen Aufenthaltsüberwachung erhobenen Daten.

Nummer 1 gestattet die Verwendung zur **Verhütung oder zur Verfolgung terroristischer Straftaten** durch die betroffene Person. Damit wird spiegelbildlich die Voraussetzung für die Anordnung der EAÜ auch für die Datenverarbeitung aus der EAÜ wiederholt. Soweit der Verwendungszweck auch die Strafverfolgung mit umfasst (so auch in Nummer 3), ist dies gesetzgebungskompetenzrechtlich zulässig, da das LVwG nur die grundsätzliche (Weiter-)Verarbeitung für diese Zwecke erlaubt, die konkrete Nutzungsmöglichkeit durch die Strafverfolgungsbehörden bestimmt sich dann jedoch nach dem Bundesrecht, § 161 StPO.

Nummer 2 stellt den Zusammenhang zum **Aufenthaltsgebot und Aufenthaltsverbot** nach § 201 her. So kann die EAÜ insbesondere dazu dienen, die Einhaltung dieser Vorgaben zu überwachen.

Nach **Nummer 3** dürfen die Daten auch zur Verfolgung einer Straftat nach Absatz 9 genutzt werden, wonach ein **Verstoß gegen die EAÜ-Anordnung**, die Verpflichtung, das technische Mittel ständig betriebsbereit bei sich zu führen, unter Strafe steht.

Nummer 4 erweitert als **Auffangtatbestand** die möglichen Datenverarbeitungszwecke auf die Abwehr einer dringenden Gefahr für Leib, Leben oder Freiheit einer Person oder für den Bestand oder die Sicherheit des Staates. Die Benennung der betroffenen Rechtsgüter entspricht dem vom Bundesverfassungsgericht benannten Kanon höchst wichtiger Rechtsgüter.[139] Durch die Anknüpfung an den Begriff der dringenden Gefahr und die ausdrückliche Benennung der hochwertigen Rechtsgüter wird gewährleistet, dass die Anforderungen an den Verarbeitungsauffangtatbestand nicht niedriger sind, als die Anforderungen zur Anordnung der EAÜ in Absatz 1.

Zuletzt dürfen die Daten nach **Nummer 5** klarstellend zur Aufrechterhaltung der **Funktionsfähigkeit des technischen Mittels** verwendet werden.

139 BVerfG, Urteil vom 20.04.2016 – 1 BvR 966, 1140/09, BVerfGE 141, 220, 267 Rn. 100.

Dadurch wird sichergestellt, dass die Daten genutzt werden dürfen, um Funktionsbeeinträchtigungen des technischen Mittels festzustellen und das Mittel entweder reparieren oder austauschen zu lassen.

Absatz 6 statuiert eine grundsätzliche Löschfrist von zwei Monaten nach Beendigung der Maßnahme. Stellt sich innerhalb dieser Zeitspanne heraus, dass die Daten für einen in Absatz 5 genannten Zweck noch benötigt werden, ist eine weitere Verarbeitung möglich und die Löschung noch nicht vorzunehmen. Eine darüber hinausgehende sonstige, weitere Verarbeitung ist nur nach Maßgabe der allgemeinen Regelungen zur Datenverarbeitung, insbesondere nach § 188a, dem Grundsatz der hypothetischen Datenneuerhebung, möglich.

Absatz 7 normiert einen **Richtervorbehalt**, der eine unabhängige Überprüfung der Anordnungsvoraussetzungen sicherstellt. Der Gesetzgeber begründet dies mit der besonderen Eingriffstiefe der EAÜ. Grundgesetzlich wäre ein Richtervorbehalt nicht vorgegeben, da es sich bei der EAÜ weder um eine freiheitsentziehende Maßnahme im Sinne des Art. 104 Abs. 2 Satz 1 GG handelt, noch die Maßnahme verdeckt erfolgt, sodass der Richtervorbehalt eine besondere Ausprägung des Grundrechtsschutzes durch Verfahren wäre. Eine polizeiliche Eilkompetenzregelung bei Gefahr in Verzug hat der Gesetzgeber nicht vorgesehen. Diese sei nicht erforderlich, da die EAÜ einiger technischer Vorbereitungen bedürfe, die immer eine schriftliche Anordnung ermöglichen.[140]

Die **richterliche Anordnung** muss dabei durch den Verweis **in Absatz 8** den Vorgaben des § 186 Abs. 3 Satz 2 genügen und die Voraussetzungen der Anordnung einschließlich der wesentlichen Abwägungsgesichtspunkte, die pflichtige Person mit Name und Anschrift sowie Art, Dauer und Ziel der Maßnahme benennen. Dabei müssen dann auch die Verarbeitungszwecke im Sinne des Absatz 5 näher benannt werden. Dies ist schon im Rahmen des **Antrags auf gerichtliche Anordnung durch die Polizei** zu beachten. Nur bei einem entsprechend ausgestalteten Antrag kann der Richter eine den Anforderungen genügende Entscheidung treffen. Da die EAÜ als technische Dauerobservation angelegt ist, ist jeweils zu prüfen, ob die ursprünglichen Anordnungsvoraussetzungen während der laufenden Maßnahme noch vorliegen. Um diese Überprüfung sicherzustellen, sieht das Gesetz eine Anordnungshöchstfrist von drei Monaten vor, die jedoch bei weiterem Vorliegen der Voraussetzungen durch erneute gerichtliche Anordnung, bzw. Bestätigung der ursprünglichen Anordnung verlängert werden kann.

140 LT SH DruckS 19/2118 S. 116.

Absatz 9 enthält eine **Strafnorm bei Zuwiderhandlung gegen die EAÜ**, um durch den Sanktionscharakter vor Zuwiderhandlungen abzuschrecken. Die **landesrechtliche Gesetzgebungskompetenz** folgt dabei aus **Art. 70 Abs. 1 GG**, da der Bund von seiner Gesetzgebungskompetenz für das **Strafrecht** aus Art. 74 Abs. 1 Nr. 1 GG keinen abschließenden Gebrauch gemacht hat. Weder liegt positiv eine abschließende Regelung des Bundes vor noch besteht ein absichtsvoller Regelungsverzicht, sodass eine Sperrwirkung gemäß Art. 72 Abs. 1 nicht eingreift. Um eine effektive Gefahrenabwehr auch bei Zuwiderhandlungen gegen die EAÜ-Anordnung ergreifen zu können, wird die repressive Strafandrohung in Absatz 9 durch § 204 Abs. 1 Nr. 6 als weitere präventive Maßnahme ergänzt: Danach besteht ergänzend die Möglichkeit, die Person, die gegen die EAÜ-Anordnung verstößt, in Gewahrsam zu nehmen, insbesondere um zu verhindern, dass sich die pflichtige Person der polizeilichen Überwachung entzieht und „abtaucht".

Statthafter Rechtsbehelf gegen die **richterliche Anordnung der EAÜ** ist aufgrund der Verweisung auf das Familienverfahrensgesetz (FamFG) in § 186 Abs. 6 die **Beschwerde** gemäß §§ 58 ff. FamFG. **Beschwerdegericht** ist gemäß § 119 Abs. 1 Nr. 1 lit. b Gerichtsverfassungsgesetz (GVG) das **Oberlandesgericht**. Da es sich bei der EAÜ nicht um eine Maßnahme zur Freiheitsentziehung handelt, findet § 72 Abs. 1 Satz 2 GVG keine Anwendung, wonach für Freiheitsentziehungssachen das Landgericht Beschwerdegericht ist. Die Beschwerde gegen die richterliche Anordnung hat **keine aufschiebende Wirkung**, insoweit ist § 201b Abs. 8 Satz 4 deklaratorisch. Der betroffenen Person verbleibt jedoch die Möglichkeit gemäß § 64 Abs. 3 FamFG **Antrag auf Aussetzung der Vollziehung** zu stellen.

6. Durchsuchung von Personen, § 202 LVwG

> Diese Norm behandelt die präventive Durchsuchung von Personen durch Vollzugsbeamtinnen und Vollzugsbeamte, um Gegenstände aufzufinden und steht in der Regel in Zusammenhang mit anderen Eingriffsermächtigungen.

Grundrechtsrelevanz

Die Durchsuchung steht häufig im Zusammenhang mit anderen Rechtseingriffen; sie selbst greift in die Privat- und Intimsphäre aus Art. 2 Abs. 1 GG i.V.m. Art. 1 Abs. 1 GG ein. Daneben führt eine Durchsuchung zu einem mehr als nur kurzfristigen Anhalten, ggf. auch Festhalten, sodass auch das Recht der persönlichen Freiheit aus Art. 2 Abs. 2 Satz 2 GG berührt ist. Die

Norm berechtigt indes nicht zu einem Eingriff in die körperliche Unversehrtheit (Art. 2 Abs. 2 Satz 1 GG).

Zweck, Ziele

Eine Durchsuchung von Personen ist die zielgerichtete und planmäßige Suche am äußeren menschlichen Körper sowie in Kleidung und anderen Sachen, die unmittelbar am Körper getragen werden, außerdem in den ohne Hilfsmittel einzusehenden Körperöffnungen. Für die Durchsuchung einer Person können durchaus technische Hilfsmittel (z. B. Metalldetektoren) eingesetzt werden. Mitgeführte Gegenstände der Person (Reisetaschen, Rucksäcke etc.) können jedoch nur unter den Eingriffsvoraussetzungen der Durchsuchung von Sachen gem. §§ 206 ff. LVwG. durchsucht werden.

Begrifflich von der Durchsuchung zu unterscheiden ist die Untersuchung, die sich der Beschaffenheit und dem Zustand des Körpers selbst widmet oder darauf gerichtet ist, körperfremde Gegenstände aufzufinden, die in das nicht ohne medizinische Hilfsmittel zugängliche Körperinnere gelangt sind (z. B. verschluckte Sachen). Bei der Untersuchung handelt es sich um eine Maßnahme mit gesteigerter Eingriffsintensität. Eine Untersuchung ist demnach nicht mehr durch den Regelungsgehalt des § 202 LVwG gedeckt.

Ziel dieser Norm ist die Gefahrenabwehr, daher muss die Durchsuchung einer Person mittelbar oder unmittelbar zur Gefahrenabwehr notwendig sein. Um dem immer wichtiger werdenden Aspekt der Eigensicherung Rechnung zu tragen, wurde der Anwendungsbereich des § 202 LVwG in der jüngsten Novellierung ausgeweitet. Während die Durchsuchung zuvor ausschließlich Polizeivollzugsbeamtinnen und Polizeivollzugsbeamten vorbehalten war, dürfen nunmehr sämtliche Vollzugsbeamtinnen und Vollzugsbeamte die Durchsuchung einer Person, insbesondere nach Waffen, gefährlichen Werkzeugen (Schraubenzieher, Rasierklingen, Teppichmesser etc.) oder Explosivmitteln vornehmen, wenn dies zum Schutz der betroffenen Person, eines Dritten oder zur Eigensicherung erforderlich erscheint (**Absatz 1**).

Die Durchsuchung zur Eigensicherung der Vollzugsbeamten ist der Ungewissheit hinsichtlich der Gefährlichkeit von Kontrollsituationen auch des polizeilichen Alltags bei vermeintlich harmlosen Einsätzen geschuldet. In die Norm wurden somit Grundsätze der Eigensicherung aus dem polizeilichen „Leitfaden für die Eigensicherung“ (LF 371) eingebracht. Die Rechtmäßigkeit der Durchsuchung zur Eigensicherung hängt vom Lagebild der Gesamtumstände in der jeweiligen Kontrollsituation ab (zum Beispiel: situative

Faktoren, Örtlichkeit, Gewaltbereitschaft, Anlass) und ist darüber hinaus auch nur dann zulässig, wenn es den Umständen nach erforderlich erscheint. Mit der Formulierung „erforderlich erscheint" handelt es sich um eine vom Gesetzgeber deutlich gesenkte Eingriffsschwelle und ermöglicht den eingesetzten Vollzugsbeamten ein schnelles und lageangepasstes Handeln.

Beispiel:

Eine Person wird aufgrund eines Vollstreckungshaftbefehls durch Polizeibeamte verhaftet und soll in die nahe gelegene Justizvollzugsanstalt transportiert werden. Vor dem Transport im Dienstkraftfahrzeug durchsuchen die Beamten die Person aus Eigensicherungsgründen und um Dritte (die entgegennehmenden Beamten der Justiz) zu schützen. Gerade bei diesem Beispiel zeigt sich, dass ein einfaches Abtasten der Kleidungsstücke der verhafteten Person im Sinne einer effektiven Eigensicherung nicht ausreichen kann, weil insbesondere versteckte kleine Gegenstände wie Kokainportionen, Rasierklingen oder Einwegspritzen durch ein unprofessionelles, flüchtiges Abtasten nicht aufgefunden werden können. Insofern erscheint bei jedem Transport einer Person im Dienstkraftfahrzeug und vergleichbaren Situationen die Durchsuchung der Person erforderlich zu sein.

Voraussetzung einer Durchsuchung nach Absatz 1 ist ferner, dass die Person nach diesem Gesetz angehalten oder festgehalten werden durfte.

Die Durchsuchung knüpft also an die tatbestandsmäßigen Voraussetzungen einer freiheitsbeschränkenden oder freiheitsentziehenden Maßnahme an. Voraussetzung ist insofern, dass die Vollzugsbeamtin oder der Vollzugsbeamte die Person

- kontrolliert (z.B. gem. § 36 Abs. 5 StVO, § 180 Abs. 3 LVwG),
- zur Identitätsfeststellung anhält (§ 163b Abs. 1 StPO, § 181 LVwG),
- befragt (§ 180 LVwG),
- festhält (vorläufige Festnahme gem. § 127 Abs. 2 StPO, Gewahrsamnahmen im Sinne von § 204 LVwG, Vorführungen),
- verhaftet (aufgrund vorliegender Haftbefehle),
- zur Durchführung einer Maßnahme an einen anderen Ort verbringt (z.B. im Rahmen von erkennungsdienstlichen Maßnahmen im Sinne von § 183 LVwG, § 81b StPO)

oder in einer anderen Weise (präventiver oder repressiver Art) der Freiheit beschränkt oder entzieht. Eine konkrete Gefahrenlage muss nicht vorliegen.

Gemäß **Absatz 2** dürfen ausschließlich Polizeivollzugsbeamtinnen und Polizeivollzugsbeamte Personen nach Sachen durchsuchen, die polizeirechtlich sichergestellt werden können (**Nummer 1**). Der Anwendung dieser Norm steht nicht entgegen, dass zum Zeitpunkt einer Durchsuchung bereits ein Anfangsverdacht einer Straftat gegen die Person vorlag, der auch ein repressives Vorgehen nach der StPO ermöglicht hätte. Es besteht weder ein allgemeiner Vorrang der Strafprozessordnung gegenüber dem Gefahrenabwehrrecht noch umgekehrt. Bei Gemengelagen, in denen sowohl repressives als auch präventives polizeiliches Handeln in Betracht kommt, bleiben strafprozessuale und gefahrenabwehrrechtliche Ermächtigungsgrundlagen grundsätzlich nebeneinander anwendbar. Damit kommen als Rechtsgrundlage für die Sicherstellung einschlägige Vorschriften aus dem besonderen Gefahrenabwehrrecht, der § 210 Abs. 1 LVwG aber auch die Normen der StPO in Betracht. Die bloße Vermutung, der Betroffene könnte sicherzustellende Sachen bei sich führen, genügt jedoch nicht; die Annahme muss sich vielmehr auf Tatsachen stützen. Tatsachen sind alle Gegebenheiten, die sich objektiv aufgrund des Sachverhaltes und der Person des Betroffenen an bedeutsamen Fakten bieten. Dazu gehören konkrete Anhaltspunkte, Beobachtungen, Mitteilungen, Folgerungen, etc. Auf dieser Grundlage muss die Annahme gerechtfertigt sein, dass die Durchsuchung zur Auffindung gefährlicher oder gefährdeter Sachen führen wird. Die Gewissheit ist aber nicht gefordert, die Durchsuchung wird nicht deshalb rechtswidrig, weil sie erfolglos verlaufen ist. Auch müssen die geforderten Tatsachen nicht zwingend aus dem konkreten Verhalten der betroffenen Person selbst hergeleitet werden.

Weiterhin dürfen Polizeivollzugsbeamte gem. **Absatz 2 Nummer 2** Personen durchsuchen, wenn sie sich an durch § 181 Abs. 1 Satz 2 Nr. 1 bis 4 LVwG konkretisierten Orten aufhalten und ebenso die Identität der sich dort aufhaltenden Personen feststellen. Die tatbestandsmäßigen Voraussetzungen fordern keine Tatsachen oder tatsächlichen Anhaltspunkte, die das Mitführen von Waffen, gefährlichen Werkzeugen oder Explosivmitteln annehmen lassen. Ausschlaggebend ist, dass sich die in Anspruch zu nehmende Person an einem gefährlichen oder gefährdeten Ort aufhält. Allerdings muss ein innerer Zusammenhang zwischen der vorgefundenen Situation, der angetroffenen Personen und dem Zweck der Durchsuchung bestehen. Personen, die erkennbar nicht vom Durchsuchungszweck erfasst werden, sind damit auch keine Adressaten der Maßnahme.

Beispiel:

Ein bestimmter Stadtteil oder das Umfeld eines Bahnhofes ist aufgrund der aktuellen Kriminalitätslage wegen zahlreicher Körperverletzungs- und gefährlicher Körperverletzungsdelikte durch Jugendliche bzw. heranwachsende Täter als gefährlicher Ort im Sinne von § 181 Abs. 1 Nr. 1 LVwG klassifiziert worden. Im Rahmen einer Kontrolle soll die Identität einer ca. 20-jährigen männlichen Person festgestellt werden. In diesem Zusammenhang wäre ebenfalls eine Durchsuchung der Person möglich. Und das auch in den Fällen, in denen die Identität der Person bereits feststeht. Ein älteres Ehepaar, das sich ebenfalls in dem Bereich des gefährlichen Ortes aufhält, dürfte jedoch nicht als Adressat der polizeilichen Maßnahmen gelten. Hier wäre somit auch eine Durchsuchung der Personen nicht zulässig.

Schließlich dürfen auch Personen von Polizeivollzugsbeamten durchsucht werden, wenn diese Personen nach § 187 LVwG oder nach Art. 99 des Schengener Durchführungsübereinkommens vom 19. Juni 1990 zur gezielten Kontrolle ausgeschrieben sind (**Absatz 2 Nummer 3**).

Ist die Durchsuchung der Person an Ort und Stelle nicht möglich, so kann die Person zum Zwecke und für die Dauer der Durchsuchung zur Dienststelle verbracht werden. Auch diese Kompetenz aus dem **Absatz 3** steht ausschließlich Polizeivollzugsbeamten zu. Das Verbringen zur Dienststelle ist in der Regel immer angezeigt, wenn öffentliche Belange oder schutzwürdige Interessen des Betroffenen dies gebieten. Eine solche Situation kann dann entstehen, wenn am Kontrollort aufgrund vorgefundener situativer Faktoren eine Personendurchsuchung nicht oder nur unter erheblichen Schwierigkeiten möglich ist. Die Mitnahme zur Dienststelle ist damit Bestandteil der Durchsuchung und kann unter anderem dem Schutz der Menschenwürde der in Anspruch genommenen Person vor Zuschauern oder vor Medienvertretern dienen. Des Weiteren kann eine solche Entscheidung auch von Witterungseinflüssen oder auch durch eine massive Störerlage beeinflusst sein.

7. Verfahren bei der Durchsuchung von Personen, § 203 LVwG

Die Norm regelt das Verfahren bei der Durchsuchung von Personen.

Der **Absatz 1** regelt den Umfang der Durchsuchung bei der betroffenen Person. Die Durchsuchung der von einer Person getragenen Kleidung gilt stets als Personendurchsuchung. Ebenso stellt das sog. Abtasten eines Menschen einen Unterfall der Personendurchsuchung dar. Unter den Begriff der Personendurchsuchung fällt also regelmäßig die Suche in den am Körper befindlichen Kleidungsstücken, das Abtasten des bekleideten Körpers und grundsätzlich auch die Nachschau am unbekleideten Körper, an Teilen desselben oder die Nachschau in den ohne Weiteres zugänglichen Körperöffnungen. Mitgeführte Sachen, die nicht am Körper getragen werden (Koffer, Taschen, Rucksäcke), können nicht Gegenstand der Durchsuchung von Personen sein. Hier sind die Vorschriften der Durchsuchung von Sachen anzuwenden. Sachen einer Person, die nach § 202 LVwG durchsucht werden darf, können nach § 206 Nr. 1 LVwG ebenfalls durchsucht werden.

Grundsätzlich dürfen Personen nur von Personen gleichen Geschlechts oder von Ärztinnen oder Ärzten durchsucht werden (**Absatz 2 Satz 1**). Denn gerade Durchsuchungen, die mit einem Abtasten des Körpers oder gar mit einer Entkleidung verbunden sind, stellen einen schwerwiegenden Eingriff in das allgemeine Persönlichkeitsrecht dar. Dies gilt in noch stärkerem Maße für Durchsuchungen, die mit einer Inspizierung von normalerweise bedeckten Körperöffnungen verbunden sind. Immer dann, wenn ein Eingriff in die Intimsphäre erfolgt und damit das Schamgefühl des Betroffenen in besonderem Maße berührt ist, gilt ein hohes Maß an Rücksichtnahme bei dieser polizeilichen Maßnahme. Auch allein die Anwesenheit männlicher nichtärztlicher Beamter während einer Entkleidung weiblicher Personen stellt einen Verstoß dar. Denn bereits die Anwesenheit eines männlichen Beamten während der körperlichen Durchsuchung ist ausreichend, die Intimsphäre einer weiblichen Person zu verletzen, wenn dabei die Möglichkeit gegeben ist, dass der männliche Beamte faktisch jederzeit den Blick auf sie richten kann. Dies gilt natürlich auch für die Durchsuchung eines Mannes in Anwesenheit weiblicher Beamtinnen. Seit März 2021 macht der Gesetzgeber deutlich, dass bei der Durchsuchung von polizeipflichtigen trans* oder inter* Personen oder weiteren Personen, die sich geschlechtlich anders zuordnen, auf das erklärte Geschlecht abzustellen ist (**Absatz 2 Satz 2**). Die vorgenannten Personengruppen, bei denen das im Ausweisdokument genannte und das erklärte Geschlecht voneinander abweichen oder bei denen die Geschlechtsidentität anhand der Ausweispapiere nicht eindeutig ist, können damit wegen des Schutzes ihrer Würde selbst entscheiden, ob die Durchsuchungsmaßnahme durch männliche Polizeibeamte oder weibliche Polizeibeamtinnen durchgeführt werden soll. Diese Regelung war nach der Rechtsprechung des BVerfG notwendig, weil dies Teil der von Art. 2 Abs. 1 GG i.V.m Art. 1 Abs. 1 GG geschützten sexuellen Selbstbestimmung und Teil des ebenso geschützten Findens und Erkennens der eigenen sexuellen Orientierung ist. Einer transsexuellen Person muss es daher möglich sein, entsprechend dem empfundenen Geschlecht zu leben, ohne in ihrer Intimsphäre durch den Widerspruch zwischen ihrem, dem empfundenen Geschlecht angepassten, Äußeren und ihrer rechtlichen Behandlung bloßgestellt zu werden. Eine solche Person ist auf diese gesetzliche Regelung hinzuweisen (**Absatz 2 Satz 3**). In der Strafprozessordnung findet sich eine gesetzliche Reglung zu dieser Frage im § 81d StPO. Bis März 2021 war mangels fehlender Regelungen im LVwG in diesen Sachverhalten immer eine analoge Anwendung der Bestimmungen aus der StPO erforderlich.

Trotzdem bleibt die Ausnahme bestehen, dass eine zulässige sofortige Durchsuchung ohne Berücksichtigung des Geschlechts zum Schutz gegen eine Gefahr für Leib oder Leben möglich bleibt und damit vorrangig der Zweck des Schutzes der betroffenen Person und der Eigensicherung verfolgt wird (**Absatz 2 Satz 4**).

In den Fällen, in denen keine Person des gleichen Geschlechts und kein Arzt zur Durchführung der Durchsuchung anwesend ist und darüber hinaus auch keine konkrete Gefahr für Leib oder Leben besteht, ist Warten geboten, bis eine durchsuchungsberechtigte Person von der Gefahrenabwehrbehörde aufgeboten wird.

Generell gilt, dass Eingriffe in die körperliche Unversehrtheit gemäß Art. 2 Abs. 2 Satz 1 GG nicht als Durchsuchung im Sinne dieses Gesetzes gewertet werden können. Zulässige körperliche Eingriffe dürfen nur durch einen Arzt oder eine Ärztin erfolgen. Dies stellt **Absatz 3** klar.

Die repressive Ermächtigung zur Durchsuchung von Personen nach Sachen und Spuren für Zwecke der Strafverfolgung ist der § 102 StPO. Und natürlich bestimmt § 46 OWiG, dass die Bestimmungen der StPO sinngemäß zur Verfolgung von Ordnungswidrigkeiten sowie unter besonderer Berücksichtigung der Verhältnismäßigkeit anzuwenden sind.

8. Gewahrsam von Personen, § 204 LVwG

> Bei der Gewahrsamnahme von Personen handelt es sich um eine der eingriffsintensivsten polizeilichen Standardmaßnahmen. Dabei wird der betroffenen Person die Freiheit entzogen und sie wird daran gehindert, einen bestimmten Ort zu verlassen.

Grundrechtsrelevanz

Abgrenzung: Freiheitsbeschränkung und Freiheitsentziehung

Schutzgut des Art. 2 Abs. Satz 2 GG und Art. 104 GG ist die körperliche Bewegungsfreiheit der Person. Die körperliche Bewegungsfreiheit gewährleistet das Recht, frei von öffentlichem Zwang einen bestimmten Ort aufzusuchen oder ihn wieder zu verlassen. Dies muss aber auch möglich sein, d.h. tatsächliche oder rechtliche Gründe dürfen der Ortsveränderung nicht entgegenstehen.[141]

Art. 104 GG unterscheidet zwischen der Freiheitsbeschränkung (Absatz 1) und der eingriffsintensiveren Freiheitsentziehung (Absatz 2).

Dabei liegt eine **Freiheitsbeschränkung** nach der Rechtsprechung des Bundesverfassungsgerichtes vor, wenn jemand durch die öffentliche Gewalt gegen seinen Willen daran gehindert wird, einen Ort aufzusuchen oder sich dort aufzuhalten, der ihm an sich (tatsächlich und rechtlich) zugänglich ist.[142]

Kennzeichnend für eine freiheitsbeschränkende Maßnahme sind die kurzfristige Behinderung der Fortbewegungsfreiheit und die damit verbundene geringe Eingriffsqualität.

Beispiele für Verwaltungsanordnungen von freiheitsbeschränkenden Maßnahmen:
- Verkehrskontrolle durch die Polizei
- die Vorführung (hier erst die zwangsweise Durchsetzung der Verpflichtung)
- Befragung einer Person
- das Anlegen einer elektronischen Aufenthaltsüberwachung (EAÜ-elektronische Fußfessel)

Wird die tatsächlich und rechtlich an sich gegebene körperliche Bewegungsfreiheit hingegen nach jeder Richtung für eine mehr als kurzfristige Dauer aufgehoben, liegt eine **Freiheitsentziehung vor.**[143] Die Freiheitsentziehung stellt daher die schwerste Form der Freiheitsbeschränkung dar.[144]

Die Abgrenzung nimmt die Rechtsprechung anhand der Eingriffstiefe nach der Intensität und Dauer der Maßnahme vor.[145] Auch wenn die Abgrenzung jeweils im Einzelfall vorzunehmen ist, lässt sich die polizeiliche Praxis zumeist anhand einiger Grundsätze gut einordnen.[146] Eine Freiheitsentziehung liegt vor, wenn das Festhalten einer Person länger andauert, als dies erforderlich wäre, um eine beabsichtigte Standardmaßnahme durchzuführen. Auch wenn es eine klare Zeitgrenze nicht gibt, kann als „Daumenre-

141 Vgl. zu den objektiven und subjektiven Anforderungen des Rechts auf Fortbewegungsfreiheit, BVerfG NJW 2022, 139ff.
142 St. Rspr. des BVerfG, vgl. u.a. BVerfG NVwZ 1996, 678, 681.
143 St. Rspr. des BVerfG, vgl. u.a. BVerfG NVwZ 1996, 678, 681.
144 BVerfGE 10, 302, 323 = NJW 1960, 811.
145 Vgl. BVerfG NVwZ 2011, 743.
146 Vgl. dazu exemplarisch, *Martens*, in: PDK-Schl.-H., § 204 Erl. 2, auch zum Folgenden.

gel" davon ausgegangen werden, dass eine Freiheitsbeschränkung jedenfalls nach zwei Stunden in eine Freiheitsentziehung umschlägt.

Insgesamt reicht allerdings die Verwaltungsanordnung, einen bestimmten Raum nicht zu verlassen, nicht aus, um eine Freiheitsentziehung zu klassifizieren. Insofern sind bauliche Voraussetzungen, die eine Gewahrsamszelle oder einen Haftraum kennzeichnen (Mauern des Zellenraumes, verschlossene Tür, Videoüberwachungsanlage, karge und verletzungshindernde Einrichtung, u. a.) und damit einen physischen Zwang ausüben, ein Indikator für Freiheitsentzug. Auch die nicht nur kurzfristige „Fixierung" eines Patienten (5- oder 7-Punkt-Fixierung) stellt einen Eingriff in das Grundrecht auf Freiheit der Person dar. Im Urteil des Bundesverfassungsgerichtes[147] wird ausgeführt, dass es sich bei einer nicht nur kurzfristigen Fixierung um eine Freiheitsentziehung handelt, bei der ein verfahrensrechtlicher Vorbehalt hinsichtlich einer richterlichen Entscheidung vorgesehen ist. Von einer kurzfristigen Maßnahme geht das Gericht jedenfalls bei einer Fixierung in der Regel aus, wenn sie absehbar die Dauer von ungefähr einer halben Stunde unterschreitet. In der Rechtsliteratur wird derzeit kontrovers diskutiert, ob psychischer Druck aus Furcht vor Verwaltungsverfügungen und damit einhergehende angedrohte Sanktionen bereits ausreicht, einen Freiheitsentzug zu begründen.

Mit Blick auf § 204 LVwG ist festzuhalten, dass die Freiheitsentziehung gerade der Sinn und Zweck der Maßnahmen ist. Aufgrund ihrer intensiven Eingriffstiefe muss daher im Rahmen der Verhältnismäßigkeit besonders gründlich geprüft werden, ob mildere Maßnahmen nicht ausreichend sind.

Richterliche Entscheidung

Der Eingriffstiefe trägt Art. 104 Abs. 2 GG insofern Rechnung, als dass die Zulässigkeit und Fortdauer der Freiheitsentziehung unter Richtervorbehalt stehen. Bei jeder nicht auf richterlicher Anordnung beruhenden Freiheitsentziehung ist unverzüglich eine richterliche Entscheidung herbeizuführen. Dies findet seine einfachgesetzliche Ausprägung in §§ 204 Abs. 6, 181 Abs. 5 LVwG.

„Unverzüglich" ist so auszulegen, dass die richterliche Entscheidung ohne jede schuldhafte Verzögerung, die sich nicht aus sachlichen Gründen rechtfertigen lässt, nachgeholt werden muss. Sachliche Gründe ergeben sich in der polizeilichen Praxis aus Schwierigkeiten, z. B. beim Trans-

147 BVerfG, Urt. V. 24.07.2018 – 2 BvR 309/15 und 2 BvR 502/16 = NJW 2018, 2619 (verfassungsrechtliche Anforderungen an die Fixierung von Patienten in der öffentlich-rechtlichen Unterbringung).

port der in Gewahrsam genommenen Person, aus renitentem Verhalten und der Länge des Weges zur Gewahrsamsdienststelle. Wird die richterliche Entscheidung wissentlich und mutwillig durch die Polizei nicht herbeigeführt, ist die Gewahrsamnahme rechtswidrig.

Saldierend müssen sich alle polizeilichen Situationen, bei denen Personen einem Freiheitsentzug unterliegen und nicht nur kurzfristig festgehalten werden, an den nachstehenden Leitsätzen des Bundesverfassungsgerichtes[148] orientieren:

1. „Aus Art. 104 Absatz 2 GG folgt für den Staat die Verpflichtung, die Erreichbarkeit eines zuständigen Richters – jedenfalls zur Tageszeit – zu gewährleisten und ihm auch insoweit eine sachangemessene Wahrnehmung seiner richterlichen Aufgaben zu ermöglichen.
2. Art. 104 Absatz 2 Satz 3 GG setzt dem Festhalten einer Person ohne richterliche Entscheidung mit dem Ende des auf das Ergreifen folgenden Tages eine äußerste Grenze, befreit aber nicht von der Verpflichtung, eine solche Entscheidung unverzüglich herbeizuführen."

Aus eigener Machtvollkommenheit darf die Polizei also niemanden länger als bis zum Ende des Tages nach Ergreifen in eigenem Gewahrsam festhalten.

Für die Entscheidung über den Freiheitsentzug ist das Amtsgericht zuständig, in dessen Bezirk die Person festgehalten wird (§ 181 Abs. 5 Satz 3 LVwG). Die nachträgliche gerichtliche Überprüfung einer polizeirechtlichen Maßnahme wie z.B. der Gewahrsamnahme erfolgt jedoch gemäß § 40 Abs. 1 Verwaltungsgerichtsordnung (VwGO) durch das zuständige Verwaltungsgericht. Es handelt sich dabei um öffentlich-rechtliche Streitigkeiten, wobei sich die Gewahrsamnahme als ein Streitgegenstand nach der öffentlich-rechtlichen Norm § 204 LVwG definiert.

Beispiel:

Eine Person wird nach diversen Diebstählen zwischen 09.00 und 13.00 Uhr zur Verhinderung weiterer Straftaten gemäß § 204 Abs. 1 Nr. 2 LVwG in Oldenburg/ Holstein werktags um 13.30 Uhr durch die Polizei in Gewahrsam genommen. Die Entscheidung des Amtsgerichtes Oldenburg hinsichtlich des Freiheitsentzuges kann tatsächlich unverzüglich herbeigeführt werden. Die zuständige Richterin bestätigt die polizeiliche Maßnahme sofort und ordnet den Sicherheitsgewahrsam des Störers bis zur Schließung der Einkaufsmöglichkeiten um 21 Uhr an. Die Polizei führt den Störer dem 60 km entfernten Zentralgewahrsam in Lübeck zu. Dort wird der Gewahrsam vollzogen. Die in Gewahrsam genommene Person wird in Lübeck um 21 Uhr aus dem Zentralgewahrsam entlassen. Gegen diese Maßnah-

148 BVerfG, Beschl. v. 15.05.2022 – 2 BvR 2292/00 = NJW 2002, 3161.

me und die für die gebührenpflichtigen Amtshandlungen im Sinne der Landesverordnung über die Kosten im Vollzugs- und Vollstreckungsverfahren (§ 1 Nr. 4 der VVKO vom 18.09.2017) saldierten Gesamtkosten von ca. 250 Euro legt die Person einen Rechtsbehelf ein. Nach einem abschlägig beschiedenen Widerspruchsbescheid der Behörde (Polizeidirektion Lübeck) wendet sich der Petent zur erstinstanzlichen verwaltungsgerichtlichen Überprüfung an das Verwaltungsgericht des Landes Schleswig-Holstein in Schleswig.

Maßnahmequalität

Die Anordnung einer Gewahrsamnahme gemäß § 204 LVwG ist Verwaltungsakt aufgrund ihres regelnden Charakters. Ihre Durchführung ist von der Anordnung getrennt zu betrachten und ist als Realakt zu qualifizieren, siehe allgemein zur Einordnung der Rechtsqualität der Maßnahmen der Gefahrenabwehr die Ausführung zu den Zentralbegriffen des Polizei- und Ordnungsrechts unter „Realakt".

Polizeigewahrsam – Polizeigewahrsamsordnung (PGO), Erlass IV-LPA-10-14.67

Grundsätzlich werden alle Personen, denen durch die Polizei aufgrund von gesetzlichen Bestimmungen (in der Regel Landesverwaltungsgesetz oder Strafprozessordnung) die Freiheit entzogen wird, bis zur Beendigung des Freiheitsentzuges oder aber der Übergabe an eine andere Behörde im Polizeigewahrsam untergebracht. Mit der Gewahrsamnahme einer Person übernimmt der Anordnende die Fürsorge für die betroffene Person („Garantenstellung"). Die Polizeigewahrsamsordnung (PGO), Erlass IV-LPA-10-14.67, regelt das Verfahren bei der Durchführung des Gewahrsams und die Zuständigkeiten zwischen den Polizeivollzugsbeamtinnen/-beamten, die den Freiheitsentzug im Rahmen des Verwaltungshandelns anordnen und den Polizeivollzugsbeamtinnen/-beamten, die den Gewahrsam der betroffenen Person tatsächlich durchführen und beaufsichtigen. Freiheitsstrafen, Untersuchungshaft, Abschiebe- und Erzwingungshaft werden in Gewahrsamsräumen der schleswig-holsteinischen Landespolizei nicht vollzogen.

Gewahrsamsfähigkeit und ärztliche Beurteilung

Gewahrsamsfähig ist nur diejenige Person, die auch gesundheitlich geeignet für den Aufenthalt in den Gewahrsamsräumen ist. Eine Unterbringung in Gewahrsamsräumen der Polizei scheidet bei offensichtlich kranken Personen daher grundsätzlich aus. Gewahrsamsunfähigkeit ist anzunehmen, wenn aufgrund des Gesundheitszustandes der Person eine Gefahr für Leib, Leben oder die Gesundheit vorliegt. Gerade beim Schutzgewahrsam (§ 204

Abs. 1 Nr. 1 LVwG) in nachstehenden beispielhaft gewählten Fallkonstellationen scheidet die Unterbringung einer Person in einem Polizeigewahrsam ohne vorherige ärztliche Untersuchung generell aus:

- Person ist nicht ansprechbar,
- hat erbrochen,
- hat unkontrollierten Harn- und Stuhlabgang,
- bedarf aufgrund erkennbarer äußerer Verletzungen ärztlicher Hilfe,
- leidet unter einer nach dem Infektionsschutzgesetz meldepflichtigen Krankheit,
- ist erkennbar unterkühlt, unterernährt, entkräftet (schlechter Gesundheitszustand),
- gibt gesundheitliche Beschwerden an, auffällige psychische Störungen.

Bei einer vorübergehenden Unterbringung von in Gewahrsam genommenen Personen in sonstigen Räumlichkeiten, sind die Bestimmungen der Polizeigewahrsamsordnung sinngemäß anzuwenden. Das betrifft vor allem den Betrieb von Gefangenensammelstellen (GeSa) für in Gewahrsam genommene Störer während demonstrativer Aktionen.

Die Gewahrsamsfähigkeit ist auf Veranlassung der Polizei durch einen Arzt feststellen zu lassen. Dabei trägt die die Gewahrsamnahme anordnende Polizeibeamtin oder der Polizeibeamte die Verantwortung für die Feststellung der Gewahrsamsfähigkeit. Gemäß Ziffer 4 der Polizeigewahrsamsordnung (PGO SH) des Landes Schleswig-Holstein stellt der Arzt oder die Ärztin mit den ihm oder ihr zum Zwecke einer Notfalluntersuchung zur Verfügung stehenden diagnostischen Mitteln das Zustands- bzw. Krankheitsbild fest und entscheidet, ob der Gewahrsam

1. ohne weitere ärztliche Behandlung vollzogen werden kann

oder

2. eine ambulante Behandlung notwendig ist

oder

3. eine stationäre Aufnahme erforderlich wird.

Bei der Notfalluntersuchung ist die in den Gewahrsam einliefernde Beamtin/der einliefernde Beamte verpflichtet, die Ärztin/den Arzt auf Besonderheiten, die für die Untersuchung bedeutsam sind, hinzuweisen und in Schriftform zu dokumentieren (Fertigung eines Einlieferungsbescheides). Insbesondere sind in diesem Zusammenhang auf Gefährlichkeit, Suizidabsichten, Verletzungen oder auf Krankheitssymptome hinzuweisen. Ein ärztlicher Befund im Rahmen der Notfalluntersuchung muss in Schriftform dem verwaltungsrechtlichen Vorgang der Gewahrsamnahme beigefügt werden, sodass jederzeit nachvollzogen werden kann, ob eine weitere ärztliche

Untersuchung nach einer gewissen Zeit erfolgen soll oder eine erneute Untersuchung nicht erforderlich ist. In dieser Schriftlage wird durch den Arzt auch festgelegt, ob und wie Kontrollen bei der in Gewahrsam genommenen Person durchzuführen sind. Generell dürfen Personen, die in Gewahrsam genommen werden, durch Polizeivollzugsbeamtinnen/-beamte keine Medikamente verabreicht werden. Der Zustand von Personen, die z.B. zu ihrem eigenen Schutz in Gewahrsam genommen werden, wird sich fortlaufend verändern, insbesondere wenn die Person stark ADM-beeinflusst (Alkohol, Drogen, Medikamente) ist. Wenn sich der Gesundheitszustand verschlechtert, weitere Krankheitssymptome hinzukommen oder auch die Person in Gewahrsam verweilt, der über 24 Stunden andauert, ist die betroffene Person erneut zu untersuchen. Gegebenenfalls muss eine RTW-Besatzung durch die Polizei unterstützt werden, wenn eine in Gewahrsam genommene Person ins Krankenhaus verlegt wird. Ausnahme von der ärztlichen Untersuchung: In Fällen des § 204 Abs. 1 Nr. 2, 4, 5 oder 6 LVwG kann von einer Untersuchung durch eine Ärztin/einen Arzt abgesehen werden, wenn beim Vollzug des Gewahrsams Leben und Gesundheit der betroffenen Person nicht gefährdet und die Hinzuziehung eines Arztes offensichtlich unnötig ist. Im Zweifel ist die ärztliche Untersuchung einzuholen.

Nationale Stelle zur Verhütung von Folter/CPT-Jahresbericht, Gewahrsamsräume

Verschiedene Institutionen, z.B. die nationale Stelle zur Verhütung von Folter oder das CPT (European Comitee for the Prevention oft Torture and Inhuman or degrading Treatment or punishment), besuchen jährlich Hafteinrichtungen der Justiz und Gewahrsamseinrichtungen der Polizeien der Länder. Sie überprüfen Örtlichkeiten, an denen Personen die Freiheit entzogen ist. Delegationen der nationalen Stelle zur Verhütung von Folter oder des CPT haben in Schleswig-Holstein Zugang zu Hafteinrichtungen und Gewahrsamseinrichtungen und dort das Recht, sich ungehindert zu bewegen und mit in Gewahrsam genommenen Personen zu kommunizieren. Aus den festgestellten Tatsachen und Informationen erstellen die Institutionen Berichte, die möglicherweise Probleme in Prozessen der polizeilichen Gewahrsamnahme beschreiben oder aber bauliche Mängel einzelner Gewahrsamseinrichtungen aufzeigen. Saldierend aus den Berichten beider Institutionen darf der Zustand und die Ausstattung der Gewahrsamsräume die Menschenwürde nicht beeinträchtigen und sollte nachstehende Mindeststandards berücksichtigen:

- Rauchmelder, Notrufknopf
- regulierbares Licht

- schwer entflammbare, abwaschbare Matratze
- Decke, Kopfunterlage

Die Nationale Stelle zur Verhütung von Folter weist auf eine menschenwürdige Unterbringung bei Gewahrsamnahme hin und definiert die Mindestgröße der Grundfläche einer Einzelgewahrsamsunterbringung auf mindestens 4,5 qm (Sammelunterbringung 3,5 qm).

Die Zielrichtung einer Gewahrsamnahme lässt sich in folgende Bereiche unterteilen:

1. Schutzgewahrsam

Die Gewahrsamnahme einer Person zu ihrem eigenen Schutz wird in **§ 204 Abs. 1 Nr. 1 LVwG** geregelt. Danach kann eine Person nur in Gewahrsam genommen werden, wenn dies zu ihrem Schutz gegen eine Gefahr für Leib oder Leben erforderlich ist, insbesondere, weil sie sich erkennbar in einem die freie Willensbildung ausschließenden Zustand oder sonst in hilfloser Lage befindet. Hierbei ist es unerheblich, ob die Lage selbst verschuldet ist. Ein die **freie Willensbildung ausschließender Zustand** ist generell dann gegeben, wenn die betroffene Person sich in einem Zustand befindet, der, bspw. aufgrund von übermäßigem Alkohol- oder Betäubungsmittelkonsum, eigene Entscheidungen ausschließt. Dieser Zustand muss deutlich erkennbar (schwankender Gang, lallende Aussprache, Orientierungslosigkeit...) und damit objektiv wahrnehmbar sein.

In einer **hilflosen Lage** im Sinne von § 204 Abs. 1 Nr. 1 LVwG sind Personen, die zur Abwehr von ihnen drohenden Gefahren aus eigener Kraft nicht in der Lage sind. Unter Umständen können die Personen diese Gefahren überhaupt nicht realisieren. Das betrifft unter anderem kleine Kinder, verletzte Personen oder demente Menschen. Der Gesetzgeber hat in der Norm nicht abschließend alle Fälle geregelt, bei denen Schutzgewahrsam zulässig ist. Insofern können auch Personen, die Suizid begehen wollen oder sich schwerwiegende Verletzungen selbst zufügen, aber auch Personen, die akut durch gezielte Handlungen anderer Personen bedroht sind, in Schutzgewahrsam genommen werden.

Beispiel:

Die häufigste Situation der Schutzgewahrsamnahme liegt beim Auffinden von deutlich betrunkenen Personen vor. Dabei prüft die Polizei am Einsatzort zunächst, ob die Person dringend ärztlicher Hilfe bedarf und beurteilt anhand der Gesamtumstände (Außentemperatur, Wetter, u. U. Obdachlosigkeit, auch ob andere Rechte tangiert sind), ob die sich in einer der freien Willensbildung ausschließenden Situation befindliche Person möglicherweise in ihren privaten Lebensbereich zurückgebracht werden kann, wenn dort adäquate zuverlässige Betreuung ihrer Situation vorliegt. Ultima Ratio für die Polizei ist die Gewahrsamnahme in polizeilichen Gewahrsamräumen verbunden mit einer ärztlichen Notfalluntersuchung.

Der Schutzgewahrsam zeichnet sich durch Begründung besonderer Fürsorgepflichten durch die Polizei aus („Garantenstellung"). Der Verwaltungsakt wird der betroffenen Person mitgeteilt oder beginnt durch schlüssiges Handeln. Liegen Voraussetzungen der Gewahrsamnahme vor, nimmt die Polizei die Person in ihre Obhut und übernimmt die Verantwortung für sie (sog. „Garantenpflicht").

2. Sicherheitsgewahrsam

Beim Sicherheitsgewahrsam (Verhinderungs-/Unterbindungsgewahrsam) im Sinne des **§ 204 Abs. 1 Nr. 2 LVwG** kann die Person nur in Gewahrsam genommen werden, wenn die Maßnahme unerlässlich ist, um die unmittelbar bevorstehende Begehung oder Fortsetzung einer Straftat oder Ordnungswidrigkeit von erheblicher Bedeutung für die Allgemeinheit zu verhindern.

Die Intention der Ermächtigungsnorm ist es, einen Störer von einem bestimmten rechtswidrigen Handeln abzubringen. Grundsätzlich erfasst der Tatbestand des Sicherheitsgewahrsams alle Straftaten, wenngleich beim Einschreiten zur Verhinderung geringfügiger Delikte der Grundsatz der Verhältnismäßigkeit besonders zu berücksichtigen ist. Die Maßnahme muss zur Gefahrenabwehr unerlässlich sein, darf sich also nicht durch mildere Maßnahmen erreichen lassen. Dem Wortlaut nach ist der Gewahrsam auch zur Verhinderung von Ordnungswidrigkeiten zulässig, allerdings muss es sich zwingend um solche von erheblicher Bedeutung für die Allgemeinheit handeln; geringfügige Ordnungswidrigkeiten scheiden in jedem Fall aus. Die Bewertung der Ordnungswidrigkeit ist anhand des durch den Tatbestand zu schützenden Rechtsgutes vorzunehmen. Die Norm entfaltet somit einen Schutzzweck für wesentliche Rechtsgüter. Die Tatbegehung des Störers muss unmittelbar bevorstehen oder bereits begonnen haben.

So hätte die Sicherstellung des Fahrzeugschlüssels oder des Fahrzeuges eines deutlich alkoholisierten Fahrzeugführers, der ansetzt, sein Fahrzeug zu starten und im öffentlichen Straßenverkehr zu führen, als Mindermaßnahme Vorrang vor der Gewahrsamnahme des potenziellen Störers. Voraussetzung hierfür ist, dass der gleiche Schutzzweck erreicht wird.

Ist eine Straftat vollendet und steht eine neue Tatbegehung nicht unmittelbar bevor, kann eine freiheitsentziehende polizeiliche Maßnahme nur noch der Repression zugeordnet werden. Beispielhaft wird hierzu eine vorläufige Festnahme im Sinne von § 127 Abs. 2 StPO nach einer vollendeten Raubstraftat angeführt.

3. Sicherungsgewahrsam

Die Zielrichtung des **§ 204 Abs. 1 Nr. 3 LVwG** ist der Schutz von privaten Rechten. Der Anlass für diese freiheitsentziehende Maßnahme ist in der polizeilichen Praxis nur selten vorzufinden. Die Regelungen dienen der Sicherung zivilrechtlicher Ansprüche und haben eine lückenfüllende Funktion, da die Nichterfüllung dieser Ansprüche nicht zwangsläufig auch eine Straftat darstellen muss. Der Gewahrsamszweck ist die Sicherung der in §§ 229 und 230 Abs. 3 BGB niedergelegten Selbsthilferechte des Bürgers. Die Wahrnehmung eines Festnahmerechtes im Sinne des § 230 Abs. 3 BGB durch den Bürger ist dann im Ausnahmefall zulässig, wenn staatliche Hilfe nicht rechtzeitig zu erlangen ist und ohne sofortiges Handeln zumindest die Gefahr einer wesentlichen Erschwerung der Realisierung des eigenen Anspruchs droht. Wenn diese jedoch zur Stelle ist, so bleibt kein Raum mehr für ein selbstständiges Tätigwerden des Bürgers. Insofern ist der Gewahrsam zum Schutz privater Rechte erforderlich, um den Berechtigten beim Vorhandensein der obrigkeitlichen Hilfe nicht schlechter zu stellen als im Rahmen des eigenverantwortlichen Wirkens. Es muss auch für die Polizei die Möglichkeit der freiheitsentziehenden Maßnahme bestehen, bis eine richterliche Entscheidung über den möglichen Antrag auf persönlichen Sicherheitsarrest gemäß § 230 Abs. 3 BGB i. V. m. §§ 916, 918 ZPO ergeht. Die Gewahrsamnahme muss in jedem Fall für den Schutz der zivilrechtlichen Ansprüche unerlässlich sein. Mildere Maßnahmen wie die Identitätsfeststellung oder die Sicherstellung dürfen nicht in gleicher Weise zum Ziel führen. Im Regelfall werden jedoch Maßnahmen mit geringerer Eingriffsintensität ausreichen, sodass die praktische Relevanz der Gewahrsamsalternative zum Schutz privater Rechte gering ist. Auch in dieser mehr hypothetisch denkbaren Fallkonstellation könnte die Polizei zur Sicherung zivilrechtlicher Ansprüche unter strikter Beachtung der Verhältnismäßigkeit eine Gewahrsamnahme durchführen.

4. Durchsetzungsgewahrsam

Gemäß **§ 204 Abs. 1 Nr. 4 LVwG** kann die Polizei einen Störer in Gewahrsam nehmen, wenn dieses „unerlässlich" ist, um

- einen Platzverweis (§ 201 Abs. 1 LVwG),

- ein Aufenthaltsverbot (§ 201 Abs. 2 LVwG),
- ein Aufenthaltsgebot (§ 201 Abs. 3 LVwG) oder
- eine erlassene Meldeauflage (§ 201 Abs. 4 LVwG)

durchzusetzen.

Kann ein Störer durch Anwendung von Zwangsmaßnahmen nicht bewegt werden, einen Ort zu verlassen oder sich an ihm aufzuhalten, kann die Person in Gewahrsam genommen werden. Dabei müssen objektive Fakten dafür vorliegen, dass Vollzugsmaßnahmen ein untunliches Mittel sind, die Gefahr final zu beseitigen.

Beispiel 1

(Gewahrsamnahme zur Durchsetzung eines Platzverweises)

Zehn deutlich alkoholisierte und grölende Fußballfans erhalten einen Platzverweis vor dem Hauptbahnhof bevor der Zug mit rivalisierenden Gästefans einläuft. Sie werden mehrfach abgedrängt, finden sich aber immer wieder auf dem Bahnhofsvorplatz ein. Um körperliche Auseinandersetzungen mit den Gästefans zu vermeiden, werden sie in Gewahrsam genommen und dort festgehalten, bis die Gästefans den Bahnhofsbereich verlassen haben und sich im Stadion befinden.

Beispiel 2

(Gewahrsamnahme zur Durchsetzung eines Aufenthaltsverbotes)

Vor dem Fußballstadion werden zwei Rädelsführer einer Hooligangruppe kontrolliert. Sie dürfen sich an dem Ort aufgrund eines rechtmäßig erlassenen Aufenthaltsverbotes nicht aufhalten und werden zur Durchsetzung der Verbotsverfügung für die Dauer des Spiels in Gewahrsam genommen.

Beispiel 3

(Gewahrsamnahme zur Durchsetzung eines Aufenthaltsgebotes)

In Kiel werden vor dem Fußballstadion zwei gewaltbereite rivalisierende Lübecker Fußballfans kontrolliert. Für diesen Spieltag war ihnen gegenüber ein Aufenthaltsgebot in Schriftform für ihren Wohnort in Lübeck ergangen und rechtskräftig zugestellt. Sie werden für die Dauer des Spiels zur Durchsetzung des Aufenthaltsgebotes und damit zur Verhinderung von Fanauseinandersetzungen durch Polizeibeamte in Gewahrsam genommen.

Die **Gewahrsamnahme zur Durchsetzung einer Wohnungsverweisung, eines Rückkehr- und Betretungsverbotes sowie des Kontakt- und Näherungsverbotes** im Rahmen des **§ 201 Abs. 1 Nr. 5 LVwG** eröffnet Optionen, Polizeiverfügungen zum Schutz von Opfern von Gewalt im häuslichen Nahbereich durchzusetzen. In diesem polizeilichen Themenfeld gibt es nur eine Vorgabe: „Das Opfer bleibt, der Störer geht!". Natürlich ist diese polizeiliche Gewahrsamnahme als „Ultima Ratio" in einem abgestuften polizeilichen Maßnahmenkatalog zu sehen, sie gibt dem Opfer aber Zeit und Ruhe, um sich nach dem Erlebten in einem Entscheidungsprozess neu zu organisieren, ohne Angst vor erneuter physischer oder psychischer Gewalt. Auch bei fortgesetzter Missachtung eines Kontakt- und Näherungsverbotes verbunden mit massiver Einschüchterung oder Bedrohung des Opfers kann die Gewahrsamnahme des latenten Störers in Betracht gezogen werden.

§ 204 Abs. 1 Nr. 6 LVwG sieht einen Durchsetzungsgewahrsam bei Weigerung einer Person einer gerichtlich angeordneten EAÜ Folge zu leisten vor.

Diese Vorschrift ist im Rahmen der Novellierung des LVwG[149] neu aufgenommen worden und steht in direktem Zusammenhang mit der ebenfalls neu aufgenommen Möglichkeit der Elektronischen Aufenthaltsüberwachung (EAÜ) aus § 201b LVwG. Die Gewahrsamnahme ist hierbei in zwei Fallkonstellationen möglich:

1. zur Durchsetzung der EAÜ und
2. bei Fehlschlagen der EAÜ zur Abwehr der mit der EAÜ ursprünglich zu begegnenden Gefahr.

Eine „Weigerung", der gerichtlichen Anordnung zur EAÜ Folge zu leisten, liegt z. B. vor, wenn die betroffene Person die Maßnahme dadurch nicht zulässt, dass sie durch ihr Verhalten das Anlegen des technischen Mittels am Körper unmöglich macht, sich des technischen Mittels entledigt, dessen Funktionsfähigkeit beeinträchtigt oder dies ernsthaft oder wiederholt versucht.[150]

Einerseits besteht die Möglichkeit einer Gewahrsamnahme zur Durchführung der EAÜ selbst, andererseits – insbesondere nach Scheitern der EAÜ – um die Gefahr abzuwehren, die mit der Anordnung der EAÜ abgewendet werden soll. So kann die Gewahrsamnahme angeordnet werden, um eine störungsfreie Installation der technischen Mittel zu ermöglichen oder die betroffene Person doch zur notwendigen Kooperation zu bewegen. Sie kann

149 Gesetz zur Änderung polizei- und ordnungsrechtlicher Vorschriften im Landesverwaltungsgesetz (LVwGPORÄndG) vom 26.02.2021, GVBl. Schl-H. 2021, S. 222.

150 LT Schl.-H. DrucksS. 19/2118 vom 22.04.2020, S. 117.

auch notwendig sein, um mit der EAÜ durchzusetzende Aufenthaltsgebote und Aufenthaltsverbote kurzfristig wirksam zu gewährleisten, oder um zu verhindern, dass sich die betroffene Person allgemein dem Zugriff entzieht und sich an einen unbekannten Ort begibt. Grundsätzlich muss die Gewahrsamnahme auch hier wieder unerlässlich sein. Eine Maßnahme wäre zum Beispiel dann unerlässlich, wenn die Gefahrenabwehr nur auf diese Weise möglich und nicht durch eine andere Maßnahme ersetzbar ist.[151] Grundsätzlich gilt, dass die Gewahrsamnahme vom Adressaten durch Befolgung der EAÜ-Anordnung selbstständig vermieden werden kann.

5. Gewahrsamnahme Minderjähriger

Gemäß **§ 204 Abs. 2 LVwG** können Minderjährige, die sich der Obhut der Sorgeberechtigten entzogen haben, in Gewahrsam genommen werden, um sie den Sorgeberechtigten oder dem Jugendamt zuzuführen. Diese Art des Gewahrsams kann als eine weitere Art des Schutzgewahrsams betrachtet werden. Die Maßnahme dient ausschließlich dem Zweck der unverzüglichen Zuführung zum Sorgeberechtigten oder dem Jugendamt.

Beispiel:

Ein zweijähriges Kind wird von Passanten auf eine Polizeiwache gebracht. Draußen ist es winterlich kalt und im großstädtischen Vorweihnachtstreiben hat das Kind seine Eltern verloren. Die Polizei wird es zeitnah den Sorgeberechtigten zuführen.

Ein weiteres Beispiel unterstreicht den eigentlichen Schutzzweck: Inobhutnahme zum Wohle von Kindern/Jugendlichen in akuten Not- und Konfliktsituationen und in Fällen von häuslicher Gewalt. Eine freiheitsentziehende Maßnahme eines Minderjährigen in einer Haft- oder Arrestzelle ist nicht zulässig.

Beispiel:

Polizeibeamte werden in der Nachtzeit an einen Einsatzort entsandt. Hier finden sie nach Gewalt im häuslichen Nahbereich ein kleines Kind, das augenscheinlich auch von den Eltern geschlagen wurde. Diesem Kind geht es sichtbar nicht gut. Die Zielrichtung der polizeilichen Maßnahmen ist hier der Schutz des Kindeswohls. Eine polizeiliche Gewahrsamnahme hat in diesem Fall das Ziel, die Gefährdung des Kindeswohls zu beenden und es der Obhut des Jugendamtes zuzuführen.

151 OLG Frankfurt, Beschl. vom 18.06.2007 – 20 W 221/06, OLGR Frankfurt 2008, S. 269.

7. Gewahrsam zur Rückführung Entwichener

Wurde gegen eine Person aus gesetzlichen Gründen außerhalb des Polizeirechts eine freiheitsentziehende Maßnahme angeordnet und hat sie sich dieser entzogen, so kann die Polizei sie ohne Weisung oder Ersuchen der für den Vollzug der Maßnahme zuständigen Behörde gemäß **§ 204 Abs. 3 LVwG** in Gewahrsam nehmen, um sie in die Hafteinrichtung zurückzuführen, aus der sie sich unerlaubt entfernt hat. Die Festnahmerechte der Bediensteten der Vollzugsbehörde bleiben hiervon gemäß § 87 Strafvollzugsgesetz unberührt.

Verfahrensregelungen

Gemäß **Absatz 4 Satz 1** dürfen Gewahrsamnahmen nur durch Polizeivollzugsbeamtinnen und Polizeivollzugsbeamte vorgenommen werden. Andere Behörden können allerdings die Polizei unter Angabe des tatsächlichen und rechtlichen Grundes der Maßnahme ersuchen, im Rahmen von Vollzugshilfe eine Person in Gewahrsam zu nehmen. **Absatz 4 Satz 2** enthält eine bereichsspezifische Befugnis, eine der Freiheit entzogene Person mittels Bildübertragung zu deren eigenem Schutz offen zu beobachten. Die Person kann offen beobachtet werden, wenn und solange tatsächliche Anhaltspunkte die Annahme rechtfertigen, dass die Maßnahme zum Schutz der Person unerlässlich ist. Die offene Bildaufzeichnung kann während der gesamten Gewahrsamnahme der Person andauern und ist zeitlich nicht limitiert. Der Einsatz von Bildaufzeichnungsgeräten sowie Tonübertragungen und Tonaufzeichnungen des gesprochenen Wortes sind von dem Regelungsgehalt nicht gedeckt.

Der Gewahrsam ist gemäß **Absatz 5** unverzüglich aufzuheben, sobald der Grund hierfür weggefallen oder der Zweck erreicht ist. Das heißt, dass die Person sofort zu entlassen ist, sobald die Gefahr oder die Gefährdung, die zur Gewahrsamnahme geführt hat, beseitigt ist. Daraus resultiert für die Polizei die Verpflichtung, fortlaufend zu prüfen, ob der Grund der Gewahrsamnahme des Störers noch vorliegt oder entfallen ist. Die Person wäre dann unverzüglich zu entlassen. Die dem Polizeigewahrsam zugeführte volltrunkene Person kann nach „Ausschlafen des Rausches“ und Nachweis der Wiederherstellung eines Zustandes der vollen Willensbildung aus dem Gewahrsam entlassen werden. Die zeitliche Dauer des polizeilich angeordneten Gewahrsams ist im Sinne von Absatz 5 Satz 2 eingeschränkt und spätestens am Ende des Tages nach der Übernahme in den Gewahrsam aufzuheben, sofern die Dauer der freiheitsentziehenden Maßnahme nicht gerichtlich angeordnet wurde. Soweit die Gewahrsamnahme einer Person also aus polizeilicher Sicht länger als bis zum Ende des auf die Übernahme in den Gewahrsam folgenden Tages unerlässlich ist, ist hierfür eine gerichtliche Anordnung erforderlich.

Absatz 6 regelt das gerichtliche Verfahren für freiheitsentziehende Maßnahmen nach diesem Gesetz und verweist auf § 181 Abs. 5 LVwG und die bereits angeführten Grundsätze (unverzügliche richterliche Entscheidung über Zulässigkeit/Dauer der Freiheitsentziehung). Das richterliche Verfahren richtet sich als Verfahren in Freiheitsentziehungssachen nach den Bestimmungen der §§ 415–432 des Gesetzes über das Verfahren in Familiensachen und in den Angelegenheiten der freiwilligen Gerichtsbarkeit (FamFG). In diesen Fällen hat der Richter den Betroffenen mündlich anzuhören. Hiernach ist das Amtsgericht für die Entscheidung zuständig, in dessen Amtsgerichtsbezirk der Betroffene festgehalten wird. Dies gilt auch für eine öffentlich-rechtliche Streitigkeit, die grundsätzlich durch Verwaltungsgerichte zu entscheiden wäre.[152] § 425 Abs. 1 FamFG regelt die Dauer und mögliche Verlängerung der Freiheitsentziehung. Hier heißt es:

> „In dem Beschluss, durch den eine Freiheitsentziehung angeordnet wird, ist eine Frist für die Freiheitsentziehung bis zur Höchstdauer eines Jahres zu bestimmen, soweit nicht in einem anderen Gesetz eine kürzere Höchstdauer der Freiheitsentziehung bestimmt ist."

Ob diese subsidiäre Begrenzung durch das FamFG insbesondere wegen der fehlenden Differenzierung zwischen den Gewahrsamsformen und dem verfassungsrechtlichen Bestimmtheitsgebot sowie der Verhältnismäßigkeit im engeren und weiteren Sinne rechtlich zulässig ist, dürfte fraglich sein.

Beispiele für freiheitsentziehende Maßnahmen außerhalb des Polizeirechts sind unter anderem:

im Strafprozessrecht:

- § 112 StPO (Voraussetzungen der Untersuchungshaft, Haftgründe)
- § 126a StPO (vorläufige Unterbringung)
- § 127 StPO (Vorläufige Festnahme)
- § 163c StPO (Freiheitsentziehung zur Identitätsfeststellung)

spezialgesetzliche Regelungen der Gefahrenabwehr:

- § 62 Aufenthaltsgesetz (Abschiebungshaft)
- § 28 Infektionsschutzgesetz (Schutzmaßnahmen)
- § 30 Infektionsschutzgesetz (hier: zwangsweise Durchsetzung der Absonderung)
- § 11 Gesetz zur Hilfe und Unterbringung von Menschen mit Hilfebedarf infolge psychischer Störungen (PsychHG)

152 Siehe auch § 40 Abs. 1 Satz 1 VwGO.

Maßnahmen der Sicherung und Besserung:

- § 63 StGB (Unterbringung in einem psychiatrischen Krankenhaus)
- § 64 StGB (Unterbringung in einer Entziehungsanstalt)
- § 66 StGB (Unterbringung in der Sicherungsverwahrung).

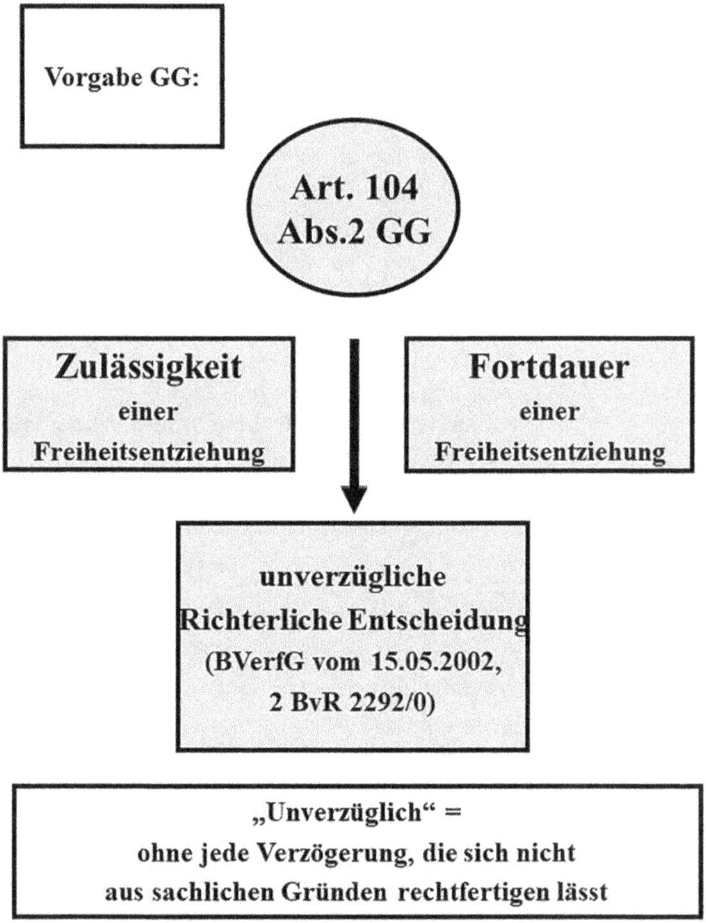

Schematische Übersicht zur Thematik Freiheitsentziehung

Schematische Übersicht zur Thematik Gewahrsam

9. Verfahren bei amtlichem Gewahrsam, § 205 LVwG

Die Norm trifft Verfahrensregelungen bei „amtlichem Gewahrsam" und umfasst damit alle Fälle der Freiheitsentziehung im Verwaltungswege.

Gemäß **Absatz 1** sind einer Person, die in Gewahrsam, Verwahrung oder in Haft genommen oder untergebracht wird (amtlicher Gewahrsam), unverzüglich der Grund der Maßnahme und die zulässigen Rechtsbehelfe bekannt zu geben, es sei denn, die Bekanntgabe wirkt sich nachteilig für die Person aus. Die betroffene Person soll so in die Lage versetzt werden, schnellstmöglich gegen die Maßnahme vorgehen zu können. Dabei ist zu beachten, dass die Maßnahme in der Regel vor der Unterbringung im Gewahrsamsraum begonnen wird. Insofern muss die Mitteilung über den Freiheitsentzug möglicherweise bereits am polizeilichen Einsatzort bei Beginn der Maßnahme erfolgen. Dabei ist es unerheblich, ob die richterliche Entscheidung über den Freiheitsentzug bereits eingeholt wurde oder nicht.

Es ist sicherzustellen, dass der Person der Grund und die Rechtsbehelfe in einer ihr verständlichen Sprache mitgeteilt werden (vgl. auch Art. 5 Abs. 2 EMRK). Bei ausländischen Staatsbürgern muss dieses unter Umständen unter Hinzuziehung eines Dolmetschers erfolgen. Im Weiteren gelten für den Freiheitsentzug von Ausländern die Regelungen gem. Art. 36 des **Wiener Übereinkommens über konsularische Beziehungen (WÜK)**. Demzufolge sind die konsularischen Vertretungen des Heimatstaates der durch den Freiheitsentzug betroffenen Person auf sein Verlangen hin unverzüglich von dessen Festnahme oder Inhaftierung zu unterrichten. Der Betroffene ist auf dieses Recht unverzüglich hinzuweisen. Von dieser Regelung muss die Person nicht zwangsläufig Gebrauch machen, wenn z.B. eine Mitteilung an die konsularische Vertretung seines Heimatlandes Repressalien gegen sie/ihn durch eine nicht demokratisch legitimierte Staatsmacht auslösen könnte. Art. 36 Abs. 1 Ziffer b WÜK gibt vor, dass jede von dem Betroffenen an die konsularische Vertretung gerichtete Mitteilung durch die Behörden unverzüglich weiter zu leiten ist. Eine Datenübermittlung durch Übersendung von Anzeigen, Berichten, des Haftbefehls oder gar der Anklageschrift an die Konsularvertretung darf nicht erfolgen.

Durch die Regelungen des § 205 LVwG werden alle Fälle des Gewahrsams aufgrund des besonderen Gefahrenabwehrrechts und außerhalb der Gefahrenabwehr erfasst. Damit verwendet die Norm einen deutlich auf z.B. Haftsachen oder „Unterbringungssachen“ im Rahmen der durch die Polizei vollzogenen strafprozessualen Regelungen erweiterten Gewahrsamsbegriff.

Die gesetzlichen Vorgaben aus § 205 LVwG finden Niederschlag und Konkretisierung in der Ziffer 6.1 der **Schleswig-Holsteinischen Polizeigewahrsamsordnung (PGO)**.

Einer in amtlichen Gewahrsam genommenen Person ist unverzüglich Gelegenheit zu geben, eine Angehörige/einen Angehörigen oder eine Person ihres/seines Vertrauens zu benachrichtigen (**Absatz 2** i. V. m. § 200 Abs. 2 LVwG). Ist die Person dazu nicht in der Lage, soll die Behörde die Angehörigenbenachrichtigung selbst übernehmen. Der Freiheitsentzug von minderjährigen Personen zieht automatisch die Verpflichtung der Behörde nach sich, Sorgeberechtigte zu verständigen. Diese Benachrichtigungspflichten entfallen, wenn der Grund des Freiheitsentzuges dadurch gefährdet wird.

Absatz 3 regelt, dass die der Freiheit entzogene Person nicht in einem Raum mit Strafgefangenen, Untersuchungsgefangenen oder Suchtkranken verwahrt wird sowie den Grundsatz der geschlechtlichen Trennung bei Gewahrsamnahmen. Diese Norm ist als Sollvorschrift gefasst, da deren Einhaltung in erster Linie durch die tatsächlichen Gegebenheiten vor Ort bestimmt wird. So lässt diese Norm durchaus zu, dass die Trennungsgebote in extremen Situationen vorübergehend außer Acht gelassen werden können. Ziffer 7.2 der Polizeigewahrsamordnung (PGO) gibt vor, dass Kinder und Jugendliche, die sich der Obhut der Sorgeberechtigten entzogen haben, oder diejenigen, die lediglich zu ihrem Schutz in Gewahrsam genommen werden, grundsätzlich nicht in Gewahrsamsräumen unterzubringen sind. Eine vorübergehende Unterbringung von Minderjährigen darf nur in geeigneten Räumen und unter polizeilicher Aufsicht erfolgen.

Gemäß **Absatz 4** dürfen den betroffenen Personen nur solche Beschränkungen auferlegt werden, die der Zweck der Freiheitsentziehung oder die Ordnung im Gewahrsam erfordern. Dies gilt auch für die Abgabe von Geld, Wertsachen, Hosenträgern, Gürteln und Waffen zur Verhinderung eines Suizids. Eine solche Beschränkung kann unter Umständen und den tatbestandsmäßigen Voraussetzungen des § 255 LVwG die Fesselung der Person sein. Eine Fesselung der untergebrachten Person lediglich wegen Personalmangels wurde als unzulässig betrachtet[153].

Saldierend zieht die Gewahrsamnahme einer Person durch die Polizei immer besondere Fürsorgeverpflichtungen der Behörde nach sich. Der Schutz der Menschenwürde der in Gewahrsam genommenen Person hat oberstes Gebot.

VII. Objektbezogene Standardmaßnahmen

1. Durchsuchung von Sachen, § 206 LVwG

> Neben § 202 LVwG (Durchsuchung von Personen) und § 208 LVwG (Betreten und Durchsuchung von Räumen) wird in § 206 LVwG eine weitere Standardermächtigung der Durchsuchung von Sachen geregelt. Die Norm hat die Zielrichtung, Gegenstände oder Personen aufzufinden.

Grundrechtsrelevanz

Die Durchsuchung von Sachen berührt das Grundrecht des Betroffenen auf Eigentum im Sinne von Art. 14 Abs. 1 GG. Eigentum ist die Gesamtheit aller vermögenswerten Positionen, die die Rechtsordnung dem Einzelnen zuweist und ihm die Befugnis zur Nutzung und Verfügung darüber erteilt. Art. 14

153 OLG Köln, NJW 1990, 3280.

Abs. 1 GG garantiert Bestand und Erhalt des Eigentums und stellt jede Einwirkung auf die freie Ausübung der Sachherrschaft unter einen gesetzlichen Vorbehalt. Eine Durchsuchung hat eine Doppelnatur, auf der einen Seite stellt sie einen Realakt dar, auf der anderen Seite einen Verwaltungsakt zur Regelung eines Einzelfalles im Sinne von § 106 Abs. 1 LVwG.

Begriff der „Sache"

§ 90 BGB regelt den Begriff der „Sache". Dabei handelt es sich im Sinne des Gesetzes ausschließlich um körperliche Gegenstände. § 206 LVwG versteht unter dem Sachenbegriff vor allem bewegliche Sachen, die körperlich erfassbar sind:

- Gepäckstücke, Transportbehältnisse, Taschen, Leichen[154]
- Land-, Luft- oder Wasserfahrzeuge,
- nicht an der Körperoberfläche eines Menschen befindliche Kleidungsstücke.

Kleidung, die eine Person am Körper trägt, darf nur unter den tatbestandsmäßigen Voraussetzungen von § 202 LVwG (Durchsuchung von Personen) durchsucht werden.

Auch unbewegliche Sachen können durchsucht werden, dabei kommen insbesondere Grundstücke, Wälder und Felder in Betracht. Dabei wird befriedetes Besitztum deutlich von den genannten Begrifflichkeiten abgegrenzt, es kann nur unter den Voraussetzungen des § 208 LVwG durchsucht werden. Das befriedete Besitztum ist gegen das willkürliche Betreten durch Dritte z.B. durch Zäune gesichert und wird durch Art. 13 GG besonders geschützt. Ein besonderer Problembereich zeigt sich mit der Durchsuchung eines Fahrzeuges, das vorwiegend oder auch nur teilweise durch eine Person bewohnt wird. Gerade bei Wohnwagen oder Wohnmobilen und auch bei der Schlafkabine eines Lkws muss ganz oder teilweise ein Wohnzweck im Sinne von Art. 13 GG unterstellt werden, mit der Folge, dass nicht aufgrund von § 206 LVwG, sondern unter den Voraussetzungen des § 208 LVwG durchsucht werden kann.

Zweck, Ziel

Die Durchsuchung von Sachen im Sinne von § 206 LVwG kann sowohl durch Polizeivollzugsbeamtinnen und -beamte als auch durch Bedienstete der Ordnungsbehörden durchsucht werden. Die Anwendung von unmittelbarem Zwang zur Durchsetzung einer Durchsuchungsmaßnahme erfordert jedoch die Vollzugsbeamteneigenschaft des § 252 LVwG.

154 BVerfG, NJW 1994, 783.

§ 206 1. HS. LVwG verweist auf § 181 Abs. 4 Satz 3 LVwG, in der eine Eingriffsermächtigung für die Durchsuchung zum Zweck der Identitätsfeststellung enthalten ist.

In der Norm werden abschließend und enumerativ sechs Gründe aufgeführt, bei deren Vorliegen Sachen durchsucht werden können:

In **§ 206 Nr. 1 LVwG** wird der Bezug zur Durchsuchung von Personen hergestellt. Das heißt, dass bei dieser Person ein Durchsuchungsgrund im Sinne von § 202 LVwG vorliegen muss. Dieser Fall tritt z.B. ein, wenn Sachen durchsucht werden sollen, die durch eine Person, die in Gewahrsam genommen wurde, mitgeführt werden. Dabei kann der Durchsuchungszweck (z.B. Eigensicherung der eingesetzten Polizeibeamten) nur erreicht werden, wenn die von der Person „mitgeführten" Sachen ebenfalls überprüft und durchsucht werden können, um gefährliche Gegenstände oder Waffen aufzufinden. Bei den „mitgeführten" Sachen handelt es sich um Gegenstände, auf die die Person Zugriff hat, unabhängig von den Besitzverhältnissen. Das betrifft dann auch die Durchsuchung von mitgeführten Fahrzeugen der betroffenen Person, die aufgrund von § 202 LVwG in Anspruch genommen wird.

§ 206 Nr. 2 LVwG regelt die Durchsuchung von Sachen, wenn Tatsachen dafürsprechen, dass sich darin eine andere Sache befindet, die sichergestellt werden kann. Der Gesetzgeber fordert Tatsachen und damit objektiv nachvollziehbare Fakten, die sich dann ergeben, wenn z.B. ein Zeuge beobachtet hat, dass die kontrollierte Person ein Klappmesser in dem mitgeführten Rucksack versteckt.

§ 206 Nr. 3 LVwG regelt die sogenannte „Ergreifungsdurchsuchung" mit der Zielrichtung, in einer Sache Personen aufzufinden, wenn Tatsachen dafürsprechen, dass sich in der Sache eine Person befindet, die entweder in Gewahrsam genommen werden darf, widerrechtlich festgehalten wird oder hilflos ist. Der Gewahrsamsbegriff ist in diesem Zusammenhang weiter gefasst und betrifft alle präventiven Freiheitsentziehungen nach diesem oder anderen Gesetzen mit gefahrenabwehrender Intention. Denkbar wäre diese Fallkonstellation, wenn Container oder größere Transportbehälter durchsucht werden, weil konkrete Hinweise vorliegen, dass sich nach dem Aufenthaltsgesetz illegal aufhältliche Personen darin verborgen halten. Es kommen aber auch Gebäude und Grundstücke in Betracht, sofern diese nicht unter den Schutz der „Wohnung" aus Art. 13 GG fallen. So sind nach der Rechtsprechung des BVerfG zum Beispiel Betriebs- und Geschäftsräume durch Art. 13 GG geschützt.[155]

155 BVerfGE 32, S. 54 = NJW 1971, 2299.

Die Durchsuchung von Sachen im Rahmen der Ortshaftung, weil diese sich an einem der in § 181 Abs. 1 Satz 2 Nr. 1 LVwG genannten Ort befinden, richtet sich nach **§ 206 Nr. 4 LVwG.** Ein bei einer Polizeikontrolle zur Bekämpfung der offenen Drogenszene aufgefundener offensichtlich herrenloser Rucksack kann an einem gefährlichen Ort durchsucht werden, wenn zu vermuten ist, dass sich in ihm entweder Betäubungsmittel oder gefährliche Gegenstände (Spritzbestecke) befinden.

Auch diese Durchsuchung von Sachen erfolgt im Rahmen der Ortshaftung (**§ 206 Nr. 5 LVwG**), wenn z. B. ein Fahrzeug in der Nähe einer jüdischen Synagoge, für die eine polizeiliche Schutzmaßnahme angeordnet wurde, durchsucht wird und die vorgelagerte Halterabfrage des Fahrzeuges Erkenntnisse im Bereich von extremistischen Straftaten generiert.

§ 206 Nr. 6 LVwG regelt die Durchsuchung von Land-, Wasser- oder Luftfahrzeugen an gefahrenabwehrend eingerichteten Kontrollstellen. Im Detail ist durch diese Ermächtigung die Durchsuchung von Kofferräumen und Ladeflächen von Fahrzeugen abgedeckt. Diese Möglichkeit der Durchsuchung umfasst nicht nur das Fahrzeug selbst, sondern auch die im Fahrzeug befindlichen Sachen (Gepäckstücke, Taschen, Ausrüstung und Boxen des Fahrzeugs, Transportgüter, Behältnisse auf dem Autodach usw.) und zwar ohne Berücksichtigung der tatsächlichen Besitzverhältnisse. Repressiv ist eine solche Durchsuchungsbefugnis an einer Kontrollstelle aus § 111 Abs. 1 Satz 2 StPO zu begründen.

Durchsuchung von Sachen

Voraussetzung:
Sachen befinden sich außerhalb des durch Art. 13 GG besonders geschützten Bereiches

1. mitgeführte Sachen einer Person, die nach § 202 LVwG durchsucht werden darf

2. Tatsachen, dass eine Sache, die nach § 210 LVwG sichergestellt werden kann, sich darin befindet

3. Person befindet sich darin:
- zur Gewahrsamnahme
- widerrechtl. festgehalten
- hilflos

4. bei Ortshaftung an gefährlichen Orten

5. bei Ortshaftung an gefährdeten Objekten und Vorliegen von Tatsachen für die Begehung von Straftaten

6. bei Ortshaftung an Kontrollstellen: Land-, Wasser-, Luftfahrzeug

Schematische Übersicht zur Durchsuchung von Sachen

2. Durchsuchung bei Gezielten Kontrollen, § 206a LVwG

> Es handelt sich um eine Eingriffsermächtigung zur Durchsuchung von Sachen im Zusammenhang mit einer gezielten Kontrolle.

Die Polizei kann beim Antreffen einer Person, die nach § 187 Abs. 1 Satz 3 LVwG oder Art. 99 des Schengener Durchführungsübereinkommens (SDÜ) zur gezielten Kontrolle ausgeschrieben ist, dass von dieser Person benutzte Land-, Wasser- oder Luftfahrzeug und die darin enthaltenen Sachen durchsuchen.

Ist eine Person nach § 187 LVwG oder nach Art. 99 SDÜ zur gezielten Kontrolle ausgeschrieben, kann die Polizei

- gemäß § 202 Abs. 1 Nr. 4 LVwG die ausgeschriebene Person durchsuchen und
- gemäß § 206a LVwG das von ihr benutzte Fahrzeug (mit Vorrang Kofferraum und Ladefläche) und die darin enthaltenen Sachen durchsuchen.

Verantwortlich für die Rechtmäßigkeit der Durchsuchung ist der Beamte oder die Beamtin vor Ort.

3. Verfahren bei der Durchsuchung von Sachen, § 207 LVwG

> § 207 LVwG regelt das Verfahren bei der Durchsuchung von Sachen und sieht insbesondere ein Anwesenheitsrecht des Gewahrsamsinhabers vor.

Die Norm reflektiert grundsätzliche Vorgaben aus dem Verwaltungsverfahrensgesetz (VwVfG, Bundesgesetz), in welchem Verfahrensgrundsätze niedergelegt sind, die für alle Behörden Gültigkeit haben. Verfahrensgrundsätze bilden den Kern des VwVfG und sind Voraussetzungen für Verwaltungsverfahren. Unter anderem garantieren nachstehende Grundsätze aus dem VwVfG ein **faires Verfahren** beim Verwaltungshandeln:

- Beratungs- und Auskunftspflicht der Behörde (§ 25 VwVfG)
- Pflicht zur Anhörung der Beteiligten (§ 28 VwVfG)
- Akteneinsichtsrecht für Beteiligte (§ 29 VwVfG)
- Vertretungsrecht durch einen Bevollmächtigten (§§ 14 ff. VwVfG)
- Besorgnis bei Befangenheit (§§ 20, 21 VwVfG)
- Beteiligtenrechte hinsichtlich Geheimhaltung (§ 30 VwVfG)

Aus § 25 VwVfG resultiert eine **Beratungsverpflichtung** der handelnden Behörde. Sie muss, soweit erforderlich, Auskunft über die den Beteiligten im Verwaltungsverfahren zustehenden Rechte und die ihnen obliegenden Pflichten erteilen, um das Verwaltungshandeln transparent zu machen. Daraus resultiert jedoch keine umfassende Beratungspflicht in Form einer umfassenden Rechtsberatung. Dieser grundsätzlichen Beratungsverpflichtung muss auch die handelnde Polizeivollzugsbeamtin/der Polizeivollzugsbeamte nachkommen, wenn sie/er ansetzt, Sachen eines Betroffenen auf der Grundlage des allgemeinen (§ 206 LVwG) und besonderen Gefahrenabwehrrechts zu durchsuchen. Polizeivollzugsbeamte müssen Betroffene somit generell auf ihre Rechte und Verpflichtungen hinweisen.

Die Verfahrensregelung aus § 207 **Satz 1** gibt vor, dass bei der Durchsuchung von Sachen der/die Gewahrsamsinhaber/-in der Sache das Recht hat, anwesend zu sein. Gewahrsamsinhaber ist der tatsächliche Inhaber einer Sache, auch wenn er rechtlich nicht zum Besitz befugt ist. Inhaber der tatsächlichen Gewalt können nicht nur natürliche Personen sein, sondern auch juristische Personen, deren tatsächliche Gewalt durch ihre zuständigen Vertreter oder Bediensteten ausgeübt werden. Das Anwesenheitsrecht gibt Betroffenen die Möglichkeit zu sehen, wie das Amtshandeln vor sich geht, wer oder auch wie viele Polizeivollzugsbeamtinnen/-beamte an der Durchsuchung der Sache beteiligt sind, wo die Sachen verbleiben und ob die Durchsuchungsobjekte beschädigt werden. Dieses Anwesenheitsrecht besteht jedoch nur solange, wie der Betroffene die polizeiliche Arbeit nicht behindert oder stört. Im letztgenannten Fall kann die Polizei einen Platzverweis für den Durchsuchungsort aussprechen.

In Abwesenheit der Betroffenen sollen Vertreter oder Zeugen bei der Durchsuchung von Sachen hinzugezogen werden, § 207 **Satz 2**. Daraus jedoch resultiert keine Verpflichtung, Vertreter oder Zeugen herbeizuziehen, wenn Betroffene ihrem Anwesenheitsrecht offensichtlich nicht nachkommen, obwohl sie die Möglichkeit dazu hätten. Vertreter sind alle Personen, die befugt sind, für einen anderen rechtsverbindliche Erklärungen abzugeben oder entgegenzunehmen. In der Regel handelt es sich dabei um nahestehende Verwandte oder Rechtsanwälte, also Personen, die ein besonderes Vertrauensverhältnis zu den Adressaten des behördlichen Handelns haben. Andere Polizeivollzugsbeamte sollen nicht als Zeugen im Sinne des § 207 LVwG agieren, denn die Norm verfolgt auch den Schutzzweck, dass handelnde Behördenvertreter vor ungerechtfertigten Vorwürfen geschützt werden.

Satz 3 gibt vor, dass dem Gewahrsamsinhaber eine Bescheinigung über die Durchsuchung und ihren Grund auf Verlangen erteilt wird. Die Bescheinigung muss bei sichergestellten Sachen inhaltlich die Verfahrensregelungen aus § 211 Abs. 2 LVwG spiegeln. In der Regel soll die Bescheinigung den tatsächlichen Anlass sowie Ort, Uhrzeit und Rechtsgrundlage der Maßnahme enthalten. Normalerweise werden Niederschriften gefertigt und die sichergestellten Gegenstände nachvollziehbar asserviert.

4. Betreten und Durchsuchung von Räumen, Verfahren, §§ 208, 209 LVwG

Das Betreten und Durchsuchen der Wohnung, von Geschäftsräumen und sonst befriedetem Besitztum wird aufgrund des besonderen grundrechtlichen Schutzes der Wohnung gemäß Art. 13 GG nur unter den Voraussetzungen der §§ 208, 209 ermöglicht. Ein Rückgriff auf die Generalklausel der §§ 174, 176 ist damit ausgeschlossen. § 208 stellt dabei besondere Anforderungen an die Gefahrenintensität, wie sie durch Art. 13 GG vorgegeben sind. Während das Betreten sowohl den Ordnungsbehörden als auch der Polizei zusteht, bleibt die besonders grundrechtsintensive Maßnahme der Durchsuchung den Polizeivollzugsbeamtinnen und -beamten vorbehalten. Die Durchsuchung steht dabei entsprechend den Vorgaben des Art. 13 Abs. 2 GG grundsätzlich unter Richtervorbehalt. Aufgrund der besonderen Grundrechtsbelastung ist das Betreten und Durchsuchen zur Nachtzeit (von einundzwanzig Uhr bis sechs Uhr gemäß § 324) in § 208 gesondert geregelt. Das Verfahren für die Durchführung der Durchsuchung wird durch § 209 näher ausgestaltet, der unter anderem ein Anwesenheitsrecht des jeweiligen Rechtsinhabers gewährleistet.

Grundrechtsrelevanz

Der § 208, als Rechtsgrundlage zum Betreten und Durchsuchen einer Wohnung, ermächtigt als **Standardermächtigung** zu Eingriffen in den Schutzbereich des Grundrechts der **Unverletzlichkeit der Wohnung gemäß Art. 13 GG**.

Die ausdrückliche Lex-Specialis-Regelung über eine Standardermächtigung ist erforderlich, weil die Maßnahme in Bezug auf den Schutzbereich der Unverletzlichkeit der Wohnung gemäß Art. 13 GG eine besondere Grundrechtsintensität aufweist, die aufgrund des **Gesetzesvorbehalts**, wie er sich aus der **Wesentlichkeitstheorie** ergibt, ein Eingreifen nur über die Generalklausel der §§ 174, 176 nicht zulassen würde. Zudem stellen Art. 13 Abs. 7 GG in Bezug auf die **Eingriffsschwelle** und Art. 13 Abs. 2 GG in Bezug auf die **Anordnung der Durchsuchung** besondere Anforderungen, denen die Generalklausel nicht gerecht werden würde: So bestimmt Art. 13 Abs. 7 GG, dass ein Eingriff in die Unverletzlichkeit der Wohnung nur zur Abwehr einer gemeinen Gefahr oder Lebensgefahr für einzelne Personen oder aufgrund eines Gesetzes auch zur Abwehr einer dringenden Gefahr für die öffentliche Sicherheit, insbesondere zur Behebung der Raumnot, der Seuchengefahr oder zum Schutze gefährdeter Jugendlicher vorgenommen werden darf. Außerdem statuiert Art. 13 Abs. 2 GG einen Richtervorbehalt für die Anordnung der Durchsuchung der Wohnung. Aufgrund dieses Richtervorbehalts unterscheidet das LVwG zwischen dem bloßen Betreten der Wohnung und einem Durchsuchen. Denn gemäß Art. 13 Abs. 2 GG steht nur das Durchsuchen unter Richtervorbehalt.

Dem weiten Wohnungsbegriff des Grundgesetzes unterfallen auch Arbeits- und Geschäftsräume sowie anderes befriedetes Besitztum, sofern es dazu dient, dass der Berechtigte sich hier in seiner Privatheit zurückziehen kann. Dies umfasst auch die Entscheidung darüber, die Räume für Dritte zu öffnen oder nicht. Grundrechtsinhaber ist die Person, der der Raum für die Entfaltung der Privatsphäre zur Nutzung zugewiesen ist. Dementsprechend kann auch das Hotelzimmer durch die Nutzung des Hotelgastes als Wohnung anzusehen sein. Nicht dem weiten Wohnungsbegriff unterfallen lediglich Räume, die ausschließlich zu wirtschaftlichen Zwecken genutzt werden, ohne dass ein privater Rückzugsraum besteht. Dem folgend besteht ein abgestufter Grundrechtsschutz von Wohn- und Geschäftsräumen. Diese Abstufung findet sich auch in § 208 wieder.

Im Hinblick auf das Betreten fehlt es an einem zu rechtfertigenden Grundrechtseingriff dann, wenn eine wirksame Einwilligung des Berechtigten vorliegt: Die Einwilligung zum Betreten ist Grundrechtsausübung des Berechtigten. Sie setzt voraus, dass die Einwilligung freiwillig erfolgt. Daran fehlt es, wenn die Einwilligung nur unter dem Eindruck einer sonst möglichen zwangsweisen Durchsetzung erfolgt.

Zweck, Umfang

Die Maßnahmen des § 208 sind in der amtlichen Überschrift als Betreten und Durchsuchung von Räumen überschrieben. Dabei liegt der Befugnisnorm entsprechend der Vorgaben des Art. 13 GG ein **weiter Begriff der „Räume“** zugrunde. So zählen dazu einerseits **Wohn- und Geschäftsräume**. Die Geschäftsräume werden weiter in **Arbeits-, Betriebs- und sonstige Geschäftsräume** untergliedert. Außerdem zählt zu den Räumen auch sonstiges **befriedetes Besitztum**, zu dem auch allgemein **Grundstücke, die der Öffentlichkeit zugänglich sind**, gehören.

Zum **Wohnraum** zählen alle Räume, die zum Aufenthalt von Menschen als Rückzugsraum dienen, ohne dass es auf den konkreten Verwendungszweck des jeweiligen Raumes ankommt. Auch Nebenräume zählen daher mit zur Wohnung, wie z.B. Keller, Küchen, Abstellkammern. Sofern Wohnwagen oder Wohnschiffe tatsächlich zu Wohnzwecken verwendet werden, unterfallen auch diese Fahrzeuge der Regelung des § 208. Ansonsten findet auf Fahrzeuge § 206 für die Durchsuchung von Sachen Anwendung (siehe dazu die Erläuterungen zu § 206).

Zum **Geschäftsraum** zählen alle abgeschlossenen Räume, in denen jemand die regelmäßige Erwerbstätigkeit ausübt. Davon umfasst sind auch Lager- und Verkaufsräume sowie Büroraume oder Werkstätten.

Der Begriff **befriedetes Besitztum** entstammt wie auch der Begriff Geschäftsraum dem Straftatbestand des Hausfriedensbruchs in § 123 StGB. Die Definition umfasst jedes Grundstück, das gegen den Zutritt Fremder (nicht notwendigerweise lückenlos) besonders eingehegt ist, z.B. durch Hecken, Zäune etc.

Absatz 1 berechtigt die Ordnungsbehörden und die Polizei zum **Betreten** der vorgenannten Räume. Diese Befugnis steht zur **Tagzeit** sowohl den **Ordnungsbehörden** als auch der **Polizei** zu, wie aus einem Umkehrschluss zu Absatz 5 folgt, der lediglich das Betreten von Räumen, die nicht explizit in Absatz 3 Satz 1 Nummer 1 bis 3 benannt sind, zur Nachtzeit und die Durchsuchung den Polizeivollzugsbeamtinnen und -beamten vorbehält (siehe zur Nachtzeitregelung in Absatz 3 unten). Betreten meint das **Eintreten** in den Raum und das dortige **Verweilen**, um dort einer bestimmten Amtshandlung nachzugehen, die nicht zugleich ein Durchsuchen im Sinne einer zielgerichteten Suche nach Personen oder Sachen darstellt. Das Betreten einer Wohnung fällt damit unter den Begriff der „Eingriffe und Beschränkungen" im Sinne des Art. 13 Abs. 3 GG. Dass beim Betreten unvermeidlich Personen, Sachen oder Zustände einer Wohnung zur Kenntnis genommen werden, ist unschädlich. Ein einfaches **Umsehen** im Raum ist im Rahmen des Betretens gestattet.[156]

Nach **Absatz 1 Satz 1** ist das allgemeine Betreten zur Verhütung einer erheblichen Gefahr zulässig.

Erheblich ist die Gefahr dann, wenn sie für ein bedeutendes Rechtsgut, wie Leib, Leben und Freiheit oder eine Sache von bedeutendem Wert, besteht. Zu beachten ist dabei, dass es bereits genügt, dass die Maßnahme zur „**Verhütung**" einer erheblichen Gefahr erfolgt. Dies bedeutet, dass die erhebliche Gefahr zum Zeitpunkt des Einschreitens nicht bereits bestehen muss, sondern dass das Auftreten entsprechender Gefahren durch rechtzeitiges Tätigwerden verhindert werden soll. Anders ausgedrückt genügt es, dass die Maßnahme das Ziel verfolgt, einen Zustand nicht eintreten zu lassen, der seinerseits eine erhebliche Gefahr für die öffentliche Sicherheit darstellen würde.

Da das Betreten von reinen Betriebs- und Geschäftsräumen nicht an Art. 13 Abs. 7 zu messen ist,[157] sind die Anforderungen hier geringer: Daher dürfen

156 *Martens* in PDK Schl.-H. § 208 LVwG Rn. 2.
157 BVerfGE 32, 54, 76f. = NJW 1971, 2299.

in Ausnahme zu Absatz Satz 1 die in **Absatz 1 Satz 2** genannten Räume mit Publikumsverkehr zu den jeweiligen Geschäftszeiten etc. auch betreten werden, wenn die Voraussetzungen des Satzes 1 nicht vorliegen. Mindesteingriffsschwelle bildet hier die generelle Aufgabenzuweisung der Gefahrenabwehr. Es genügt insoweit eine **abstrakte Gefahr**, eine konkrete Gefahr ist nicht gefordert. Voraussetzung ist neben der Klassifizierung als Arbeits-, Geschäfts- oder Aufenthaltsraum, dass der Raum **der Öffentlichkeit zugänglich** ist. Dies ist der Fall, wenn der Berechtigte nach seinem Willen jedermann den Zutritt zu dem Raum eröffnet. Diese „Widmung" ist im Wege der Umstände des konkreten Einzelfalles festzustellen.

Absatz 2 regelt die **Durchsuchung** von Räumen. Die Befugnis steht dabei nach **Absatz 5** ausschließlich **Polizeivollzugsbeamtinnen und -beamten** zu. Die Durchsuchungshandlung ist die **zielgerichtete Suche** nach Personen oder Sachen in einem Raum.

Die Reichweite der Durchsuchung ist **zu weiteren Standardmaßnahmen abzugrenzen**. Die Durchsuchung ermächtigt als **Annex** auch dazu, die in dem Raum befindlichen Sachen zu durchsuchen, sodass es dafür keines gesonderten Rückgriffs auf § 206 bedarf. Auch ein Öffnen von Behältnissen gegen den Willen des Berechtigten, wie z.B. verschlossenen Schränken etc., gehört zur Durchsuchung von Räumen und bedarf damit keines gesonderten Zwangsmittels. Dagegen stellt das **Betreten** eines Raumes **zur Identitätsfeststellung** der dort offen anwesenden Personen keine Durchsuchung dar, da in diesem Fall nicht die Räumlichkeit ausgeforscht, sondern die Identität der dort offen anwesenden Personen festgestellt werden soll.[158]

Im Einzelnen setzt die Durchsuchung voraus, dass die Maßnahme erfolgen soll, um nach **Absatz 2 Nummer 1** eine **Person** aufzufinden, die vorgeführt oder in Gewahrsam genommen werden soll oder eine **Sache** nach **Absatz 2 Nummer 2** aufzufinden, die sichergestellt werden darf (zu den Voraussetzungen der Gewahrsamnahme siehe die Ausführungen zu § 204 LVwG; zur Sicherstellung siehe die Ausführungen zu § 210 LVwG.). Im Übrigen ist die Durchsuchung nach **Absatz 2 Nummer 3** nur zulässig, wenn dies zur **Abwehr einer gegenwärtigen, erheblichen Gefahr** erforderlich ist.

Dabei bildete **Absatz 2 Nummer 3** einen Auffangtatbestand für die sonstige Gefahrenabwehr. **Gegenwärtig** meint die zeitliche Ebene der Gefahr und ist gegeben, wenn mit einem Schadenseintritt alsbald zu rechnen ist, soweit keine Abwehrmaßnahmen getroffen werden. **Erheblich** ist die Gefahr dann, wenn der drohende Schaden angesichts der betroffenen Schutzgüter der

158 BVerwGE 121, 345, 350 = NJW 2005, 454.

öffentlichen Sicherheit bedeutend ist. Es muss also eine Gefahr für ein bedeutendes Rechtsgut, wie Leib, Leben und Freiheit oder eine Sache von bedeutendem Wert vorliegen (zu den Gefahrenbegriffen siehe auch die Ausführungen zu den Begriffen des Polizei-Ordnungsrechts im Kapitel 4).

Absatz 3 regelt die Voraussetzungen für ein **Betreten und Durchsuchen zur Nachtzeit**. Dabei entspricht die Nachtzeit durch den Verweis auf § 324 der Zeitspanne von einundzwanzig bis sechs Uhr[159]. Da die Eingriffstiefe einer Maßnahme zur Nachtzeit größer ist als bei Tag, gelten für das Betreten und Durchsuchen zur Nachtzeit erhöhte Anforderungen. Dem folgend ist nach Absatz 3 Satz 2 grundsätzlich eine **dringende Gefahr** für das Betreten oder Durchsuchen zur Nachtzeit erforderlich. Für das nicht ganz so eingriffsintensive Betreten zur Nachtzeit schafft Absatz 3 Satz 1 eine Ausnahmeregelung: Danach darf ein Betreten der in Absatz 3 Satz 1 Nummer 1 bis 3 aufgeführten Orte auch unter geringeren Anforderungen erfolgen. Dass für diese Orte ein geringeres Schutzniveau besteht, begründet sich aus der jeweils dahinterstehenden grundrechtlichen Abwägung von Eingriffsintensität und durch den Eingriff zu schützendem Rechtsgut:

So ist bei **Absatz 3 Satz 1 Nummer 1** bereits die Eingriffsintensität gering, wenn der Raum zur Nachtzeit jedermann zugänglich ist. Für Räume, die zur Nachtzeit jedermann zugänglich sind, die also auch nachts dem Publikumsverkehr dienen wie z.B. Gaststätten, Kinos, Wartesäle, Herbergen usw., entfällt das erhöhte Schutzbedürfnis aus Art. 13 GG, wenn und solange sie geöffnet sind. Das gilt auch, wenn der Inhaber aufgrund des Hausrechts bestimmten Personen das Betreten der Räume untersagen kann. Räume, in denen geschlossene Veranstaltungen stattfinden, sind nicht jedermann zugänglich.

Bei **Absatz 3 Satz 1 Nummer 2 und 3** handelt es sich dagegen um sogenannte Orte, an denen typischerweise Gefahren für die öffentliche Sicherheit anzutreffen sind, sodass eine Kontrollmöglichkeit durch ein Betreten auch zur Nachtzeit unter erleichterten Voraussetzungen möglich sein soll. Dies gilt gemäß **Absatz 3 Satz 1 Nummer 2** zum einen für Räume, die der Prostitution oder dem unerlaubten Glücksspiel dienen, da hier typische Straftaten bzw. Gefahren dieses Milieus zu befürchten sind.

Zum anderen ist ein Betreten unter erleichterten Voraussetzungen auch für die in **Absatz 3 Satz 1 Nummer 3** benannten Orte möglich, wenn sich dort Personen aufhalten, die dort Straftaten verabreden, vorbereiten oder verüben, gegen aufenthaltsrechtliche Vorschriften verstoßen oder wegen einer

159 So auch der gleichlautende § 104 Abs. 3 StPO.

Straftat gesucht werden. Dabei verstoßen Personen gegen aufenthaltsrechtliche Vorschriften, wenn sie sich entgegen der ausländerrechtlichen Bestimmungen in der Bundesrepublik aufhalten.

Absatz 3 Satz 1 Nummer 3 wurde durch die Gesetzesänderung 2021 dahingehend vereinheitlicht, dass ein „Aufhalten" der betroffenen Person als Anknüpfungspunkt genügt. Zuvor war es erforderlich, dass sich Personen in den Räumen „treffen" mussten.

Absatz 4 regelt wie dargestellt die Zuweisung der Zuständigkeit: Die Befugnis zum Betreten zur Tagzeit steht Ordnungsbehörden und Polizei gleichermaßen zu, während das Durchsuchen den Polizeivollzugskräften vorbehalten bleibt. Zur Nachtzeit bleibt ein Betreten und Durchsuchen der Polizei vorbehalten mit Ausnahme der Räume, die in Absatz 3 Satz 1 Nummer 1 bis 3 benannt sind. Sie dürfen zur Nachtzeit auch von den Ordnungsbehörden betreten werden. Darüber hinaus räumen einige gefahrenabwehrrechtliche Spezialgesetze auch den (Sonder-)Ordnungsbehörden Durchsuchungsrechte ein.

In **Absatz 5** wird die Anordnung der Durchsuchungsmaßnahme in Umsetzung der grundgesetzlichen Vorgaben des Art. 13 Abs. 2 GG unter **Richtervorbehalt** gestellt. Zusätzlich wurde durch Gesetzesänderung 2021 auch ein Betreten zur Nachtzeit in den Fällen des Absatzes 3 Satz 1 Nummer 3 dem Richtervorbehalt unterstellt.

Durch den Richtervorbehalt wird eine Rechtmäßigkeitskontrolle vorab gewährleistet, die ausgleicht, dass dem Betroffenen vor Durchführung der Maßnahme kein rechtliches Gehör gewährt werden kann, da dies sonst weitgehend den Erfolg der Maßnahme vereiteln würde. Der Richter muss selbst prüfen, ob die im jeweiligen Antrag gemachten Angaben, die Voraussetzungen des § 208 erfüllen. Daher muss der Antrag alle dazu erforderlichen Angaben, insbesondere zu Grund, Ziel und Grenzen der Maßnahme enthalten. Eine Einholung von Beschlüssen auf Vorrat ist unzulässig.

Bei **Gefahr im Verzug** darf die Polizei eine Durchsuchung selbst anordnen. Gefahr im Verzug bedeutet, dass die durch Anrufung des Richters bewirkte Verzögerung den Erfolg der Durchsuchung gefährden würde. Die Polizei muss das Vorliegen der Tatsachen, die die Gefahr in Verzug begründen, darlegen und für eine spätere gerichtliche Kontrolle dokumentieren. Sie darf eine Gefahr in Verzug nicht durch unnötiges Abwarten selbst herbeiführen.

Die **Verfahrensweise bei der Durchsuchung** wird näher geregelt durch **§ 209**. Wie bei der Durchsuchung von Sachen nach §§ 206, 207 besteht auch bei der Durchsuchung von Räumen ein **Anwesenheitsrecht** des Berechtigten.

Außerdem sind vor Durchführung der Maßnahme die die Maßnahme tragenden **Gründe bekannt zu geben** und auf die zulässigen **Rechtsbehelfe** hinzuweisen. Ferner ist eine Niederschrift zu fertigen und zu unterschreiben; auf Verlangen ist dem Berechtigten eine Abschrift auszuhändigen. Auf dieses Recht ist hinzuweisen.

Gesetzessystematisch ist es bedauerlich, dass § 208 im Hinblick auf die Durchsuchung bei Tag an die **gegenwärtige, erhebliche Gefahr** anknüpft, während zur Nachtzeit dafür eine **dringende Gefahr** Voraussetzung ist. Zwar entspricht die Begrifflichkeit der „gegenwärtigen, erheblichen Gefahr" weitgehend dem Gefahrengrad der „dringenden Gefahr", wie er durch Art. 13 Abs. 7 GG vorgegeben ist. Jedoch sind beide Gefahrengrade durch die fortentwickelte Rechtsprechung des Bundesverfassungsgerichts zur dringenden Gefahr nach Art. 13 Abs. 7 nicht (mehr) ganz deckungsgleich:

Ursprünglich wurde der Begriff der dringenden Gefahr in der polizeirechtlichen Dogmatik übersetzt mit dem Begriffspaar „gegenwärtig und erheblich". Dieses Begriffspaar wurde für prägnanter als der Begriff der „dringenden Gefahr" gehalten, weshalb er auch Eingang in den Musterentwurf eines einheitlichen Polizeigesetzes der Innenminister des Bundes und der Länder von 1977 (MPolGE)[160] fand. Durch die Ersetzung des Begriffs der dringenden Gefahr durch das Begriffspaar „gegenwärtig, erheblich" sollte eine klarere Subsumierbarkeit gewährleistet werden.

Diese doppelte Konkretisierung der dringenden Gefahr ist jedoch durch die mittlerweile zu Art. 13 GG ergangene Rechtsprechung des Bundesverfassungsgerichts überholt. So hat das Bundesverfassungsgericht entschieden, dass entsprechend der „Je-desto-Formel" von der Eintrittswahrscheinlichkeit eines Schadens Abstriche gemacht werden können, wenn nur die betroffenen Schutzgüter der öffentlichen Sicherheit entsprechend hochwertig sind. So kann eine dringende Gefahr auch dann bereits gegeben sein, wenn zwar in zeitlicher Hinsicht bzw. im Hinblick auf die Eintrittswahrscheinlichkeit diese noch nicht gegenwärtig, der drohende Schaden angesichts des möglichen Schadensausmaßes und der Hochwertigkeit der Schutzgüter Leib und Leben aber so beträchtlich ist, dass auch schon in dem noch nicht gegenwärtigen Gefahrenstadium ein Eingreifen zur Gefahrenabwehr erforderlich wird.[161]

160 Die Verständigung der Bundesländer auf ein „Musterpolizeigesetz" sollte zu einer Vereinheitlichung der föderal unterschiedlich geprägten Polizeigesetze der Länder führen, um eine einheitlichere und länderübergreifende effektive Gefahrenabwehr durch die Länderpolizeien zu ermöglichen. Nach der Erarbeitung des Entwurfs konnten die Länder sich jedoch nicht auf den weiteren Umgang mit der Vorlage verständigen, sodass der MPolGE eine unverbindliche Vorlage für die Länder blieb.

161 BVerfG Urteil vom 20.04.2016 1 BvR 966/09, 1 BvR 1140/09 zum BKA Gesetz, Rn. 112.

Diese Wechselwirkung zwischen Eintrittswahrscheinlichkeit und betroffenem Schutzgut wird jedoch durch die Formulierung „gegenwärtig, erheblich“ nicht ausreichend berücksichtigt, da der Begriff der Gegenwärtigkeit kaum Spielraum für eine Auslegung in zeitlicher Hinsicht bzw. im Hinblick auf die Eintrittswahrscheinlichkeit lässt.

Während nach der „Je-desto-Formel“ also zur Nachtzeit eine dringende Gefahr bestehen kann, weil diese besonders wichtige Rechtsgüter bedroht, es zugleich aber an einer Gegenwärtigkeit dieser Gefahr fehlen kann, ist bei Tag immer eine gegenwärtig erhebliche Gefahr gefordert.

Bei einer **zukünftigen Novellierung des Schleswig-Holsteinischen Polizeirechts** sollte dieser Wertungswiderspruch durch die einheitliche Anknüpfung des § 208 an den Begriff der „dringenden Gefahr“ aufgelöst werden.

Parallele Vorschriften, die das Betreten und Durchsuchen von Wohn- und Geschäftsräumen und befriedetem Besitztum regeln, finden sich in weiteren Spezialermächtigungen der besonderen Gefahrenabwehr und für repressiv polizeiliche Maßnahmen in §§ 102 ff. StPO:

Außerhalb des allgemeinen Polizeirechts ist das Betreten und die Durchsuchung von Räumen in zahlreichen **Vorschriften des besonderen Gefahrenabwehrrechts** geregelt. Unabhängig von der Zuständigkeit anderer Behörden werden Maßnahmen dieser Art meist aufgrund von Feststellungen der Polizei notwendig mit der häufigen Folge der Auslösung ihrer Eilkompetenz, die entweder auf Grund eines Spezialgesetzes oder nach § 168 Abs. 1 Nr. 3 besteht. In vielen Fällen bedient sich die sachlich originär zuständige Behörde auch der Unterstützung durch die Polizei, sodass die Kenntnis dieser Ermächtigungen für die Erfüllung der polizeilichen Aufgaben erforderlich ist. Unter anderem ermächtigen insbesondere folgende Normen zu einem Betreten:

- der Arbeitsstätte § 17 Abs. 5 **Arbeitszeitgesetz** und § 51 Abs. 2 Jugendarbeitsschutzgesetz;
- von Grundstücken, Betriebsräumen und Transportmitteln u. a. §§ 42 ff. **Lebensmittel-, Bedarfsgegenstände- und Futtermittelgesetz**;
- von Grundstücken u. a., auf denen der Betäubungsmittelverkehr oder die Herstellung ausgenommener Zubereitungen durchgeführt wird, § 22 Abs. 1 **Betäubungsmittelgesetz**;
- von Grundstücken und Wohnungen § 209 Abs. 1 **Baugesetzbuch**;
- von Grundstücken u. a. § 6d Abs. 3 **Straßenverkehrsgesetz** und §§ 3a, 16a **Bundesfernstraßengesetz**;
- von Grundstücken u. a. § 52 Abs. 2 **Bundesimmissionsschutzgesetz**;
- von Grundstücken und Geschäftsräumen zur Gaststättenschau § 22 Abs. 2 **Gaststättengesetz**;

- von Grundstücken, Geschäftsräumen, Wirtschaftsgebäuden und Transportmitteln § 16 Abs. 3 **Tierschutzgesetz**;
- von Räumen, in denen die Waffen und die Munition aufbewahrt werden, § 36 Abs. 2 und § 46 Abs. 4 **Waffengesetz**.

Für **repressive Maßnahmen** differenziert die StPO nicht zwischen dem Betreten und dem Durchsuchen, da diese Regelungen der StPO noch vor dem Grundgesetz geschaffen wurden und somit vorkonstitutionelles Recht darstellen. Daher bilden die **§§ 102 ff. StPO** nicht die grundrechtlichen Vorgaben des Wohnungsbegriffs nach, sondern begründen eigene, verfassungskonform auszulegende Eingriffsbefugnisse. Dabei erfolgt die Darstellung nicht differenziert nach dem Eingriffscharakter Betreten oder Durchsuchen, sondern unterscheidet danach, ob sich die Maßnahme gegen den Beschuldigten oder gegen Dritte richtet. Die Durchsuchung der Wohnung des Beschuldigten ist zulässig gemäß §§ 102, 105 StPO, des Dritten gemäß § 103 i. V. m. § 105 StPO. Das OWiG enthält keine eigenen Regelungen für das Betreten und Durchsuchen. Hier gelten gem. §§ 46 Abs. 1 und 53 Abs. 2 OWiG die Vorschriften der StPO sinngemäß.

5. Sicherstellung von Sachen, § 210 LVwG

Sicherstellung ist eine Aufhebung des sachenrechtlichen Gewahrsams, also der tatsächlichen Sachherrschaft des Adressaten an einer beweglichen oder unbeweglichen Sache oder eines Tieres unter gleichzeitiger Begründung hoheitlichen Gewahrsams.

Grundrechtsrelevanz

Die Sicherstellung greift in das Grundrecht auf Eigentum aus Art. 14 Abs. 1 GG ein, denn es gewährt die Befugnis, jede ungerechtfertigte Einwirkung auf den Bestand der geschützten Güter abzuwehren. Art. 14 GG schützt folglich nicht nur die abstrakte Rechtsherrschaft über eine Sache, sondern auch die konkrete Möglichkeit, das Eigentum an der Sache praktisch zu nutzen.

Zu den Gesetzen, die im Sinne des Art. 14 Abs. 1 Satz 2 GG Inhalt und Schranken des Eigentums bestimmen, gehören auch die Polizeigesetze, weil die generelle Verpflichtung besteht, sein Eigentum so zu behandeln und zu erhalten, dass davon keine Gefahren für die öffentliche Sicherheit ausgehen. Es handelt sich nicht um eine entschädigungspflichtige Enteignung nach Art. 14 Abs. 3 GG.

Zweck, Umfang

Im Gefahrenabwehrrecht wird ausschließlich der Begriff der Sicherstellung verwendet. Dieser umfasst sowohl die Verfügung zur Herausgabe der Sache als auch die Wegnahme derselben (vgl. § 211 Abs. 1) und ist auf die Erlangung des Gewahrsams über eine Sache durch die Behörde gerichtet. In der Regel erfolgt die Sicherstellung, weil eine Gefahr oder Störung von der Sache ausgeht und diese durch die Sicherstellung beendet oder abgewehrt werden soll. Sichergestellte Sachen sind grundsätzlich amtlich zu verwahren (§ 211 Abs. 5).

Anders als im LVwG wird im Strafprozessrecht nur die freiwillige Herausgabe einer Sache als Sicherstellung definiert. Wird eine Sache nicht freiwillig herausgegeben, spricht man im Strafprozessrecht von einer Beschlagnahme (vgl. § 94 Abs. 2 StPO). Repressive polizeiliche Beschlagnahmen vollziehen sich nach den Anforderungen des § 111c StPO.

Die Sicherstellung von Sachen gemäß § 210 ist gemäß **Absatz 1** in drei Fallkonstellationen möglich.

Nummer 1 erlaubt die Sicherstellung zur Abwehr einer gegenwärtigen Gefahr für die öffentliche Sicherheit. Eine Gefahr ist dann gegenwärtig, wenn das schädigende Ereignis bereits eingetreten ist (Störung) oder mit an Sicherheit grenzender Wahrscheinlichkeit unmittelbar bevorsteht. Die Gefahr kann hierbei sowohl unmittelbar von der Sache selbst als auch vom Verhalten ihres Besitzers ausgehen. Diese Norm lässt aber auch eine Sicherstellung von Sachen zu, mit denen eine Gefahr abgewehrt werden kann. Beispielsweise kann die Sicherstellung von Sand oder Streugut erfolgen, um eine Ölspur abzustreuen.

Ferner ist eine Sicherstellung zur Verhinderung einer missbräuchlichen Verwendung durch eine Person möglich, die nach diesem Gesetz oder anderen Rechtsvorschriften angehalten, in Gewahrsam genommen oder sonst festgehalten wird (**Nummer 2**). Mit der Novelle des LVwG im März 2021 wurden die Voraussetzungen für eine Sicherstellung denen zur Durchsuchung von Personen im neugefassten § 202 angeglichen und Sicherheitslücken geschlossen. Durch die Neuregelung wird es erleichtert, Gegenstände sicherzustellen, wenn eine missbräuchliche Verwendung dieser Gegenstände durch die angehaltene oder festgehaltene Person nicht ausgeschlossen werden kann. Bisher war eine solche Sicherstellung nur möglich, wenn eine gegenwärtige Gefahr vorlag oder die Person bereits in Gewahrsam war. Durch die Änderung wird eine Sicherstellung auch dann ermöglicht, wenn die Person bspw. wegen einer Blutprobenentnahme ohne Gewahrsamnahme nur zur Dienststelle verbracht werden soll und auf dem Weg dorthin eine missbräuchliche

Verwendung mitgeführter Gegenstände wie bspw. eines Schraubendrehers oder Taschenmessers verhindert werden soll.

Nach **Nummer 3** kann eine Sicherstellung erfolgen, um die Eigentümerin bzw. den Eigentümer oder die Besitzerin bzw. den Besitzer einer Sache vor Verlust oder Beschädigung zu schützen. Die Aufgabenzuweisung für den Schutz privater Rechte ergibt sich aus § 162 Abs. 2. In der polizeilichen und ordnungsbehördlichen Praxis sind insbesondere die Fälle typisch, in denen verloren gegangene oder entwendete Gegenstände aufgefunden und für den Besitzer oder Eigentümer verwahrt werden. Generell muss die Sicherstellung aber im Interesse des Berechtigten liegen. Eine Sicherstellung mit der Zielrichtung Schutz privater Rechte wäre in folgenden Fällen unzulässig:

- Verlust oder Beschädigung der Sache sind aus tatsächlichen Gründen auszuschließen,
- die Sache ist offensichtlich wertlos, so dass der Berechtigte kein Interesse an einer Sicherstellung haben kann,
- eine mildere Maßnahme im Abgleich zur Sicherstellung ist ohne großen Aufwand möglich.

Gemein ist allen drei Konstellationen, dass die Sicherstellung zu den dort genannten Zwecken **erforderlich** sein muss. Die Zulässigkeit der Sicherstellung wird also davon abhängig gemacht, dass andere, den Betroffenen weniger belastende Mittel als die Sicherstellung nicht ausreichen, die Gefahr abzuwehren oder die Störung zu beseitigen. In der Regel hat die Sicherstellung nur einen vorübergehenden Charakter. Die Pflicht zur Herausgabe sichergestellter Sachen gem. **Absatz 2** besteht, sobald deren Voraussetzungen nicht mehr vorliegen oder der Zweck erreicht ist. Wird zum Beispiel eine Person aus dem amtlichem Gewahrsam entlassen, so sind der Person natürlich auch die Gegenstände, die zur Verhinderung der missbräuchlichen Verwendung sichergestellt wurden, wieder auszuhändigen und somit die erfolgte Sicherstellung aufzuheben, es sei denn, dass auch nach der Entlassung weiterhin eine gegenwärtige Gefahr vorliegt.

Absatz 3 besagt, dass die Polizei maximal eine Sicherstellung für die Dauer von drei Tagen anordnen darf. Diese Frist für von der Polizei angeordnete Sicherstellungen entspricht dem Prinzip der Eilkompetenz; innerhalb dieser Frist muss die Entscheidung der Ordnungsbehörde eingeholt werden, wenn die Sicherstellung darüber hinaus andauern soll. Ist dies der Fall, hat die Ordnungsbehörde selbst für die Verwahrung der Sache zu sorgen und Unterbringungsmöglichkeiten zu schaffen. Hierbei handelt es sich um eine ermächtigungsbegrenzende Vorschrift. Wird diese von der Polizei nicht beachtet, ist die weitere Sicherstellung rechtswidrig.

Die häufigsten Anwendungsfälle des § 210 LVwG sind Sicherstellungen von
- Fahrzeugschlüsseln oder Pkw zur Verhinderung der Fahrtfortsetzung durch alkoholisierte Fahrer,
- aufgebrochenen oder verunfallten Fahrzeugen,
- verkehrsunsicheren Fahrzeugen,
- Lärminstrumenten,
- zu Körperverletzungen bestimmten Werkzeugen,
- Diebesgut zur Vermeidung der Vertiefung der bestehenden Rechtsverletzung (Vernichtung, Verkauf durch den Dieb), soweit nicht § 94 StPO eingreift,
- Waffen, gefährlichen Gegenständen, Schutzwaffen oder Vermummungsgegenständen bei anreisenden Versammlungsteilnehmern, soweit nicht §§ 94, 111b StPO eingreifen,
- Gürteln, Schnürsenkeln, Messern, Rasierklingen etc. bei Personen, die sich im amtlichen Gewahrsam befinden,
- Gegenständen (häufig beim Nichtstörer im Sinne des § 220 LVwG), um mittels dieser Gefahren abzuwehren, z. B. Verkehrssicherungsgerät, Beleuchtungsgerät, Fahrzeug zum Transport verletzter Personen oder Sand bzw. Streugut zum Abstreuen einer Ölspur.

Die Rechtsgrundlagen für die Sicherstellung von Sachen aus besonderem Gefahrenabwehrrecht, wie z. B. nach dem Versammlungsfreiheitsgesetz SH, dem Waffengesetz oder Tierschutzgesetz sowie die Sicherstellung/Beschlagnahme von Beweismitteln oder Einziehungsgegenständen nach Straf- und Ordnungswidrigkeitenrecht sind vielfältig. Hierbei ist auch zu berücksichtigen, dass insbesondere die Einziehungsvorschriften häufig einen präventiven Charakter aufweisen. Kommen mehrere Rechtsgrundlagen in Betracht, ist für die Einordnung auf die Hauptzielrichtung bzw. den Schwerpunkt der Maßnahme abzustellen.

Praktisch relevant ist auch die Abgrenzung einer Sicherstellung im Normsinne – die auf eine Verwahrung gerichtet ist – von den Fällen, in denen die Behörde tatsächlich über eine fremde Sache verfügt, ohne die Absicht zu verfolgen, diese in Verwahrung zu nehmen. So kann das Abschleppen eines Kraftfahrzeugs eine Sicherstellung sein, weil beim Kfz technische Mängel vorliegen und der Betrieb eine Gefahr für die öffentliche Sicherheit darstellen würde. Es könnte sich aber auch um den Vollzug einer (fiktiven) Verfügung handeln, das Fahrzeug von einem Platz, an dem es verbotswidrig abgestellt ist, zu entfernen. Bei der Vollzugsform würde es sich dann um eine Ersatzvornahme handeln. Bei dem letzten Beispiel hat die Behörde lediglich ein Interesse an der Entfernung des Kraftfahrzeugs, aber kein

Interesse an dem Gewahrsam über das Fahrzeug. Diese Unterscheidung entfaltet auch eine Wirkung hinsichtlich der Kostenfolge. Kostenpflichtig ist nur die Vollzugsmaßnahme. In den Fällen der Sicherstellung von Sachen ohne Zwangsanwendung greift die Vollzugs- und Vollstreckungskostenordnung (WKO) nicht. Andere Fälle der Sicherstellung, wie der Sicherstellung z. B. eines Unfallfahrzeugs oder eines aufgebrochenen und nicht mehr verschließbaren Fahrzeugs dienen dem Zweck des Schutzes privater Rechte.

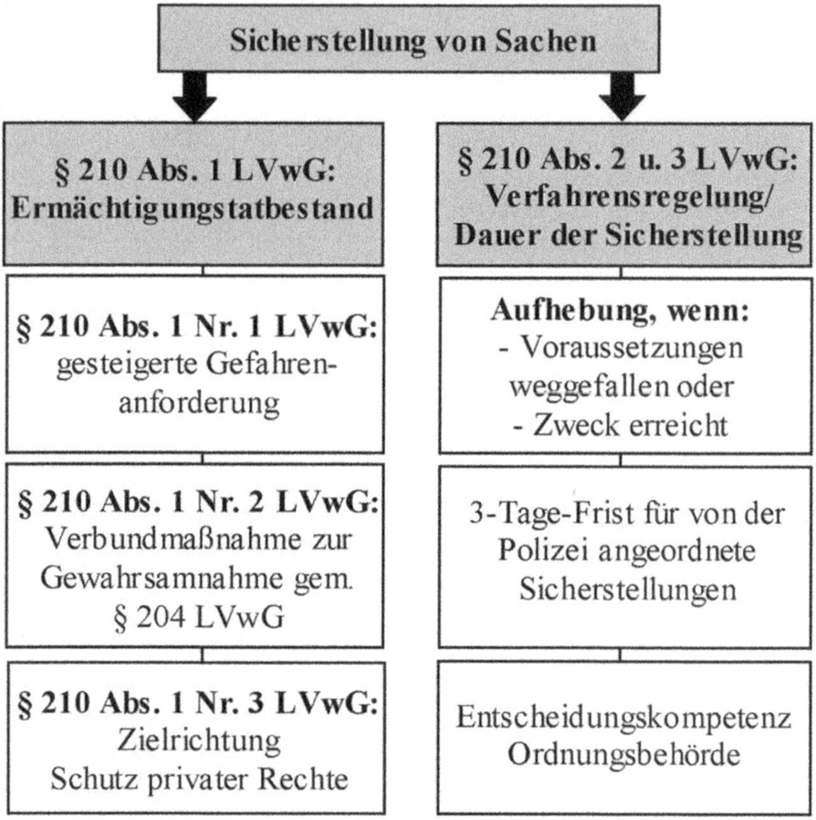

Schematische Übersicht zur Sicherstellung von Sachen

6. Verfahren bei der Sicherstellung von Sachen, § 211 LVwG

Diese Norm regelt zu beachtende Verfahrensvorschriften bei der Sicherstellung von Sachen. Es handelt sich um eine die allgemeinen Vollzugsvorschriften (§§ 228 bis 241) und die besonderen Vorschriften über die Anwendung unmittelbaren Zwangs (§§ 250 bis 260) ergänzende, nicht verdrängende Vorschrift.

Nach **Absatz 1** kann die Wegnahme einer beweglichen Sache bei einer Person, die diese Sache herauszugeben oder vorzulegen hat, nur durch Vollzugsbeamtinnen oder Vollzugsbeamte im Sinne des § 252 erfolgen. Die Durchsetzung des Herausgabeanspruchs gilt für eine oder mehrere bestimmte, bewegliche Sachen. Hat die Sicherstellung das Ziel des Schutzes privater Rechte, sollte im Einzelfall abgewogen werden, ob die Durchsetzung der Herausgabepflicht im Rahmen der Verhältnismäßigkeit Sinn macht oder nicht auch ein späterer Wertersatz in Betracht kommen könnte. Voraussetzung der Wegnahme ist ferner, dass die herauszugebende oder vorzulegende Sache bei der herausgabepflichtigen Person vorgefunden wird.

Der herausgabepflichtigen Person ist eine Bescheinigung auszuhändigen (**Absatz 2**). Die Bescheinigung muss die Bezeichnung der weggenommenen Sache, den Grund der Maßnahme sowie eine Rechtsbehelfsbelehrung enthalten.

Die sichergestellte Sache sollte dabei so genau wie möglich bezeichnet werden, um Verwechslungen auszuschließen. Nach dem Sinn und Zweck der Norm ist die Bescheinigung ferner unverzüglich, also regelmäßig vor Ort, auszustellen. Die Bescheinigung nebst Rechtsbehelfsbelehrung dient so dem Rechtsschutz des Betroffenen und macht das behördliche Vorgehen im Nachgang besser überprüfbar.

Wird die Sache nicht vorgefunden, so hat die herausgabepflichtige Person auf Verlangen der Vollzugsbehörde vor dem Amtsgericht an Eides Statt zu versichern, dass sie nicht wisse, wo die Sache sich befinde (**Absatz 3**). Örtlich zuständig ist das Amtsgericht, in dessen Bezirk die betroffene Person ihren Wohnsitz hat. Dem Antrag an das Amtsgericht, der herausgabepflichtigen Person die eidesstattliche Versicherung abzunehmen, sind beglaubigte Abschriften des Verwaltungsaktes sowie eine etwaige Niederschrift über den erfolglosen Wegnahmeversuch beizufügen (**Absatz 4**). Für das Verfahren vor dem Amtsgericht gelten §§ 802c Abs. 3, 802e, 802f Abs. 1, 3 und 6, 802g Abs. 2, 802h Abs. 2, 802i, 802j Abs. 1 und 883 Abs. 3 der Zivilprozessordnung entsprechend.

Im **Absatz 5** wird festgelegt, dass sichergestellte Gegenstände grundsätzlich amtlich zu verwahren sind. Nur wenn die Beschaffenheit einer Sache dies nicht zulässt (z. B. Tiere) oder die amtliche Verwahrung unzweckmäßig oder unmöglich ist (z. B. fehlende Unterbringungsmöglichkeit für Kraftfahrzeuge), kann der Zweck der Sicherstellung auf andere Weise gewährleistet werden. Denkbar ist hier sowohl die Absperrung und/oder Bewachung an Ort und Stelle (z. B. Munitionsfund) oder auch die Übertragung der Verwahrungspflicht an einen Dritten (z. B. Abschleppunternehmer).

7. Amtliche Verwahrung, § 212 LVwG

> Wird eine sichergestellte Sache verwahrt, so hat die Polizei oder Ordnungsbehörde nach Möglichkeit Wertminderungen vorzubeugen. Die verwahrten Sachen sind zu verzeichnen und so zu kennzeichnen, dass Verwechslungen vermieden werden.

Diese beiden Verpflichtungen folgen aus dem öffentlich-rechtlichen Verwahrungsverhältnis, das durch die Sicherstellung zwischen der Behörde und der berechtigten Person entstanden ist. Durch die Inbesitznahme von Sachen einer Privatperson hindert die Behörde den sonst Verfügungsberechtigten, eigene Maßnahmen zu ergreifen, um Verderb, Wertminderung oder Abhandenkommen der Sache zu verhindern. Mit der amtlichen Verwahrung übernimmt die Behörde deshalb Obhut- und Sicherungspflichten.

Verwahrt die Behörde oder ein Dritter die Sache im amtlichen Auftrag, ist daher das Erforderliche zu veranlassen, um einem Verderb oder einer wesentlichen Wertminderung vorzubeugen (**Absatz 1**).

Vorbeugen bedeutet nicht unbedingt Schadensverhinderung, erfordert aber die nach den Umständen angemessene Sorgfalt. Insbesondere ist auf eine ordnungsgemäße Lagerung der Sache zu achten. Die Kosten dürfen jedoch nicht außer Verhältnis zum Wert der Sache stehen. Kann dies nicht gewährleistet werden, kann eine Verwertung vorgenommen werden (§ 213 Abs. 1 Nr. 1 LVwG).

Eine Wertminderung im Normsinne kann aber immer nur auf eine Beeinträchtigung der Sachsubstanz abzielen; ein monetärer Minderwert, z. B. durch eine veränderte Marktlage, ist nicht umfasst.

Die Pflicht zur Veranlassung einer schadensabwendenden Aufbewahrung trifft auch den Dritten, wenn dieser seitens der Behörde mit der Verwahrung beauftragt wird. Diese Verpflichtung entfällt jedoch, wenn der Dritte auf Wunsch der zuvor den Gewahrsam ausübenden Person mit der Verwahrung der Sache beauftragt worden ist. Ein Fehlverhalten des Dritten ist der Behörde dann nicht zurechenbar. Wird der Dritte von der Behörde mit der Verwahrung der Sache beauftragt, gibt es nur eine Rechtsbeziehung zwischen der Behörde und dem Dritten. Ansprüche hinsichtlich der Kosten dürfen daher seitens des Dritten auch nur gegenüber der Behörde und nicht gegen den Betroffenen geltend gemacht werden.

Nach **Absatz 2** sind die verwahrten Sachen zu verzeichnen und zu kennzeichnen. Die Vorschrift dient dem Schutz des Berechtigten vor Verlusten und sichert etwaige Überprüfungen im Nachhinein. Dieses durch Erlass geregelte Verfahren der Buchführung soll auch eine Verwechslung ausschließen. Eine Verletzung der Kennzeichnungspflicht kann zu Schadensersatzverpflichtungen der verwahrenden Behörde führen.

8. Verwertung, Vernichtung, § 213 LVwG

Die Verwertung einer sichergestellten und verwahrten Sache ist die Umsetzung der Sache in einen Geldbetrag, der dann an die Stelle der Sache tritt.

Wie bereits ausgeführt, bewirkt die Sicherstellung und Verwahrung von Sachen vom Grundsatz her nur einen vorübergehenden Verlust der tatsächlichen Sachherrschaft des Betroffenen, denn die Maßnahmen sind dem Grunde nach nur vorübergehender Natur. In den Ausnahmefällen, die in dieser Norm dargestellt werden, ist jedoch auch eine Verwertung, Unbrauchbarmachung, Vernichtung oder Einziehung zulässig.

Vorgesehen ist nach der Verwahrung grundsätzlich die Rückgabe der Sache an die berechtige Person. Nimmt diese trotz Aufforderung die Sache jedoch nicht in Empfang, ist eine Verwertung zulässig (**Absatz 1 Nummer 2**). Ferner kann eine Verwertung erfolgen, wenn die Aufbewahrung oder Unterhaltung der Sache unverhältnismäßig hohe Kosten verursacht, mit erheblichen Schwierigkeiten verbunden ist oder Gefahren für die öffentliche Sicherheit entstehen können (**Absatz 1 Nummer 1**). Ebenso kann verwertet werden, sofern bei einer Herausgabe der Sache erneut die Voraussetzungen der Sicherstellung eintreten würden. Die Verwertung der Sache geschieht durch öffentliche Versteigerung nach den §§ 292–299 (**Absatz 2**). Die Eigentümerin oder der Eigentümer der Sache und andere Rechteinhaber sind vor der Androhung der Verwertung anzuhören. Ihnen sollen Zeit und Ort der Verwertung mitgeteilt werden. Die gefahrenabwehrrechtliche Ermächtigung zur Verwertung sichergestellter Sachen ist auf Immobilien nicht anwendbar, da sie lediglich auf bewegliche Sachen zugeschnitten ist und es an der wegen des erheblichen Eingriffs in grundrechtlich geschütztes Eigentum gebotenen verfahrensrechtlichen Ausgestaltung des Verwertungsvorgangs fehlt.

Der Erlös ist an die berechtigte Person nach Abzug der Kosten der Verwertung auszukehren. So bestimmt **Absatz 3**, dass der Erlös an die Stelle der Sache tritt.

Die Unbrauchbarmachung eines Gegenstandes beseitigt seine bestimmungsgemäße Verwendbarkeit, durch Vernichtung hört er zu bestehen auf, mit der Einziehung einer Sache geht das Eigentum an ihr auf den Staat über. Dies ist nach **Absatz 4** möglich, wenn die Voraussetzungen der Verwertung vorliegen und diese nicht möglich oder unwirtschaftlich ist. Die gefahrenabwehrende Einziehung ist begrifflich sowohl von einer Enteignung zu unterscheiden, andererseits auch von der Einziehung als Nebenfolge einer Strafe oder Geldbuße.

Aufgrund der Aufgabenzuweisung an die Polizei, im Rahmen der Gefahrenabwehr lediglich unaufschiebbar notwendige Maßnahmen selbstständig zu treffen (vgl. § 168 Abs. 1 Nr. 3 LVwG), wird eine Entscheidung gemäß § 213 LVwG grundsätzlich der Ordnungsbehörde obliegen.

In allen diesen Fällen verliert der Betroffene endgültig auch das Eigentum; während aber bei der Verwertung noch der Veräußerungserlös an die Stelle der Sache tritt, muss der Betroffene die Unbrauchbarmachung, Vernichtung und Einziehung entschädigungslos dulden.

VIII. Adressatenregelung und Durchsetzung

1. In Anspruch zu nehmende Personen und Entschädigungsansprüche, §§ 217–226 LVwG

§ 217 LVwG Grundsatz

Polizeiliche Maßnahmen sind grundsätzlich nur gegen Verantwortliche zu richten, Verhaltensstörer im Sinne des § 281 LVwG oder Zustandsstörer gemäß § 219 LVwG. Nur ausnahmsweise können auch völlig Unbeteiligte, sog. Nichtstörer polizeipflichtig gemacht und in Anspruch genommen werden, § 220 LVwG. Wer in Anspruch genommen werden kann, ergibt sich in der Regel schon aus der jeweiligen Ermächtigungsgrundlage, entweder aus einem Spezialgesetz des Sonderordnungsrechts oder aus den Standardmaßnahmen des LVwG. Diese gestalten in der Regel näher aus, gegen wen die Maßnahme durchgeführt werden darf, wer also Normadressat ist. Die §§ 217 ff. LVwG kommen jedoch ergänzend dann zum Einsatz, wenn und soweit sich aus der jeweiligen Befugnisregelung nichts zum Adressatenkreis ergibt.

Zu den materiellen Rechtmäßigkeitsanforderungen an einen Verwaltungsakt gehört, dass er gegen den **richtigen Adressaten** gerichtet wird. Das ist die Person, die zu einer Handlung, Duldung oder Unterlassung aufgefordert oder veranlasst werden kann, um eine Störung oder Gefahr für die öffentliche Sicherheit zu beseitigen.

Im **Strafprozessrecht** ist der Adressat in der jeweiligen Befugnisnorm genannt, also z. B. der Beschuldigte gem. § 81a StPO im Falle einer körperlichen Untersuchung, der Tatverdächtige gem. § 102 StPO im Falle einer Durchsuchung oder der Unverdächtige gem. § 163b Abs. 2 StPO im Falle einer Identitätsfeststellung.

Auch soweit die Polizei aufgrund einer speziellen Ermächtigung des **besonderen Gefahrenabwehrrechts** einschreitet, wird der Adressat in dieser Vorschrift zumeist bezeichnet, also z. B. der Verkehrsteilnehmer im Rahmen der Verkehrskontrolle gemäß § 36 Abs. 5 StVO oder der Versammlungsteilnehmer nach § 16 VersFG bei Bildaufzeichnungen.

In einer Reihe von Fällen enthalten auch die **Standardermächtigungen** des LVwG besondere Adressatenregelungen, also z. B. der Geschädigte, der Zeuge aus § 179 LVwG, der Inhaber von Informationen gemäß § 199 LVwG, der Besitzer oder Eigentümer von Sachen gemäß §§ 202, 206, 210 LVwG, die hilflose Person, Minderjährige, Entwichene aus § 204 LVwG oder der Inhaber von Räumen gemäß § 208 LVwG.

Nur wenn solche speziellen Regelungen fehlen, wie z. B. bei der **Generalklausel nach §§ 174, 176 LVwG** gelten im Rahmen des Gefahrenabwehrrechts die §§ 218 und 219 LVwG zur Bestimmung des richtigen Adressaten der Maßnahme.

Jeder Bürger hat die allgemeine Rechtspflicht, die öffentliche Sicherheit zu wahren. Als Ausdruck dieser **allgemeinen Nichtstörungspflicht** ist die Verantwortlichkeit **verschuldensunabhängig** und setzt weder Geschäftsfähigkeit im Sinne der §§ 104 ff. BGB noch Deliktsfähigkeit nach §§ 827 f. BGB voraus. Somit können bspw. auch minderjährige Kinder oder Betrunkene als Normadressat polizeipflichtig sein. Gleiches gilt auch für juristische Personen des Privatrechts und eingeschränkt auch für juristische Personen des öffentlichen Rechts.

Die Inanspruchnahme des Störers durch polizeiliche Verfügung ist ausschließlich auf die Beseitigung der Gefahr oder Störung gerichtet. Im Interesse einer schnellen und wirksamen Gefahrenabwehr, der sogenannten „**Effektivität der Gefahrenabwehr**" wird in der Verwaltungspraxis häufig der Verhaltensstörer vorrangig herangezogen. Die Verantwortlichkeit eines Störers schließt die Verantwortlichkeit weiterer Störer auf Tatbestandsebene nicht aus. Es kann also durchaus eine **Störermehrheit** geben. Auf der Rechtsfolgenseite ist im Rahmen der **Ermessensbetätigung** zu prüfen, durch wen die Gefahr am effektivsten beseitigt werden kann und diese Person vorrangig in Anspruch zu nehmen. **Auswahlkriterien** können dabei insbesondere sein:

- Gefahrennähe,
- Sachkenntnisse und
- Leistungsfähigkeit des Betroffenen

Wie jede Verwaltungsentscheidung ist auch die Auswahl des Verantwortlichen von den allgemeinen Grundsätzen des geringsten Eingriffs und der **Verhältnismäßigkeit** geprägt. Sind mehrere Personen verantwortlich (Verhaltensverantwortliche, Zustandsverantwortliche), so darf die zuständige Behörde nach pflichtmäßigem Ermessen gemäß § 73 LVwG jede einzelne Person oder mehrere nebeneinander in Anspruch nehmen.

§ 218 LVwG Verantwortlichkeit für das Verhalten von Personen

Der Begriff „Verhalten" ist nicht mit dem strafrechtlichen Handlungsbegriff identisch. Dieser ist weit auszulegen. Auch eine bewusstlose Person kann Verhaltensstörer sein. Weiterhin können auch Vorbereitungshandlungen, die strafrechtlich noch nicht relevant sind, ein polizeirechtlich relevantes Verhalten darstellen. In der Regel wird die Verhaltenshaftung durch Tun oder Unterlassen begründet. Die öffentliche Sicherheit wird durch Handeln gestört oder gefährdet, wenn die Beeinträchtigung eines Sicherheitsgutes durch aktives Tun eingetreten ist oder im Einzelfall bevorsteht. Eine Verhaltenshaftung durch Unterlassen liegt nur dann vor, wenn eine Rechtspflicht (aus Rechtsvorschrift oder Vertrag) zu einem Tun besteht. Wer nicht zum Handeln verpflichtet ist, kann auch nicht verantwortlich gemacht werden. Grundsätzlich haftet jeder in erster Linie für sein eigenes Verhalten. Aber auch der Sorgeberechtigte oder Betreuer können für Kinder oder für unter Betreuung gestellte Personen verantwortlich sein. Sorgeberechtigt sind bei ehelichen Kindern die Eltern § 1626 BGB, unter Umständen auch der Vater oder die Mutter allein, ein Betreuer oder ein Pfleger. Die Sorgeberechtigten haften zusätzlich neben den Kindern.

Gemäß **Absatz 1** haftet der **Verhaltensstörer** aufgrund seines gefahrverursachenden Verhaltens. Er verursacht durch sein Verhalten, **aktives Tun** oder **pflichtwidriges Unterlassen**, eine Gefahr oder eine Beeinträchtigung von Schutzgütern. Auch ein Unterlassen kann als Verhalten ausreichen, jedoch nur dann, wenn zugleich eine öffentlich-rechtliche **Handlungspflicht** besteht, wie z. B. bei der Räum- oder Kehrpflicht. Gleiches gilt auch dann, wenn die Person den Gefahrenherd schafft und für diesen verantwortlich ist, z. B., wenn sie beim Ausheben einer Baugrube deren Absicherung unterlässt. Durch das Verhalten des Verhaltensstörers wird die Grenze zur Gefahr überschritten und dadurch das störende Ereignis im Sinne der **Kausalität** unmittelbar begründet. Kausalität liegt dann vor, wenn der Erfolg der Handlung, also das Verhalten des Störers, nicht hinweg gedacht werden kann, ohne dass die Gefahrenlage entfiele (sog. **Conditio-sine-qua-non-Formel**). Positiv ausgedrückt: Läge das Verhalten des Störers nicht vor, wäre die Gefahr nicht eingetreten. Um die Kausalkette enger zu fassen, wird die Conditio-sine-qua-non-Formel ergänzt durch die **Theorie der unmittelbaren Verursachung**. Demnach muss der Störer die letzte Ursache der Gefahrverursachung gesetzt haben, die Gefahr also unmittelbar verursacht haben. Zusätzlich wird die Kausalität wertend begrenzt durch die sogenannte **Relevanztheorie**. Hiernach werden nur Bedingungen als kausal angesehen, die die Gefahr oder Störung unmittelbar herbeiführen. Hierzu zählt jedes Verhalten, das für sich eine Polizeiwidrigkeit darstellt. Die Polizeiwidrigkeit kann sich aus einem besonderen Gesetz zur Gefahrenabwehr oder aus den §§ 218 und 219 LVwG ergeben. Neben dem klassischen Verhaltensadressaten kann auch derjenige Störer sein, der diesen unmittelbar zur Störung veranlasst (sogenannter **Zweckveranlasser**). Zweckveranlassung liegt vor, wenn ein bestimmtes Verhalten ohne Hinzukommen weiterer Umstände noch nicht polizeiwidrig ist, aber das polizeiwidrige Verhalten anderer mit einer gewissen Zwangsläufigkeit herbeiführt, z. B. die Darbietung einer Modenschau oder einer Fernsehübertragung im Schaufenster, wenn durch den Händler das Stehenbleiben von Passanten zur Anregung der Kauflust bezweckt wird und es durch dieses Verhalten zu einer erheblichen Verkehrsbeeinträchtigung durch die Menschentraube auf dem Bürgersteig kommt.

Gemäß **Absatz 2** haftet neben dem eigentlich Verantwortlichen zusätzlich auch der **Sorgeberechtigte** oder **Betreuer** für die Handlungen der Kinder oder unter Betreuung gestellten Personen. Sorgeberechtigt sind bei ehelichen Kindern die Eltern § 1626 BGB, unter Umständen auch der Vater oder die Mutter allein, ein Betreuer oder ein Pfleger.

Auch ein **Geschäftsherr**, Dienstherr oder Verrichtungsherr haftet gemäß **Absatz 3** zusätzlich für seine **Verrichtungsgehilfen** (Angestellte, Arbeitnehmer im Sinne von § 831 BGB) unter der Voraussetzung, dass der Handelnde den Weisungen des Geschäftsherrn in der Regel durch ein soziales Abhängigkeitsverhältnis wie einem Arbeitsvertrag unterworfen ist. Geschäftsherr ist jede Person, die eine andere Person in Form eines Gehilfen zur Verrichtung einer Angelegenheit bestellt hat und für sich nach ihren Weisungen arbeiten lässt.

§ 219 Verantwortlichkeit für Sachen

Zustandsverantwortlichkeit bedeutet die Verantwortlichkeit einer Person für die Beseitigung von Gefahren oder Störungen, die sich aus dem Zustand von beweglichen oder unbeweglichen Sachen (einschließlich Tieren, vgl. § 90a BGB) oder der Lage einer Sache im Raum ergeben. Die Verantwortlichkeit trifft grundsätzlich den Eigentümer, daneben aber auch denjenigen, der die tatsächliche Gewalt über eine Sache ausübt. Sind mehrere Eigentümer derselben Sache (z. B. bei Miteigentum) verantwortlich, so kann grundsätzlich jeder von ihnen selbstständig in Anspruch genommen werden. Die Zustandsverantwortlichkeit ist Ausfluss aus der Sozialbindung des Eigentums gemäß Art. 14 Abs. 2 GG.

Geht die Gefahr von einer Sache aus, so begründet § 219 Abs. 1 LVwG die Möglichkeit der Inanspruchnahme von Personen, die für die Sache verantwortlich sind, sogenannte polizeirechtliche **Zustandsverantwortlichkeit**. Subjekt der Haftung ist gemäß **Absatz 1** der **Eigentümer**; sie orientiert sich streng an dem bürgerlich-rechtlichen Eigentumsbegriff, vgl. § 903 BGB. Der Eigentümer ist grundsätzlich hauptverantwortlich, auch dann, wenn er die tatsächliche Verfügungsgewalt anderen Personen übertragen hat. Seine **Verantwortlichkeit erlischt** nur im Ausnahmefall, in den Fällen des **Absatz 2** Satz 2 Nummer 1 (z. B. bei Entwendung bzw. unbefugter Benutzung eines Kfz) und Nummer 2 (z. B. Schneeräumungspflicht der Mieter) soweit eine andere Person in die Verantwortlichkeit eintritt. Auch bei einer behördlichen oder gerichtlichen Entziehung der Verfügungsgewalt über eine Sache (Sicherstellung Beschlagnahme, Einziehung) entfällt die Verantwortlichkeit des Eigentümers. Hier haftet nur der tatsächliche Gewaltinhaber. Gemäß Absatz 2 Satz 1 haftet neben dem Eigentümer derjenige, der mit seiner Erlaubnis über die Sache verfügt, d. h. die rechtliche und tatsächliche Möglichkeit hat, auf die Gefahr bringende Sache einzuwirken. So sind sowohl der Eigentümer als auch der Pächter eines Grundstücks dafür verantwortlich, dass von ihm keine Gefahren ausgehen (z. B. eine Verunreinigung des Grundwassers durch Düngemittel bei der Landpacht).

Der Umfang der Zustandshaftung ist nach überwiegender Auffassung nicht eingeschränkt. Der Eigentümer hat für die von der Sache ausgehende Gefahr ohne Rücksicht auf deren Ursache – eigenes Verhalten, Verhalten Dritter, Naturereignisse, sonstige Fälle höherer Gewalt, gewöhnlicher Zufall – stets voll einzustehen. Die Zustandshaftung resultiert nicht aus der Beziehung des Haftenden zu der Gefahrentstehung. Diese spielt hier keine Rolle. So kann z.B. der Eigentümer eines Grundstücks, auf dem Müll abgeladen wurde, zur Beseitigung verpflichtet werden, auch wenn er selbst diesen Zustand nicht verursacht hat. Auf jeden Fall ist aber erforderlich, dass der Verantwortliche tatsächlich in der Lage ist, die Gewalt über die Sache auszuüben. Auch kann der Eigentümer bzw. Gewaltinhaber nur in dem Umfang herangezogen werden, wie seine Verfügungsmacht reicht.

Die Zustandshaftung endet, wenn das Eigentum durch Verlust oder Übertragung (Veräußerung) weggefallen ist. Sie trifft den **Rechtsnachfolger**, auch wenn die Gefahr bereits vor dem Übergang des Eigentums oder der Sachherrschaft entstanden war. Bereits gegen den Voreigentümer betroffene polizeiliche oder ordnungsbehördliche Maßnahmen müssen aufgehoben werden.

Auch die Dereliktion (Eigentumsaufgabe) beendet die Zustandshaftung. Hat jedoch der Eigentümer den gefährlichen Zustand der Sache oder ihre gefährliche Lage im Raum verursacht, so kann er sich nicht unter Berufung auf die **Eigentumsaufgabe** jeglicher Verantwortung entziehen, sondern bleibt gemäß **Absatz 3** als früherer Eigentümer verantwortlich.

§ 220 Inanspruchnahme anderer Personen

Darunter versteht man die Inanspruchnahme Dritter oder Nichtstörer. Der Nichtstörer ist eine Person, die als Adressat von der Polizei zur Störungsbeseitigung oder Gefahrenabwehr herangezogen wird, ohne selbst verantwortlich zu sein. Die Notstandshaftung kommt als letzte Möglichkeit in Betracht, wenn sonstige Verantwortliche nicht in Anspruch genommen werden können und mit eigenen behördlichen Mitteln oder unter Zuhilfenahme von Beauftragten die Gefahr nicht beseitigt werden kann.

Grundsätzlich dürfen Polizei und Ordnungsbehörden ihre Maßnahmen nur gegen Personen richten, die verantwortlich sind, § 217 LVwG. Ansonsten haben sie eigene Mittel einzusetzen. § 220 LVwG stellt eine Ausnahmevorschrift zu dem Grundsatz des § 217 LVwG dar. Nach § 220 LVwG dürfen in Notfällen (sog. polizeilicher Notstand) andere Personen unter den strengen Ausnahmeregeln dieser Norm als Adressaten in Anspruch genommen werden. Diesen wird ein Sonderopfer auferlegt, das in der Folge einen auf das unbedingt notwendige Maß zu beschränkenden Eingriff in die Rechtssphäre des Einzelnen bedeutet. Diese Verpflichtung von Dritten ist nur unter den strengen Voraussetzungen dieser Norm, die kumulativ (nicht alternativ) vorliegen müssen, möglich. Die Inanspruchnahme ist danach nur zulässig, um

- eine gegenwärtige Gefahr abzuwehren **und**
- die Verantwortlichen nicht oder nicht rechtzeitig in Anspruch genommen werden können oder Maßnahmen keinen Erfolg versprechen **und**
- die Ordnungsbehörde oder die Polizei die Gefahr nicht oder nicht rechtzeitig selbst oder durch beauftragte Dritte abwehren kann **und**
- die Person ohne erhebliche eigene Gefährdung und ohne Verletzung höherwertiger Pflichten in Anspruch genommen werden kann.

Praktisch erfolgt die Inanspruchnahme des Nichtstörers durch die Verpflichtung entweder zur persönlichen Hilfeleistung oder zur Herausgabe von Gegenständen oder Sachmitteln, mit denen die Behörde die Gefahr abwehren kann. Kombinationen sind möglich. Diese restriktive Bestimmung verlangt eine bereits eingetretene Störung oder aber den zeitlich gesteigerten Gefahrengrad der **gegenwärtigen Gefahr**.

Die **Voraussetzungen** sind weitestgehend selbsterklärend. Entweder ist ein Störer nicht vorhanden (Naturereignis) oder objektiv nicht in der Lage, die Gefahr selbst zu beseitigen (bewusstloses Unfallopfer). Darüber hinaus können der Inanspruchnahme rechtliche oder tatsächliche Gründe entgegenstehen, wenn z. B. eine neue erhebliche Gefahr begründet werden würde oder der Störer trotz intensiven persönlichen Einsatzes die Gefahr nicht beseitigen kann. Die Behörde muss vor der Inanspruchnahme des Nichtstörers ihre eigenen personellen und materiellen Möglichkeiten voll ausgenutzt haben. Dazu gehören die ihr nach §§ 228 ff. LVwG zur Verfügung stehenden Zwangsmittel einschließlich der Ersatzvornahme. Zu beachten ist in diesem Zusammenhang: Der nach § 238 LVwG im Rahmen der Ersatzvornahme Beauftragte (z. B. der Abschleppunternehmer) ist kein Nichtstörer, sondern wird für die Behörde tätig. Zu den vorrangigen behördlichen Mitteln zählen auch Möglichkeiten der Vollzugs- oder Amtshilfe. Nur wenn der Polizei das Tätigwerden objektiv unmöglich ist oder alle zur Verfügung stehenden Kräfte erschöpft sind, darf sie den Nichtstörer heranziehen. Finanzielle Erwägungen sind unbeachtlich.

Bei der Inanspruchnahme des Nichtstörers darf die Behörde keine neue Gefahr setzen. Hier konkretisiert der Gesetzgeber den Grundsatz der Verhältnismäßigkeit. Die dem Nichtstörer zugemutete Gefahr darf auf keinen

Fall größer sein als die, zu deren Abwendung er herangezogen wird. Gesundheits- und Lebensgefahren sind hierbei grundsätzlich auszuschließen. Wer andere, überwiegende Pflichten zu erfüllen hat (z.B. der Arzt, der Patienten versorgt oder der Zeuge auf dem Weg zum Gerichtstermin), wird in aller Regel von einer Heranziehung befreit sein. Er hat aber auch die Pflicht, auf diese Umstände hinzuweisen.

Die **Inanspruchnahme** des Nichtstörers erfolgt nur **vorläufig**. Sobald die Gefahr beseitigt ist, die Heranziehung des Störers wieder möglich ist oder eigene Mittel der Behörde wieder zur Verfügung stehen, ist der Nichtstörer freizustellen. Sobald Maßnahmen anderer Art, die von gleicher Wirksamkeit sind, getroffen werden können, ist der Nichtstörer aus seiner Verantwortlichkeit zu entlassen. Für das dem Nichtstörer auferlegte Sonderopfer ergibt sich aus §§ 221 und 223 LVwG ein Entschädigungsanspruch, sodass einer Person, welche infolge einer rechtmäßigen Inanspruchnahme einen Schaden erlitten hat, ein angemessener Ausgleich zu gewähren ist.

Schwierigkeiten in der Praxis gibt es immer dann, wenn sich der in Anspruch genommene Nichtverantwortliche weigert. Dann ist zu schauen, ob es ausreicht, der betreffenden Person bspw. eine Sache „wegzunehmen", um diese für die Gefahrenabwehr durch die Behörde selbst zu benutzen, z.B. die Nutzung der privaten Schneefräse durch die Behörde zur Gefahrbeseitigung.

Beispiele für die Inanspruchnahme als Nichtstörer:

- Bewachung des aus einer Brandstelle geräumten Hausrats;
- Verpflichtung eines in der Nähe mit Schweißarbeiten beschäftigten Schlossers, um ein eingeklemmtes Unfallopfer aus einem Pkw zu befreien;
- Sicherstellung von Sand, um eine Ölspur abzustreuen;

§ 221 Entschädigungsanspruch der Nichtstörerin oder des Nichtstörers

§ 221 normiert einen Entschädigungsanspruch für die Inanspruchnahme als Nichtstörer.

Anders als der Handlungs- und Zustandsstörer hat der Nichtstörer im Sinne des § 220 LVwG einen Anspruch auf Entschädigung für das Sonderopfer, welches er durch seine Inanspruchnahme zu tragen hatte. **Entschädigungspflichtig** ist gemäß § 224 Abs. 1 LVwG der Träger der öffentlichen Verwaltung, in dessen Dienst diejenige oder derjenige steht, die oder der die Maßnahme getroffen hat. Dies ist bei der Landespolizei das Land Schleswig-Holstein. Die Verwaltung kann, soweit es Verantwortliche nach §§ 218, 219 LVwG gibt, diese gemäß § 224 Abs. 2 LVwG in entsprechender Anwendung der §§ 677 ff. BGB in **Regress** nehmen.

Inhalt, Art und Umfang der Entschädigung bestimmen sich nach § 223 LVwG. Danach wird eine Entschädigung nur für **Vermögensschäden** gewährt.

§ 222 Entschädigungsanspruch unbeteiligter Dritter

Im Gegensatz zum Nichtstörer wird der unbeteiligte Dritte nicht als Adressat einer Verfügung zur Gefahrenabwehr oder Störungsbeseitigung herangezogen. Er wird vielmehr durch die Maßnahme der Gefahrenabwehr geschädigt. Dafür erhält er einen Entschädigungsanspruch.

§ 222 bestimmt, dass der Dritte, der von einer Maßnahme der Gefahrenabwehr betroffen ist, ohne selbst Adressat der Maßnahme zu sein, einen Entschädigungsanspruch erhält, soweit er durch Maßnahmen zur Gefahrenabwehr getötet oder verletzt wird oder einen billigerweise nicht zumutbaren Schaden erleidet. Dies ist z. B. dann der Fall, wenn bei einem polizeilichen Schusswaffengebrauch ein fehlgeleitetes Geschoss einen Personen- oder Sachschaden verursacht oder wenn bei einem polizeilichen Sucheinsatz ein Getreidefeld oder die Anpflanzungen einer Baumschule erheblich beschädigt werden. Dem unbeteiligten Dritten stehen dann ebenfalls Entschädigungsansprüche zu, die dem des Nichtstörers entsprechen. Vermögens- oder Sachschäden werden jedoch nur soweit entschädigt, wie sie billigerweise nicht zuzumuten sind. Im Übrigen gelten die Regelungen der §§ 221, 223 LVwG entsprechend.

2. Erzwingung von Handlungen, Duldungen oder Unterlassungen, §§ 228–261 LVwG

Werden behördliche Verwaltungsakte nicht befolgt, stellt sich die Frage nach deren Durchsetzbarkeit. Die dann erforderliche Erzwingung von Handlungen, Duldungen oder Unterlassungen ist in Abschnitt IV des LVwG geregelt (§§ 228–261). Umfasst wird das Allgemeine Vollzugsverfahren (Unterabschnitt 1, §§ 228–241), der Vollzug von Verwaltungsakten mit besonderem Inhalt (Unterabschnitt 2, § 242) sowie die Unterabschnitte 4, Einschränkung von Grundrechten, Rechtsbehelfe und Kosten (§§ 247–249) und 5, Ausübung unmittelbaren Zwangs (§§ 250–254).

Die Möglichkeit der zwangsweisen Durchsetzung von Verwaltungsakten, der sog. Vollzug, ist Ausdruck des staatlichen Gewaltmonopols. Ziel ist, die pflichtige Person zu einem vom Gesetz gewollten und gebilligten in der Zukunft liegenden Handeln, Dulden oder Unterlassen zur bewegen, soweit und solange ihr Wille der von der Verwaltung angeordneten Maßnahme entgegensteht. Die Anwendung von Verwaltungszwang dient nicht der Ahndung vergangenen Unrechts; dies ist Gegenstand des Straf- und Ordnungswidrigkeitenrechts. Der Vollzug ist vielmehr ausschließliches Beugemittel. Dies wird insbesondere dadurch deutlich, dass der Vollzug eines belastenden Verwaltungsaktes dann unterbleibt bzw. abzubrechen ist, wenn die pflichtige Person bereit ist, der von der Verwaltung geforderten Maßnahme (Handlung, Duldung oder Unterlassung) zu entsprechen. Die Anwendung von Verwaltungszwang stellt sich als besonders intensiver, zum Teil irreparabler Eingriff in besonders schützenswerte Rechte des Einzelnen dar. Dies gilt insbesondere für die Anwendung von Schusswaffen durch Polizeivollzugsbeamte. Für den einzelnen Beamten resultiert daraus eine besondere Pflicht zur Kenntnis und Beachtung der verfassungsrechtlichen und gesetzlichen Grundlagen hinsichtlich der Anordnung und Durchführung des Vollzuges. Dies gilt insbesondere für den Grundsatz der Verhältnismäßigkeit der Mittel.

3. Allgemeines Vollzugsverfahren, §§ 228–241 LVwG

Das Allgemeine Vollzugsverfahren regelt, wie Verwaltungsakte mittels Verwaltungszwang, also durch die Anwendung von Zwangsmitteln (Zwangsgeld, Ersatzvornahme, unmittelbarer Zwang) durchgesetzt werden.

§ 228 stellt die Grundsätze für das nachfolgend geregelte Vollzugsverfahren auf. Danach werden Verwaltungsakte, die auf Herausgabe einer Sache oder auf Vornahme einer Handlung oder auf Duldung oder Unterlassung gerichtet sind, im Wege des Verwaltungszwangs durchgesetzt (**Absatz 1**). Dies ist der sogenannte Vollzug, der so legal definiert ist. Durch den Vollzug wird der entgegenstehende Wille der pflichtigen Person durch die Anwendung von Zwangsmitteln (Zwangsgeld, Ersatzvornahme, unmittelbarer Zwang) gebeugt.

Das LVwG unterscheidet begrifflich zwischen dem Vollzug und der Vollstreckung. Letztere ist in § 262 Abs. 1 als Betreibung öffentlich-rechtlicher Geldforderungen durch Träger öffentlicher Verwaltung im Verwaltungswege definiert. Dies ist deswegen erwähnenswert, weil der Vollzug häufig unter die Begrifflichkeit der Vollstreckung gefasst wird. Auch das Verwaltungsvollstreckungsrecht des Bundes kennt begrifflich nur die Vollstreckung.

Voraussetzung für den Vollzug ist stets ein Verwaltungsakt. Dessen materiell-rechtliche Grundlage kann sich aus bundes- oder landesrechtlichen Vorschriften sowie Kommunalecht ergeben. Innerhalb des LVwG sind es insbesondere Ordnungsverfügungen (Ge- und Verbote) nach § 176, die vollzogen werden. Für die Polizei wird dies auch deswegen häufig relevant, da die Vollzugshilfe zu ihren Aufgaben gehört (§ 168 Abs. 2 Nr. 1).

Aus polizeilicher Sicht gilt es bei Standardmaßnahmen stets zu unterscheiden, ob die Standardmaßnahme ihre eigene Durchführung beinhaltet oder nicht.[162] Bei der Gewahrsamnahme (§ 204), dem Festhalten zur Identitätsfeststellung (§ 181) oder auch der Dursuchung von Personen (§ 202), Sachen (§ 206) oder Wohnungen (§ 208) sind die damit verbundenen Zwangsmaßnahmen von der Norm umfasst. Es muss dann nicht auf die allgemeinen Vollzugsregelungen zurückgegriffen werden. Dies ist erst dann der Fall, wenn Maßnahmen nötig sind, die den Befugnisrahmen der jeweiligen Norm übersteigen. So z. B., wenn sich ein Wohnungsinhaber gegen die Durchsuchung wehrt oder seine Tür nicht öffnet und eine Zwangsanwendung nötig wird. Wenn die polizeiliche Standardmaßnahme aber nur ein Verhaltensgebot beinhaltet, muss dessen Nichtbefolgung unter Rückgriff auf das Vollzugsrecht durchgesetzt werden. Zu nennen sind hier beispielsweise die Vorladung (§ 199) und die Platzverweisung (§ 201 Abs. 1). So ist ein polizeilich ausgesprochener Platzverweis nach § 80 Abs. 2 Satz 1 Nr. 2 VwGO sofort vollziehbar und kann mit unmittelbarem Zwang durchgesetzt werden.

Für den Vollzug gelten die §§ 229 bis 249 und, soweit sich aus ihnen nichts Abweichendes ergibt, die übrigen Vorschriften des LVwG (**§ 228 Abs. 2**). Das bedeutet, dass für den Vollzug als Teil des Verwaltungsverfahrens die allgemeinen Grundsätze der §§ 72 (Grundsatz der Gesetzmäßigkeit) und 73 (Ermessen) und die Verfahrensregeln nach §§ 74 ff. zu beachten sind; die besonderen Vorschriften der §§ 228 ff. LVwG sind aber vorrangig.

Wird ein Verwaltungsakt, der aufgrund einer bundesrechtlichen Regelung ergangen ist, vollzogen, richtet sich teilweise auch der Vollzug nach Bundesrecht. Es finden sich aber auch bundesgesetzliche Verweise auf das jeweilige Landesrecht. Überlässt es der Bund den Ländern, welches Vollzugsrecht sie anwenden wollen, wird durch § 243 LVwG festgelegt, dass die landesrechtlichen Regelungen Anwendung finden.

162 *Lemke* in Fehling/Kastner/Störmer Verwaltungsrecht § 6 Rn. 11 ff., auch zum Folgenden.

Für sämtliche repressive Maßnahmen nach der StPO, für die der Polizei eine Anordnungsbefugnis zukommt (bspw. Beschlagnahme nach §§ 94 ff. StPO; Durchsuchung, §§ 102 ff. StPO), erfolgt kein Rückgriff auf die Vollzugsregelungen des LVwG. Die Durchsetzung der Maßnahmen, notfalls auch gegen den Willen der betroffenen Person, folgt hier schon aus der Anordnungsbefugnis. Gleiches gilt für Befugnisnormen aus dem Ordnungswidrigkeitenrecht ggf. in Verbindung mit der StPO (§ 46 OWiG).

4. Zulässigkeit des Vollzugs von Verwaltungsakten, § 229 LVwG

> Der Vollzug ist zulässig, wenn der zugrunde liegende Verwaltungsakt unanfechtbar oder ein Rechtsbehelf keine aufschiebende Wirkung hat. Ausnahmsweise kann bei Ersatzvornahmen oder der Anwendung unmittelbaren Zwangs davon abgewichen werden, wenn anders die Abwehr einer gegenwärtigen Gefahr für die öffentliche Sicherheit oder die Verhinderung einer rechtswidrigen Tat oder einer mit Geldbuße bedrohten Handlung nicht möglich ist.

Nach **§ 229 Abs. 1** ist der Vollzug von Verwaltungsakten zulässig, wenn der Verwaltungsakt unanfechtbar (**Nummer 1**) oder ein Rechtsmittel keine aufschiebende Wirkung hat (**Nummer 2**).

Unanfechtbarkeit liegt vor, wenn die Monatsfristen zum Widerspruch (§ 70 Abs. 1 VwGO) oder zur Klage (§ 74 Abs. 1 VwGO) abgelaufen sind. Es kann dann kein Rechtsbehelf mehr eingelegt werden. Ist keine oder eine fehlerhafte Rechtsbehelfsbelehrung ergangen, gilt die Jahresfrist, §§ 70 Abs. 2, 58 Abs. 2 VwGO. Ferner ist ein Verwaltungsakt dann unanfechtbar, wenn Rechtsmittel erfolglos erschöpft sind oder ein Rechtsbehelf zurückgenommen oder darauf verzichtet wurde.

Hat ein Rechtsmittel keine aufschiebende Wirkung, darf ebenfalls vollzogen werden. Es kommt dann nicht darauf an, ob ein Rechtsbehelf eingelegt wurde oder nicht. Die aufschiebende Wirkung entfällt in den Fällen des § 80 Abs. 2 VwGO:

Dies beinhaltet zunächst die Anforderung von öffentlichen Abgaben und Kosten (§ 80 Abs. 2 Satz 1 Nr. 1 VwGO). Ferner entfällt die aufschiebende Wirkung bei unaufschiebbaren Anordnungen und Maßnahmen von Polizeivollzugsbeamten (§ 80 Abs. 2 Satz 1 Nr. 2). Erfasst sind hier explizit nur eilbedürftige Verwaltungsakte von Polizeivollzugsbeamten und nicht der Ordnungsbehörden. Eine „Unaufschiebbarkeit" liegt nur dann vor, wenn ein sofortiges Einschreiten, insbesondere zur Abwehr unmittelbar bevorstehender oder bereits eingetretener Gefahren, durch die Polizei erforderlich ist. Die Eilbedürftigkeit wird durch eine mündliche Anordnung oder durch Zeichen indiziert (vgl. § 36 StVO); bei schriftlichen Verfügungen spricht viel dafür, dass die Verfügung nicht unaufschiebbar ist. In analoger Anwendung erstreckt sich die Vorschrift auch auf Verkehrszeichen und -einrichtungen (vgl. § 43 StVO), die als Allgemeinverfügung einzuordnen sind[163]. Daraus folgt für die Praxis der Verkehrsraumüberwachung, dass bspw. ein auf einem Behindertenparkplatz verbotswidrig geparktes Auto unmittelbar abgeschleppt werden darf. Die Rechtsprechung des OVG Schleswig[164] ist insoweit eindeutig und führt auch aus, dass es bei Verstößen gegen behördlich angeordnete Halteverbote vor dem Abschleppen regelmäßig keines Versuchs der Aufenthaltsermittlung des Verantwortlichen durch eine Halteranfrage bedürfe. Darüber hinaus entfällt die aufschiebende Wirkung in anderen durch Bundesgesetz oder Landesgesetz vorgeschriebenen Fällen (§ 80 Abs. 2 Satz 1 Nr. 3 VwGO) oder für Widersprüche und Klagen Dritter gegen Verwaltungsakte, die sich gegen die Zulassung von Vorhaben über Bundesverkehrswege und Mobilfunknetze richten (§ 80 Abs. 2 Satz 1 Nr. 3a VwGO). Zuletzt nennt § 80 Abs. 2 Satz 1 Nr. 4 VwGO die gefahrenabwehrrechtlich relevante Konstellation der Anordnung der sofortigen Vollziehung im öffentlichen oder überwiegenden Interesse eines Beteiligten durch die Behörde im Einzelfall. Der Anordnung der sofortigen Vollziehung kommt keine Verwaltungsakt-Qualität zu; vielmehr handelt es sich um eine verfahrensrechtliche Nebenentscheidung zum Verwaltungsakt. Das besondere Interesse an der sofortigen Vollziehung ist schriftlich zu begründen. Einer besonderen Begründung bedarf es nicht, wenn die Behörde bei Gefahr im Verzug, insbesondere bei drohenden Nachteilen für Leben, Gesundheit oder Eigentum vorsorglich eine als solche bezeichnete Notstandsmaßnahme im öffentlichen Interesse trifft (§ 80 Abs. 3 Satz 1 und 2 VwGO). In der polizeilichen Praxis wird es auf diese Konstellation nicht ankommen, da zumeist schon ein Fall des § 80 Abs. 2 Satz 1 Nr. 2 vorliegen wird.

Nach **§ 229 Abs. 2** kann vom Vollzug eines Verwaltungsaktes im Wege der Ersatzvornahme oder der Anwendung unmittelbaren Zwangs von den Bestimmungen des Absatzes 1 (Unanfechtbarkeit des VA, keine aufschiebende Wirkung eines Rechtsbehelfs) abgewichen werden, wenn auf andere Weise eine gegenwärtige Gefahr für die Sicherheit nicht abgewehrt werden (**Nummer 1**) oder eine rechtswidrige Tat oder mit Geldbuße bedrohte Handlung anders nicht verhindert werden kann (**Nummer 2**). Wichtig ist

163 BVerwG, Beschl. v. 26.01.88 – 7 B 189/87 = NVwZ 1988, 623.
164 OVG Schleswig, Urt., v. 19.03.2002 – 4 L 118/01=NVwZ-RR 2003, 647.

diese Vorschrift insbesondere für die kommunalen Ordnungsbehörden. Für die Polizei wird bei dringenden Maßnahmen schon der weitergehende § 80 Abs. 2 Nr. 2 VwGO greifen.

Die Rechtmäßigkeit des zu vollstreckenden Verwaltungsaktes, des sog. Grundverwaltungsaktes, ist nach höchstrichterlicher Rechtsprechung im Übrigen keine Vollstreckungsvoraussetzung:

- **BVerfG, Beschl. v. 07.12.98 – 1 BvR 831-89 = NVwZ 1999, 290, 292:**

> „Die Rechtmäßigkeit der Anwendung des unmittelbaren Zwangs in Form des Wasserwerfereinsatzes hing nicht von der Rechtmäßigkeit der auf das Verlassen des Platzes und der Straße gerichteten Grundverfügung, insbesondere der Vereinbarkeit mit Art. 8 GG ab. Denn auf die Frage der Rechtmäßigkeit der Grundverfügung kommt es bei der Beurteilung der Rechtmäßigkeit der Vollstreckungsmaßnahme nicht an. Das entspricht ganz einhelliger Auffassung der Rechtsprechung und auch überwiegender Meinung in der Literatur (vgl. nur BVerwG, NJW 1984, 2591, 2592 [...])."

Auch ein rechtswidriger, aber nicht nichtiger Verwaltungsakt (vgl. § 113), kann also vollzogen werden. Für die Rechtmäßigkeit ist daher ausreichend, wenn der Verwaltungsakt wirksam ist. Dass die Rechtmäßigkeit des Grundverwaltungsakts keine Vollstreckungsvoraussetzung ist, ergibt sich auch aus der Wertung des § 248 Abs. 2. Danach sind Einwendungen gegen den dem Vollzug zugrundliegenden Verwaltungsakt außerhalb des Vollzugsverfahrens mit den dafür zugelassenen Rechtsbehelfen zu verfolgen.

5. Sofortiger Vollzug, § 230 LVwG

> Der sofortige Vollzug erlaubt die sofortige Durchführung einer Ersatzvornahme oder die Anwendung unmittelbaren Zwangs ohne vorausgehenden Verwaltungsakt in Eilfällen zur Abwehr einer gegenwärtigen Gefahr.

Der sofortige Vollzug ist von der Anordnung der sofortigen Vollziehung im Sinne des § 80 Abs. 2 Satz 1 Nr. 4[165] zu unterscheiden. Anders als bei der Anordnung der sofortigen Vollziehung erlaubt der Sofortvollzug die Durchführung von Zwangsmaßnahmen auch ohne Vorliegen eines Grundverwaltungsaktes, sog. „gekürztes Vollzugsverfahren". Nach **§ 230 Abs. 1 Satz 1** ist eine Ersatzvornahme oder die Anwendung unmittelbaren Zwangs ohne vorausgegangenen Verwaltungsakt (sofortiger Vollzug) zulässig, wenn eine gegenwärtige Gefahr auf andere Weise nicht abgewehrt werden kann

165 Vgl. dazu die Ausführung zu § 229.

und die Behörde hierbei innerhalb ihrer gesetzlichen Befugnisse handelt. Die Vorschrift deckt damit Eilfälle ab, in denen ein Verwaltungsakt (mit der Anordnung der sofortigen Vollziehung, § 80 Abs. 2 Satz 1 Nr. 4 VwGO) nicht mehr rechtzeitig erlassen werden kann, ohne den Zweck der Maßnahme zu gefährden. Durch die Einschränkung auf die Zwangsmittel der Ersatzvornahme und des unmittelbaren Zwangs ist diese Norm nur auf dazu berechtigte Behörden anwendbar. Mit Blick auf die Anwendung unmittelbaren Zwangs muss es sich demnach um Ordnungsbehörden und Polizei oder andere Behörden mit Vollzugsbeamten im Sinne des § 252 handeln. Innerhalb ihrer gesetzlichen Befugnisse handelt die Behörde zunächst dann, wenn sie für den sofortigen Vollzug sachlich zuständig ist. Die sachliche Zuständigkeit liegt vor, wenn die Behörde einen entsprechenden Verwaltungsakt hätte erlassen können. Ferner muss sie aufgrund materiellen Rechts berechtigt sein, das erzwungene Tun oder Unterlassen vom Adressaten verlangen zu können. Ein sofortiger Vollzug kann insbesondere erfolgen, wenn Maßnahmen gegen Pflichtige nicht oder nicht rechtzeitig möglich sind (**Absatz 1 Satz 2**). Landesrechtliche Vorschriften, die Voraussetzungen des sofortigen Vollzugs anders regeln, bleiben unberührt (**Absatz 1 Satz 3**). Wird eine Ersatzvornahme getätigt, ist der oder die Verantwortliche unverzüglich zu benachrichtigen (**Absatz 2**). Für den sofortigen Vollzug sind nach **Absatz 3** die sonstigen Bestimmungen des Vollzugsverfahrens entsprechend zu beachten, sofern in ihnen nichts anderes bestimmt ist. Insbesondere entfällt die Androhung des Zwangsmittels, § 236 Abs. 1.

Typische Fälle des polizeilichen sofortigen Vollzugs sind das Abschleppen verkehrsbehindernd abgestellter Kraftfahrzeuge oder das zwangsweise Eindringen in ein Haus in Abwesenheit der pflichtigen Person.

6. Vollzugsbehörden, § 231 LVwG

Grundsätzlich vollzieht jede Behörde den von ihr erlassenen Verwaltungsakt.

Der Verwaltungsakt wird grundsätzlich von der Behörde vollzogen, die ihn erlassen hat. Sie vollzieht auch Widerspruchsentscheidungen. Soweit es sich um Ersatzvornahme und Zwangsgeld handelt, kann dies jede Behörde. Die Anwendung unmittelbaren Zwangs setzt voraus, dass Vollzugsbeamte vorhanden sind (§ 252). Für die Betreibung von Zwangsgeld oder die Kosten einer Ersatzvornahme treffen §§ 262, 263 LVwG Sonderregelungen.

Nach § 169 VwGO kann auch ein Vorsitzender eines Verwaltungsgerichts als eigenständige Vollstreckungsbehörde sich einer anderen Vollstreckungsbehörde bedienen und insbesondere um Amtshilfe zur Anwendung von Verwaltungszwang ersuchen.

7. Pflichtige Personen, Vollzug gegen Rechtsnachfolgerin oder Rechtsnachfolger, Vollzug gegen Träger der öffentlichen Verwaltung, §§ 232–234 LVwG

Als Pflichtige oder Pflichtiger kann der- oder diejenige in Anspruch genommen werden, gegen die oder den sich der Verwaltungsakt richtet; dies können auch Rechtsnachfolger oder sonst Duldungspflichtige sein. Ein Vollzug gegen Träger der öffentlichen Verwaltung muss durch Rechtsvorschrift zugelassen sein.

Die Bezeichnung der Personen, gegen die sich der Vollzug richten darf, als die Pflichtigen, stellt eine Besonderheit des schleswig-holsteinischen Landesrechts dar. Regelmäßig sind es die Personen, gegen die sich der Verwaltungsakt richtet (**§ 232 Abs. 1 Nr. 1**). „Personen" in diesem Sinne können natürliche und juristische Personen sein. Auch Minderjährige oder nicht voll Geschäftsfähige können Adressat eines Verwaltungsaktes und mithin auch „Pflichtige" im Normsinne sein, es sei denn, es soll eine rechtsgeschäftliche Handlung erzwungen werden. Sind mehrere Personen Adressaten des zu vollziehenden Verwaltungsaktes und der Androhung und Festsetzung des Zwangsmittels und muss nur eine Person die gebotene Handlung vornehmen, hat die Behörde ein pflichtgemäß auszuübendes Auswahlermessen. Sie muss diejenige Person auswählen, die voraussichtlich am wenigsten belastet wird.

Ein Vorgehen gegen Rechtsnachfolger (**§ 232 Abs. 1 Nr. 2**) ist nur möglich, soweit der Verwaltungsakt auch gegen sie Wirkung entfaltet. Ob eine solche Rechtsnachfolge in öffentlich-rechtlichen Pflichten erfolgt, beurteilt sich nach dem materiellen Recht. Denkbar ist dies insbesondere bei objektbezogenen Verwaltungsakten, wie bspw. baurechtlichen oder naturschutzrechtlichen Beseitigungsanordnungen. Liegen die Voraussetzungen des Vollzugs gegen eine Rechtsnachfolgerin oder einen Rechtsnachfolger vor, trifft **§ 233** LVwG Regelungen zu deren oder dessen Schutz. Der Vollzug darf danach erst beginnen, wenn die rechtsnachfolgende Person von dem Verwaltungsakt Kenntnis erhalten hat und darauf hingewiesen wurde, dass der Vollzug durchgeführt werden kann (**§ 233 Abs. 1 Satz 1**). Ob dies bedeutet, dass zwingend eine erneute Androhung ergehen muss, ist umstritten.[166] Jedenfalls aber, soll es der pflichtigen Person ermöglicht werden, die Zwangsanwendung noch zu vermeiden. Nur wenn eine dringliche Sofortmaßnahme im Sinne des § 229 Abs. 2 angezeigt ist, kann von dem Informationserfordernis abgesehen werden. (**§ 233 Abs. 1 Satz 2**). Hat der Vollzug im Zeitpunkt des Eintritts der Rechtsnachfolge schon begonnen, darf der Vollzug gegen die Rechtsnachfolgerin oder den Rechtsnachfolger fortgesetzt werden, auch wenn die Voraussetzungen des Absatzes 1 nicht vorliegen (**§ 233 Abs. 2**). In den Fällen, in denen die Verpflichtung nicht im Wege der Rechtsnachfolge übergeht, bedarf es eines neuen gleichlautenden Verwaltungsaktes gegen den Rechtsnachfolger oder die Rechtsnachfolgerin.

§ 232 Abs. 2 nimmt darüber hinaus noch die Klarstellung vor, dass auch Personen, die nach dem LVwG oder anderen Rechtsvorschriften den Vollzug dulden müssen, als pflichtige Personen anzusehen sind. Dies können bspw. Treuhänder, Konkursverwalter, Vormünder oder Eltern sein.

Soll ein Vollzug gegen Träger der öffentlichen Verwaltung erfolgen, muss dieser durch Rechtsvorschrift ausdrücklich zugelassen sein (**§ 234**). Zu denken ist hier an die Durchsetzung verwaltungsgerichtlicher Urteile nach § 172 VwGO oder die Ersatzvornahme nach Kommunalrecht gemäß § 125 Gemeindeordnung. Träger der öffentlichen Verwaltung sind solche im Sinne des § 2 und ggf. auch Beliehene für den Bereich der ihnen übertragenen hoheitlichen Aufgaben.[167]

8. Zwangsmittel, Androhung, §§ 235, 236 LVwG

> Zwangsmittel sind Zwangsgeld, Ersatzvornahme und der unmittelbare Zwang. Die Zwangsmittel können solange wiederholt und gewechselt werden, bis der Verwaltungsakt befolgt oder auf andere Weise erledigt ist. Die Anwendung der Zwangsmittel muss grundsätzlich angedroht werden. Pflichtige Personen werden durch die Androhung vor der bevorstehenden Anwendung des Verwaltungszwangs gewarnt und sollen so zur Rechtstreue angehalten werden.

§ 235 nennt in **Absatz 1** den abschließenden Katalog der **Zwangsmittel** zur Erzwingung von Handlungen, Duldungen oder Unterlassungen. Unbe-

166 *Dirnberger/Henneke* u. a., PdK-Schl.-H. LVwG, § 233 Erl. Nr. 2. So sprechen *Deusch/Burr*, in: BeckOK VwVfG, VwVG, § 13 Rn. 6 von der Androhung als Beugemittel höchstpersönlicher Natur.

167 *Dirnberger/Henneke* u. a., PdK-Schl.-H. LVwG, § 234 Erl. Nr. 1. Vgl. zur Abgrenzung zu anderen Standardbefugnissen die Ausführungen zu § 228.

rührt davon bleiben Spezialvorschriften anderer Gesetze oder des LVwG, die besondere Formen des Zwangs vorsehen und denen die Durchsetzung der tatsächlichen Handlung bereits innewohnen (Beschlagnahme, Durchsuchung, Wegnahme von Sachen, etc.). Die Zwangsmittel stehen in keiner Rangfolge. Die Zwangsmittel können auch neben einer Strafe oder Geldbuße angewandt und solange wiederholt und gewechselt werden, bis der Verwaltungsakt befolgt worden oder auf andere Weise erledigt ist (**Absatz 2**). Welches Zwangsmittel anzuwenden ist, ergibt sich in der Praxis häufig aus dem Wesen des Zwangsmittels selbst. Gibt es mehrere geeignete Mittel, muss sich das Auswahlermessen der Behörde am Grundsatz der Verhältnismäßigkeit orientieren. Sie muss daher ein weniger belastendes Mittel auswählen, sofern es mit hinreichender Wahrscheinlichkeit zum Erfolg führen wird und es – auch mit Blick auf eine etwaige Dringlichkeit – hinnehmbar ist, dass zunächst ein milderes Mittel eingesetzt wird, was dann bei Erfolglosigkeit gesteigert werden kann. Vor Anwendung des unmittelbaren Zwangs ist zu prüfen, ob nicht die Ersatzvornahme oder das Zwangsgeld erfolgversprechend sind (§ 239).

Die Anwendung eines Zwangsmittels muss grundsätzlich angedroht werden, **§ 236**. Der Zweck der **Androhung** liegt darin, der Pflichtigen oder dem Pflichtigen vor Augen zu führen, dass die Behörde den Verwaltungszwang einleiten wird, wenn der auferlegten Verpflichtung nicht nachgekommen wird. So soll die pflichtige Person gewarnt und dazu bewegt werden, sich rechtstreu zu verhalten. Zugleich wird in der Androhung das Zwangsmittel genannt, mittels dessen vollstreckt werden soll. Die Androhung entfaltet insoweit für den weiteren Fortgang, namentlich der Festsetzung und der Anwendung des Zwangsmittels, eine Bindungswirkung für die Behörde. Die Androhung stellt einen Verwaltungsakt dar. Dies gilt unabhängig davon, ob sie mit dem Grundverwaltungsakt verbunden wird oder nicht (vgl. § 236 Abs. 3).[168] Im Falle einer Verbindung handelt es sich um einen zusammengesetzten Verwaltungsakt, sodass auch dann die Androhung separat anfechtbar wäre.

Die Androhung des Zwangsmittels muss schriftlich erfolgen (**§ 236 Abs. 1 Satz 1**). Die Anforderungen an die Schriftform richten sich nach § 108 LVwG. Ausnahmsweise kann das Zwangsmittel mündlich angedroht werden, wenn die Voraussetzungen des § 229 Abs. 1 Nr. 2 (keine aufschiebende Wirkung des Rechtsbehelfs) und Abs. 2 (Abwehr einer gegenwärtigen Gefahr/Verhinderung einer rechtswidrigen Tat) sowie des § 230 (soforti-

168 *Deusch/Burr*, in: BeckOK VwVfG, VwVG, § 13 Rn. 2 m. w. N. auf die entspr. Rspr. des BVerwG.

ger Vollzug) vorliegen. In diesen Fällen kann die Androhung sogar unterbleiben (**§ 236 Abs. 1 Satz 2**).

Die Androhung ist mit einer Frist zu versehen, in der es der pflichtigen Person billigerweise zugemutet werden kann, der ihr obliegenden Verpflichtung nachzukommen (**Absatz 2 Satz 1**). Dabei sind tatsächliche und rechtliche Gegebenheiten zu berücksichtigen.[169] Unter Berücksichtigung des Bestimmtheitsgrundsatzes muss die gesamte Androhung und insbesondere die Frist eindeutig sein.[170]

Eine Fristsetzung muss dann nicht erfolgen, wenn damit eine Duldung oder Unterlassung erzwungen werden soll (**Absatz 2 Satz 2**). Es sollte hier aber genau geprüft werden, ob von der pflichtigen Person nicht doch ein aktives Tun im Sinne einer Vorbereitungshandlung erwartet oder etwas verlangt wird, auf das sich die Person noch einstellen muss.[171] Unabhängig davon, ob man eine dem Grundverwaltungsakt nachfolgende sog. „isolierte Zwangsmittelandrohung" oder eine mit ihm verbundene sog. „unselbstständige Zwangsmittelandrohung" erlässt, handelt es sich um zwei Verwaltungsakte. Im ersten Fall kann eine Anhörung nach § 87 Abs. 2 Nr. 5 unterbleiben.

Die Androhung kann mit dem zu vollziehenden Grundverwaltungsakt verbunden werden; dies soll geschehen, wenn die sofortige Vollziehung angeordnet oder der Rechtsbehelf keine aufschiebende Wirkung hat (**Absatz 3**). Ein anzustrebendes bürgerfreundliches Handeln der Verwaltung würde es gebieten, die Androhung eines Zwangsmittels nicht bereits mit dem Verwaltungsakt zu verknüpfen.

Nach **Absatz 4 Satz 1** muss sich die Androhung auf ein bestimmtes Zwangsmittel beziehen. Im Gegensatz zu den Regelungen des Bundes und einiger anderer Bundesländer enthält das LVwG kein Verbot der Androhung mehrerer Zwangsmittel. Vielmehr lässt dies **Absatz 4 Satz 2** ausdrücklich zu. Die Behörde muss dann aber die Reihenfolge der anzuwendenden Zwangsmittel eindeutig festlegen („Bestimmtheitsgrundsatz"). Unzulässig ist eine Androhung, mit der sich die Behörde die Wahl zwischen den Zwangsmitteln vorbehält (**Absatz 4 Satz 3**).

---

169 Nach *Dirnberger/Henneke* u.a., in: PdK-Schl.-H. LVwG, § 236 Erl. Nr. 3 sind dies bspw. Lieferfristen für erforderliches Material oder Miteigentumsverhältnisse, die weiterer Duldungsanordnungen bedürfen.

170 Dazu ausführlich *Troidl*, in: Engelhardt/App/Schlatmann, VwVG, VwZG, § 13 Rn. 3c: „[...] `unverzüglich´ ist nicht dasselbe wie `sofort´ [...]."

171 Zur bisweilen in der Praxis schwierigen Abgrenzung von Handlungs- und Duldungspflichten vgl. *Dirnberger/Henneke* u. a., in: PdK-Schl.-H. LVwG, § 236 Erl. Nr. 3.; *Troidl*, in: Engelhardt/App/Schlatmann, VwVG, VwZG, § 13 Rn. 3e.

Als Folge des Bestimmtheitsgrundsatzes ist es konsequent, dass nach **Absatz 5** das Zwangsgeld in bestimmter Höhe anzudrohen ist. Es muss also ein Festbetrag angegeben werden, damit die pflichtige Person erkennen kann, mit welchem konkreten Betrag zu rechnen ist. Von daher ist auch die Angabe eines Rahmenbetrages oder eines Höchstbetrages unzulässig. Das Zwangsgeld beträgt mindestens 15 und höchstens 50.000 Euro, § 237 Abs. 3.

Im Falle der Ersatzvornahme ist in der Androhung der Kostenbetrag vorläufig zu veranschlagen, wobei das Recht der Nachforderung unberührt bleibt (**Absatz 6**). Dieser Regelung kommt der Zweck zu, Druck auf die pflichtige Person aufzubauen, indem ihr die finanziellen Konsequenzen aufgezeigt werden, sollte sie ihrer Verpflichtung nicht nachkommen. Auch bei wesentlicher Kostenüberschreitung genießt die pflichtige Person keinen Vertrauensschutz. Die Behörde kann den Betrag nachfordern. Ihr obliegt es als Nebenpflicht aus dem Vollstreckungsverhältnis, die Kostenüberschreitung rechtzeitig mitzuteilen. Fehlt eine Veranschlagung der Kosten vollständig, ist die Androhung rechtswidrig, aber nicht nichtig. Ob eine Angabe der Kosten nachgeholt werden kann, ist umstritten.[172] Es sollte daher ein Neuerlass einer entsprechend korrigierten Androhung erfolgen.

Bei der Androhung von unmittelbarem Zwang genügt es dem Bestimmtheitsgrundsatz, wenn der Betroffene sich davon ein Bild machen kann, was ihn erwartet. Eine weitergehende Konkretisierung der geplanten Maßnahme ist nach der Rechtsprechung nicht geboten und sogar zum Teil unmöglich. Worin der unmittelbare Zwang besteht, richtet sich nach dem jeweiligen Einzelfall und ist insbesondere vom Verhalten der betroffenen Person abhängig. Eine vorherige Konkretisierung der Art und Weise des unmittelbaren Zwangs wäre auch unzweckmäßig, da die betroffene Person so die Möglichkeit hätte, sich darauf einzustellen und so die Maßnahme unterlaufen und vereiteln könnte. Auch muss es den Vollzugsbeamtinnen und -beamten möglich sein, flexibel und situativ mildere Mittel anzuwenden.

9. Zwangsgeld, Ersatzzwanghaft, §§ 237, 240 LVwG

> Mittels Zwangsgeldes soll eine pflichtige Person zu einer Handlung, Duldung oder Unterlassung bewegt werden. Kann ein Zwangsgeld nicht beigetrieben werden, kann gerichtlich eine Ersatzzwangshaft angeordnet werden.

172 Ausführlich zum Streitstand: *Baumeister*, in: Schenke/Graulich/Ruthig, Sicherheitsrecht des Bundes, VwVG, § 13 Rn. 17 ff.

Das **Zwangsgeld (§ 237)** ist zulässig, wenn die pflichtige Person angehalten werden soll, eine Handlung vorzunehmen (**Absatz 1 Nummer 1**). Dabei wird es sich vornehmlich um unvertretbare Handlungen handeln. Ausnahmsweise ist das Zwangsgeld aber auch dann das Mittel der Wahl, wenn bei vertretbaren Handlungen eine Ersatzvornahme untunlich ist. Voraussetzung ist stets, dass die zu vollstreckende Handlung allein vom Willen des Pflichtigen abhängt. Ist das nicht der Fall (bei Rechten Dritter, bspw. Miete, Miteigentum oder Fehlen besonderer Sachkunde, die das Heranziehen von Hilfspersonen erforderlich machen), ist eine Duldungsverfügung gegen den Dritten erforderlich. Als unvertretbare Handlungen bezeichnet man solche, die nur durch den Pflichtigen selbst und nicht durch einen anderen vorgenommen werden können, bspw. künstlerische oder wissenschaftliche Tätigkeiten. Im Gegensatz dazu ist bei vertretbaren Handlungen die Vornahme durch Dritte rechtlich zulässig und macht keinen tatsächlichen oder wirtschaftlichen Unterschied aus. Zulässig ist das Zwangsgeld auch zur Durchsetzung von Duldungs- oder Unterlassungspflichten (**Absatz 1 Nummer 2**). Diese Pflichten sind stets höchstpersönlicher Natur, sodass hier eine Ersatzvornahme ausscheidet. Nach **Absatz 2** ist das Zwangsgeld schriftlich festzusetzen. Die Festsetzung muss sich in den Grenzen der Androhung halten und ist ein eigener Verwaltungsakt. Sie stellt einen Leistungsbescheid dar, der nach § 239 vollstreckbar ist. Rechtsbehelfe gegen die Festsetzung entfalten keine aufschiebende Wirkung (§ 248). Hinsichtlich der Höhe des Zwangsgelds gibt **Absatz 3** vor, dass es sich zwischen 15 und 50.000 Euro bewegen muss. Insoweit kommt der Behörde Ermessen zu. Die Höhe des Zwangsgeldes muss sich im Einzelfall nach der Wichtigkeit des verfolgten Zwecks und der Intensität des zu brechenden Widerstandes orientieren. Mit zu berücksichtigen ist das finanzielle Interesse der pflichtigen Person an dem rechtswidrigen Zustand und deren wirtschaftlichen Verhältnisse. Zulässig sind auch Erwägungen der Dringlichkeit. Bei einer wiederholten Androhung des Zwangsgeldes (§ 235 Abs. 2), darf dieses verhältnismäßig erhöht werden. Das Zwangsgeld ist auch in seiner bestimmten Höhe anzudrohen, § 236 Abs. 5.

Kann das Zwangsgeld nicht beigetrieben werden, so kann das Verwaltungsgericht auf Antrag der Vollzugsbehörde die **Ersatzzwangshaft** anordnen, wenn bei der Androhung des Zwangsgeldes darauf hingewiesen worden ist (**§ 240 Abs. 1 Satz 1**). Der schriftliche Hinweis muss keine Angabe zur Dauer der Ersatzzwangshaft enthalten; diese Entscheidung obliegt allein dem Verwaltungsgericht. Die Ersatzzwangshaft beträgt mindestens einen Tag, höchstens zwei Wochen (**§ 240 Abs. 1 Satz 2**). Neben der erfolglosen Beitreibung ist das Zwangsgeld auch dann „uneinbringlich“, wenn offenkundige Zahlungsunfähigkeit vorliegt. Teilweise wird gefordert, dass die Ersatzzwanghaft nur angeordnet werden dürfe, wenn auch der unmittelbare Zwang – soweit zulässig – erfolglos war.[173] Dafür findet sich im Wortlaut der Norm indes kein Anknüpfungspunkt. Aufgrund der unbestrittenen Schwere des Eingriffs ist aber der Grundsatz der Verhältnismäßigkeit in besonderem Maße zu beachten.

Seit wenigen Monaten ist die Androhung und Festsetzung von Zwangsgeld als Zwangsmittel grundsätzlich zulässig. Dies war bisher durch einen Erlass ausgeschlossen. Das Zwangsgeld kann damit als weiteres polizeiliches Vollzugsinstrument zur Durchsetzung geeigneter Grundverwaltungsakte angedroht werden, allen voran bei längerfristigen gefahrenabwehrenden Maßnahmen nach §§ 201, 201a LVwG. Gerade dem Dauercharakter der längerfristigen Maßnahmen entspricht es, bei Aussprache des Ge- oder Verbots für den Fall der Zuwiderhandlung ein Zwangsgeld anzudrohen und dadurch psychologisch auf den Störer/die Störerin dauerhaft einzuwirken. Die Anordnung und Festsetzung von Zwangsgeldern ergänzt das bisher bestehende/angewandte Vollzugsinstrumentarium.

10. Ersatzvornahme, § 238 LVwG

> Ersatzvornahme ist die Vornahme einer vertretbaren Handlung anstelle der pflichtigen Person und auf deren Kosten.

Die **Ersatzvornahme** ist in **§ 238** geregelt. Als Ersatzvornahme wird die Vornahme einer vertretbaren Handlung anstelle der Pflichtigen oder des Pflichtigen auf deren oder dessen Kosten bezeichnet (**Absatz 1**). Anders als beim Zwangsgeld muss hier keine Festsetzung erfolgen.

Vertretbare Handlungen sind solche, deren Vornahme auch durch eine andere Person möglich sind, z. B. Beschneiden einer Hecke, Beseitigung von Schnee auf dem Gehweg, Abschleppen eines Fahrzeugs. Für die Polizei muss es tatsächlich und wirtschaftlich gleich sein, ob die pflichtige Person oder eine andere die Leistung vornimmt.

Nicht vertretbar sind demgegenüber solche Handlungen, die eine unmittelbare, höchstpersönliche Verpflichtung der pflichtigen Person begründen, wie z. B. Verlassen eines bestimmten Ortes nach Platzverweisung, Aussteigen aus einem Kraftfahrzeug oder Verlassen eines Raumes. In diesen

173 *Troidl*, in: Engelhardt/App/Schlatmann, VwVG/VwZG, § 16 Rn. 1 m. w. N.; *Baumeister*, in: Schenke/Graulich/Ruthig, Sicherheitsrecht des Bundes, VwVG, § 16 Rn. 5 m. w. N.

Fällen scheidet eine Ersatzvornahme aus. Auch Duldungen oder Unterlassungen können als höchstpersönliche Handlungen nicht im Rahmen der Ersatzvornahme durchgesetzt werden.

Die Vornahme kann entweder durch eigene Dienstkräfte (Selbstvornahme), durch Amts- oder Vollzugshilfe anderer Behörden oder mittels Beauftragung von Privaten erfolgen (Fremdvornahme). Anders als beim Zwangsgeld, muss hier keine Festsetzung erfolgen.

Typisches Beispiel einer Fremdvornahme ist das Abschleppen eines widerrechtlich abgestellten Kraftfahrzeuges im Auftrag der Vollzugsbehörde (Polizei) durch einen Abschleppunternehmer. Hier ist die Polizei auch durch Erlass gebunden, diese Ersatzvornahme in Form der Fremdvornahme vornehmen zu lassen. Dahingegen liegt eine Selbstvornahme vor, wenn Polizeibeamte nach einem Verkehrsunfall Glassplitter auf der Fahrbahn beseitigen.

In der Praxis treten Abgrenzungsprobleme zwischen der Ersatzvornahme in Form der Selbstvornahme einerseits und der Anwendung des unmittelbaren Zwangs gegen Sachen andererseits auf. Zur Abgrenzung beider Zwangsmittel gilt:

Eine Ersatzvornahme ist dann gegeben, wenn durch die vorgenommene Handlung der rechtswidrige Zustand sofort beseitigt oder die konkrete Gefahr unmittelbar abgewehrt wird. Wenn bspw. Polizeibeamte ein Kraftfahrzeug, das widerrechtlich abgestellt worden ist, durch einen Abschleppunternehmer entfernen lassen, liegt Ersatzvornahme in Form der Fremdvornahme vor, da die Störung der öffentlichen Sicherheit durch die Maßnahme unmittelbar beseitigt wird.

Wenn demgegenüber Polizeibeamte die Tür eines Kraftfahrzeuges gewaltsam aufbrechen, um bei dem Fahrer eine Blutprobe durchzusetzen, liegt unmittelbarer Zwang gegen Sachen vor. Das wird damit begründet, dass durch das Öffnen der Tür nur eine Vorbereitungshandlung vorgenommen wird. Die Gefahr für die öffentliche Sicherheit bzw. deren Störung ist durch diese Maßnahme noch nicht beseitigt. Als zusätzliches Kriterium tritt hinzu, dass von dem Betroffenen ein Verhalten verlangt wird, das ihm aus Rechtsgründen nicht auferlegt werden kann, weil kein Bürger verpflichtet ist, an seiner eigenen Verfolgung und Überführung mitzuwirken. Auch das gewaltsame Öffnen einer Wohnungstür, um dem kranken oder verletzten Wohnungsinhaber zu helfen, wäre unmittelbarer Zwang gegen Sachen.

Insgesamt lässt sich feststellen, dass bei Zweifeln, ob es sich um eine Ersatzvornahme oder unmittelbaren Zwang gegen Sachen handelt, dann von einer Ersatzvornahme auszugehen ist, wenn durch die vollziehende

Behörde nicht mehr ausgeführt wird, als von dem Betroffenen rechtlich durchgeführt werden muss bzw. die vorgenommene Handlung den rechtswidrigen Zustand sofort beseitigt oder die Gefahr unmittelbar abwendet. Grundsätzlich stellt die Androhung einer Ersatzvornahme einen Verwaltungsakt dar. Hier sollte dem Pflichtigen vermittelt werden, ob die Ersatzvornahme in Form der Fremd- bzw. Selbstvornahme durchgeführt wird und welche Kosten damit für ihn verbunden sind.

Die Vollzugsbehörde kann der oder dem Pflichtigen auferlegen, die Kosten in der vorläufig veranschlagten Höhe vorauszuzahlen (**Absatz 2**). In der Androhung ist bereits eine vorläufige Veranschlagung des Kostenbetrags vorzunehmen, wobei eine spätere Nachforderung möglich bleibt (§ 236 Abs. 6).[174]

Praktisch bedeutsam ist die Ersatzvornahme dort, wo sie neben dem unmittelbaren Zwang das einzig zulässige Zwangsmittel ist: dem sofortigen Vollzug nach § 230. Insbesondere bietet sich dies für die Ordnungsbehörde an, da bei ihnen nur begrenzt Vollzugskräfte zur Verfügung stehen.

11. Unmittelbarer Zwang, § 239 LVwG

> Die Vollzugsbehörde kann mittels unmittelbaren Zwangs eine Handlung selbst vornehmen oder die pflichtige Person zur einer Handlung, Duldung oder Unterlassung zwingen. Unmittelbarer Zwang darf angewendet werden, wenn die anderen Zwangsmittel erfolglos waren, zwecklos oder nicht zielführend sind.

Führen die Ersatzvornahme oder das Zwangsgeld nicht zum Erfolg oder sind sie untunlich, kann **unmittelbarer Zwang** angewendet werden, **§ 239**. Dabei kann die Vollzugsbehörde mit unmittelbarem Zwang die Handlung selbst vornehmen oder die pflichtige Person zu einer vertretbaren oder unvertretbaren Handlung, einer Duldung oder Unterlassung zwingen. Unmittelbarer Zwang ist nach der Begriffsbestimmung des § 251 die Einwirkung auf Personen oder Sachen durch körperliche Gewalt, Hilfsmittel der körperlichen Gewalt oder Waffen.[175] Unmittelbarer Zwang ist durch Vollzugsbeamte auszuüben (§ 252). Dabei handelt es sich um Polizeivollzugsbeamte oder andere Personen, die vom Träger der Aufgabe oder durch Verordnung des schleswig-holsteinischen Ministeriums für Inneres ermäch-

174 Vgl. dazu Landesverordnung über die Kosten im Vollzugs- und Vollstreckungsverfahren vom 18.09.2017.

175 Hinsichtlich der Definitionen der Begrifflichkeiten der „körperlichen Gewalt", der „Hilfsmittel körperlicher Gewalt" sowie der „Waffen" wird auf die Ausführungen zu § 251 verwiesen.

tigt wurden, unmittelbaren Zwang auszuüben. Für Vollzugsbeamte sind zudem die nach § 260 ergangenen Allgemeinen Verwaltungsvorschriften für Vollzugsbeamte zu beachten.[176] Polizeilich wichtige Sonderfälle des Zwangs gegen Sachen sind im Gesetz besonders geregelt: die Wegnahme beweglicher Sachen im Rahmen der Sicherstellung (§ 211), die Zwangsräumung (§ 215), die Durchsuchung von Sachen (§§ 206, 207, 209) sowie die Verwertung von Sachen nach § 213. Auch für den unmittelbaren Zwang gegen Personen sind vorrangige Standardbefugnisse vorhanden (u.a. § 214 Wegnahme einer Person, § 200 Vorführung, § 204 Gewahrsam von Personen).

Damit der unmittelbare Zwang angewendet werden darf, müssen die Ersatzvornahme oder das Zwangsgeld nicht zum Erfolg führen oder untunlich sein. Es kann hier dahinstehen, ob man die Anwendung unmittelbaren Zwangs insoweit als „Ultima Ratio“ ansieht[177] oder die Ausgestaltung des § 239 als ohnehin vorzunehmende Abwägung im Rahmen des Auswahlermessens ansieht[178]. Erfolglosigkeit liegt jedenfalls vor, wenn die anderen Zwangsmittel entweder vergeblich angewandt wurden oder unbrauchbar sind. Nicht zum Erfolg führen Ersatzvornahme und Zwangsgeld aber auch dann, wenn bereits vor der Anwendung offenkundig feststeht, dass sie keinen Erfolg haben werden. Fordern müssen wird man hier aber eine enge Auslegung. Anerkannt ist dies für Fälle, in denen Dringlichkeit vorliegt, sodass nur unmittelbarer Zwang in Betracht kommt. Von der Rechtsprechung ausgestaltet sind hier z.B. die Durchsetzung der Eintragung einer Passbeschränkung gegenüber einem Hooligan vor einem internationalen Fußballspiel durch Wegnahme des Passes im Wege des unmittelbaren Zwangs.[179] Ähnlich ließ sich auch das VG Schleswig bei der dringlichen Durchsetzung eines Platzverweises im Wege des unmittelbaren Zwangs ein.[180] Untunlichkeit liegt dann vor, wenn die Ersatzvornahme oder das Zwangsgeld in hohem Maße unangemessen oder unzweckmäßig ist. Zwar kann deren Einsatz durchaus erfolgversprechend sein, jedoch ist der unmittelbare Zwang im Einzelfall wirksamer zur Durchsetzung der Verpflichtung.[181] Erfolglosigkeit und Untunlichkeit können auch kumulativ vorliegen, wenn unmittelbar drohende Gefahren von bedeutenden Rechtsgütern abzuwenden sind.

176 Insoweit wird auf die Ausführungen zu § 260 verwiesen.
177 *Baumeister*, in: Schenke/Graulich/Ruthig, Sicherheitsrecht des Bundes, VwVG, § 9 Rn. 13.
178 *Dirnberger/Henneke* u.a., PdK-Schl.-H. LVwG, § 235 Erl. Nr. 1.
179 *Deusch/Burr*, in: BeckOK VwVfG, VwVG, § 12 Rn. 17 mit Verweis auf VG Mannheim NJW 2000, 3658.
180 VG Schleswig, Urt. v. 08.12.1998 – 3 A 5/95 = NVwZ 2000, 464.
181 *Deusch/Burr*, in: BeckOK VwVfG, VwVG, § 12 Rn. 18; Mosbacher, in: Engelhardt/App/Schlatmann, VwVG/VwZG, § 12 Rn. 9.

Gerichtliche Überprüfung kann eine betroffene Person im Wege der Feststellungsklage suchen und die Feststellung beantragen, dass die Zwangsanwendung rechtswidrig war.

12. Einstellung des Vollzugs, § 241 LVwG

> Der Vollzug ist einzustellen, wenn Rechtsgründe entgegenstehen, der Zweck des Verwaltungsvollzugs nicht erreicht ist oder weitere Rechtsverstöße nicht zu erwarten sind.

Der Vollzug ist einzustellen, wenn der Verwaltungsakt aufgehoben wurde (**§ 241 Abs. 1 Nr. 1**), dessen Vollziehung ausgesetzt worden ist (**Absatz 1 Nummer 2**) oder die aufschiebende Wirkung eines Rechtsbehelfs angeordnet oder wiederhergestellt worden ist (**Absatz 1 Nummer 3**); ferner nach **Absatz 1 Nummer 4** auch dann, wenn der Zweck des Vollzugs erreicht ist. Eine Zweckerreichung kann dadurch vorliegen, dass die Handlungs- oder Duldungspflicht des zu vollstreckenden Grundverwaltungsakts umgesetzt wurde. Denkbar ist auch, dass das öffentliche Interesse an der vorzunehmenden Handlung nicht mehr besteht. Ferner kann sich die Sach- oder Rechtslage so geändert haben, dass eine Zweckerreichung nicht mehr möglich ist. Auch diese Konstellation wäre unter die Nummer 4 zu subsumieren. Möglich ist auch eine Änderung von Rechtsvorschriften oder dass kein Fall einer wirksamen Rechtsnachfolge (§ 233) vorliegt. **Nummer 5** gibt sodann eine Einstellung des Vollzugs vor, wenn weitere Verstöße gegen eine Duldungs- oder Unterlassungspflicht nicht zu erwarten sind. Die Vollzugsbeamten sind aber nur dann verpflichtet von weiteren Vollzugshandlungen abzusehen, wenn ihnen Tatsachen nachgewiesen werden, aus denen sich die Pflicht zur Einstellung eindeutig ergibt (**Absatz 2**).

13. Erweiterte Anwendung der Vollzugsvorschriften, §§ 243–246 LVwG

> Der Unterabschnitt 3, Erweiterte Anwendung der Vollzugsvorschriften, trifft Regelungen zur sonstigen entsprechenden Anwendung der Vollzugsvorschriften (§ 245), insbesondere aufgrund bundesrechtlicher Ermächtigungen (§ 243), bei öffentlich-rechtlichen Verträgen (§ 244) sowie bei Maßnahmen gegen Tiere (§ 246).

§ 243 regelt die Anwendung der landesrechtlichen Vollzugsvorschriften bei einem Vollzug von Bundesgesetzen aufgrund von Bundesrecht. Der Regelung wohnt der Grundsatz inne, dass Bundesgesetze grundsätzlich nach dem Verfahrensrecht der Länder durchgeführt werden, soweit der Bund nicht eigenständige Verfahrensregelungen getroffen hat. Soweit nun in Bundesgesetzen die Länder ermächtigt worden sind, zu bestimmen, dass die landesrechtlichen Vorschriften über das Verwaltungszwangsverfahren anzuwenden sind oder an die Stelle von bundesrechtlichen Vorschriften treten können, schreibt § 243 vor, dass die landesrechtlichen Regelungen anzuwenden sind.

§ 244 regelt eine entsprechende Anwendung der Vollzugsvorschriften über die Erzwingung von Handlungen, Duldungen oder Unterlassungen auf öffentlich-rechtliche Verträge. Es werden sämtliche öffentlich-rechtlichen Verträge im Sinne des § 121 erfasst, wobei sich der Vertragspartner der sofortigen Vollstreckung nach § 128 unterworfen haben muss (**Satz 1**). Richtet sich die Vollstreckung gegen einen Träger der öffentlichen Verwaltung erklärt **Satz 2** § 172 VwGO für entsprechend anwendbar.

§ 245 erklärt die entsprechende Anwendung der Vollzugsvorschriften für die Vollstreckung aus gerichtlichen Entscheidungen, die nach gesetzlicher Vorschrift von einer Verwaltungsbehörde zu vollziehen sind (**Absatz 1 Nummer 1**). Regelmäßig vollziehen die Gerichte ihre Entscheidungen im Verwaltungsprozess selbst. Ist dies ausnahmsweise nicht der Fall und eine abweichende Vorschrift vorhanden, findet der Vollzug nach den landesrechtlichen Regelungen statt. Gleiches sieht **Absatz 1 Nummer 2** vor, wenn ein Gericht eine Vollstreckungsbehörde zur Ausführung einer Vollstreckung in Anspruch nimmt und die Vollstreckung nach landesrechtlichen Bestimmungen durchzuführen ist. Die Regelung knüpft an § 169 VwGO an. Für beide Nummern des ersten Absatzes bedarf es nach der Regelung des **Absatzes 2** keiner Androhung des Zwangsmittels im Sinne des § 236 LVwG.

Bei Maßnahmen gegen Tiere aufgrund der Vorschriften über den Vollzug sind die für Sachen geltenden Vorschriften anzuwenden. Die Behörden haben dabei die Verantwortung des Menschen für das Tier zu berücksichtigen (**§ 246**).

14. Rechtliche Grundlagen, § 250 LVwG

> Diese Norm gibt einen Hinweis auf die Rechtsgrundlagen, die die Anwendung unmittelbaren Zwangs ermöglichen.

Diese Norm stellt in **Absatz 1** fest, dass bei der zulässigen Anwendung von unmittelbarem Zwang, die §§ 251 bis 261 LVwG und, soweit sich aus ihnen nichts Abweichendes ergibt, die übrigen Vorschriften dieses Gesetzes gelten. Die Allgemeine Verwaltungsvorschrift über die Anwendung des unmittelbaren Zwangs betont, dass die nachfolgenden Vorschriften des LVwG über die Anwendung des unmittelbaren Zwangs nicht nur auf die gefahrenabwehrenden Maßnahmen nach diesem Gesetz anzuwenden sind, sondern auch auf andere Aufgabenbereiche von Vollzugsbeamtinnen und -beamten. Bei den Polizeivollzugsbeamten betrifft dies insbesondere alle Maßnahmen zur Verfolgung von Straftaten und Ordnungswidrigkeiten (Justizverwaltungsakte nach § 23 EGGVG), aber auch die zwangsweise Durchführung anderer Aufgaben (z. B. Vollzugshilfe, Amtshilfe, Durchsetzung von Maßnahmen, die sich aus anderen Gesetzen ergeben). Somit sind auch hier die Regelungen über den unmittelbaren Zwang aus dem Landesverwaltungsgesetz anzuwenden. Für die Durchsetzung strafprozessualer Maßnahmen ist allgemein anerkannt, dass sich die Befugnis zur Anwendung des unmittelbaren Zwangs unmittelbar aus der jeweiligen Ermächtigungsnorm ergibt. Hier gilt, dass der Staat Maßnahmen, die er rechtmäßig anordnen darf, gegebenenfalls auch mit physischer Gewalt durchsetzen darf. Gleiches gilt für Maßnahmen nach dem Ordnungswidrigkeitenrecht[182].

Weiterhin enthalten einige Verfahrensvorschriften aus dem 2. Teil des 3. Abschnitts des LVwG Formvorschriften und Schutzbestimmungen für die betroffenen Personen bei einer Reihe von besonderen Fällen der Anwendung des unmittelbaren Zwangs. Der Hinweis auf die übrigen Vorschriften dieses Gesetzes gilt vor allem für die Ausübung des pflichtgemäßen Ermessens, insbesondere hinsichtlich der Verhältnismäßigkeit der Mittel (§ 73 LVwG). Die Bestimmungen zur Ausübung des unmittelbaren Zwangs grenzen somit die Zwangs- und Gewaltanwendung durch die Polizei und die Ordnungsbehörden ein, verdeutlichen die damit einhergehenden Risiken und gewährleisten die gebotene Sorgfalt bei der Anwendung unmittelbarer Zwangsmaßnahmen.

Der **Absatz 2** stellt klar, dass die zivil- und strafrechtlichen Vorschriften über Notwehr und Notstand[183] keine Befugnisnormen für hoheitliche Eingriffsmaßnahmen darstellen. Es handelt sich um sog. „Jedermannrechte". Polizeibeamte haben sich bei Ausübung ihrer hoheitlichen Tätigkeit grundsätzlich allein an den gesetzlichen Ermächtigungsgrundlagen zu orientieren. Eine generelle Nutzung dieser „Jedermannrechte", um öffentlich-rechtliche Formvorschriften zu unterlaufen, ist nicht zulässig. Dies gebietet der verfassungsrechtliche Vorbehalt des Gesetzes. Gerät die Polizeibeamtin

182 Siehe z. B. BT DruckS. I/3981.
183 Vgl. §§ 32 ff. StGB und §§ 228, 904 BGB.

oder der Polizeibeamte aber während der Dienstausübung in eine Gefahrensituation, die lediglich unter Inanspruchnahme der allgemeinen Notwehrrechte bewältigt werden kann, so stehen ihr/ihm diese Befugnisse zwar nicht als Hoheitsträger, aber als „Privatperson" zur Seite. Die Polizeibeamtin/der Polizeibeamte kann strafrechtlich nicht zur Verantwortung gezogen werden. Durch diesen Absatz wird klargestellt, dass Maßnahmen, die die Befugnisse nach diesem Gesetz überschreiten, nach den zivil- und strafrechtlichen Vorschriften über Notwehr und Notstand dennoch gerechtfertigt oder entschuldigt sein können. In Notwehr- und Notstandsfällen darf sich die oder der Angegriffene ausnahmsweise nicht nur der Hilfsmittel der körperlichen Gewalt oder der dienstlichen Waffen bedienen, sondern auch andere Abwehrmittel einsetzen, die sie oder er zur Hand hat. Dabei ist in besonderer Weise der Grundsatz der Erforderlichkeit, der das am wenigsten schädliche oder gefährliche Mittel zur Abwehr des Angriffs einschließt, zu beachten. Jede/r Beamte/-in sollte sich bewusst sein, dass ihn/sie bei einer Überschreitung der Notwehr die gleichen strafrechtlichen Konsequenzen treffen wie jede/n andere/n Staatsbürger/-in auch. Eine Amtshaftung scheidet in diesen Fällen aus.

15. Begriffsbestimmung, § 251 LVwG

In dieser Norm wird der Begriff unmittelbarer Zwang definiert. Weiterhin werden die Begriffe der körperlichen Gewalt, Waffen sowie eine nicht abschließende Aufzählung der Hilfsmittel der körperlichen Gewalt dargestellt. Die hier vorgenommenen Beschreibungen und Abgrenzungen sind für die Polizei verbindlich.

Unmittelbaren Zwang können die Vollzugskräfte durch die Einwirkung auf Personen oder Sachen durch **unmittelbare körperliche Gewalt** oder unter Einsatz von **Hilfsmitteln** der körperlichen Gewalt oder durch **Waffen** ausüben. Diese Formen des unmittelbaren Zwangs sind abschließend.

Auf diese Art und Weise ist die Polizei befugt, körperliche Kraft auf eine Person oder Sache auszuüben. Eine psychische Beeinflussung unterfällt der Norm nicht.

Die Anwendung **unmittelbaren Zwangs** setzt daher den Kontakt mit dem Körper einer polizeipflichtigen Person oder Sache voraus. Die körperliche Einwirkung dient der Überwindung eines Widerstandes oder Hindernisses oder zielt auf eine Verhaltens- oder Zustandsänderung des Pflichtigen.

Der Einsatz von **körperlicher Gewalt** nach **Absatz 2** erfolgt durch den **Einsatz der Körperkraft ohne Zuhilfenahme von Gegenständen**. Gemäß der

AVV zum unmittelbaren Zwang ist die **körperliche Gewalt** in den meisten Fällen die mildeste Form der Anwendung unmittelbaren Zwangs. Dies führt aber nicht zwingend dazu, dass die Einsatzstufen (körperliche Gewalt, Hilfsmittel der körperlichen Gewalt und Waffen) schematisch der Reihe nach abgearbeitet werden müssen. Handlungsleitend bei der Auswahl des Zwangsmittels ist stets der Verhältnismäßigkeitsgrundsatz. Daher sind auch Konstellationen denkbar, in denen der Einsatz von Hilfsmitteln milder ist als der Einsatz körperlicher Gewalt. Wenn sich bspw. Personen mit ihren Fingern auf Fahrbahnen oder sonstigen Untergründen festkleben, kann der Einsatz chemischer Hilfsmittel oder von Schnittwerkzeugen/Skalpellen zur Ablösung ein milderes Mittel im Vergleich zum Einsatz bloßer Körperkraft sein, wenn bei deren Einsatz mit einem Abreißen der Haut, möglicherweise größerer Partien, zu rechnen wäre.

Die Aufzählung der **Hilfsmittel der körperlichen Gewalt** ist, wie der Wortlaut „insbesondere" in **Absatz 3** zeigt, beispielhaft. Die **Aufzählung** ist **nicht abschließend**. Auch weitere Gegenstände, wie Nachschlüssel oder Brechstangen, können daher in Ermangelung dienstlich zur Verfügung gestellter Hilfsmittel in Betracht kommen, sofern der Verhältnismäßigkeitsgrundsatz bei ihrer Anwendung Beachtung findet. Kommunale Vollzugskräfte können dienstlich mit Hilfsmitteln der körperlichen Gewalt ausgestattet werden, wenn die Vollzugskräfte in der Handhabung dieser Hilfsmittel geschult sind und regelmäßig fortgebildet werden. Schulung und Fortbildung sind zu dokumentieren. Der Einsatz von Hilfsmitteln der körperlichen Gewalt **gegen Personen** ist **nur zur Eigensicherung** und zur Anwendung bei Notwehr und Nothilfe zulässig. Beispiele für Hilfsmittel der körperlichen Gewalt sind:

- Fesseln: Hier wird auf die Ausführungen zu § 255 verwiesen.
- Wasserwerfer: Dazu heißt es in der AVV-UZwG[184]: „*Der Einsatz von Wasserwerfern und Wasserarmaturen kommt insbesondere in Betracht, wenn eine unfriedliche Menschenmenge aufgelöst oder Gewalttätigkeiten aus der Menge heraus unterbunden werden sollen und weniger beeinträchtigende Maßnahmen keinen Erfolg versprechen. Auf die PDV 122 – Einsatz von Wasserwerfern und Wasserarmaturen wird hingewiesen.*"
- Technische Sperren: In der AVV-UZwG heißt es dazu: „*Zur Absperrung von Straßen, Plätzen oder anderen Geländeteilen sowie von Wasserstraßen oder Wasserflächen kommen folgende technische Anhaltevorrichtungen oder Sperren beispielhaft in Betracht: Sperrgitter, Verkehrsleit-*

184 Allgemeine Verwaltungsvorschrift über die Anwendung unmittelbaren Zwangs – Erlass des Innenministeriums 14.48 – vom 22.12.2022.

kegel, Dienstfahrzeuge, Stop Stick, Pro Spike, Absperrband (sog. „Flatterband"), Wasserfahrzeuge, Bojen oder Netze, pp."

- Diensthunde: Nach der AVV-UZwG dürfen Diensthunde nur von als Diensthundeführerin oder Diensthundeführer ausgebildeten Polizeivollzugsbeamtinnen oder Polizeivollzugsbeamten eingesetzt werden. Außerdem ist gefordert, dass die Diensthunde für ihre Verwendung besonders ausgebildet sind. Die Aus- und Fortbildung regelt sich nach dem Fortbildungskatalog für das Diensthundewesen. Weitere Details sind im Handbuch für Diensthundeführerinnen und -führer der PD AFB geregelt.
- Dienstfahrzeuge: Die AVV-UZwG stellt lediglich fest, dass Dienstfahrzeuge als technische Sperren zum Absperren von Straßen, Plätzen oder anderen Geländeteilen in Betracht kommen. Der Einsatz des Dienstkraftfahrzeuges zum Ausbremsen von anderen Fahrzeugen oder das Abdrängen oder Rammen von Fahrzeugen durch Dienstfahrzeuge wird von der Rechtsprechung sehr kritisch gesehen und ist strengen Maßstäben unterworfen. Da bei einem solchen Einsatz des Dienstfahrzeuges permanent ein hohes Gesundheitsrisiko besteht, obliegt ein derartiges Vorgehen nicht nur einer besonderen Sorgfaltspflicht durch den Fahrzeugführer des Dienstfahrzeuges, sondern auch der generellen Prüfung des Grundsatzes der Verhältnismäßigkeit. Hier wird es bei der Prüfung des Übermaßverbotes immer auf die Abwägung zwischen Anlass und Form des Einsatzes ankommen. Ein Missverhältnis dürfte regelmäßig bei der Verfolgung von Ordnungswidrigkeiten und Bagatellstraftaten vorliegen.
- Reizstoffe: Die AVV-UZwG führt dazu aus: „Dienstlich zugelassene Reizstoffe sollen nur gebraucht werden, wenn der Einsatz körperlicher Gewalt oder anderer Hilfsmittel keinen Erfolg verspricht und wenn durch den Einsatz dieser Stoffe die Anwendung von Waffen voraussichtlich vermieden werden kann. Kommunale Vollzugskräfte dürfen nur mit dienstlich zugelassenen Reizstoffen (z. B. Geräte mit CS-Gas und PTB-Prüfzeichen oder Tierabwehrsprays) ausgestattet werden, wenn dies zur Eigensicherung und zur Anwendung bei Notwehr und Nothilfe erforderlich ist und die Vollzugskräfte in der Handhabung dieser Mittel geschult sind und regelmäßig fortgebildet werden. Schulung und Fortbildung sind zu dokumentieren. Zum Gebrauch von Reizstoffen gehört auch die Verwendung von Reizstoffsprühgeräten, Reizstoffwurfkörpern und von Reizstoffpatronen. Der Einsatz von Reizstoffwurfkörpern und Reizstoffpatronen ist ausschließlich Angehörigen der Landespolizei vorbehalten. Reizstoffe dürfen nur von Vollzugskräften eingesetzt werden, die in die Handhabung und notwendigen Erste-Hilfe-Maßnahmen eingewiesen worden sind; die Einweisung ist zu dokumentieren. Bei der Lan-

despolizei erfolgt dieses im Rahmen des Einsatztrainings. In geschlossenen Räumen dürfen nur Pfefferspray und Reizstoffpatronen (RP 707) eingesetzt werden. Zu den Einzelheiten wird auf die Gliederungspunkte C. und D. verwiesen.
Jeder polizeiliche Einsatz von Reizstoffen ist über das @rtus Formular PolSH 80.08 zu erfassen. Der Einsatz von Reizstoffen durch kommunale Vollzugskräfte ist in den dortigen Einsatz- und Lageberichten zu dokumentieren."

- Sprengmittel: Nach der AVV-UZwG sind Sprengmittel explosionsgefährliche Stoffe (§ 1 Abs. 2 Sprengstoffgesetz). Ihr Einsatz darf nur durch Polizeivollzugsbeamtinnen oder -beamte erfolgen, § 256 Abs. 2 LVwG, und richtet sich nach den Vorschriften für den Sprengmittelgebrauch gem. § 256a LVwG. Zur Ablenkung von Störenden bestimmte pyrotechnische Gegenstände, sog. Irritationsmittel gem. § 3 Abs. 1 Nr. 3 Sprengstoffgesetz, sind keine Sprengmittel im Sinne des LVwG.

Absatz 4 bestimmt den Kanon der nach dem LVwG zulässigen **Waffen**. Er trifft anders für die Hilfsmittel der körperlichen Gewalt in Absatz 3 eine **abschließende Aufzählung**. Eine Waffe ist ein funktionstüchtiger und einsetzbarer Gegenstand, der bestimmungsgemäß zum Kampf oder zur Verteidigung dient und erhebliche Verletzungen herbeiführen kann.

Zum Waffenbegriff führt die AVV folgendes aus:

- „Es dürfen nur dienstlich beschaffte Waffen und Munition eingesetzt werden. Die Entscheidung über Ausnahmeregelungen behält sich die oberste Landesbehörde vor."
- „Die Mehrzweckpistole und die Signalpistole gelten je nach Zweckbestimmung als Waffe oder als Hilfsmittel der körperlichen Gewalt. Ihr Einsatz ist ausschließlich Angehörigen der Landespolizei vorbehalten."
- „Als Schlagstock gelten der Einsatzmehrzweckstock (EMS) und der Einsatzstock – kurz, ausziehbar (EKA). Schlagstöcke dürfen von Polizeivollzugskräften nur geführt und eingesetzt werden, wenn die sichere Handhabung durch die Polizeivollzugskräfte im Rahmen einer Grundausbildung nachgewiesen wurde. Eine regelmäßige Fortbildung der erworbenen Kenntnisse ist zu gewährleisten. Der Nachweis der Teilnahme an der EKA oder EMS-Aus- und Fortbildung wird durch die jeweilige Polizeidirektion, das Landeskriminalamt oder das Landespolizeiamt gewährleistet und dokumentiert. Die Grundausbildung an den Polizeistöcken umfasst insgesamt 20 Unterrichtsstunden. Für Polizeivollzugskräfte, die am EMS ausgebildet sind und regelmäßig an der Fortbildung teilgenommen haben, beträgt die Grundausbildung für den EKA 4 Unter-

richtsstunden. Für Polizeivollzugskräfte, die nicht am EMS ausgebildet sind und diesen zukünftig auch nicht führen werden, beträgt die Grundausbildung für den EKA 6 Unterrichtsstunden. Schläge mit Schlagstöcken sollen grundsätzlich nur gegen Arme und Beine gerichtet werden, um schwerwiegende Verletzungen zu vermeiden. Kommunale Vollzugskräfte dürfen nur mit Schlagstöcken ausgestattet werden, wenn dies zur Eigensicherung und zur Anwendung bei Notwehr und Nothilfe erforderlich ist und die Vollzugskräfte in der Handhabung dieser Mittel geschult sind und regelmäßig fortgebildet werden. Die Bewertung zur Erforderlichkeit der Ausstattung mit Schlagstöcken sowie Schulung und Fortbildung sind zu dokumentieren."

- „Neben den Schlagstöcken und den Schusswaffen wurde die abschließende Aufzählung der zulässigen Waffen um das Distanz-Elektroimpulsgerät (DEIG) erweitert, deren Gebrauch gem. § 256 Abs. 2 ausschließlich den Polizeivollzugsbeamtinnen und -beamten zusteht. Die Aufnahme des DEIG in den Katalog zulässiger Zwangsmittel soll ein noch differenzierteres Handeln der Einsatzkräfte ermöglichen, da der Einsatz des DEIG zum Schusswaffengebrauch ein milderes Zwangsmittel darstellt. Das Einsatzmittel DEIG wurde vom Gesetzgeber mit einer Evaluierungs- und Verfallsklausel versehen, die mit einer dreijährigen Befristung gekoppelt wurde."
- Bezüglich der Schusswaffen wird auf die §§ 256 ff. LVwG verwiesen.

16. Vollzugsbeamtinnen und Vollzugsbeamte, § 252 LVwG

> Diese Norm bestimmt, dass unmittelbarer Zwang nur durch Vollzugsbeamte ausgeführt werden darf und definiert diese Gruppe. Sie haben die Aufgabe, die Einhaltung gesetzlicher und behördlicher Anordnungen durchzusetzen.

Grundsätzlich sind Polizeivollzugsbeamtinnen und -beamte und alle mit Vollzugsaufgaben betraute Beamtinnen und Beamten der Schutzpolizei, der Wasserschutzpolizei und der Kriminalpolizei zur Anwendung unmittelbaren Zwangs berechtigt[185].

Weiterhin können Personen zu Vollzugsbeamtinnen und Vollzugsbeamten ermächtigt werden, die nicht Polizeibeamtinnen oder Polizeibeamte sind. Diese Ermächtigung kann sich entweder aus der Aufgabe des jewei-

185 Vgl. zur Definition § 199 LBG a.F., aufgehoben zum 01.04.2009 durch Art. 35 Beamtenrechtsneuregelungsgesetz vom 26.03.2009, GVOBl. Schl.-H. 2009, S. 93.

ligen Trägers oder aus einer entsprechenden Landesverordnung des für Inneres zuständigen Ministeriums ergeben. Dann bestimmt der Träger einer Aufgabe – u.a. Kreise oder kreisfreie Städte – bei entsprechendem Bedarf eigene Bedienstete zu Vollzugsbeamten.

Die AVV-UZwG führt im Übrigen dazu aus: Die Befugnisse der verschiedenen Arten von Vollzugskräften differieren und sind stark auf die Gewährleistung des entsprechend übertragenen Auftrages ausgelegt. Häufig sind Vollzugskräfte lediglich zur Anwendung sog. einfacher körperlicher Gewalt sowie im Einzelfall zum Einsatz von Hilfsmitteln der körperlichen Gewalt berechtigt. Die Ermächtigung zur Anwendung unmittelbaren Zwangs sowie des entsprechend erlaubten Zwangsmittelgebrauchs ergibt sich entweder direkt aus dem LVwG (siehe u.a. § 256 LVwG) oder aus spezialgesetzlichen Normen, wie z.B. dem Gesetz zur Hilfe und Unterbringung von Menschen mit Hilfebedarf infolge psychischer Störungen (PsychHG) oder dem Maßregelvollzugsgesetz (MVollzG).

Kommunale Vollzugskräfte dürfen Maßnahmen im Wege des unmittelbaren Zwangs hingegen nur mittels einfacher körperlicher Gewalt durchsetzen. Im Rahmen der Eigensicherung dürfen aber dienstlich zugelassene Hilfsmittel der körperlichen Gewalt (und Waffen[186]) mitgeführt und zur Verteidigung eingesetzt werden. Notwehr und Nothilfe bleiben davon unberührt. Gegen Sachen ist der Einsatz von Hilfsmitteln der körperlichen Gewalt im Rahmen der Verhältnismäßigkeit zulässig.

Im Übrigen wird auf die Landesverordnung über die Bestimmung von Vollzugsbeamtengruppen nach § 252 Abs. 3 des LVwG sowie auf die Regelungen über die Hilfsbeamtinnen und -beamten der Polizei gem. § 10 POG verwiesen.

17. Handeln auf Anordnung, § 253 LVwG

> Die Norm regelt den Umfang und die Grenzen der Weisungsgebundenheit von Vollzugsbeamtinnen und -beamten. Diese sind hiernach generell gehalten, Anordnungen zu befolgen, somit den angeordneten Vollzug auszuführen und das angeordnete Zwangsmittel anzuwenden. Nur in den hier beschriebenen Ausnahmefällen ist die Anwendung von Verwaltungszwang trotz Anordnung zu unterlassen.

186 Derzeit ist lediglich das Mitführen eines Schlagstocks unter denen in der AVV-UZwG genannten Voraussetzungen zulässig.

Absatz 1 verpflichtet Vollzugsbeamte, unmittelbaren Zwang anzuwenden, der im Vollzugsdienst von ihren Vorgesetzten oder sonst dazu befugten Personen angeordnet wird. Die Bestimmung ist gerade bei geschlossenen Einsätzen der Polizei von besonderer Bedeutung. Sie stellt bei der Anwendung unmittelbaren Zwangs eine Spezialnorm zur beamtenrechtlichen Folgepflicht gem. § 35 Beamtenstatusgesetz und zur Verantwortung für die Rechtmäßigkeit des Handelns gem. § 36 Beamtenstatusgesetz dar. Wird die Anwendung unmittelbaren Zwangs angeordnet, gilt somit § 253 LVwG. Damit hat diese Regelung gegenüber den Normen des Beamtenstatusgesetzes Vorrang. Soweit mehrere Polizeivollzugsbeamte gemeinsam tätig werden bzw. in geschlossenen Einheiten der Polizei eingesetzt werden, entscheidet der den Einsatz leitende Vollzugsbeamte über die Anwendung unmittelbaren Zwangs. In größeren Lagen kann der Einsatzleiter diese Möglichkeit der Anordnung der Anwendung unmittelbaren Zwangs auch auf nachgeordnete Einheitsführer delegieren. Vor Einsatzbeginn sind die Polizeikräfte über die sie betreffenden Weisungsverhältnisse zu unterrichten. Ein Wechsel der Weisungsverhältnisse ist unverzüglich mitzuteilen. Die Vorgesetzteneigenschaft ergibt sich aus § 3 Abs. 3 Landesbeamtengesetz (LBG). Demnach handelt es sich um einen Vorgesetzten, wenn dieser einem Beamten für seine dienstliche Tätigkeit Weisungen erteilen kann. Die Weisungsberechtigung im konkreten Fall ergibt sich gem. § 3 Abs. 4 LBG aus dem Aufbau der öffentlichen Verwaltung, der innerbehördlichen Organisation, aus Geschäftsverteilungsplänen, Dienstanweisungen oder Einsatzbefehlen.

Die Anwendung unmittelbaren Zwangs darf grundsätzlich nur an Ort und Stelle angeordnet werden. Befindet sich die Polizeiführerin oder der Polizeiführer nicht am Ort des Vollzuges, so darf sie oder er unmittelbaren Zwang nur anordnen, wenn sie oder er sich ein so genaues Bild von den am Ort des Vollzuges herrschenden Verhältnissen verschafft hat, dass ein Irrtum über die Voraussetzungen der Anwendung unmittelbaren Zwangs nicht zu befürchten ist.

Bei angestellten Vollzugskräften der Kommunen ergeben sich die Weisungsberechtigungen sowohl im übergeordneten Dienstverhältnis als auch im Einzelfall vor Ort (z.B. auf Streife) aus dem Direktionsrecht der Arbeitgeberin oder des Arbeitgebers nach § 106 GewO konkretisiert durch den Tarif- oder Arbeitsvertrag sowie allgemeine Geschäftsanweisungen. Sonst dazu befugte Personen haben ein gesetzliches Weisungsrecht, ohne Vorgesetzte zu sein.

Dies gilt insbesondere für das Weisungsrecht der Staatsanwaltschaft gegenüber Polizeibeamten als Ermittlungspersonen der Staatsanwaltschaft. Die mit der Sachleitungsbefugnis verbundene Weisungskompetenz ist allerdings auf die Strafverfolgung beschränkt und gilt nicht für den Aufgabenkreis der Gefahrenabwehr. Im Fall einer Gemengelage ist die Dominanzentscheidung von Bedeutung. Das Weisungsrecht der Staatsanwaltschaft endet dort, wo die Gefahrenabwehr überwiegt. Bei derartigen Maßnahmen mit präventivem und repressivem Charakter soll die Anordnung unmittelbaren Zwangs zwischen der Staatsanwaltschaft und der Polizeiführung einvernehmlich getroffen werden. Kann eine solche kooperative Entscheidung nicht erzielt werden, so obliegt die finale Entscheidungskompetenz der Polizei. Zudem sind die Regelungen der Richtlinien für das Strafverfahren und das Bußgeldverfahren (RiStBV), Anlage A[187], zu beachten. Danach hat der Staatsanwalt die Weisungen grundsätzlich an die zuständige Polizeidienststelle, einen weisungsbefugten Beamten oder den mit der Gesamtverantwortung betrauten Einsatzleiter zu richten. Zudem ist er gehalten, sich für die Art und Weise der Ausübung unmittelbaren Zwangs auf allgemeine Weisungen zu beschränken und deren Ausführung der Polizei zu überlassen. Konkrete Einzelweisungen soll ein Staatsanwalt nur in den Fällen erteilen, wenn die Polizei darum nachsucht, es aus Rechtsgründen unerlässlich ist oder die Ausübung des unmittelbaren Zwangs Auswirkungen auf das weitere Ermittlungsverfahren hat. Ob diese jeweiligen Voraussetzungen gegeben sind, wird durch die Staatsanwaltschaft entschieden.

Die Anordnung muss zu dienstlichen Zwecken erfolgen und darf nicht die Menschenwürde verletzen (**Absatz 1 Satz 2**). Eine Anwendung unmittelbaren Zwangs scheidet aus, wenn mit der Anordnung eines Weisungsberechtigten private Ziele wie Rache, politischer Fanatismus, Rassismus oder persönliche Befriedigung verfolgt werden. Zudem darf die Anordnung nicht die Menschenwürde verletzen. In diesem Zusammenhang sind sowohl die Würde des Betroffenen als auch die des handelnden Beamten relevant. Die unantastbare Menschenwürde ist in Art. 1 Abs. 1 GG verankert und durch die Ewigkeitsgarantie des Art. 79 Abs. 3 GG geschützt. Die Menschenwürdegarantie greift, wenn ein Betroffener durch die öffentliche Gewalt zum bloßen Objekt degradiert und damit seinen Achtungsanspruch als Mensch verliert. Dies ist bspw. dann gegeben, wenn mit

187 Gemeinsame Richtlinien der Justizminister/-senatoren und der Innenminister/-senatoren des Bundes und der Länder über die Anwendung unmittelbaren Zwangs durch Polizeibeamte auf Anordnung des Staatsanwalts.

der Maßnahme nicht mehr gesetzlich ausgewiesene Ziele verfolgt werden, sondern es nur um Willkür, Demütigung, Ächtung und Schikane geht.

Gemäß **Absatz 2** darf eine Anordnung nicht befolgt werden, wenn dadurch eine Straftat begangen werden würde. Relevant sind in diesem Zusammenhang Vergehen und Verbrechen i. S. d. § 12 StGB und damit kriminelles Unrecht. Diese Ausgangssituation liegt insbesondere dann vor, wenn das angeordnete Handeln von keiner gesetzlichen Ermächtigung gedeckt oder mit dem Verhältnismäßigkeitsgrundsatz nicht in Einklang zu bringen ist. Die Vorschrift setzt voraus, dass die mit der Ausführung beauftragte Vollzugskraft die Strafbarkeit erkennt. Die Vorschrift des **Absatzes 2** beinhaltet eine materiell strafrechtliche Regelung in Form eines Schuldausschließungsgrundes. Aufgrund des regelmäßig kurzen Entscheidungsprozesses und der zügigen Umsetzung der Anordnung, stellt sich eine umfassende Beurteilung der Rechtslage für die vor Ort eingesetzten Vollzugskräfte schwierig dar, sodass bei der Umsetzung der Anordnung lediglich dann von einem schuldhaften Verhalten ausgegangen werden kann, wenn dies die vollzugsausübende Person erkennt oder wenn es bei der Beurteilung der Gesamtumstände auch für einen durchschnittlichen Betrachter offensichtlich ist, dass dadurch eine Straftat begangen wird. Überschreitet der Vollzugsbeamte hingegen den Inhalt der Anordnung, trägt er hierfür die volle persönliche Verantwortung.

Absatz 3 beinhaltet eine Spezialregelung zur Remonstration, also das Vorbringen einer Gegenvorstellung oder Einwendung. Es geht um den Konfliktfall, wenn eine Vollzugskraft die Weisung zur Anwendung unmittelbaren Zwangs für rechtswidrig hält. Gefordert werden ausschließlich Bedenken gegen die Rechtmäßigkeit. Bedenken bezüglich der Zweckmäßigkeit der Maßnahme sind damit nicht erfasst. Hält die Vollzugskraft die Weisung für rechtswidrig, so hat diese ihre Bedenken gegenüber dem Anordnenden vorzubringen. Diese gesetzliche Verpflichtung besteht allerdings nur, soweit die Intervention im konkreten Fall möglich ist. Dem können zum Beispiel eine besondere Eilbedürftigkeit oder die fehlende Erreichbarkeit des Anordnenden entgegenstehen. Beharrt der Weisungsberechtigte auf seiner Anordnung oder ist es nach den Umständen unmöglich, ihm die Bedenken vorzutragen, so ist die Anordnung auszuführen. Dies gilt nicht, wenn das aufgetragene Verhalten die Würde des Menschen verletzt oder strafbar und die Strafbarkeit für die Beamtinnen oder Beamten erkennbar ist. Die Anrufung des nächsthöheren Vorgesetzten ist nicht vorgesehen. Für angestellte Vollzugskräfte der Kommunen ergibt sich eine Remonstrationspflicht aus der Rücksichtnahme- und Treuepflicht gegenüber der Arbeitgeberin oder dem Arbeitgeber. Bei der vom vollziehenden Beamten vorzunehmenden Prüfung handelt es sich um eine sogenannte „Negativprüfung". So hat der vollziehende Beamte nicht zu prüfen, ob er den unmittelbaren Zwang anwenden, sondern ob er diesen ausnahmsweise nicht anwenden darf.

Durch **Absatz 4** wird klargestellt, dass diese Bestimmung eine Spezialnorm für den unmittelbaren Zwang darstellt, die der Verantwortung für die Rechtmäßigkeit des persönlichen Handelns nach § 36 Abs. 2 und 3 BeamtStG vorgeht und diese beamtenrechtlichen Bestimmungen daher nicht anzuwenden sind.

18. Hilfeleistung für Verletzte, § 254 LVwG

> Da im Zusammenhang mit der Anwendung unmittelbaren Zwangs auch die Gefahr der Verletzung der oder des Pflichtigen gegeben ist, regelt diese Norm die in diesem Zusammenhang entstehenden Hilfeleistungspflichten der Vollzugskräfte.

Bei dieser Norm handelt es sich um die Pflicht der Vollzugskräfte, bei oder nach Anwendung unmittelbaren Zwangs unter bestimmten Voraussetzungen Beistand zu leisten und für die betroffene Person ärztliche Hilfe zu gewährleisten. Diese Pflicht steht unter dem Vorbehalt der Notwendigkeit und der Zweckmäßigkeit und soll die rechtsstaatlichen Grundsätze sowie die Menschenwürde gewährleisten. Ziel der Vorschrift ist es, dass die betroffene Person nach Beendigung ihrer Angriffs- und Widerstandshandlungen betreut und ärztlich versorgt wird. Die Verletztenhilfe wird jedoch ausdrücklich auf die Fälle beschränkt, in denen die medizinische Versorgung notwendig ist und die jeweilige Einsatzlage diese Versorgung im Einzelfall zulässt. Unter Abwägung der gefährdeten bzw. beeinträchtigten Rechtsgüter ist im Einzelfall zu entscheiden, welches gefahrenabwehrrechtliche Ziel vordringlich bzw. welche bestehende Gefahr vorrangig zu beseitigen ist. Regelmäßig wird hierbei festzustellen sein, dass Beweissicherungs- oder Berichtspflichten grundsätzlich hinter der Verletztenversorgung zurückstehen müssen.

Dass die Verletzung oder Tötung einer Person durch Anwendung unmittelbaren Zwangs zugleich den Verdacht einer Straftat der Körperverletzung, der fahrlässigen Tötung bzw. des Totschlags begründet, ist bei der Hilfeleistung zu bedenken. Die Hilfeleistung muss einhergehen mit der Beachtung der Vorschriften, die an Tatorten schlechthin einzuhalten sind. Wenngleich im Vordergrund die Hilfeleistung für den Verletzten steht, so darf nicht vergessen werden, dass die Realitäten des Tatortes möglichst nicht verändert werden. Ist dies dennoch erforderlich, ist eine Dokumentation besonders wichtig. Nach Vorliegen eines solchen Ereignisses ist dies der zuständigen Polizeidienststelle unverzüglich mitzuteilen.

Wurde ein Mensch getötet, ist von dem Vorfall sofort die zuständige Staatsanwaltschaft, hilfsweise das nächste Amtsgericht (§ 159 StPO), zu benachrichtigen. Im Übrigen gelten die Bestimmungen über die Meldung wichtiger Ereignisse.

19. Fesselung von Personen, § 255 LVwG

> Regelungsgegenstand dieser Norm ist die Darstellung der Voraussetzungen zur Fesselung von Personen als besonderem Fall der Anwendung unmittelbaren Zwangs in Form eines Hilfsmittels der körperlichen Gewalt.

Die Polizei setzt im Rahmen der hoheitlichen Eingriffsverwaltung zur Durchsetzung von präventiven und repressiven Standardmaßnahmen Zwangsmittel ein. Die Durchsetzung einer getroffenen Grundverfügung mit Zwang stellt die schärfste Form staatlicher Maßnahmen dar. Sie wirkt auf die betroffenen Bürgerinnen und Bürger unmittelbar ein und wird in der Öffentlichkeit mit besonderem Interesse wahrgenommen. Im Katalog der Mittel des unmittelbaren Zwangs ist die Fesselung von Personen ein häufiges und wichtiges Instrument. Da bei einer Fesselung die Qualität des Grundrechtseingriffs sehr hoch ist, spielt die Prüfung der Verhältnismäßigkeit sowohl bei der grundsätzlichen Entscheidung zur Fesselung als auch bei der geplanten Dauer und der Art und Weise der Durchführung eine große Rolle.

Grundrechtsrelevanz

Eine Fesselung stellt grundsätzlich einen Eingriff in die Freiheit einer Person gem. Art. 2 Abs. 2 GG dar. Ein solcher Eingriff liegt immer schon dann vor, wenn jemand durch die öffentliche Gewalt gegen seinen Willen daran gehindert wird, einen Ort aufzusuchen, der ihm an sich zugänglich ist oder sich dort aufzuhalten. Im Einzelfall kann durch eine Fesselung die körperliche Unversehrtheit nach Art. 2 Abs. 2 Satz 1 GG betroffen sein. Dies gilt insbesondere dann, wenn Schmerzen zugefügt oder Hand- bzw. Fußgelenke abgeschnürt werden. Durch eine Fesselung kann je nach Einzelfall auch der Schutzbereich des Art. 1 Abs. 1 GG (Menschenwürde) eröffnet sein, da die Maßnahme durchaus diskriminierenden Charakter entfalten kann. Eine Fesselung und deren konkrete Umsetzung sollte daher auch nie den Charakter eines Prangers, also einer zu erduldenden öffentlichen Schande, aufweisen. Eine derartige öffentliche Vorführung dürfte mit der Menschenwürde des Art. 1 nicht vereinbar sein.

Definition

Vom Gesetzgeber wurde der Begriff **„Fesselung"** nicht weiter ausgeführt. Fesseln bedeutet im allgemeinen Sprachgebrauch, dass dem Betroffenen, abhängig von der jeweiligen Fessel und Anwendung, der freie Gebrauch seiner Gliedmaßen unmöglich gemacht oder zumindest die körperliche Bewegungsfreiheit eingeschränkt wird. In der Regel werden die Arme oder im Einzelfall die Beine oder soweit erforderlich auch jeweils die Arme und Beine zusammengefesselt. Die Anzahl der gefesselten Extremitäten ist allerdings nicht von Bedeutung. So ist auch von einer Fesselung auszugehen, wenn eine Person an einem Arm mit einer Handfessel an einem bestimmten Gegenstand befestigt wird. Hierzu sind bestimmte Hilfsmittel vorhanden, wie z. B. für die zweiarmige Fesselung die klassische Handfessel und zur Fixierung der Beine die Fußfessel. Darüber hinaus können für Arme und Beine lange Kunststoffbinder (Plastikfesseln) eingesetzt werden. Diese finden zumeist bei den geschlossenen Einheiten Verwendung, wenn bei Einsätzen mit einer größeren Anzahl an Fesselungen zu rechnen ist, sodass das Mitführen von klassischen Handfesseln unzweckmäßig wäre. Grundsätzlich sind zur Fesselung die dienstlich beschafften Hilfsmittel der körperlichen Gewalt zu verwenden. Sind diese nicht vorhanden oder reichen sie nicht aus, so können auch andere geeignete Maßnahmen oder Mittel, die eine ähnliche Behinderung wie die dienstlichen Fesseln gewährleisten, getroffen oder verwendet werden. Diese dürfen nicht zu einer gesundheitlichen Beeinträchtigung führen. Die Gefahr des sog. lagebedingten Erstickungstodes ist zu berücksichtigen. Kinder dürfen nur im Einzelfall unter besonderer Berücksichtigung des Verhältnismäßigkeitsgrundsatzes gefesselt werden. Für die Art und Weise der Fesselung wird auf den Leitfaden 371 hingewiesen.

Die Fesselung von Personen ist keine eigene polizeiliche Maßnahme, sondern vielmehr Folgehandlung oder Vollzug einer bestimmten repressiven oder präventiven polizeilichen Grundmaßnahme. Daraus lässt sich folgern, dass bei der Fesselung vom Grundsatz her immer eine rechtmäßige Grundverfügung vorausgegangen sein muss.

Zulässigkeitsvoraussetzungen

Bis zu der Novelle des Landesverwaltungsgesetzes im März 2021 durfte eine Person nur gefesselt werden, wenn eine freiheitsentziehende Maßnahme im Sinne von Art. 104 Abs. 2 GG vorlag. Da dies aber in der polizeilichen Praxis zu Problemen bei freiheitsbeschränkenden Maßnahmen führte, wurde der Katalog auf Personen ausgedehnt, die zur Durchführung einer anderen Maßnahme an einen anderen Ort gebracht oder nach einer anderen Rechtsvorschrift vorgeführt werden. Diese Änderung dient in erster Linie der Verbesserung der Eigensicherung der Polizeivollzugsbeamtinnen und -beamten, indem eine Fesselung von Personen nunmehr unter erleichterten Voraussetzungen zulässig ist. Die Fesselung bleibt aber an eine freiheitsbeschränkende Maßnahme im Sinne des Art. 104 GG angeknüpft. Somit ist auch die Fesselung von Personen möglich, die zwecks Blutprobe oder ED-Behandlung zur Dienststelle verbracht werden sollen.

Weiterhin müssen Tatsachen die Annahme rechtfertigen, dass die gefesselte Person Polizeivollzugsbeamte oder Dritte angreift, Widerstand leistet oder Sachen von nicht geringem Wert beschädigt (**Satz 1 Nummer 1**).

Ein Angriff auf Polizeivollzugsbeamte oder Dritte liegt vor, wenn deren rechtlich geschützte Interessen durch das Verhalten des Betroffenen bedroht werden. Ein Widerstand liegt nur im Falle des sog. aktiven Widerstandes vor, hingegen scheidet eine Fesselung bei lediglich passivem Widerstand aus bspw., wenn der Betroffene stehen bleibt oder sich zu Boden fallen lässt.

Ausreichend sind auch Tatsachen, die die Annahme rechtfertigen, dass der Betroffene Sachen von einem nicht geringen Wert beschädigen wird. Gemeint sind Sachen gem. § 90 BGB, auch Tiere sind über § 90a BGB erfasst. Bei dem Schutz von Sachen von nicht geringem Wert ist ein besonderes Augenmerk auf die Verhältnismäßigkeit der Fesselung zum Schutze einer solchen Sache zu legen. Die Fesselung stellt jedenfalls dann keine erforderliche Maßnahme dar, wenn die Sache auf andere Weise geschützt werden kann. Dies wäre der Fall, wenn man die Sache dem Betroffenen unproblematisch wegnehmen könnte, sodass sie seiner Einwirkung nicht mehr ausgesetzt ist. Im Übrigen scheidet eine Fesselung des Betroffenen zur Verhinderung von Bagatellsachschäden mangels Verhältnismäßigkeit aus.

Darüber hinaus ist eine Fesselung möglich, wenn Tatsachen die Annahme rechtfertigen, dass die betroffene Person fliehen wird oder befreit werden soll (**Satz 1 Nummer 2**). Flucht- oder Befreiungsgefahr liegt vor, wenn bei der Würdigung aller Umstände die Gefahr besteht, die betroffene Person werde sich dem amtlichen Gewahrsam durch Flucht entziehen oder durch einen Dritten befreit werden. Anhaltspunkte wären hier bspw. konkrete Fluchtvorbereitungen. Fliehen meint das Verlassen des Ortes, an dem die Person festgehalten wird, ohne Erlaubnis durch Gesetz oder konkrete Gestattung.

Schließlich kann eine Person auch dann gefesselt werden, wenn Tatsachen die Annahme rechtfertigen, dass sie sich selbst töten oder verletzen wird (**Satz 1 Nummer 3**). Der Fesselungszweck dieser Grundkonstellation ist von herausragender Bedeutung, weil das Ziel der Schutz menschlichen Lebens ist. Vollzugsbeamte haben die Amtspflicht, Selbsttötung oder Verletzungsversuche zu unterbinden. In vielen Fällen kann bereits die Anwendung der Grundverfügung eine Zwangsmaßnahme interpretieren. Beispielhaft soll an dieser Stelle die Gewahrsamnahme zum Schutz gegen eine drohende Gefahr für Leib oder Leben genannt werden. Schutzzweck ist hier der Schutz der Person vor sich selbst.

In der Vergangenheit wurden Personen häufig nur mit dem Argument „Eigensicherung“ gefesselt. Allein das Argument „Eigensicherung“ reicht, wie die oben aufgeführten Ausführungen zeigen, nicht aus, um eine Fesselung zu begründen. Die Zulässigkeit der Fesselung hat sich damit ausschließlich an dem dargestellten Gesetzestext auszurichten. Daher ist es auch rechtswidrig, eine Person allein mit dem Argument des Personalmangels zur Eigensicherung zu fesseln.

Tatsachen im Sinne des Satzes 1 müssen sich auf konkrete Begebenheiten des Einzelfalles stützen lassen; Vermutungen oder Spekulationen sind unzureichend. Tatsachen können sein: das konkrete Verhalten einer Person; verbale Äußerungen mit Hinweis auf aggressives Verhalten; personenbezogene Erkenntnisse aus früheren Einsätzen in Verbindung mit aktuellen konkreten Verhaltensauffälligkeiten sowie glaubhafte Hinweise dritter Personen, wie Zeugen oder Geschädigte. Die Voraussetzungen müssen nicht bereits eingetreten sein. Ausreichend ist die auf Tatsachen gestützte Wahrscheinlichkeitsprognose, dass der Pflichtige diese Handlungen begehen könnte. Tatsachen rechtfertigen die entsprechenden Annahmen nur dann, wenn im Einzelfall konkrete Anhaltspunkte dafür bestehen, dass die festgehaltene Person sich entsprechend verhalten wird, eine konkrete Gefahr ist allerdings nicht erforderlich. Entscheidend ist die Qualität der Tatsache. Hier sind solche Fakten relevant, die den Grad der Wahrscheinlichkeit eines bestimmten Ablaufs signifikant erhöhen. Dabei müssen Polizeivollzugsbeamtinnen und -beamte insbesondere bei Fesselungsmaßnahmen in einer angespannten Einsatzsituation sofort entscheiden. Sie können nicht umfangreiche Ermittlungsmaßnahmen anstellen, die den Wahrheitsgehalt dezidiert belegen. Entscheidend ist die sofortige Bewertung der Rechtslage vor Ort.

Die StPO enthält keinen geschlossenen Vollzugsteil. Im Rahmen einer ergänzenden Anwendung sind bei Maßnahmen mit repressiver Zielstellung die ermächtigungsbegrenzenden Bestimmungen des Polizeirechts zu beachten. Daher ist z.B. eine nach § 163b StPO festgehaltene Person unter Berücksichtigung der gefahrenabwehrrechtlichen Bestimmungen zu fesseln. Repressive Regelungen finden sich für den Strafvollzug in den §§ 108,

112 des Strafvollzugsgesetzes Schl.-H. und den §§ 70ff. Untersuchungshaftvollzugsgesetz SH.

Neu aufgenommen wurde im Rahmen der Novellierung die Klarstellung in **Satz 2**, dass eine **Fixierung** nach dieser Vorschrift unzulässig ist. Hintergrund ist die jüngste Rechtsprechung des Bundesverfassungsgerichts zur „Fixierung". Das Gericht stellt in seiner Entscheidung aus dem Jahre 2018 fest, dass es sich sowohl bei einer 5-Punkt- als auch bei einer 7-Punkt-Fixierung von nicht nur kurzfristiger Dauer um eine Freiheitsentziehung im Sinne des Art. 104 Abs. 2 GG handelt, die von einer richterlichen Unterbringungsanordnung nicht gedeckt ist. Von einer kurzfristigen Maßnahme ist in der Regel auszugehen, wenn sie absehbar die Dauer von ungefähr einer halben Stunde unterschreitet.[188] An eine solche Fixierung sind besondere Anforderungen bzgl. der Anordnung, Überwachung und gesundheitlichen Kontrolle zu stellen, denn die Bewegungsfreiheit der betroffenen Person wird durch die Maßnahme vollständig aufgehoben. Dies ist bei einer Fesselung im Sinne des § 255 nicht der Fall, denn der betroffenen Person verbleibt – selbst bei gleichzeitiger Verwendung von Hand und Fußfesseln – ein gewisses Maß an restlicher Bewegungsfreiheit.

20. Zum Gebrauch besonderer Zwangsmittel Berechtigte, § 256 LVwG

§ 256 LVwG trifft eine Zuständigkeitsbeschränkung für den Gebrauch des Zwangsmitteleinsatzes von Schusswaffen, Distanz-Elektroimpulsgeräten (DEIG) und Sprengmitteln. Damit ergänzt sie die Regelung des § 251 LVwG, der den Zwangsmitteleinsatz insgesamt bereits Vollzugsbeamtinnen und -beamten vorbehält. Die vorgenannten Zwangsmittel stehen insgesamt nur Polizeivollzugsbeamtinnen und -beamten zur Verfügung. Für den Schusswaffengebrauch wird diese Befugnis auf bestimmte Beamtinnen und Beamte der Justizverwaltung und bestimmte Bedienstete im Forst- und Jagdschutz erweitert.

§ 256 LVwG behält den Gebrauch des Zwangsmitteleinsatzes von Schusswaffen, Distanz-Elektroimpulsgeräten (DEIG) und Sprengmitteln Polizeivollzugsbeamtinnen und -beamten und für den Schusswaffengebrauch erweiternd bestimmten Beamtinnen und -beamten der Justizverwaltung und bestimmten Bediensteten im Forst- und Jagdschutz vor. Damit stellt § 256 LVwG **eine konkretisierende Einschränkung des § 252** Abs. 1 LVwG dar, der die Befugnis zur Anwendung unmittelbaren Zwangs im Sinne des § 251 LVwG insgesamt auf Vollzugsbeamtinnen und -beamte beschränkt.

188 Urteil des BVerfG vom 24.07.2018, 2 BvR 309/15, 2 BvR 502/16.

Durch die zusätzliche Befugnisbeschränkung in § 256 LVwG auf nur bestimmte Vollzugsbeamte wird der **besonderen Gefährlichkeit der Zwangsmittel Schusswaffe, DEIG und Sprengmittel** Rechnung getragen. Sie erfordern eine besondere Ausbildung, sodass sie nur einem beschränkten Personenkreis zustehen sollen.

Polizeivollzugsbeamte im Sinne des § 256 LVwG sind **alle mit polizeilichen Vollzugsaufgaben betrauten Beamtinnen und Beamte der Schutzpolizei, Wasserschutzpolizei und Kriminalpolizei.**[189] Danach dürfen Polizeivollzugsbeamte aller Dienstzweige der Landespolizei Schleswig-Holstein alle Zwangsmittel einschließlich der Schusswaffen, DEIG und Sprengmittel anwenden, §§ 251, 256 LVwG. Dagegen sind die Beamten des Verwaltungsdienstes in der Polizei schon keine Vollzugsbeamten im Sinne des § 251 LVwG, sodass es ihnen insgesamt untersagt ist, unmittelbaren Zwang auszuüben.

Im Vergleich zur bisherigen Fassung des § 256 LVwG wurde durch die Gesetzesänderung 2021 die abstrakte Befugnis zum Schusswaffengebrauch für die Bahnpolizei gestrichen, da diese 1992 aufgelöst und in den Bundesgrenzschutz überführt wurde, die heutige Bundespolizei. Die Befugnis der Bundespolizei zum Schusswaffengebrauch sowie deren Vollzugsbefugnisse insgesamt sind über das Gesetz über den unmittelbaren Zwang bei Ausübung öffentlicher Gewalt durch Vollzugsbeamte des Bundes (UZwG) geregelt, sodass es der Benennung der Bundespolizei in § 256 LVwG nicht weiter bedurfte.[190]

21. Vorschriften für den Sprengmittelgebrauch, § 256a LVwG

§ 256a LVwG stellt eine befugnisbegrenzende Regelung zum Einsatz von Sprengmitteln dar. Die Norm dient der Verbesserung der Rechtssicherheit für die Normadressaten. Als Hilfsmittel der körperlichen Gewalt im Sinne des § 251 Abs. 3 LVwG ist der Sprengmitteleinsatz nur gegen Sachen zulässig. Auch wenn der Einsatz nur gegen Sachen zulässig ist, kann das Sprengmittel aufgrund seiner Wirkung zugleich eine Gefahr für in der Nähe befindliche Personen darstellen. Daher steht sein Einsatz grundsätzlich unter dem Warnungsvorbehalt. § 256a LVwG stellt darüber hinaus klar, dass ein Sprengmitteleinsatz zum Schutze der höchst wichtigen Rechtsgüter Leib und Leben auch dann zulässig bleiben kann, wenn der Einsatz zugleich die Gefahr begründet, dass durch das Sprengmittel

189 Vgl. zur Definition § 199 LBG a.F., aufgehoben zum 01.04.2009 durch Art. 36 Beamtenrechtsneuregelungsgesetz vom 26.03.2009, GVOBl. Schl.-H. 2009, S. 93.
190 LT Schl.-H. DruckS. 19/2118 vom 22.04.2020, S. 122.

Personen geschädigt werden können. Die Details der Sprengmittelanwendung sind in der Polizeidienstvereinbarung PDV 403 VS-NfD – Sprengen geregelt.

Als Reaktion auf die Terroranschläge der letzten Jahre in Paris, Brüssel oder Madrid wurde mit dem Gesetz zur Änderung polizei- und ordnungsrechtlicher Vorschriften (LVwGPORÄndG)[191] der neue § 256a LVwG eingefügt. Im Zusammenhang mit der polizeilichen Terrorismusbekämpfung und dem Sprengmittleinsatz wurde insbesondere das Szenario diskutiert, dass eine Tür nur mittels Sprengmittel aus der Distanz geöffnet werden kann, weil sich dahinter schwer bewaffnete Straftäter verbergen. Eine Öffnung aus der Nähe wäre nur unter Lebensgefahr der Einsatzkräfte möglich. Der beabsichtigte Sprengmitteleinsatz hätte zugleich aber eine erhebliche Gefahr für die Straftäter bedeuten können. Um diese Einsatzunsicherheiten in der Abwägung der Rechtsgüter nicht allein den Einsatzkräften vor Ort zu überantworten, entschied sich der Gesetzgeber dazu, eine ausdrückliche Regelung in Form von § 256a in das LVwG aufzunehmen:

Absatz 1 Satz 1 stellt klar, dass der Sprengmittelgebrauch nur **gegen Sachen** gestattet ist. Dies entspricht der bewussten Einordnung des Sprengmittels nicht als Waffe, sondern als **Hilfsmittel der körperlichen Gewalt** in § 251 Abs. 3 LVwG. Der Einsatz etwa von Handgranaten oder ähnlichen Sprengmitteln gegen Personen ist damit ausgeschlossen. **Absatz 1 Satz 2** trifft eine **Konkretisierung** der **Güterabwägung** bei möglichen **Kollateralschäden** durch den Sprengmitteleinsatz gegen Sachen: Sollten in einem konkreten Fall Tatsachen dafür sprechen, dass auch Personen geschädigt werden können, wird klargestellt, dass der Sprengmitteleinsatz zur **Abwehr extremer Gefahrenlagen** verhältnismäßiges Einsatzmittel bleibt: Im Rahmen der **Verhältnismäßigkeit** ist dies nur dann der Fall, wenn der Sprengmitteleinsatz zur Abwehr einer gegenwärtigen Gefahr für Leib oder Leben oder zur Verhinderung der unmittelbar bevorstehenden Begehung oder Fortsetzung eines Verbrechens oder eines Vergehens unter Anwendung oder Mitführung von Schusswaffen oder Explosivmitteln dient. Damit orientiert sich die Vorschrift zugleich an den Voraussetzungen des präventiven Schusswaffeneinsatzes gegen Personen in § 258 LVwG. Außerdem wird die besondere Gefährlichkeit eines Sprengmitteleinsatzes dadurch berücksichtigt, dass der Sprengmitteleinsatz **subsidiär** zu anderen Maßnahmen des unmittelbaren Zwangs ist.

191 LVwGPORÄndG vom 26. Februar 2021, GVOBl. Schl.-H. 2021, S. 222; LT SCHL.-H. DruckS. 19/2118 vom 22.04.2020.

Tatsachen sind hier gesicherte Erkenntnisse, die über bloße Vermutungen oder Erfahrungswerte hinausgehen. Die Erkenntnisse müssen belegen, dass ein bestimmter Sachverhalt tatsächlich oder mit einer genügend hohen Wahrscheinlichkeit vorliegt. Es handelt sich dabei um konkrete im Einzelfall begründete Feststellungen und Erkenntnisse, die nachweisbar sind.

Die Gefahr für Leib oder Leben nach **Absatz 1 Satz 2 Nummer 1** muss **gegenwärtig** sein, die Einwirkung muss also bereits begonnen haben oder in allernächster Zeit mit an Sicherheit grenzender Wahrscheinlichkeit bevorstehen.

Für die Begriffe **Verbrechen und Vergehen** in **Absatz 1 Satz 2 Nummer 2** gilt die Definition aus § 12 StGB, wonach Verbrechen rechtswidrige Taten sind, die mit einer Mindestfreiheitsstrafe von einem Jahr oder darüber bedroht sind. Vergehen sind rechtswidrige Taten, die im Mindestmaß mit einer geringeren Freiheitsstrafe oder mit Geldstrafe bedroht sind. Hier kommt insbesondere das Delikt der gefährlichen Körperverletzung mittels einer Waffe gemäß § 224 Abs. 1 Nr. 2 Var. 1 StGB in Betracht. Angesichts der erforderlichen Gleichwertigkeit mit Nummer 1, der gegenwärtigen Gefahr für Leib und Leben und der Anwendung bzw. Mitführung von Schusswaffen dürfte es sich tatsächlich aber regelmäßig um zu verhindernde Verbrechen handeln, wie insbesondere Tötungsdelikte, die Geiselnahme und andere terroristisch motivierte Straftaten.

Absatz 2 stellt den Sprengmitteleinsatz gegen Sachen, vergleichbar wie den Schusswaffengebrauch gegen Personen, unter den Vorbehalt einer Warnung. Davon darf nur abgewichen werden, wenn dies zur Abwehr einer gegenwärtigen Lebensgefahr oder der gegenwärtigen Gefahr einer schwerwiegenden Verletzung der körperlichen Unversehrtheit erforderlich ist.

22. Allgemeine Vorschriften für den Schusswaffengebrauch, § 257 LVwG

> § 257 LVwG fasst die allgemein zu beachtenden Regelungen für den Schusswaffengebrauch zusammen. Diese werden durch die weiteren Regelungen zum gezielten tödlichen Schusswaffengebrauch, dem sog. „finalen Rettungsschuss" in § 258 LVwG und zum Warnungserfordernis vor dem Schusswaffengebrauch in § 259 LVwG ergänzt. Weitere Regelungen zum Schusswaffeneinsatz enthält die AVV-UZwG.

Beim Gebrauch von Schusswaffen sind die **befugnisbegrenzenden Regelungen der §§ 257 ff.** LVwG durch die Polizeivollzugsbeamtinnen und -beamten und die weiteren gemäß § 256 LVwG zur Anwendung des Schusswaffengebrauchs berechtigten Personen zu beachten. Durch § 257 LVwG bringt der Gesetzgeber zum Ausdruck, dass der Schusswaffengebrauch die schwerste Form des unmittelbaren Zwangs darstellt, die nur als „Ultima-Ratio" in Betracht kommt. Die Norm wurde durch das Gesetz zur Änderung polizei- und ordnungsrechtlicher Vorschriften (LVwGPORÄndG)[192] dahingehend angepasst, dass der bis dahin ausgeschlossene Schusswaffengebrauch gegen Personen, die dem äußeren Eindruck nach noch nicht 14 Jahre alt sind, unter sehr eng begrenzten Voraussetzungen zur Abwehr einer gegenwärtigen Lebensgefahr doch zulässig sein kann.

Absatz 1 bestimmt aufgrund der grundsätzlichen **Gefährlichkeit des Schusswaffeneinsatzes** dessen **Subsidiarität** gegenüber den übrigen Zwangsmitteln. Der Schusswaffengebrauch ist danach nur dann zulässig, wenn andere Zwangsmaßnahmen bereits erfolglos waren oder offensichtlich keinen Erfolg versprechen. Diese grundsätzliche Subsidiarität wird auch durch die AVV-UZwG[193] hervorgehoben, wonach von der Schusswaffe kein Gebrauch zu machen ist, wenn rechtliche oder tatsächliche Zweifel bestehen, ob die Voraussetzungen für den Schusswaffengebrauch vorliegen.

Dies gilt für jeglichen Schusswaffeneinsatz, unabhängig davon, ob er sich gegen eine Person oder eine Sache richtet. Soweit sich der Schusswaffeneinsatz gegen eine Person richtet, sind zusätzlich die Maßgaben des § 258 zu beachten. Die AVV-UZwG konkretisiert dazu näher:

> „Besteht bei einem Schusswaffengebrauch gegen Sachen erkennbar die Wahrscheinlichkeit, dass Personen verletzt werden, so ist dieser nur unter den Voraussetzungen des Schusswaffengebrauchs gegen Personen zulässig. Diese Wahrscheinlichkeit besteht in der Regel beim Schusswaffengebrauch gegen fahrende Kraftfahrzeuge, mit Ausnahme, wenn sich das Kraftfahrzeug gerade langsam in Bewegung setzt. [...]."

Im Hinblick auf den Schusswaffengebrauch gegen Sachen ist § 246 LVwG zu beachten, der die für Sachen geltenden Vorschriften auch für Tiere für anwendbar erklärt. Auch der Schusswaffengebrauch gegen Tiere wird durch die AVV-UZwG näher geregelt:

> „[Er] ist zulässig, wenn von ihnen eine erhebliche Gefahr ausgeht und diese nicht auf andere Weise beseitigt werden kann. Der Schusswaffengebrauch gegen

192 LVwGPORÄndG vom 26. Februar 2021, GVOBl. Schl.-H. 2021, S. 222; LT Schl.-H. DruckS. 19/2118 vom 22.04.2020.

193 Fundstelle AVV-UZwG – Allgemeine Verwaltungsvorschrift über die Anwendung unmittelbaren Zwangs, Erlass des Ministeriums für Inneres, Kommunales, Wohnen und Sport (MIKWS) – 14.48 – vom 22. Dezember 2022.

Tiere kann sich als Ersatzvornahme (§ 238 LVwG) oder als unmittelbarer Zwang (§ 239 LVwG) darstellen. Der Einsatz der Schusswaffen zum Töten kranker oder verletzter Tiere oder zum Töten von aus ihrem natürlichen Verhalten heraus gefährlichen Tieren (wildernde Hunde, Tollwutverdacht, sonstige aggressive, ausgebrochene Tiere) ist in der Regel Ersatzvornahme, in vielen dieser Fälle sind spezialgesetzliche Regelungen zu handlungspflichtigen Verantwortlichen vorhanden, für die im Falle ihrer Abwesenheit die Polizei handelt. Dann können auch private Jagdwaffen mit entsprechender Munition eingesetzt werden, die u.U. ein wirksameres und tiergerechteres Eingreifen ermöglichen. Das Töten von durch die Polizei eingesetzten Hunden zur Verhinderung polizeilicher Maßnahmen (z.B. Festnahme) ist dagegen zu behandeln wie unmittelbarer Zwang gegen Sachen. Verletzte oder kranke Tiere, von denen keine Gefahr für Menschen ausgeht, dürfen nur getötet werden, wenn zu befürchten ist, dass sie unter Qualen verenden würden und auch keine anderen Personen (Eigentümer oder Tierhalter, Tierärzte oder Jagdausübungsberechtigter pp.) kurzfristig helfen können. Falls diese Personen polizeilichen Schusswaffengebrauch erbitten, ist nach pflichtgemäßem Ermessen zu entscheiden. Es ist dann unter Beachtung des § 246 Satz 2 LVwG zu verfahren."

Absatz 2 statuiert zum **Schutz unbeteiligter Dritter** das grundsätzliche Verbot des Schusswaffengebrauchs, wenn dessen Einsatz Dritte gefährden könnte. Unbeteiligt ist eine Person, wenn sie mit den Geschehen nicht in Zusammenhang zu bringen ist, sie gleichsam zufällig vor Ort ist und ihr insbesondere die Gefahrenlage nicht zugerechnet werden kann. Dies trifft auf den zufällig vorübergehenden Passanten zu, nicht jedoch auf eine Person, die selbst polizeipflichtiger Störer oder Teil einer Gruppe ist, von der die Gefahrenlage ausgeht. In der AVV-UZwG heißt es zu § 257 Abs. 2 LVwG:

> „Unbeteiligte im Sinne dieser Vorschrift sind Personen, die an der Handlung, gegen die sich die polizeiliche Maßnahme richtet, nicht mitwirken. [...] Eine Mitwirkung kann auch darin liegen, dass die Handlung durch Worte oder durch schlüssiges Verhalten gebilligt oder unterstützt wird. [...]
>
> Eine Gefährdung [Unbeteiligter] ist immer dann zu befürchten, wenn sie sich in unmittelbarer Nähe zum Adressaten des Schusswaffengebrauchs aufhalten und durch Fehlschüsse oder fehlgeleitete Projektile zu Schaden kommen könnten. Aufgrund dessen hat sich die durchzuführende Gefährdungsprognose an der Übersichtlichkeit und Komplexität des konkreten Einzelfalls zu orientieren und stellt so erhöhte Anforderungen an die Beurteilung der Recht- und Zweckmäßigkeit des Schusswaffengebrauchs."

Von diesem Verbot des Schusswaffengebrauchs wird im Rahmen der grundrechtlichen Güterabwägung im Sinne des **Art. 2 Abs. 2 GG** nur dann eine Ausnahme zugelassen, wenn der Schusswaffengebrauch das einzige Mittel zur Abwehr einer gegenwärtigen Lebensgefahr ist.

Absatz 3 nimmt Rücksicht auf das besondere **Schutzbedürfnis von Kindern**. Gegen eine Person, die sich nach dem äußeren Eindruck noch im Kindesalter befindet, ist der **Schusswaffeneinsatz grundsätzlich verboten**. Die AVV-UZwG führt dazu aus:

> „Das Gesetz stellt auf den äußeren Eindruck ab. Aus Sicht der handelnden Polizeivollzugskräfte ist somit ein objektivierter Maßstab anzulegen. Anhaltspunkte könnten sich im Einzelfall aus der Erscheinung der Person (Größe, Aussehen, Verhalten, Kleidung, pp.) ergeben. Der äußere Eindruck ist nicht von Bedeutung, wenn das wahre Alter der Person bekannt ist. Wenn Zweifel darüber bestehen, ob es sich bei der betroffenen Person um ein Kind handelt, ist vom Gebrauch der Schusswaffe abzusehen."

Durch die Ergänzung des Absatzes 3 wurde von diesem Grundsatz eine **Ausnahme zur Abwehr gegenwärtiger Lebensgefahr** geschaffen, um das Polizeirecht an aktuelle Gefährdungslagen anzupassen. Der kategorische Ausschluss des Schusswaffengebrauchs gegenüber Personen, die dem äußeren Eindruck nach noch nicht 14 Jahre alt sind, wurde vor dem Hintergrund wiederholter **Amoktaten an Schulen** und der Gefahr schon im Kindesalter radikalisierter **terroristischer Attentäter** als Sicherheitslücke betrachtet. Für Fälle, in denen eine gegenwärtige Lebensgefahr anderer Personen nicht anders abgewendet werden kann, wurde daher die Befugnis zum Schusswaffengebrauch entsprechend erweitert. Die Regelung entspricht im Wesentlichen § 41 Abs. 3 Satz 2 des Musterentwurfs eines einheitlichen Polizeigesetzes der Innenminister des Bundes und der Länder von 1977 (**MEPolG**). Mit der Anpassung wurden die Befugnisse zum Schusswaffengebrauch in Schleswig-Holstein der Mehrheit der Polizeigesetze der anderen Bundesländer angeglichen und bieten nun Handlungssicherheit. Es ist somit nicht mehr notwendig, bei diesen Einsatzkonstellationen auf die Jedermannrechte aus StGB und BGB zurückzugreifen. Diese können ohnehin nach überwiegend herrschender Rechtsauffassung keine Eingriffsbefugnis für hoheitliches Handeln darstellen.

23. Schusswaffengebrauch gegen Personen, § 258 LVwG

> § 258 trifft in Ergänzung zu den allgemeinen Regelungen über den Schusswaffengebrauch des § 257 spezielle Regelungen zum Schusswaffengebrauch gegen Personen. Dazu enthält § 258 seit der Novellierung 2021 auch eine explizite Normierung zum gezielten, tödlichen Schusswaffengebrauch, dem sog. „finalen Rettungsschuss". Beim Schusswaffengebrauch gegen Personen ist zudem das Warnungserfordernis in § 259 zu beachten. Weitere Regelungen zum Schusswaffeneinsatz enthält die AVV-UZwG.

Da der Schusswaffengebrauch gegen Personen einen besonders schweren Eingriff in die Grundrechte darstellt, erfährt er in § 258 eine explizite Regelung, die die allgemeine Befugnisbegrenzung des Schusswaffengebrauchs aus § 257 weiter einschränkt. Seit 2021 findet auch der gezielte, tödliche Schusswaffengebrauch, der sog. „finale Rettungsschuss", als schwerster polizeilicher Eingriff, eine ausdrückliche gesetzliche Regelung in § 258.[194]

Die gesetzliche Normierung des Schusswaffengebrauchs gegen eine Person einschließlich des gezielten, tödlichen Schusses zur Gefahrenabwehr ist verfassungskonform und verstößt nicht gegen die Wertung des Grundgesetzes:

Der staatliche Schusswaffengebrauch zur Gefahrenabwehr verstößt nicht gegen die Menschenwürde gemäß **Art. 1 Abs. 1 GG**. Die Menschenwürde schützt nach der sog. „**Objektformel**" davor, dass der Mensch zum bloßen Objekt staatlichen Handelns gemacht wird und seine Subjektqualität prinzipiell infrage gestellt wird. Die Befugnis zum Schusswaffengebrauch gemäß § 258 richtet sich gegen die Person, von der die Gefahr ausgeht. Der Staat adressiert die Person damit als handelnde pflichtige Person, sodass ihre Subjektqualität nicht angetastet wird. Auch der finale Rettungsschuss zum Schutz von Leib und Leben ist mit der Menschenwürde vereinbar. Er stellt insbesondere keine nach Art. 1 Abs. 1 GG unzulässige Abwägung von Leben gegen Leben dar, da hier nicht das Leben des Pflichtigen gegen das Leben des Opfers abgewogen wird. Die Maßnahme bleibt zur Gefahrenabwehr zulässig, weil der Gesetzgeber nicht zwischen den Leben Unbeteiligter abwägt, sondern sich die Maßnahme gegen die unmittelbar störende Person richtet, die diese Störung eigenverantwortlich begeht.

Auch ein Verstoß gegen das Recht auf Leben und körperliche Unversehrtheit gemäß **Art. 2 Abs. 2 GG** liegt nicht vor. Der Schusswaffengebrauch gegen eine Person begründet zunächst jedoch einen schweren, bei einer Tötung sogar den denkbar schwersten Eingriff in das Grundrecht. Das Grundrecht kann jedoch gemäß Art. 2 Abs. 2 Satz 3 GG aufgrund eines Gesetzes beschränkt und der Eingriff kann dadurch gerechtfertigt werden. Für den finalen Rettungsschuss war lange umstritten, ob dieser einer ausdrücklichen Regelung im LVwG als Eingriffsgrundlage bedurfte. Dabei gilt nach der sog. Wesentlichkeitstheorie des Bundesverfassungsgerichts der Grundsatz, dass der Parlamentsgesetzgeber alle wesentlichen Regelungen selbst zu treffen hat.[195] Dem folgend hat der Gesetzgeber in

194 LVwGPORÄndG vom 26. Februar 2021, GVOBl. Schl.-H. 2021, S. 222; LT Schl.-H. DruckS. 19/2118 vom 22.04.2020.

195 Siehe zum finalen Rettungsschuss auch *Wolff* NVwZ 2021, 695 ff. – Der finale Rettungsschuss setzt sich durch...

Anerkennung der besonderen Schwere des Eingriffs in das Recht auf Leben 2021 den finalen Rettungsschuss in § 258 ausdrücklich normiert.

§ 258 stellt als förmliches Parlamentsgesetz für den Schusswaffengebrauch zur Gefahrenabwehr eine Art. 2 Abs. 2 Satz 3 GG entsprechende Grundrechtsschranke dar. Dabei ist zu beachten, dass der Eingriff nur dann gerechtfertigt ist, wenn er verhältnismäßig ist, also die Eingriffsbegründung und die dahinterstehenden Grundrechte in der Abwägung gegenüber den widerstreitenden grundrechtlichen Positionen überwiegen. Dies erfordert im Hinblick auf die gezielte tödliche Schussabgabe angesichts des Höchstwertes des Rechtsgutes Leben, dass der Eingriff nur dann gerechtfertigt ist, wenn er als **Ultima Ratio**, als letztes Mittel dem unmittelbaren **Schutz höchstwichtiger Rechtsgüter** wie **Leib und Leben** dient.

Die Normierung des finalen Rettungsschusses verstößt auch nicht gegen das staatliche **Tötungsverbot** in **Art. 102 GG**, wonach die Todesstrafe abgeschafft ist. Denn der finale Rettungsschuss ist keine repressive Maßnahme im Sinne einer Strafvollstreckung, sondern eine präventive Maßnahme der Gefahrenabwehr zum Schutz von Leib und Leben.

Aufgrund dieser grundgesetzlichen Vorgaben ist vor dem Schusswaffengebrauch in besonderer Weise zu prüfen, inwieweit die beabsichtigte Maßnahme geeignet, erforderlich und unter Abwägung der zu schützenden Rechtsgüter und der zu erwartenden Rechtsgüterbeeinträchtigungen verhältnismäßig ist.

Absatz 1 Satz 1 bestimmt als **Grundsatz**, dass der **Schusswaffengebrauch gegen Personen subsidiär** zum Schusswaffengebrauch gegen Sachen ist. Damit ergibt sich im Zusammenspiel mit § 251 und § 257 Abs. 1 für den unmittelbaren Zwang folgende Subsidiaritätskette im Zwangsmitteleinsatz nach den Verhältnismäßigkeitserfordernissen im Einzelfall:

„Körperliche Gewalt – Hilfsmittel der körperlichen Gewalt – sonstige Waffen wie Schlagstöcke etc. – Schusswaffengebrauch gegen Sachen – Schusswaffengebrauch gegen Personen“.

Besteht allerdings bei einem Schusswaffengebrauch gegen Sachen erkennbar die Wahrscheinlichkeit, dass Personen verletzt werden, so ist nach der AVV-UZwG[196] der Schusswaffengebrauch nur unter den Voraussetzungen des Schusswaffengebrauchs gegen Personen des § 258 zulässig.

196 Allgemeine Verwaltungsvorschrift über die Anwendung unmittelbaren Zwangs, Erlass des Ministeriums für Inneres, Kommunales, Wohnen und Sport (MIKWS) – 14.48 – vom 22. Dezember 2022.

Eine Definition, ab wann ein Schusswaffengebrauch konkret vorliegt, enthält das LVwG nicht. Die in der *PDV 211 – Schießtraining in Aus- und Fortbildung* aufgezählten Formen der Handhabung der Dienstpistole machen jedoch deutlich, dass die aufmerksame und die entschlossene Sicherungshaltung der Schusswaffe noch kein Gebrauch der Schusswaffe darstellt. Im Regelfall liegt dann auch noch keine konkludente Warnung im Sinne des § 259 vor. Im Falle der entschlossenen Schießhaltung, die sich dadurch auszeichnet, dass die Pistole auf die Person als Ziel gerichtet ist, müssen jedoch aufgrund der Wirkung auf die Willensentschließungs- und Betätigungsfreiheit der pflichtigen Person, die Voraussetzungen der Schusswaffengebrauchsbestimmungen des § 258 vorliegen. **Ziel** des Schusswaffeneinsatzes ist grundsätzlich nur, die Person **angriffs- oder fluchtunfähig** zu machen. Angriffsunfähig ist die Person, wenn von der Person keine Gefahr mehr für das bedrohte Rechtsgut ausgeht. Fluchtunfähig ist die Person, wenn ihre Fortbewegungsmöglichkeiten derart eingeschränkt sind, dass sie sich dem hoheitlichen Zugriff nicht mehr entziehen kann. Danach darf grundsätzlich nicht mit dem Ziel geschossen werden zu töten. Der gezielte tödliche Schuss ist durch die Sondervorschrift in **Absatz 1 Satz 2** explizit geregelt. Sollte allerdings trotz der Absicht „nur angriffs- und fluchtunfähig" zu machen, die Schussabgabe zur Tötung führen, kann dies trotzdem nach Satz 1 zulässig sein. Entscheidend ist die Zielrichtung der Maßnahme. Daher muss die Sorgfalt darauf gerichtet sein, die Tötung des Angreifers zu vermeiden und diesen nur angriffs- bzw. fluchtunfähig zu machen. Die AVV-UZwG führt dazu aus:

> „Um angriffs- oder fluchtunfähig zu machen, ist, wenn es die Umstände zulassen, auf die Beine zu zielen, vor allem bei Fliehenden."

Vor dem Schusswaffengebrauch gegen Personen ist nach § 259 zu warnen. Als **Warnung** vor dem Schusswaffengebrauch gilt auch die Abgabe eines Warnschusses. Die Warnung darf nur ausbleiben, wenn dies zur Abwehr einer gegenwärtigen Gefahr für Leib oder Leben erforderlich ist.

Nach der AVV-UZwG ist jeder Schusswaffengebrauch gegen Personen dem Lage- und Führungszentrum des Landespolizeiamtes unverzüglich als wichtiges Ereignis (**WE-Meldung**) zu melden sowie jeder polizeiliche Einsatz der Schusswaffe über das polizeiliche Vorgangsbearbeitungssystem @artus zu erfassen.

Absatz 1 Satz 2 bis 4 normieren Regelungen für den gezielten, tödlich wirkenden Schuss auf einen Menschen, den sog. **finalen Rettungsschuss**. Dieser ist als **Ultima Ratio** zulässig, um eine **gegenwärtige Gefahr für Leib**

oder Leben abzuwehren. Die Formulierung entspricht dem Wortlaut des § 41 Abs. 1 Satz 2 des Musterentwurfs eines einheitlichen Polizeigesetzes der Innenminister des Bundes und der Länder von 1977 und folgt damit auch dem Wortlaut der großen Mehrheit der Polizeigesetze der anderen Bundesländer.

Gegenwärtig ist die Gefahr, wenn die Störung bereits begonnen hat oder mit an Sicherheit grenzender Wahrscheinlichkeit unmittelbar bevorsteht.

Sie muss sich auf die Gefahr für **Leib und Leben** beziehen. Neben der Lebensgefahr kann auch die Gefahr einer Körperverletzung genügen. Diese muss aber entsprechend schwerwiegend sein, dass sie im Rechtsgütervergleich an die Lebensgefahr heranreicht. Dies ist der Fall, wenn die Gefahr besteht, dass die körperliche Unversehrtheit auf Dauer oder längere Dauer schwer geschädigt wird. Die Gefahr muss sich nicht zwingend gegen eine dritte Person richten, sie kann sich auch auf den Polizeivollzugsbeamten beziehen und insoweit zugleich eine Notwehrlage begründen.

Außerdem ist erforderlich, dass der tödliche Schuss **das einzige Mittel** zur Abwehr der gegenwärtigen Gefahr für Leib oder Leben ist. Das ist der Fall, wenn die nicht tödliche Schussabgabe bereits erfolglos angewendet wurde oder nach einer Prognoseentscheidung offensichtlich keinen Erfolg verspricht.

Absatz 1 Satz 3 besagt, dass die Reichweite zur Anwendung des finalen Rettungsschusses in Satz 2 seinem Tatbestand nach nicht über den Tatbestand der Rechtfertigungsgründe des StGB hinausgeht. Diese politisch geforderte Eingrenzung ist nur deklaratorischer Natur, denn, anders als die strafrechtliche Notwehr oder Nothilfe der Privatperson des § 32 StGB, bei der es auf eine Verhältnismäßigkeit der Maßnahme grundsätzlich nicht ankommt,[197] unterliegt der Polizeivollzugsbeamte als Amtswalter des Staates im Rahmen des pflichtgemäßen Ermessens nach § 73 Abs. 1 LVwG einer vollständigen Verhältnismäßigkeitskontrolle beim Einsatz der Zwangsmittel. Damit ist die Befugnis zum tödlichen Schusswaffengebrauch durch das besondere Verhältnismäßigkeitserfordernis an das polizeiliche Handeln enger gefasst als das Nothilferecht der Privatperson in § 32 StGB.[198] Da die tödliche Schussabgabe nicht nur in der konkreten Einsatzsituation, ähnlich der Notwehr, zum Selbstschutz des handelnden Beamten durch diesen willentlich erfolgt, sondern insbesondere bei Geisellagen unter Einsatz von Spezialkräften auch auf Anordnung erfolgen kann, trifft **Absatz 1 Satz 4** eine

197 *Kühl* in Lackner/Kühl § 32 StGB Rn. 11.
198 LT Schl.-H. DruckS. 19/2118 vom 22.04.2020, S. 126.

Ausnahmeregelung von der Verpflichtung zum Handeln auf Anordnung gem. § 253 Abs. 1 Satz 1. Das Handeln auf Anordnung wird in diesem Fall ausgenommen, um einer entgegenstehenden **Gewissensentscheidung** Rechnung zu tragen.

Absatz 2 umschreibt die einzelnen Konstellationen näher, in denen zulässigerweise von der Schusswaffe gegen eine Person Gebrauch gemacht werden darf:

Nummer 1 fungiert als **Auffangtatbestand** innerhalb des § 258, indem der Schusswaffengebrauch jedenfalls dann zulässig ist, wenn eine **gegenwärtige Gefahr für Leib und Leben** besteht.

Nummer 2 dient der **Verhinderung bestimmter Straftaten.** Dazu knüpft die Norm an die **Verhinderung** eines unmittelbar bevorstehenden oder bereits begonnenen **Verbrechens oder eines qualifizierten Vergehens** an. Die Einordnung als Vergehen und Verbrechen richtet sich gem. § 12 StGB nach der für die Straftat angedrohten Mindeststrafe. Hierbei ist nur der Regelstrafrahmen maßgebend. Schärfungen und Milderungen bleiben außer Betracht.

Zur Verhinderung eines Vergehens darf von der Schusswaffe nur Gebrauch gemacht werden, wenn die Tathandlung unter Anwendung oder Mitführung von Schusswaffen oder Explosivmitteln erfolgt. Diese Einschränkung gilt nur für Vergehen, nicht jedoch für Verbrechen, wie sich aus dem systematischen Vergleich mit Nummer 3a und b ergibt. Das **Mitsichführen** setzt voraus, dass der fragliche Gegenstand zur Verwendung zumindest griffbereit gehalten wird.

Als **Schusswaffen** gelten gemäß Nummer 1.1 der Anlage 1 zu § 1 Abs. 4 Waffengesetz (WaffG) Gegenstände, „*die zum Angriff oder zur Verteidigung, zur Signalgebung, zur Jagd, zur Distanzinjektion, zur Markierung, zum Sport oder zum Spiel bestimmt sind und bei denen Geschosse durch einen Lauf getrieben werden.*" Explosivmittel sind explosionsgefährliche Stoffe und Sprengzubehör im Sinne des § 1 Sprengstoffgesetz (SprengG). Zu beachten ist, dass bereits das Mitführen von Schusswaffen bzw. Sprengstoffen ohne entsprechende Erlaubnis eine Straftat nach §§ 51, 52 WaffG und § 40 SprengG darstellt.

Der Schusswaffengebrauch nach Nummer 3 und 4 dient der **Durchsetzung des staatlichen Strafanspruchs**: **Nummer 3** berechtigt durch Schusswaffengebrauch gegen die Person dazu, diese anzuhalten, wenn sie sich der **Festnahme oder Identitätsfeststellung** durch **Flucht zu entziehen** versucht.

> „Jedoch muss in diesen Fällen – angesichts der Risiken des Schusswaffeneinsatzes – vom Täter eine nicht unerhebliche Gefahr für die Allgemeinheit aus-

gehen, damit der Gebrauch der Schusswaffe verhältnismäßig ist", heißt es dazu in der AVV-UZwG.

Ein **dringender Tatverdacht** liegt vor, wenn aufgrund bestimmter Tatsachen eine große Wahrscheinlichkeit dafür besteht, dass die Person Täter oder Teilnehmer eines Verbrechens oder eines Vergehens ist.[199] Handelt es sich nur um ein Vergehen, müssen zudem konkrete Tatsachen vorliegen, die die Annahme rechtfertigen, dass die Person von einer Schusswaffe oder einem Explosionsmittel Gebrauch machen werde, um sich der polizeilichen Maßnahme zu entziehen.

Nummer 4 dient dem Anhalten der Person, um deren **Flucht zu vereiteln** oder sie für den **amtlichen Gewahrsam** zu ergreifen. Eine Flucht kann nur dann vereitelt werden, wenn bereits ein Fluchtversuch vorliegt. Amtlicher Gewahrsam setzt eine amtliche Anordnung voraus, die Person gegen ihren Willen festzuhalten. Die Person braucht noch nicht eingeschlossen zu sein, sie muss jedoch an ihrer Bewegungsfreiheit gehindert sein.

Nummer 5 berechtigt zum Schusswaffengebrauch gegen Personen zur Verhinderung von **gewaltsamen Befreiungsversuchen** aus amtlichem Gewahrsam. Beim amtlichen Gewahrsam handelt es sich um eine freiheitsentziehende Maßnahme gemäß Art. 2 Abs. 2, 104 Abs. 2 GG z. B. durch Gewahrsamnahme gemäß § 204 LVwG oder vorläufige Festnahme gemäß § 127 StPO. Der Befreiungsversuch ist erst dann gewaltsam, wenn er durch physisch vermittelten Zwang zur Überwindung eines geleisteten oder erwarteten Widerstandes erfolgt.

Absatz 3 verbietet wie § 145 Abs. 8 Landesstrafvollzugsgesetz (LStVollzG SH) den Schusswaffengebrauch gegen Personen bei Flucht aus dem Vollzug eines Jugendarrestes oder eines Strafarrestes oder einer offenen Anstalt, da der Einsatz von Schusswaffen allein wegen der Flucht als solcher unverhältnismäßig wäre. Die Bestimmung gilt für den Schusswaffengebrauch der Polizeivollzugskräfte; für Vollzugskräfte im Strafvollzug gelten insbesondere die Regelungen zum unmittelbaren Zwang in den §§ 112 bis 116 des LStVollzG SH. Sollte zu der Flucht jedoch eine weitere Gefahrenlage hinzutreten, z. B. eine gegenwärtige Gefahr für Leib und Leben im Sinne der Nummer 1, so würde die Befugnis zum Schusswaffengebrauch wieder aufleben.

199 Vgl. § 112 Abs. 1 StPO.

24. Gebrauch von Distanz-Elektroimpulsgeräten, § 258a LVwG

Durch § 258a LVwG werden die Einsatzvoraussetzungen des Distanz-Elektroimpulsgeräts (DEIG), umgangssprachlich auch als **„Taser"** bezeichnet, näher ausgestaltet. Die Vorschrift war zur Pilotierung eines Modelleinsatzes bis zum 19. März 2024 in der Landespolizei befristet. Das DEIG ist gemäß § 251 Abs. 4 eine Waffe, deren Einsatz einen Eingriff in die körperliche Unversehrtheit gemäß Art. 2 Abs. 2 Satz 1 GG darstellt. Die daraus folgenden Anforderungen und die Verhältnismäßigkeit werden durch § 258a näher gefasst. Außerdem wird der Einsatz des DEIG gegen besonders vulnerable Gruppen und Kinder nur im Ausnahmefall zur Abwehr einer gegenwärtigen Lebensgefahr für zulässig erklärt.

Der Einsatz von Distanz-Elektroimpulsgeräten (DEIG) wurde 2021 durch das Gesetz zur Änderung polizei- und ordnungsrechtlicher Vorschriften (LVwGPORÄndG)[200] in das LVwG aufgenommen. Dadurch wurden die Mittel des unmittelbaren Zwangs im Bereich der **Waffen** in § 251 Abs. 4 Var. 2 um ein weiteres Einsatzinstrument ergänzt.

Das DEIG sieht optisch pistolenähnlich aus und verschießt zwei mit Widerhaken versehene Elektroden auf den Angreifer. Die Elektroden sind über Drähte mit dem DEIG verbunden und leiten bei Kontakt mit der Zielperson kurzzeitig Strom durch deren Körper, wodurch diese handlungsunfähig gemacht wird.

Umgangssprachlich wird das DEIG auch als „Taser" bezeichnet. Die Bezeichnung leitet sich vom ehemaligen Herstellernamen „Taser International" (heute Axon Enterprise) einem bekannten Produzenten von DEIG ab.

Das Zwangsmittel DEIG sehen unter anderem auch die Polizeigesetze in Bremen, Niedersachsen, Hamburg und Mecklenburg-Vorpommern vor.

Wie die meisten Polizeigesetze ordnet das LVwG das DEIG als Waffe ein. Dies entspricht auch der Klassifizierung des Waffengesetzes (WaffG) in der Anlage 1 zu § 1 Abs. 4 WaffG gemäß Abschnitt 1 Unterabschnitt 2 Nummer 1.2.1: Danach sind Elektroimpulsgeräte Waffen im Sinne des § 1

200 LVwGPORÄndG vom 26.02.2021, GVOBl. Schl.-H. 2021, S. 222; LT Schl.-H. DruckS. 19/2775 vom 25.02.2021 S. 53; LT Schl.-H. DruckS. 19/5391 vom 16.02.2021. Die Regelung war zunächst bis zum 19.03.2024 befristet. Im Rahmen einer Pilotierung durch Ausstattung des SEK und zweier Polizeidirektionen wurde das DEIG als sinnvolle Erweiterung der polizeilichen Einsatzmittel bewertet. Durch das Gesetz zur Fortgeltung der Rechtsgrundlagen für den Einsatz von Distanz-Elektroimpulsgeräten in der Landesverwaltung vom 23.02.2024, LT Schl.-H. DruckS. 2002/2024 wurde daher die Befristung aufgehoben, sodass das Einsatzmittel DEIG nun dauerhaft zur Verfügung steht.

Abs. 2 Nr. 2 lit. a WaffG, weil es sich bei ihnen um tragbare Gegenstände handelt, die ihrem Wesen nach dazu bestimmt sind, die Angriffs- oder Abwehrfähigkeit von Menschen zu beseitigen oder herabzusetzen.

Der Waffeneinsatz des DEIG unterliegt den allgemeinen Voraussetzungen für den Einsatz unmittelbaren Zwangs gemäß §§ 250 ff. LVwG. Darüber hinaus bleibt der Einsatz des DEIG den Polizeivollzugsbeamtinnen und -beamten vorbehalten gemäß § 256 Abs. 2 Var. 1 LVwG.

Da der Einsatz einen **Eingriff** in das **Grundrecht der körperlichen Unversehrtheit** gemäß Art.2 Abs. 2 GG darstellt, bedarf er einer besonderen Rechtfertigung und muss **verhältnismäßig** sein. Auf diese Verhältnismäßigkeitsanforderungen weist § 258a hin und gestaltet sie näher aus:

So verweist **Absatz 1** deklaratorisch darauf, dass die **Erforderlichkeit** des DEIG-Einsatzes im Sinne der grundrechtlichen Abwägung vorliegen muss, der Einsatz des DEIG also nur zulässig ist, soweit der Zweck nicht durch mildere Maßnahmen erreicht werden kann. Dabei ist zu beachten, dass der Einsatz des DEIG **milder ist als der Schusswaffengebrauch**. Eine weitere Abstufung zwischen Schlagstock und DEIG ist aufgrund der unterschiedlichen Einsatzfolgen nicht möglich, sodass diese wohl grundsätzlich als gleich milde Mittel anzusehen sein dürften. In der Praxis dürfte sich der Einsatz von DEIG und Schlagstock im Hinblick auf die Vorfrage der **Gleichgeeignetheit des einzusetzenden Mittels** unterscheiden. So soll das DEIG gerade gegen aggressive Personen zum Einsatz kommen, denen die Polizei mit dem Schlagstock nicht situationsgerecht begegnen kann, insbesondere, weil der Schlagstockeinsatz eine **zu große Nähe zum Angreifer** erfordern würde und so eine Selbstgefährdung des Polizeivollzugsbeamten bedeuten könnte. In einem solchen Fall wäre der Distanzeinsatz des DEIG besser geeignet als der Schlagstock. Zugleich ist zu beachten, dass vor dem Einsatz des DEIG gemäß § 259 zu warnen ist. Bereits die **Warnung** und damit verbundene Ankündigung eines bevorstehenden DEIG-Einsatzes kann dazu führen, dass sich die angesprochene Person beruhigt und der polizeilichen Anordnung nachkommt, um dem Zwangsmitteleinsatz zu entgehen.

Inwieweit der DEIG-Einsatz jedoch auch **bei dynamischen Angriffslagen** mit Hieb- oder Stichwaffen geeignetes Mittel ist, ist jedenfalls fraglich. Bei Schusswaffeneinsatz dürfte zum Schutz von Leib und Leben weiterhin nur die Schusswaffe als geeignetes Zwangsmittel verbleiben.

Auch **Absatz 2** stellt in Nachformung des Verhältnismäßigkeitsgrundsatzes deklaratorisch klar, dass der Einsatz zur Abwehr von Rechtsgutverletzungen geringfügiger Schwere oder Bedeutung unzulässig ist. Die durch

Absatz 2 beschriebene **Bagatellgrenze** trägt dem hohen Gut der körperlichen Unversehrtheit gemäß Art. 2 Abs. 2 GG Rechnung. Sie gilt jedoch nicht nur für den DEIG-Einsatz, sondern als Ausprägung des Verhältnismäßigkeitsgrundsatzes für jegliche Ausübung unmittelbaren Zwangs gegen Personen. Nach der Gesetzesbegründung soll dadurch ein DEIG-Einsatz ausgeschlossen sein im Zusammenhang mit Beleidigungsdelikten, der Wegnahme geringwertiger Sachen oder als Erziehungsmittel bei Flucht aus einer Jugendarrestanstalt.[201] Diese Bagatellgrenze ist jedoch dann überschritten, wenn die körperliche Unversehrtheit anderer Personen durch die störende Person angegriffen wird.

Absatz 3 schließt den Einsatz von DEIG schließlich grundsätzlich gegenüber besonders **vulnerablen Gruppen** wie erkennbar Schwangeren oder gegen Personen mit bekannten Vorerkrankungen des Herzkreislaufsystems aus, um der individuellen Gefährlichkeit des Stromstoßes für diese Rechnung zu tragen. Außerdem darf das DEIG grundsätzlich nicht gegen **Kinder** zur Anwendung gelangen. Diese Regelung entspricht der zum Schusswaffengebrauch in § 257 Abs. 3 Satz 1 LVwG.

Das relative Verbot in Absatz 3 steht unter dem **Ausnahmevorbehalt** nach **Absatz 4**. Danach ist der Einsatz des DEIG ausnahmsweise dann zulässig, wenn er das **relativ mildeste geeignete Mittel** zur **Abwehr einer gegenwärtigen Lebensgefahr** ist. Diese Regelung entspricht der zu § 257 Abs. 3 Satz 2 LVwG. Entsprechend dem Grundsatz der Verhältnismäßigkeit darf in diesen Situationen das DEIG doch angewendet werden, um auf die sonst allein verbleibende Möglichkeit des noch gefährlicheren Schusswaffengebrauchs verzichten zu können.

25. Warnung, § 259 LVwG

> Gemäß § 259 ist vor der Anwendung unmittelbaren Zwangs gegen Personen grundsätzlich zu warnen. Die Warnung ist eine besondere Form der Androhung von Zwangsmitteln im Sinne des § 236 und bezieht sich auf alle Fälle der Anwendung von unmittelbarem Zwang gegen Personen nach den §§ 250ff. Neben einer Ausnahme vom Warnungserfordernis zur sofortigen Gefahrenabwehr trifft § 259 Sonderregelungen zur Warnung vor dem Schusswaffengebrauch, bei der Anwendung von unmittelbarem Zwang gegenüber einer Menschenmenge und zum Einsatz technischer Sperren und von Dienstpferden.

201 LT Schl.-H. DruckS. 19/5391 vom 16.02.2021, S. 16.

Der Normentext der Warnung wurde 2021 durch das Gesetz zur Änderung polizei- und ordnungsrechtlicher Vorschriften (LVwGPORÄndG)[202] reformiert und sprachlich neu gefasst. Wesentliche Änderung des neuen Textes ist, dass – anders als bisher – eine Warnung vor dem Schusswaffengebrauch in einer Menschenmenge nicht mehr stets erfolgen muss.

Dogmatisch handelt es sich bei dem Erfordernis der Warnung um eine **Sonderbestimmung zur Androhung von Zwangsmitteln** im Sinne des § 236 LVwG bei der Anwendung unmittelbaren Zwangs gegen eine Person. Im Rangverhältnis beider Regelungen zueinander ist die Warnung spezieller, da sie für den unmittelbaren Zwang gegen Personen Sonderregelungen trifft. Die Warnung hat dabei grundsätzlich auch dann zu erfolgen, wenn eine Androhung des Zwangsmittels nach § 236 Abs. 1 Satz 2 entfallen kann. Damit ist die Warnung grundsätzlich Rechtmäßigkeitsvoraussetzung für die Anwendung unmittelbaren Zwangs gegen Personen.

Zweck der Warnung ist es, vor der Anwendung des Zwangsmittels auf das unmittelbare Bevorstehen der Zwangsanwendung **aufmerksam** zu machen und den Betroffenen die **Möglichkeit** zu geben, sich doch noch der durch den Zwang durchzusetzenden **Anordnung entsprechend zu verhalten**. Daher muss zwischen der Warnung und dem Einsatz des Zwangsmittels eine angemessene Zeitspanne abgewartet werden.

Absatz 1 regelt als **Grundsatz**, dass vor der Anwendung unmittelbaren Zwangs gegen Personen zu warnen ist. Für den Schusswaffengebrauch wird klargestellt, dass auch ein Warnschuss dem **Warnungserfordernis** genügt. Die AVV-UZwG führt dazu aus: „Diese dürfen nur abgegeben werden, wenn die Voraussetzungen für den Schusswaffengebrauch selbst gegeben sind. Warnschüsse sind so auszuführen, dass eine Verletzung anderer Personen ausgeschlossen ist; in der Regel sind sie steil in die Luft zu richten. Die Warnung muss unmissverständlich sein. Sie kann in jeder denkbaren sachgerechten Form erfolgen. Insbesondere gegenüber Menschenmengen bietet sich zwecks Gewährleistung der Öffentlichkeitswirksamkeit die Kundgabe der Warnung über geeignete technische Anlagen (z. B. Lautsprecher mit Verstärkeranlage) an. Einsatzrelevante Grunddaten der Durchführung der Warnung/-en sind zu dokumentieren. Der Alarm- oder Signalschuss ist kein Schusswaffengebrauch im Sinne des Gesetzes. Er ist dazu bestimmt, andere Personen auf eine Gefahr hinzuweisen bzw. dient dazu, Unterstützungskräfte auf den eigenen Standort aufmerksam zu machen. Er ist nur zulässig, wenn keine Verwechslungsgefahr mit Warnschüssen

202 LVwGPORÄndG vom 26. Februar 2021, GVOBl. Schl.-H. 2021, S. 222; LT Schl.-H. DrucksS. 19/2118 vom 22.04.2020.

oder mit Schüssen dritter Person besteht sowie eine Alarmierung unbedingt erforderlich und auf andere Weise nicht möglich ist. Personen, gegen die nach Begründung des amtlichen Gewahrsams unter den in § 258 Abs. 2 Nr. 3 und 4 genannten Voraussetzungen von der Schusswaffe Gebrauch gemacht werden darf, sind über einen möglichen Schusswaffengebrauch bei Fluchtversuchen zu belehren. Um einen Schusswaffengebrauch zu vermeiden, ist auf eine sorgfältige Sicherung dieser Person(en) zu achten. Das gilt vor allem bei Transporten. Die Belehrung ersetzt nicht die Warnung vor dem Schusswaffengebrauch im Einzelfall."

Absatz 2 ergänzt die Regelungen des Absatz 1 für den besonderen Fall der Anwendung unmittelbaren Zwangs gegenüber **Personen in einer Menschenmenge.** Der Zwang, vor dem zu warnen ist, kann sich gegen einzelne oder alle Personen der Menschenmenge richten und damit auch gegen die Menschenmenge als solche. Um zu verhindern, dass auch Unbeteiligte durch die Maßnahme mit betroffen werden, soll vor der Anwendung des Zwangsmittels so rechtzeitig gewarnt werden, dass sich Unbeteiligte noch rechtzeitig entfernen können. Aufgrund der besonderen Gefährlichkeit des Schusswaffengebrauchs gegen Personen in einer Menschenmenge ist die Warnung hier zu wiederholen. Durch die Gesetzesänderung 2021 wurde das Erfordernis, dass vor dem Schusswaffengebrauch gegen Personen in einer Menschenmenge stets zu warnen ist, gestrichen. Sie ist damit auch der Ausnahme nach Absatz 3 zugänglich:

Von dem grundsätzlichen Warnungserfordernis nach den Absätzen 1 und 2 sind **Ausnahmen** unter den Voraussetzungen gemäß **Absatz 3** zulässig: Zur effektiven Gefahrenabwehr kann eine Warnung dann unterbleiben, wenn die Umstände eine solche nicht zulassen und wenn dies **zur sofortigen Abwehr der Gefahr** erforderlich ist. Für den **Schusswaffengebrauch** darf nur dann von der Warnung abgesehen werden, wenn dies zur **Abwehr einer gegenwärtigen Gefahr für Leib oder Leben** erforderlich ist. Dies gilt nach der Neufassung auch für den Schusswaffengebrauch beim Einsatz in einer Menschenmenge gemäß Absatz 2. Begründet wurde diese Änderung mit terroristischen Bedrohungsszenarien durch Anschläge auf Großveranstaltungen und Menschenmengen. Um auch in diesen unübersichtlichen Situationen eine effektive Gefahrenabwehr sicherstellen zu können, könne es im Einzelfall erforderlich sein, auch ohne vorherige Warnung von der Schusswaffe gegen einen terroristischen Attentäter Gebrauch zu machen.[203]

203 LT Schl.-H. DruckS. 19/2118 vom 22.04.2020, S. 126f.

Eine weitere Ausnahme von dem Warnungserfordernis sieht das Gesetz beim Einsatz technischer Sperren und von Dienstpferden vor. Hier kann eine Warnung ohne weitere Voraussetzungen unterbleiben, da der Einsatz dieser Zwangsmittel bereits durch deren Anwesenheit vor Ort für jedermann erkennbar ist.

C. Allgemeine Verwaltungsvorschriften (AVV) über die Anwendung unmittelbaren Zwangs

Erlass des Ministeriums für Inneres, Kommunales, Wohnen und Sport (MIKWS) – 14.48 – vom 22. Dezember 2022

Die Allgemeinen Verwaltungsvorschriften über die Anwendung unmittelbaren Zwangs sind nicht Bestandteil des LVwG.

I. Einleitung

Das Ministerium für Inneres erlässt für seinen Zuständigkeitsbereich die allgemeine Verwaltungsvorschrift über die Anwendung unmittelbaren Zwangs gem. § 260 des Landesverwaltungsgesetzes (LVwG). Die anderen Ministerien erlassen entsprechende Vorschriften für ihren Zuständigkeitsbereich im Einvernehmen mit dem Ministerium für Inneres.

Der Geschäftsbereich des Ministeriums für Inneres umfasst zum Zeitpunkt des Inkrafttretens der AVV die Landespolizei und die kommunalen Vollzugskräfte sowie nach Maßgabe der Landesverordnung über die Bestimmung von Vollzugsbeamtengruppen nach § 252 Abs. 3 des Landesverwaltungsgesetzes vom 20. Mai 2008 die Mitglieder oder Angehörigen der Feuerwehren im Sinne des § 5 Brandschutzgesetz für den abwehrenden Brandschutz und die Technische Hilfe sowie die Helferinnen und Helfer der öffentlichen und privaten Träger des Katastrophenschutzes, die nach den §§ 10 und 11 des Landes-Katastrophenschutzgesetzes im Katastrophenschutz mitwirken.

II. Allgemeine Vorschriften über den unmittelbaren Zwang

§ 250 – Rechtliche Grundlagen

Zu Absatz 1

1. Die Vorschriften über die Ausübung unmittelbaren Zwangs (§§ 250 bis 261 LVwG) gelten über die allgemeine Gefahrenabwehr hinaus auch für andere Aufgabenbereiche der Vollzugsbeamtinnen und -beamten, sodass für die zwangsweise Durchführung anderer Aufgaben (z.B. Vollzugshilfe, Amtshilfe, Durchsetzung von Maßnahmen, die sich aus an-

deren Gesetzen ergeben) die Regelungen über den unmittelbaren Zwang aus dem Landesverwaltungsgesetz anzuwenden sind.
Für die Durchsetzung strafprozessualer Maßnahmen ist allgemein anerkannt, dass sich die Befugnis zur Anwendung unmittelbaren Zwangs unmittelbar aus der jeweiligen Ermächtigungsnorm ergibt[204]. Gleiches gilt für Maßnahmen nach dem Ordnungswidrigkeitenrecht.
In diesem Sinne sind auch die rechtlichen Grundlagen des § 250 LVwG zu verstehen:

> „Lassen Rechtsvorschriften die Anwendung unmittelbaren Zwangs zu, so gelten für die Art und Weise der Ausübung des unmittelbaren Zwangs die §§ 251 bis 261 und, soweit sich aus ihnen nichts Abweichendes ergibt, die übrigen Vorschriften dieses Gesetzes."

Die Bestimmungen zur Ausübung des unmittelbaren Zwangs grenzen somit die Zwangs- und Gewaltanwendung durch die Vollzugskräfte ein, verdeutlichen die damit einhergehenden Risiken und gewährleisten die Rechtmäßigkeit und die gebotene Sorgfalt bei der Anwendung unmittelbarer Zwangsmaßnahmen.

2. Es ist zu beachten, dass die Verfahrensvorschriften des 2. Teils, Abschnitt III, Unterabschnitt 2 des LVwG, somit die §§ 173–216 LVwG, für eine Reihe von besonderen Fällen der Anwendung unmittelbaren Zwangs Formvorschriften und Schutzbestimmungen für die Betroffenen enthalten.
Der Hinweis auf die übrigen Vorschriften dieses Gesetzes gilt vor allem für die Ausübung des pflichtgemäßen Ermessens, insbesondere hinsichtlich der Verhältnismäßigkeit der Mittel (§ 73 LVwG).

Zu Absatz 2

1. Die zivil- und strafrechtlichen Vorschriften über Notwehr und Notstand sind keine Ermächtigungsgrundlagen für hoheitliche Eingriffsmaßnahmen. Es handelt sich um Rechte, die jeder Person zustehen. Durch die Vorschrift wird klargestellt, dass Maßnahmen, die die Befugnisse nach diesem Gesetz überschreiten, nach den zivil- und strafrechtlichen Vorschriften über Notwehr und Notstand dennoch gerechtfertigt oder entschuldigt sein können.
2. In Notwehr- und Notstandsfällen darf sich die oder der Angegriffene ausnahmsweise nicht nur der Hilfsmittel der körperlichen Gewalt oder der dienstlichen Waffen bedienen, sondern auch andere Abwehrmittel einsetzen, die sie oder er zur Hand hat.

204 Siehe z.B. BT DruckS I/3981.

3. Dabei ist in besonderer Weise der Grundsatz der Erforderlichkeit, der das am wenigsten schädliche oder gefährliche Mittel zur Abwehr des Angriffs einschließt, zu beachten.

§ 251 – Begriffsbestimmungen

Zu Absatz 1

1. Die Formen des unmittelbaren Zwangs sind abschließend aufgeführt.
2. Unmittelbarer Zwang liegt im Gegensatz zur Ersatzvornahme vor, wenn die Behörde durch ihre Tätigkeit die pflichtige Person zu einem weiteren eigenen Verhalten, insbesondere zu einer unvertretbaren Handlung, Duldung oder Unterlassung zwingen will (z.B. Einsatz körperlicher Gewalt zum Zurückdrängen von Personen, Einsatz von Wasserwerfern zur Durchsetzung eines der Auflösungsverfügung einer Versammlung folgenden Platzverweises, Verbringen von fahrzeugführenden Personen zwecks Blutprobenentnahme aus dem Kfz).

Zu Absatz 2

Die körperliche Gewalt ist in den meisten Fällen die mildeste Form der Anwendung unmittelbaren Zwangs. Dies führt aber nicht dazu, dass die Einsatzstufen (körperliche Gewalt, Hilfsmittel der körperlichen Gewalt und Waffen) streng in einer bestimmten Reihe nach auf einander folgen. Handlungsleitend bei der Auswahl des Zwangsmittels ist stets der Verhältnismäßigkeitsgrundsatz. Daher sind auch Konstellationen denkbar, in denen der Einsatz von Hilfsmitteln milder ist als der Einsatz körperlicher Gewalt. Wenn sich beispielsweise Personen mit ihren Fingern auf Fahrbahnen oder sonstigen Untergründen festkleben, kann der Einsatz chemischer Hilfsmittel oder von Schnittwerkzeugen/Skalpellen zur Ablösung ein milderes Mittel im Vergleich zum Einsatz bloßer Körperkraft sein, wenn bei deren Einsatz mit einem Abreißen der Haut, möglicherweise größerer Partien, zu rechnen wäre.

Ihre Ausübung erfolgt durch den Einsatz der Körperkraft der Vollzugskräfte ohne Zuhilfenahme von Gegenständen. Die unmittelbare körperliche Einwirkung auf Personen kann z.B. das Handauflegen, das Abdrängen, das Festhalten, die Anwendung von Grifftechniken, das Wegführen oder Wegtragen einer Person sein. Die körperliche Gewalteinwirkung auf Sachen umfasst das einfache Wegschieben, das Umwerfen einer Sache bis zu deren Beschädigung oder Zerstörung (Einschlagen von Fensterscheiben, Eintreten einer Tür usw.).

Zu Absatz 3

1. Die Aufzählung der Hilfsmittel der körperlichen Gewalt ist beispielhaft und nennt insbesondere Hilfsmittel, mit denen die Polizei dienstlich ausgerüstet wird. Die Aufzählung ist nicht abschließend. Auch weitere Gegenstände, wie Nachschlüssel oder Brechstangen, können daher in Ermangelung dienstlich zur Verfügung gestellter Hilfsmittel in Betracht kommen, sofern der Verhältnismäßigkeitsgrundsatz bei ihrer Anwendung Beachtung findet.
   Kommunale Vollzugskräfte können, sofern dies nach der Bewertung des Dienstherrn erforderlich erscheint, dienstlich mit Hilfsmitteln der körperlichen Gewalt ausgestattet werden, wenn die Vollzugskräfte in der Handhabung dieser Hilfsmittel geschult sind und regelmäßig fortgebildet werden. Schulung und Fortbildung sind zu dokumentieren. Der Einsatz der im Gesetz beispielhaft aufgeführten Hilfsmitteln der körperlichen Gewalt durch kommunale Vollzugskräfte gegen Personen erfordert eine strenge Beachtung des Grundsatzes der Verhältnismäßigkeit und sollte in der Regel nur zum Schutz vor erheblichen Gefahren für Vollzugskräfte oder Dritte oder zur Notwehr oder Nothilfe erfolgen.
2. Bei der Anwendung von Fesseln sind die Regelungen dieser Verwaltungsvorschrift zu § 255 (Nummer 5 bis 7) zu beachten.
3. Der Einsatz von Wasserwerfern und Wasserarmaturen kommt insbesondere in Betracht, wenn eine unfriedliche Menschenmenge aufgelöst oder Gewalttätigkeiten aus der Menge heraus unterbunden werden sollen und weniger beeinträchtigende Maßnahmen keinen Erfolg versprechen.
4. Zur Absperrung von Straßen, Plätzen oder anderen Geländeteilen sowie von Wasserstraßen oder Wasserflächen kommen folgende technische Anhaltevorrichtungen oder Sperren beispielhaft in Betracht: Sperrgitter, Verkehrsleitkegel, Dienstfahrzeuge, Stop Stick, Pro Spike, Absperrband (sog. „Flatterband"), Wasserfahrzeuge, Bojen oder Netze.
5. Diensthunde dürfen nur von als Diensthundeführerin oder Diensthundeführer ausgebildeten Vollzugsbeamtinnen oder Vollzugsbeamten eingesetzt werden. Diensthunde müssen für ihre Verwendung besonders ausgebildet sein. Die polizeiliche Aus- und Fortbildung regelt sich nach dem Fortbildungskatalog für das Diensthundewesen. Weitere Details sind im Handbuch für Diensthundeführerinnen und -führer der PD AFB geregelt. Der Ausbildungsstandard der Diensthundeführerinnen und -führer kommunaler Vollzugskräfte und ihrer Hunde muss mindestens dem Ausbildungsstandard der Internationalen Gebrauchshunde Prüfungsordnung der Stufe 1 (IGP-1) fortgesetzt entsprechen. Das ist jährlich zu dokumentieren. Die kommunalen Vollzugskräfte dürfen ihre Dienst-

hunde im öffentlichen Bereich nur angeleint und mit Beißkorb führen. Der Einsatz von Diensthunden durch kommunale Vollzugskräfte gegen Personen erfordert eine strenge Beachtung des Grundsatzes der Verhältnismäßigkeit und sollte in der Regel nur zum Schutz vor erheblichen Gefahren für Vollzugskräfte oder Dritte oder zur Notwehr oder Nothilfe erfolgen.

6. Dienstlich zugelassene Reizstoffe sollen nur gebraucht werden, wenn der Einsatz körperlicher Gewalt oder anderer Hilfsmittel keinen Erfolg verspricht und wenn durch den Einsatz dieser Stoffe die Anwendung von Waffen voraussichtlich vermieden werden kann.
   Reizstoffe dürfen nur von polizeilichen Vollzugskräften eingesetzt werden, die in die Handhabung und notwendigen Erste-Hilfe-Maßnahmen eingewiesen worden sind; die Einweisung ist zu dokumentieren. Bei der Landespolizei erfolgt dieses im Rahmen des Einsatztrainings. Der Einsatz von Reizstoffwurfkörpern und Reizstoffpatronen ist ausschließlich Angehörigen der Landespolizei vorbehalten. In geschlossenen Räumen dürfen nur Pfefferspray und Reizstoffpatronen (RP 707) eingesetzt werden. Zu den Einzelheiten wird auf die Anlagen 3 und 4 verwiesen.
   Kommunale Vollzugskräfte dürfen nur mit denen für die Landespolizei dienstlich zugelassenen Reizstoffen ausgestattet werden, sofern dies nach der Bewertung des Dienstherrn erforderlich erscheint. Der Einsatz von Reizstoffen durch kommunale Vollzugskräfte erfordert eine strenge Beachtung des Grundsatzes der Verhältnismäßigkeit und sollte in der Regel nur zum Schutz vor erheblichen Gefahren für Vollzugskräfte oder Dritte oder zur Notwehr oder Nothilfe erfolgen. Die kommunalen Vollzugskräfte dürfen Reizstoffe nur mitführen, wenn sie in der Handhabung geschult sind und regelmäßig fortgebildet werden. Da der Einsatz von Reizstoffen im Anschluss Erste-Hilfe-Maßnahmen erfordern kann, sind die kommunalen Vollzugskräfte auch darin zu schulen und fortzubilden. Schulung und Fortbildung sind zu dokumentieren.
   Für die Ausstattung der kommunalen Vollzugskräfte mit den für die Landespolizei dienstlich zugelassenen Reizstoffen und deren Einsatz ist die Anpassung der Landesverordnung zur Ausführung des Waffengesetzes vom 30.06.2004 (GVOBl. Schl.-H. 2004, S. 229) Voraussetzung, die waffenrechtlich das Führen und den Einsatz dieser Reizstoffe zulässt
7. Jeder polizeiliche Einsatz von Reizstoffen ist über das @rtus Formular PolSH 80.08 zu erfassen. Der Einsatz von Reizstoffen durch kommunale Vollzugskräfte ist in den dortigen Einsatz- und Lageberichten zu dokumentieren.

8. Sprengmittel sind explosionsgefährliche Stoffe (§ 1 Absatz 2 Sprengstoffgesetz). Ihr Einsatz darf nur durch Polizeivollzugsbeamtinnen oder -beamte erfolgen (§ 256 Absatz 2) und richtet sich nach den Vorschriften für den Sprengmittelgebrauch gem. § 256a LVwG. Zur Ablenkung von Störenden bestimmte pyrotechnische Gegenstände (Irritationsmittel) gem. § 3 Absatz 1 Nummer 3 Sprengstoffgesetz sind keine Sprengmittel im Sinne des LVwG.
9. In besonderen Polizeidienstvorschriften und Erlassen getroffene Regelungen bleiben unberührt. Sie sind nach Maßgabe des Anlagenverzeichnisses Anlagen zu dieser Verwaltungsvorschrift und in der jeweils aktuellen Fassung gültig.

Zu Absatz 4

1. Der Absatz 4 bestimmt abschließend, welche Waffen als Mittel des unmittelbaren Zwangs zugelassen sind. Es dürfen nur dienstlich beschaffte Waffen und Munition eingesetzt werden. Die Entscheidung über Ausnahmeregelungen behält sich die oberste Landesbehörde vor.
   Die Mehrzweckpistole und die Signalpistole gelten je nach Zweckbestimmung als Waffe oder als Hilfsmittel der körperlichen Gewalt. Ihr Einsatz ist ausschließlich Angehörigen der Landespolizei vorbehalten. Auf die Ausführungen zu § 250 Absatz 2 Nummer 2 wird verwiesen.
2. Als Schlagstock gelten der Einsatzmehrzweckstock (EMS) und der Einsatzstock – kurz ausziehbar (EKA). Schlagstöcke dürfen von Polizeivollzugskräften nur geführt und eingesetzt werden, wenn die sichere Handhabung durch die Polizeivollzugskräfte im Rahmen einer Grundausbildung nachgewiesen wurde. Eine regelmäßige Fortbildung der erworbenen Kenntnisse ist zu gewährleisten. Der Nachweis der Teilnahme an der EKA oder EMS-Aus- und Fortbildung wird durch die jeweilige Polizeidirektion, das Landeskriminalamt oder das Landespolizeiamt gewährleistet und dokumentiert. Die Grundausbildung an den Polizeistöcken umfasst insgesamt 20 Unterrichtsstunden. Für Polizeivollzugskräfte, die am EMS ausgebildet sind und regelmäßig an der Fortbildung teilgenommen haben, beträgt die Grundausbildung für den EKA 4 Unterrichtsstunden. Für Polizeivollzugskräfte, die nicht am EMS ausgebildet sind und diesen zukünftig auch nicht führen werden, beträgt die Grundausbildung für den EKA 6 Unterrichtsstunden.
   Schläge mit Schlagstöcken sollen grundsätzlich nur gegen Arme und Beine gerichtet werden, um schwerwiegende Verletzungen zu vermeiden.
   Kommunale Vollzugskräfte dürfen mit Schlagstöcken ausgestattet werden, sofern dies nach der Bewertung des Dienstherrn erforderlich erscheint.

Der Einsatz gegen Personen erfordert eine strenge Beachtung des Grundsatzes der Verhältnismäßigkeit und sollte in der Regel nur zum Schutz vor erheblichen Gefahren für Vollzugskräfte oder Dritte oder zur Notwehr oder Nothilfe angewandt werden. Die Vollzugskräfte sind in der Handhabung dieses Mittels zu schulen und regelmäßig fortzubilden. Die Bewertung zur Erforderlichkeit der Ausstattung mit Schlagstöcken sowie Schulung und Fortbildung sind zu dokumentieren.

3. Neben den Schlagstöcken und den Schusswaffen wurde die abschließende Aufzählung der zulässigen Waffen um das Distanz-Elektroimpulsgerät (DEIG) erweitert, deren Gebrauch gem. § 256 Absatz 2 ausschließlich den Polizeivollzugsbeamtinnen und Polizeivollzugsbeamten zusteht. Die Aufnahme des DEIG in den Katalog zulässiger Zwangsmittel soll ein noch differenzierteres Handeln der Einsatzkräfte ermöglichen, da der Einsatz des DEIG zum Schusswaffengebrauch ein milderes Zwangsmittel darstellt.

   Das Einsatzmittel DEIG wurde vom Gesetzgeber mit einer Evaluierungs- und Verfallsklausel versehen, die mit einer dreijährigen Befristung gekoppelt wurde.
4. Die Voraussetzungen für den Gebrauch von Schusswaffen sind in den §§ 256 ff. LVwG geregelt.

§ 252 – Vollzugsbeamtinnen und Vollzugsbeamte

Zu Absatz 1

Vollzugskräfte haben die Aufgabe, die Einhaltung gesetzlicher und behördlicher Anordnungen durchzusetzen. Nur sie sind befugt, zu diesem Zweck unmittelbaren Zwang auszuüben.

Zu Absatz 2

Polizeivollzugsbeamtinnen und Polizeivollzugsbeamte im Sinne des § 252 Absatz 2 Nummer 1 sind alle mit polizeilichen Vollzugsaufgaben betrauten Beamtinnen und Beamten der Schutzpolizei, der Wasserschutzpolizei und der Kriminalpolizei.

Gem. § 252 Absatz 2 Nummer 2 und Absatz 3 können Personen zu Vollzugsbeamtinnen und Vollzugsbeamten ermächtigt werden, die nicht Polizeibeamtinnen oder Polizeibeamte sind. Diese Ermächtigung kann sich entweder aus der Bestellung durch den Träger der Aufgabe (§ 162 LVwG) – wie im Falle des KOD – oder aus der Landesverordnung über die Bestimmung von Vollzugsbeamtengruppen nach § 252 Absatz 3 des Landesverwaltungsgesetzes vom 2. November 2018 in der jeweils geltenden Fassung ergeben.

Zu Absatz 3

Durch die Landesverordnung über die Bestimmung von Vollzugsbeamtengruppen nach § 252 Absatz 3 des LVwG sind Gruppen entsprechend bestimmt worden.

Es wird auch auf die Regelungen über die Hilfsbeamtinnen und Hilfsbeamten der Polizei gem. § 10 POG verwiesen.

§ 253 – Handeln auf Anordnung

Zu Absätzen 1 und 2

1. Die Vorschrift regelt die Einzelheiten zur Anwendung unmittelbaren Zwangs aufgrund bestehender Weisungsverhältnisse und betrifft somit das „Innenverhältnis" zwischen der weisungsbefugten Person und den ausführenden Vollzugsbeamtinnen und Vollzugsbeamten.
   § 253 Absatz 1 regelt die Pflicht der Vollzugskräfte, unmittelbaren Zwang anzuwenden, der von einer weisungsberechtigten Person angeordnet wird. Diese Pflicht umfasst jede Ausübungsform des unmittelbaren Zwangs, also etwa auch den Einsatz körperlicher Gewalt sowie den Einsatz der entsprechenden Hilfsmittel. Die Weisungen können sich auch auf die konkrete Art und Weise der Zwangsanwendung sowie der einzusetzenden Zwangsmittel erstrecken bzw. auch deren Untersagung beinhalten. Für den Fall, dass die Anordnung lediglich die Form des Zwangs aber keine konkrete Weisung über die Art und Weise der Ausübung enthält, sind die einzelnen Vollzugskräfte für ihr Handeln im Rahmen der Zwangsausübung verantwortlich.
2. Die Anwendung unmittelbaren Zwangs einschließlich des Gebrauches von Schusswaffen darf grundsätzlich nur an Ort und Stelle angeordnet werden. Befindet sich die weisungsbefugte Person nicht am Ort des Vollzuges, so darf diese unmittelbaren Zwang nur anordnen, wenn sie sich ein so genaues Bild von den am Ort des Vollzuges herrschenden Verhältnissen verschafft hat, sodass ein Irrtum über die Voraussetzungen der Anwendung unmittelbaren Zwangs nicht zu befürchten ist.
   Bei polizeilichen Einsätzen, die von einer zentralen Befehlsstelle geführt werden, ordnet die Polizeiführerin oder der Polizeiführer im Rahmen der Auftragstaktik an, unter welchen Voraussetzungen und ggf. Einschränkungen der Schusswaffengebrauch zugelassen ist.
   Die Ausnahmeregelung des § 258 Absatz 1 Satz 4 zum Gebrauch von Schusswaffen gegen Personen bleibt hiervon unberührt.
3. Die Weisungsberechtigung ergibt sich bei beamteten Vollzugskräften aus § 35 Abs. 1 BeamtStG, § 3 Absatz 3 LBG SH. Demnach ist Vorgesetzte oder Vorgesetzter, wer der Vollzugsbeamtin oder dem Vollzugsbeamten

für die dienstliche Tätigkeit Weisungen erteilen kann. Gem. § 3 Absatz 4 Satz 1 LBG Schl.-H. richtet sich die Vorgesetzteneigenschaft nach dem Aufbau der öffentlichen Verwaltung und sollte somit regelmäßig anhand der behördlichen Geschäftsverteilungspläne zu ermitteln sein.
Bei angestellten Vollzugskräften der Kommunen ergeben sich die Weisungsberechtigungen sowohl im übergeordneten Dienstverhältnis als auch im Einzelfall vor Ort (z. B. auf Streife) aus dem Direktionsrecht der Arbeitgeberin oder des Arbeitgebers nach § 106 GewO konkretisiert durch den Tarif- oder Arbeitsvertrag sowie allgemeine Geschäftsanweisungen.

4. Das Recht von Vorgesetzten, unmittelbaren Zwang auch im Rahmen der Aufsicht gegenüber nachgeordneten Dienststellen bzw. Polizeiführerinnen oder Polizeiführern anzuordnen, einzuschränken oder zu untersagen, bleibt unberührt.
5. Vor Beginn eines Einsatzes sind die Vollzugskräfte über die sie betreffenden Weisungsverhältnisse zu unterrichten. Insbesondere muss jeder eingesetzten Vollzugskraft bekannt sein, wer den Einsatz führt, wer Stellvertreterin oder Stellvertreter oder wer sonst ihr oder ihm gegenüber zu Weisungen befugt ist. Ein Wechsel der Weisungsverhältnisse ist jeder eingesetzten Vollzugskraft unverzüglich bekannt zu geben.
6. Aufgrund ihrer Stellung als Führungsorgan im Rahmen der täglichen Aufgabenbewältigung obliegt es den Einsatzleitstellen (RLS) bei polizeilichen Einsatzlagen unter Beteiligung mehrerer Funkstreifenbesatzungen die Führungsverantwortung an eine Polizeiführerin oder einen Polizeiführer vor Ort zu delegieren.
Ist eine Einsatzleiterin oder ein Einsatzleiter vor Ort nicht bestimmt oder fällt sie oder er aus, ohne dass eine Vertreterin oder ein Vertreter bestellt ist, so tritt die oder der dienstranghöchste, bei gleichem Dienstrang die rangälteste anwesende Polizeivollzugsbeamtin oder der rangälteste anwesende Polizeivollzugsbeamte an ihre oder seine Stelle. Stehen mehrere Polizeivollzugsbeamtinnen oder Polizeivollzugsbeamte im Dienstrang und im Dienstrangalter gleich, ist das Dienstalter und danach das Lebensalter entscheidend. Ist nicht sofort feststellbar, wer das ist, darf jede oder jeder der hiernach in Betracht kommenden Beamtinnen und Beamten die Führung zunächst übernehmen.
Die Regelungen der einschlägigen Polizeidienstvorschriften finden Anwendung.
7. Bei einem Einsatz von mehreren Polizeivollzugsbeamtinnen und Polizeivollzugsbeamten ist die Polizeiführerin oder der Polizeiführer befugt, unmittelbaren Zwang anzuordnen, einzuschränken oder zu untersagen.

Ändern sich zwischen der Anordnung und der Ausführung die tatsächlichen Verhältnisse und kann die Polizeiführerin oder der Polizeiführer vor der Ausführung nicht mehr verständigt werden, so entscheidet die am Ort führende Polizeivollzugsbeamtin oder der am Ort führende Polizeivollzugsbeamte über die Anwendung unmittelbaren Zwangs oder den Gebrauch von Schusswaffen.
Die Polizeiführerin oder der Polizeiführer ist unverzüglich hierüber zu verständigen.

8. Bei einer Anordnung unmittelbaren Zwangs durch die Staatsanwaltschaft sind die Gemeinsamen Richtlinien der Justizminister/-senatoren und der Innenminister/-senatoren des Bundes und der Länder über die Anwendung unmittelbaren Zwangs durch Polizeibeamte auf Anordnung des Staatsanwalts der RiStBV – Anlage A – zu beachten. Im Bereich der Gefahrenabwehr besteht für die Staatsanwaltschaft demnach kein Raum für eine Anordnung unmittelbaren Zwangs. Bei Maßnahmen mit präventivem und repressivem Charakter ist die Anordnung unmittelbaren Zwangs zwischen der Staatsanwaltschaft und der Polizeiführung einvernehmlich zu treffen. Kann eine kooperative Entscheidungsfindung nicht erzielt werden, so obliegt die finale Entscheidungskompetenz der Polizei.
9. Die Verpflichtung den Weisungen Folge zu leisten, wird durch § 253 Absatz 1 Satz 2 und Absatz 2 eingeschränkt.
   9.1. Eine Pflicht zur Anwendung unmittelbaren Zwangs besteht nach § 253 Absatz 1 Satz 2 nicht, wenn die Anordnung gegen die Menschenwürde gem. Art. 1 Absatz 1 GG verstoßen würde.
   Ein Verstoß gegen die Menschenwürde ist immer dann anzunehmen, wenn bei der Anwendung des unmittelbaren Zwangs die betroffene Person durch Demütigung, Ächtung oder anderen Verhaltensweisen ihren Achtungsanspruch als Mensch verliert und sie dadurch zum bloßen Objekt staatlichen Handelns gemacht wird. Dies ist der Fall, wenn mit der polizeilichen Maßnahme nicht mehr das Ziel der Gefahrenabwehr verfolgt wird, sondern die Maßnahme nur noch um ihrer selbst willen durchgeführt wird, z.B. einzig um die Bürgerin oder den Bürger zu schikanieren.
   9.2. Die Pflicht zur Anwendung unmittelbaren Zwangs ist weiterhin ausgeschlossen, wenn die Anordnung nicht zu dienstlichen Zwecken erfolgt. Als Maßstab für die Nichtbefolgung der Anordnung der weisungsberechtigten Person kann das Vorliegen eines persönlichen Motives herangezogen werden.

9.3. Gem. § 253 Absatz 2 Satz 1 darf eine Anordnung zum unmittelbaren Zwang nicht befolgt werden, wenn dadurch eine rechtswidrige Straftat verwirklicht werden würde. Die Strafbarkeit der Zwangsmaßnahme schließt somit die Pflicht zur Befolgung der Anordnung aus. Da auch die Anordnung der Unterlassung unmittelbaren Zwangs zu befolgen ist, erfasst die Regelung auch diejenigen Fälle, in denen diese Unterlassung strafbar wäre.

9.4. Die Vorschrift des Absatz 2 Satz 2 beinhaltet eine materiell strafrechtliche Regelung in Form eines Schuldausschließungsgrundes. Aufgrund des regelmäßig kurzen Entscheidungsprozesses und der schnellen Umsetzung der Anordnung ist eine belastbare Beurteilung der Rechtslage für die vor Ort eingesetzten Vollzugskräfte schwierig, sodass bei Befolgung der Anordnung nur dann von einem schuldhaften Verhalten auszugehen ist, wenn die vollzugsausübende Person erkennt oder wenn es nach den bekannten Umständen offensichtlich ist, dass dadurch eine Straftat begangen wird.

Zu Absatz 3

Absatz 3 enthält eine „Remonstrationspflicht" und kommt in den Konfliktfällen zur Anwendung, in denen eine Vollzugsbeamtin oder ein Vollzugsbeamter oder eine angestellte Vollzugskraft der Kommunen eine Anordnung zur Anwendung unmittelbaren Zwangs empfangen hat und die generelle Durchführung oder deren Art und Weise für rechtswidrig hält. Der anordnenden Person sind diese Bedenken hinsichtlich der Rechtmäßigkeit gegenüber vorzubringen, soweit dass nach den Umständen des Einzelfalles möglich ist.

Für angestellte Vollzugskräfte der Kommunen ergibt sich eine Remonstrationspflicht aus der Rücksichtnahme- und Treuepflicht gegenüber der Arbeitgeberin oder dem Arbeitgeber.

Die Anordnung ist auszuführen, wenn die weisungsberechtigte Person die Anwendung unmittelbaren Zwangs sowie deren Art und Weise bestätigt oder eine umgehende Remonstration den Erfolg des Einsatzes gefährden würde.

Hiervon ausgenommen bleiben die Fälle des Absatzes 1 Satz 2 und Absatz 2 Satz 1.

Bedenken gegen die Zweckmäßigkeit der Anordnung berühren die Gehorsamspflicht nicht.

§ 254 – Hilfeleistung für Verletzte

1. Bei § 254 handelt es sich um eine normierte Rechtspflicht für die Vollzugskräfte, bei oder nach Anwendung unmittelbaren Zwangs unter bestimmten Voraussetzungen Beistand zu leisten und ärztliche Hilfe zu verschaffen. Diese Pflicht steht unter dem Vorbehalt der Notwendigkeit und der Zweckmäßigkeit und soll die rechtsstaatlichen Grundsätze und die Menschenwürde gewährleisten, dass die betroffene Person nach Beendigung ihrer Angriffs- und Widerstandshandlungen betreut und ärztlich versorgt werden soll.
2. Die Verletztenhilfe wird jedoch ausdrücklich auf die Fälle beschränkt, in denen die medizinische Versorgung notwendig ist und die jeweilige Einsatzlage diese Versorgung im Einzelfall zulässt. Unter Abwägung der gefährdeten bzw. beeinträchtigten Rechtsgüter ist im Einzelfall zu entscheiden, welches gefahrenabwehrrechtliche Ziel vordringlich bzw. welche bestehende Gefahr vorrangig zu beseitigen ist. Regelmäßig wird hierbei festzustellen sein, dass Beweissicherungs- oder Berichtspflichten grundsätzlich hinter der Verletztenversorgung zurückstehen müssen.
3. Ist jemand durch Anwendung unmittelbaren Zwangs oder durch sonstige Gewaltanwendung getötet oder erheblich verletzt worden, so sind am Ort des Vorfalls auch aus Beweissicherungs- und Dokumentationsgründen keine Veränderungen vorzunehmen. Sind diese dennoch erforderlich, ist eine Dokumentation besonders wichtig. Nach Vorliegen eines solchen Ereignisses ist dies der zuständigen Dienststelle unverzüglich mitzuteilen.
   Wurde ein Mensch getötet, ist von dem Vorfall sofort die zuständige Staatsanwaltschaft, hilfsweise das zuständige Amtsgericht (§ 159 StPO) zu benachrichtigen.
   Die Bestimmungen über die Meldung wichtiger Ereignisse (WE-Meldungen) in der Landespolizei Schleswig-Holstein finden in der jeweils gültigen Fassung Anwendung.

III. Besondere Vorschriften für den unmittelbaren Zwang

§ 255 – Fesselung von Personen

1. § 255 ergänzt die rechtlichen Vorgaben zur Zwangsmittelanwendung und normiert tatbestandliche Rechtmäßigkeitsvoraussetzungen für die Anwendung dieses Hilfsmittels der körperlichen Gewalt. Bei der Fesselung handelt es sich um eine besondere Anwendungsform des unmit-

telbaren Zwangs, welche rechtlich nur zulässig ist, wenn die Voraussetzungen einer der normierten Varianten einschlägig ist.

1.1. Dritte im Sinne des § 255 umfasst auch Vollzugskräfte der Kommunen.

2. Widerstand im Sinne des § 255 leistet, wer sich einer ordnungsbehördlichen oder polizeilichen Anordnung aktiv widersetzt; rein passives Verhalten (z. B. Stehenbleiben, Sitzenbleiben) reicht hierfür nicht aus.
3. Bei freiheitsbeschränkenden oder freiheitsentziehenden Maßnahmen im Sinne des Art. 104 GG kann unter den Voraussetzungen des § 255 eine betroffene Person gefesselt werden.
4. Grundsätzlich sind zur Fesselung die dienstlich beschafften Hilfsmittel der körperlichen Gewalt zu verwenden. Sind diese nicht vorhanden oder reichen sie nicht aus, so können auch andere geeignete Maßnahmen oder Mittel, die eine ähnliche Behinderung wie die dienstlichen Fesseln gewährleisten, getroffen oder verwendet werden.
5. Die Art und Weise der Durchführung einer Fesselung hat sich am konkreten Einzelfall unter Berücksichtigung des Verhältnismäßigkeitsgrundsatzes einschließlich des Übermaßverbotes und der Menschenwürde zu orientieren.

   Mehrere Personen sollen möglichst nicht zusammengeschlossen werden. Dies gilt insbesondere, wenn Nachteile für die Ermittlungen zu befürchten sind, wenn dadurch die Gesundheit einer gefesselten Person gefährdet werden würde und für Personen verschiedenen Geschlechts.

   Bei der Fesselung darf es zu keiner erniedrigenden Behandlung kommen. Es ist darauf zu achten, dass gesundheitliche Schäden nach Möglichkeit nicht eintreten.

   Die Polizeivollzugsbeamtinnen und -beamten sind im Rahmen der Ausbildung für die Handhabung der Fesseln auszubilden und regelmäßig im Rahmen des Einsatztrainings fortzubilden. Auf den Leitfaden 371 VS-NfD „Eigensicherung" wird verwiesen.

   Kommunale Vollzugskräfte dürfen Fesselungen nur vornehmen, wenn sie geschult sind und regelmäßig fortgebildet werden. Schulung und Fortbildung sind zu dokumentieren.
6. Nach dieser Vorschrift ist die Fixierung einer Person unzulässig.

   Eine Fixierung ist nach der Rechtsprechung des Bundesverfassungsgerichts (BVerfGE 149, S. 293, 318 f.) regelmäßig dann anzunehmen, wenn die körperliche Bewegungsfreiheit einer Person über eine nicht nur kurzfristige Dauer vollständig aufgehoben wird. Diese Voraussetzung hat das Bundesverfassungsgericht bei 5-Punkt- oder 7-Punkt-Fixierungen, bei denen die Gliedmaßen der betroffenen Person länger als eine halbe Stunde mit Gurten festgebunden wird, als erfüllt angesehen. Eine Fixierung in diesem Sinne erfordert als freiheitsentziehende Maßnahme gem. Art. 104 Absatz 2 GG eine richterliche (Anordnungs-) Entscheidung.

7. Die StPO enthält keine Vorschriften über den unmittelbaren Zwang, sodass diese Bestimmung für die Durchsetzung präventiver sowie repressiver Vollzugshandlungen einschlägig ist.

§ 256 – Zum Gebrauch besonderer Zwangsmittel Berechtigte

§ 256 normiert lediglich die abstrakte Berechtigung zum Gebrauch besonderer Zwangsmittel und bezeichnet die einzelnen berechtigten Gruppen.

Zur Eigenschaft als Polizeivollzugsbeamtin und Polizeivollzugsbeamten siehe die Ausführungen zu § 252.

§ 256a – Vorschriften für den Sprengmittelgebrauch

Zu Absatz 1

1. § 256a schafft eine gesonderte Befugnisnorm zum Einsatz von Sprengmitteln, da diese wegen ihres unberechenbaren Verletzungs- und Tötungspotenzials eine besondere Gefährlichkeit aufweisen.
2. Die Regelungen der Polizei-Dienstvorschrift 403 – VS-NfD – „Sprengen“ sind zu beachten.
3. Gem. Absatz 1 Satz 1 ist der Gebrauch von Sprengmitteln nur gegen Sachen gestattet. Unter den Voraussetzungen des Absatzes 1 Satz 2 bleibt ein Sprengmitteleinsatz auch dann zulässig, wenn im konkreten Einzelfall beim Sprengmittelgebrauch gegen Sachen eine Gefährdung von Personen nicht ausgeschlossen werden kann.
4. Zur Wahrung der Verhältnismäßigkeit ist der Sprengmitteleinsatz gegen Sachen in einer solchen Situation nur zur Abwehr der in § 256a Absatz 1 Nummer 1 und 2 LVwG genannten Gefahrensituationen zulässig und hat gegenüber allen anderen Maßnahmen des unmittelbaren Zwangs subsidiären Charakter.

   Bei der Beurteilung der Voraussetzungen des Absatz 1 Satz 2 kommt es darauf an, wie die Polizeivollzugsbeamtin oder der Polizeivollzugsbeamte die Situation unter Berücksichtigung aller im Augenblick gegebenen Erkenntnismöglichkeiten beurteilt. Aufgrund der besonderen Gefährlichkeit des Zwangsmittels und trotz der zu prognostizierenden Eilbedürftigkeit bei der Anwendung im konkreten Einzelfall ist eine besondere Sorgfalt geboten.

Zu Absatz 2

Absatz 2 stellt die Anwendung des Sprengmitteleinsatzes unter den Vorbehalt einer Warnung, von der nur abgewichen werden darf, wenn dies zur Abwehr einer gegenwärtigen Lebensgefahr oder der gegenwärtigen Gefahr einer schwerwiegenden Verletzung der körperlichen Unversehrtheit erforderlich ist (siehe auch § 259 Absatz 3 Satz 2).

§ 257 – Allgemeine Vorschriften für den Schusswaffengebrauch

Zu Absatz 1

1. Absatz 1 enthält das Gebot der Subsidiarität, demnach sind alle anderen Formen des unmittelbaren Zwangs gegenüber dem Schusswaffeneinsatz vorrangig anzuwenden. Sind diese bereits erfolglos angewandt worden oder versprechen offensichtlich keinen Erfolg, kann der Schusswaffeneinsatz als „ultima ratio“ des Zwangsmitteleinsatzes angewendet werden.
   Der Schusswaffengebrauch ist die schwerwiegendste Maßnahme des unmittelbaren Zwangs und setzt eine sorgfältige Prüfung der Notwendigkeit und Verhältnismäßigkeit voraus. Bestehen Zweifel, ob die Voraussetzungen für den Schusswaffengebrauch vorliegen, ist vom Gebrauch der Schusswaffe abzusehen.
2. Nach erfolgter abgeschlossener Schießausbildung ist die Berechtigung zum Führen von dienstlichen Schusswaffen und Munition durch jährlich wiederkehrende Schießfortbildungen nachzuweisen. Die Kenntnisnahme der erlassgemäßen Regelungen über den Umgang mit Dienstwaffen und dienstlicher Munition sowie deren Anwendung sind im Rahmen der jährlichen Belehrung zu dokumentieren und aktenkundig zu machen.
   Jeder Schusswaffengebrauch gegen Personen ist dem Lage- und Führungszentrum des Landespolizeiamtes unverzüglich als wichtiges Ereignis (WE-Meldung) zu melden. Jeder polizeiliche Einsatz der Schusswaffe ist über das @rtus Formular PolSH 80.08 zu erfassen.
3. Eine Vermittlung der ethischen Aspekte beim Gebrauch der Schusswaffe, insbesondere bei der Bewältigung lebensbedrohlicher Einsatzlagen, ist im Rahmen der Aus- und Fortbildung zu gewährleisten.
   Aus Fürsorgeaspekten wird eine umfassende Betreuung der betroffenen Polizeikräfte nach entsprechend belastenden Einsatzlagen durch speziell geschulte Mitarbeiterinnen und Mitarbeiter der Landespolizei angeboten. Näheres wird durch Erlasslage geregelt.
4. Im Rahmen der dienstlichen Aufgabenbewältigung dürfen nur die dienstlich zugelassenen Schusswaffen und Munition eingesetzt werden.

5. Besteht bei einem Schusswaffengebrauch gegen Sachen erkennbar die Wahrscheinlichkeit, dass Personen verletzt werden, so ist dieser nur unter den Voraussetzungen des Schusswaffengebrauchs gegen Personen zulässig.
   Diese Wahrscheinlichkeit besteht in der Regel beim Schusswaffengebrauch gegen fahrende Kraftfahrzeuge, mit Ausnahme, wenn sich das Kraftfahrzeug gerade langsam in Bewegung setzt. Deshalb darf auf ein fahrendes Fahrzeug nur unter den Voraussetzungen des Schusswaffengebrauchs gegen Personen geschossen werden; diese müssen hinsichtlich jeder im Fahrzeug befindlichen Person vorliegen, es sei denn, dass ein Fall des Absatzes 2 Satz 2 vorliegt.
   Beim Schusswaffengebrauch gegen ein Kraftfahrzeug ist anzustreben, es fahruntauglich zu machen, weil hierdurch in der Regel der Zweck der Maßnahme erreicht werden kann.
   Daher ist grundsätzlich auf Bereifung, Motor und Kühler zu zielen.
   Vom Schusswaffengebrauch ist abzusehen, wenn das Kraftfahrzeug erkennbar explosive oder ähnlich gefährliche Güter befördert oder nach seiner Kennzeichnung zur Beförderung solcher Güter bestimmt ist. Diese Einschränkung gilt nicht, wenn durch die Weiterfahrt größere Gefahren zu entstehen drohen als durch den Schusswaffengebrauch.
6. Bei offenen Wasserfahrzeugen ist der Schusswaffengebrauch unter Beachtung der vorstehenden Regelung in Nummer 5 nur auf die Antriebsanlage oder die Ruderanlage zu richten.
   Sind offene Wasserfahrzeuge mit einem Innenbordmotor ausgerüstet, soll der Schusswaffengebrauch nicht auf die Antriebsanlage gerichtet werden. Bei geschlossenen Wasserfahrzeugen ist vorher zu prüfen, ob ein Schusswaffengebrauch zum beabsichtigten Erfolg führt.
7. Der Schusswaffengebrauch gegen ein Luftfahrzeug ist nur zulässig, um den Start zu verhindern. Bei einem Flugzeug ist nach Möglichkeit die Bereifung zu beschädigen.
8. Der Schusswaffengebrauch gegen Tiere ist zulässig, wenn von ihnen eine erhebliche Gefahr ausgeht und diese nicht auf andere Weise beseitigt werden kann. Der Schusswaffengebrauch gegen Tiere kann sich
   - als Ersatzvornahme (§ 238 LVwG) oder
   - als unmittelbarer Zwang (§ 239 LVwG) darstellen.

   Das Töten gegen die Polizei eingesetzter Hunde zur Verhinderung polizeilicher Maßnahmen (z. B. Festnahme) ist unmittelbarer Zwang gegen Sachen.
   Der Einsatz der Schusswaffen zum Töten kranker oder verletzter Tiere oder zum Töten von aus ihrem natürlichen Verhalten heraus gefährli-

chen Tieren (wildernde Hunde, Tollwutverdacht, sonstige aggressive, ausgebrochene Tiere) ist in der Regel Ersatzvornahme. In vielen dieser Fälle sind spezialgesetzliche Regelungen zu handlungspflichtigen Verantwortlichen vorhanden, für die im Falle ihrer Abwesenheit die Polizei handelt.
Bei Maßnahmen gegen Tiere haben die Menschen die Verantwortung für das Tier gem. § 246 Satz 2 LVwG zu berücksichtigen.
Verletzte oder kranke Tiere, von denen keine Gefahr für Menschen ausgeht, dürfen nur getötet werden, wenn zu befürchten ist, dass sie unter Qualen verenden würden und auch keine anderen Personen (Eigentümer oder Tierhalter, Tierärzte oder Jagdausübungsberechtigter pp.) kurzfristig helfen können. Falls diese Personen polizeilichen Schusswaffengebrauch erbitten, ist nach pflichtgemäßem Ermessen zu entscheiden.

Zu Absatz 2

1. Gem. Absatz 2 Satz 1 ist der Schusswaffengebrauch unzulässig, wenn bei dem Gebrauch der Schusswaffe Unbeteiligte gefährdet werden.
   Unbeteiligte im Sinne dieser Vorschrift sind Personen, die an der Handlung, gegen die sich die polizeiliche Maßnahme richtet, nicht mitwirken.
   Zur Unzulässigkeit des Schusswaffengebrauchs bei Gefährdung von Unbeteiligten sieht § 257 Absatz 2 Satz 2 LVwG eine Ausnahme vor, soweit der Schusswaffengebrauch das einzige Mittel zur Abwehr einer gegenwärtigen Lebensgefahr ist. Zwar wäre z.B. die Geisel in der Hand des Geiselnehmers im Sinne des Absatz 1 Satz 1 unbeteiligt, aufgrund der für die Geisel regelmäßig vorliegenden gegenwärtigen Lebensgefahr, wäre ein Schusswaffengebrauch in diesen Fällen jedoch dennoch zulässig.
   Eine Mitwirkung kann auch darin liegen, dass die Handlung durch Worte oder durch schlüssiges Verhalten gebilligt oder unterstützt wird.
2. Die Vorschrift findet auch Anwendung für den Schusswaffengebrauch gegen Personen in einer Menschenmenge.
   Hierbei stellt sich insbesondere die Problematik der Anwesenheit von unbeteiligten Dritten. Eine Gefährdung dieser Personen ist immer dann zu befürchten, wenn sie sich in unmittelbarer Nähe zum Adressaten des Schusswaffengebrauchs aufhalten und durch Fehlschüsse oder fehlgeleitete Projektile zu Schaden kommen könnten.
   Aufgrund dessen hat sich die durchzuführende Gefährdungsprognose an der Übersichtlichkeit und Komplexität des konkreten Einzelfalls zu orientieren und stellt so erhöhte Anforderungen an die Beurteilung der Recht- und Zweckmäßigkeit des Schusswaffengebrauchs.
   Die Regelungen zur Warnung gem. § 259 Absatz 2 sind zu beachten.

Zu Absatz 3

1. Absatz 3 Satz 1 beinhaltet eine Schutzvorschrift für Kinder. Schusswaffen dürfen demnach gegen Personen, die dem äußeren Eindruck nach noch nicht 14 Jahre alt sind, nicht gebraucht werden.
   Das Gesetz stellt auf den äußeren Eindruck ab. Aus Sicht der handelnden Polizeivollzugskräfte ist somit ein objektivierter Maßstab anzulegen. Anhaltspunkte könnten sich im Einzelfall aus der Erscheinung der Person (Größe, Aussehen, Verhalten, Kleidung, pp.) ergeben. Der äußere Eindruck ist nicht von Bedeutung, wenn das wahre Alter der Person bekannt ist.
   Wenn Zweifel darüber bestehen, ob es sich bei der betroffenen Person um ein Kind handelt, ist vom Gebrauch der Schusswaffe abzusehen.
2. Eine Ausnahme von der Schutzvorschrift für Kinder besteht, wenn der Gebrauch der Schusswaffe das einzige Mittel zur Abwehr einer gegenwärtigen Lebensgefahr ist (Absatz 3 Satz 2).
   Vgl. zu dieser Gefahrenschwelle die Ausführungen zu § 258 Absatz 1 Nummer 4 bis 6.

§ 258 – Schusswaffengebrauch gegen Personen

Zu Absatz 1

1. Sollen Schusswaffen gebraucht werden, um eine Person angriffs- oder fluchtunfähig zu machen, ist in besonderer Weise zu prüfen, inwieweit die beabsichtigte Maßnahme geeignet, erforderlich und unter Abwägung der zu schützenden Rechtsgüter und der zu erwartenden Rechtsgüterbeeinträchtigungen verhältnismäßig ist.
2. Um angriffs- oder fluchtunfähig zu machen, ist, wenn es die Umstände zulassen, auf die Beine zu zielen, vor allem bei Fliehenden.
3. Der gezielte, tödlich wirkende Schuss auf einen Menschen ist als „ultima ratio“ zulässig, um eine gegenwärtigen Lebensgefahr oder eine gegenwärtige Gefahr einer schwerwiegenden Verletzung der körperlichen Unversehrtheit abzuwehren.
4. Eine gegenwärtige Lebensgefahr ist hierbei regelmäßig anzunehmen, wenn die Tötung der gefährdeten Person mit an Sicherheit grenzender Wahrscheinlichkeit unmittelbar bevorsteht.
   Die gegenwärtige Gefahr einer schwerwiegenden Verletzung der körperlichen Unversehrtheit ist gegeben, wenn die Gefahr besteht, dass die körperliche Unversehrtheit auf Dauer oder längere Dauer schwer geschädigt wird, z.B. durch den Verlust wichtiger Körperteile oder Körperfunktionen, die dauernde Entstellung oder eine unheilbare oder erst nach längerer Zeit ausheilbare Verletzung von einigem Gewicht.

5. Für die Beurteilung, ob eine gegenwärtige Gefahr für Leib oder Leben vorliegt, ist entscheidend, wie die Polizeibeamtin oder der Polizeibeamte die Situation unter Berücksichtigung aller ihr oder ihm zu diesem Zeitpunkt gegebenen Erkenntnismöglichkeiten einschätzt.
   Trotz der Notwendigkeit, schnell zu handeln, ist bei der Beurteilung besonders sorgfältig vorzugehen.
6. Ein tödlich wirkender Schuss ist das einzige Mittel zur Abwehr der gegenwärtigen Gefahr für Leib oder Leben, wenn die nicht tödliche Schussabgabe zur Beseitigung der Angriffsfähigkeit bereits erfolglos angewendet wurde oder aber offensichtlich keinen Erfolg verspricht.
   Zur Feststellung, ob die mit an Sicherheit grenzende tödliche Schussabgabe das einzige Mittel zur Abwehr der gegenwärtigen Gefahr für Leib und Leben ist, setzt unter Umständen bei den handelnden Polizeivollzugskräften eine Prognoseentscheidung voraus. Die Prognose, dass andere Mittel keinen Erfolg mehr versprechen, stellt nochmals die Subsidiarität dieses besonders weitrechenden Schusswaffengebrauchs explizit heraus.
   Für die Prognose gelten die Regelungen der Nummer 5 entsprechend.
7. Absatz 1 Satz 3 stellt deklaratorisch klar, dass durch die Befugnis zum finalen Rettungsschuss kein neuer über die bekannten Rechtfertigungsgründe des StGB hinausgehender Rechtfertigungsgrund geschaffen wird. Denn die Befugnis zum tödlichen Schusswaffengebrauch ist durch das besondere Verhältnismäßigkeitserfordernis an das polizeiliche Handeln im Rahmen des pflichtgemäßen Ermessens nach § 73 Absatz 1 enger gefasst als das Nothilferecht des § 32 StGB.
8. Absatz 1 Satz 4 normiert, dass die Verpflichtung zum Handeln auf Anordnung gem. § 253 Absatz 1 Satz 1 im Falle des § 258 Absatz 1 Satz 2 keine Anwendung findet. Das Handeln auf Anordnung wird in diesem Fall ausgenommen, um einer entgegenstehenden Gewissensentscheidung der handelnden Polizeivollzugsbeamtinnen und Polizeivollzugsbeamten Rechnung zu tragen.

Zu Absatz 2

1. Für die Beurteilung einer gegenwärtigen Gefahr für Leib oder Leben nach Nummer 1 finden die Regelungen der Nummern 4 und 5 zu § 258 Absatz 1 entsprechend Anwendung.
   Die gegenwärtige Gefahr muss nicht zwingend einer dritten Person drohen, sondern es werden hierbei auch die Fallkonstellationen erfasst, in denen die Polizeivollzugsbeamtin oder der Polizeivollzugsbeamte aus Eigensicherungsgründen von der Schusswaffe Gebrauch macht.

2. Soweit es für den Schusswaffengebrauch nach § 258 Absatz 2 darauf ankommt, ob eine rechtswidrige Tat ein Verbrechen oder ein Vergehen darstellt, richtet sich dies gemäß § 12 StGB nach der für die Straftat angedrohten Mindeststrafe. Ein Verbrechen liegt vor, wenn die gesetzlich angedrohte Mindeststrafe 1 Jahr Freiheitsstrafe oder mehr beträgt. Hierbei ist nur der Regelstrafrahmen maßgebend.
   Schärfungen und Milderungen nach dem allgemeinen Teil des StGB (z. B. bei Versuch, Beihilfe, verminderter Schuldunfähigkeit) oder für besonders schwere oder minder schwere Fälle bleiben außer Betracht.
3. Die zu verhindernde rechtswidrige Tat im Sinne der Nummer 2 muss unmittelbar bevorstehen. Insoweit genügt das bloße Bestehen einer Gefahr im Einzelfall nicht. Die Verhinderung der Fortsetzung bedeutet insbesondere die Verhinderung weiterer Tathandlungen oder bei Dauerdelikten die Beendigung des strafbaren Zustandes.
   Die Handlung muss sich den Umständen nach als ein Verbrechen oder als ein Vergehen unter Anwendung oder Mitführung von Schusswaffen oder Explosivmitteln darstellen. Das Mitführen von Schusswaffen oder Explosivmitteln setzt voraus, dass der fragliche Gegenstand zur Verwendung griffbereit gehalten wird. Es kommt also darauf an, wie die Einsatzkräfte die Situation unter Berücksichtigung aller im Augenblick gegebenen Erkenntnismöglichkeiten beurteilen.
   Sie haben hierbei – auch wenn die Notwendigkeit zum schnellen Handeln gegeben ist – besonders sorgfältig vorzugehen.
   Bestehen Bedenken, ob die Voraussetzungen für den Schusswaffengebrauch vorliegen, so ist von der Schusswaffe kein Gebrauch zu machen.
4. Gemäß Nummer 3 lit. a und b darf im Grundsatz auch zur Durchsetzung des Strafverfolgungsanspruchs bei entsprechend schweren Gesetzesverstößen die Schusswaffe eingesetzt werden. Jedoch muss in diesen Fällen – angesichts der Risiken des Schusswaffeneinsatzes – vom Täter eine nicht unerhebliche Gefahr für die Allgemeinheit ausgehen, damit der Gebrauch der Schusswaffe verhältnismäßig ist (BGH, NJW 1975, 1231).
5. Eine Person ist im Sinne der Nummer 3 eines Verbrechens oder eines Vergehens der genannten Art dringend verdächtig, wenn aufgrund bestimmter Tatsachen die Wahrscheinlichkeit groß ist, dass die Person Täter oder Teilnehmer einer rechtswidrigen Tat ist.
6. Im Falle der Nummer 3 lit. b müssen Tatsachen bekannt sein, die die Annahme rechtfertigen, dass die Person von einer Schusswaffe oder einem Explosivmittel Gebrauch machen wird. Vermutungen alleine reichen nicht aus.

7. Der Begriff „zur Vereitelung der Flucht“ in Nummer 4 setzt einen Fluchtversuch voraus.
8. Eine Person befindet sich im Sinne der Nummern 4 und 5 im amtlichen Gewahrsam, wenn sie aufgrund amtlicher Anordnung gegen ihren Willen festgehalten wird. Die Person braucht noch nicht eingeschlossen zu sein, sie muss jedoch an ihrer Bewegungsfreiheit gehindert sein.
   Im Sinne der Nummer 4 handelt es sich um Personen, die sich aufgrund einer richterlichen Entscheidung oder aufgrund eines dringenden Tatverdachtes im amtlichen Gewahrsam befinden. Im Falle der Nummer 4 lit. b müssen tatsächliche Anhaltspunkte bekannt sein, die die Annahme rechtfertigen, dass die Person von einer Schusswaffe oder einem Explosivmittel Gebrauch machen wird. Vermutungen allein reichen nicht aus.
   Beim amtlichen Gewahrsam im Sinne der Nummern 4 und 5 handelt es sich um eine freiheitsentziehende Maßnahme gemäß Art. 2 Absatz 2, 104 Absatz 2 GG (z.B.: Ingewahrsamnahme gemäß § 204 LVwG, vorläufige Festnahme durch Amtsträger gemäß § 127 StPO).

Zu Absatz 3

Absatz 3 schränkt den Schusswaffengebrauch gegen Personen auf Grundlage des Absatzes 2 Nummer 4 ein. Bei Vollzug eines Jugendarrestes oder eines Strafarrestes oder zur Verhinderung einer Flucht aus einer offenen Anstalt ist der Einsatz von Schusswaffen unverhältnismäßig.

Die Bestimmung gilt für den Schusswaffengebrauch der Polizeivollzugskräfte; für Vollzugskräfte im Strafvollzug gelten insbesondere die Regelungen zum unmittelbaren Zwang in den §§ 112 bis 116 des LStVollzG SH.

§ 258a – Gebrauch von Distanz-Elektroimpulsgeräten

Zu Absatz 1

1. Distanzelektroimpulsgeräte (DEIG) sind Geräte, die mit hoher Geschwindigkeit an Drähten befestigte Metallhaken bzw. -pfeile verschießen, die sich mit dem Körper der Zielperson und/oder deren Kleidung verbinden und elektrische Impulse übermitteln. Diese Impulse rufen Muskelkontraktionen bei der Zielperson hervor und bewirken deren umgehende Handlungsunfähigkeit.
2. Das DEIG darf nur geführt und eingesetzt werden, wenn die sichere Handhabung durch die PVB im Rahmen einer Grundausbildung nachgewiesen wurde. Eine regelmäßige Fortbildung der erworbenen Kenntnisse ist zu gewährleisten.
   Auf Nummer 2 zu § 250 Absatz 2 wird verwiesen.

3. Absatz 1 normiert die Verhältnismäßigkeit des Zwangsmitteleinsatzes und erlaubt die Anwendung des DEIG nur für die Fälle, in denen der Zweck nicht durch mildere Maßnahmen erreicht werden kann.
   Gibt es nur eine Möglichkeit, den Angriff zu beenden, dann wird dieses eine Mittel als erforderlich angesehen. Stehen jedoch mehrere Mittel zur Verfügung, so muss sich das Zwangsmittel auf das relativ mildeste beschränken, d.h. es muss das am wenigsten schädliche oder gefährliche Zwangsmittel gewählt werden, wenn die Polizeivollzugsbeamtin oder der Polizeivollzugsbeamte dafür noch genügend Zeit hat und dieses gleich wirksam ist.

Zu Absatz 2

Die Einordnung des DEIG als Waffe erfordert ausdifferenzierte Anforderungen an ihren Gebrauch. Nur Straftaten einer gewissen Schwere bzw. Einsatzlagen mit einer besonderen Gefährlichkeit erlauben den Einsatz der DEIG. Dies soll verhindern, dass das DEIG auch im Zusammenhang mit z.B. Beleidigungsdelikten, der Wegnahme geringwertiger Sachen oder bei Flucht aus einer Jugendarrestanstalt, also im Sinne eines Erziehungsmittels verwendet wird. Für den Gebrauch des DEIG wird daher eine allgemeine Bagatellgrenze eingeführt.

Zu Absatz 3

Absatz 3 normiert einen Ausschluss des Anwendungsbereiches für bestimmte Personengruppen. Gegen Personen, die dem äußeren Erscheinungsbild nach noch nicht 14 Jahre alt sind, erkennbar Schwangere oder Personen mit bekannten Vorerkrankungen des Herzkreislaufsystems darf das DEIG nicht eingesetzt werden. Dies dient der Minimierung des Einsatzrisikos und dem Ausschluss der mit dem Einsatz des DEIG möglicherweise einhergehenden gesundheitlichen Risiken.

Auf die Ausführungen zu § 257 Absatz 3 Nummer 1 wird verwiesen. In Ermangelung geeigneter Kriterien ist der objektive äußere Eindruck der Person aus Sicht der handelnden Polizeivollzugskräfte maßgebend, sofern das tatsächliche Alter der Person oder andere Ausschlussgründe unbekannt sind. Für die weitere Beurteilung etwaiger infrage kommender Ausschlusstatbestände gem. Absatz 3 ist entscheidend, wie die Polizeibeamtin oder der Polizeibeamte die Situation unter Berücksichtigung aller ihr oder ihm zu diesem Zeitpunkt gegebenen Erkenntnismöglichkeiten einschätzt.

Zu Absatz 4

Absatz 4 lässt die Anwendung des DEIG auch für den Personenkreis nach Absatz 3 zu, sofern dieser das relativ mildeste geeignete Mittel zur Abwehr einer gegenwärtigen Lebensgefahr darstellt. Die Abwehr einer gegenwärtigen Lebensgefahr lässt gem. § 258 Absatz 2 Nummer 1 auch den Schusswaffeneinsatz gegen Personen zu.

Auf die Ausführungen zu § 258 Absatz 1 Nummer 5 wird verwiesen.

§ 259 – Warnung

Zu Absatz 1

1. Bevor unmittelbarer Zwang gegen Personen angewendet wird, ist zu warnen, um die tatsächliche Durchführung der Zwangsmaßnahme möglichst zu vermeiden. Vor unmittelbarem Zwang gegen Personen darf nur gewarnt werden, wenn auch die Voraussetzungen für die Anwendung unmittelbaren Zwangs gegeben sind.
   Die Warnung ergeht unabhängig von der nach § 236 LVwG vorgeschriebenen Androhung eines Zwangsmittels. Sie hat grundsätzlich insbesondere auch dann zu erfolgen, wenn eine Androhung des Zwangsmittels nach § 236 Absatz 1 Satz 2 LVwG entfallen kann. Dies gilt nicht für Eilfälle im Sinne von § 259 Absatz 3 Satz 1.
2. Die Warnung muss unmissverständlich sein. Sie kann in jeder denkbaren sachgerechten Form erfolgen. Insbesondere gegenüber Menschenmengen bietet sich zwecks Gewährleistung der Öffentlichkeitswirksamkeit die Kundgabe der Warnung über geeignete technische Anlagen (z. B. Lautsprecher mit Verstärkeranlage) an.
   Einsatzrelevante Grunddaten der Durchführung der Warnung/-en sind zu dokumentieren.
3. Zwischen der Warnung vor der Zwangsmaßnahme und ihrer Anwendung soll eine den Umständen nach angemessene Zeitspanne liegen.
4. Vor dem Schusswaffengebrauch wird in der Regel mündlich durch den vernehmlichen Ruf:
   „Polizei! Keine Bewegung – oder ich schieße!“
   oder
   vor allem gegenüber Fliehenden:
   „Polizei! Halt – oder ich schieße!“
   oder durch eine ähnliche Aufforderung gewarnt.
   Das Wort „Polizei“ kann im Aufruf unterbleiben, wenn ohne Weiteres erkennbar ist, dass es sich um den Einsatz von Polizeivollzugsbeamtinnen oder Polizeivollzugsbeamten handelt.
   Wenn die Umstände es zulassen oder, wenn Zweifel bestehen, ob die Person den Aufruf verstanden hat, ist er zu wiederholen. Vor dem Schusswaffengebrauch kann auch durch Lautsprecher gewarnt werden.

5. Ist eine mündliche Warnung nicht möglich, weil z. B. die Entfernung zu groß ist oder weil aus sonstigen Gründen anzunehmen ist, dass der Aufruf nicht verstanden wird oder verstanden worden ist, so können ein oder mehrere Warnschüsse abgegeben werden.
6. Warnschüsse dürfen nur abgegeben werden, wenn die Voraussetzungen für den Schusswaffengebrauch selbst gegeben sind.
   Warnschüsse sind so auszuführen, dass eine Verletzung anderer Personen ausgeschlossen ist; in der Regel sind sie steil in die Luft zu richten.
7. Der Alarmschuss (Signalschuss) ist kein Schusswaffengebrauch im Sinne des Gesetzes. Er ist dazu bestimmt ist, andere Personen auf eine Gefahr hinzuweisen, bzw. dient dazu Unterstützungskräfte auf den eigenen Standort aufmerksam zu machen. Er ist nur zulässig, wenn keine Verwechslungsgefahr mit Warnschüssen oder mit Schüssen einer dritten Person besteht sowie eine Alarmierung unbedingt erforderlich und auf andere Weise nicht möglich ist.
8. Personen, gegen die nach Begründung des amtlichen Gewahrsams unter den in § 258 Absatz 2 Nummer 3 und 4 genannten Voraussetzungen von der Schusswaffe Gebrauch gemacht werden darf, sind über einen möglichen Schusswaffengebrauch bei Fluchtversuchen zu belehren.
   Um einen Schusswaffengebrauch zu vermeiden, ist auf eine sorgfältige Sicherung dieser Person(en) zu achten. Das gilt vor allem bei Transporten.
   Die Belehrung ersetzt nicht die Warnung vor dem Schusswaffengebrauch im Einzelfall.

Zu Absatz 2

1. Gem. Absatz 2 Satz 1 ist vor Anwendung unmittelbaren Zwangs gegenüber einer Menschenmenge oder Personen in einer Menschenmenge möglichst so rechtzeitig zu warnen, dass sich Unbeteiligte noch entfernen können. Durch eine rechtzeitige Warnung wird den Unbeteiligten die Möglichkeit eingeräumt, sich aus dem Wirkbereich des Zwangsmittels zu entfernen, und somit die Schutzwürdigkeit der Rechtsgüter unbeteiligter Dritter gewahrt.
2. Nach Absatz 2 Satz 2 ist die Warnung vor Gebrauch der Schusswaffe gegen Personen in einer Menschenmenge zu wiederholen. Vor Anwendung des Schusswaffeneinsatzes ist vor deren Gebrauch also – mindestens – zweimal zu warnen. Grundsätzlich denkbar ist auch die Abgabe eines Warnschusses, der aber allein als „Wiederholungswarnung" zum Einsatz kommen sollte.
   Durch Abgabe von Warnschüssen kann der Warnung unmissverständlich Nachdruck mit dem Ziel verliehen werden, den Schusswaffengebrauch auf Personen in der Menschenmenge zu vermeiden.

Zur Art und Weise der Warnung gegenüber einer Menschenmenge finden die Ausführungen zu Absatz 1 Nummer 2 Anwendung.

Zu Absatz 3

1. Nach Absatz 3 Satz 1 können die handelnden Polizeivollzugskräfte von einer Warnung Abstand nehmen, diese unterlassen, wenn die Umstände sie nicht zulassen.
   Unter diesen „Umständen" sind alle tatsächlichen und rechtlichen Gegebenheiten der konkreten Einsatzsituation zu verstehen. Diese können das Unterlassen einer Warnung im Einzelfall begründen, wenn die Warnung tatsächlich unmöglich ist, die Durchführung der Zwangsmaßnahme im Vorfeld entwertet werden würde oder wenn die Erfolgsaussichten der Anwendung des unmittelbaren Zwangs mit Blick auf die zu schützenden Rechtsgüter in nicht vertretbarer Weise verringert oder zerstört werden würden.
2. Gem. Absatz 3 Satz 2 ist auch der Schusswaffengebrauch gegen Personen in einer Menschenmenge ohne Warnung möglich, wenn dies zur Abwehr einer gegenwärtigen Gefahr für Leib oder Leben erforderlich ist. In derartigen Gefahrensituationen, wie z. B. Amok- oder Terrorlagen wird nicht selten anzunehmen sein, dass die gegenwärtige Lebensgefahr nur durch eine unmittelbar überraschende Anwendung des Zwangsmittels abgewehrt werden kann. Eine Warnung und somit die Ankündigung des Zwangsmitteleinsatz würde dementsprechend einer effektiven Gefahrenabwehr entgegenstehen und hochrangige Rechtsgüter unbeteiligter Dritter stark gefährden.
3. Nach Absatz 3 Satz 3 ist die Androhung beim Gebrauch von technischen Sperren und beim Einsatz von Dienstpferden, aufgrund der geringen „offensiven" Eingriffsintensität und der guten Erkennbarkeit des Dienstpferdeeinsatzes, entbehrlich.

IV. Weitere Vorschriften und Berichtspflichten über die Anwendung des unmittelbaren Zwangs

Vor dem Erlass anderer untergesetzlicher Vorschriften im Bereich der Landespolizei, die die Anwendung unmittelbaren Zwangs betreffen, ist das für das Polizeirecht zuständige Referat des für Inneres zuständigen Ministeriums (Referat IV 41) zu informieren, damit die erforderliche Abstimmung mit dieser Verwaltungsvorschrift gewährleistet und die eventuelle Aufnahme anderer Vorschriften in die Allgemeine Verwaltungsvorschrift geprüft werden kann. Ziffer V. 2. Absatz dieser Verwaltungsvorschrift ist zu beachten.

Soweit die Kommunen kommunale Ordnungsdienste unterhalten, berichten sie dem Ministerium für Inneres jährlich zum aktuellen Ausstattungsstand der Kommunalen Ordnungsdienste mit durch den Dienstherrn zugelassenen Hilfsmitteln der körperlichen Gewalt und Waffen sowie zu den Einsätzen, bei denen diese Hilfsmittel und Waffen gegen Personen zum Einsatz gekommen sind

V. Inkrafttreten und Veröffentlichung

Diese Verwaltungsvorschrift tritt am 1. Januar 2023 in Kraft. Sie ersetzt die allgemeine Verwaltungsvorschrift über die Anwendung unmittelbaren Zwangs des Innenministeriums – IV 411 – 14.48 – vom 3. Dezember 2000.

Weitere zum Zeitpunkt des Inkrafttretens dieser Verwaltungsvorschrift geltende Erlasse, die die Anwendung unmittelbaren Zwangs betreffen, bleiben in Kraft. Das gilt namentlich für die in einem Anlagenverzeichnis zu dieser Verwaltungsvorschrift aufgelisteten Erlasse, die mit Wirkung zum 1. Januar 2023 Anlagen zu dieser Verwaltungsvorschrift werden. Für jede Verlängerung, Änderung oder Neufassung anderer Erlasse im Bereich der Landespolizei, die die Anwendung unmittelbaren Zwangs betreffen, gilt die Informationspflicht gemäß Ziffer IV. 1. Absatz dieser Verwaltungsvorschrift. Diese Verwaltungsvorschrift wird mit Ausnahme des Anlagenverzeichnisses und der Anlagen im Amtsblatt für Schleswig-Holstein veröffentlicht.

Die Erlassredaktion der Landespolizei wird gebeten, diese Verwaltungsvorschrift zudem in die elektronische Erlasssammlung der Landespolizei einzustellen und nach Ablauf von fünf Jahren auf Aktualisierungsbedarf überprüfen zu lassen.

Unterschrift

Dr. Sabine Sütterlin-Waack

D. Verwaltungsvorschrift über die Zusammenarbeit zwischen den Ordnungsbehörden und der Polizei bei der Gefahrenabwehr

Bekanntmachung des Ministeriums für Inneres, ländliche Räume, Integration und Gleichstellung vom – IV 353/IV 211.41.1 – IV 422/19.20 – vom 08.09.2020

Aufgrund des § 172 Satz 2 des Landesverwaltungsgesetzes (LVwG) in der Fassung der Bekanntmachung vom 02. Juni 1992 (GVOBI. Schl.-H. S. 243, ber. S. 534), zuletzt geändert durch Gesetz vom 13. Februar 2019 (GVOBI. Schl.-H. S. 42) bestimmt das Ministerium für Inneres, ländliche Räume, Integration und Gleichstellung:

1. Allgemeine Grundsätze der Zusammenarbeit zwischen den Ordnungsbehörden und der Polizei bei der Gefahrenabwehr

1.1. Gefahrenabwehr ist die Aufgabe von Ordnungsbehörden und Polizei (§ 163 Absatz 1 LVwG) im Rahmen der jeweiligen sachlichen Zuständigkeit (§§ 165, 168 LVwG). Aus dieser gemeinsam zu erfüllenden Aufgabe ergibt sich für alle Behörden, Dienststellen und Mitarbeiterinnen und Mitarbeiter die Pflicht zu gegenseitiger Unterstützung und vertrauensvoller Zusammenarbeit.

1.2. Zu diesem Zweck unterhalten die Ordnungsbehörden und die Polizei einen ständigen Informationsaustausch über alle wichtigen Vorkommnisse und gemeinsam interessierenden Fragen.
Ordnungsbehörden und Polizei des jeweiligen Zuständigkeitsbereichs pflegen einen ständigen Informationsaustausch. Darüber hinaus sollen die Polizeidirektionen mit Sitz in einer der kreisfreien Städte die dort zuständige Ordnungsbehörde sowie die Polizeireviere die jeweils zuständigen Ordnungsbehörden mindestens einmal jährlich zu einem Austausch über die gemeinsam anstehenden Themen insbesondere zur Sicherheitslage und zur Kriminalitätsprävention einladen. Für die Stadt Norderstedt nimmt die zuständige Polizeidirektion diese Aufgabe war. In den übrigen Bereichen wird der Austausch durch die Polizeireviere für die Ordnungsbehörden in ihrem Zuständigkeitsbereich organisiert. Die Polizeidirektionen und Polizeireviere berichten dem Ministerium für Inneres, ländliche Räume, Integration und Gleichstellung (MILIG) über die relevanten Gesichtspunkte aus dem Informationsaustausch. Um das gegenseitige Verständnis für die unter-

schiedlichen Probleme und Arbeitsanforderungen zu erhöhen, soll den Mitarbeiterinnen und Mitarbeitern der Ordnungsbehörden und der Polizei im Rahmen ihrer Fortbildung Gelegenheit zur Hospitation bei der jeweils anderen Behörde gegeben werden. Die Inhalte der Hospitationen zur Fortbildung werden zwischen den Behörden Zielgruppen orientiert individuell abgestimmt. Dieses ist insbesondere im Themenfeld Eigensicherung/Gewalt gegen Vollzugskräfte geboten.

1.3. Die vielfältigen Aspekte der Zusammenarbeit zwischen Ordnungsbehörden und Polizei können keine abschließende Regelung durch diese Verwaltungsvorschrift erfahren. Insbesondere können nicht die im Sonderordnungsrecht speziell geregelten Formen des Zusammenwirkens vollständig erfasst werden. Polizeiliche Erlasse des MILIG und der Ämter (LPA, LKA) mit Bezug zu ordnungsbehördlichem Handeln werden den Ordnungsbehörden informatorisch über das Referat IV35 übersandt. Die Polizeidienststellen und die Ordnungsbehörden informieren sich daneben gegenseitig in ihrem Zuständigkeitsbereich rechtzeitig über anstehende Organisationsveränderungen und Veränderungen in der Aufgabenwahrnehmung, damit sich die jeweilige Organisation besser auf die kommende Situation vorbereiten und dafür aufstellen kann (z.B. Anwerben von Haushaltsmitteln für die Beschaffung von Ausrüstungsgegenständen; Anforderung von Personal). Die Ordnungsbehörden und Polizei wirken auf eine einvernehmliche, praxisgerechte und rationelle sowie den allgemeinen und besonderen Rechtmäßigkeitsvoraussetzungen verpflichtete Aufgabenerledigung hin. Dabei sind die besonderen örtlichen Verhältnisse zu berücksichtigen.

2. Sachliche Zuständigkeit der Ordnungsbehörden und der Polizei

2.1. Für Maßnahmen zur Abwehr von Gefahren für die öffentliche Sicherheit sind grundsätzlich die Ordnungsbehörden sachlich zuständig (vgl. § 165 Abs. 1 LVwG).

2.2. Soweit eine Rechtsvorschrift die sachliche Zuständigkeit der Polizei überträgt, nimmt die Polizei die ihr zugewiesenen Aufgaben selbstständig und unabhängig von der allgemeinen Zuständigkeit der Ordnungsbehörden zur Gefahrenabwehr wahr. Insbesondere bestimmen folgende Rechtsvorschriften eine solche Zuständigkeit der Polizei:

- § 168 Abs. 1 Nummer 1 LVwG (Gefahrenfeststellung; Gefahrenermittlung „aus gegebenem Anlass"),
- § 168 Abs. 1 Nummer 2 LVwG (unverzügliche Unterrichtung der Ordnungsbehörden),

- § 168 Abs. 1 Nummer 3 LVwG (Gefahrenabwehr im Einzelfall durch unaufschiebbare Maßnahmen, sog. Polizeiliche Eilkompetenz).

2.2.1. Ob eine Maßnahme nach § 168 Abs. 1 Nummer 3 LVwG unaufschiebbar ist, beurteilt die Polizei nach pflichtgemäßem Ermessen. Für die Beurteilung der Sachlage kommt es auf den Einzelfall und auf den Zeitpunkt an, in dem die Polizei ihre Feststellungen trifft.

2.2.2. Die Prüfung der Zuständigkeit nach § 168 Abs. 1 Nummer. 3 LVwG ist sorgfältig vorzunehmen, um zu vermeiden, dass einerseits die Gesamtmaßnahme rechtswidrig oder andererseits der Erfolg der Maßnahme gefährdet wird (siehe auch Ziff. 3. 2).

2.2.3. Trifft die Polizei erste Maßnahmen, weil die Ordnungsbehörde nicht rechtzeitig, d. h. vor Eintritt des Schadens tätig werden kann, überlässt die Polizei die weitere Durchführung von Maßnahmen der Ordnungsbehörde. Dies gilt nicht, wenn sogenannte polizeitypische Sachverhalte, die sich auch auf die Verfolgung von Straftaten erstrecken, die Fortsetzung der polizeilichen Tätigkeit erfordern.

3. Zusammenarbeit zwischen Ordnungsbehörden und Polizei bei der Feststellung von Gefahren für die öffentliche Sicherheit und bei Ermittlungsersuchen

3.1. Sowohl die Ordnungsbehörde als auch die Polizei sind berechtigt und verpflichtet, Gefahren für die öffentliche Sicherheit festzustellen und aus gegebenem Anlass zu ermitteln. Von der Polizei werden diese Aufgaben in eigener Zuständigkeit wahrgenommen. Eines Ersuchens der Ordnungsbehörde bedarf es insoweit nicht.

3.2. Ermittlungshilfe

3.2.1. Muss für eine Entscheidung der Ordnungsbehörde ein Sachverhalt näher ermittelt werden, so richtet die Ordnungsbehörde unter Beachtung der nachfolgenden Bestimmungen ein Ermittlungsersuchen an die Polizei. Das Ersuchen muss inhaltlich bestimmt sein und den Umfang der Ermittlungen, um die ersucht wird, erkennen lassen. Das Ersuchen soll die Ermittlungsmaßnahme konkret bezeichnen, den Ermittlungsstand und das Ermittlungsziel sowie den Grund und die einschlägigen Rechtsgrundlagen angeben. Soweit es der Einzelfall zulässt, sind auch die Beweismittel anzugeben, die zur Ermittlung des Sachverhalts dienen sollen. Setzt eine Ermittlungsmaßnahme eine richterliche Anordnung oder die richterliche Entscheidung voraus, legt die Ordnungsbehörde der Polizei die richterliche Anordnung oder Entscheidung mit dem Ermittlungsersuchen vor. Darf die Anordnung einer Maßnahme wegen Gefahr im Verzuge ausnahmsweise ohne richterliche Anordnung erfolgen, legt die Ordnungsbehörde diesen Gefahrengrad gesondert dar.

3.2.2. Ermittlungsersuchen können auf dem Gebiet der Gefahrenabwehr (§§ 162, 163 Abs. 1 LVwG) und soweit den Ordnungsbehörde Aufgaben durch besondere Rechtsvorschriften übertragen worden sind (§ 163 Abs. 2 LVwG) gestellt werden.

3.2.3. Ermittlungsersuchen dürfen vorbehaltlich der Ziff. 3.2.4 nicht gestellt werden, soweit die Ordnungsbehörde einen Sachverhalt durch die Beweismittel des § 84 Abs. 1 LVwG selbst aufklären kann.

3.2.4. Ist im Einzelfall von vornherein zu erkennen, dass

- die Beweismittel des § 84 Abs. 1 LVwG untauglich oder unzweckmäßig sind oder
- Gefahr im Verzuge vorliegt,

kann sofort ein Ersuchen an die Polizei gerichtet werden, sofern die Ordnungsbehörde nicht über eigene Vollzugskräfte verfügt, oder eigene Vollzugskräfte der Ordnungsbehörde nicht eingesetzt werden können. Dabei gilt der Grundsatz, dass ein Ermittlungsverfahren möglichst geschlossen entweder von der Ordnungsbehörde oder von der Polizei abgewickelt werden soll.

3.2.5. Die Polizei darf in entsprechender Anwendung des § 33 Abs. 2 LVwG Amtshilfe nicht leisten, wenn

- sie zur Erfüllung aus rechtlichen Gründen nicht in der Lage ist,
- durch die Hilfeleistung dem Wohl des Bundes oder eines Landes erhebliche Nachteile bereitet würden.

Sie kann ein Ersuchen ablehnen, wenn dieses sich nicht auf Einzelfälle bezieht.

3.2.6. Sieht die örtlich zuständige Polizeidienststelle sich im Hinblick auf dringendere Aufgaben nicht in der Lage, dem Ersuchen der Ordnungsbehörde in an gemessener Frist zu entsprechen, teilt sie dies der Ordnungsbehörde unverzüglich unter Angabe des voraussichtlichen Erledigungstermins und Darlegung der Gründe mit. Besteht die Ordnungsbehörde auf ihrem Ersuchen, führt die Polizeidienststelle auf dem Dienstweg unverzüglich eine Entscheidung zur Gewährleistung ersuchter Unterstützung herbei. Letzte Entscheidungsinstanz ist dabei das Ministeriums für Inneres, ländliche Räume und Integration (§ 168 Abs. 2 i.V.m. § 33 Abs. 5 LVwG). Dulden die Gesamtumstände nach Auffassung der Ordnungsbehörde keinen Aufschub bis zur Entscheidung durch das Ministerium für Inneres, ländliche Räume und Integration, hat die Polizei vorbehaltlich der Ziffer 3.2.5 dem Ersuchen zu entsprechen. Hierüber ist dem Ministerium für Inneres, ländliche Räume und Integration unverzüglich zu berichten.

3.2.7. Die Polizei darf die Durchführung des Ersuchens nicht ablehnen, weil sie die Maßnahme nicht für notwendig oder zweckmäßig hält.

3.2.8. Ermittlungsersuchen an die Polizei sind in der Regel von den Ordnungsbehörden schriftlich an die auf ihrer jeweiligen Ebene zuständige Polizeidienststelle zu richten. Insbesondere in Eilfällen kann das Ersuchen formlos erfolgen oder unmittelbar an eine nachgeordnete Polizeidienststelle gerichtet werden. In diesen Fällen bestätigt die Ordnungsbehörde jedoch das formlose Ersuchen auf Verlangen nachträglich schriftlich und benachrichtigt gleichzeitig die für das Ersuchen zuständige Polizeidienststelle.

3.2.9. Kommt die Polizei einem Ermittlungsersuchen nach, stellt sie den Sachverhalt so ausreichend fest oder klärt ihn auf, dass die Ordnungsbehörde im Rahmen ihrer Aufgabenerledigung hinreichend prüfen und entscheiden kann.

4. Zusammenarbeit zwischen Ordnungsbehörden und Polizei beim Erlass von Ordnungsverfügungen

4.1. Die Zuständigkeit für den Erlass von Ordnungsverfügungen liegt bei den Ordnungsbehörden. Soweit es im Einzelfall erforderlich ist, beziehen sie den polizeilichen Sachverstand bei ihrer Sachentscheidungsfindung mit ein.

4.2. Nach § 168 Abs. 1 Nummer 3 LVwG ist die Polizei für unaufschiebbare Maßnahmen zuständig, sodass beim Erlass von Ordnungsverfügungen in diesem Rahmen aus Gründen der Eilbedürftigkeit eine Abstimmung mit den Ordnungsbehörden in der Regel nicht wird erfolgen können.

5. Zusammenarbeit von Ordnungsbehörden und Polizei beim Vollzug von Verwaltungsakten

5.1. Die Durchsetzung eines Verwaltungsaktes im Wege des Verwaltungszwangs ist nach § 231 LVwG grundsätzlich Aufgabe derjenigen Behörde, die ihn erlassen hat. Bevor für den Vollzug eines Verwaltungsaktes der Ordnungsbehörde die Hilfe der Polizei in Anspruch genommen wird, prüft sie daher, ob ein Vollzug durch die Ordnungsbehörde selbst zustehenden Mittel (insbesondere Zwangsgeld und Ersatzvornahme, aber auch die Anwendung unmittelbaren Zwangs durch Vollzugskräfte der Ordnungsbehörde) möglich ist. § 168 Abs. 2 Nummer 1 LVwG regelt hierzu, dass die Ordnungsbehörde abweichend von dem vorstehenden Grundsatz die Polizei um Vollzugshilfe ersuchen kann, soweit der Vollzug durch die Ordnungsbehörde erfolglos geblieben oder unangebracht ist.

5.2. Der Vollzug durch die Ordnungsbehörde ist insbesondere dann unangebracht, wenn im Einzelfall

- eine andere als die ersuchte Maßnahme nicht in Betracht kommt oder
- andere Maßnahmen keinen Erfolg versprechen oder
- andere Maßnahmen unzweckmäßig sind, insbesondere weil sie der betreffenden Person einen größeren Nachteil verursachen als die ersuchte Maßnahme und
- die Ausführung des Zwangsmitteleinsatzes rechtlich nur der Polizei möglich ist oder
- voraussichtlich die Anwendung unmittelbaren Zwangs erforderlich sein wird und die Ordnungsbehörde nach den tatsächlichen Verhältnissen mangels eigener, im konkreten Einzelfall geeigneter Vollzugskräfte die Vollzugshandlung ausnahmsweise selber nicht oder nicht rechtzeitig vornehmen kann oder
- hinreichende Anhaltspunkte dafür bestehen, dass erhebliche Störungen der Amtshandlung, insbesondere tätliche Angriffe gegen Kräfte der Ordnungsbehörden in einem Maße zu erwarten sind, denen die eingesetzten Vollzugskräfte mit eigenen Vollzugsmitteln nicht angemessen begegnen können bzw. hinsichtlich der ihnen zur Verfügung stehenden Fähigkeiten ihre Eigensicherung betreffend nicht gewachsen sind und daraus Gefahren für die Gesundheit der eingesetzten Kräfte zu besorgen sind.

5.3. Soweit der Vollzug durch die Ordnungsbehörde erfolglos geblieben oder unangebracht ist, ersucht sie unter Angabe des Grundes und der

Rechtsgrundlage die Polizei um die Durchführung von Vollzugsmaßnahmen (Vollzugshilfe, § 168 Abs. 2 Nummer 1 LVwG). Die Ordnungsbehörde soll dabei den Zwangsmitteleinsatz soweit wie möglich konkretisieren. Setzt der Vollzug die richterliche Anordnung einer Maßnahme oder die richterliche Entscheidung über die Zulässigkeit einer Maßnahme voraus, legt die Ordnungsbehörde der Polizei die richterliche Anordnung oder Entscheidung mit dem Vollzugshilfeersuchen vor. Begründet sich aus Sicht der Ordnungsbehörde Gefahr im Verzug, so legt sie den vorliegenden Gefahrengrad aus ihrer Sicht gesondert dar. Ist im Falle einer Freiheitsentziehung eine vorherige richterliche Entscheidung nicht ergangen, hat die Polizei die festgehaltene Person zu entlassen, wenn die ersuchende Ordnungsbehörde die richterliche Entscheidung nicht unverzüglich beantragt (ausgenommen ein Fall nach § 181 Abs. 4 Satz 2 LVwG) oder die Frist nach § 204 Abs. 5 Satz 2 LVwG vor Anordnung des Gerichts abläuft.

5.4. Die Ziffern 3.2.5 bis 3.2.7 dieser Verwaltungsvorschrift gelten entsprechend.

5.5. Vollzugshilfeersuchen an die Polizei sind von den Ordnungsbehörden schriftlich an die auf ihrer jeweiligen Ebene zuständige Polizeidienststelle zu richten. Ein schriftlicher Grundverwaltungsakt (§ 176 Abs. 1 LVwG) und ein schriftlicher Vollzugsverwaltungsakt (§ 236 LVwG) sollen einschließlich der Zustellungsnachweise beigefügt werden. In Eilfällen kann das Ersuchen formlos erfolgen oder unmittelbar an eine andere Polizeidienststelle gerichtet werden. In diesen Fällen ist jedoch das formlose Ersuchen auf Verlangen unverzüglich nachträglich schriftlich zu bestätigen bzw. gleichzeitig die für das Ersuchen zuständige Polizeidienststelle zu benachrichtigen.

5.6. Gibt es hinreichende Anhaltspunkte dafür, dass erhebliche Störungen der Amtshandlung in einem Maße zu erwarten sind, denen die eingesetzten Vollzugskräfte der Ordnungsbehörde mit eigenen Vollzugsmitteln insbesondere unter Eigensicherungsaspekten nicht angemessen begegnen können, leistet die Polizei grundsätzlich Schutz und Hilfe bei der Aufgabenerfüllung. Die Ziffern 3.2.5 und 3.2.6 gelten entsprechend.

6. Zusammenarbeit zwischen Ordnungsbehörden und Polizei beim Erlass von Verordnungen über die öffentliche Sicherheit

6.1. Vor Erlass einer Verordnung ist die für den Geltungsbereich der Verordnung zuständige Polizeidienststelle zu hören. Berührt die Verordnung den Zuständigkeitsbereich der Wasserschutzpolizei, so ist die für den Geltungsbereich der Verordnung zuständige Wasserschutzpolizeidienststelle zu hören.

6.2. Hält die Polizei den Erlass einer Verordnung für ihren oder einen erweiterten Dienstbereich für notwendig, so beantragt sie diese bei der zuständigen Ordnungsbehörde schriftlich unter eingehender Begründung.

6.3. Alle Verordnungen sind sofort nach ihrem Erlass der für den Geltungsbereich zuständigen Polizeidienststelle in geeigneter Weise zur Kenntnis zu bringen.

7. Ausbildung und Fortbildung

Die Polizei unterstützt die Ordnungsbehörden im Rahmen der zur Verfügung stehenden personellen, finanziellen und materiellen Ressourcen bei der einsatzpraktischen Aus- und Fortbildung ordnungsbehördlicher Vollzugskräfte, damit diese ihre vollzugsbehördlichen Aufgaben sicher durchführen können.

8. Kosten

Kosten, die der Polizei durch Vollzugs- und Ermittlungshilfe entstehen, werden nach § 11 Abs. 3 des Gesetzes über die Organisation der Polizei in Schleswig-Holstein (Polizeiorganisationsgesetz) vom 12. November 2004 (GVOBI. Schl.-H. S. 408) zuletzt geändert durch Gesetz vom 22. Oktober 2013 (GVOBI. Schl.-H. S. 404) mit Ausnahme solcher nach § 11 Abs. 1 Polizeiorganisationsgesetz von der sachlich und örtlich zuständigen Ordnungsbehörde getragen. Von der Vorschrift des § 11 Abs. 3 Polizeiorganisationsgesetz unberührt bleiben Maßnahmen der Polizei, die diese im Rahmen ihrer Eilkompetenz und alleinigen sachlichen Zuständigkeit nach § 168 Abs. 1 Nummer 3 LVwG trifft. Im Übrigen findet über § 168 Abs. 2 Satz 2 LVwG die Vorschrift des § 35 Abs. 2 LVwG Anwendung.

9. Inkrafttreten

Diese Verwaltungsvorschrift tritt am Tag nach ihrer Veröffentlichung in Kraft. Sie ersetzt die Verwaltungsvorschrift über die Zusammenarbeit zwischen den Ordnungsbehörden und er Polizei bei der Gefahrenabwehr vom 21. April 1997 (Amtsbl. Sch.-H. S. 194) zuletzt verlängert durch Erlass vom 7. November 2014, die mit Ablauf des 31.12.2019 außer Kraft getreten ist.

E. Prüfungsschema für Klausuren

Grundsätzlich gilt, dass es keine allgemein verbindlichen Prüfungsschemata und damit auch keine „Musterlösungen" gibt. Auch unser Vorschlag für ein Prüfungsschema ist lediglich ein formales Gerüst, eine psychologische Stütze für die Studentin/den Studenten. Ein Prüfungsschema ersetzt keine Rechtskenntnisse und auch keine einzelfallorientierte Subsumtion. Entscheidend ist, dass bei jeder Klausurlösung die Darstellung für Dritte transparent und nachvollziehbar sein muss.

I. Vorüberlegungen/Lösungsskizze

- Analyse des Sachverhalts und der Fragestellung(en)
- Berücksichtigung der Bearbeitungshinweise
- Herausstellung der wesentlichen Problempunkte
- Fertigung einer Lösungsskizze

II. Rechtscharakter

- Welche Maßnahmen sind zu bearbeiten? Aufzählung der Maßnahmen
- Liegen Eingriffe in Grundrechtspositionen vor? Grundrechtseingriff Tat-/Rechtshandlung? • Schutzbereich • Eingriff Subsumtion
- Ziel der Maßnahmen? • Gefahrenabwehr • Verfolgung von Normverletzungen • Gemengelage – somit Rechtsgebietsabgrenzung

III. Ergebnis

- Feststellung der Rechtsnatur – Verwaltungsakt oder Justizverwaltungsakt?

IV. Rechtmäßigkeit der Grundmaßnahme

Grundsatz der Gesetzmäßigkeit der Verwaltung (Art. 1 III; 20 III, Art. 45 LV SH, § 73 LVwG)

1. Formelle Rechtmäßigkeit

1.1. Aufgabenzuweisung, sachliche Zuständigkeit (Strafverfolgung, Gefahrenabwehr, Owi-Verfolgung)
1.2. Örtliche Zuständigkeit (§ 169 LVwG)
1.3. Verfahren, Form (soweit im Einzelfall von Bedeutung)

2. Materielle Rechtmäßigkeit

2.1. Befugnisnorm
2.2. Adressat (aus der Ermächtigung oder §§ 218–220 LVwG)
2.3. Ermessen, höherrangiges Recht

3. Zwischenergebnis

V. Rechtmäßigkeit des Vollzuges

- Je nach Sachverhalt und Aufgabenstellung zu überprüfen.

1. Formelle Rechtmäßigkeit/Allgemeine Vollzugsvoraussetzungen

1.1. Vollzugsfähigkeit (§ 228 LVwG)
1.2. Zulässigkeit des Vollzuges (§§ 229 oder 230 LVwG)
1.3. Zuständigkeit der Vollzugsbehörde (§ 231 LVwG)
1.4. Androhung der Vollstreckung (§ 236 LVwG)
1.5. Zulässigkeit des Zwangsmittels

2. Materielle Rechtmäßigkeit

2.1. Vollzugsermächtigung (Zwangsgeld, Ersatzvornahme, unmittelbarer Zwang – §§ 237–239 LVwG)
2.2. Ermächtigungsbegrenzende Normen
2.3. Vollzugsadressat/Pflichtiger
2.4. Vollzugsermessen

3. Allgemeine Vorschriften unmittelbarer Zwang

3.1. „Einstieg“ § 250 LVwG
3.2. Begriffsbestimmungen § 251 LVwG
3.3. Vollzugsbeamte § 252 LVwG
3.4. Handeln auf Anordnung § 253 LVwG

3.5. Hilfeleistung für Verletzte § 254 LVwG
3.6. Fesselung § 255 LVwG
3.7. Warnung § 259 LVwG
3.8. Einstellung des Vollzuges § 241 LVwG

4. Rechtmäßigkeit der Befugnisnorm bzw. der ermächtigungsbegrenzenden Bestimmung(en)

5. Zwischenergebnis

VI. Kosten

Je nach Aufgabenstellung Darstellung der Kostenfrage (§§ 227a, 249 LVwG, VVKO)

VII. Schadensersatz

- Je nach Aufgabenstellung Darstellung der Schadensersatzansprüche
- Amtshaftung § 839 BGB i. V. m. Art. 34 GG
- Entschädigung §§ 221 ff. LVwG

VIII. Rechtsbehelfe/Rechtsmittel

Ausführungen je nach Aufgabenstellung

IX. Gesamtergebnis

Zusammenfassung der wesentlichen Ergebnisse. Je nach Aufgabenstellung kurze Darstellung der Auswirkungen auf strategisch-taktische Überlegungen der Polizei.

F. Sonderthemen

I. Die Aufzeichnung von polizeilichen Maßnahmen

> Diese Situationen kennen viele Polizeibeamte nur zu gut: Bei einer Verkehrskontrolle oder einem anderen Einsatz wird von dem Adressaten der Maßnahme oder einer unbeteiligten Person zum Smartphone gegriffen, um das Geschehen aufzuzeichnen. Die Motive für dieses Verhalten können vielfältig sein: Man will diesen polizeilichen Einsatz dokumentieren, um ihn ggf. später auf seine Rechtmäßigkeit hin überprüfen zu lassen. Oder es ist einfach nur die Absicht, das Geschehen zeitversetzt im Internet zu veröffentlichen oder zumindest seinen Freunden zu übermitteln. Bisweilen werden die Aufnahmen auch unmittelbar in Echtzeit „gestreamt". Für die rechtliche Bewertung spielt eine Vielzahl von Fragen eine Rolle: Wer fertigt die Aufnahme? Ist es ein Medienvertreter in Ausübung seines Dienstes? Mitglieder eines Rockerclubs, die einer Kontrolle unterliegen? Oder nur der zufällig von der Polizei kontrollierte Bürger, der sich über diesen Umstand ärgert? Auch die Art der Film- oder Fotoaufnahme ist hier von Bedeutung: Handelt es sich um die Übersichtsaufnahme eines Einsatzgeschehens oder um das gezielte Portrait einer Person?

Die im polizeilichen Einsatzalltag allgegenwärtige Problematik von Bildaufnahmen von Polizeibeamtinnen und -beamten während des Einsatzes soll im Folgenden rechtlich bewertet werden. Aufgezeigt werden auch Handlungsmöglichkeiten. So wird zu erörtern sein, unter welchen Voraussetzungen eine Identitätsfeststellung und/oder eine Sicherstellung von Kamera oder Datenträger erfolgen darf.

Grundrechtsrelevanz:

Das Aufzeichnen von polizeilichen Maßnahmen stellt zumindest dann, wenn einzelne Beamtinnen und Beamte individualisierbar sind, ein Eingriff in deren allgemeines Persönlichkeitsrecht gemäß Art. 2 Abs. 1 in Verbindung mit Art. 1 Abs. 1 GG dar. Neben dem Schutz der Privatsphäre beinhaltet das allgemeine Persönlichkeitsrecht auch den Schutz der Selbstdarstellung, mithin auch die Entscheidung darüber, ob und wie sich der Einzelne nach außen wahrnehmbar präsentieren will. Dies mündet dann auch in die Bereiche des Rechts auf informationelle Selbstbestimmung sowie im Recht am eigenen Bild und am eigenen Wort. Im abgestuften Schutzkonzept des allgemeinen Persönlichkeitsrechts wird zwischen Öffentlichkeitssphäre, Privatsphäre und Intimsphäre unterschieden. Während der Dienstausübung wird mit Blick auf die Fertigung von Bildmaterial von Beamtinnen und Beamten die Öffentlichkeitssphäre (dienstliche Sozialsphäre) relevant. Dabei handelt es sich um den Bereich, in dem der Einzelne bewusst offen agiert oder sich öffentlich äußert, also in Ausübung seiner beruflichen Tätigkeit. Dass auch Polizeibeamtinnen und -beamten in ihrer Dienstausübung der Schutz des allgemeinen Persönlichkeitsrechts zufällt, ist durch die Rechtsprechung ausgestaltet. Polizeibeamtinnen und -beamte werden also grundsätzlich durch das allgemeine Persönlichkeitsrecht vor der Aufnahme ihres Abbildes und ihrer Kommunikation durch Fotografie und Film sowie deren Darbietung, Verbreitung oder sonstiger Verwertung geschützt, wenn dies ohne oder gegen ihren Willen geschieht. Dieser Schutz wird jedoch nicht schrankenlos gewährt. Eingriffe können zulässig sein, wenn schutzwürdige Interessen der fotografierenden oder filmenden Person überwiegen oder sich diese Personen auf eine Rechtsgrundlage stützen können.

In Betracht kommen folgende Rechtsgrundlagen:

- <u>§ 33 in Verbindung mit §§ 22, 23 Kunsturheberrechtsgesetz (KunstUrhG)</u>

§ 33 KunstUrhG stellt die Verbreitung oder öffentliche Zurschaustellung eines Bildnisses unter Strafe, sofern dies ohne Einwilligung des Abgebildeten (§ 22 KunstUrhG, „Recht am eigenen Bild“) geschieht und keine Ausnahme nach § 23 KunstUrhG greift. Geschützt werden soll so die wirtschaftliche Entscheidungsfreiheit ein Bild kommerziell zu nutzen – dies kann für die vorliegende Problematik außer Betracht bleiben – sowie das visuelle Selbstbestimmungsrecht einer Person. Letzteres fällt auch Polizeibeamtinnen und -beamten zu.

Der Begriff des Bildnisses ist weit auszulegen. Neben Fotos werden auch Abbildungen im Film und in Videos geschützt. Voraussetzung ist lediglich, dass der Abgebildete erkennbar ist, und damit gegebenenfalls auch erst nach einer möglichen Vergrößerung identifiziert werden kann. Durch einen Gesichtsbalken wird die Unkenntlichmachung in der Regel nicht erreicht.[205] Daher bleibt es ein Bildnis im Sinne der Norm.

Eine tatbestandsmäßige Verbreitung eines Bildnisses liegt vor, wenn dieses an Dritte weitergeben wird. Dabei ist auch eine Weitergabe im privaten Bereich erfasst. Ebenso erstreckt sich der Schutz auch auf die digitale Verbreitung (bspw. über Messenger-Dienste).

205 Vgl. OLG Karlsruhe, Beschluss vom 02.10.1979 – 4 Ss 200/79 = NJW 1980, 1701 f.

Die zweite Tatbestandsalternative der Zurschaustellung eines solchen Bildnisses bedeutet, etwas den Blicken anderer auszusetzen. Nicht erforderlich ist, dass dabei jemand anderes die Verfügungsgewalt über das Bildnis erhält. Ausreichend ist also, wenn der Betrachter des Fotos/Clips die Möglichkeit hatte, es zu sehen. Daher ist der Tatbestand mit dem Upload des Bildes ins Internet (bspw. YouTube, Instagram) und auch bei „Streaming" erfüllt.

Zur Verbreitung und Zurschaustellung ist grundsätzlich die Einwilligung des Abgebildeten erforderlich. Es muss also dessen vorherige Zustimmung (vgl. § 183 BGB) vorliegen. Ob diese vorliegt, ist eine Frage des Einzelfalls. Die Einwilligung kann formlos erteilt werden und in Ausnahmefällen sogar stillschweigend, wenn aufgrund der Gesamtumstände davon ausgegangen werden kann, dass der Abgebildete die Aufnahme billigt (Prominenter betritt „roten Teppich"; Pressesprecher gibt ein Interview).

Der Grundsatz, dass Bildnisse nur mit Einwilligung weitergegeben werden können, gilt nicht ausnahmslos. Ausnahmen sieht § 23 KunstUrhG vor.

Nach § 23 Abs. 1 Nr. 2 KunstUrhG dürfen Bilder, auf denen die Personen nur als Beiwerk neben einer Landschaft oder sonstigen Örtlichkeiten erscheinen, ohne Einwilligung verbreitet werden. Gleiches gilt für Bilder von Versammlungen, Aufzügen und ähnlichen Vorgängen, an denen die Personen teilgenommen haben (§ 23 Abs. 1 Nr. 3 KunstUrhG). In diesem Zusammenhang fragt sich, was bei Versammlungen für Bildnisse von Polizeibeamten gilt. Während nach den Versammlungsgesetzen nur die Teilnehmer erfasst sind und nicht die Polizeibeamten, spricht viel dafür, diese jedoch unter den Versammlungsbegriff des § 23 Abs. 1 Nr. 3 KunstUrhG zu fassen. Die Norm möchte eine Darstellung relevanter Ereignisse in der Öffentlichkeit ermöglichen. Dies würde faktisch leerlaufen, wenn auf den Aufnahmen einer Versammlung keine Polizei zu sehen sein dürfte. Je nach Größe der Versammlung und dem Polizeiaufgebot wären Aufnahmen unmöglich.

Aufnahmen von Versammlungen, auf denen Polizeibeamte zu sehen sind, sollten daher ohne Einwilligung als zulässig angesehen werden. Weiterhin nicht erlaubt wären aber Portraitaufnahmen ohne besondere Veranlassung, denn solche Einzelaufnahmen sind nicht in der Lage, symbolhaften Aussagegehalt über die Versammlung zu entfalten.[206]

206 Rennicke, Polizeiliches Einschreiten gegen Filmaufnahmen unter Berücksichtigung der DSGVO, NJW 2022, 8, 11 f.; Reuschel, „Gestreamte" Aufnahmen von Polizeibeamten im Straf- und Gefahrenabwehrrecht, NJW 2021, 17, 19.

Von hauptsächlicher Relevanz für die polizeiliche Praxis ist aber § 23 Abs. 1 Nr. 1 KunstUrhG. Danach dürfen Personen der relativen Zeitgeschichte ohne Einwilligung abgebildet werden. Die relative Zeitgeschichte erfasst Sachverhalte, an denen die Öffentlichkeit, sei es auch nur regional oder lokal, ein Interesse hat. In Abwägung zu bringen ist nach dem von der Rechtsprechung ausgestalteten abgestuften Schutzkonzept hier das eben genannte Informationsinteresse der Öffentlichkeit und insbesondere der Presse (Art. 5 Abs. 1 GG) gegen das Recht am eigenen Bild der abgebildeten Personen.[207] Leitlinie ist hier die Frage, ob die Aufnahmen zu einer öffentlichen Diskussion führen werden. Ist dies zu bejahen, wird ein Recht zur Veröffentlichung regelmäßig vorliegen.

Auch Polizeibeamtinnen und -beamte können daher Personen der relativen Zeitgeschichte sein, sodass eine Verbreitung von Bildnissen ohne deren Einwilligung zulässig sein kann. Dies wird man zumindest für hochrangige Polizeibeamte annehmen können, bei denen als Person des öffentlichen Lebens ein gesteigertes Interesse der Öffentlichkeit besteht.

Die Rechtsprechung geht im Übrigen davon aus, dass dem allgemeinen Persönlichkeitsrecht der Beamten während eines Einsatzes ein geringes Gewicht zufalle. Diese würden in ihrer dienstlichen Funktion als Organe des Staates handeln und damit einer öffentlichen Kontrolle unterliegen.[208] Vor allem der Presse komme daher eine Kontrollfunktion zu („Watchdog").[209] Dennoch gilt, dass bei Routineeinsätzen das Recht am eigenen Bild der Beamtinnen und Beamten überwiegen wird. Anders sieht es dann aus, wenn es sich um ein pflichtwidriges Verhalten handelt, denn daran hat die Öffentlichkeit sehr wohl ein gesteigertes Informationsinteresse. In diesem Falle sind auch Nahaufnahmen der Beamten zulässig.[210] Mit Blick auf Nahaufnahmen ist aber zu fordern, dass diese zum Erfassen des Einsatzgeschehens und dem Informationsinteresse der Öffentlichkeit auch erforderlich sind. Das Fertigen von Nahaufnahmen entfaltet bei Einsätzen der Spezialkräfte eine besondere Brisanz. Ihr Einsatz wird regelmäßig ein zeitgeschichtliches Ereignis von mindestens lokaler Bedeutung sein. Hier ist zu fordern, dass seitens der Presse keine die Identität enttarnenden Aufnahmen der Beamten der Spezialkräfte gefertigt werden. Deren Enttarnung wohnt zum einen Gefahrenpotenzial für die Beamten und deren Familien inne, zum anderen wird aber auch die Funktionsfähigkeit des SEK an sich gefährdet. Daneben steht natürlich auch das Recht am eigenen Bild

207 BGH, Urt. v. 06.03.2007 – VI ZR 51/06 = GRUR 2007, 527, u. a.
208 Vgl. Kirchhoff, Filmen von Polizeieinsätzen, NVwZ 2021, 1179.
209 EGMR, Urt. v. 24.06.2004 – 59320.
210 VGH Mannheim, Urt. v. 10.07.2000 – 1 S 2239/99 = NVwZ 2001, 1292.

der Beamten. Gleichwohl lässt sich nach der Rechtsprechung des BVerwG aus diesen Gründen, ohne dass weitere Anhaltspunkte für eine solche Gefahr bestehen, kein pauschales Fotografierverbot im Wege einer an die Presse gerichteten Polizeiverfügung gründen.[211] Die Polizei müsse vielmehr auf eine Verständigung über das „Ob" und „Wie" einer Veröffentlichung von Bildern hinwirken. Im Übrigen geht die Rechtsprechung in diesem Zusammenhang grundsätzlich von der Rechtstreue der Presse aus.[212]

Anders liegt der Fall bei Aufnahmen durch Private, die mit der Rechtslage nicht ohne Weiteres vertraut sind. Problematisch mit Blick auf polizeiliche Maßnahmen ist in diesem Zusammenhang, dass die Rechtsprechung bislang in der bloßen Fertigung von Bildern noch keine Gefahr einer Verbreitung, also einer bevorstehenden Straftat nach § 33 KunstUrhG, sieht.[213] Man wird also nicht so weit gehen können, dass eine Aufnahme mit einem Smartphone stets die Gefahr einer weiteren Verbreitung begründet. Zur Annahme einer Gefahr für die öffentliche Sicherheit müssen daher konkrete Anhaltspunkte hinzutreten, dass Bilder unter Verstoß gegen die §§ 22, 23 KunstUrhG verbreitet werden. Anhaltspunkte können entsprechende Aussagen der Beteiligten oder einschlägige Erfahrungen mit den Beteiligten aus der Vergangenheit sein.

- Art. 6 DSGVO

Auch Art. 6 Datenschutz-Grundverordnung (DSGVO) kann eine Grundlage polizeilichen Einschreitens gegen unrechtmäßige Bildaufnahmen darstellen.[214] Ein Verstoß gegen Art. 6 DSGVO ist nach Art. 83 Abs. 5a DSGVO in Verbindung mit § 41 BDSDG eine Ordnungswidrigkeit.

Nach Art. 6 Abs. 1a DSGVO ist eine Datenverarbeitung (Art. 4 Nr. 1 und 2 DSGVO) unter anderem nur dann rechtmäßig, wenn diese mit der Einwilligung der betroffenen Person erfolgt. Das Fotografieren, das Filmen oder „Streamen" von Personen stellt eine Datenverarbeitung in diesem Sinne dar. Dass auch personenbezogene Daten von Polizeibeamten unter den Anwendungsbereich fallen, ist vom EuGH entschieden.[215] Da eine Einwilligung regelmäßig nicht vorliegen wird, ist zu prüfen, ob der Rechtfertigungsgrund des Art. 6 Abs. 1f DSGVO greift. Danach ist eine Datenverarbeitung

211 BVerwG, Urt. v. 28.03.2012 – 6 C 12/11 = NJW 2012, 2676.
212 OVG Saarloius, Urt. v. 11.04.2002 – 9 R 3/01 = BeckRS 2002, 12244.
213 BVerfG, Beschluss vom 24.07.2015 – 1 BvR 2501/13 = ZUM 2015, 986.
214 Sehr eingängig und ausführlich zu dieser Thematik: Rennicke, Polizeiliches Einschreiten gegen Filmaufnahmen unter Berücksichtigung der DSGVO, NJW 2022, 8ff., auch zum Folgenden.
215 EuGH ECLI:EU:C:2019:122 = NJW 2019, 2451f., noch zum wortlautgleichen Art. 3 der Datenschutz-RL 95/46/EG. Die Datenschutz-RL wurde 2018 von der DSGVO abgelöst.

auch ohne Einwilligung zulässig, sofern ein berechtigtes Interesse vorliegt. Dies setzt voraus, dass das Interesse der die Aufnahme fertigenden Person das Interesse und die Grundrechte des betroffenen Beamten überwiegt.

Die Systematik und der nun vorzunehmende Abwägungsprozess decken sich mit den soeben gemachten Ausführungen zu § 23 KunstUrhG. So ist es nicht verwunderlich, dass umstritten ist, ob das KunstUrhG neben der DSGVO überhaupt noch anwendbar ist. Hier ist zu unterscheiden, ob die Datenverarbeitung zu journalistischen oder zu privaten Zwecken erfolgt. Für die Datenverarbeitung durch Journalisten sieht Art. 85 Abs. 2 DSGVO eine Abweichungskompetenz der Mitgliedstaaten vor, um die freie Meinungs- und Informationsfreiheit zu gewährleisten. In Schleswig-Holstein findet sich eine solche Regelung, wie in den meisten Bundesländern, im Landespressegesetz. Nach § 10 Satz 4 Landespressegesetz findet Art. 6 DSGVO keine Anwendung. Es heißt in Satz 4: Im Übrigen finden für die Datenverarbeitung zu journalistischen oder literarischen Zwecken von den Kapiteln II bis VII und IX der Verordnung (EU) 2016/679 nur die Art. 5 Abs. 1f in Verbindung mit Abs. 2, Art. 24 und 32 sowie nur § 83 des Bundesdatenschutzgesetzes (BDSG) vom 30. Juni 2017 (BGBl. I S. 2097) Anwendung. Daraus lässt sich folgern, dass für journalistische Berichterstattung ausschließlich das KunstUrhG Anwendung findet. Im Bereich außerhalb des Journalismus sprechen die überwiegenden Argumente für eine gleichzeitige Anwendbarkeit des KunstUrhG neben der DSGVO. Nach Art. 85 Abs. 1 DSGVO bringen die Mitgliedstaaten durch Rechtsvorschriften den Schutz der personenbezogenen Daten mit dem Recht auf freie Meinungsäußerung und Informationsfreiheit in Einklang. Dies hat der Bundesgesetzgeber mit den §§ 22, 23 KunstUrhG getan. Schließlich wohnt diesen Normen ein umfangreicher Abwägungsprozess inne. Zudem ist der Schutz durch den Straftatbestand des § 33 KunstUrhG abgesichert. Dies entspricht dem Gedanken des Art. 85 Abs. 1 DSGVO, sodass beide Regelungsregime Anwendung finden können.[216]

Für die Bewertung, ob ein berechtigtes Interesse im Sinne des Art. 6 Abs. 1f DSGVO vorliegt und damit eine Aufnahme zulässig ist, muss wieder eine umfangreiche Abwägung stattfinden. Dieses wird bejaht, wenn der Adressat einer polizeilichen Maßnahme ein besonderes Interesse an einer Beweisbarkeit hat. Sei es, dass es zu körperlichen Schäden gekommen ist, oder ein rechtswidriges Verhalten der Beamten vorliegt. Erfasst ist auch ein berechtigtes Drittinteresse. Daraus folgt, dass auch unbeteiligte Perso-

216 So überzeugend: Kirchhoff, Polizeiliche Maßnahmen bei Film- und Fotoaufnahmen, NVwZ 2021, 1177, 1181.

nen den Einsatz aufzeichnen dürfen, wenn die Absicht besteht, dem polizeilichen Gegenüber bei der Wahrung seiner Interessen zu helfen. Bestehen solche Interessen, werden diese regelmäßig die Persönlichkeitsrechte der Polizeibeamten überwiegen.

Neben dem Anfertigen von Aufnahmen kann auch eine daran anknüpfende Veröffentlichung derselben eine Gefahr für die öffentliche Sicherheit darstellen. Auch hier wäre wieder erneut zu prüfen, ob ein berechtigtes Interesse nach Art. 6 Abs. 1f DSGVO vorliegt. Während Beweiszwecke hier regelmäßig wegfallen dürften, bleiben dieselben Erwägungen wie bereits zu § 23 KunstUrhG übrig. Insbesondere sind erneut die Rechte der Beamten gegen das öffentliche Informationsinteresse abzuwägen.

Für die polizeiliche Praxis zum Vorgehen gegen das Fertigen von Bildern bietet das aufgezeigte Vorgehen nach der DSGVO gegenüber dem KunstUrhG jedoch einen entscheidenden Vorteil: Der Grundsatz, dass aus einer bloßen Aufnahme noch keine Gefahr einer Verbreitung oder Zurschaustellung entstünde, gilt hier nicht. Es entfällt also der erforderliche Nachweis tatsächlicher Anhaltspunkte, die auf eine beabsichtigte Verbreitung des gefertigten Bildmaterials schließen lassen. In der Folge stellt schon das bloße Anfertigen von Bildaufnahmen einen Verstoß gegen die objektive Rechtsordnung und damit auch eine Gefahr für die öffentliche Sicherheit dar, wenn kein berechtigtes Interesse des polizeilichen Gegenübers besteht.

Zusammenfassend lässt sich also sagen, dass Art. 6 DSGVO die polizeilichen Handlungsmöglichkeiten gegen Bildaufnahmen erheblich erweitert und die Durchsetzung des Rechts am eigenen Bild der Polizeibeamtinnen und -beamten deutlich erleichtert.

Auch die Identitätsfeststellung bei Verstößen lässt sich unmittelbar auf die DSGVO stützen. Ist die aufnehmende Person der aufgenommenen Person nicht bekannt, hat sie als Verantwortliche der Datenerhebung ihre Kontaktdaten mitzuteilen (Art. 13 DSGVO); anderenfalls kommt eine Geldbuße nach Art. 83 Abs. 5b DSGVO in Betracht. Zur Verfolgung der dann möglichen Bußgeldbestände kann eine polizeiliche Identitätsfeststellung (§§ 53, 46 Abs. 1 OWiG i. V. m. § 163b Abs. 1 StPO) erfolgen.[217]

- Verletzung des höchstpersönlichen Lebensbereichs durch Bildaufnahmen gem. § 201a StGB

Im Gegensatz zu § 33 KunstUrhG stellt § 201a StGB schon das alleinige Anfertigen von bestimmten Bildaufnahmen unter Strafe, eine Veröffent-

217 Kirchoff, Filmen von Polizeibeamten, NVwZ 2021, 1177, 1182.

lichung oder Verbreitung ist nicht erforderlich. Allerdings werden damit nur Bildaufnahmen erfasst, durch die die Intimsphäre einer Person verletzt wird, indem der Täter den Geschädigten z. B. in hilflosem Zustand oder in dessen privater Wohnung aufnimmt. Fertigt jemand unbefugt Bildaufnahmen von Polizeibeamten im Dienst, liegt ein solcher Fall i. d. R. nicht vor.

Nach § 201a Abs. 2 StGB hat sich zu verantworten, wer Bildaufnahmen einer Person anderen zugänglich macht, die geeignet sind, dem Ansehen der abgebildeten Person zu schaden. Geschützt wird dadurch die Ehre der betroffenen Person. Zu prüfen ist daher unter Berücksichtigung aller Umstände des Einzelfalls, ob die Aufnahme geeignet ist, die betroffene Person verächtlich zu machen oder öffentlich herabzuwürdigen. Dies wird regelmäßig zu verneinen sein, zumal die Norm fordert, dass die Herabwürdigung erheblich sein muss. Selbst wenn beim Streaming in Echtzeit abschätzige Kommentare der Zusehenden erfolgen, wird dies keine Ehrverletzung im Normsinne begründen.[218] Eine andere Frage ist indes, ob derartige Kommentare ihrerseits Straftatbestände verwirklichen.

Somit ist der § 201a StGB regelmäßig kein Straftatbestand, der eine Möglichkeit bieten würde, im Polizeidienst gegen unerwünschte Aufnahmen vorzugehen.

- Verletzung der Vertraulichkeit des Wortes gem. § 201 StGB

Diese Norm stellt schon die unbefugte Aufnahme des nicht öffentlich gesprochenen Wortes eines anderen auf einem Tonträger unter Strafe. Die Norm ist damit nach der vorherrschenden Auffassung eine strafrechtliche Ausprägung des allgemeinen Persönlichkeitsrechts (Art. 2 Abs. 1 i. V. m. Art. 1 Abs. 1 GG) und soll die Unbefangenheit der Kommunikation absichern. Bloße Bildaufnahmen erfasst diese Norm nicht.

Ob auch Amtsträger in den Anwendungsbereich der Norm fallen, wird teilweise kritisch hinterfragt. Der Schutz eines Gesprächs sei in der polizeilichen Arbeit ohne Belang, dafür gäbe es in der polizeilichen Kommunikation keinen Raum. Der Dienst von Polizeibeamten sei schon immer auf Kontrollierbarkeit und totale Transparenz ausgerichtet. In der Rechtsprechung ist aber nach jüngster und erstmaliger Bewertung eines OLG die Auffassung durchgedrungen, dass auch das dienstlich gesprochene Wort vertraulich sein kann.[219]

218 Reuschel, „Gestreamte" Aufnahmen von Polizeibeamten im Straf- und Gefahrenabwehrrecht, NJW 2017, 17, 18 f.

219 OLG Zweibrücken, Beschluss vom 30.06.2022, 1 OLG 2 Ss 62/21.

Es fragt sich dann, wann das „polizeilich gesprochene Wort" als nicht öffentlich im Normsinne einzuordnen ist. Nur weil ein Polizeibeamter in der Öffentlichkeit handelt, bedeutet es nicht automatisch, dass jedes von ihm gesprochene Wort auch öffentlich ist. Öffentlich wäre es in den Fällen, wenn das Wort einem unbestimmten, nicht eingrenzbaren Personenkreis gilt oder der sprechende Beamte in Kauf nimmt oder es offensichtlich ist, dass ein unbestimmter Personenkreis davon Kenntnis erlangt (sog. „faktische Öffentlichkeit"[220]). Öffentlich ist eine Äußerung also dann, wenn der Sprechende die Reichweite seiner Worte nicht unter Kontrolle behalten kann. Auf eine besondere Vertraulichkeit des Inhalts kommt es bei der Einordnung nicht an. Somit würde es bedeuten, dass die laute Aufforderung eines Polizeibeamten an eine Person „stehenzubleiben" einen öffentlichen Charakter aufweist, sofern weitere Personen in Hörweite sind. Gleiches gilt regelmäßig für polizeiliche Ansprachen bei Versammlungen oder sonstigen Großereignissen. Sollte dies jemand aufzeichnen, scheidet eine Strafbarkeit gem. § 201 StGB aus. Finden Gespräche jedoch in einem begrenzten Bereich statt und kann der Sprechende nicht davon ausgehen, dass noch andere Personen mithören, kann das gesprochene Wort nichtöffentlich sein.[221] Fordert bspw. der Beamte bei einer Verkehrskontrolle den Fahrzeugführer auf, Führerschein und Fahrzeugschein auszuhändigen, ist das gesprochene Wort nicht öffentlich, weil es nur ein klar abgrenzbarer Personenkreis hören soll, nämlich die Fahrzeuginsassen. Dies gilt erst recht bei Gesprächen, die bewusst von (potenziell) Zuhörenden abgeschirmt werden. Bei der Aufzeichnung solcher Gespräche käme somit trotz allem der Anfangsverdacht einer strafbaren Handlung gem. § 201 StGB in Frage. Dieser fordert weiterhin, dass die Aufnahme auf einem Tonträger erfolgen muss. Dieser Begriff ist sehr weit auszulegen, denn es werden nicht nur Tonband- oder Diktiergeräte erfasst, sondern alle Smartphones, die beim Filmen in aller Regel gleichzeitig Tonaufnahmen anfertigen. Von entscheidender Bedeutung für die Strafbarkeit ist das Anfertigen von Tonaufnahmen, denn die reine Aufnahme von Bildmaterial erfüllt den § 201 StGB nicht. Allerdings ist davon auszugehen, dass beim heutigen Stand der Technik kaum noch jemand eine reine Videoaufnahme ohne Ton anfertigt. Ein entsprechender Anfangsverdacht dürfte demnach grundsätzlich vorliegen. Schließlich muss die Aufnahme unbefugt erfolgen. Dies ist regelmäßig gegeben, wenn der Beamte den Aufzeichnenden auffordert, die Aufnahme zu unterlassen. Sollte dieser dann weiterhin aufzeichnen, liegt ein unbefugtes Handeln vor. Anders ist dies mit der

220 Vgl. LG Osnabrück, Beschluss v. 24.09.2021, Qs 49/21.
221 OLG Zweibrücken, Beschluss vom 30.06.2022, 1 OLG 2 Ss 62/21.

Rechtsprechung nur dann zu werten, wenn zugunsten des Aufzeichnenden die Rechtfertigungsgründe der §§ 32, 34 StGB greifen.[222]

Das Aufzeichnen in Notwehr (§ 32 StGB) zur Abwehr eines gegenwärtigen rechtswidrigen Angriffs wird zur Rechtfertigung bei polizeilichem Handeln nur äußerst selten greifen können. Zwar kann ein polizeiliches Handeln unter Überschreitung der Befugnisse einen gegenwärtigen rechtswidrigen Angriff darstellen, jedoch müsste dann die Aufnahme eine Verteidigungshandlung sein, die geeignet ist, den Angriff abzuschwächen. Schon dies erscheint fraglich. Zudem werden derartige Aufnahmen regelmäßig in der Absicht gefertigt, das polizeiliche Handeln im Nachgang überprüfen zu können. Es wird also schon am erforderlichen Verteidigungswillen, dem subjektiven Rechtfertigungselement der Notwehr, fehlen.

Eine Aufzeichnung wäre nach § 34 StGB gerechtfertigt, wenn eine nicht anders abwendbare Gefahr für ein genanntes Schutzgut vorliegt und dieses den Grundrechtseingriff durch die Aufzeichnung überwiegt. Bisweilen wird bei Demolagen vertreten, dass Filmaufnahmen regelmäßig nach § 34 StGB gerechtfertigt seien. Die schwierige Beweislage bei Körperverletzungen im Amt durch Polizeibeamte sowie die Gefahr von Gegenanzeigen wegen angeblichen Widerstands gegen Vollstreckungsbeamte begründe eine gegenwärtige nicht anders abwendbare Gefahr für die Interessen der Demonstranten. Deren Recht auf eine effektive Strafverfolgung rechtswidriger Polizeigewalt und die Abwehr unberechtigter Gegenanzeigen der Polizei würden das allgemeine Persönlichkeitsrecht der Polizeibeamten in Form ihres gesprochenen Wortes überwiegen[223]. Diese Auffassung ist nicht haltbar; und das gleich in vielfacher Hinsicht. Zunächst stellt sie die Polizei unter den unzutreffenden Generalverdacht unrechtmäßigen Vorgehens gegen Demonstranten und unrechtmäßiger Anzeigen wegen angeblichen Widerstands gegen Vollstreckungsbeamte. Zugleich ist diese Auffassung geprägt von einem Misstrauen gegen die gerichtliche Klärung derartiger Verfahren. Nicht zuletzt ist es rechtlich nicht haltbar, schon ohne einen Anknüpfungspunkt für ein polizeiliches Einschreiten von einer gegenwärtigen Gefahr auszugehen.[224] Überlegungen dieser Art werden sich in der Praxis jedoch zumeist erübrigen. Bei Demonstrationen wird das polizeilich gesprochene Wort zumeist als „öffentlich“ einzuordnen sein, sodass § 201 StGB nicht greifen dürfte.

---

222 Dazu ausführlich Ullenboom, Das Filmen von Polizeieinsätzen als Verletzung der Vertraulichkeit des Worts?, NJW 2019, 3108, 3110 f.

223 Ullenboom, Das Filmen von Polizeieinsätzen als Verletzung der Vertraulichkeit des Worts?, NJW 2019, 3108, 3111 ff.

224 Ablehnend im Ergebnis auch Rennicke, Polizeiliches Einschreiten gegen Filmaufnahmen unter Berücksichtigung der DS-GVO, NJW 2022, 8, 13.

Beispiel:

Bei einer Personenkontrolle in dem Umfeld des Elmshorner Bahnhofes, der zum gefährlichen Ort erklärt wurde, ergreift der Kontrollierte sein Smartphone und fängt an, die Kontrollsituation aufzuzeichnen. Umstehende Passanten in Hörweite sind nicht zugegen. Die Beamten fordern den Kontrollierten auf, die Aufzeichnung zu unterlassen. Davon unbeeindruckt fährt er damit fort. Spätestens jetzt handelt der Kontrollierte „unbefugt". Rechtfertigungsgründe sind nicht ersichtlich.

Bei dieser Straftat handelt es sich um ein absolutes Antragsdelikt, das somit von der Staatsanwaltschaft nur auf Antrag verfolgt wird. Auch der Versuch ist strafbar.

- Polizeibeamte als Inhaber privater Rechte bzw. deren zivilrechtlicher Schutz

Das Recht am eigenen Bild ist auch zivilrechtlich durch § 823 Abs. 1 BGB als „sonstiges Recht" geschützt. Die gefilmte oder fotografierte Person kann daher von der fotografierenden Person grundsätzlich Unterlassung im Sinne von § 1004 BGB, Vernichtung oder Herausgabe der Aufnahme verlangen. Anders stellt sich der Sachverhalt aber auch hier dar, wenn schutzwürdige Interessen des Fotografen oder Filmenden die Aufnahme ausnahmsweise rechtfertigen. Die dabei anzulegenden Maßstäbe sind durch die zuvor dargestellten Normen dezidiert und spezieller ausgestaltet, sodass ein „Rückgriff" auf das BGB sich in der Praxis nicht anbietet.

Die polizeilichen Maßnahmen sollten aus Befangenheitsgründen nicht durch den betroffenen Beamten selbst, sondern durch Kollegen vorgenommen werden. In den allermeisten Fällen wäre ein Personalienaustausch zum Schutz zivilrechtlicher Ansprüche als Maßnahme ausreichend. Grundsätzlich ist zwar die Polizei in solchen Fällen des Zivilrechts nicht sachlich zuständig. Wenn es aber um den Schutz privater Rechte im Sinne des § 162 LVwG geht, wird die Polizei dann sachlich zuständig sein, wenn gerichtlicher Schutz nicht rechtzeitig zu erlangen ist und die Verwirklichung des Rechts ohne polizeiliche Hilfe vereitelt oder wesentlich erschwert würde. Im Streitfall können eben nur die Zivilgerichte verbindlich feststellen, ob ein Foto oder Film zulässig war oder nicht. Um Anträge bei einem Gericht stellen zu können, müssen allerdings der Name und die Adresse des Antragsgegners bekannt sein. Kennt der betroffene Beamte den Fotografen nicht, darf die Polizei zum Schutz privater Rechte dessen Identität feststellen und die dabei für das Gerichtsverfahren erforderlichen Daten übermitteln.

- Sonderrolle der Medien

Auch wenn es zuvor bei der Erörterung eines Vorgehens aus § 23 KunstUrhG schon anklang: Bei polizeilichen Maßnahmen gegenüber Medienvertretern, die Bild- und/oder Tonaufnahmen fertigen, ist grundsätzlich äußerste Zurückhaltung geboten.

Die Gerichte werten das Grundrecht der Pressefreiheit (Art. 5 Abs. 1 Satz 2 GG) als Ausprägung des in Art. 20 Abs. 1 GG verankerten Demokratieprinzips als äußerst bedeutsames und sensibles Grundrecht. Daher wird sich die Pressefreiheit, von der Informationssammlung bis zur Verbreitung, zumeist gegenüber dem Recht am eigenen Bild durchsetzen. Die Judikative unterstellt der Presse Rechtstreue. Die Gerichte interpretieren den Pressevertreter als natürliche Person, der die Informationsinteressen innerhalb der gesetzlichen Grenzen loyal ausübt, zumindest also die Identität der Polizeibeamten bei Veröffentlichung unkenntlich macht. Nur wenn von vornherein feststehen sollte, dass der Journalist die Portraitaufnahme nicht anonymisiert hat, oder offensichtlich ist, dass das Bild Ausdruck einer reinen Diffamierung und Herabwürdigung ist, wird die grundsätzliche Vermutung der Rechtstreue in Zweifel zu ziehen und erst dann könnte das erstellte Bild als Rechtsverletzung zu werten sein. Dies wird in der Praxis regelmäßig bei der Anfertigung der Bildnisse kaum begründbar sein.

Polizeiliche Maßnahmen:

- Repressive Zielrichtung

Welche repressiven Maßnahmen können nun bei einem Anfangsverdacht einer der oben genannten Ordnungswidrigkeiten und/oder Straftatbestände getroffen werden?

- Identitätsfeststellung gem. § 163b StPO
- Sicherstellung des Aufzeichnungsgerätes gem. § 94 Abs. 1 StPO
- Beschlagnahme des Aufzeichnungsgerätes gegen den Willen des Inhabers gem. § 94 Abs. 2 StPO. Im weiteren Verfahren kann somit bspw. die Staatsanwaltschaft beweisen, dass das nichtöffentliche Wort des Geschädigten darauf aufgezeichnet wurde.
- Beschlagnahme des Aufzeichnungsgerätes als Einziehungsgegenstand nach § 111b StPO in Verbindung mit §§ 201 Abs. 5, 74a StGB.

- Präventive Zielrichtung

Auch das Polizeirecht bietet Möglichkeiten in solchen Sachverhalten konkrete Gefahren für die öffentliche Sicherheit abzuwehren:

- Anordnung gestützt auf die polizeirechtliche Generalklausel gem. §§ 174, 176 LVwG, das strafbare Aufzeichnen zu unterlassen. Auch ein Abneh-

men des Aufzeichnungsgeräts für die Dauer der Maßnahme wäre zur Verhinderung einer der oben genannten Straftaten nach dieser Ermächtigungsgrundlage zulässig.
- Identitätsfeststellung zur Abwehr einer im Einzelfall bevorstehenden Gefahr gem. § 181 LVwG.
- Hat der Täter bereits angekündigt, das aufgezeichnete Material z.B. im Internet zu veröffentlichen bzw. zu verbreiten oder gibt es tatsächliche Anhaltspunkte dafür, dass dies geschehen könnte, kommt eine polizeirechtliche Sicherstellung gem. § 210 LVwG in Betracht. Ziel wäre in so einem Fall die Abwehr einer gegenwärtigen Gefahr für die öffentliche Sicherheit. Hier wäre bspw. die Rechtsordnung bei den oben aufgeführten Gesetzesverstößen bedroht.
- Im Rahmen der Verhältnismäßigkeit ist stets zu prüfen, ob anstelle eines Aufnahmeverbots oder einer Sicherstellung nicht die Identitätsfeststellung in Verbindung mit einer Belehrung darüber, dass eine Verbreitung der Bilder strafbar ist, ausreicht.
- Sollten die oben genannten Gesetzesverstöße im Zusammenhang mit dem öffentlichen Straßenverkehr stattgefunden haben, wäre auch eine Mitteilung an die Führerscheinstelle gem. § 2 Abs. 12 StVG denkbar, da das normale Straßenverkehrsgeschehen keine Rechtfertigung für derartige Delikte beinhaltet und daher die Fahreignung des Fotografen durch die Behörde überprüft werden könnte.

Beispiel:

Während einer Versammlung haben Polizeibeamte die Identität einer Person aus der Interessengemeinschaft „Bürger beobachten Polizei und Justiz" festgestellt, die Nahaufnahmen von eingesetzten Polizeibeamten in der Versammlung gefertigt hatte. Gegenüber den Beamten hat die Person angegeben, für diese Interessengemeinschaft tätig zu sein und die Aufnahmen dort verwenden zu wollen. Somit lagen für die Beamten hinreichende Anhaltspunkte vor, dass von ihnen gefertigte Nahaufnahmen innerhalb dieser Gruppe oder im Internet verbreitet werden könnten. Dies wurde durch Beschluss des OVG Lüneburg vom 19.06.2013 -11 LA 1/13 bestätigt.

Neben der Identitätsfeststellung wäre hier auch das Verbot von Foto- oder Filmaufnahmen gestützt auf die Generalklausel gem. §§ 174, 176 LVwG möglich gewesen.

Beispiel:

Bei einem Einsatz gegen die Rockergruppe „Bandidos" in Kiel werden die eingesetzten Beamten von einem Mitglied der Gruppe mit dessen Smartphone gefilmt. In der Vergangenheit wurden vergleichbare Einsatzaufnahmen durchgehend im Internet veröffentlicht.

Die Beamten stellen das Smartphone sicher, um eine Verbreitung des Filmmaterials zu verhindern. Gegebenenfalls ließe sich auch eine Sicherstellung/Beschlagnahme des Aufnahmegerätes als Beweismittel gem. § 94 StPO für ein Strafverfahren nach § 201 StGB begründen.

Sowohl bei der Sicherstellung von Smartphones zur Gefahrenabwehr nach § 210 LVwG als auch als Beweismittel gem. § 94 StPO ist die Beachtung des Grundsatzes der Verhältnismäßigkeit von zentraler Bedeutung. In der heutigen Zeit stellt das Smartphone nicht nur ein Telefon oder einen Fotoapparat dar, sondern ist in fast allen Fällen für den Besitzer ein zentrales Speichermedium seiner kompletten dienstlichen wie privaten Daten und erforderliches Instrument für zahlreiche alltägliche Handlungen. In vielen Fällen ist durch eine Sicherstellung oder Beschlagnahme eines Smartphones eine Eskalation im Einsatzgeschehen zu befürchten. Dies gilt es bei der polizeilichen Maßnahme ausreichend zu berücksichtigen.

Fazit:

Über den elektronischen Datenaustausch und die Vernetzung mittels Internets eröffnen sich derzeit weitreichende Möglichkeiten der Preisgabe personenbezogener Informationen an eine unbegrenzte Öffentlichkeit. Das allgemeine Persönlichkeitsrecht muss sich hier anpassen, um den Grundrechtsschutz in der Informationsgesellschaft auch weiterhin zu gewährleisten. Polizeibeamte sind in diesem Zusammenhang häufig in der Ausübung ihres Dienstes betroffen. Aufnahmen werden oft ohne ihr Einverständnis gefertigt und zeitgleich bzw. kurze Zeit später veröffentlicht. Auch durch die immer mehr zunehmende Digitalisierung und die Allgegenwärtigkeit von Smartphones nimmt die Anfertigung von Bildnissen oder Tonaufnahmen von Polizeivollzugskräften stetig zu. Die vorstehenden Ausführungen zeigen, dass die Beamtinnen und Beamten dem nicht schutzlos ausgeliefert sind. Insbesondere die anwendbare DSGVO gewährleistet hier grundsätzlich ein ausreichendes Schutzniveau. Nicht außer Acht zu lassen sind aber die in der Rechtsprechung umfassend ausgestalteten Rechtfertigungsgründe unter denen eine Aufzeichnung zulässig ist. Diese Abwägungen im Einsatzgeschehen vorzunehmen, gestaltet sich nicht einfach. Ein Vorgehen gegen die Fertigung von Handyaufnahmen birgt regelmäßig weiteres Eskalationspotenzial. Dies sollte bei der Entscheidung, ob gegen die Aufnahmen vorgegangen wird, Berücksichtigung finden.

II. Reichsbürger und Selbstverwalter

Angehörige der Reichsbürger- und Selbstverwalterszene erkennen die Bundesrepublik Deutschland und deren freiheitliche demokratische Grundordnung nicht an. Sie nehmen für sich das Recht in Anspruch, aus der Bundesrepublik Deutschland „austreten" zu können und reklamieren für sich eine Form von absoluter Unabhängigkeit, um ihr Leben komplett alleine bestimmen zu dürfen. Sie definieren sich als Personen, die außerhalb unserer Rechtsordnung stehen und rechtfertigen damit die Begehung von Gesetzesverstößen. Diese Ablehnung der Bundesrepublik führt bei zahlreichen Anhängern dazu, dass sie ihre eigenen Pässe drucken, ihr Grundstück zum eigenen Staat erklären und teilweise mit selbst entworfenen Kfz-Kennzeichen Auto fahren. In den meisten Fällen zielen ihre Aktivitäten darauf ab, bei der staatlichen Verwaltung Verwirrung zu stiften und diese vom rechtlich gebotenen Handeln abzuhalten. Weitere Ziele bestehen oftmals darin, Steuer- oder Bußgeldzahlungen zu vermeiden. Seit geraumer Zeit behindern ihre Anhänger Gerichte, die Polizei und andere Behörden in ihrer Arbeit und bedrohen in Einzelfällen auch deren Mitarbeiter.

Diese Bewegung ist insgesamt sehr unübersichtlich und heterogen. Die Gründe für deren fundamentale Ablehnung des Staates und seiner Institutionen sind daher unterschiedlicher Natur. Die Szene stellt eine eigene Form des politischen Extremismus dar und steht daher unter Beobachtung des Verfassungsschutzes. Nicht zuletzt durch die Covid-19-Pandemie und die damit verbundenen staatlichen Einschränkungen stieg das Personenpotenzial dieser Bewegung zuletzt erheblich an. In Schl.-H. gibt es derzeit etwa rund 480 Personen; davon werden etwa 15 als rechtsextrem eingestuft (Stand 2021).[225] Reichsbürgerinnen und Reichsbürger und Selbstverwalterinnen und Selbstverwalter traten im Alltag, insbesondere gegenüber Behörden, häufig verbal-aggressiv und renitent auf. Hinweise auf gewalttätige Übergriffe auf Beschäftigte von Behörden lagen dem Verfassungsschutz für das Berichtsjahr 2021 aus Schleswig-Holstein nicht vor. Dennoch besteht Anlass zur Sorge, da die Zahlen des Verfassungsschutzberichtes eine hohe Affinität dieser Personen zu Waffen belegen. Von den rund 480 Personen

225 Vgl. Verfassungsschutzbericht 2022, LT Schl.-H. DruckS. 20/94 S. 27 f., auch zum Folgenden. Von 2020 auf 2021 hat dieses Personenpotenzial um etwa 26 Prozent zugenommen.

der Szene hatten 17 waffenrechtliche Erlaubnisse. Darauf waren insgesamt 58 Waffen eingetragen. Hinweise darauf, dass sich die Szene in Schl.-H. organisiert und gezielt Waffen beschafft oder durch Dritte beschaffen lässt, bestehen derzeit in Schleswig-Holstein jedoch nicht. Gleichwohl geht von der Szene nach der Einschätzung des Verfassungsschutzes ein latent hohes Gefahrenpotenzial aus. Dies folgt insbesondere daraus, dass die Bewegung aus der angeblich fehlenden staatlichen Legitimation Notwehr- und Nothilferechte gegenüber Behörden, Gerichtsvollziehern, Mitarbeitenden der Ordnungsbehörden sowie Polizeivollzugsbeamtinnen und -beamten ableiten. Aufgrund dieser Umstände ist das oberste Ziel der deutschen Sicherheitsbehörden, den Waffenbesitz in diesem Milieu einzudämmen. Anhänger der sog. Reichsbürgerbewegung sind gem. § 5 Abs. 2 Nr. 3a WaffG als waffenrechtlich unzuverlässig einzustufen. Ihre Bestrebungen sind regelmäßig gegen die verfassungsmäßige Ordnung gerichtet und zielen darauf ab, die freiheitliche demokratische Grundordnung zu beseitigen.[226]

In anderen Bundesländern mussten Gerichtsvollzieher und Ordnungsbehörden bei der Vollstreckung von Maßnahmen immer wieder auch Sondereinsatzkräfte der Polizei hinzuziehen. Im Oktober 2022 wurde in Schleswig-Holstein unter Hinzuziehung des SEK ein Reichsbürgerlager in Owschlag geräumt.

Dies ist Anlass genug für eine kurze Darstellung der möglichen typischeren Gesetzesverstöße im Zusammenhang mit Reichsbürgern sowie einer Darstellung und eines Katalogs denkbarer präventiver wie repressiver polizeilicher Maßnahmen.

1. Typische Gesetzesverstöße der Reichsbürgerszene

- Bild-, Video- und Audioaufnahmen von Polizeibeamten

Häufig wird der Polizei unmittelbar mit gezücktem Handy oder sonstigen Aufnahmegeräten zur Anfertigung von Bild- oder Videomaterial begegnet. Hier gilt nun der gleiche Maßstab, der zuvor bereits in den Ausführungen zur Aufzeichnung polizeilicher Maßnahmen (vgl. Sonderthema I) dargelegt wurde. Die dort getroffenen Ausführungen zum „nichtöffentlich gesprochenen Wort“ und einer möglichen Strafbarkeit gelten auch für reine Audioaufnahmen.

226 Siehe auch Runderlass des MILI Umgang mit Personen der sog. Reichsbürgerbewegung; hier: Waffenrechtliche Unzuverlässigkeit, Speicherung und Übermittlung von Erkenntnissen vom 22.08.2017.

- Widerstand gegen Vollstreckungsbeamte gem. § 113 Abs. 1 StGB

Sollte eine Person Gegenwehr bei einer polizeilichen Maßnahme ausüben, ist zu prüfen, ob die Schwelle zu einer gem. § 113 Abs. 1 StGB strafbaren Handlung überschritten ist. Danach wird bestraft, wer einen Amtsträger, der zur Vollstreckung von Gesetzen, Rechtsverordnungen, Urteilen, Gerichtsbeschlüssen oder Verfügungen berufen ist, bei der Vornahme einer solchen Diensthandlung tätlich angreift oder mit Gewalt oder durch Drohung mit Gewalt Widerstand leistet.

- Verletzung der Ausweispflicht gem. § 32 Abs. 1 Nr. 1 und 2 Personalausweisgesetz (PAuswG)

Nach § 1 PAuswG ist jeder Deutsche verpflichtet, einen Ausweis zu besitzen, sobald er 16 Jahre alt ist und der allgemeinen Meldepflicht unterliegt oder, ohne ihr zu unterliegen, sich überwiegend in Deutschland aufhält. Reichsbürger, die ihren amtlichen Ausweis bei der Personalausweisbehörde abgegeben haben, besitzen diesen nicht mehr und handeln gem. § 32 Abs. 1 Nr. 1 PAuswG ordnungswidrig. Ferner muss jeder Deutsche den Personalausweis einer zur Feststellung der Identität berechtigten Behörde auf Verlangen vorlegen. Reichsbürger kommen dem i.d.R. nicht nach. Dieses Handeln erfüllt die Tatbestandsvoraussetzungen der Ordnungswidrigkeit des § 32 Abs. 1 Nr. 2 PAuswG.

- Verletzung der Meldepflicht gem. §§ 17, 54 Bundesmeldegesetz (BMG)

Wer sich nicht, nicht richtig oder nicht rechtzeitig beim Einwohnermeldeamt anmeldet, so insbesondere wer eine Wohnung bezieht und sich nicht innerhalb von zwei Wochen nach Einzug dort anmeldet, handelt ordnungswidrig.

- Verstoß gegen das Waffengesetz gem. §§ 2, 52 Waffengesetz (WaffG)

Das Waffenrecht dient dem Schutz der öffentlichen Sicherheit. Es regelt den Umgang mit Waffen oder Munition und bestimmt, unter welchen Voraussetzungen eine Person eine Waffe besitzen darf. Um die dafür erforderliche Erlaubnis zu erhalten, muss die jeweilige Person das 18. Lebensjahr vollendet haben, die erforderliche Zuverlässigkeit und die persönliche Eignung besitzen, die waffenrechtliche Sachkunde belegen und das persönliche Bedürfnis an einer Waffe nachweisen (§ 4 WaffG). Reichsbürger besitzen per se keine Zuverlässigkeit im Sinne des Gesetzes. Anträge auf waffenrechtliche Erlaubnisse sind daher abzulehnen und bereits erteilte Erlaubnisse zu widerrufen. Die Einzelheiten lassen sich dem Runderlass des Innenministeriums vom 22. August 2017 (43628/2017) über den Umgang mit Personen der sog. Reichsbürgerbewegung zur waffenrechtlichen Unzuverlässigkeit, Speicherung und Übermittlung von Erkenntnissen entnehmen. Wer eine Waffe ohne entsprechende Erlaubnis erwirbt, besitzt oder führt, begeht eine Straftat. Die Erlaubnis zum Führen einer Waffe wird durch einen Waffenschein erteilt. Eine Waffe „führt", wer die tatsächliche Gewalt über sie außerhalb der eigenen Wohnung, des eigenen befriedeten Besitztums, der eigenen Geschäftsräume oder einer Schießstätte ausübt.

Um den Waffenbehörden für eine erforderliche Entscheidungsgrundlage mögliche Erkenntnisse zu verschaffen und um der örtlichen Polizei und den Melde-, Pass- und Personalausweisbehörden Hinweise auf mögliche Gefährdungsszenarien zu geben, sind die Melde-, Pass- und Personalausweisbehörden angehalten, Vorfälle mit sog. Reichsbürgern aufzuzeichnen und an die Waffenbehörden weiterzugeben. Rechtsgrundlage für die Datenübermittlung ist § 192 Abs. 1 Satz 1 LVwG.

- <u>Urkundenfälschung gem. § 267 Abs. 1, 1. und 3. Alt. StGB</u>

Reichsbürger verwenden häufig selbst hergestellte Ausweispapiere (Reichsbürgerausweis, Reichsbürgerführerschein). Werden diese bei einer Verkehrskontrolle oder bei einer Identitätsfeststellung vorgezeigt, könnte eine Herstellung und der Gebrauch einer unechten Urkunde vorliegen. Vonseiten der Gerichte werden hier unterschiedliche Rechtsauffassungen bezüglich des Vorliegens einer Urkundenfälschung bei Reichsbürgerausweisen vertreten. Jedenfalls dann, wenn es sich nicht um eine äußerst plumpe Fälschung handelt, sollte eine Strafbarkeit nicht generell ausgeschlossen werden.

- <u>Benutzung von Wappen gem. § 124 Abs. 1 Nr. 1 OWiG</u>

Da sich auf den Ausweisdokumenten der Reichsbürger auch ein Wappentier in Gestalt eines Adlers befindet, könnte eine Ordnungswidrigkeit gem. § 124 Abs. 1 Nr. 1 OWiG vorliegen. Danach handelt ordnungswidrig, wer unbefugt das Wappen des Bundes oder eines Bundeslandes oder den Bundesadler oder den entsprechenden Teil eines Landeswappens benutzt. Dies gilt auch für Wappen, Wappenteile und Flaggen, die ihnen zum Verwechseln ähnlich sehen. Ein unbefugtes Benutzen liegt vor, wenn der Anschein einer amtlichen Benutzung entstehen kann.

- Überkleben des Eurofeldes auf dem Kennzeichenschild, §§ 77 Nr. 1, 12 Abs. 13 FZV, 24 StVG

Häufig überdecken oder überkleben Reichsbürger Teile des Kennzeichens. Beliebt ist bspw. das Überkleben des Eurofeldes mit der Nationalflagge des Deutschen Reiches. Derartige Veränderungen stellen eine Ordnungswidrigkeit gem. §§ 77 Nr. 1, 12 Abs. 13 FZV, 24 StVG dar.

Damit Fahrzeuge auf öffentlichen Straßen in Betrieb gesetzt werden können, müssen die angebrachten Kennzeichen in Form, Größe und Ausgestaltung einschließlich Beschriftung den Mustern, Abmessungen und Angaben in Anlage 4 der FZV entsprechen (vgl. 12 Abs. 2 FZV). Kennzeichenschilder dürfen danach nicht spiegeln, verdeckt oder verschmutzt sein; sie dürfen nicht zusätzlich mit Glas, Folien oder ähnlichen Abdeckungen versehen sein. Jede Veränderung der Ausgestaltung des Kennzeichenschildes, irrelevant ob nur eines Teiles oder des Kennzeichens in Gänze, wirken für das gesamte Kennzeichenschild. So sieht die Anlage 4 der Fahrzeug-Zulassungsverordnung (FZV) auch vor, dass das Kennzeichenschild zwingend ein blaues Eurofeld (Sternenkranz mit Erkennungsbuchstaben „D") enthalten muss.

- Verwenden von Kennzeichentafel „MENS-CH", § 22 Abs. 1 Nr. 2 StVG; § 6 Pflichtversicherungsgesetz; § 370 Abs. 1 Nr. 2 AO i. V. m § 1 KraftStG

Reichsbürger führen Kraftfahrzeuge im öffentlichen Verkehrsraum, an denen Kennzeichentafeln mit der Aufschrift „MENS-CH" angebracht sind. Für jedes Kraftfahrzeug, das im öffentlichen Verkehrsraum geführt wird, gibt die Zulassungsbehörde ein amtliches Kennzeichen aus. Wird ein Fahrzeug anstelle des zugeteilten Kennzeichens mit einer „MENS-CH"-Kennzeichentafel versehen, liegt eine Tathandlung i. S. d. § 22 Abs. 1 Nr. 2 StVG vor. Befindet sich die amtliche Kennzeichentafel noch am Fahrzeug und wurde diese verdeckt oder sonst in der Erkennbarkeit beeinträchtigt, ist § 22 StGB zu prüfen. Nach § 22 Abs. 1 Nr. 3 StVG handelt strafbar, wer an einem Kraftfahrzeug angebrachte amtliche Kennzeichen verändert, beseitigt, verdeckt oder sonst in seiner Erkennbarkeit beeinträchtigt. Der Täter muss mit Vorsatz und in rechtswidriger Absicht handeln. In rechtswidriger Absicht handelt, wer die verbotswidrige Kennzeichnung einsetzt, um im Verkehr falschen Beweis zu erbringen. Hier ist zwar für jede Person erkennbar, dass es sich um ein Phantasiekennzeichen handelt, welches nicht von einer Zulassungsbehörde ausgeben worden ist. Es ist jedoch nicht ersichtlich, ob das Kraftfahrzeug ordnungsgemäß amtlich zugelassen und pflichtversichert ist. Damit sind die Feststellung und Erkennbarkeit des Kraftfahrzeugs erschwert und belegen die rechtswidrige und tatbestandsrelevante Absicht des Handelnden. Danach macht sich derjenige gem. § 22 Abs. 1 Nr. 2 und 3 StVG strafbar.

Wird ein Fahrzeug, welches nicht mit dem zugeteilten Kennzeichen aus der Zulassungsbescheinigung I und II versehen ist, auf öffentlichen Straßen in Betrieb genommen, stellt dies zudem eine Ordnungswidrigkeit nach §§ 77 Nr. 1, 12 Abs. 13 FZV, 24 StVG dar. Wer ein Fahrzeug ohne den erforderlichen Versicherungsschutz auf öffentlichen Wegen oder Plätzen gebraucht oder den Gebrauch gestattet, macht sich gem. § 6 Pflichtversicherungsgesetz strafbar. Somit dürfte sich in den Fällen der Nutzung von „MENS-CH"-Kennzeichen der Anfangsverdacht ergeben, dass der für die Zulassung eines Kfz notwendige Versicherungsschutz nicht besteht und damit eine solche Straftat vorliegen könnte.

Wenn ein Fahrzeug im öffentlichen Verkehrsraum betrieben wird, jedoch nicht zum Verkehr zugelassen ist, wäre ebenfalls eine Hinterziehung der Kraftfahrzeugsteuer denkbar. Dies könnte eine Straftat im Sinne des § 370 Abs. 1 Nr. 2 AO i. V. m. §§ 1 Abs. 1 Nr. 1, 5 Abs. 1 Nr. 1, 7 Nr. 1 Kraftfahrzeugsteuergesetz (KraftStG) darstellen.

2. Polizeiliche Maßnahmen

Sollten die sog. „Reichsbürger" durch ihr Verhalten gegen bestehende Gesetze verstoßen, sind sowohl polizeiliche Maßnahmen mit präventiver als auch repressiver Zielrichtung denkbar. Die nachfolgende Aufzählung dieser Maßnahmen erhebt keinen Anspruch auf Vollständigkeit. Hingewiesen sei an dieser Stelle auch auf den Erlass 14.39.01 „Handlungsanweisung Reichsbürger/Selbstverwalter".

a) Präventive Maßnahmen

- Gefährderansprache gem. §§ 174, 176 LVwG

Bei der Gefährderansprache handelt es sich um ein verhaltensbeeinflussendes Instrument. Die individuelle Ansprache signalisiert dem potenziellem Gefährder, dass polizeiliches Interesse an seiner Person besteht, die Gefährdungslage bei der Polizei registriert und ernst genommen wird. Darüber hinaus hat sie das Ziel, durch klare Grenzsetzung und das Aufzeigen von Konsequenzen, die betreffende Person in Richtung eines sozialkonformen Verhaltens zu beeinflussen. Die individuelle Ansprache bewirkt, dass dem Täter ein erhöhtes Tatentdeckungsrisiko deutlich gemacht wird. Bei der Gefährderansprache liegt kein Verwaltungsakt vor. Die Maßnahme kann **nicht** mit unmittelbarem Zwang durchgesetzt werden. Sie kann **nicht** mit einer Vorladung erfolgen und ein Betreten der Wohnung für eine solche Ansprache ohne eine freiwillig erteilte Erlaubnis ist **nicht** zulässig. Sollten Sie es mit einem bekennenden Reichsbürger zu tun haben, legen Sie sich vorab immer eine eigene Kommunikationsstrategie zurecht. Halten Sie sich strikt an Ihre Botschaft und setzen Sie alles daran, diese auch klar und deutlich zu kommunizieren. Bedenken Sie bei der Gefährderansprache immer, dass Sie einen überzeugten Reichsbürger wahrscheinlich nicht von Ihrer gesellschaftspolitischen Position überzeugen und wieder in die Gesellschaft integrieren werden. Das ist auch nicht Ihre Aufgabe. Sollte Sie ein bekennender Reichsbürger während der Gefährderansprache in eine verbale Auseinandersetzung verwickeln, versuchen Sie immer wieder kommunikativ aus der Situation auszusteigen, um vor allen Dingen sich selbst, aber auch Ihrem Gegenüber, klarzumachen, in welcher Situation er sich aktuell befindet. Er ist Adressat einer polizeilichen Maßnahme und eben nicht Teilnehmer in einer politischen Diskussion. Gehen Sie davon aus, dass Ihr Gegenüber ein hohes Maß an Argumentationsimmunität aufweist und berücksichtigen Sie immer, dass gerade die Reichsbürger einen hohen Absolutheitsanspruch für sich reklamieren und aller Voraussicht nach niemals freiwillig von ihren ideologischen Zusammenhängen abweichen werden.[227]

- Platzverweis gem. § 201 Abs. 1 LVwG

In vielen Fällen wird die Polizei bei der Durchsetzung einer Maßnahme dadurch gestört, dass Reichsbürger auf die Beamten unentwegt einreden und sie in Diskussionen verstricken. Hier könnte ein Platzverweis sinnvoll sein. Voraussetzung ist das Vorliegen einer im Einzelfall bevorstehenden Gefahr für die öffentliche Sicherheit. Betroffen ist hier die staatliche Einrichtung der Polizei, da mit dem oben beschriebenen Verhalten der Reichsbürger die Funktionsabläufe des Hoheitsträgers Polizei gestört werden. Wenn eine solche Behinderung gegeben ist, kann der Störer vorübergehend von einem Ort verwiesen oder ihm kann vorübergehend das Betreten des Platzes verboten werden.

- Identitätsfeststellung gem. § 181 Abs. 1 LVwG

In einer solchen Situation ist auch die Personalienfeststellung möglich. Auch hier ist, wie bei dem Platzverweis, eine im Einzelfall bevorstehende Gefahr gefordert.

b) Repressive Maßnahmen

- Identitätsfeststellung gem. § 163b StPO

Sollten tatsächlich hinreichende Anhaltspunkte für eine der oben genannten Straftaten oder Ordnungswidrigkeiten vorliegen und richtet sich der

227 Siehe auch Erlass 14.39.01 – Handlungsanweisung "Reichsbürger/Selbstverwalter".

Tatverdacht gegen eine Person, so darf von Beamten des Polizeidienstes die Identität dieser Person festgestellt werden. Die Feststellung der Identität einer Person für repressive Zwecke erfordert die Ermittlung der personenbezogenen Daten, die es ermöglichen, die Person des Tatverdächtigen ohne Zweifel zu bestimmen und ihn später jederzeit zuverlässig und ohne unverhältnismäßige Schwierigkeiten zu erreichen. Hierzu wären auch ein Festhalten, die Durchsuchung der Person und der mitgeführten Sachen sowie die Durchführung erkennungsdienstlicher Maßnahmen möglich, wenn die Identität sonst nicht oder nur unter erheblichen Schwierigkeiten festgestellt werden kann.

- Sicherstellung von Gegenständen zu Beweiszwecken gem. § 94 Abs. 1 StPO

Hier handelt es sich um eine formlose Sicherstellung. Die Inverwahrungnahme von Gegenständen, wie Urkunden oder Kennzeichen, zu Beweiszwecken erfolgt als Sicherstellung. Diese liegt vor, wenn der amtlichen Inverwahrungnahme eines Gegenstandes nicht widersprochen wird. Das ist der Fall, wenn der Gegenstand in niemandes Gewahrsam steht, der Gewahrsamsinhaber nicht bekannt ist oder der Gewahrsamsinhaber den Gegenstand freiwillig herausgibt. Die Freiwilligkeit kann ausdrücklich und stillschweigend zum Ausdruck kommen, wobei die Annahme einer schweigenden Zustimmung das Wissen des Gewahrsamsinhabers voraussetzt, dass eine Pflicht zur Herausgabe nicht besteht. Diese Fallkonstellation ist im Zusammenhang mit „Reichsbürgern" aber eher unwahrscheinlich. Hier dürfte ein Widerspruch des Gewahrsamsinhabers der Regelfall sein.

- Beschlagnahme von Gegenständen zu Beweiszwecken gem. § 94 Abs. 2 StPO

Wird der Gegenstand durch den Gewahrsamsinhaber nicht freiwillig oder nur durch Androhung oder Anwendung von Zwang herausgegeben, so ist eine förmliche Beschlagnahme erforderlich. Die freiwillige Herausgabe schließt die Möglichkeit einer förmlichen Beschlagnahme grundsätzlich nicht aus. Die Beschlagnahme erfolgt durch Anordnung und anschließender Vollstreckung. Die Anordnung muss den Tatvorwurf, somit das vorgeworfene Delikt, sowie Tatort und -zeit soweit wie möglich konkretisieren. Sie muss darüber hinaus Angaben zum Tatverdacht, zur potenziellen Beweisfunktion des Gegenstandes und zum Umfang der Beschlagnahme enthalten.

- Beschlagnahme von Urkunden und Kennzeichen nach § 111b StPO i. V. m. §§ 74, bzw. 282 StGB

Die Beschlagnahme von Urkunden und Kennzeichen dient der Sicherung der Einziehung. Die vorläufige Sicherstellung durch Beschlagnahme kommt zur Anwendung, wenn eine Einziehung des Gegenstandes zu erwarten ist. Diese Beschlagnahme soll immer dann angeordnet werden, wenn dringende Gründe für die Annahme der Einziehung oder Unbrauchbarmachung eines Gegenstandes vorliegen. Dringende Gründe liegen regelmäßig dann vor, wenn die endgültige Anordnung einer dieser Maßnahmen in hohem Maße wahrscheinlich ist.

Fazit:

Reichsbürger und Selbstverwalter stellen für die Bundesrepublik Deutschland eine Herausforderung dar. Hier existiert eine gefährliche Verbindung zwischen Reichsideologie und Rechtsextremismus. Morddrohungen sowie Sprengstoff- und Waffenfunde zeigen die Gewaltbereitschaft dieser Gruppe. Die Landespolizei muss sich offensiv mit den Mitteln des Rechtsstaates dieser Herausforderung stellen.

> „Im Namen der Toleranz sollten wir uns das Recht vorbehalten, die Intoleranz nicht zu tolerieren."
>
> „Der Vorzug der Demokratie ist, dass ihre Fehler korrigierbar sind, dass Fortschritt über Fehlschritte möglich ist."
>
> – Sir Karl Raimund Popper, Die offene Gesellschaft und ihre Feinde –

III. Rechtliche Möglichkeiten und Grenzen des polizeilichen Einsatzes von Drohnen

Unbemannte Luftfahrtsysteme (ULS) sind Luftfahrzeuge, die mit einem Kamerasystem ausgestattet sind und bei denen Bild- bzw. Filmübertragung oder -aufzeichnung stattfindet oder zumindest stattfinden kann. Der Einsatz solcher sog. „Drohnen" bietet der Polizei viele Vorteile. Fast alle Bundesländer und auch die Bundespolizei haben daher mittlerweile Drohnen als Einsatzmittel beschafft.

Zusammengefasst lassen sich die wichtigsten Einsatzfelder polizeilicher Drohnen wie folgt aufzählen:

- Aufklärung von Tatorten und Fluchtwegen
- Beweisaufnahme

- Beschaffung von Infrastrukturinformationen (Geländeformationen, Suche nach möglichen Verstecken, Hindernisse etc.)
- Aufspüren von Anlagen zum Drogenanbau
- Verkehrsüberwachung
- Aufklärung bei Ansammlungen, Veranstaltungen (z. B. Fußballspiele, Open-Air-Konzerte, Volksfeste)
- Versammlungen
- Suche nach Vermissten
- Informationssammlung bei größeren Schadensereignissen und Katastrophen
- Überwachung von Gebäuden, Plätzen, Orten im Rahmen des Objektschutzes

Der nachfolgende Beitrag stellt die Rechtsgrundlagen dar, nach denen Drohnen polizeilich eingesetzt werden dürfen.

Generell bleibt festzustellen, dass der Drohneneinsatz über unbewohntem Gebiet, sogenannte Landschafts- oder Objektaufnahmen und Aufnahmen von Personen, bei denen eine Zustimmung vorliegt, keine Erhebung von personenbezogenen Daten und damit auch keinen Grundrechtseingriff darstellt. Auf diese Fälle wird daher nicht weiter eingegangen.

Anerkannt ist, dass alle anderen Fälle des polizeilichen Drohneneinsatzes einer Rechtsgrundlage bedürfen, da in das Grundrecht auf informationelle Selbstbestimmung (Art. 2 Abs. 1 i. V. m. Art. 1 Abs. 1 GG) eingegriffen wird. Das Grundrecht auf informationelle Selbstbestimmung wird aus dem allgemeinen Persönlichkeitsrecht abgeleitet. Dieses umfasst den Schutz des privaten, von der Öffentlichkeit abgeschirmten, persönlichen Bereichs, die Selbstdarstellung des Einzelnen in der Öffentlichkeit sowie das Recht am eigenen Bild und das Recht am nichtöffentlich gesprochenen Wort. Anders formuliert wird darunter das Recht verstanden, dass der Einzelne grundsätzlich selbst darüber entscheiden kann, wann und innerhalb welcher Grenzen persönliche Informationen offenbart werden. Vor diesem Hintergrund ist zu bedenken, dass die aktuellen technischen Möglichkeiten der Kamerasysteme sowie die hohe Auflösung des Bildmaterials es ermöglichen, ohne großen Aufwand nachträgliche Übersichtsaufnahmen zu vergrößern und ggf. einzelne Personen zu identifizieren. Daraus entsteht ein Überwachungsdruck und ein möglicher Einschüchterungseffekt, der Eingriffsqualität aufweist[228]. Schon die bloße Bildübertragung nach dem „Kamera-Monitor-Prinzip" stellt daher nach höchstrichterlicher Meinung

228 Zöller/Ihwas, Rechtliche Rahmenbedingungen des polizeilichen Flugdrohneneinsatzes, NVwZ 2014, 408, 410.

einen Eingriff in das Grundrecht auf informationelle Selbstbestimmung dar[229]. Beim „Kamera-Monitor-Prinzip" wird das Bild in Echtzeit auf einen Monitor am Steuergerät, das sich in den Händen des Piloten befindet, übertragen. Diese Fälle werden als Übertragung bezeichnet. Gleiches gilt, wenn das Monitorbild in eine Befehlsstelle weitergeleitet bzw. übertragen und dort betrachtet oder gespeichert wird.

Erst wenn der Videofilm oder einzelne Bilder auf ein im Kamerasystem der Drohne verbautes Speichermedium gespeichert werden, handelt es sich um eine Aufzeichnung; diesem Vorgang kommt natürlich erst recht Eingriffsqualität zu.

1. Braucht es eine „spezielle" Ermächtigungsgrundlage?

Zu klären gilt es zunächst, welche Anforderungen an eine Ermächtigungsgrundlage zu stellen sind.

Im LVwG oder anderen Spezialgesetzen findet sich keine explizite Ermächtigungsgrundlage, die namentlich den Einsatz von Drohnen erlaubt[230]. Dies ist auch nicht erforderlich. Trotz der möglichen intensiven Grundrechtsbeeinträchtigung durch einen Drohneneinsatz genügt es dem Bestimmtheitsgrundsatz, wenn eine Norm den Einsatz technischer Mittel zur Datenerhebung zulässt. Es ist in der Rechtsprechung anerkannt, dass den verfassungsrechtlichen Anforderungen an den Bestimmtheitsgrundsatz auch Genüge getan ist, wenn eine Norm entwicklungsoffen ausgestaltet ist. Dies bedeutet, dass der Gesetzgeber nicht jedes technische Mittel ausdrücklich genannt bzw. im Blick gehabt haben muss[231]. In den Ländern, in denen bislang eine Ermächtigungsgrundlage besteht, verweist diese im Übrigen nur auf diejenigen Datenerhebungsnormen der jeweiligen Polizeigesetze, die eine Bildaufzeichnung erlauben bzw. den Einsatz technischer Mittel[232].

Anerkannt ist aber auch, dass auf der Grundlage der polizeilichen Generalklausel der Einsatz von Drohnen ausscheidet. Die Maßnahme ist dafür zu eingriffsintensiv[233].

229 BVerfG, Einstweilige Anordnung vom 17.02.2009, 1 BvR 2492/08.

230 Dies wird teilweise als erforderlich erachtet, vgl. Tomerius, LKV 2020, 481.

231 BVerfG, Urt. v. 12.04.2005 = NJW 2005, 1338, 1340.

232 Vgl. § 47 PAG. Bei dieser Norm handelt es sich daher nicht um eine Befugnisnorm im eigentlichen Sinne, sondern lediglich die Normierung einer Erhebungsmodalität, vgl. Buckler, in: BeckOK PAG, Einl. zu Art. 47.

233 Gl. u. a. WD 3 – 3000 – 281/20, S. 4; Zöller/Ihwas, NVwZ 2014, 408, 413 f.; a. A.: Buckler, in: BeckOK PAG, Art. 47 Rn. 12.

2. Rechtsgrundlagen

Bei der Suche nach Rechtsgrundlagen ist – wie bei jeder Datenhebung – danach zu unterscheiden, ob der Einsatz der Drohne präventiv oder repressiv erfolgen soll. Häufig wird es sich in der Praxis um sogenannte „doppelfunktionale Maßnahmen“ handeln. Die Drohne dient dann zum einen der Gefahrenabwehr, zum anderen aber auch der Dokumentation und späteren Straftatenverfolgung. Der Rechtscharakter bei diesen doppelfunktionalen Maßnahmen richtet sich nach deren Schwerpunkt. Beim Einsatz von Drohnen muss bei der Einordnung der Maßnahme ganz besonders darauf geachtet werden, ob eine präventive gefahrenabwehrende Maßnahme vorliegt. Dies ist nur dann der Fall, wenn der Drohneneinsatz objektiv auch tatsächlich zur Gefahrenabwehr beiträgt. Bei einer reinen Beobachtung mit einer Drohne, ohne dass Polizeikräfte tatsächlich einschreiten können, ist das nicht der Fall. Hier wäre zu fordern, dass tatsächlich Einsatzkräfte vorhanden sind, die auf die Bildaufnahmen und daraus gewonnene Erkenntnisse reagieren können. Dies muss auch in einer zur Gefahrenabwehr geeigneten und angemessen Reaktionszeit möglich sein. Andernfalls wird es sich um eine repressive Maßnahme handeln. Dies gilt erst recht, wenn die Drohne keine Live-Bilder übermittelt, sondern das Bildmaterial erst im Nachgang ausgewertet wird[234].

In beiden Konstellationen, präventiv wie repressiv, ist es denkbar, die Drohne offen oder verdeckt einzusetzen. Verdeckt ist eine Datenerhebung immer dann, wenn sie bewusst heimlich oder getarnt erfolgt, wobei neben der Art und Weise immer die konkrete Zielrichtung und Absicht der Datenerhebung ausschlaggebend ist. Dies bedeutet jedoch nicht, dass jede offene Datenerhebung durch Ordnungsbehörde oder Polizei als solche erkennbar sein muss. Es spielt daher keine Rolle, ob die betroffene Person die polizeiliche oderordnungsbehördliche Datenerhebung bemerkt oder nicht. So stellt z. B. die Erhebung der Daten bei einer anderen Stelle oder bei Dritten allein noch keine verdeckte Maßnahme dar[235]. Diese Einordnung ist in der Literatur Kritik ausgesetzt. So wird gefordert, dass ausschließlich auf die objektive Erkennbarkeit des Drohneneinsatzes abgestellt werden sollte. Verdeckt soll die Maßnahme auch dann sein, wenn sie dem Betroffenen faktisch verborgen bliebe[236]. Klar ist, dass durch immer kleiner werdende Drohnen, leisere Fluggeräusche und größere Flughöhen die Wahrnehmbarkeit von Drohnen erschwert und teilweise auch unmöglich gemacht

234 Ausführlich und eingängig zu dieser Abgrenzung, Zöller/Ihwas, NVwZ 2014, 408, 411.
235 Vgl. zur Abgrenzung die Ausführungen zu § 178.
236 Zöller/Ihwas, NVwZ 2014, 408, 412.

wird. Die Besonderheiten dieses technischen Mittels gebieten es daher, eine offene Datenhebung auch bestmöglich als solche erkennbar zu machen. Gefordert werden in diesem Zusammenhang bspw. Hinweisschilder oder Lautsprecherdurchsagen und/oder Markierungen an der Drohne[237].

a) Präventiv-polizeiliche Datenerhebung

Eine gefahrenabwehrende Datenerhebung mittels einer Drohne kann bei Vorliegen der Voraussetzungen auf §§ 184, 185, 185a LVwG gestützt werden.

Als Maßnahme der offenen Datenerhebung erlaubt § 184 LVwG Bild- und Tonaufzeichnungen bei öffentlichen Veranstaltungen und Ansammlungen, die nicht dem Versammlungsrecht unterliegen, wenn Tatsachen dafürsprechen, dass von den Betroffenen Straftaten oder Ordnungswidrigkeiten begangen werden (Absatz 1).

Ferner ermöglicht die Norm eine offene Bildübertragung allgemein zugänglicher Flächen und Räume zur Gefahrenabwehr (§ 184 Abs. 2 Satz 1). Technische Mittel zu Bildaufnahme können an Kriminalitäts- und Gefahrenschwerpunkten eingesetzt werden, wenn Tatsachen die Annahme rechtfertigen, dass Schäden für Leib, Leben, Freiheit oder gleichgewichtige Schäden für andere Rechtsgüter zu erwarten sind.

Ein solche Norm findet sich in einer Vielzahl von Polizeigesetzen und unter anderem auch im Bundespolizeigesetz. Teilweise wird vertreten, dass diese Norm nur die technischen Mittel umfasse, die der Gesetzgeber im Sinn hatte. Dies würde bedeuten, dass darunter nur eine Aufzeichnung fallen würde, die am Boden stattfindet[238]. Diese Auffassung überzeugt indes nicht. Sicherzustellen ist polizeilicherseits aber, dass der Drohneneinsatz unzweifelhaft offen erfolgt (siehe oben).

Im Bereich der verdeckten Datenerhebung wäre der Einsatz einer Drohne bei Vorliegen der Voraussetzungen des § 185 LVwG (besondere Mittel der Datenerhebung) denkbar. Ferner kann, sofern dies mittels Drohne technisch darstellbar ist, auch eine Überwachung der Telekommunikation nach Maßgabe des § 185a LVwG erfolgen.

Hinsichtlich der Einzelheiten sei auf die Darstellung der soeben genannten Normen in diesem Buch verwiesen.

237 Zöller/Ihwas, NVwZ 2014, 408, 412.

238 Vgl. zum Streitstand u. a. WD 3 – 3000 – 281/20, S. 5, mVa. Schenke, in: Schenke/Graulich/Ruthig, Sicherheitsrecht des Bundes, § 26 BPolG Rn. 30.

b) Repressive polizeiliche Datenerhebung

Die allgemeinen Ermittlungsbefugnisse der Staatsanwaltschaft sowie die Aufgabenzuweisung der Polizei im Ermittlungsverfahren dienen nach einheitlicher Rechtsprechung als Ermächtigungsgrundlage für die offene Datenerhebung zum Zwecke der fotografischen oder filmischen Beweissicherung eines Tatorts oder einer Unfallstelle. Zulässig sind somit Film- und Bildaufnahmen, die die Rekonstruktion der Tat oder des Unfallhergangs, die Sicherung der Spuren oder den Fundort von Beweismitteln dokumentieren, sofern dies für die Tataufklärung von Belang ist.

§ 163 StPO weist der Polizei nicht nur ihre Aufgaben zu, sondern ermächtigt sie auch, Ermittlungen jeder Art mit dem Ziel umfassender Sachverhaltsaufklärung vorzunehmen.

Für eingriffsintensive repressive Maßnahmen reicht diese Generalermittlungsklausel jedoch nicht aus. Hier bedarf es jeweils einer besonderen, zusätzlichen gesetzlichen Ermächtigung, die für den Fall der Datenerhebung mittels Drohneneinsatz nachfolgend dargestellt wird.

Die Vorschrift des § 100f StPO stellt das Pendant zur akustischen Wohnraumüberwachung dar. Demnach dürfen personenbezogene Audiodaten verdeckt abgehört und aufgezeichnet werden, wenn der begründete Verdacht einer besonders schweren Straftat nach § 100a StPO vorliegt. Dabei ist jedoch die strenge Subsidiaritätsklausel gem. § 100f Abs. 1 Satz 1 StPO zu beachten.

§ 100h StPO ermöglicht für diese Fälle die verdeckte und damit als Minusmaßnahme auch die offene Datenerhebung durch den Einsatz einer polizeilichen Drohne zu repressiven Zwecken. Danach dürfen auch ohne Wissen der betroffenen Person außerhalb der Wohnung Bildaufnahmen hergestellt werden (Absatz 1 Satz 1 Nummer 1), wenn die Erforschung des Sachverhalts oder die Ermittlung des Aufenthaltsortes eines Beschuldigten auf andere Weise weniger erfolgversprechend oder erschwert wäre. Dies dürfte immer dann der Fall sein, wenn durch die Datenerhebung aus der Luft bessere Erkenntnisse gewonnen werden als durch eine Aufklärung, die lediglich vom Boden aus stattfindet.

Unter den gleichen Voraussetzungen kann auch ein sonstiges technisches Mittel zu Observationszwecken eingesetzt werden, wenn es sich um eine Straftat von erheblicher Bedeutung handelt (Absatz 1 Satz 1 Nummer 2 i. V. m. Satz 2).

Nicht außer Acht zu lassen ist aber, dass für sämtliche repressiven Maßnahmen stets ein Anfangsverdacht (§ 152 StPO) vorliegen muss.

Beim Einsatz von Drohnen im Rahmen einer längerfristigen Observation (durchgehend länger als 24 Stunden oder an mehr als an zwei Tagen geplant) gem. § 163f StPO ist der Einsatz nur zulässig, wenn aufgrund von Tatsachen anzunehmen ist, dass die Maßnahme zur Erforschung des Sachverhalts oder zur Ermittlung des Aufenthaltsorts des Täters führen wird und dies auf andere Weise erheblich weniger Erfolg versprechend oder wesentlich erschwert wäre (qualifizierte Subsidiaritätsklausel). Hier bedarf es im Antrag an das Gericht der genauen Dokumentation, inwiefern andere Maßnahmen nicht so erfolgversprechend sind. Die Anordnungskompetenz der längerfristigen Observation obliegt grundsätzlich dem Gericht (bei Gefahr im Verzug StA oder ihre Ermittlungspersonen), die Frage des Einsatzmittels bei einer Observation kann die Polizei selbst entscheiden.

In strafprozessualer Hinsicht gibt es beim Einsatz von Drohnen folgende Einschränkungen:

- Drohnen dürfen in dem durch Art. 13 GG geschützten Bereich nicht eingesetzt werden. Dies ergibt sich aus der Gesetzessystematik, indem nach der StPO im Gegensatz zur akustischen Überwachung Bildaufnahmen ausdrücklich nur außerhalb von Wohnungen gestattet sind.
- Werden bei der Überwachung der Zielperson auch Strafverteidiger oder andere in § 53 StPO genannte Berufsgeheimnisträger aufgenommen, gilt § 160a StPO. Demnach ist eine Ermittlungsmaßnahme unzulässig, wenn sie Erkenntnisse erbringen würde, die voraussichtlich dem Zeugnisverweigerungsrecht unterliegen. Daher ist in diesem Fall auch der Einsatz von Drohnen abzubrechen.
- Bild- und Tonaufnahmen durch Drohnen, die den Kernbereich der privaten Lebensgestaltung tangieren, sind nach der dazu übertragbaren Rechtsprechung des BVerfG unzulässig.
- Grundsätzlich ist die Zielperson gemäß § 101 Abs. 4 StPO nachträglich von der Maßnahme zu unterrichten. Dies kann gemäß § 101 Abs. 4 Satz 3 und Abs. 5 StPO unterbleiben, wenn überwiegend schutzwürdige Belange einer betroffenen Person, die Gefährdung des Untersuchungserfolges oder der Schutz eines Verdeckten Ermittlers entgegenstehen.

3. Einsatz bei Versammlungen

Polizeilich relevant ist zudem der Einsatz von Drohnen bei Versammlungen und Aufzügen.

Bild- und Tonaufzeichnungen bei Versammlungen und Aufzügen stellen einen Eingriff in das Versammlungsrecht (Art. 8 GG) dar. Ob daneben auch das Recht auf informationelle Selbstbestimmung betroffen ist, hat die Rechtsprechung bislang offengelassen. Dies kann an dieser Stelle dahinstehen, da Art. 8 GG insofern mindestens ein gleichwertiges Schutzniveau gewährleistet[239].

Werden technische Mittel zur Aufzeichnung eingesetzt, sind davon bei Versammlungen naturgemäß eine Vielzahl von Personen betroffen; es gilt also hier ganz besonders, dass eine „große Streubreite" der Maßnahme vorliegt.

Um der Versammlungsfreiheit hinreichend Rechnung zu tragen, geht die Rechtsprechung davon aus, dass bereits ein Zeigen einer Kamera einer Eingriffsermächtigung bedürfe[240]. Es sei den Teilnehmenden nicht möglich zu erkennen, ob bereits eine Aufzeichnung stattfinde oder nicht. Die bloße Möglichkeit staatlicher Überwachung sei geeignet, die Bürger von der Teilnahme an einer Versammlung abzuschrecken oder zu einem staatskonformen Verhalten aus Angst vor staatlichen Repressionen zu zwingen[241].

Die Rechtsgrundlage für einen Drohneneinsatz ist im Versammlungsfreiheitsgesetz Schl.-H. (VersFG) zu suchen, das – zumindest zur Abwehr von versammlungsspezifischer Gefahren – abschließend ist, sog. „Polizeifestigkeit der Versammlungsfreiheit"[242]. Da das Versammlungsfreiheitsgesetz Regelungen zu Bild- und Tonaufzeichnung getroffen hat, ist ein Rückgriff auf Regelungen außerhalb des Versammlungsrechts insofern ausgeschlossen. So regelt § 16 VersFG die Voraussetzungen für Bild- und Tonaufnahmen bei Versammlungen unter freiem Himmel. Für Versammlungen in geschlossenen Räumen findet § 22 VersFG Anwendung. In geschlossen Räumen, wird ein Drohneneinsatz regelmäßig ausscheiden, sodass hier nur auf den Einsatz unter freien Himmel eingegangen wird.

§ 16 Abs. 1 VersFG ermächtigt die Polizei bei öffentlichen Versammlungen unter freiem Himmel von einzelnen Versammlungsteilnehmern Ton- und Filmaufnahmen nur dann zu fertigen, wenn Tatsachen die Annahme rechtfertigen, dass von der Person eine erhebliche Gefahr für die öffentliche Sicherheit ausgeht. Erhebliche Gefahren für die öffentliche Sicherheit liegen vor, wenn die hinreichende Wahrscheinlichkeit einer Beeinträchtigung von Leben und Gesundheit Dritter oder erheblicher Sachwerte besteht oder diese bereits eingetreten ist. Ein Anhaltspunkt dafür kann bspw. das Vermummen oder Anlegen von Schutzbewaffnung sein. Die Aufzeichnun-

239 Vgl. BVerfG, Beschluss vom 17.02.2009 – 1 BvR 2492/08 = NVwZ 441, 443.

240 OVG Lüneburg v. 24.09.2015, Az. 11 LC215/14; VG Hannover v. 14.07.2014, Az. 10 A 226/13.

241 Graulich in Lisken/Denninger Handbuch des Polizeirechts E Rn. 386 mit Verweis auf OVG Münster, ZUM 2020, 646.

242 Graulich in Lisken/Denninger Handbuch des Polizeirechts E Rn. 388.

gen dürfen auch gefertigt werden, wenn andere Personen unvermeidbar betroffen werden.

Nach der Rechtsprechung des Bundesverfassungsgerichts stellen auch Übersichtsaufnahmen einen Eingriff in das Grundrecht auf informationelle Selbstbestimmung dar, wenn die technische Möglichkeit besteht, einzelne Personen zu erkennen[243]. Dies wird bei den hochauflösenden Kameras stets der Fall sein.

Nach § 16 Abs. 2 VersFG dürfen Bild- und Tonübertragungen in Echtzeit (Übersichtsaufnahmen) von öffentlichen Versammlungen unter freiem Himmel und in ihrem Umfeld nur dann gefertigt werden, wenn dies wegen der Größe oder Unübersichtlichkeit der Versammlung erforderlich ist und wenn tatsächliche Anhaltspunkte die Annahme rechtfertigen, dass von Versammlungsteilnehmenden erhebliche Gefahren für die öffentliche Sicherheit ausgehen.

Diese Datenerhebungen dürfen aber nur offen erfolgen (§ 16 Abs. 3 Satz 1 VersFG). Die herkömmlichen technischen Mittel der polizeilichen Datenerhebung bei solchen Anlässen, wie Videoübertragungswagen, Handkameras der BFE oder ggf. auch Hubschrauber, sind zweifelsohne offene Maßnahmen. Bei Drohnen stellt sich indes die Frage, ob die klassische Abgrenzung von offenen zu verdeckten Maßnahmen nicht zumindest im Lichte des Art. 8 GG einer modifizierten Betrachtung bedarf. Während bei der Abgrenzung auch auf die polizeiliche Zielrichtung und Absicht der Maßnahme abgestellt wird, könnte es nun gerechtfertigt sein, nur darauf abzustellen, ob der Drohneneinsatz erkennbar ist[244]. Diese Diskussion zeigt, dass der Einsatz von Drohnen bei Versammlungen nicht unproblematisch ist. Die Schwierigkeit liegt darin, diese zweifelsfrei im Rahmen einer offenen Datenerhebung einzusetzen. Dafür muss der Einsatz wahrnehmbar gemacht werden. Mit Blick auf mögliche große Flughöhen und der geringen Größe der Drohnen ist eine auffällige Markierung der Drohne regelmäßig unzureichend[245], sodass zusätzliche Hinweise am Boden erforderlich sind (Schilder, Lautsprecherdurchsagen).

Zudem ist die Versammlungsleitung über Datenerhebungen zu informieren und aufgrund dessen identifizierte Personen sind zu informieren (§ 16 Abs. 3 Satz 2 und 3 VersFG). Auf die übrigen Regelungen zur Löschung und Dokumentation der Abs. 4 und 5 des § 16 VersFG sei hier nur verwiesen.

243 BVerfGE 122, 343, 368ff.
244 So Roggan, NVwZ 2011, 590, 591f.; Zöller/Ihwas, NVwZ 2014, 408, 411.
245 Dazu und auch insgesamt kritisch, Tomerius, LKV 2020, 481, 485.

Da der Versammlungsteilnehmer nicht unterscheiden kann, ob lediglich Übersichtsaufnahmen oder Bildaufzeichnungen stattfinden und da er auch nicht unterscheiden kann, ob die Kamera aktiviert ist oder nicht, bedarf es bei Versammlungen nach aktueller verfassungs- und verwaltungsgerichtlicher Rechtsprechung bereits für das Zeigen einer Kamera einer Eingriffsermächtigung, die sich aus dem Versammlungsrecht ergeben muss[246]. Denn das Zeigen einer Kamera suggeriert die Möglichkeit von staatlicher Überwachung und könnte die Bürger von der Teilnahme an einer Versammlung abschrecken oder zu einem staatskonformen Verhalten aus Angst vor staatlichen Repressionen zwingen. Somit sind Übersichtsaufnahmen – auch zur Leitung oder Lenkung, von Menschenmengen mit Versammlungscharakter – mittels Drohnen-Einsatzes bei friedlichem Versammlungsverlauf rechtlich nicht zulässig, sondern dürfen nur dann angefertigt werden, wenn dies wegen der Größe oder Unübersichtlichkeit der Versammlung erforderlich ist und wenn tatsächliche Anhaltspunkte die Annahme rechtfertigen, dass von Versammlungsteilnehmerinnen oder Versammlungsteilnehmern erhebliche Gefahren für die öffentliche Sicherheit ausgehen.

IV. Nutzung externer „Drohnenpiloten"

Denkbar ist es in Ausnahmefällen auch, seitens der Polizei spezialisierte externe Dienstleister für den Einsatz einer Drohne zu bemühen. Je nach Einsatzszenario würde es sich dabei um eine Dienstleistung zur Unterstützung sensibler polizeilicher Aufgaben handeln, sodass eine Zuverlässigkeitsüberprüfung nach § 181a Abs. 2 Satz 2 LVwG der beauftragten Personen möglich wäre. Im Praxiseinsatz könnte die Polizei auf Drohnenpiloten des Deutschen Roten Kreuzes oder anderer Hilfsorganisationen mit ihren Drohnen zurückgreifen. Speziell bei der Absuche von Waldgebieten oder auch Gewässern nach vermissten Personen ist dieses Usus.

V. Drohnenabwehr durch die Polizei

Genau so gewichtig wie die Frage des Drohneneinsatzes durch die Polizei ist die Frage, wie Drohnen abgewehrt werden können. Die zunehmende private Nutzung von Drohnen und deren fortlaufender technischer Fortschritt bergen neue Gefährdungspotenziale für die öffentliche Sicherheit.

246 Hier auch: OVG Lüneburg v. 24.09.2015, Az. 11 LC215/14; VG Hannover v. 14.07.2014, Az. 10 A 226/13.

Dabei stellt das Anfertigen unberechtigter Bild- und Videoaufnahmen noch das geringste Übel dar. Ein häufiges Problem ist das unerlaubte Eindringen in Flugverbotszonen bspw. an Flughäfen. Dies führt dort immer wieder zu Flugausfällen, Verspätungen und gefährdet die Sicherheit der Passagiere[247]. Aus diesen Gründen werden dort bereits Systeme zur Detektion und Abwehr getestet. Das Erkennen von potenziell gefährlichen Drohnen obliegt dabei der Flugsicherungsorganisation (DFS). Dabei kommen Radar, Funk, Akustik und Kameratechnik zum Einsatz[248]. An den 14 deutschen Flughäfen, an denen die Bundespolizei Luftsicherheitsaufgaben wahrnimmt, ist sie nach der Auffassung der Bundesregierung auch für die Abwehr von durch Drohnen entstehende Gefahren zuständig. Wie sich die Meldeketten zur Bundespolizei und Entscheidungsprozesse gestalten, wird nicht publik gemacht[249]. Daneben werden Drohnen benutzt, um unerlaubt Gegenstände oder Substanzen in Justizvollzugsanstalten einzuschleusen. Nicht zuletzt – und das ist die wohl größte Gefahr – können Drohnen mit Sprengsätzen, Giftstoffen oder Ähnlichem ausgestattet werden. So überrascht es nicht, dass Bundespolizei, BKA und auch die Bundeswehr mittlerweile über verschiedene technische Einsatzmittel zur Abwehr von Drohnen verfügen. Auch einige Länderpolizeien verfügen über derartige Einsatzmittel. Eingesetzt werden diese Systeme vor allem bei herausragenden Veranstaltungen, wie G-7, G-20[250], oder sonstigen Auftritten hochrangiger Politiker.

Um gefahrenabwehrende Maßnahmen gegen Drohnen ergreifen zu können, ist ein Dreiklang nötig: So muss die Drohne zuerst erkannt werden (Detektion). Sodann muss geprüft werden, ob von ihr voraussichtlich eine Gefahr ausgeht (Verifikation) und schließlich müssen Abwehrmaßnahmen ergriffen werden (Abwehr)[251]. Zur Abwehr eignen sich verschiedene technische Vorgehensweisen. So kann ein sog. „Jamming" durch Stören der Funkübertragungen zwischen Fernbedienung und Drohne und Störung von GNS-Signalen angewendet werden oder die Drohne durch ein Fangnetz –

247 So registrierte die Deutsche Flugsicherung im Jahre 2018 mit 158 Fällen den bislang höchsten Wert.

248 Vgl. die Ausführungen auf dem Internetauftritt der Deutschen Flugsicherung: www.dfs.de/homepage/de/drohnenflug/drohnen-detektion.

249 Medial bekannt wurde jedoch das bis November 2022 laufende Projekt „Falke" zur Drohnenabwehr, welches vom Forschungsministerium mit 2.1 Millionen Euro gefördert wurde. Vgl. Antwort der Bundesregierung zur Kleinen Anfrage „Drohnenabwehr und der Aktionsplan der Bundesregierung", Dr. 19/21382 aus dem Jahre 2020. Vgl. zuletzt die Pressemitteilung des Ausschusses für Verkehr und Digitale Infrastruktur vom 04.05.2020, www.bundestag.de/webarchiv/presse/hib/2020_05/693944-693944

250 Kleine Anfrage, Drohnenabwehr bei Bundespolizei, Bundeskriminalamt und Bundeswehr, BT DruckS. 20/1189 aus dem Jahre 2022.

251 Dazu ausführlich Arzt/Fährmann/Schuster, DÖV 2020, 866, 867f.

das entweder verschossen oder durch eine Abwehrdrohne platziert wird – zu Boden gebracht werden. Denkbar ist auch ein ballistischer Abschuss.

Die bisher in den Polizeigesetzen geregelten Standardmaßnahmen lassen sich auf die Drohnenabwehr nicht übertragen. Die Regelungen zum „Jamming" beziehen sich nur auf Telekommunikationsverbindungen (vgl. § 185b LVwG). Was die Detektion angeht, die auch mittels Kameratechnik erfolgen kann, ist auch § 184 Abs. 2 LVwG unpassend. Die Norm zielt auf eine abschreckende Wirkung ab und nicht darauf, dass Informationen innerhalb von Sekundenbruchteilen ausgewertet werden und unmittelbar in polizeiliche Gefahrenabwehr münden. Für andere Detektionsmaßnahmen ist erst recht keine Rechtsgrundlage ersichtlich. Für die Intervention mit nicht herkömmlichen Waffen bzw. Hilfsmittel der körperlichen Gewalt stellen sich ähnliche Problematiken.

Es bleibt daher derzeit nur ein Rückgriff auf die polizeiliche Generalklausel. Mit Blick auf die Situation in Schleswig-Holstein ist dies auch vertretbar. Eigene Abwehrsysteme zur Drohnenabwehr hält die Landespolizei nicht vor. Diese werden nur zu besonderen Anlässen (bspw. G7, Tag der deutschen Einheit) von anderen Bundesländern oder dem Bund ausgeliehen. Es handelt sich also nur um vereinzelte Anwendungsfälle. Es gilt hier aber die weitere Entwicklung in den Blick zu nehmen. Mehren sich Anwendungsfälle und geht der Betrieb von Drohnenabwehrsystemen in Schleswig-Holstein über unregelmäßige Einzelfälle hinaus, wird eine Standardermächtigung geschaffen werden müssen. Hier lohnt es sich, die Entwicklung in denjenigen anderen Bundesländern und dem Bund zu verfolgen, die in diesem Bereich eine Vorreiterrolle einnehmen.

In die Abwägung der Verhältnismäßigkeit im Einzelfall ist stets mit einzustellen, dass der Einsatz von Drohnen eine Maßnahme darstellt, die ohne eine Gefährdung von Polizeivollzugsbeamtinnen oder -beamten durchgeführt werden kann[252].

Literatur:

Wissenschaftlicher Dienst des Bundestags, „Einsatz von Drohnen durch die Bundespolizei", WD 3/3000 – 281/20.

Weichert, Drohnen und Datenschutz, Bedrohungspotenzial und Gesetzgebungsbedarf bei der Beobachtung von oben, ZD 2012, 501.

Koranyi/Singelnstein, Rechtliche Grenzen für polizeiliche Bildaufnahmen von Versammlungen NJW 2011, 124.

252 *Buckler*, in: BeckOK, PAG, Art. 47 Rn. 13.

Zöller/Ihwas, Rechtliche Rahmenbedingungen des polizeilichen Flugdrohneneinsatzes, NVwZ 2014, 408.
Tomerius, „Drohnen“ zur Gefahrenabwehr – Darf die Berliner Polizei nach der jetzigen Rechtslage Drohnen präventiv-polizeilich nutzen? LKV 2020, 481.
Arzt, Fährmann, Schuster, Polizeiliche Drohnenabwehr: Detektion, Verifikation und Intervention – DÖV 2020, 866.

VI. Kommunale Ordnungsdienste

Ein Kommunaler Ordnungsdienst (KOD) wird seit ein paar Jahren in einigen Kommunen in Schleswig-Holstein als Außendienst der Ordnungsbehörde eingesetzt. Die Mitarbeiter sind zum Teil uniformiert und mit Einsatzkraftfahrzeugen und Dienstfahrrädern ausgestattet. Die Arbeitszeiten und die Erreichbarkeit dieser Kommunalen Ordnungsdienste haben sich seit einigen Jahren deutlich verändert. So sind diese Kräfte auch teilweise nachts und an Sonn- und Feiertagen im Dienst. Darüber hinaus sind die Mitarbeiter fast alle als Vollzugskräfte gem. § 252 LVwG eingestuft und aufgrund § 10 Abs. 2 Polizeiorganisationsgesetz (POG) zu Hilfsbeamten der Polizei bestellt worden. Innerhalb dieser Bestellung wurden ihnen spezifische Aufgaben innerhalb des Straßenverkehrs zugewiesen. Wie wirkt sich diese Entwicklung auf das Verhältnis zwischen Ordnungsbehörden und Landespolizei aus? Müssen organisatorische und rechtliche Anpassungen vorgenommen werden? Diese Fragen versucht der nachfolgende Beitrag zu beantworten.

Historisch gesehen galt nach dem zweiten Weltkrieg der Grundsatz, dass es zu einer deutlichen Trennung zwischen der „Vollzugs“-Polizei und der Verwaltung kommen sollte. Auch in Schleswig-Holstein wurde das Trennungsprinzip eingeführt, womit die Verwaltung und die Vollzugspolizei auch institutionell getrennt sind. Allerdings finden sich die Aufgaben der Ordnungsbehörden und der Polizei einheitlich in einem Gesetz, dem Landesverwaltungsgesetz (LVwG). Damit unterscheidet sich Schleswig-Holstein von den meisten anderen Bundesländern, die diese Regelungen in jeweils unterschiedlichen Gesetzen vorgenommen haben. Daraus folgt, dass in Schleswig-Holstein unter dem Begriff „Polizei“ nur die Vollzugspolizei zu verstehen ist; dazu gehören die Polizeivollzugsbeamten/-innen, aber auch die Angestellten auf den jeweiligen Dienststellen.

Im § 165 Abs. 1 LVwG wird den örtlichen Ordnungsbehörden die Aufgabe der Gefahrenabwehr generell zugewiesen. Grundsätzlich soll die örtliche

Ordnungsbehörde die Aufgaben der Gefahrenabwehr erledigen, weil sie nach Kenntnis der Verhältnisse den Gefahrentatbeständen am nächsten steht. Es besteht somit eine „Generalkompetenz", begrenzt durch den Zusatz: „... soweit durch Rechtsvorschriften nichts anderes bestimmt ist." Damit sind die Ordnungsbehörden grundsätzlich vor der Polizei zuständig, es sei denn, andere Rechtsvorschriften (Rechtsverordnungen oder formelle Gesetze) übertragen die Zuständigkeit an die Polizei.

Liegt dem Sachverhalt jedoch eine konkrete Gefahr und eine zeitliche Dringlichkeit zugrunde, hat die Polizei in Ausschöpfung ihrer Not- oder Eilkompetenz selbstständig notwendige Maßnahmen zu treffen (s. a. Ausführungen zu § 168 Abs. 1 Nr. 3 LVwG). Hierbei handelt es sich um die eigentlich wichtigste Regelung für die praktische polizeiliche Tätigkeit. Die Gefahrenabwehraufgabe der Polizei wird im Verhältnis zu den anderen Gefahrenabwehrbehörden als Eilkompetenz beschrieben. Ihre Zuständigkeit entsteht namentlich, wenn im jeweiligen Einzelfall die Notwendigkeit zur Gefahrenabwehr besteht und die Einschaltung der Ordnungsbehörde den Schadenseintritt wahrscheinlicher machen oder zusätzliche Gefahren begründen würde. Nach dieser Vorschrift können Eingriffe erfolgen, um eine konkrete Gefahr für die öffentliche Sicherheit abzuwehren, wenn die Ordnungsbehörde nicht rechtzeitig oder aus sonstigen Gründen nicht oder nicht sachgerecht handeln kann. In diesen Fällen muss zunächst im Rahmen einer Verlaufsprognose eine gewisse zeitliche Dringlichkeit festgestellt werden. Ein solcher Fall liegt demnach immer dann vor, wenn ein objektiver Beobachter in der Rolle des handelnden Beamten zu dem Ergebnis kommt, dass die Ordnungsbehörde nicht ebenso wirksam und rechtzeitig einschreiten könnte wie die Vollzugspolizei. Für die Beurteilung der Sachlage kommt es auf den Einzelfall und auf den Zeitpunkt an, in dem die Polizei ihre Feststellungen trifft. Die Entscheidung der Vollzugspolizei über die eigene sachliche Zuständigkeit ist Bestandteil ihrer Ermessensausübung. Hier hat sie in den Kommunen, die über einen KOD verfügen, immer auch die Verfügbarkeit des Außendienstes der Ordnungsbehörde bei dieser Prüfung der eigenen sachlichen Zuständigkeit mit zu berücksichtigen. Bei einer konkreten Gefahr und der zeitlichen Dringlichkeit hat sie in Ausschöpfung ihrer Not- oder Eilkompetenz dann selbstständig notwendige Maßnahmen zu treffen. In den letzten Jahren sind auch zahlreiche gefahrenabwehrende Maßnahmen, die langfristig angelegt sind, der alleinigen Zuständigkeit der Polizei übertragen worden. Dazu zählen primär die folgenden Standardermächtigungen des LVwG:

- das Aufenthaltsverbot gem. § 201 Abs. 2 LVwG,
- das Aufenthaltsgebot gem. § 201 Abs. 3 LVwG,

- die Meldeauflage gem. § 201 Abs. 6 LVwG,
- die Wohnungsverweisung gem. § 201a LVwG,
- das Kontakt- und Näherungsverbot gem. § 201a Abs. 4 LVwG
- die elektronische Aufenthaltsüberwachung gem. § 201b LVwG

Daraus resultiert auch die grundsätzliche Frage, ob die Ordnungsbehörde oder die Polizei sachlich zuständig ist. Somit muss immer geprüft werden, ob die Mitarbeiter der Ordnungsbehörden überhaupt befugt sind, bestimmte Maßnahmen treffen zu dürfen. Sind sie es nicht, erübrigt sich eine weitere Prüfung, denn dann ist ausschließlich die Polizei für die jeweilige Maßnahme zuständig. Grundsätzlich gilt: Je gravierender der Grundrechtseingriff, umso größer ist die Wahrscheinlichkeit, dass ausschließlich die Polizei zu der Maßnahme ermächtigt ist.

Übersicht zu den Zuständigkeiten der Polizei- und Ordnungsbehörden für die klassischen Standardermächtigungen

Norm	**Titel**	**Ordnungsbehörde**	**Polizei**	**Anmerkungen**
§ 179	Datenerhebung	X	X	Aufzeichnung von Notrufen gem. Absatz 5 nur durch Polizei
§ 180	Befragung und Auskunftspflicht, polizeiliche Anhalte- und Sichtkontrollen	X	X	Anhalte- und Sichtkontrollen nach Absatz 3 nur durch Polizei
§ 181	Identitätsfeststellung	X	X	Identitätsfeststellung an gefährlichen oder gefährdeten Orten, Durchsuchung zur Identitätsfeststellung und Mitnahme zur Dienststelle nur durch Polizei
§ 182	Prüfung von Berechtigungsscheinen	X	X	
§ 183	Erkennungsdienstliche Maßnahmen	X	X	ED-Behandlung zur Verhütung von Straftaten + Vornahme der angeordneten ED-Behandlung nur durch Polizei
§ 183a	Identitätsfeststellung mit medizinischen und molekulargenetischen Mitteln		X	Richtervorbehalt bei molekulargenetischen Untersuchungen
§ 183b	Untersuchung von Personen	X	X	Richtervorbehalt, bei Gefahr im Verzuge beide Behörden

Norm	Titel	Ordnungs-behörde	Polizei	Anmerkungen
§ 184	Datenerhebung bei öffentlichen Veranstaltungen und Ansammlungen sowie auf öffentlichen Flächen	X	X	Datenerhebung zur Eigensicherung gem. Absatz 3 nur durch Polizei
§ 184a	Einsatz körpernah getragener Aufnahmegeräte		X	politisch diskutiert wird eine Ausweitung der Befugnis auf kommunales Vollzugspersonal außerhalb von Wohnungen
§ 187	Kontrollmeldungen (verdeckte Registrierungen zur polizeilichen Beobachtung, gezielte Kontrollen)		X	Richtervorbehalt
§ 189	Besondere Voraussetzungen der Verarbeitung personenbezogener Daten		X	Artus und Kriminalakte nur Polizei
§ 199	Vorladung	X	X	Zwang nur durch Polizei
§ 200	Verfahren bei der Vorführung	X	X	
§ 201	Platzverweis, Aufenthaltsverbot, Aufenthaltsgebot und Meldeauflage	X	X	Aufenthaltsverbot und -gebot + Meldeauflage nur durch Polizei
§ 201a	Wohnungsverweisung sowie Rückkehr- und Betretungsverbot zum Schutz vor häuslicher Gewalt, Kontakt- und Näherungsverbot sowie situationsbezogene Datenübermittlung		X	Wohnungsverweisung + Kontakt und Näherungsverbot nur durch Polizei
§ 201b	Elektronische Aufenthaltsüberwachung		X	Richtervorbehalt
§ 202	Durchsuchung von Personen	X	X	Ordnungsbehörden: nur Durchsuchung zur Eigensicherung
§ 204	Gewahrsam von Personen		X	Richtervorbehalt

Norm	Titel	Ordnungs-behörde	Polizei	Anmerkungen
§ 206	Durchsuchung von Sachen	X	X	Ordnungsbehörde: nur • mitgeführte Sachen zur Eigensicherung (Nummer 1 i. V. m § 202) • zum Auffinden einer darin enthaltenen anderen Sache, die sichergestellt werden soll, wenn Tatsachen für diese Annahme sprechen (Nummer 2) • zum Auffinden einer Person in der Sache, die hilflos ist oder in Gewahrsam genommen werden kann
§ 206a	Durchsuchung bei Gezielten Kontrollen		X	
§ 208	Betreten und Durchsuchung von Räumen	X	X	Nur Polizei (Absatz 5) darf: • Räume durchsuchen • Räume zur Nachtzeit (21–06 Uhr) betreten, außer sie sind für jedermann zugänglich
§ 210	Sicherstellung von Sachen	X	X	

Aufgabe des Kommunalen Ordnungsdienstes ist unter anderem die Überwachung der Einhaltung städtischer Satzungen, der Hundeanleinpflicht, von Sondernutzungserlaubnissen im öffentlichen Raum und des Reisegewerbes. Die Mitarbeiter überprüfen auch die Vorschriften des Abfallrechts im öffentlichen Bereich (Grünanlagen und Spielplätze) und unterstützen andere städtische Einrichtungen bei der Kontrolle im Bereich Jugendschutz, Gewerbe- und Gaststättenrecht. Über die Bestellung zu Hilfsbeamten der Polizei gem. § 10 Abs. 2 POG sind den Mitarbeitern auch partiell Befugnisse zur Überwachung und Regelung des Straßenverkehrs übertragen worden. Dazu gehören unter anderem die Kontrolle von Radfahrern, Führern von Elektrokleinstfahrzeugen und Taxifahrzeugen.

Eine spezielle Ausbildung (Bildungsmaßnahme, bei der Kenntnisse und Fähigkeiten vermittelt beziehungsweise entwickelt werden und deren Abschluss zur Aufnahme einer bestimmten Tätigkeit qualifiziert) für Mitarbeiter in den KOD gibt es aktuell nicht. Einstellungsvoraussetzung ist derzeit eine beliebige Berufsausbildung. Bei Einstellung folgt dann ein Lehrgang, der etwa 6 Wochen dauert.

Die Mitarbeiter der Kommunalen Ordnungsdienste sind von ihren Trägern, meistens durch die Bürgermeister der jeweiligen Städte, zu Vollzugsbeamten gem. § 252 LVwG ernannt worden. Sie sind damit auch zur Anwendung unmittelbaren Zwangs befugt. Ihnen stehen grundsätzlich alle Hilfsmittel zur Ausübung des unmittelbaren Zwangs zur Verfügung, die das LVwG kennt, wie z. B. Fesseln oder Reizstoffe. Erlaubt ist ihnen auch der Einsatz von Schlagstöcken. Vorenthalten sind ihnen nur die Einsatzmittel, die das LVwG ausschließlich der Polizei zuweist. Das sind der Gebrauch von Schusswaffen und der Einsatz von Distanz-Elektroimpulsgeräten und Sprengmitteln. Mit der Polizeirechtsreform des Jahres 2021 und der Entwicklung der KOD seit 2018, insbesondere in Kiel und Lübeck, wurde es erforderlich, die Fassung der Allgemeinen Verwaltungsvorschrift zur Anwendung unmittelbaren Zwangs anzupassen (siehe auch C.). Vor 2023 gab es für die kommunalen Vollzugskräfte bislang keine landeseinheitlichen Vorgaben zur Anwendung unmittelbaren Zwangs. Dies wurde mit der Einführung der aktuell gültigen AVV geändert und somit sind landesweit einheitliche Vorgaben für die Kommunalen Ordnungsdienste geschaffen worden. Ziel der AVV ist es, dass die Hilfsmittel, wie Reizstoff und Fesseln und der als Waffe eingestufte Schlagstock, nur zur Eigensicherung der Vollzugskräfte mitgeführt und eingesetzt werden können. Darüber hinaus können die genannten Einsatzmittel auch bei Notwehr und Nothilfe gebraucht werden. Weiterhin soll sichergestellt werden, dass diese Einsatzmittel nur durch Vollzugskräfte verwendet werden dürfen, die für diesen Zweck intensiv geschult wurden und regelmäßig fortgebildet werden.

Ein klares, erkennbares Konzept für die Kommunalen Ordnungsdienste auf Landesebene gibt es aktuell nicht. Derzeit wird geprüft, ob die Bestellung der Mitarbeiter zu Hilfsbeamten der Polizei überhaupt einen Sinn macht und welche Aufgaben die Kommunalen Ordnungsdienste im Bereich der Verkehrsüberwachung haben können. Hier werden dann auch die Fragen geklärt, ob und ggf. unter welchen Voraussetzungen der KOD in den fließenden Verwehr eingreifen darf. Auch wird geprüft, ob das Land auf dem Verordnungswege eine Ausbildungsordnung für den Beruf des Ordnungsdienstmitarbeiters vorgeben soll.

Sachregister

Die angegebenen Zahlen geben die Seite an, in der bzw. ab der das jeweilige Stichwort schwerpunktmäßig erläutert wird.